# Grunderwerbsteuergesetz

**vom 12. September 1919**

(RGBl. S. 1617) in der Fassung des Gesetzes vom 11. März 1927 (RGBl. I S. 72) nebst

**Einleitung, Sachregister und Ausführungsbestimmungen und der einschlägigen Vorschriften des Finanzausgleichs-Steuermilderungsgesetzes und Steuerstrafrechts**

für die Praxis erläutert

von


Dr. Ernst Hagelberg, Notar

und

Dr. Ludwig Krämer

Rechtsanwälten in Berlin


Zweite, völlig umgearbeitete und erweiterte Auflage


Berlin und Leipzig 1928

Walter de Gruyter & Co.

vormals G. J. Göschen'sche Verlagshandlung – J. Guttentag, Verlagsbuchhandlung – Georg Reimer – Karl J. Trübner – Veit & Comp.

# Nachtrag

zu

Hagelberg-Krämer

# Grunderwerbsteuergesetz

2. Auflage

# Aus dem Vorwort zur 1. Auflage.

Die Erläuterung eines neuen Gesetzes stellt sich in der Regel als Pionierarbeit dar. Bei dem Grunderwerbsteuergesetz ist dies in geringerem Maße der Fall, da das Gesetz größtenteils den bestehenden Steuergesetzen und -Ordnungen nachgebildet ist. Die vorhandene Rechtsprechung und das Schrifttum boten daher für die vorliegende Bearbeitung ein wertvolles Rüstzeug; sie sind durchgehends berücksichtigt, aber doch auch kritisch gesichtet worden, da das neue Gesetz, auch wo seine Bestimmungen mit älteren Vorschriften wörtlich übereinstimmen, als organisches Gefüge aus sich heraus verstanden und ausgelegt sein will. Hierbei war auch auf die Reichs-Abgabenordnung Rücksicht zu nehmen, da sie in vielen Beziehungen das GEStG. ergänzt, so insbesondere durch die Auslegungsvorschrift des § 4, durch die überaus wichtige, die Umgehung von Steuergesetzen erfassende „Mißbrauchsklausel" des § 5, durch die Verfahrens- und die Strafbestimmungen. Die durch das Landessteuergesetz erfolgten Abänderungen der §§ 32—34 des vorliegenden Gesetzes sind verarbeitet.

Von den etwa gleichzeitig erschienenen erläuternden Ausgaben des GEStG. konnte nur diejenige von Boethke-Bergschmidt (1. Aufl.) benutzt werden, während das Erscheinen der zahlreichen weiteren Ausgaben, so der von Ott, Lion, Lindemann u. a. in die Zeit nach Beginn der Drucklegung fiel.

Die vorliegende Bearbeitung soll der Praxis dienen, besonders dem Anwalt als Steuerberater wie auch dem Geschäftsmann das Zurechtfinden in den Wirrsalen des Gesetzes erleichtern. Diesem Zweck sind auch die Anlagen und das Sachregister zu dienen bestimmt.

**Berlin**, im Frühjahr 1920.

Dr. Ernst Hagelberg.

# Vorwort zur 2. Auflage.

Seit dem Erscheinen der ersten Auflage ist das damals neue Gesetz in den Verkehr eingedrungen und zur täglichen Anwendung gelangt. War es schon immer für das rechtsuchende Publikum und nicht minder für die Rechtskundigen schwierig, sich mit einem neuen Gesetz abzufinden, so wurde diese Schwierigkeit bei dem Grunderwerbsteuergesetz noch dadurch vervielfältigt, daß unmittelbar nach seinem Inkrafttreten die Inflation einsetzte und in den nächsten drei Jahren unaufhörlich bis zum schwindelnden Gipfelpunkt stieg. Dem RFH. erblühte daher eine ebenso umfängliche wie schwierige Arbeit; er hatte das neue Gesetz auf die vielfach verworrenen und durch die Inflation verzerrten Vorgänge des Wirtschaftslebens anzuwenden, dabei aber im Auge zu behalten, daß es sich um ein für die Dauer bestimmtes, nicht um ein Inflationsgesetz handelte. Nach Stabilisierung der Währung erwuchsen neue Probleme, insbesondere hinsichtlich der Ergänzungssteuer aus § 5 Abs. 2. Der RFH. ist seiner Aufgabe in einer großen Zahl eingehend begründeter Entscheidungen gerecht geworden. Aber auch die Gesetzgebung hat nicht geruht, sondern das junge Gesetz in den 8 Jahren seines Bestehens bereits mehrfach abgeändert.

Diese Entwicklung erforderte eine völlige Neubearbeitung des vorliegenden Erläuterungsbuchs. In den Grundlagen konnte die alte Anordnung und auch ein großer Teil der Erläuterungen beibehalten werden; jedoch führte die Einarbeitung der höchstrichterlichen Rechtsprechung und des Schrifttums zu einer erheblichen Erweiterung des Buches. Eine kritische Auseinandersetzung mit entgegenstehenden Meinungen konnte, um den Umfang der Ausgabe nicht übermäßig anschwellen zu lassen, nur bei einzelnen wichtigen Fragen unternommen werden. Dagegen erschien eine eingehende Bearbeitung derjenigen Probleme geboten, die sich aus den Folgeerscheinungen der Inflation, insbesondere aus dem Schwarzkaufwesen und der Aufwertung ergaben. Auch das Steuermilderungsgesetz mußte trotz seiner nur vorübergehenden Geltung eingehend behandelt werden, da es für den Verkehr von hervorragender Wichtigkeit ist. Das Gleiche gilt von dem Steuerstrafrecht. Der Vollständigkeit halber waren auch die einschlägigen Bestimmungen des Finanzausgleichsgesetzes zu erörtern.

Wie in der früheren Auflage wurde auch jetzt als Hauptziel verfolgt, der Praxis zu dienen. Es wurde daher besonderer Wert auf Uebersichtlichkeit der Erläuterungen und auf Hervorhebung der für den Verkehr wichtigen Gesichtspunkte gelegt.

Die Arbeitsteilung zwischen den Herausgebern dieser neuen Auflage ist unbeschadet eines engen Zusammenarbeitens im wesentlichen derart erfolgt, daß Dr. Hagelberg vorwiegend das materielle Grunderwerbsteuerrecht, Dr. Krämer das formelle Steuerrecht, das Steuerstrafrecht, Steuermilderungsgesetz und Finanzausgleichsgesetz bearbeitet hat.

Berlin, im März 1928.

Dr. Ernst Hagelberg. Dr. Ludwig Krämer.

# Inhalt:

# Verzeichnis des Schrifttums.

Asch, Grundstückskauf, 2. Aufl. 1926.
Ball, Einführung in das Steuerrecht, 3. Aufl. 1925.
Becker, Kommentar zur Reichsabgabenordnung, 5. Aufl. 1926.
Berolzheimer, Grunderwerbsteuergesetz, 1927.
Boethke, Finanzausgleich im Handbuch von Boethke und Arlt.
Boethke-Bergschmidt, Grunderwerbsteuergesetz, 2. Aufl. 1920, mit Nachtrag 1925.
Brodmann, Gesetz betr. die Gesellschaften m. b. H., 1924.
Cattien, Reichssteuerstrafrecht und Reichssteuerstrafverfahren 1925.
Ebermayer-Lobe-Rosenberg, StGB. (Leipziger Kommentar), 3. Aufl. 1925.
Evers, Körperschaftssteuergesetz, 2. Aufl. 1927.
Friedländer, Die Interessengemeinschaft als Rechtsform der Konzernbildung, 1921.
Friedländer, Rechtsformen der Konzernbildung in JW. 1923, S. 210 ff.
Fischer, Beihilfe und Begünstigung im Steuerstrafrecht, JW. 1921, S. 1070.
Graf Arco-Valley, Zum Finanzausgleich, DStZ. 1926, S. 869.
Grau, Zum Finanzausgleich, StuW. V, 497 ff.
Hagelberg, Grunderwerbsteuergesetz, 1. Aufl. 1920.
Hagelberg-Friedländer, Gesetz über den Verkehr mit Grundstücken, 1923.
Handbuch des Steuerrechts von Boethke und Arlt.
Haussmann, Wiederaufbau und Steuerpolitik, 1921.
Heinrich, Handbuch des Steuerstrafrechts, 1924.
Hensel, Der Finanzausgleich, in StuW. V, S. 878 ff.
Isay, Preuß. allg. Berggesetz, 1919/20.
Juliusberger, Steuerstrafrecht — und Strafverfolgung, 1923.
Keßler, Kapitalverkehrsteuergesetz, 2. Aufl. 1927.
Koch, Finanzausgleichgesetz in der Fassung vom 27. April 1926, mit Aenderung vom 15. Mai 1926.
Koch, Ergänzungsband, 1927.
Koppe, Steuermilderungsgesetz vom 31. März 1926, 1926.
Krämer, Fusion und Wertzuwachssteuer, in StuW. VI, S. 983 ff.
Lelewer, Steuerstrafrecht, 1925.
Lindemann, Grunderwerbsteuergesetz, 2. Aufl. 1926.
Lion, Grunderwerbsteuergesetz, 1920.
Lion, Zuwachssteuergesetz, 1912.
Markull, Finanzausgleich, 1923.
Mirre, Die steuerlichen Erleichterungen wirtschaftlich gebotener Betriebszusammenschlüsse, in StuW. V, S. 657 ff.
Mirre, Verkehrssteuer, im Handbuch der Finanzwissenschaft von Gerloff und Meisel.
Mrozek, Reichsabgabenordnung, 3. Aufl. 1924.
Mrozek, Steuerrechtsprechung in Karteiform.
Mügel, Das gesamte Aufwertungsrecht, 5. Aufl. 1927.
Ott, Das Steuermilderungsgesetz vom 31. März 1926 und die Grunderwerbsteuer, in StuW. VI, S. 355 ff.

Ott, Grunderwerbsteuergesetz, 3. Aufl. 1927.
Pape-Kappe, Finanzausgleich, Textausgabe, 1927.
Peschke, Der Strafrechtsirrtum im Steuerstrafrecht, in Ztg. Stfr., 1922, S. 23.
Popitz, Finanzausgleich, im Handwörterbuch der Staatswissenschaften, 4. Aufl. Bd. 3, S. 1017 ff.
Quassowski, Aufwertungsgesetz, 3. Aufl. 1926.
Rohde, Grunderwerbsteuergesetz, 3. Aufl. 1926.
Rosendorff, Die rechtliche Organisation der Konzerne, 1927.
Rosendorff, Steuerersparung, -umgehung, -hinterziehung, 1920.
Röttinger, Der neue Finanzausgleich vom 10. August 1925, bei Heß, Stuttgart, 1926.
Runge, Zum Finanzausgleich, DStZ. 1926, S. 980.
Staub-Könige-Pinner, Handelsgesetzbuch, 12./13. Aufl. 1926.
Staub-Hachenburg, Gesetz betr. die Gesellschaften m. b. H., 4. Aufl.
Weinbach, Kapitalverkehrsteuergesetz 1926.

# Verzeichnis der Abkürzungen.

| | | |
|---|---|---|
| AB. | = | Ausführungsbestimmungen |
| AendGes. | = | Aenderungsgesetz |
| AG. | = | Aktiengesellschaft |
| aM. | = | anderer Meinung |
| AmtlMitt. | = | Amtliche Mitteilungen über die Zuwachssteuer, herausgegeben von Reichsfinanzministerium |
| AnfG. | = | Anfechtungsegsetz |
| AO. | = | Reichsabgabenordnung |
| ArchöffR. | = | Archiv für öffentliches Recht |
| Art. | = | Artikel |
| AusschB. | = | Ausschußbericht |
| AwG. | = | Aufwertungsgesetz |
| AwNov. | = | Novelle zum Aufwertungsgesetz vom 9. Juli 1927 |
| BadVGH. | = | Badischer Verwaltungsgerichtshof |
| BankArch. | = | Bank-Archiv |
| BayStG. | = | Bayerisches Stempelgesetz |
| BayVerwGH. | = | Bayerischer Verwaltungsgerichtshof |
| Begr. | = | Begründung |
| BeitrO. | = | Beitreibungsordnung |
| BestG. | = | Gesetz über die gegenseitigen Besteuerungsrechte des Reiches usw. vom 19. August 1925 |
| BGB. | = | Bürgerliches Gesetzbuch |
| DB. | = | Durchführungsbestimmungen |
| DJZ. | = | Deutsche Juristenzeitung |
| DNotV. | = | Zeitschrift des deutschen Notarvereins |
| DStBl. | = | Deutsches Steuerblatt |
| DStZ. | = | Deutsche Steuerzeitung |
| DV. | = | Durchführungsverordnung |
| DVerkStR. | = | Deutsche Verkehrssteuerrundschau |
| EG. | = | Einführungsgesetz |
| EinkSt. | = | Einkommensteuer |
| EnteigG. | = | Enteignungsgesetz |
| Entw. | = | Entwurf |
| FA. | = | Finanzamt |
| FG. | = | Finanzgericht |
| FGG. | = | Gesetz über die Angelegenheiten der freiwilligen Gerichtsbarkeit |
| FGJ. | = | Jahrbuch für Entscheidungen in Angelegenheiten der freiw. Gerichtsbarkeit |
| FinAusglG. | = | Finanzausgleichsgesetz |
| FischG. | = | Fischereigesetz |
| FV. | = | Friedensvertrag von Versailles |
| G. | = | Gesetz |
| GBO. | = | Grundbuchordnung |

| | | |
|---|---|---|
| GenG. | = | Genossenschaftsgesetz |
| GGem. | = | Gütergemeinschaft |
| GmbH. | = | Gesellschaft mit beschränkter Haftung |
| GrEStG. | = | Grunderwerbssteuergesetz |
| Gruch. | = | Gruchots Beiträge zur Erläuterung des deutschen Rechts |
| GS. | = | Gesetzsammlung |
| HGB. | = | Handelsgesetzbuch |
| Holdh. | = | Holdheims Monatschrift für Handelsrecht |
| JM. | = | Justizministerium |
| JMBl. | = | Justizministerialblatt |
| Joh. | = | Johow, Entscheidungen des Kammergerichts |
| JR. | = | Juristische Rundschau |
| JW. | = | Juristische Wochenschrift |
| KAG. | = | Kommunalabgabengesetz |
| KapVerkStG. | = | Kapitalverkehrssteuergesetz |
| KG. | = | Kammergericht |
| KGJ. | = | Jahrbuch der Entscheidungen des Kammergerichts |
| KO. | = | Konkursordnung |
| KörpStG. | = | Körperschaftssteuergesetz |
| KrAG. | = | Kreisabgabengesetz |
| LFA. | = | Landesfinanzamt |
| LStG. | = | Landessteuergesetz |
| LZ. | = | Leipziger Zeitschrift |
| MBl. d. i. V. | = | Ministerialblatt der inneren Verwaltung |
| MrozekR. | = | Mrozek, Steuerrechtsprechung in Karteiform |
| NatVers. | = | Nationalversammlung |
| Nov. | = | Novelle |
| offHandGes. | = | offene Handelsgesellschaft |
| OLG. | = | Entscheidungen der Oberlandesgerichte |
| OVG. | = | Oberverwaltungsgericht |
| PosMSchr. | = | Posener Monatsschrift |
| PrABG. | = | Preußisches Allgemeines Berggesetz |
| PrAGBGB. | = | preuß. Ausführungsgesetz zum BGB. |
| PrVerwBl. | = | Preußisches Verwaltungsblatt |
| RBahnG. | = | Reichsbahngesetz |
| RBG. | = | Reichsbewertungsgesetz |
| Recht | = | Das Recht, Zeitschrift |
| RFH. | = | Reichsfinanzhof |
| RFM. | = | Reichsminister der Finanzen |
| RG. | = | Entscheidungen des Reichsgerichts in Zivilsachen |
| RGBl. | = | Reichsgesetzblatt |
| RGSt. | = | Entscheidungen des Reichsgerichts in Strafsachen |
| RG Warneyer | = | Warneyer, Rechtsprechung des Reichsgerichts |
| RHeimstG. | = | Reichsheimstättengesetz |
| RMBl. | = | Reichsministerialblatt |
| RSiedG. | = | Reichssiedlungsgesetz |
| Rspr. | = | Rechtsprechung |
| RStBl. | = | Reichssteuerblatt |
| RStG. | = | Reichsstempelgesetz |
| RVG. | = | Reichsversorgungsgesetz |
| RV. | = | Reichsverfassung vom 11. August 1919 |
| RVO. | = | Reichsversicherungsordnung |
| RZBl. | = | Reichszentralblatt |
| StenBer. | = | Stenographischer Bericht |
| StG. | = | Stempelgesetz |
| StGB. | = | Strafgesetzbuch |
| StMG. | = | Steuermilderungsgesetz |

| | | |
|---|---|---|
| StNotVO. | = | Steuernotverordnung |
| StO. | = | Stundungsordnung |
| StuW. | = | Steuer und Wirtschaft |
| StZinsVO. | = | Steuerzinsverordnung |
| Tr. | = | Tarifnummer |
| TSt. | = | Tarifstelle |
| UStG. | = | Umsatzsteuergesetz |
| VerkStAendGes. | = | Gesetz zur Aenderung der Verkehrssteuern und des Verfahrens |
| VierteljZ. | = | Vierteljahreszeitschrift für Steuer- und Finanzrecht |
| WertZSt. | = | Wertzuwachssteuer |
| ZBG. | = | Zentralblatt für Handelsrecht mit der Beilage „Das Recht" |
| ZBG. | = | Zivilprozeßordnung |
| ZtgStfr. | = | Zeitgemäße Steuerfragen |
| ZuwStG. | = | Zuwachssteuergesetz |
| ZVG. | = | Zwangsversteigerunggesetz |

# Einleitung.

Die Uebereignung von Grundstücken hat schon seit langen Zeiten der Besteuerung unterlegen. Diese knüpfte sich teilweise in der Form der Stempelabgabe an die Beurkundung des verpflichtenden Veräußerungsgeschäfts oder der Auflassung, teilweise in der Form der sog. Umsatzsteuer an den Vorgang des Eigentumswechsels. Stempelabgaben erhob das Reich auf Grund der Tarifnummer 11 des RStG. in Höhe von $^2/_3$ v. H., ferner die meisten Bundesstaaten auf Grund der Landesstempelgesetze, eine Anzahl von Bundesstaaten wie Sachsen-Weimar, Sachsen-Meiningen, Mecklenburg-Strelitz, beide Reuß, Lippe, Waldeck und Bremen hatten keine Staatsabgaben auf den Grundstückswechsel eingeführt.

In den Gemeinden und Gemeindeverbänden wurde fast allerorten eine Umsatzsteuer erhoben, in Preußen auf Grund des KAG. und KrAG. Diese Umsatzsteuern waren nicht in die Form des Urkundenstempels gekleidet, sondern bilden eine selbständige Abgabe vom Grundstücksumsatz. Vgl. die Zusammenstellung bei Lion UStG., S. 239 ff.

Die Gesamtbelastung des Grundstücksumsatzes schwankte in den einzelnen Gemeinden zwischen $^2/_3$ v. H. und $6^1/_6$ v. H. Die Verschiedenheit der gesetzlichen Regelung hinsichtlich der Reichs-, Staats- und Gemeindeabgaben und des bezüglich jeder Abgabe maßgebenden Verfahrens brachte neben der geldlichen Belastung auch eine nicht unerhebliche Belästigung für den Verkehr mit sich. Bei jedem Eigentumswechsel traten eine Mehrzahl verschiedener Steuerforderungen zu verschiedenen Zeiten an die Beteiligten heran. Mehrere Verfahren vor verschiedenen Instanzen (ordentliche und Verwaltungsgerichte) schlossen sich an; die gleichen Rechtsfragen wurden mitunter in jedem Verfahren abweichend entschieden. Eine Vervielfachung der Kosten trat daneben ein. Bei der Neuregelung des Finanzwesens im Jahre 1919 glaubte man daher, durch die einheitliche Gestaltung der Grunderwerbsteuer gleichzeitig dem Reiche erhöhte Einnahmen aus dem Grundstücksumsatz zuführen, durch Personalersparnis Kosten ersparen und dem Verkehr durch Vereinfachung der Abgabenregelung eine Erleichterung verschaffen zu können. Mitbestimmend war auch die Erwägung, daß das Reich in wirtschaftlicher Beziehung eine geschlossene Einheit bildet und daher seine wirtschaftliche Lage für den Stand des Grundstücksmarktes von hervorstechender Bedeutung ist.

Das Grunderwerbsteuergesetz vom 12. September 1919 (RGBl. S. 1617) hat daher in § 37, abgesehen von den Uebergangsfällen, die bestehenden Vorschriften über die Besteuerung von Grundstücksübertragungen außer dem infolge des Finanzgesetzes vom 3. Juli 1913 (RGBl. S. 521) praktisch bedeutungslos gewordenen Zuwachssteuergesetz durchweg außer Kraft gesetzt. In Zukunft ist also nur die Reichsabgabe zu leisten, auf welche jedoch zugunsten der Länder und — mit deren Zustimmung — der Gemeinden und Gemeindeverbände Zuschläge erhoben werden können. Die Vorschriften der §§ 32—34, welche die Verteilung der Grunderwerbsteuer zwischen

Reich, Ländern und Gemeinden sowie die Erhebung von Zuschlägen geregelt haben, sind durch das Landessteuergesetz vom 30. März 1920 (RGBl. S. 402) zunächst neu gefaßt worden. Sie wurden dann durch das Finanzausgleichsgesetz vom 27. April 1926 (RGBl. I, S. 203) in grundsätzlicher Weise verändert. Während nach § 37 des Landessteuergesetzes die Hälfte der Steuer dem Reich, die andere Hälfte den Ländern zufloß, kommt nunmehr nach § 36 FinAusglGes. der gesamte Steuerertrag den Ländern zu, denen die Verpflichtung auferlegt ist, mindestens die Hälfte des Steuerertrages den Gemeinden zu überlassen.

Auch die Höhe der Zuschläge, die nach § 40 LStG. 2% nicht übersteigen durften, ist dahin abgeändert worden, daß die Höchstgrenze vom 1. April 1927 ab nicht mehr als 2% betragen darf. (Art. III, § 13 Ziff. 8 in Verbindung mit § 19 Abs. 6 AendGes. zum FinAusglGes. vom 10. August 1925 [RGBl. I, S. 254]). Mit dieser Bestimmung ist die Vorschrift des § 38 Abs. 2 FinAusglGes. vom 27. April 1926 (RGBl. I, S. 203), wonach Zuschläge in Höhe von 4% dann erhoben werden durften, wenn keine Wertzuwachssteuer in Ansatz kommt, beseitigt. Zuschläge dürfen auch bei der Einbringung von Grundstücken in Kapitalgesellschaften vom 1. September 1925 ab nicht mehr erhoben werden, sofern die Gesellschaftssteuer zur Hebung gelangt. (Art. II § 2 VerkStAendGes. vom 10. August 1925 [RGBl. I, S. 241]).

In diesem Zusammenhang ist noch auf § 2 Ziff. 13 der Uebergangsregelung zum FinAusglGes. vom 9. April 1927 (RGBl. I, S. 91) hinzuweisen, wonach bei der Besitzabgabe des § 10 GrErwStG. die Zuschläge 1%, bei der ersten Erhebung der Abgabe am 1. Januar 1929 ½% nicht übersteigen dürfen.

Eine weitere tiefgreifende Veränderung hat die Grunderwerbsteuer durch das Steuermilderungsgesetz vom 31. März 1926 (RGBl. I, S. 185) in der Fassung des Gesetzes vom 16. Juli 1927 (RGBl. I, S. 183) erfahren. Nach diesem Gesetz wird bei Verschmelzungen, Sanierungen und sonstigen Betriebszusammenschlüssen von Kapitalgesellschaften und Genossenschaften, welche in der Zeit vom 1. September 1925 bis 30. September 1928 stattfinden, bei der Einbringung von Grundstücken die Grunderwerbsteuer auf die Hälfte ermäßigt, die Zuschläge zur Grunderwerbsteuer und eine etwaige Wertzuwachssteuer überhaupt nicht erhoben.

Auch drei weitere Bestimmungen des GEStG. sind im Verlauf der großen Finanzreform schon kurze Zeit nach ihrem Inkrafttreten abgeändert worden. Die Reichsabgabenordnung, welche hauptsächlich das Verfahren in Steuersachen regelt und am 1. Januar 1920 in Kraft getreten ist, hat in § 460 die §§ 11, Satz 2, 12 Abs. 2 Satz 3 sowie 15 einer Neufassung unterzogen, welche bei den beiden erstgenannten Vorschriften rein formeller Natur ist, den § 15 hingegen sachlich neu ordnet.

Von erheblichem sachlichen Einfluß auf das GEStG. sind ferner die §§ 4, 5 AO., welche für die Auslegung bezw. die Umgehung des Gesetzes wichtige Vorschriften enthalten und auch in der Rechtsprechung des RFH. einen großen Raum einnehmen.

Die Bestimmungen des GEStG., sind zum großen Teil den Vorschriften des ZuwStG., zum anderen Teil den Umsatzsteuerordnungen der Umsatzsteuerordnungen der Gemeinden nachgebildet, lehnen sich auch in manchen Punkten dem RStG. an.

Der wesentliche Inhalt des Gesetzes ist folgender:

Die Grunderwerbsteuer wird grundsätzlich beim Uebergang des Eigentums an inländischen Grundstücken erhoben, gleichviel ob es sich um einen ursprünglichen oder abgeleiteten Eigentumserwerb handelt. Auch die Aneignung herrenloser Grundstücke unterliegt der

Grunderwerbsteuer (§ 1). Die Steuerpflicht entsteht mit dem Eigentumswechsel (§ 4). Grundstücksgleiche Gerechtigkeiten außer den unbeweglichen Bergwerksanteilen werden den Grundstücken gleichgeachtet (§ 2). Das verpflichtende Veräußerungsgeschäft (Kauf, Tausch, Gesellschaftsvertrag usw.) wird nur dann steuerpflichtig, wenn der Uebergang des Eigentums nach Jahresfrist noch nicht erfolgt ist. Die sog. Zwischengeschäfte oder Kettengeschäfte werden ebenfalls als Veräußerungsgeschäft behandelt; sie werden aber auch dann steuerpflichtig, wenn innerhalb eines Jahres der Eigentumsübergang erfolgt (§ 5).

Drei Vorschriften suchen der Umgehung der Grundwechselabgaben entgegenzutreten. § 3 behandelt die sog. Grundstücksgesellschaften, erweitert den Begriff derselben jedoch auf alle Gesellschaften, zu deren Vermögen Grundstücke gehören; bei ihnen entsteht die Steuerpflicht, wenn sich sämtliche Anteile der Gesellschaft in der Hand eines Teilhabers vereinigen oder von einer Hand in die andere übergehen (§ 3). Eine weitere diesbezügliche Vorschrift (§ 6) erklärt diejenigen Rechtsvorgänge für steuerpflichtig, durch die einem Erwerber ermöglicht wird, über das Grundstück wie ein Eigentümer zu verfügen, z. B. durch weitgehende Vollmacht. Der Reichsrat ist in § 31 Abs. 2 ermächtigt worden, bestimmte typische Tatbestände dieser Gattung als solche für steuerpflichtig zu erklären. Er hat jedoch bis jetzt von dieser Ermächtigung keinen Gebrauch gemacht. § 7 endlich stellt fest, daß die Besteuerung durch Verdeckung eines steuerpflichtigen Rechtsvorganges nicht ausgeschlossen wird.

Neben diesen auf den Eigentumswechsel gelegten Steuern führt § 10 eine wiederkehrende Abgabe vom dauerhaften Grundbesitz ein. Dieser nach je 20 Jahren wiederkehrenden Besteuerung unterliegt in erster Linie die tote Hand (Lehen, Stammgüter, Familienfideikommisse), aber auch jede Personenvereinigung oder Stiftung. Befreiungen von dieser Abgabe des § 10 sind in § 21 Abs. 3 vorgesehen für das Reich, die Länder, Gemeinden und Gemeindeverbände, ferner die Kirchen und gemeinnützigen Vereine.

Eine Reihe von Befreiungsgründen hinsichtlich der Grundwechselsteuer ist im Anschluß an das ZuwStG. in § 8 angeordnet. Nicht befreit von dieser Steuer sind das Reich und die anderen oben aufgeführten Korporationen. Dagegen sind Grundstücksübertragungen zum Zweck der Besiedelung und der Begründung von Erholungsanlagen für steuerferi erklärt. Steuerfrei ist der Grunderwerb bei Objekten im gemeinen Wert bis zu 50 M. Eine Ermäßigung der Steuer auf die Hälfte sah § 9 für den Erwerb geringwertiger Grundstücke seitens unbemittelter Personen vor. Diese Sondervorschrift ist aufgehoben. Der frühere § 8 Abs. 2 heißt jetzt § 9.

Bemessungsgrundlage für die Steuer ist nach § 11 der gemeine Wert oder (§ 12), falls der Veräußerungspreis höher ist, dieser. Das Meistgebot steht nach § 13 dem Veräußerungspreise gleich. § 14 bringt eine Erleichterung für den Erwerb seitens eines Hypothekengläubigers zur Rettung seiner Hypothek in der Zwangsversteigerung. § 15 regelt die Berechnug der Steuer, falls eine Gemeinschaft zur gesamten Hand von einem Mitberechtigten oder falls dieser von der Gemeinschaft ein Grundstück erwirbt.

Die Steuer beträgt nach § 17 seit 1. September 1925 (Art. II VerkStAendGes. vom 10. August 1925, RGBl. I, S. 241) 3 v. H. Die Regelung der Zuschläge erfolgt nach § 38 Abs. 2 FinAusglGes. Vgl. oben, sowie die Erläuterungen zu § 38 FinAusglGes.

Eine Erhöhung der Steuer um 2 v. H. tritt nach § 19 für die Fälle der gewerbsmäßigen Zerschlagung von Grundstücken ein.

Für die Steuer haften der Erwerber und der Veräußerer als Gesamtschuldner (§ 20). Kriegsbeschädigte und ihre Hinterbliebenen sind für gewisse Fälle nach § 21 von der Steuer befreit.

Steuererlaß greift nach § 22 beim Grundstückserwerb durch milde Stiftungen, nach § 23 in den Fällen der Nichtigkeit und Rückgängigmachung von Erwerbsgeschäften, sowie bei Nichtannahme von Offerten und bei Preisminderung wegen Mängel der Sache Platz.

Die §§ 25—28 regeln die Anzeigepflicht von Beteiligten, Behörden und Notaren. § 29 bestimmt die Festsetzung der Steuer, § 30 ihre Zahlbarkeit und etwaige Verzinsung.

Die in der ursprünglichen Fassung im § 31 des GEStG. enthaltene Strafvorschrift der Grunderwerbsteuerhinterziehung ist durch die gleichmäßige Regelung der Steuerdelikte durch Art. VIII Nr. 1 der 3. SteuernotVO. vom 14. Februar 1924 (RGBl. I, S. 74) beseitigt worden. Die Grunderwerbsteuerhinterziehung wird nunmehr wie jede Steuerhinterziehung oder -gefährdung nach §§ 355 ff. AO. behandelt.

Das Gesetz ist am 1. Oktober 1919 in Kraft getreten. Die Uebergangsvorschriften regelt § 33.

Infolge der wiederholten Aenderungen des Grunderwerbsteuergesetzes ist zur Wahrung der Uebersichtlichkeit durch Art. VII § 1 Abs. 2 der VerkStAendGes. vom 10. August 1925 (RGBl. I, S. 241) dem RFM. die Ermächtigung gegeben worden, das Grunderwerbsteuergesetz in geänderter Form und in fortlaufender Paragraphenfolge mit Zustimmung des Reichsrates unter Anpassung an die geltenden Bestimmungen (Münzgesetz) neu bekannt zu machen. Von dieser Ermächtigung hat der RFM. Gebrauch gemacht. Das Grunderwerbsteuergesetz ist unter dem 11. März 1927 (RGBl. I. S. 72) neu gefaßt worden und in dieser Form hier bearbeitet.

# Grunderwerbsteuergesetz.

Vom 12. September 1919 (RGBl. S. 1617) in der Fassung des Gesetzes vom 11. März 1927 (RGBl. I, S. 72).

§ 1.

Beim Uebergange des Eigentums an inländischen Grundstücken wird eine Grunderwerbsteuer erhoben. Dem Uebergange des Eigentums steht gleich der Erwerb von herrenlosen Grundstücken.

§ 2.

Den Grundstücken stehen Berechtigungen gleich, auf welche die Vorschriften des bürgerlichen Rechtes über Grundstücke Anwendung finden; ausgenommen sind unbewegliche Bergwerksanteile.

§ 3.

Werden alle Anteile einer Personenvereinigung (einer Aktiengesellschaft, Kommanditgesellschaft auf Aktien, Gesellschaft mit beschränkter Haftung, Gewerkschaft, offenen Handelsgesellschaft, Gesellschaft des bürgerlichen Rechtes, Genossenschaft usw.), zu deren Vermögen Grundstücke gehören, in der Hand eines Teilhabers vereinigt oder, nachdem sie in der Hand eines Teilhabers vereinigt sind, auf einen anderen übertragen, so wird die Vereinigung oder Uebertragung dem Uebergange des Eigentums an dem Grundstück gleichgeachtet. Ehegatten sowie Eltern und Kinder gelten im Sinne dieser Vorschrift als eine Person.

§ 4.

(1) Die Steuerpflicht wird begründet durch die Eintragung der Rechtsänderung in das Grundbuch oder, wenn es einer solchen zum Uebergange des Eigentums nicht bedarf, durch den Vorgang, der die Rechtsänderung bewirkt.

(2) Sofern das Grundbuch noch nicht als angelegt anzusehen ist, tritt an die Stelle der Eintragung die Umschreibung in öffentlichen Büchern.

§ 5.

(1) Ein zur Uebertragung des Eigentums verpflichtendes Veräußerungsgeschäft wird steuerpflichtig, wenn der Uebergang des Eigentums nach Ablauf eines Jahres nach Abschluß dieses Veräußerungsgeschäftes nicht erfolgt ist.

(2) Ist die Steuerpflicht nach Abs. 1 eingetreten und erfolgt sodann der Eigentumsübergang (§ 4), so wird die Steuer für diesen nur insoweit erhoben, als sie die Steuer des Abs. 1 übersteigt.

(3) Liegen mehrere Veräußerungsgeschäfte innerhalb eines Jahres vor und führt eines von ihnen vor Ablauf des Jahres zum Eigentumsübergange (§ 4), so tritt gleichzeitig mit der Steuerpflicht des Eigentumsüberganges die Steuerpflicht derjenigen Veräußerungsgeschäfte ein, die dem zur Ausführung kommenden Veräußerungsgeschäfte

vorangehen und ihrerseits nicht zum Eigentumsübergange geführt haben.

(4) Als Veräußerungsgeschäfte im Sinne des Abs. 1 sind auch anzusehen:

1. die Uebertragung der Rechte der Erwerber aus Veräußerungsgeschäften;
2. die Uebertragung von Rechten aus Anträgen zur Schließung eines Veräußerungsgeschäfts, die den Veräußerer binden, sowie aus Verträgen, durch die nur der Veräußerer zur Schließung eines Veräußerungsgeschäfts verpflichtet wird;
3. nachträgliche Erklärungen des aus einem Veräußerungsgeschäfte berechtigten Erwerbers, die Rechte für einen Dritten erworben oder die Pflichten für einen Dritten übernommen zu haben;
4. die Abtretung der Rechte aus dem Meistgebot und die Erklärung des Meistbietenden, daß er für einen anderen geboten habe:
5. Rechtsgeschäfte, durch die jemand ermächtigt wird, ein Grundstück ganz oder teilweise auf eigene Rechnung zu veräußern.

§ 6.

Steuerpflichtig ist auch ein Rechtsvorgang, der es ohne Uebertragung des Eigentums einem andern ermöglicht, über das Grundstück wie ein Eigentümer zu verfügen.

§ 7.

Die Besteuerung wird nicht dadurch ausgeschlossen, daß ein nach diesem Gesetze steuerpflichtiger Rechtsvorgang durch einen anderen verdeckt wird.

§ 8.

(1) Die Steuer wird nicht erhoben :

1. beim Erwerbe von Todes wegen oder auf Grund einer Schenkung unter Lebenden im Sinne des Erbschaftssteuergesetzes, sofern nicht die Form der Schenkung lediglich gewählt ist, um die Grunderwerbsteuer zu sparen. Bei Schenkungen mit einer Auflage beschränkt sich die Steuerbefreiung auf den Teil des gemeinen Wertes des Grundstücks, der den Wert der Auflage überschreitet.
2. bei der Begründung, Aenderung, Fortsetzung und Aufhebung der ehelichen Gütergemeinschaft;
Auflage überschreitet;
3. beim Erwerb auf Grund von Verträgen, die zwischen Miterben oder Teilnehmern an einer ehelichen oder fortgesetzten Gütergemeinschaft zum Zwecke der Teilung der zum Nachlaß oder zum Gesamtgut gehörenden Gegenstände abgeschlossen werden, sowie beim Erwerb auf Grund eines Zuschlags, der in den vorgenannten Fällen bei Teilung im Wege der Versteigerung einem Miterben oder Teilnehmer erteilt wird;
4. beim Erwerbe der Abkömmlinge von den Eltern, Großeltern und entfernteren Voreltern, sowie beim Erwerbe der Eltern von den Kindern; den Eltern stehen die Stiefeltern gleich, ebenso die Adoptiveltern, wenn kein Verdacht besteht, daß die Annahme an Kindes Statt zum Zwecke der Steuerhinterziehung vorgenommen ist;

5. beim Einbringen in eine ausschließlich aus dem Veräußerer und dessen Abkömmlingen oder aus diesen allein bestehende Vereinigung. Die Steuerpflicht tritt ein, wenn nachträglich ein Gesellschafter aufgenommen wird, der nicht zu den Abkömmlingen des Veräußerers gehört;
6. beim Einbringen von Nachlaßgegenständen in eine ausschließlich von Miterben gebildete Vereinigung. Die Vorschrift der Nr. 5 Satz 2 findet entsprechende Anwendung;
7. beim Austausch im Inland gelegener Grundstücke zum Zwecke der Zusammenlegung (Flurbereinigung), der Ermöglichung einer besseren landwirtschaftlichen Ausnutzung von Grundstücken in Gemengelage, der Grenzregelung oder der besseren Gestaltung von Bauflächen (Umlegung) sowie bei Ablösung von Rechten an Forsten, wenn diese Maßnahmen auf der Anordnung einer Behörde beruhen oder von einer gesetzlich hierfür zuständigen oder durch die oberste Landesfinanzbehörde bezeichneten Behörde als zweckdienlich anerkannt werden;
8. beim Austausch von Feldesteilen zwischen angrenzenden Bergwerken und bei der Vereinigung zweier oder mehrerer Bergwerke zum Zwecke der besseren bergbaulichen Ausnutzung, sofern sie nicht zum Zwecke der Steuerersparung erfolgen;
9. bei Grundstücksübertragungen, die der Besiedlung des platten Landes oder der Schaffung gesunder Kleinwohnungen für Minderbemittelte zu dienen bestimmt sind, wenn als Erwerber oder Veräußerer Körperschaften des öffentlichen Rechts oder solche Personenvereinigungen, die sich mit den genannten Zwecken befassen, beteiligt sind. Die Befreiung der Personenvereinigungen tritt nur ein, wenn der Reingewinn satzungsgemäß auf eine Verzinsung von jährlich höchstens fünf vom Hundert der eingezahlten Kapitaleinlagen beschränkt, bei Auslosungen, Ausscheiden eines Mitgliedes und für den Fall der Auflösung der Vereinigung den Mitgliedern nicht mehr als die eingezahlten Kapitaleinlagen zugesichert und bei der Auflösung der etwaige Rest des Vermögens für gemeinnützige Zwecke bestimmt ist;
10. beim Erwerbe von Grundstücken zwecks Schaffung oder Erweiterung öffentlicher Erholungs-, Wald- und sonstiger Grünanlagen sowie für Zwecke öffentlicher Straßen und Plätze. Falls und insoweit das Grundstück innerhalb einer Frist, die vom Beginne des zweiten Jahres bis zum Ende des fünfzehnten Jahres nach Abschluß des Veräußerungsgeschäfts läuft, für andere Zwecke verwendet wird, erfolgt Nachveranlagung.

## § 9.

Zu den Miterben im Sinne des § 8 Nr. 3 und 6 wird der überlebende Ehegatte gerechnet, der mit den Erben des verstorbenen Gatten gütergemeinschaftliches Vermögen zu teilen hat. Die Steuerbefreiungen nach § 8 Nr. 3 und 4 kommen auch Ehegatten von Miterben oder Teilnehmern an einer fortgesetzten Gütergemeinschaft sowie Ehegatten von Abkömmlingen zu, wenn sie auf Grund des bestehenden Güterstandes ohne rechtsgeschäftliche Uebertragung Miteigentum erwerben.

§ 10.

(1) Die Steuer wird auch erhoben, wenn bei inländischen Grundstücken, die

1. auf Grund von Vorschriften, welche nach den Artikeln 57, 58 und 59 des Einführungsgesetzes zum Bürgerlichen Gesetzbuch von dessen Bestimmungen unberührt bleiben, gebunden sind, oder
2. im Eigentume von Personenvereinigungen, Anstalten oder Stiftungen aller Art oder für diese im Eigentume einer natürlichen Person zu treuen Händen stehen,

zwanzig Jahre seit der Bindung (Nr. 1) oder dem Erwerbe (Nr. 2) oder dem letztmaligen Eintritt der Steuerpflicht nach dieser Vorschrift verflossen sind.

(2) Grundstücke, zu deren rechtsgültigen Veräußerung weder eine behördliche Genehmigung noch die Zustimmung von Familienmitgliedern oder Dritten erforderlich ist und deren Veräußerungserlös nach den gesetzlichen, hausverfassungsmäßigen oder stiftungsmäßigen Bestimmungen der freien Verwendung des Veräußerers unterliegt, gelten nicht als gebunden im Sinne des Abs. 1 Nr. 1. Den im Abs. 1 Nr. 1 genannten Grundstücken stehen die Grundstücke von Gesamtgeschlechtern gleich.

§ 11.

Die Steuer wird von dem gemeinen Werte des Grundstücks zur Zeit des steuerpflichtigen Rechtsvorganges, im Falle des § 10 zur Zeit des Eintritts der Steuerpflicht, berechnet.

§ 12.

(1) Ist der Veräußerungspreis höher als der gemeine Wert des Grundstücks, so tritt er an die Stelle des gemeinen Wertes.

(2) Der Veräußerungspreis bestimmt sich nach dem Gesamtbetrage der Gegenleistung, einschließlich der vom Erwerber übernommenen oder ihm sonst infolge der Veräußerung obliegenden Leistungen und der vorbehaltenen oder auf dem Grundstück lastenden Nutzungen und bei Verträgen über Leistung an Erfüllungs Statt nach dem Werte, zu dem die Gegenstände an Erfüllungs Statt angenommen werden. Die auf einem nicht privatrechtlichen Titel beruhenden Abgaben und Leistungen, die auf dem Grundstück kraft Gesetzes lasten (gemeine Lasten), werden nicht mitgerechnet. Ist einem der Vertragschließenden ein Wahlrecht oder die Befugnis eingeräumt, innerhalb gewisser Grenzen den Umfang der Gegenleistung zu bestimmen, so ist der höchstmögliche Betrag der Gegenleistung maßgebend.

(3) Wenn die Beteiligten zum Zwecke der Steuerersparung einen Teil des Entgelts in die Form einer Vermittlungsgebühr, einer den üblichen Zinssatz erheblich übersteigenden Verzinsung des gestundeten Preises oder einer sonstigen Nebenleistung kleiden, so ist der als Teil des Entgelts anzusetzende Betrag durch Schätzung zu ermitteln.

§ 13.

Bei dem Uebergange im Wege der Zwangsversteigerung tritt an die Stelle des Veräußerungspreises (§ 12) der Betrag des Meistgebots, zu dem der Zuschlag erteilt wird, unter Hinzurechnung der vom Ersteher übernommenen Leistungen. Dabei tritt im Falle der Abtretung der Rechte aus dem Meistgebote und der Erklärung des Meistbietenden, daß er für einen anderen geboten habe, an die Stelle des Meistgebots der Wert der Gegenleistung, wenn sie höher ist als das Meistgebot.

§ 14.

(1) Ist das Grundstück in der Zwangsversteigerung von einem Hypotheken-, Grundschuld-, Rentenschuld- oder Reallastgläubiger erworben worden, so hat das Landesfinanzamt auf Antrag des Steuerschuldners zu bestimmen, daß die Steuer nur von dem Teile des gemeinen Wertes des Grundstücks oder des Meistgebots erhoben wird, welcher den Gesamtbetrag der Hypotheken-, Grundschuld-, Rentenschuld- oder Reallastforderung des Erwerbers und der dieser vorgehenden gleichartigen Forderungen übersteigt, sofern

1. sich aus den Umständen ergibt, daß der Erwerb des Grundstücks erfolgte, um die Hypothek, Grundschuld, Rentenschuld oder Reallast zu retten und kein Anhalt besteht, daß der Erwerber sich die Hypothek, Grundschuld, Rentenschuld oder Reallast zur Ersparung von Abgaben bei dem beabsichtigten Erwerbe des Grundstücks habe bestellen oder abtreten lassen, und
2. die Hypothek, Grundschuld, Rentenschuld oder Reallast dem Erwerber bereits seit einem Jahre vor der ersten Beschlagnahme des Grundstücks zustand. Dabei ist die Zeit, in der die Hypothek, Grundschuld, Rentenschuld oder Reallast einem Erblasser des Erwerbes oder seines Ehegatten zustand, diesem anzurechnen; und ferner
3. entweder das Meistgebot oder der Gesamtbetrag in vorstehendem Sinne mindestens achtzig vom Hundert des gemeinen Wertes des Grundstücks beträgt.

(2) Entsprechendes gilt beim Erwerbe durch einen Bürgen für eines der im Abs. 1 genannten Schuldverhältnisse.

(3) Der Reichsminister der Finanzen kann die Entschließung über Anträge nach Abs. 1 und 2 auf Behörden übertragen, die den Landesfinanzämtern untergeordnet sind.

§ 15.

(1) Geht ein Grundstück, das mehreren zur gesamten Hand gehört, an einen oder mehrere Mitberechtigte über, so wird die Steuer so berechnet, als ob die Beteiligten nach Bruchteilen berechtigt wären; der Bruchteil der Erwerber bleibt unberücksichtigt. Die Höhe der Bruchteile ist nach den Anteilen zu bestimmen, zu denen die Beteiligten an dem Vermögen zur gesamten Hand berechtigt sind, oder nach Verhältnis dessen, was ihnen bei Auflösung der Gemeinschaft zufallen würde.

(2) Abs. 1 gilt insoweit nicht, als die Anteilsberechtigung des Erwerbers oder, wenn die Erben eines Mitberechtigten oder Gesellschafters Erwerber sind, die Anteilsberechtigung des Erblassers nach dem Inkrafttreten dieses Gesetzes durch den Erwerb von Anteilen anderer Mitberechtigter oder Gesellschafter mittels Rechtsgeschäft unter Lebenden begründet worden ist.

(3) Die Vorschrift des Abs. 1 gilt sinngemäß, wenn eine Gemeinschaft zur gesamten Hand ein Grundstück von einem Mit-

berechtigten erwirbt. Der nach Abs. 1 zu ermittelnde Anteil des Veräußerers bleibt unberücksichtigt.

§ 16.

Beim Tausche von Grundstücken ist die Steuer für jedes Grundstück gesondert zu berechnen.

§ 17.

Die Steuer beträgt drei vom Hundert, in den Fällen des § 10 zwei vom Hundert des gemeinen Wertes des Grundstücks oder des nach §§ 12 bis 14 an seine Stelle tretenden Betrags.

§ 18.

Die Steuer wird nicht erhoben, wenn der gemeine Wert des Grundstücks oder der nach den §§ 12 bis 14 an seine Stelle tretende Betrag 50 Rm. nicht überschreitet.

§ 19.

Die Steuer erhöht sich um zwei vom Hundert, wenn ein Teil eines Grundstücks, das eine wirtschaftliche Einheit bildet, innerhalb dreier Jahre, von dem Zeitpunkt der in den §§ 4, 5 und 6 bezeichneten Rechtsvorgänge an gerechnet, auf Grund planmäßigen Vorgehens, das gewerbsmäßig auf völlige oder teilweise Zerschlagung der wirtschaftlichen Einheit gerichtet ist, weiterveräußert wird; der erste Erwerber des weiterveräußerten Teiles erhält auf seinen Antrag den Unterschied zwischen der erhöhten Steuer und dem Steuersatze nach § 17 vergütet, wenn er das Teilgrundstück zur Begründung oder Abrundung einer selbständigen Ackernahrung oder zur Kleinsiedlung verwendet. Der Antrag ist innerhalb dreier Jahre nach dem Erwerbe bei dem Landesfinanzamt zu stellen.

§ 20.

(1) Zur Entrichtung der Steuer sind der Erwerber und der Veräußerer gesamtschuldnerisch verpflichtet. Beim Erwerb im Zwangsversteigerungs- oder im Enteignungsverfahren kann die Steuer von demjenigen, gegen den sich das Verfahren richtete, nicht gefordert werden.

(2) Im Falle des § 10 Nr. 1 ist die Steuer von dem Inhaber des gebundenen Grundstücks, im Falle des § 10 Nr. 2 von dem Eigentümer des Grundstücks zu entrichten.

(3) Der Inhaber des gebundenen Grundbesitzes ist mit Genehmigung der Aufsichtsbehörde befugt, den Betrag der Abgabe aus dem gebundenen Vermögen zu entnehmen und zu diesem Zwecke über die zu dem Vermögen gehörenden Gegenstände zu verfügen. Hierdurch wird die Befugnis des Inhabers nicht berührt, auf Grund solcher gesetzlicher, hausgesetzlicher oder stiftungmäßiger Vorschriften, welche die Verfügung unter anderen Voraussetzungen zulassen, über das gebundene Vermögen zu verfügen. Fehlt eine Aufsichtsbehörde oder ist es ungewiß, welche Behörde zur Aufsicht berufen ist, so gilt als Aufsichtsbehörde im Sinne dieser Vorschriften das Oberlandesgericht, in dessen Bezirk das gebundene Vermögen sich seinem Hauptbestande nach befindet. Ist die Genehmigung von einem Oberlandesgericht erteilt, so kann nicht geltend gemacht werden, daß das Oberlandesgericht für die Genehmigung nicht zuständig gewesen ist. Die Landeszentralbehörde

kann bestimmen, daß an Stelle des Oberlandesgerichts eine andere Behörde tritt.

§ 21.

(1) Kriegsbeschädigte und Hinterbliebene von Kriegsteilnehmern, die bei Abfindung ihrer militärischen Bezüge auf Grund des Kapitalabfindungsgesetzes Grundstücke erwerben, sind nach näherer Bestimmung des Reichsrats von der Steuer befreit. Bei der Beteiligung dieser Personen ermäßigen sich die in den §§ 17 und 19 genannten Steuersätze im Verhältnis ihrer Beteiligung.

(2) Die Steuer wird nicht erhoben bei dem Uebergange von Eigentum gelegentlich der Uebernahme einer Körperschaft des öffentlichen Rechtes durch eine andere oder der Grenzveränderungen unter solchen Körperschaften sowie gelegentlich der Auseinandersetzung zwischen Ländern und Kirchen.

(3) Von der Steuer des § 10 sind befreit:

1. das Reich, die Länder, die Gemeinden und Gemeindeverbände;
2. deutsche Kirchen und andere mit Rechtspersönlichkeit ausgestattete, in einem Lande öffentlich zugelassene Religionsgesellschaften sowie Anstalten, Stiftungen und Personenvereinigungen, die ausschließlich kirchlichen, Unterrichts-, gemeinnützigen oder milden Zwecken dienen. Das gleiche gilt für Anstalten, Einrichtungen und Vermögensmassen der freien Wohlfahrtspflege, die der Erfüllung von Aufgaben der öffentlichen Wohlfahrtspflege dienen; ferner für Träger der Reichsversicherung und an ihre Stelle tretende Ersatzkassen, Krankenkassen der selbständigen Handwerker sowie Vereinigung von Trägern der Reichsversicherung bei der Erfüllung ihrer gesetzlichen oder satzungsmäßigen Aufgaben.

(4) Im Falle der Nr. 2 beschränkt sich die Befreiung auf diejenigen Grundstücke, die unmittelbar zu den daselbst bezeichneten Zwecken bestimmt sind; bei den Personenvereinigungen setzt die Befreiung außerdem voraus, daß der zu verteilende Reingewinn satzungsgemäß auf eine Verzinsung von jährlich höchstens fünf vom Hundert der eingezahlten Kapitaleinlagen beschränkt, bei Auslosungen, Ausscheiden eines Mitglieds oder für den Fall der Auflösung der Personenvereinigung nicht mehr als die eingezahlten Kapitaleinlagen zugesichert und bei der Auflösung der etwaige Rest des Vermögens für Zwecke der genannten Art bestimmt ist.

§ 22.

Das Landesfinanzamt soll die Steuer auf Antrag bei Grundstückserwerbungen durch milde Stiftungen erlassen, wenn das zu erwerbende Grundstück den Stiftungszwecken unmittelbar dient und die Vermögensverhältnisse der Stiftung den Erlaß rechtfertigen.

§ 23.

(1) Die Steuerstelle hat die Steuer auf Antrag zu erlassen oder zu erstatten

a) im Falle der Steuerpflicht nach § 1:
   1. bei Nichtigkeit der Auflassung oder des sonstigen den Eigentumserwerb begründenden Rechtsvorganges,

2. bei Rückerwerb des Eigentums infolge Nichterfüllung der Vertragsbedingungen des Veräußerungsgeschäfts,
3. bei Rückerwerb des Eigentums innerhalb zweier Jahre seit der Veräußerung,
4. bei Preisminderung nach den §§ 459, 460 des Bürgerlichen Gesetzbuchs, soweit sie eine Ermäßigung der Steuer zur Folge haben würde;

b) im Falle der Steuerpflicht nach § 5:
1. bei Nichtigkeit des Rechtsgeschäfts,
2. bei Aufhebung des Rechtsgeschäfts durch Vereinbarung oder infolge Ausübung eines vorbehaltenen Rücktrittsrechts,
3. wenn die Veräußerung infolge Nichterfüllung der Vertragsbedingungen rückgängig gemacht wird,
4. wenn der Antrag zur Schließung eines Veräußerungsgeschäfts sowie der nur den Veräußerer bindende Vertrag über Schließung eines Veräußerungsgeschäfts (§ 5 Abs. 4 Nr. 2) fortgefallen ist, ohne daß das Veräußerungsgeschäft zustande gekommen ist,
5. bei Preisminderung nach den §§ 459, 460 des Bürgerlichen Gesetzbuchs, soweit sie eine Ermäßigung der Steuer zur Folge haben würde.

(2) Der Antrag muß innerhalb eines Jahres vom Tage der Entrichtung oder Beitreibung der Steuer ab gestellt werden. Wird er auf Tatsachen gestützt, die erst nach der Entrichtung oder Beitreibung eingetreten sind, so beginnt die Frist seit dem Tage, an dem der Antragsteller von diesen Tatsachen Kenntnis erhalten hat.

§ 24.

Die Eintragung des Erwerbers in das Grundbuch darf erst stattfinden, wenn dem Grundbuchamt eine Bescheinigung der Steuerstelle beigebracht ist, daß die Steuer für den Eigentumsübergang gestundet oder ein der voraussichtlichen Höhe der Steuer entsprechenden Betrag geleistet oder eine Steuer nicht zu erheben ist. Die näheren Bestimmungen erläßt der Reichsminister der Finanzen.

§ 25.

(1) Den Steuerstellen haben nach näherer Bestimmung des Reichsrats Mitteilung zu machen:

1. die Grundbuchämter
   von den Eintragungen des Eigentumsüberganges von Grundstücken in das Grundbuch;
2. die Registergerichte und -behörden
   von Eintragungen in das Handels- und Genossenschaftsregister und von Einreichungen zum Handelsregister, soweit sie im Verfolg eines steuerpflichtigen Rechtsvorganges vorgenommen werden;
3. allgemein die Behörden und Beamten des Reichs, des Landes und der Gemeinden sowie der Notare
   von allen von ihnen beurkundeten Rechtsvorgängen, die den Uebergang des Eigentums an inländischen Grundstücken zum Gegenstande haben oder zu den im § 5 bezeichneten Rechtsgeschäften gehören.

(2) Die Landesregierungen sind ermächtigt, im Einverständnisse mit dem Reichsminister der Finanzen die Mitteilungspflicht anderen als den in Nr. 1 und 2 genannten Stellen zu übertragen.

§ 26.

Wer an einem steuerpflichtigen Rechtsvorgange beteiligt ist, hat innerhalb eines Monats der Steuerstelle Anzeige zu erstatten, es sei denn, daß der Steuerstelle bereits nach § 25 von dem Rechtsvorgange Mitteilung zu machen ist.

§ 27.

Der Reichsminister der Finanzen kann anordnen, daß es der in den §§ 25 und 26 vorgesehenen Anzeigen und Mitteilungen nicht bedarf, wenn die Anzeigen und Mitteilungen bereits aus anderem Anlaß, insbesondere wegen der Wertzuwachssteuer erfolgt sind.

§ 28.

(1) In dem Falle des § 10 haben die Inhaber der gebundenen Grundstücke und die gesetzlichen Vertreter der dort genannten Vereinigungen, Anstalten und Stiftungen mindestens zwei Monate vor Ablauf des zwanzigjährigen Zeitraums der Steuerbehörde Anzeige zu erstatten.

(2) Die Steuerpflicht nach § 10 tritt zum ersten Male mit dem 1. Januar 1929 oder an dem späteren nach dem Inkrafttreten des Gesetzes liegenden Tage ein, an dem ein zehnjähriger Zeitraum seit der Bindung (§ 10 Abs. 1 Nr. 1) oder dem Erwerbe (§ 10 Abs. 1 Nr. 2) abläuft. Die Steuer wird das erste Mal nur in Höhe von eins vom Hundert erhoben.

§ 29.

(1) Die Steuerstelle setzt die Steuer fest und erteilt dem Steuerpflichtigen einen Bescheid.

(2) Deckt sich die Steuer mit der nach § 24 geleisteten Zahlung, so genügt eine Mitteilung hierüber.

§ 30.

Die Steuer ist binnen einer Woche nach der Bekanntgabe des Steuerbescheids zu leisten, soweit sie die nach § 24 geleistete Zahlung übersteigt.

§ 31 (früher § 35).

(1) Die Entscheidung über Anträge auf Erlaß der Steuer aus Billigkeitsgründen hat die Zuschläge nach dem Finanzausgleichsgesetz zu umfassen. Bei der Entscheidung solcher Anträge sollen insbesondere diejenigen Fälle berücksichtigt werden, in denen der Erwerb von Grundstücken durch einen Hypotheken-, Grundschuld-, Rentenschuld- oder Reallastgläubiger zur Rettung seiner Hypothek, Grundschuld, Rentenschuld oder Reallast erfolgt.

(2) Der Reichsrat ist ermächtigt, allgemein Rechtsvorgänge für steuerpflichtig zu erklären, die es einem andern ermöglichen, über das Grundstück wie ein Eigentümer zu verfügen. Diese Erklärungen sind dem Reichstag, wenn er versammelt ist, sofort, andernfalls bei seinem nächsten Zusammentreten vorzulegen. Sie

sind mit Wirkung von ihrem Inkrafttreten an außer Kraft zu setzen, soweit der Reichstag es verlangt.

§ 32 (früher § 36).

Die Ausführungsbestimmungen zu diesem Gesetz erläßt der Reichsminister der Finanzen mit Zustimmung des Reichsrats.

§ 33 (früher § 37).

(1) Die Vorschriften des Reichsstempelgesetzes, der Landesgesetze und der Satzungen der Gemeinden (Gemeindeverbände), welche die Erhebung einer Abgabe von Grundstücksübertragungen oder der im § 10 genannten Art betreffen, treten mit Wirkung vom 1. Oktober 1919 außer Kraft, unbeschadet der Durchführung des Erhebungsverfahrens für die bis zum 30. September 1919 steuerpflichtig gewordenen Rechtsvorgänge. Dies betrifft auch Abgaben, welche die Steuerpflicht nicht an den Eigentumserwerb, sondern an den Abschluß des Veräußerungsgeschäfts anknüpfen oder welche die Fälle des § 10 in der Form einer jährlichen Abgabe besteuern, nicht dagegen Abgaben auf die Bindung eines Grundstücks.

(2) Neue Abgaben der im Abs. 2 genannten Art dürfen von den Ländern, Gemeinden und Gemeindeverbänden nicht eingeführt werden.

(3) Ist ein Rechtsvorgang nach dem Grunderwerbsteuergesetz zu besteuern, der bereits nach den durch die vorstehende Vorschrift aufgehobenen Rechtssätzen zur Erhebung einer Abgabe Anlaß gegeben hat, so ist diese Abgabe auf die Grunderwerbsteuer anzurechnen, und zwar zunächst auf den Anteil desjenigen am Aufkommen an der Grunderwerbsteuer beteiligten Verbandes, zu dessen Gunsten die frühere Abgabe erhoben wurde.

---

## Erläuterungen.

Die verfassunggebende Deutsche Nationalversammlung hat das folgende Gesetz beschlossen, das mit Zustimmung des Reichsrats hiermit verkündet wird:

### § 1.

**Beim Uebergange des Eigentums an inländischen Grundstücken wird eine Grunderwerbsteuer erhoben. Dem Uebergange des Eigentums steht gleich der Erwerb von herrenlosen Grundstücken.**

1. Der **steuerpflichtige Rechtsvorgang** besteht in dem Uebergange des Eigentums an inländischen Grundstücken, also in dem dinglichen Rechtsvorgang, durch welchen ein neuer Eigentümer an Stelle des bisherigen eintritt. Das der Uebereignung zugrunde liegende obligatorische Veräußerungsgeschäft wird nur ausnahmsweise als steuerpflichtiger Rechtsvorgang behandelt, und zwar in § 5. Gleichgestellt dagegen ist nach § 6 ein Rechtsvorgang, der es ohne Uebertragung des Eigentums einem anderen ermöglicht, über das Grundstück wie ein Eigentümer zu verfügen. Wegen verdeckter Uebereignung vgl. § 7; wegen steuerfreier Uebereignungen § 8.

2. **Grundstücke** sind abgegrenzte Teile der Erdoberfläche, auch Gewässer, z. B. Teiche und Seen (Amtl. Mitt. 1913, 113). Sie sind horizontal beliebig teilbar. Die Zusammenfassung zu einer Einheit ist nach rechtlichen oder wirtschaftlichen Gesichtspunkten möglich. Bei rechtlicher Betrachtung ist selbständig dasjenige Grundstück, das ein eigenes Grundbuchblatt oder innerhalb eines solchen eine besondere Nummer besitzt. Der Begriff der **wirtschaftlichen Einheit** dagegen, der nach der Rechtsprechung zum preußischen KAG. und vielfach auch zum RStG. und ZuwStG. als grundlegend bezeichnet worden und auch für dieses Gesetz maßgebend ist (vgl. § 19, sowie § 137 Abs. 2 AO.), kommt praktisch vor allem da in Frage, wo mehrere juristisch selbständige Grundstücke von demselben Veräußerer an denselben Erwerber veräußert werden; vgl. Lion Anm. 9 zu § 1 ZuwStG. Die Zusammenfassung dieser Grundstücke zu einer Einheit wird rechtlich erheblich, wenn sie in ihrer Zusammenfassung einen höheren gemeinen Wert haben als die Summe ihrer Einzelwerte, ferner gemäß § 18, wenn jedes einzelne Grundstück nicht mehr als 50 Rm. wert ist, die Summe der Werte jedoch diesen Betrag übersteigt. Auch in den Fällen des § 14 kann die Zusammenfassung erheblich werden. Die Zusammenfassung zur wirtschaftlichen Einheit ist für die Besteuerung nur dann maßgebend, wenn die mehreren Grundstücke als wirtschaftliche Einheit veräußert worden sind. Aber es kann auch umgekehrt ein juristisch selbständiges und einheitliches Grundstück aus mehreren wirtschaftlichen Einheiten bestehen, z. B. wenn auf einem Hofraum mehrere selbständige Wohnhäuser erbaut sind.

Für den Begriff der wirtschaftlichen Einheit gelten die Anschauungen des Verkehrs (§ 137 Abs. 2 AO.). Eine wirtschaftliche Einheit bilden die Grundstücke ohne Rücksicht auf die Eintragung im Grundsteuerkataster, Lagerbuch oder auf einem oder mehreren Grundbuchblättern dann, wenn sie nach dem objektiven Befund als ein einheitliches Grundstück zu betrachten sind (vgl. über die Voraussetzungen OVG. 71, 72); sie brauchen räumlich nicht zusammenzuhängen und nicht einmal in derselben Gemeinde zu liegen; vgl. OVG. 46, 36; PrVerwBl. 25, 724 und Lion Anm. 9 zu § 1 ZuwStG. Sie werden durch den Willen des Eigentümers zur Einheit zusammengefaßt (OVG. 59, 12); Voraussetzung also ist ein einheitlicher Eigentümer (OVG. 64, 81), mag ein Teil auch nur in seinem Miteigentum stehen (OVG. 74, 1). Andererseits reicht zusammenfassendes Eigentum oder gleichzeitiger Erwerb (OVG. 62, 18; 71, 72) nicht aus; es muß Verwendung zu einheitlichem Zweck hinzukommen (OVG. 62, 43), und zwar in der Hand des Veräußerers, nicht des Erwerbers (OVG. 72, 1); so z. B. einheitliche Bewirtschaftung mehrerer Aecker und Wiesen oder Verwendung mehrerer Gebäude zu demselben Gewerbebetrieb (Amtl. Mitt. 1913, 67). Vorübergehende Zwischennutzung durch Verpachtung von Trennstücken schließt die wirtschaftliche Einheit nicht aus; vgl. OVG. 71, 31.

Verwertung durch einheitliche Verpachtung mehrerer Grundstücke reicht aber für sich allein nicht aus, um eine wirtschaftliche Einheit anzunehmen, wenn kein räumlicher und wirtschaftlicher Zusammenhang besteht; Amtl. Mitt. 1912, 152.

Wird nur ein Teil eines einheitlichen Grundstücks veräußert, so bildet dieser Teil ein selbständiges Grundstück im Sinne dieses Gesetzes; vgl. BayVerwGHJW. 1918, 463.

Werden mehrere Grundstücke, die mehrere wirtschaftliche Einheiten bilden, durch einen Vertrag veräußert, so liegen so viele selbständige Steuerfälle vor, wie wirtschaftliche Einheiten gegeben sind; vgl. OVG. PrVerwBl. 38, 651. Ein Vertrag über ein in Wirklichkeit gar nicht existierendes Grundstück löst keine Steuerpflicht aus; RFH. Mrozek, R. 3 zu § 5.

**3. Bestandteil und Zubehör.** a) Zu dem Grundstück gehört nicht nur gemäß § 905 BGB. das Stück Erdoberfläche nebst dem Raum darüber und dem Erdkörper darunter, vielmehr auch gemäß §§ 93—96 BGB. alle wesentlichen und nichtwesentlichen Bestandteile. Dies muß auch für dieses Gesetz gelten, was sich durch die in § 11 Satz 2 der älteren Fassung und § 154 Abs. 2 AO. besonders erwähnte Ausnahme bestätigt.

a) Wesentliche Bestandteile sind nach § 94 BGB. vor allem die mit dem Grund und Boden festverbundenen Sachen, zumal die Gebäude mit allen zu ihrer Herstellung eingefügten Sachen. Nach RFH. Mrozek R. 10 zu § 1 sind auf Steinfundamenten erbaute Holzschuppen in der Regel Bestandteile.

b) Eine Ausnahme hiervon bilden für die Grunderwerbsteuer nach § 11 Satz 2 bzw. § 154 Abs. 2 AO. Maschinen und sonstige Betriebsvorrichtungen; vgl. Anm. 4 zu § 11.

c) Ferner gehören nach § 94 Abs. 1 BGB. zu den wesentlichen Bestandteilen die **Erzeugnisse** des Grundstücks, solange sie mit dem Boden zusammenhängen. Im Gegensatz zu § 10 ZuwStG. werden die stehenden Erzeugnisse vom Grundstückswert nicht abgezogen, weil sich dies praktisch als undurchführbar erwiesen hat. Es muß daher insbesondere auch der Wert der stehenden Ernte und des auf dem Grundstücke stockenden Holzes gemäß § 11 berücksichtigt werden, auch wenn das Holz durch einen besonderen Vertrag verkauft worden ist (vgl. OVG. bei Boethke PrVerwBl. 35, 279 Nr. 43). Wird nur das Holz zum Abtrieb oder ein Gebäude zum Abbruch verkauft, so liegt eine Veräußerung beweglicher Sachen vor; also keine Grunderwerbssteuer; vgl. Ott 61 und 64 zu § 1.

d) Auch die Bodenbestandteile (Kohlen, Erze, Gestein) kommen hier in Betracht, so insbesondere im Gebiet des kurfürstl. sächs. Mandats, in dem das Kohlenabbaurecht mit dem Grundstückseigentum verbunden ist, die Kohlen: RFH. Mrozek R. 26 zu § 1.

e) Sind Gebäude oder Pflanzen nur zu einem vorübergehenden Zweck oder in Ausübung eines dinglichen Rechts an dem Grundstück mit diesem verbunden worden, so gehören sie nach § 95 BGB. nicht zu den Bestandteilen und kommen für die Besteuerung nicht in Betracht. Dies gilt z. B. für Schaubuden, Ausstellungshallen, Baumschulen und dergl., sowie Baulichkeiten, die ein Mieter für die Dauer seines Rechts errichtet hat (OVG. 57, 128); vgl. RFH. Mrozek R. 23 zu § 1. Werden derartige Baulichkeiten in dauernde Bestandteile umgewandelt, so werden sie zum wesentlichen Bestandteil. Das kann durch bauliche Aenderungen, aber auch durch bloße Vereinbarungen geschehen,

z. B. wenn eine Baubude nach Fertigstellung des Hauptgebäudes dem Bauherrn und Grundeigentümer übereignet wird, der sie als Kantine oder dergl. dauernd benutzen will; vgl. RFH. Mrozek R. 12 zu § 1 = JW. 1923, 790 Nr. 4 = StuW. II, 662; Ott 63 zu § 1. Die Umwandlung wesentlicher Bestandteile in solche, die nur zu vorübergehendem Zweck mit dem Grundstück verbunden sind, kommt schon deshalb nicht in Frage, weil wesentliche Bestandteile nach § 93 BGB. nicht Gegenstand besonderer Rechte sein, also nicht ohne das Grundstück veräußert werden können; die bloße Zweckänderung seitens des Eigentümers hebt ihre Eigenschaft als wesentlichen Bestandteil nicht auf; vgl. Ott 64 zu § 1.

f) Zu den Bestandteilen eines Grundstücks gehören ferner und sind gemäß § 154 Abs. 1 AO. bei der Bewertung zu berücksichtigen **Rechte,** die mit dem Eigentum am Grundstück verbunden sind (§ 96 BGB.), z. B. Grunddienstbarkeiten, Ueberbau- und Notwegrenten, sowie, falls sie mit dem Grundstückseigentum verbunden sind, Reallasten, Vorkaufsrechte, die an Wasserläufen verliehenen Rechte gemäß §§ 46 Abs. 3, 81 Abs. 2 des Pr. Wasser-Ges. und das Fischereirecht gemäß § 22 Pr. FischG. v. 11. 5. 1916. Ferner die Amortisationsguthaben, sofern sie nach Landschaftsordnung mit dem Grundstückseigentum untrennbar verbunden sind (vgl. RG. 74, 401 und OVG. bei Boethke PrVerwBl. 35, 278 Nr. 42), Abdeckereigerechtigkeiten (RG. 83, 198), ferner Realgewerbegerechtigkeiten, insbesondere **Apotheken-Privilegien,** so die in Preußen vor dem Gewerbeedikt vom 2. 11. 1810 verliehenen, nicht aber persönliche Konzessionen, wie die neueren Apothekenkonzessionen (nach dem Gewerbesteueredikt vom 2. 11. 1810 verliehene); vgl. OVG. 43, 49; 53, 116; 54, 23; 67, 156; vgl. hierüber die eingehenden Ausführungen bei Ott 72 bis 81 zu § 1. Die Rspr. des RFH. ist nicht einheitlich. Nach RFH. 1, 220 kommt es auf den wirklichen Willen der Beteiligten an. Uebersteigt die eingeräumte Kaufgeldhypothek einschließlich der übrigen Hypotheken den Wert des Grundstücks, so wird hieraus gefolgert, daß die Konzession als werterhöhende Eigenschaft des Grundstücks behandelt worden ist, so daß der Grundstückswert mindestens der Summe der Hypotheken gleich zu setzen ist. RFH. 4, 158 rechnet dagegen die Vergütung für den Verzicht auf die Konzession stets in voller Höhe dem Grundstückspreis zu. Ebenso RFH. Mrozek R. 7 zu § 12 Abs. 1. Nach RFH. 8, 9 = JW. 1922, 834 = StuW. I, 269 (ähnlich RFH. Mrozek R. 5 zu § 2 = StuW. V, 165; RFH. 21, 188) ist die Zerlegung des Gesamtkaufpreises in Teilpreise für Grundstück und Konzession für die Steuerbehörde nicht bindend. Auch die Vergütung für die Ueberlassung der Kundschaft und des Firmenrechts muß hiernach dem Grundstückspreis zugeschlagen werden, weil Kundschaft und Firmenrecht bei Apotheken keinen selbständigen Wert haben. Der Grundstückswert ist aber mindestens auf den Gesamtbetrag der Hypotheken zu bemessen, da das Grundstück auch über seinen Wert belastet sein kann. Was aber als Entschädigung für den Erlaubnisverzicht im Vertrage bezeichnet ist, ist mindestens bis zur vollen hypothekarischen Belastung als Teil des Grundstückspreises zu behandeln. Ott 78 zu § 1 bekämpft diese Rechtsprechung des RFH., ebenso Boethke DStBl. 1923, 111; ihnen ist beizutreten. Die persönliche Konzession kann vom Grundstück jederzeit getrennt werden und ist daher ein selbständiges Vermögensrecht. Zutreffend ist nur, daß der vielleicht langjährig auf einem Grundstück ausgeübte Apothekenbetrieb eine werterhöhende Eigenschaft darstellt, nicht aber auch nur annähernd in voller Höhe des Wertes der Konzession; vgl. auch RFH. 18, 120, wonach die verkäufliche Konzession einen selbständigen Teil des Betriebsvermögens bildet. Trotzdem unterwirft RFH. StuW. V, 489 die Konzession wiederum der Grunderwerbssteuer, weil Grundstück und Betriebrecht nach dem Willen der Parteien untrennbar zum Gegenstand des Vertrages gemacht worden sei, auch vom Verkehr als Einheit betrachtet würde. Dieser Gesichtspunkt ist jedoch keineswegs maßgebend, wie der Rechtsgedanke des § 154 Abs. 2 AO. ergibt. — Die seit 11. 7. 1894 erteilten Apothekenkonzessionen sind rein persönlich und nicht übertragbar; sie kommen bei Veräußerung des Grundstücks nur als werterhöhende Eigenschaft (Eignung des Grundstücks zum Apothekenbetrieb, Gewöhnung des Publikums) in Betracht; vgl. Ott 81, Lindemann S. 30, Boethke-Bergschmidt S. 59, RFH. 2, 133 und 306; 4, 158; 8, 9. Wird eine besondere Vergütung für Firma und Kundschaft oder für den Verzicht auf die Konzession vereinbart, so erscheint es nicht gerechtfertigt, sie mit RFH. 4, 158; 8, 9 gänzlich dem Grundstückspreise zuzurechnen.

Das Brennereikontingent ist nicht Grundstücksbestandteil; PrVerwBl. 19, 166.

g) Wird ein Grundstück zugleich mit einem darauf betriebenen **Geschäft** anderer Art veräußert, so ist nach RFH. 9, 173 = JW. 1922, 1618 zu prüfen, welche Verpflichtungen bezüglich des Geschäfts der Veräußerer übernimmt und welche Rechte der Erwerber erlangt. Der Ruf des Geschäfts ist dann nur eine wertbeeinflussende Eigenschaft des Geschäfts; ebenso RFH. 2, 118. Nach RFH. Mrozek, R. 19 zu § 12 Abs. 2 Satz 1 nur dann, wenn der Geschäftsbetrieb sich nicht von dem Grundstück trennen ließe. Wird dagegen das Grundstück allein veräußert und der Geschäftsbetrieb als Folge der Veräußerung eingestellt, so ist eine Entschädigung für die Betriebseinstellung als Teil des Grundstückskaufpreises zu behandeln; vgl. Hagelberg, JW. 1922, 1618. Eine werterhöhende Eigenschaft des Grundstücks bilden Kundschaft und Geschäftsruf als solche nicht, wohl aber diejenigen Eigenschaften des Grundstücks, die zur Vermehrung der Kundschaft und zu ihrer Gewöhnung an das Grundstück geführt haben, z. B. Lage in der Nähe des Bahnhofs, in gewissen Grenzen aber auch die Tatsache der Gewöhnung der Kundschaft an das Grundstück; keinesfalls kann aber der volle Verkehrswert der Firma, der Kundschaft und des Geschäftsrufs als werterhöhende Eigenschaft des Grundstücks behandelt werden, da diese Werte auch bei Verlegung des Geschäfts auf ein anderes Grundstück zum größten Teil erhalten bleiben, also einen selbständigen Wert in sich tragen; vgl. auch Ott 70 zu § 1. Diesen Grundsätzen hat sich RFH. 21, 187 etwas angenähert. Er berücksichtigt in dieser Entscheidung, daß der Wert einer Wirtschaftserlaubnis von der Geschäftstüchtigkeit des Wirts abhängig ist, daß in der Vergütung für den Verzicht auf die Wirtschaftserlaubnis eine solche für den vom Vorgänger erworbenen Kundenkreis und Geschäftsruf enthalten sein kann, und daß eine Vergütung für Gewährung der Konkurrenzklausel nicht als für Werterhöhung des Grundstücks gewährt zu betrachten ist.

h) Werden Bestandteile, z. B. Abrißgebäude oder stehende Früchte, z. B. die Ernte oder das schlagbare Holz, von der Veräußerung ausgeschlossen, so fragt es sich, ob ihr Wert dennoch der Steuer unterliegt, wenn die Bestandteile bei dem Eigentumsübergang noch nicht getrennt sind. Die entsprechende Frage tut sich auf, wenn der Erwerber bereits vor dem Eigentumsübergang neue Bestandteile, insbesondere Gebäude, mit dem Grundstück verbunden hat. Nach RFH. 9, 61; 12, 21; 13, 293 ist der Zustand, in dem das Grundstück zum Gegenstand der Veräußerung gemacht worden ist, für die Bewertung entscheidend. Dies folgt daraus, daß nach § 11 und 12 Wert und Preis gleichwertige Maßstäbe sind. Es muß daher der Wert des Grundstücks in dem Zustande, in dem es den Gegenstand der Preisbemessung bildet, ermittelt werden. Diesseits war in der 1. Auflage schon auf § 5 hingewiesen worden, der nur die Besteuerung des Vertragsgegenstandes zuläßt. Veräußert der Eigentümer das Grundstück an A, das daraufstehende Holz gleichzeitig an B, so ist die GrdErwSt. nur nach dem Werte des nackten Grundstücks zu berechnen; RFH. Mrozek, R. 35 zu § 1. Uebernimmt der Veräußerer die Errichtung eines Gebäudes auf dem Kaufgrundstück für den Erwerber, so kommt es nach RFH. 12, 21 darauf an, ob er das Grundstück mit Haus verkauft oder ob die Errichtung des Hauses den Gegenstand eines besonderen Werkvertrages bildet; ähnlich RFH. JW. 1922, 831, Nr. 4. Im Zweifel entscheidet hiernach die Ausdrucksweise der Vertragschließenden. Verpflichtet sich der Veräußerer, das Haus zugleich mit dem Grundstück schlüsselfertig zu übergeben, und sind auch sonst die Wirkungen des Vertrages auf diesen Tag der Uebergabe abgestellt, so kann daraus folgen, daß das Grundstück mit dem Hause den Gegenstand der Veräußerung bildet. Ob der Veräußerer die Baustoffe zu beschaffen hat, also Werklieferungsvertrag vorliegt, dürfte im Gegensatz zu Ott 11 zu § 12 nicht entscheidend sein; vgl. im übrigen Anm. 2 c) zu § 12.

i) Das **Zubehör** ist nach § 97 BGB. eine selbständige bewegliche Sache, die dem wirtschaftlichen Zweck der Hauptsache auf die Dauer zu dienen bestimmt ist und zu ihr in einem dementsprechenden räumlichen Verhältnisse steht, sofern sie im Verkehr als Zubehör angesehen wird. Nach § 314 BGB. erstreckt sich der verpflichtende Veräußerungsvertrag und nach § 926 Abs. 1 Satz 2 BGB. auch der dingliche Uebereignungsvertrag im Zweifel auf das Zubehör. Nach der Auffassung der Begründung (Seite 21) und nach § 154 AO. sollen Zubehörstücke außer Betracht bleiben. Diese Auffassung entspricht dem Wesen der Grunderwerbsteuer, die nur den Wert des Grundstücks selbst zum Gegenstande hat; vgl. auch RG. 83, 67.

Die Verteilung des Kaufpreises auf Grundstück und Zubehör im Vertrage ist für die Steuerbehörde nicht unbedingt bindend; vgl. Ott 66 zu § 1, sowie unten Anm. 2 c) zu § 12.

4. **Inländische** Grundstücke bilden den Gegenstand des steuerpflichtigen Rechtsvorgangs. Es muß sich also um Grundstücke handeln, die innerhalb des Deutschen Reiches belegen sind. Erstreckt sich das Grundstück über die Grenzen des Reiches hinaus, so kommt

für die Besteuerung nur derjenige Teil in Betracht, der noch zum Reichsgebiet gehört. Dieser Teil ist dann im Sinne des § 11 als besonderes Grundstück abzuschätzen. Ob der Veräußerer oder der Erwerber In- oder Ausländer ist, macht nichts aus. Bei der Steuer aus § 3 kommt es gleichfalls nur auf die Belegenheit des Grundstücks an, nicht auf den Sitz der Gesellschaft, denn auch diese Steuer ist auf einen fingierten Grunderwerb gelegt.

Das Grundstück muß im maßgebenden Zeitpunkt, also gemäß § 4 zur Zeit der Umschreibung im Grundbuch oder gemäß § 5 evtl. bei Ablauf eines Jahres zum Reichsgebiet gehören. Liegt dieser Zeitpunkt vor dem Inkrafttreten des Friedensvertrages, so gelten noch die alten Grenzen, abgesehen von Elsaß-Lothringen, das nach Artikel 51 FrV. mit Wirkung vom 11. November 1918 ab unter die französische Souveränität zurückfällt und seit diesem Zeitpunkte bereits der deutschen Territorialhoheit entrückt ist. Im Saarbecken besitzt der vom Völkerbund eingesetzte Regierungsausschuß nach § 26 der Anlage zu Artikel 45—50 FrV. das alleinige Recht, Abgaben und Steuern zu erheben. Neue Abgaben, die am 11. 11. 18 noch nicht bestanden, kann das Reich hier nicht einführen; vgl. §§ 23, 26 Abs. 3 a. a. O.; RFH. 12, 222; dagegen ist das besetzte Gebiet auch im steuerrechtlichen Sinne Inland; RFH. 15, 124.

5. **Der Uebergang des Eigentums** ist für die Steuerpflicht maßgebend. Daher kommt eine Steuer nicht in Frage, wenn nur **Grundbuchberichtigung,** nicht aber Eigentumswechsel vorliegt, mag auch der Grundbuchrichter überflüssigerweise eine Eigentumsänderung eingetragen haben; RFH. StuW. I, 1108 oder eine überflüssige Auflassung erklärt worden sein; RFH. JW. 1927, 1959, Nr. 1. Für den umgekehrten Fall vgl. RFH. StuW. IV, 245. In StuW. IV, 511 = JW. 1925, 228, Nr. 1 = Mrozek, R. 6 zu § 16 hat RFH. die Erfordernisse einer Auflassung aus einer als solche nicht gedachten notariellen Erklärung der Beteiligten entnommen und hieraus in Verbindung mit der grundbuchlichen Eintragung den wirklichen Eigentumswechsel hergeleitet. Ferner ist dort ausgesprochen, daß, wenn in Ermangelung einer Auflassung durch die Umschreibung im Grundbuche kein Eigentum übergegangen ist, die Steuerpflicht nicht um deswillen angenommen werden kann, weil die Beteiligten die Eintragung als Eigentumsübergang anerkennen und sich danach verhalten. Dagegen verneint RFH. Mrozek, R. 14 zu § 1 die Steuerpflicht aus § 1 in einem Falle, in dem zum Eigentumsübergang die Auflassung erforderlich war, während der Grundbuchrichter nur Grundbuchberichtigung vorgenommen hatte.

b) Das GrErwSt. versteht unter dem Uebergang des Eigentums in § 1 nur den des **bürgerlich rechtlichen Eigentums,** nicht zugleich den des wirtschaftlichen Eigentums; vgl. RFH. Mrozek, R. 6 zu § 4; StuW. VI, 100; Ott, StuW. I, 335 ff., 427 ff. Die Vorschrift des § 80 AO., wonach, wer einen Gegenstand als ihm gehörig besitzt, im Sinne der Steuergesetze wie ein Eigentümer behandelt wird, ist auf § 1 GrErwSt. nicht anwendbar, da es hier nicht auf den Besitz des Gegenstandes, sondern auf die Uebertragung des Eigentums ankommt. § 4 ergibt, daß nur das juristische Eigentum gemeint ist. Dies folgt auch aus §§ 3 und 6, in denen Fälle des wirtschaftlichen Eigentums besonders behandelt sind. So auch die herrschende Lehre; vgl. Ott 9—11 zu § 1, Lindemann S. 17, Boethke-Bergschmidt 1 zu § 1, Rohde 6 zu § 1, ebenso RFH. 8, 89; 13, 120; 15, 223; 18, 90; RFH. JW. 1923, 321, Nr. 6, 1928, 82, Nr. 2, Mrozek R. 3 zu § 1; StuW. VI, 100.

c) Es ist belanglos, auf welche Art und Weise und auf Grund welcher Verpflichtung der Eigentumsübergang stattfindet; vgl. RFH. Mrozek, R. 19 zu § 1.

Auch Uebereignung zu **treuen Händen** unterliegt der Steuerpflicht; vgl. RFH. 15, 132; Mrozek, R. 16—19 zu § 4; StuW. VI, 100, und wegen des Begriffs der Treuhandschaft RFH. 18, 90; 19, 26; Ott, StuW. I, 427 ff. Die Uebereignung zu treuen Händen ist keine Schenkung im Sinne des § 8 Abs. 1 Nr. 1, da die Bereicherungsabsicht fehlt; vgl. Ott 15 zu § 1. Treuhandübereignung ist insbesondere die Sicherungsübereignung (RFH. Mrozek, R. 19 zu § 1), aber auch der Erwerb durch einen stillen Stellvertreter, auch der Erwerb im eigenen Namen als Treuhänder für eine in Gründung befindliche Akt.-Ges.; RFH. Mrozek, R. 3 zu § 4; anders bei Erwerb im Namen der Akt.-Ges.; vgl. RFH. 7, 72; RFH. StuW. VI, 17. Steuerpflichtig ist auch die Rückübertragung an den Treugeber. RFH. 8, 89; 15, 132, RFH. JW. 1923, 321, Nr. 6; Mrozek, R. 3 zu § 1; R. 4, 5, 7 zu § 4. Erfolgt die Rückübertragung innerhalb zweier Jahre, so besteht jedoch Erstattungspflicht nach § 23 a 3. Steuerpflichtig ist auch die Uebertragung des Grundstücks von einem Treuhänder auf einen neuen Treuhänder; vgl. RFH. JW. 1923, 321, Nr. 6 = StuW. I, 762. Wird die Stellung des Treugebers auf einen andern Treugeber übertragen, so entsteht hingegen keine Steuerpflicht, weil kein Grundstückseigentum übergeht; RFH. StuW. III, 566 und V, 372; sowie RFH. JW. 1927, 1445, Nr. 8. Ob ein Fall des § 6 vorliegt, hängt von den Umständen des Falles ab; nicht jeder Treugeber ist wirtschaftlicher Eigentümer im Sinne des § 6. Erwirbt der Treuhänder das wirtschaftliche Eigentum, so entsteht keine Steuerpflicht; vgl. RFH. 7, 145; 15, 223; 11, 137. Ebenso nicht, wenn der Treugeber durch den Vertrag nur seine wirtschaftliche Verfügungsmacht sicherstellt; RFH. 18, 90; vgl. auch RFH. Mrozek, R. 2 zu § 5 Abs. 1.

d) Es muß jedoch ein Uebergang erfolgen; im Falle der **Neubegründung** von Eigentum ist die Steuer nicht zu zahlen.

Eine Ausnahme hiervon bildet nur der Erwerb herrenloser Grundstücke; vgl. unten Anm. 6. Dagegen keine Steuer bei Verleihung von Bergwerkseigentum, Begründung eines Erbbaurechts; vgl. § 2.

e) Der Eigentumsübergang braucht nicht durch Vertrag zu erfolgen, er kann auch kraft Gesetzes oder durch behördliche Bestimmung stattfinden.

Auch wenn der Eigentumsübergang sich ohne Auflassung vollzieht, wie bei Zuwachsung, entsteht die Steuerpflicht; RFH. Mrozek, R. 33 zu § 1. Steuerpflicht liegt daher stets vor, wenn auf Grund irgend eines Rechtsvorgangs — auch kraft öffentlichen Rechts (vgl. OVG. 68, 165, aber auch § 21 Abs. 2) — ein neuer Eigentümer an die Stelle eines bisherigen Eigentümers tritt, auch wenn jener sein Recht nicht von dem letzteren ableitet. Steuerpflichtig ist daher auch der Fall der Enteignung, mag sie auf Grund von Reichsrecht z. B. auf Grund des Reichssiedlungsgesetzes oder des Reichsheimstättengesetzes oder auf Grund des Landesrechts (Enteignungsgesetzes) erfolgen. Steuerpflichtig ist ferner der Fall der Zwangsversteigerung (vgl. §§ 13, 14), der Ersitzung sowohl auf Grund des § 900 als auf Grund des § 927 BGB.; vgl. aber RFH. JW. 1925, 2503, Nr. 1 = StuW. IV, 512; hier ist Steuerfreiheit in einem Fall angenommen, in dem vom Preußischen Staat das Ausschluß-Urteil gemäß § 927 BGB. nur erwirkt worden war, um die Schwierigkeiten der an sich gegebenen Grundbuchberichtigung zu vermeiden. Ebenso der Fall des Erwerbs auf Grund Ueberbaues (§ 915 BGB.).

Auch die Gesamtrechtsnachfolge (Universalsuccession), soweit sie das Eigentum an Grundstücken berührt, gehört hierher, daher an sich auch der — gemäß § 8 Nr. 1 steuerfreie — Erwerb durch Erbschaft, aber nicht die Veräußerung des Miterbenanteils am Nachlaß; vgl. Strutz, JW. 1915, 627 und, unter Aufgabe des früheren Standpunktes, RFH. 12, 71; Mrozek, R. 9 zu § 1. Erwirbt aber jemand nacheinander alle Nachlaßanteile, so tritt mit dem Erwerb des letzten die Steuerpflicht ein, RFH. StuW. VI, 614. Ebenfalls wäre an sich ein steuerpflichtiger Eigentumsübergang begründet durch Begründung der ehelichen Gütergemeinschaft; vgl. aber § 8 Nr. 1 und 2; ferner der Gutsüberlassungsvertrag vorbehaltlich § 8 Nr. 1 u. 4; RFH. Mrozek, R. 15 zu § 1; der Anfall des Vereinsvermögens an den Fiskus gemäß § 45 BGB., die Fusion von Aktiengesellschaften (RFH. 12, 209), Uebernahme eines Handelsgeschäfts nebst Firma gemäß § 142 HGB., GrdErwSt. kommt ferner in Betracht bei den Eigentumsveränderungen auf Grund des Wasserrechts, z. B. bei Veränderungen des Flußbettes, bei Anlandungen, Entstehung von Inseln; vgl. §§ 14—18 des Pr. Wassergesetzes.

f) Dagegen liegt ein steuerpflichtiges Rechtsgeschäft nicht vor, wenn es an einem **Eigentumswechsel fehlt,** z. B. Zuschlag in der Zw.-Versteigerung an den Schuldner; vgl. dagegen Ott 22 zu § 1; Boethke-Bergschmidt, S. 46, Lion, S. 101, Greif, S. 607, Lindemann S. 20 und in einer Nebenbemerkung RFH. 14, 8. Richtig ist zwar, daß der Ersteher durch den Zuschlag Eigentum erwirkt, das unabhängig von seinem bisherigen Eigentum ist. Trotzdem liegt kein Uebergang des Eigentums im Sinne des § 1 vor, falls der Ersteher bisher wirklich Eigentümer war. RFH. JW. 1925, 2503, Nr. 1 hat Steuerfreiheit sogar in einem Falle angenommen, in dem das Eigentum juristisch durch Herrenlosigkeit unterbrochen war; um so eher muß Steuerfreiheit bei Zuschlag an den bisherigen Eigentümer bestehen. So jetzt auch RFH. 21, 148 = StuW. VI, 239 in Anwendung des Rechtsgedankens des § 23 a 3. Keine Steuerpflicht ferner, wenn ein fideikommissarisch gebundenes Grundstück auf Grund § 1 PrVO. v. 13. 11. 20 in der Hand des Besitzers freies Vermögen wird, da er schon vorher Volleigentum, wenn auch beschränkt durch die Rechte der Familie, hatte (RFH. 20, 267); ebenso für das gemeine Recht; RFH. StuW. VI, 371; ferner bei Ueberweisung des bisherigen Plans an einen Beteiligten im altpreußischen Auseinandersetzungsverfahren (RFH. 14, 8 = Mrozek, R. 13 zu § 1) und bei Namensänderung des Eigentümers infolge Verheiratung oder Adoption, ebenso bei Firmenänderung einer Aktiengesellschaft (RFH. JW. 1922, 1617, Nr. 15; Mrozek, R. 1 zu § 1), bei Umschreibung eines Grundstücks vom Reich auf die Reichsbahngesellschaft gem. dem RBahnG. v. 30. 8. 24 (RFH. 21, 323); bei Umschreibung seitens der Mitglieder einer fortgesetzten Gütergemeinschaft auf eine aus denselben Personen bestehende off. Handelsgesellschaft (RFH. Mrozek, R. 29 zu § 1) oder von einer Erbengemeinschaft an eine aus den Erben bestehende off. Handelsgesellschaft (RFH. 6, 27; a. M. Ott 47—49 zu § 1). Ebenso keine GrErwSt. bei Umschreibung von einer offenen Handels-Gesellschaft auf eine andere offene Handels-Gesellschaft oder auf eine Gesellschaft des bürgerlichen Rechts, wenn die Inhaber beider Gesellschaften die gleichen Personen sind; RFH. 17, 298, insb. 300. Keine Steuer ferner bei Umwandlung einer offenen Handels-Gesellschaft in eine Kommanditgesellschaft; RFH. Mrozek, R. 25 zu § 1; oder in eine Gesellschaft des bürgerlichen Rechts (OVG. 74, 6) oder einer Aktien-Gesellschaft in eine Kommanditgesellschaft auf Aktien und umgekehrt (OVGPrVBl. 33, 630). Anders bei Umwandlung einer Gesellschaft mit juristischer Persönlichkeit in eine andere Gesellschaftsform, z. B. bei Umwandlung einer Aktiengesellschaft in eine G. m. b. H. oder der Umwandlung einer G. m. b. H. in eine Aktiengesellschaft (RFH. 17, 249); sowie bei Umwandlung einer Aktiengesellschaft in eine offene Handelsgesellschaft oder bei Uebergang eines Grundstücks von einer offenen Handels-Gesellschaft auf eine personengleiche G. m. b. H.; diese ist steuerpflichtig; RFH. Mrozek, R. 7 zu § 1. Ebenso die Umwandlung einer Gewerkschaft in eine Aktiengesellschaft; RFH. Mrozek, R. 21 zu § 1.

g) Steuerpflicht wird ferner nicht begründet durch eine Aenderung in der **Verfügungsbefugnis** des Eigentümers, z. B. durch Eröffnung des Konkurses, durch Eintritt eines Vormundes oder Naßlaßpflegers oder durch Wechsel in der Person eines solchen; vgl. hierzu § 6 und Anm. 2 dazu.

h) Zur Verhütung von Doppelbesteuerung ist steuerfrei der Eigentumswechsel unter Familienmitgliedern bei gebundenen Grundstücken, die der Besteuerung aus § 10 unterliegen; RFH. JW. 1927, 2593, Nr. 6. Aehnlich der Personenwechsel bei Gesamthandsverhältnissen; vgl. Anm. 6.

i) Auch der Uebergang des **Miteigentumsanteils** (§ 1008 BGB.) ist nach § 1 als selbständiger Rechtsvorgang steuerpflichtig; vgl. OVG. 62, 32 u. 34. Bruchteilseigentum steht dem Alleineigentum gleich; der Unterschied liegt nur in dem Umfang des Eigentumsrechts, so daß die Uebertragung jeden Bruchteils als ein besonderer Steuerfall zu behandeln ist; vgl. RFH. 5, 184 und 8, 282. Umwandlung von Miteigentum in Flächeneigentum ist als Tausch steuerpflichtig; vgl. Anm. 1 zu § 16 und RFH. Mrozek, R. 2 zu § 1. Umwandlung von Bruchteilseigentum in Flächenanteilseigentum bildet einen Eigentumsübergang und ist steuerpflichtig, sofern die formellen Voraussetzungen (Auflassung und Eintragung) vorliegen; RFH. JW. 1925, 2284, Nr. 1.

k) Bei **Gesellschaftsverhältnissen** hingegen besteht Gesamthandseigentum; hierüber vgl. Anm. 6. Ebenso bei der Erbengemeinschaft und bei der ehelichen Gütergemeinschaft. Gesamthandseigentum kann nur in der Weise begründet werden, daß ein Rechtsverhältnis geschaffen wird, für das nach dem Gesetz Gesamthandseigentum besteht, nicht durch abstrakte Vereinbarung; vgl. OVG. 62, 265. Wegen der Gesamthandsverhältnisse vgl. im übrigen Anm. 6; auch wo nicht Gesellschaften vorliegen, wie bei ehelichen Gütergemeinschaften und Erbengemeinschaften gilt das gleiche. Bei Erwerb aller Nachlaßanteile tritt Steuerpflicht vom ganzen Grundstückswert ein: RFH. StuW. VI, 614. Die Umwandlung vom Miteigentum (Bruchteilseigentum) in Gesamthandseigentum stellt Eigentumsübergang dar und begründet daher die Steuerpflicht; vgl. RFH. 1, 93; OVG. 72, 31; 37, 95; PrVerwBl. 27, 340; 28, 667; 34, 29 Nr. 24; RG. 56, 96; 57, 432. Ebenso für den umgekehrten Fall.

l) Kein Eigentumsübergang im Sinne des § 1 dagegen bei Grenzfeststellung gemäß § 920 BGB., da hier auch im Falle der Zuteilung eines Grenzstreifens niemals festzustellen ist, daß dieser Streifen den Eigentümer wechselt.

Ueber die Formen des Eigentumübergänges vgl. § 4.

6. **Die Gesellschaftsverhältnisse** bedürfen einer besonderen Erörterung.

a) Zu unterscheiden sind Gesellschaften mit juristischer Persönlichkeit, insbesondere Aktiengesellschaften, Kommanditgesellschaften auf Aktien, G. m. b. H., Gewerkschaften, eingetragene Genossenschaft, und andere Gesellschaften, insbesondere die offene Handelsgesellschaft, Kommanditgesellschaft und die Gesellschaft des bürgerlichen Rechts. Bei den Gesellschaften ohne juristische Persönlichkeit gehört das Gesellschaftsvermögen den Gesellschaftern zur gesamten Hand. Die Gesellschafter sind in ihrer Verbundenheit Träger der Rechte, insbesondere des Eigentums an etwaigen Grundstücken. Ihnen steht nach §§ 718, 719 BGB. nicht getrenntes Miteigentum zu; kein Gesellschafter kann über seinen Anteil am Gesellschaftsvermögen im ganzen oder über einen einzelnen Bestandteil, z. B. ein Grundstück, verfügen.

Bei den juristischen Personen besteht vermögensrechtliche Selbständigkeit der Gesellschaft. Die Aktiengesellschaft, G. m. b. H. usw. ist also selbst Eigentümerin der Gesellschaftsgrundstücke. Die Gesellschaft macht Rechtsgeschäfte mit ihren eigenen Gesellschaftern in derselben Art wie mit dritten Personen. Das Einbringen von Grundstücken stellt daher einen Eigentumsübergang dar, und zwar auch bei Personengleichheit der Einbringenden und der Gesellschafter (vgl. RFH. Mrozek, R. 7 zu § 1), ebenso wie umgekehrt die Uebertragung von Gesellschaftsgrundstücken auf einen oder mehrere Gesellschafter (Aktionär und dgl.). Ein derartiger Rechtsverkehr ist in vollem Umfang steuerpflichtig, auch wenn sämtliche Aktien bzw. Anteile einer Person zustehen; RFH. 10, 314; 17, 277; § 15 findet keine Anwendung; vgl. aber 7 k zu § 3; RFH. 15, 223. Darüber hinaus steht auch der Erwerb sämtlicher Aktien oder sonstiger Stammteile nach § 3 einem Erwerb der Gesellschaft gehörigen Grundstücke gleich. Ist jedoch die Steuer gemäß § 3 bereits entrichtet worden, so wird bei nachfolgender Uebereignung des Gesellschaftsgrundstücks an den alleinigen Gesellschafter die Steuer nicht nochmals erhoben; vgl. RFH. 17, 277 = StuW. IV, 623; vgl. Anm. 7 zu § 3.

b) **Der Wechsel der Mitglieder** ist bei Personenvereinigungen, die eine juristische Person bilden, für das Grundstückseigentum ohne jede Bedeutung; dieses steht nach wie vor nur der Gesellschaft zu; eine Steuerpflicht kommt nicht in Frage.

Bei Gesellschaften, die keine Rechtspersönlichkeit haben, ist die Rechtslage nicht so einfach. Hier kommt es in erster Linie darauf an, ob das Grundstück überhaupt der Gesellschaft gehört. Voraussetzung für die Steuerpflicht ist auch hier ein Eigentumswechsel. Schließt der Grundstückseigentümer mit einer anderen Person eine bürgerliche Gesellschaft zur Verwertung seines Grundstücks, ohne daß das Grundstück in die Gesellschaft eingebracht wird, liegt also nur die Beteiligung des Gesellschafters am Verwertungsgeschäft und -ergebnis vor, so wird durch den Abschluß des Gesellschaftsvertrages eine Steuer nicht fällig, sofern nicht einer der Fälle des § 5 oder des § 6 vorliegt; vgl. daselbst.

c) Wird dagegen das Grundstück in eine Gesellschaft derart eingebracht, daß das Eigentum auf diese übergeht, so wird die Steuer fällig. Wegen der Höhe vgl. § 15. Dieser Fall liegt sowohl dann vor, wenn das Grundstück in eine offene Handelsgesellschaft eingebracht und gemäß § 124 HGB. auf diese umgeschrieben wird, als auch bei dem Einbringen in eine Gesellschaft des bürgerlichen Rechts oder einen nicht rechtsfähigen Verein (§ 54 BGB.). Personengleichheit der veräußernden und der erwerbenden Gesellschaft schließt die Grunderwerbssteuer aus; vgl. oben Anm. 5 f. Hat eine der beiden Gesellschaften juristische Persönlichkeit, so ist die Personengleichheit der Gesellschafter ohne Bedeutung, da das Eigentum der juristischen Person, nicht ihren Mitgliedern zusteht; vgl. RFH. Mrozek, R. 7 zu § 1.

d) Nimmt ein Eigentümer in sein Geschäft, zu dem das Grundstück gehört, einen Gesellschafter auf, so bedarf es zum Uebergang des Eigentums auf die offene Handelsgesellschaft der Auflassung und Umschreibung; hiermit wird die Steuer fällig; vgl. OVG. 30, 78; PrVerwBl. 23, 311; 24, 757.

e) Dasselbe gilt bei der **Auflösung** einer Gesellschaft. Die Auflösung als solche hat eine Eigentumsänderung nicht zur Folge; vielmehr tritt der Liquidationszustand ein. Wird die Gesellschaft unter Aufhebung der Liquidation wieder in eine produktive Gesellschaft zurückverwandelt, so hat dies keinen Eigentumswechsel zur Folge; es entsteht daher auch keine Grunderwerbsteuerpflicht; vgl. Ott 50 zu § 1. In der Liquidation werden die Vermögensbestandteile der Gesellschaft im ganzen oder getrennt verwertet. Wenn ein Gesellschafter das Geschäft mit allen Aktiven übernimmt und fortführt, bedarf es nach der herrschenden, aber nicht unbestrittenen Ansicht nicht der Auflassung; vgl. RG. 65, 237; 68, 414; RG. Warneyer 1919, 138. Trotzdem liegt ein Eigentumswechsel vor, der die Steuerpflicht begründet; vgl. OVG. 54, 111; 53, 127. Dies gilt natürlich auch bei der Verwertung von Grundstücken einer Aktiengesellschaft, G. m. b. H. usw. im Falle der Liquidation.

f) Tritt bei einer Gesellschaft, die aus zwei Gesellschaftern besteht, ein neuer Gesellschafter unmittelbar an die Stelle eines ausscheidenden Gesellschafters, so braucht eine Auflösung der

Gesellschaft nicht vorzuliegen, so daß keine Steuerpflicht entsteht; vgl. Ott 52 zu § 1.

g) Ein Wechsel von Mitgliedern bei Personenvereinigungen, die eine juristische Person bilden (Akt.-Ges., G. m. b. H., e. G. m. b. H., Gewerkschaft, Versicherungsverein a. G. usw.) ist auf die Eigentumsverhältnisse an deren Grundstücken ohne Einfluß. Auch bei einer offenen Handelsgesellschaft gilt das gleiche, wenn vor dem Eintritt bzw. nach dem Ausscheiden eines Gesellschafters mindestens zwei weitere Gesellschafter vorhanden sind, also bei Gesellschaften zu drei und mehr Personen.

Dieser schon in der ersten Auflage vertretene und durch das Wesen der Gesamthand als Verkoppelung ihrer Teilhaber begründete Standpunkt ist jetzt herrschende Praxis, nachdem der entgegenstehende Standpunkt in RFH. 5, 182; 6, 113 und 8, 297 durch die Entscheidung des Großen Senats in RFH. 12, 76 verlassen worden ist; vgl. auch RFH. Mrozek, R. 25 zu § 1. Hiernach entscheidet § 80 Abs. 2 AO. nicht, ob ein Steueranspruch begründet ist, sondern er ist erst anwendbar, wenn die Steuerpflicht der Teilhaber anderweit feststeht. Der Personenwechsel in einer Gesamthandgemeinschaft bedeutet keinen steuerbaren Eigentumsübergang; dies folgt aus § 3, der andernfalls überhaupt nicht erforderlich wäre. Auch § 10 Abs. 1 Nr. 2 wäre unverständlich, wenn bei Gesamthandgemeinschaften der Personenwechsel steuerbar wäre; ebenso § 15 Abs. 2. Auch bei der fortgesetzten Gütergemeinschaft ist der Wechsel im Personenstande für steuerfrei zu erachten. Sobald dagegen aus einem Alleineigentümer eine Gesellschaft wird oder umgekehrt, liegt ein steuerpflichtiger Eigentumswechsel vor.

h) **Umwandlungen.** Die Umwandlung einer offenen Handelsgesellschaft in eine Kommanditgesellschaft oder umgekehrt, oder in eine Gesellschaft des bürgerlichen Rechts ist bereits in Anm. 5 f unter dem Gesichtspunkt der Personengleichheit erörtert worden. Eine Steuerpflicht entsteht durch solche Umwandlungen nicht; vgl. RFH. Mrozek, R. 25 zu § 1.

Wird eine Aktiengesellschaft in eine G. m. b. H. umgewandelt oder umgekehrt (§ 80 G. m. b. H.), wobei Auflassung erforderlich ist (RFH. 17, 249 = Mrozek, R. 27 zu § 1), so liegt Eigentumwechsel vor (RG. 74, 6; OVG. 32, 74 sowie JW. 1918, 68), ebenso bei „Umwandlung" einer Genossenschaft in eine Akt.-Ges.; RFH. Mrozek, R. 37 zu § 1; nicht dagegen bei Umwandlung einer Aktiengesellschaft in eine Kommanditgesellschaft auf Aktien und umgekehrt (OVG. PrVerwBl. 33, 630 und 34, 859), oder bei Umwandlung einer Genossenschaft mit unbeschränkter Haftpflicht in eine solche mit beschränkter Haftpflicht; wohl aber bei Umwandlung einer Gewerkschaft alten Rechts in eine solche neueren Rechts (OVG. 70, 172) oder in eine Akt.-Ges. (OVG. 66, 37), RFH. 17, 165 = Mrozek R. 21 zu § 1) oder umgekehrt (OVG. 66, 46).

i) Im Falle **der Fusion** zweier Aktiengesellschaften ohne Liquidation (§ 306 HGB.) liegt Eigentumswechsel (Universalsuccession) vor (RFH. 12, 209), aber nur hinsichtlich der Grundstücke der übernommenen Gesellschaft; vgl. RFH. Mrozek R. 1 zu § 1; RG. 80,

169), ebenso bei Verstaatlichung einer Aktiengesellschaft (§ 304 HGB.). Bei Nichtigkeit einer Aktiengesellschaft oder G. m. b. H. findet Liquidation und Veräußerung der Grundstücke an dritte Personen statt, also gleichfalls Steuerpflicht. Dasselbe gilt bei Konkurs oder sonstiger Auflösung.

k) Erwerben die Gründer vor der Eintragung der Akt.-Ges. oder G. m. b. H. ein Grundstück auf eigenen Namen, so bedarf es nach Entstehung der juristischen Person der Auflassung und Eintragung, durch welche die Steuer fällig wird, ebenso Brodmann S. 55, vgl. RG. 87, 249. Ott 56 zu § 1 verwechselt diesen Fall mit dem häufigeren, daß die Vorgesellschaft das Grundstück nicht auf den Namen der Gründer zu Eigentum erwirbt, sondern von vornherein für die zu gründende Akt.-Ges. bzw. G. m. b. H. kauft. Wird dann nach Entstehung der Akt.-Ges., G. m. b. H. usw. die Uebereignung unmittelbar auf diese vollzogen, so wird die GrErwSt. nur einmal fällig.

7. **Rechtsgültigkeit des Eigentumsübergangs** ist in der 1. Aufl. nicht als Voraussetzung der Steuerpflicht angenommen worden; diese Auffassung muß aber aufgegeben werden. Nach der 1. Aufl. soll die Steuerpflicht nur im Falle der Nichtigkeit der Eintragung entfallen, nicht aber wenn der Eigentumsübergang wegen Formmangels, Geisteskrankheit einer Partei, wegen Verstoßes gegen Gesetz oder gute Sitten oder infolge Anfechtung wegen Irrtums, Zwangs, Betrugs nichtig ist; in solchen Fällen sollten die Beteiligten auf den Antrag gemäß § 23a 1 angewiesen sein, dessen Erfolg von der Wahrung einer bestimmten Frist abhängig ist. Diese Bedeutung kann jedoch dem § 23 nicht zugebilligt werden. § 1 macht die Steuerpflicht davon abhängig, daß der Uebergang des Eigentums wirklich erfolgt. Allerdings wird nach § 4 die Steuerpflicht begründet durch die Eintragung der Rechtsänderung in das Grundbuch, wo es aber einer solchen zum Eigentumsübergange nicht bedarf, durch den Vorgang, der die Rechtsänderung bewirkt. Mindestens also in denjenigen Fällen, in denen das Eigentum ohne Rücksicht auf Eintragung im Grundbuche übergeht, bedarf es auch nach § 4 einer wirklichen Rechtsänderung. Es besteht aber kein Anlaß zu der Annahme, daß in den andern Fällen die Steuerpflicht durch die Eintragung in das Grundbuch auch dann begründet werden sollte, wenn eine Rechtsänderung in Wirklichkeit nicht eingetreten ist. Auch die Steuer aus § 5, die nur eine Vorwegnahme der Besteuerung des Eigentumswechsels darstellt, ist von der Eintragung im Grundbuche unabhängig, setzt aber andererseits eine rechtswirksame Verpflichtung voraus. Daher muß die Rechtsgültigkeit des Eigentumsübergangs auch eine materielle Voraussetzung für die Steuerpflicht aus § 1 bilden; so auch RFH. Mrozek R. 3 zu § 5. Allerdings kann die Steuerbehörde schon dann veranlagen, wenn der äußere Tatbestand der §§ 1, 4 vorliegt, ohne ermitteln zu müssen, ob die eingetragene Eigentumsänderung auch wirklich eingetreten ist: RFH. Mrozek R. 8 zu § 4 = R. 8 zu § 204 AO. Der Steuerpflichtige kann im Veranlagungs- und Rechtsmittelverfahren, solange neues Vorbringen zulässig ist, die Nichtigkeit des Geschäfts geltend machen, braucht also keinen ausdrücklichen Erlaßantrag gemäß § 23 zu stellen; vgl. RFH. 7, 270 = Mrozek R. 1 zu § 23. Wie hier Ott 21 zu § 1 und 8 zu § 23; Boethke-Berg-

schmidt S. 47; RFH. DVerkStR. 1921, 172; dagegen wie 1. Aufl.: Lindemann S. 24. — Solange indes die Parteien das nichtige Geschäft unter sich gelten lassen, besteht der Steueranspruch zu Recht: RFH. 20, 155 (157); anders RFH. Mrozek R. 18 zu § 1 = R. 6 zu § 163 AO.; RFH. StuW. VI, 101 = Mrozek R. 23 zu § 6. Rechtsgültigkeit des Eigentumsüberganges verlangt auch RFH. Mrozek R. 14 zu § 1. Ist nur das zugrundeliegende Rechtsgeschäft (Kauf, Schenkung, Gesellschaftsvertrag usw.) nichtig, so ist die Uebereignung an sich rechtswirksam. Die Steuerpflicht besteht also zu Recht. Erfolgt binnen 2 Jahren Rückauflassung des Grundstücks gemäß § 812 BGB., so ist die Steuer gemäß § 23a 3 zu erlassen; bei späterem Rückerwerb kommt nur Erlaß aus Billigkeitsgründen gemäß § 31 in Frage. Beruhte jedoch die Nichtigkeit des Kaufs usw. auf Wucher oder Betrug einer Vertragspartei, so wird ein Erlaß der Steuer aus Billigkeitsgründen in der Regel nicht in Frage kommen, es sei denn, daß der betrogene Teil die Steuer entrichtet hat.

8. **Erwerb herrenloser Grundstücke.** In Betracht kommen solche Grundstücke, die nach § 928 BGB. durch Verzicht des Eigentümers herrenlos geworden sind oder die bereits bei Inkrafttreten des BGB. herrenlos waren. Das Aneignungsrecht steht nach § 928 Abs. 2 BGB. dem Fiskus des Bundesstaates zu. Nach Art. 129 EGBGB. kann das Aneignungsrecht nach Maßgabe landesgesetzlicher Vorschriften auch anderen Personen zustehen. In Preußen sind dies in der Regel die Gemeinden. Für Schlesien kommt das sogenannte Auenrecht der Gutsherren in Frage. Das Aneignungsrecht kann auch an Privatpersonen abgetreten werden, und zwar mit der Wirkung, daß der Erwerber durch Eintragung im Grundbuche Eigentümer wird; vgl. RG. 82, 73.

Maßgebend ist der Zeitpunkt des Eigentumserwerbs; dieser tritt nach § 928 Abs. 2 Satz 2 BGB. dadurch ein, daß der Berechtigte als Eigentümer in das Grundbuch eingetragen wird. Hiermit wird gemäß § 4 die Steuerpflicht begründet. In Betracht kommt hier nur eine Steuerhaftung des Erwerbers, nicht wie nach § 20 auch des Veräußerers.

9. **Grunderwerbsteuer.** Die Steuer umfaßt alle bisher bei Gelegenheit des Grundeigentumswechsels erhobenen Stempel und Steuern, mag nun das Reich, das Land, eine Gemeinde oder ein Gemeindeverband diese Steuern erhoben haben. Vgl. § 33 Abs. 2. Bestehen bleibt neben der Grunderwerbsteuer nur die Zuwachssteuer, die zwar nur für die Länder und Gemeinden erhoben wird, aber nicht auf Landesgesetzen oder Gemeindesatzungen beruht; vgl. AusschBer. 15. Ferner kann durch die Veräußerung von Grundstücken die Steuerpflicht nach dem UmsatzsteuerG. v. 24. 12. 19 (RGBl. S. 2157) entstehen, wenn die Veräußerung im Verfolg einer selbständigen gewerblichen Tätigkeit stattfindet; vgl. hierüber Popitz, PrVerwBl. 40, 532; AB. 15, sowie Ott 4 zu § 17, ferner RFH. 6, 76 = JW. 1921, 1374 Nr. 1. Wird das gesamte Unternehmen mit dazugehörigem Grundstück veräußert, so ist nach RFH. 3, 109 und 6, 53 GrdErwSt. nicht zu erheben, dagegen nach RFH. 15, 47 wohl. Verkauf entbehrlich gewordener Grundstücke zur Stärkung der Betriebsmittel ist umsatzsteuerpflichtig: RFH. 4, 92. Hiernach gehört ein (gelegentlicher) Grundstücksverkauf durch einen

sonst nur vermittelnden Bauunternehmer zur gewerblichen Tätigkeit und ist umsatzsteuerpflichtig wie jede Tätigkeit, die die Haupttätigkeit mit sich bringt, sofern sie dazu dient, das Gesamtunternehmen aufrecht zu erhalten und fortzuführen (Hilfsgeschäfte): RFH. 5, 241; vgl. RFH. 9, 94, ferner RFH. 10, 317 sowie RFH. V, A 410/26 bei Ott 4 zu § 17.

**10. Entstehung der Grunderwerbsteuer.** Nach dem Wortlaut des § 1 wird die Steuer beim Uebergange des Grundeigentums erhoben. Hiermit ist zugleich der Entstehungsgrund und der Entstehungszeitpunkt ausgedrückt. Erläutert wird diese Bestimmung durch § 4, ergänzt und erweitert durch §§ 5—7, wonach die Steuer auch ohne Uebergang des Eigentums zur Entstehung gelangt. Die Fälligkeit der Steuer dagegen ist in § 30 besonders geregelt.

## § 2.

**Den Grundstücken stehen Berechtigungen gleich, auf welche die Vorschriften des bürgerlichen Rechtes über Grundstücke Anwendung finden; ausgenommen sind unbewegliche Bergwerksanteile.**

**1. Berechtigungen, auf welche die Vorschriften** des bürgerlichen Rechts über **Grundstücke** Anwendung finden, können entweder auf Grund von Reichsgesetzen oder, soweit das Landesrecht aufrechterhalten ist, auf Grund dieses bestehen. In Betracht kommt vor allem das Erbbaurecht gemäß §§ 1012 bis 1017 BGB., vgl. jetzt § 11 der Verordnung v. 15. Januar 1919 über das Erbbaurecht (RGBL. S. 72). Ferner gehören hierher ein gemäß § 63 EGBGB. noch bestehendes Erbpachtrecht, die Bahneinheit gemäß Art. 112 EGBGB., und dem § 16 des Gesetzes vom 11. 6. 1902; vgl. RG. 51, 106; OVG. PrVerwBl. 35, 111 sowie RFH. 11, 322, wonach die Bahneinheit eine Berechtigung im Sinne des § 2 ist, nicht eine Gesamtsache. Auch die Betriebsanlagen der Bahneinheit sind trotz § 154 Abs. 2 AO. Bestandteile der Bahneinheit; ihr Wert ist also nicht abzuziehen. Schließlich zählen hierher nach Art. 65, 69, 74, 196 EGBGB. gemäß Landesrecht gewisse an Grundstücken bestehende vererbliche und übertragbare Nutzungsrechte; vgl. hierzu für Preußen Art. 40 AGBGB., wonach Voraussetzung der Geltung der sich auf Grundstücke beziehenden Vorschriften des BGB. ist, daß die Gerechtigkeit ein Grundbuchblatt erhalten hat; vgl. RFH., StuW. V, 165 = Mrozek R. 5 zu § 2. Es genügt aber, daß die Gerechtigkeit mit dem Grundstück auf einem gemeinsamen Blatt unter einer besonderen Nummer vermerkt ist: RG. 74, 320 und 106, 228; vgl. hierzu Ott 19 zu § 2. Zu nennen sind die Fährgerechtigkeit, die nach § 382 PrWasserG. v. 7. April 1913 (GS. 53) bestehen bleibt, die alten Fischereigerechtigkeiten (vgl. § 8 Abs. 2 PrFischG. v. 11. 5. 1916, RG. 55, 314; OVG. 66, 50) und gewisse Realgewerbeberechtigungen, besonders die Apothekenprivilegien, die vor dem Gewerbeedikt vom 2. 11. 1810 verliehen sind; vgl. PrVerwBl. 31, 309 u. 36, 118, Ott 20 zu § 2. Wird ein Apothekenprivileg zugleich mit dem Grundstück veräußert, so ist für das Prvileg und für das Grundstück je eine besondere GrErwSt. zu entrichten. War das Apothekenprivileg als subjektiv dingliches Recht mit dem Grundstück verbunden, so ist es als Bestandteil des Grundstücks zu behandeln; also nur eine einheitliche GrErwSt. zu zahlen. Hat das Privileg kein Grundbuchblatt und ist es auch nicht mit dem Grundstückseigentum als subjektiv dingliches Recht verbunden, so kommt eine GrErwSt. weder nach § 1 noch nach § 2 in Frage. Ebenso Ott 20 zu § 2, anders dagegen RFH. Mrozek R. 5 zu § 2 unter dem Gesichtspunkt der werterhöhenden Eigenschaft. Eine solche mag zwar im Einzelfall vorliegen, rechtfertigt aber nicht, den gesamten Wert des nicht dinglichen Privilegs dem Grundstückswert hinzuzurechnen. Wegen der nach dem 2. 11. 1810 verliehenen persönlichen Konzessionen vgl. Anm. 3 f zu § 1.

Ferner gehören hierher das Bergwerkseigentum; hat ein solches in Wirklichkeit nicht zu Recht bestanden, so erwächst trotz Umschreibung im Grundbuch keine Steuer: RFH. Mrozek R. 3 zu § 5; ferner die sächsischen Kohlenabbaugerechtigkeiten gemäß Art. 38 PrAG. BGB. (RG. 84, 14; OVG. PrVerwBl. 35, 44) und die Salzabbaugerechtigkeiten in der Provinz Hannover. Im Gebiet des kurfürstl. sächs. Mandats v. 1743 hingegen ist das Kohlenabbaurecht mit dem Grundstückseigentum verbunden, keine selbständige Gerechtigkeit: RFH. Mrozek R. 26 zu § 1. Ausgenommen sind dagegen die unbeweglichen Bergwerksanteile, auf die sich zwar gleichfalls die Grundstücksvorschriften des bürgerlichen Rechts beziehen, die aber nicht schlechter gestellt sein sollten, als die Kuxe des neuen Rechts, welche zum beweglichen Vermögen gehören. Unter unbeweglichen Bergwerksanteilen sind jedoch nur die unbeweglichen Kuxe gemäß ALR. II, 16 § 133, nicht Bruchteilsanteile in einen Bergwerk zu verstehen: RFH. 20, 247. Die Gewerkschaft des neueren Rechts dagegen besitzt juristische Persönlichkeit; die neueren Kuxe stehen daher den Aktien gleich; ihre Uebertragung ist nicht grunderwerbssteuerpflichtig; jedoch findet § 3 Anwendung.

Zu den Berechtigungen gehören auch ihre Bestandteile, z. B. bei einem Erbbaurecht das Bauwerk gemäß § 12 VO. v. 15. 1. 19.

2. **Die Rechtsstellung** der obigen Berechtigungen ist hinsichtlich der Grunderwerbsteuer die gleiche, wie die von Grundstücken. Die Berechtigung ist im Sinne des Gesetzes als Grundstück zu betrachten. Alle Vorschriften, die sich auf Grundstücke oder auf das Eigentum an Grundstücken beziehen, sind auf diese Berechtigungen anzuwenden.

a) Die Steuer wird also gemäß § 1 erhoben beim Uebergang der Berechtigung auf eine andere Person, dagegen nicht bei der erstmaligen Begründung einer solchen Berechtigung; vgl. RFH. 11, 137, ebenso OVG. 64, 135 PrVerwBl. 35, 44 und 37, 343, Sächs. OVG. Amtl. Mitt. 1914, 223; a. M. Ott 5 zu § 2, jedoch zu Unrecht, da die Berechtigungen in § 2 den Grundstücken gleichgestellt sind und auch der erstmalige Erwerb neuer Grundstücke, abgesehen von dem Erwerb herrenloser Grundstücke, steuerfrei ist. Die Entäußerung eines Teils seiner Rechte durch den Eigentümer ist aber als solche kein Steuergrund, wie ja auch z. B. die Bestellung eines Nießbrauchs nach diesem Gesetz nicht steuerpflichtig ist. Wegen der Begründung des Erbbaurechts vgl. auch Anm. 2 zu § 6. Der Heimfall des Erbbaurechts (§§ 2 Ziff. 4, 32 ff. VO. v. 15. 1. 19) stellt einen Fall des Uebergangs der Berechtigung, also einen Steuerfall dar; die Beendigung und Erneuerung des Erbbaurechts (§§ 26, 27, 31 a. a. O.) dagegen nicht. Vgl. hierzu Günther JW. 1919, 357 ff. sowie Ott 14 zu § 2.

b) Gleichgeachtet dem Uebergang der Berechtigung wird nach § 3 die Uebertragung sämtlicher Anteile an einer Personenvereinigung, zu deren Vermögen eine derartige Berechtigung gehört; dies ist von Wichtigkeit z. B. bei Eisenbahngesellschaften, Bergbaugesellschaften. Nach § 5 kann das Verpflichtungsgeschäft, das auf Uebertragung, nicht auf Begründung einer derartigen Berechtigung gerichtet ist, steuerpflichtig werden. Gemäß § 6 ist auch ein Rechtsvorgang steuerpflichtig, der es ohne Uebertragung der Berechtigung einem anderen ermöglicht, über den Gegenstand der Berechtigung (Bauwerk beim Erbbaurecht, bezw. Bahnunternehmen bezw. Bergwerk), wie ein Berechtigter zu verfügen. Auch die Sondersteuer gemäß § 10 ist bei den Berechtigungen zu erheben, wenn sie zu einem Lehen, Fideikommiß usw. gehören oder einer Personenvereinigung, Anstalt oder Stiftung zustehen. Nach § 11 ist der gemeine Wert der Berechtigung festzustellen, ebenso wie dies bei Grundstücken geschieht. Auch eine Zwangsversteigerung der Berechtigung (§§ 13, 14) kann in Frage kommen, ebenso eine gemeinschaftliche Berechtigung im Sinne des § 15, sowie ein Tauschvertrag im Sinne des § 16; ein solcher liegt auch dann vor, wenn eine Berechtigung gegen ein Grundstück vertauscht wird. Der Erwerb von Erbbaurechten seitens eines Kriegsbeschädigten (§ 21) dürfte eine häufige Erscheinung sein; ebenso ein derartiger Erwerb durch milde Stiftungen (§ 22). Fraglich ist es, ob der Heimfall des Erbbaurechtes den Anspruch auf Erstattung der Steuer gemäß § 23 a Ziff. 2 begründet. Diese Frage wird jedoch zu verneinen sein; bei entsprechender Anwendung der gesetzlichen Vorschriften tritt die Erstattung nur dann ein, wenn der Veräußerer des Erbbaurechts dieses von seinem Erwerber zurückerwirbt; vgl. Ott 14 zu § 2, der auf RFH. 11, 73, wo aber nicht vom Erbbaurecht die Rede ist, Bezug nimmt. Dasselbe gilt für den Fall des § 23a 3. Gemäß § 25 Ziff. 3 haben die Bergbehörden Mitteilung von einer Umschreibung des Bergwerkseigentums im Berggrundbuch zu machen. Nach § 31 Abs. 2 kann der Reichsrat auch solche Rechte für steuerpflichtig erklären, die es z. B. einem anderen ermöglichen, über ein Erbbaurecht oder ein Bergwerkseigentum wie ein Berechtigter zu verfügen.

## § 3.

**Werden alle Anteile einer Personenvereinigung (einer Aktiengesellschaft, Kommanditgesellschaft auf Aktien, Gesellschaft mit beschränkter Haftung, Gewerkschaft, offenen Handelsgesellschaft, Gesellschaft des bürgerlichen Rechtes, Genossenschaft usw.), zu deren Vermögen Grundstücke gehören, in der Hand eines Teilhabers vereinigt oder, nachdem sie in der Hand eines Teilhabers vereinigt sind, auf einen anderen übertragen, so wird die Vereinigung oder Uebertragung dem Uebergange des Eigentums an dem Grundstück gleichgeachtet. Ehegatten sowie Eltern und Kinder gelten im Sinne dieser Vorschrift als eine Person.**

**1. Allgemeines.** Die Vorschrift ist dazu bestimmt, Umgehungen unmöglich zu machen, welche früher oft angewendet wurden und neben der Steuerersparung den Zweck verfolgten, das unbewegliche Vermögen zu mobilisieren. Durch den Erwerb sämtlicher Anteile einer Körperschaft mit juristischer Persönlichkeit, der Grundstücke gehören, geht das Eigentum an den Grundstücken nicht auf den Erwerber der Anteile über; der Steuerfall des § 1 liegt also nicht vor; vgl. OVG. JW. 1919, 698 Nr. 3. Das ZuwStG. enthält in § 3 eine Vorschrift, welche den Uebergang von Rechten an dem Vermögen bestimmter Gesellschaften, soweit dieses Vermögen aus Grundstücken bestand, dem Uebergange des Grundstückseigentums gleichstellt, wenn die Vereinigung die Verwertung von Grundstücken zum Gegenstand hat oder zur Ersparung der ZuwSt. geschaffen war. Der Nachweis dieser Voraussetzungen erwies sich als überaus schwierig. Eine verdeckte Uebertragung des Grundeigentums einer G. m. b. H. im Sinne des § 6 ZuwStG. wurde in der Abtretung der sämtlichen Geschäftsanteile nicht erblickt; vgl. OVG. 70, 2; 72, 18. Man hat daher jetzt in Anlehnung an die kommunalen Umsatzsteuerordnungen (vgl. Lion UStG. S. 44 f. N. 98—100) die Vorschrift auf sämtliche Personenvereinigungen ausgedehnt, andererseits aber auf den Fall beschränkt, daß die gesamten Anteile der Vereinigung in einer Hand vereinigt oder, nachdem dies geschehen, im ganzen weiter übertragen werden. Die Uebertragung einzelner Anteile an einer Grundstücksgesellschaft ist also der GESt. nicht unterworfen, sofern der Erwerber nicht bereits alle übrigen Anteile besitzt; vgl. aber zu § 5 AO.

Zu unterscheiden hiervon ist die Uebertragung eines Bruchteils des Grundstückseigentums; hier wird die GESt. nach § 1 erhoben.

Nach RFH. 15, 223 bilden §§ 3 und 6 zwei Ausnahmen von dem Grundsatz des Gesetzes, wonach im allgemeinen der juristische Eigentumsübergang die Steuerpflicht auslöst. Zur Verhinderung von Umgehungen wird in diesen Fällen der Uebergang schon des wirtschaftlichen Eigentums herangezogen und dieser dem juristischen Eigentumsübergang gleich geachtet. Die beiden Steuerfälle des § 1 und § 3 dürfen jedoch nicht nebeneinander zur zweimaligen Erhebung der Steuer führen. Die Entrichtung der einen Steuer schließt vielmehr die nochmalige Steuererhebung für den Uebergang des Grundstücks auf denselben Erwerber auf Grund der beiden gesetzlichen Vorschriften aus. Andererseits gilt nicht etwa der Inhaber sämtlicher Anteile einer G. m. b. H. oder einer anderen Vereinigung mit juristischer Persönlichkeit für das Grunderwerbsteuerrecht als identisch mit der Gesellschaft; vielmehr ist die Uebereignung eines Grundstücks von ihm an die Vereinigung steuerpflichtig; RFH. 17, 277.

**2. Personenvereinigung.** Der Begriff ist im weitesten Sinne zu verstehen. Die in Klammern aufgeführten Typen stellen nur Beispiele dar. In Betracht kommen alle Vereinigungen, die durch einen gemeinsamen Zweck verbunden sind, mögen sie eine juristische Person bilden, wie die Akt.-Ges., Komm.-Ges. a. A., G. m. b. H., Gewerkschaft, Genossenschaft, oder nicht; vgl. Wünschmann JW. 1919, 795. Auf den Zweck der Vereinigung kommt es nicht an; sie mag wirtschaftliche oder ideale Zwecke verfolgen; der Besitz von Grundstücken mag Hauptgegenstand der Vereinsbetätigung oder nebensächlicher Natur sein. Ob die Gesellschaft zum Zweck der Umgehung der GrErwSt. oder zu andern Zwecken gegründet worden ist, kommt nicht in Betracht; vgl. RFH. Mrozek R. 13 zu § 3. Außer den im Gesetz aufgeführten Beispielen kommen noch in Betracht eingetragene Vereine gemäß §§ 55 ff. BGB., Vereine, deren Zweck auf einen wirtschaftlichen Geschäftsbetrieb gerichtet ist, gemäß § 22 BGB., nicht rechtsfähige Vereine gemäß § 54 BGB., Kommanditgesellschaften gemäß §§ 161 ff. HGB., auch bei nur einem Komplementär, trotz der entgegenstehenden Aeußerungen in der NatVers.; vgl. StenBer. 2299 Df.; wie hier Lindemann, JW. 1920, 87 und Ott 9 zu § 3; Versicherungsvereine auf Gegenseitigkeit u. a. m. — Anstalten und Stiftungen (§§ 80 ff. BGB.) sind keine Personenvereinignungen. Dagegen stellt auch die Gelegenheitsgesellschaft eine Personenvereinigung dar. Die stille Gesellschaft (§§ 335 ff. HGB.) wird hingegen nicht in Betracht kommen, weil das Vermögen nicht der Gesellschaft, sondern dem Geschäftsinhaber gehört; ebenso Lindemann JW. 1920, 87; RFH. 2, 114. Auch öffentlich-rechtliche Verbände, Religionsgesellschaften usw. (§ 89 BGB.) gehören zu den Personenvereinigungen. Nicht zu den Personenvereinigungen gehört die Zufallsgemeinschaft (communio incidens), Bruchteilsgemeinschaft (RFH. II A 594/25 bei Ott 11 zu § 3) sowie die Erbengemeinschaft; ebenso Lindemann a. a. O.; RFH. 12, 71; vgl. StuW. II 558, Ott 12 zu § 3. Auch die eheliche Gütergemeinschaft ist keine Personenvereinigung im Sinne des § 3, wie sich schon aus dessen Satz 2 ergibt.

**3. Grundstücke gehören zum Vermögen der Personenvereinigung;** das ist Voraussetzung der Vorschrift.

a) Es muß sich um inländische Grundstücke handeln, da auch gemäß § 1 nur bei solchen der Eigentumsübergang die Steuer begründet und § 3 nur auf die Fiktion eines Steuerfalls nach § 1 hinausläuft (vgl. Anm. 7). Vgl. auch OVG. PrVerwBl. 34, 832; OVG. 58, 122 und 62, 262.

b) Es fragt sich, ob das Grundstück im juristischen Eigentum der Personenvereinigung stehen muß oder ob **wirtschaftliches Eigentum** genügt. In der ersten Aufl. — ebenso Berolzheimer 5 zu § 3 — ist eine Rechtsstellung im Sinne des § 6 nicht für ausreichend erachtet worden; wohl aber Eigentum in der Person eines Treuhänders. Dieser Standpunkt wird nicht aufrecht zu erhalten sein, nachdem RFH. 6, 334 = Mrozek R. 2 zu § 3 und seitdem in ständiger Rechtsprechung (vgl. Mrozek R. 17 zu § 3 = StuW. VI 240) ausgesprochen hat, daß wirtschaftliches Eigentum genüge. In dem dort entschiedenen Falle hatte die Gesellschaft ein Kaufangebot angenommen und war im Besitz des Grundstücks. Dies wurde im Hinblick auf § 80 AO. für ausreichend erklärt, sofern Umstände vorliegen, aus denen zu schließen ist, daß nach Ansicht der Parteien der Erwerber bereits wie ein Eigentümer schalten durfte. Demnach wird es auch ausreichen müssen, wenn die Personenvereinigung Inhaberin sämtlicher Stammanteile einer Grundstücksgesellschaft ist (sog. Finanzierungsgesellschaft) und sich nunmehr alle Anteile der Personenvereinigung in einer Hand vereinigen; vgl. zu § 5 AO. unten. Ist dagegen das Grundstück der Personenvereinigung nur zum Gebrauch (quoad usum) überlassen, so gehört es nicht zu ihrem Vermögen: RFH. II, A 1189/24, ZtgStfr.

1925, 24; DVerkStR. 1925, 94, ebenso RFH. StuW. IV, 180. Auch bloße Vermietung des Grundstücks an die Personenvereinigung reicht für § 3 nicht aus; RFH. 17, 56. Steht das Grundstück im Eigentum eines Treuhänders zu Gunsten der Personenvereinigung, so ist die letztere als wirtschaftliche Eigentümerin zu betrachten; vgl. RFH. 18, 90, vgl. ferner RFH. 15, 132. Ist die Personenvereinigung dagegen juristische Eigentümerin des Grundstücks als Treuhänder für einen Dritten, so ist für das Steurrecht der Dritte als Eigentümer zu behandeln, so daß die Vereinigung aller Anteile der Personenvereinigung in einer Hand nicht die Steuerpflicht gemäß § 3 nach sich zieht; vgl. Ott 32 zu § 3. Unter Umständen aber Besteuerung nach § 5 AO., falls eine Steuerumgehung vorliegt. Ist die Personenvereinigung im maßgebenden Zeitpunkt schuldrechtlich verpflichtet, ihr Grundeigentum einem Dritten zu übertragen, so gehören diese Grundstücke i. S. des § 3 nicht zu ihrem Vermögen; RFH. 22, 115 = StuW. VI 616 = DStZ. 1927, Nr. 292.

Hat die Personenvereinigung die Rechte einer juristischen Persönlichkeit, so muß ihr das juristische Eigentum zustehen, oder sie muß wirtschaftliche Eigentümerin sein. Ist ein Mitglied der juristischen Person (Aktiengesellschaft, G. m. b. H. usw.) Eigentümer des Grundstücks, so kommt § 3 nicht zur Anwendung, falls die Personenvereinigung nicht Treugeber oder sonst wirtschaftlicher Eigentümer ist.

c) Offene Handelsgesellschaften u. Kommanditgesellschaften können gemäß §§ 124, 161 Abs. 2 HGB. unter ihrer Firma Eigentum und andere dingliche Rechte an Grundstücken erwerben. In diesem Falle gehört das Grundstück zum Vermögen der betreffenden Gesellschaft. Dasselbe hat aber auch dann zu gelten, wenn das Grundstück in die Gesellschaft eingebracht, aber noch nicht auf die Firma umgeschrieben ist (vgl. RFH. 6, 334), oder wenn es auf den Namen der Gesellschafter eingetragen ist, aber nach dem Gesellschaftsvertrage zum Gesellschaftsvermögen gehört.

d) Bei nichteingetragenen Vereinen wird das Grundstück in der Regel auf den Namen eines Treuhänders eingetragen sein und gehört dann im Sinne des § 3 zum Vermögen des Vereins.

e) Dasselbe kann bei Gesellschaften des bürgerlichen Rechts der Fall sein. Bei diesen wird das Grundstück meist auf den Namen der Gesellschafter eingetragen sein. Schließt hingegen der Eigentümer eines Grundstücks einen Gesellschaftsvertrag mit einem Dritten, wonach sich an den Eigentumsverhältnissen zunächst nichts ändern soll, der Dritte aber Geld zur Bewirtschaftung oder Verbesserung des Grundstücks hergibt und dafür am Ertrage und am Erlös des Grundstücks beteiligt ist, auch bei der Verwaltung und Verwertung mitzusprechen hat, so gehört das Grundstück nicht zum Vermögen dieser Gesellschaft, es sei denn, daß nach dem Gesellschaftsvertrage das Grundstück als Beitrag im Sinne des § 718 (anders § 732) BGB. zu erachten ist.

4. **Alle Anteile werden vereinigt** in der Hand eines Teilhabers; dies ist die zweite Voraussetzung für die Vorschrift des § 3. Sie muß sich nach dem Inkrafttreten des Gesetzes erfüllen, da das Ereignis der Vereinigung die Steuerpflicht auslöst.

a) Die Anteile müssen zunächst in der Hand mehrerer Teilhaber gestanden haben. Die Gründung einer Personenvereinigung durch

Ehegatten oder durch Eltern und Kinder stellt also keine Vereinigung von Anteilen im Sinne des § 3 dar.

b) Die Vereinigung der Anteile ist zu unterscheiden von der Vereinigung der Vermögen. Die Fusion zweier Aktiengesellschaften fällt also nicht unter § 3, sondern unter § 1; anders der Fall, daß eine Aktiengesellschaft die Aktien einer anderen erwirbt. Auch die Umwandlung einer Akt.-Ges. in eine G. m. b. H. bringt die Steuerpflicht nach § 1, nicht nach § 3 zur Entstehung. Dasselbe muß aber auch gelten, wenn die sämtlichen Anteile einer offenen Handelsgesellschaft oder einer Gesellschaft des bürgerlichen Rechts in der Hand eines Teilhabers vereinigt werden; hierin liegt stets zugleich die Auflösung der Gesellschaft und der Uebergang des Gesellschaftsvermögens auf einen der bisherigen Gesellschafter. Dieser erwirbt das Vermögen der Gesellschaft entweder im Wege der Universalsuccession, z. B. gemäß § 142 HGB. (vgl. Anm. 6 zu § 1) oder im Wege der Sonderrechtsnachfolge (so bei der Gesellschaft des bürgerlichen Rechts; RG. 68, 414); in beiden Fällen ist § 1 anwendbar. § 3 wird nur in den Sonderfällen des Satz 2 anwendbar sein, wenn etwa bei einer aus Ehegatten und einem Dritten bestehenden Gesellschaft der Dritte ausscheidet; in diesem Falle wäre § 1 nicht tnwendbar. Dies übersehen Boethke-Bergschmidt 1 a zu § 3.

c) Bei einer Anzahl von Personenvereinigungen kommt die Vereinigung aller Anteile in der Hand eines Teilhabers praktisch kaum in Frage. Hierher gehören die Erwerbs- und Wirtschaftsgenossenschaften, die nicht nur nach § 50 GenG. der Auflösung unterliegen, wenn die Zahl ihrer Mitglieder unter 3 sinkt, sondern die auch nach §§ 24 Abs. 2, 9 Abs. 2 GenG. mindestens zwei Genossen im Vorstand haben müssen. § 3 wird aber bei ihnen praktisch, wenn z. B. Ehegatten und ihre Kinder die einzigen Genossen bilden. Gleiches gilt für eingetragene Vereine gemäß §§ 56, 73 BGB. Auch bei Kommanditgesellschaften auf Aktien kann der Fall zutreffen, daß sämtliche Aktien in einer Hand sind. Bei Aktiengesellschaften und G. m. b. H. kommt dies häufiger vor.

d) Die Vereinigung in einer Hand liegt dann vor, wenn eine natürliche Person oder Ehegatten oder nur Eltern und Kinder (vgl. hierüber Anm. 6) sämtliche Anteile besitzen. Dasselbe gilt für juristische Personen als Anteilsbesitzer. Stehen alle Aktien bezw. Geschäftsanteile im Eigentum einer off. HandGes., so sind sie gleichfalls „in einer Hand“ vereinigt, weil die Gesamthänder in ihrer Verbindung für den Rechtsverkehr als eine Person gelten. Dasselbe gilt also für eine Erbengemeinschaft als Inhaber aller Anteile und auch für ein Konsortium zum Erwerb der Anteile, das juristisch in der Regel eine Gesellschaft des bürgerlichen Rechts darstellen wird. Vgl. Ott 20 zu § 3, Boethke-Bergschmidt 2 zu § 3 sowie RFH. 5, 247. Anders bei Miteigentümern. In einem Falle der sog. Schachtelgesellschaft hat RFH. StuW. IV, 625 = Mrozek, R. 9 zu § 3 die Steuerpflicht verneint. Dort gehörten Geschäftsanteile der Grundstücksgesellschaft einer G. m. b. H. Eine andere G. m. b. H., deren sämtliche Anteile der ersten gehörten, erwarb den andern Geschäftsanteil der Grundstücksgesellschaft. Anders RFH., StuW. V, 166, wo § 3 für gegeben gehalten wurde bei einer Grundstücksgesellschaft, deren einer Anteil einem Ehegatten, deren anderer Anteil einer G. m. b. H. gehörte, deren sämtliche Anteile dem andern

Ehegatten zustanden. Hier wurde festgestellt, daß die letztere G. m. b. H. nur vorgeschobene Person für die eigentliche Erwerberin war.

e) Die Vereinigung der Anteile in der Hand eines Teilhabers liegt vor, sobald dem Teilhaber das Eigentum an sämtlichen Anteilen zusteht. Rechtsgültiger Erwerb — vgl. § 15 G. m. b. H. Ges. — ist erforderlich; RFH., Mrozek, R. 13 zu § 3. Wirtschaftliches Eigentum reicht hier nicht aus; vgl. RFH. 5, 247 = JW. 1921, 1129 Nr. 27; RFH., Mrozek, R. 4 zu § 3; StuW. V, 523, VI 103 = Mrozek, R. 11 und 15 zu § 3; JW. 1927, 2541 Nr. 3. Hiernach gilt § 3, soweit es sich um das von ihm geregelte Gebiet der Uebertragung der Befugnisse des Grundeigentümers mittels Uebereignung von Gesellschaftsanteilen handelt; § 6 kann auf diesem Gebiet nicht mit herangezogen werden. Ebenso RFH. StuW. II, 560 und RFH., StuW. V, 523. Gehören die Anteile 2 Gesellschaften m. b. H., von denen die eine wiederum die sämtlichen Anteile der anderen besitzt, so liegt doch der Fall des § 3 nicht vor; RFH. Mrozek, R. 9 zu § 3. Andererseits Steuerpflicht, obgleich der Alleininhaber aller Anteile einen Teil derselben nur als Treuhänder besitzt, da sein juristisches Eigentum entscheidet; RFH., StuW. VI, 103. A. M. Ott 23 zu § 3. Nach RFH., Mrozek, R. 18 zu § 3; StuW. VI, 240 liegt Vereinigung in einer Hand nicht vor, wenn mehrere Gesellschaften, die wirtschaftlich einer Gesellschaft oder Person gehören, sämtliche Anteile innehaben. In solchen Fällen ist aber zu prüfen, ob nicht § 5 AO. Platz greift. Hat jemand eine Aktiengesellschaft durch vorgeschobene Personen (Treuhänder) gegründet und läßt sich dann, nachdem die Aktiengesellschaft ein Grundstück erworben hat, sämtliche Aktien übertragen, so ist Steuerpflicht nach § 3 gegeben. Das bisherige wirtschaftliche Eigentum an den Aktien ist ohne Einfluß; RFH., DStZ. 1927, 635. Daher genügt es nicht, daß die Anteile einer G. m. b. H. gehören und die Anteile an dieser G. m. b. H. sich in einer Hand vereinigen bezw. übertragen werden.

f) Bei Genossenschaften ist zu fordern, daß nur ein Genosse oder nur Eltern und Kinder als Genossen vorhanden sind. Sind mehrere fremde Genossen vorhanden, und sind dem einen die Geschäftsguthaben aller anderen abgetreten, so reicht dies nicht aus. Auch bei der Gesellschaft des bürgerlichen Rechts oder der Handelsgesellschaft, bei denen eigentlich von „Anteilen" nicht gesprochen werden kann (vgl. AB. S. 3), reicht es nicht aus, wenn ein Gesellschafter den Anspruch auf dasjenige, was ihm bei der Auseinandersetzung zukommt, dem anderen Gesellschafter abgetreten hat (§ 117 BGB.). Hiermit ist sein Anteil an der Gesellschaft nicht auf den anderen übergegangen; vgl. § 719 BGB. Ist der eine Anteilsinhaber nur Treuhänder für den anderen, so ist § 3 nicht anwendbar, wohl aber § 6 und § 5 AO.; vgl. RFH., Mrozek, R. 19 zu § 35, KapVerkStG. Hat ein Teilhaber an den Anteilen des andern nur den Nießbrauch oder ein Pfandrecht, so reicht dies nicht aus. Verbleiben noch zwei Teilhaber, von denen der eine im Innenverhältnis keinen Anteil hat, so ist nach RFH., StuW. II, 664, Steuerpflicht begründet. Vgl. auch Weinbach ZtgStfr. 1, 10.

g) Die Vereinigung aller Anteile braucht nicht durch einen einzigen Rechtsvorgang zu erfolgen; es genügt, wenn der Teilhaber allmählich die Anteile erwirbt. Sobald er den letzten fremden

Anteil erworben hat, liegt der Steuerfall vor. Erwirbt ein Nichtgesellschafter gleichzeitig von den bisherigen Gesellschaftern sämtliche Anteile, so liegt der Fall, daß alle Anteile sich in der Hand eines Teilhabers vereinigen, nicht vor, da der Erwerber zur Zeit der Vereinigung noch nicht Teilhaber war. Auch der zweite Fall des § 3 (Uebertragung sämtlicher Anteile, nachdem diese sich in der Hand eines Teilhabers vereinigt haben, auf einen andern) ist nicht gegeben. Der Fall muß daher steuerfrei bleiben, vgl. Hagelberg DStZtg. X, 266. Ott 24 zu § 3 will durch den Zweckgedanken des § 3 die Steuerpflicht dennoch rechtfertigen. Es liegt aber in Wirklichkeit eine Lücke im Gesetz vor.

h) Ob der Erwerb durch Rechtsgeschäft oder sonstwie sich vollzieht, ist gleichbedeutend. Boethke-Bergschmidt S. 64, 65 wollen im Falle der Erbschaft volle Steuerfreiheit gemäß § 8 Abs. 1 Nr. 1 eintreten lassen, auch wenn nur der letzte Anteil auf Erbschaft beruht. Ott 42 zu § 3 will Steuerpflicht immer nur im Umfang der nicht durch Erbschaftsschenkung oder sonst gemäß § 8 erlangten Anteile annehmen. Dieser Standpunkt entspricht dem materiellen Recht am meisten. RFH. 21, 312 = JW. 1927, 3026 Nr. 6 gewährt volle Steuerfreiheit nach § 8, wenn der letzte Anetil unter eine der Vorschriften des § 8 fällt; vgl. unter Anm. 7 b.

5. Die **Weiterübertragung** von Gesellschaftsanteilen begründet die Steuerpflicht, wenn zur Zeit der Uebertragung alle Anteile in der Hand des Uebertragenden vereinigt waren. Bei Gesellschaften des bürgerlichen Rechts und bei Handelsgesellschaften kann der Fall der Weiterübertragung nur dann vorliegen, wenn die Gesellschaft aus Ehegatten oder aus Eltern und Kindern besteht. Hatte dagegen eine Einzelperson alle Anteile der Gesellschaft erworben, so war die Gesellschaft hierdurch aufgelöst und der Erwerber Alleineigentümer des Grundstücks geworden. Verkauft er das Geschäft nebst Firma an einen anderen, so liegt der Fall des § 1, nicht der des § 3 vor.

Voraussetzung ist, daß alle Anteile auf einen einzigen Erwerber oder auf Ehegatten, oder auf Eltern und Kinder übertragen werden. Behält der Veräußerer einen Teil der Anteile zurück, oder veräußert er sämtliche Anteile an zwei Personen, so findet § 3 keine Anwendung; anders jedoch wenn die Anteile an eine offene Handelsgesellschaft oder Kommanditgesellschaft veräußert werden, die gem. §§ 124, 161 HGB. im Verkehr unter ihrer Firma als Einzelperson auftritt. Ebenso ist die Vorausetzung des § 3 erfüllt, wenn die Anteile an eine juristische Person (Akt.-Ges., G. m. b. H., Gewerkschaft, eingetr. Verein usw.) übertragen werden. Nach RFH. 10, 264 ist die Uebertragung eines Teils der Gesellschaftsanteile nicht etwa unter dem Gesichtspunkt steuerpflichtig, daß sie der Uebertragung eines Miteigentumsanteils am Grundstück gleichzuachten wäre. Dagegen ist die Uebertragung aller Geschäftsanteile an verschiedene Personen, sofern ein innerer Zusammenhang besteht, gemäß § 5 AO. für steuerpflichtig erklärt worden. Ueber die diesbezügliche Rspr. des RFH.; vgl. zu § 5 AO.; vgl. im übrigen Anm. 2 zu § 6.

6. **Ehegatten,** sowie **Eltern und Kinder** gelten als eine Person. Diese Vorschrift soll naheliegenden Umgehungen vorbeugen. Frühere oder geschiedene Ehegatten sind nicht mehr als solche zu behandeln. Erwerben Verlobte die Geschäftsanteile einer Gesellschaft, so tritt

der Steuerfall ein, sobald sie die Ehe miteinander schließen. — Auch ein Elternteil mit seinen Kindern bezw. mit einem Kind ist als eine Person zu behandeln. Kinder allein ohne Elternteil bilden hingegen keine Einheit im Sinne des § 3. Adoptiveltern stehen natürlichen Eltern gleich; ebenso Lindemann JW. 1920, 87, sowie Ott 26 zu § 3; auch legitimierte Kinder sind wie eheliche Kinder zu behandeln. Ein uneheliches Kind ist nur mit der Mutter, nicht aber mit dem unehelichen Vater als eine Person zu betrachten (§ 1705 BGB.). Schwieger- und Stiefkinder gelten nicht als Kinder (vgl. § 8 Nr. 4; a. M. Lindemann a. a. O.); vgl. RFH. 19, 30: auch Enkel und Abkömmlinge weiteren Grades sind nicht als Kinder zu behandeln.

Als eine Person gelten die vorgenannten Personen sowohl im Falle der Vereinigung der Anteile in der Hand eines Teilhabers als auch im Fall der Weiterveräußerung. Im letzteren Falle ist die Vorschrift sowohl auf seiten der Veräußerer als auch auf der der Erwerber anzuwenden. Der Steuerfall tritt auch dann ein, wenn die Personen zunächst als Fremde alleinige Anteilsinhaber sind und dann die Ehe miteinander eingehen (ebenso Ott 43 zu § 3, Görres Mitt. d. Steuerstelle des Reichsverb. d. Dtsch. Ind. 1920, 123). Wird die Ehe innerhalb zweier Jahre wieder geschieden, so ist § 23 anwendbar. Ebenso Steuerpflicht, wenn die alleinigen Gesellschafter durch Adoption in ein Eltern-Kindesverhältnis treten. Die fingierte Personeneinheit gilt nur, wenn die Ehegatten als Inhaber oder Erwerber der Anteile nebeneinander stehen, nicht wenn der eine Veräußerer, der andere Erwerber ist; ebenso Lindemann JW. 1920, 87; die Schlußworte „eine Person" entsprechen den Begriffen „in einer Hand vereinigt" und „auf einen anderen übertragen". Ist also z. B. der Ehemann Inhaber aller Anteile und überträgt sie sämtlich auf die Ehefrau, so tritt Steuerpflicht gemäß § 3 ein. RFH. 11, 231 hat die Steuerpflicht auch in einem Falle bejaht, in dem beide Eheleute alleinige Gesellschafter waren und der Ehemann alle seine Anteile auf die Ehefrau übertragen hat. Satz 2 des § 3 hat den Kreis der steuerbaren Fälle ausgedehnt, nicht eingeschränkt. Ob diese Entscheidung auch gilt, wenn die Eheleute bereits für den Erwerb der Anteile die Steuer gemäß § 3 Satz 2 gezahlt hatten, ist in der ob. Entscheidung offen gelassen. Ott 27 zu § 3 und Lindemann S. 34 möchten es verneinen. Dem wird beizutreten sein, da andernfalls Doppelbesteuerung desselben Rechtsvorgangs vorliegen würde. Die Vereinigung aller Anteile in einer Hand war bereits mit der Begründung besteuert, daß die Eheleute eine Einheit bilden. Eine nochmalige Besteuerung nach § 3 kann daher erst in Frage kommen, wenn die Anteile in eine dritte Hand kommen. Ott 27 zu § 3 will jedoch die Steuer wieder erhoben wissen, wenn dann eine erneute Verschiebung der Anteile unter den Ehegatten bezw. Eltern und Kindern erfolgt. Das ist nicht folgerichtig. — Nach RFH. 21, 312 = StuW. VI, 617 = JW. 1927, 3026 Nr. 6 haften die Eheleute bezw. Eltern und Kinder für die Steuer als Gesamtschuldner, wenn einer von ihnen den letzten Anteil von einem Fremden erwirbt, während die übrigen oder alle zusammen die übrigen Anteile innehatten.

7. **Dem Uebergang des Eigentums an Grundstücken gleichgeachtet,** wird die Vereinigung der Anteile in einer Hand oder die Weiterübertragung.

a) Der Fall wird so behandelt, wie wenn das Eigentum an denjenigen Grundstücken, die der Personenvereinigung gehören, auf den Erwerber der Anteile übergegangen wäre. Mit der Vereinigung der Anteile bezw. der vollzogenen Weiterübertragung entsteht der Steueranspruch. Maßgebend sind also die Vorschriften des Gesellschafts- und Vereinsrechts. Bei Aktien genügt Einigung und Uebergabe, auch bei Namensaktien (vgl. § 223 Abs. 3 HGB.); bei Anteilen der G. m. b. H. ist ein gerichtlicher oder notarieller Vertrag erforderlich, bei Gewerkschaften gemäß § 105 PrABG. Uebertragung in schriftlicher Form, bei Vereinen der Austritt aller übrigen Mitglieder (§ 39 BGB.). Die Steuerpflicht entsteht dann also wie nach § 1.

b) Hierbei gelten die Befreiungen nach § 8. Zweifel entstehen in dieser Hinsicht in dem Falle der Vereinigung aller Anteile in einer Hand. Hat der Erwerber die ersten Anteile gekauft und nur den letzten Anteil geschenkt erhalten oder ererbt, so fragt es sich, ob er nach § 8 von der gesamten Steuer befreit ist oder nur im Verhältnis der ererbten bezw. geschenkten zu den gekauften Anteilen oder überhaupt nicht. Mit Ott 42 zu § 3 wird verhältnismäßige Befreiung anzunehmen sein, da nur dies dem Sinn und Zweck des § 3 und des § 8 entspricht. RFH. 21, 312 = JW. 1927, 3026 Nr. 6 gewährt volle Steuerfreiheit, wenn der Erwerber den letzten Anteil durch ein Geschäft im Sinne des § 8 erwirbt, nimmt dagegen volle Steuerpflicht an, wenn der letzte Anteilserwerb nicht steuerfrei ist, mögen auch alle anderen Anteile ererbt worden sein. Dieses ungerechte Ergebnis wird damit gerechtfertigt, daß der § 3 eine Vorschrift ganz außergewöhnlicher Art und in seiner Gestaltung nicht folgerichtig sei; vgl. hiergegen Hagelberg, JW. 1927, 3026, wonach zwischen Grund und Anlaß der Besteuerung zu unterscheiden ist. Anlaß ist der Erwerb des letzten Anteils, Grund aber die Erlangung der Gesamtheit der Anteile und damit des wirtschaftlichen Eigentums am Grundstück. Ist dieses teilweise entgeltlich, teilweise unentgeltlich erlangt, so ist anteilige Steuerfreiheit gemäß § 8 Nr. 1 zu gewähren wie bei gem. Schenkung im engeren Sinne. Auch bei unmittelbarer Uebereignung des Grundstücks auf Grund teilweiser Schenkung tritt Steuerfreiheit nach § 8 Nr. 1 nur insoweit ein, als Schenkung vorliegt, während im übrigen z. B. hinsichtlich einer lästigen Auflage Steuerpflicht gilt. Entsprechend sind die übrigen Fälle der Steuerpflicht nach § 8 zu behandeln.. Hat z. B. eine aus Vater und Söhnen bestehende Vereinigung den einen Stammanteil der Grundstücksgesellschaft von dritter Seite gekauft und wird der letzte Stammanteil dann von dem Vater in die Vereinigung eingebracht, so entsteht Steuerpflicht für diejenige Quote des Grundstückswertes, die der Quote des gekauften Stammanteils entspricht. Auch der Fall des § 8 Nr. 9 kann vorliegen, wenn eine der dort bezeichneten gemeinnützigen Personenvereinigungen sämtliche Anteile einer Grundstücksgesellschaft erwirbt.

c) Bezüglich der Höhe der Steuer ist gemäß § 11 nur der gemeine Wert der Grundstücke, die der Personenvereinigung gehören, maßgebend, nicht der Wert des übrigen Gesellschaftsvermögens. Der Wert der veräußerten Geschäftsanteile kommt also nicht in Betracht. Ebenso jetzt Ott 44 zu § 3, Boethke-Bergschmidt S. 63, Lion S. 30, Lindemann S. 32. Die §§ 12—14 sind nicht anwendbar, da ein auf die Grundstücke entfallender Teil des Veräußerungspreises der Anteile gar nicht festgestellt werden kann. Berolzheimer 6c zu § 3 will den Teil ermitteln.

d) § 15 wird bei Gesellschaften, die keine juristische Persönlichkeit besitzen, zur Anwendung kommen. Erwirbt ein Teilhaber sämtliche Anteile einer solchen Gesellschaft, so entsteht Steuerpflicht nach § 1, so daß § 15 unmittelbare Anwendung findet. Vereinigen sich alle Anteile in der Hand von Ehegatten oder von Eltern und Kindern bei Ausscheiden der übrigen Gesellschafter, so ist § 15 entsprechend anzuwenden; vgl. Ott 46 zu § 3. Bei juristischen Personen hingegen ist § 15 nicht anwendbar; RFH. 7, 145 = JW. 1921, 1628 Nr. 21 und RFH. 11, 321. Vielmehr ist die Steuer hier nach dem ganzen Grundstückswerte zu berechnen. Die 1. Aufl. wollte § 15 entsprechend anwenden. Diese Ansicht muß gegenüber der Rspr. des RFH. aufgegeben werden.

e) Anwendbar dagegen ist § 16; vgl. Anm. 1 dazu. A. M. Boethke-Bergschmidt 5 b Abs. 2 zu § 3. Auch § 18 ist anwendbar.

f) Ebenso § 20. Hier entstehen Zweifel, ob und in welcher Höhe der Veräußerer haftet und wer als Veräußerer zu betrachten ist. RFH. 11, 231 läßt den Veräußerer des Geschäftsanteils haften, nicht die Gesellschaft; RFH. 21, 312 = JW. 1927 entscheidet diese Frage nicht, spricht aber in den Gründen aus, daß der dem § 3 zugrunde liegende Gedanke nur sein könne, daß die Gesellschaft selbst als Rechtsvorgängerin im wirtschaftlichen Sinne anzusehen sei; trotzdem heißt es in den Gründen, daß im Falle des § 3 der Erwerber und Veräußerer des Geschäftsanteils nach § 20 haften. Stillschweig JW. 1921, 1628 und ihm folgend Ott 47 zu § 3 wollen den Veräußerer ganz frei lassen, weil § 3 eine Fiktion nur hinsichtlich des Erwerbers aufstellt, daß er das Grundstück erworben habe, nicht aber entsprechend hinsichtlich eines Veräußerers. Lehnt man die entsprechende Anwendung des § 15 ab, so entspricht allerdings nur diese Folgerung der Billigkeit.

g) Auch im Sinne der §§ 21, 22 ist dem Uebergang von Grundstücken die Vereinigung der Gesellschaftsanteile gleichzuachten. Ebenso wird es nur folgerichtig und billig sein, den § 23 entsprechend anzuwenden, wenn der Erwerb der Anteile sich als n i c h t i g erweist oder ein R ü c k e r w e r b der Anteile gemäß Ziff. 2 oder 3 stattfindet; vgl. Anm. 7 zu § 23. A. M. Berolzheimer 6 e zu § 3, der § 23 Abs. 1 a 3 für unanwendbar hält. Es genügt zur Anwendung des § 23, daß die Anteile nacheinander auf den Veräußerer zurückübertragen werden; vgl. Ott 48 zu § 3. Dagegen ist der Rückerwerb nur eines Teils der Anteile nicht geeignet, die Anwendung des § 23 zu begründen, so RFH. 10, 264, RFH. StuW. VI 102. Anders, wenn die Steuerpflicht durch die Vereinigung aller Anteile in einer Hand begründet worden war, also nicht durch gleichzeitigen Erwerb aller Anteile. Erweist sich in solchem Falle die Uebertragung des letzten Anteils als nichtig, so muß logischerweise die Steuer gemäß § 23 a 1 erstattet werden, da eine rechtsgültige Vereinigung aller Anteile in einer Hand gar nicht vorgelegen hat. Ebenso Ott 49 zu § 3. Dementsprechend werden aber auch die Erlaß- bezw. Erstattungsgründe des § 23 a Nr. 2 und 3 gegeben sein, wenn der letzterworbene Anteil zurückerworben wird. Anders Ott a. a. O., dagegen a. M. Boethke JW. 1922, 806. Auch wenn ein früher erworbener Anteil wegen Nichtigkeit des Erwerbs oder aus andern Gründen an den früheren

Inhaber zurückgeht, wird die Vereingiung der Anteile ebenfalls aufgehoben, so daß der Steuererlaß gerechtfertigt ist. Dagegen liegt kein Rückerwerb vor, wenn der Eigentümer sein Grundstück einer G. m. b. H. übereignet hat und dann später alle Anteile in seiner Hand vereinigt; RFH. 8, 89. Hat der Alleinbesitzer einen Teil seiner Anteile an einen andern übertragen und erwirbt er sie später wieder zurück, so tritt erneute Steuerpflicht nach § 3 ein; vgl. RFH. 15, 223.

h) Dagegen wird eine entsprechende Anwendung der formalen Vorschrift des § 24 auf die Eintragung des Anteilserwerbers in die Aktienbücher (§ 223 HGB.), Genossenliste (§ 15 Genoss. G.), Gewerkenbücher (§§ 103, 105 PrBG.) usw. nicht zu rechtfertigen sein; wohl aber haben die Registergerichte und -Behörden von solchen Eintragungen gemäß § 25 Ziff. 2 Anzeige zu machen, wenn ihnen bekannt ist, daß die Gesellschaft usw. Grundbesitz hat. § 25 Ziff. 3 hinwiederum ist auf eigentliche Grundstücksgeschäfte zu beschränken.

i) Bedingungsweise anwendbar ist § 5; vgl. Anm. 2 zu § 5. § 6 ist nur aus sich selbst zu verstehen: er wird allerdings bei Schiebungen mit Gesellschaftsanteilen leicht in Frage kommen, ist jedoch im Gebiet des § 3 nicht anwendbar; vgl. RFH. 5, 247.

k) Wird später das Eigentum an dem Grundstück selbst gemäß § 4 von der Gesellschaft auf den Inhaber der sämtlichen Gesellschaftsanteile übertragen, so wird bei formalistischer Betrachtung die Steuer aus § 1 fällig; diese Auffassung wird jedoch dem § 3 nicht gerecht, der für die GESt. die Fiktion begründet, daß der Erwerber der sämtlichen Anteile das Grundstück selbst erwirbt. Ebenso RFH. 7, 145; 15, 223 = JW. 1925, 850 Nr. 4; 17, 277; StuW. VI, 618. War hingegen die Veräußerung der Anteile schon vor Inkrafttreten des GrErwStG. erfolgt, also nicht versteuert, so ist die Uebereignung des Grundstücks von der Gesellschaft auf den alleinigen Gesellschafter steuerpflichtig; RFH. 10, 314. Ebenso, wenn die Vereinigung der Anteile aus anderen Gründen unversteuert geblieben war; RFH., StuW. VI, 618. Hatten sich alle Anteile in einer Person bereits vereinigt, bevor die Gesellschaft das Grundstück erworben hatte, so ist die Uebereignung von dem Gesellschafter auf die Gesellschaft nicht steuerfrei, RFH. 17, 277; erwirbt eine solche Gesellschaft ein Grundstück, so kann der Alleingesellschafter sich später das Grundstück nicht steuerfrei übertragen lassen, da eine Steuer aus § 3 hier noch nicht erhoben ist, also Doppelbesteuerung nicht in Frage kommt; ebenso Ott 34 zu § 3.

## § 4.

**Die Steuerpflicht wird begründet durch die Eintragung der Rechtsänderung in das Grundbuch oder, wenn es einer solchen zum Uebergange des Eigentums nicht bedarf, durch den Vorgang, der die Rechtsänderung bewirkt.**

**Sofern das Grundbuch noch nicht als angelegt anzusehen ist, tritt an die Stelle der Eintragung die Umschreibung in öffentlichen Büchern.**

**1. Allgemeines.** a) Die Vorschrift regelt den Anlaß und Zeitpunkt der Entstehung der Steuerpflicht nach § 1. Sie lehnt sich wörtlich an die gleichartige Vorschrift des § 4 ZuwStG. an. Maßgebend ist der Zeitpunkt, in welchem der Uebergang des Eigentums sich vollzieht. Dies ist verschieden je nachdem, ob es sich um ein buchungspflichtiges Grundstück handelt oder nicht, ob das Grundbuch bereits angelegt ist oder nicht. Ferner gibt es eine Anzahl von Fällen, in denen das Grundeigentum auch bei Grundstücken, für die ein Grundbuchblatt existiert, ohne Rücksicht auf die Umschreibung übergeht.

b) Ob eine Rechtsänderung, d. h. ein Uebergang des Eigentums vorliegt, eine Steuerpflicht also überhaupt besteht, entscheidet sich nach dem materiellen Recht; vgl. hierüber zu § 1. Daß eine Rechtsänderung vorliegt, ist jedenfalls Voraussetzung für die Anwendung des § 4. Liegt nur eine Grundbuchberichtigung vor, so wird eine Steuer nicht fällig; § 4 ist also nicht anwendbar; vgl. Anm. 5 a zu § 1. Sowohl also, wenn das Grundbuchamt eine Auflassung aus Rechtsirrtum nicht für erforderlich gehalten hat (RFH. StuW. IV 245), als auch, wenn umgekehrt die Beteiligten eine Auflassung mit Umschreibung veranlaßt haben, obgleich nur eine Grundbuchberichtigung in Frage kam, (RFH. StuW. I 1108) kommt § 4 nicht zur Anwendung, wegen sog. Schwarzkäufe; vgl. RFH. Mrozek, R. 14 zu § 4 sowie JW. 1927, 1959 Nr. 1 und 2946 Nr. 2, ferner unten Anm. 6 c.

c) Nur bei Uebergang des juristischen, nicht schon des wirtschaftlichen Eigentums entsteht gemäß §§ 1, 4 die Steuerpflicht, also nicht schon bei Auflassung und Uebergabe; RFH. Mrozek, R. 6, zu § 4. Andererseits wird die Steuer beim Vorliegen der Voraussetzungen auch dann fällig, wenn wirtschaftlich die volle Herrschaftsmacht einem anderen zusteht, der juristische Eigentümer also nur Treuhänder ist; vgl. 5 c zu § 1 sowie RFH. Mrozek, R. 12 zu § 4. Auch wenn durch die Eigentumsumschreibung an der schon bestehenden wirtschaftlichen Verfügungsmacht nichts geändert wird, entsteht die Steuerpflicht. RFH. Mrozek, R. 13 zu § 4 = StuW. VI, 100.

2. a) Unter **Begründung der Steuerpflicht** ist die eigentliche Entstehung der Verpflichtung zu begreifen. Während § 1 den sachlichen Grund der Steuerpflicht bestimmt, regelt § 4 den Tatbestand, der den Steueranspruch zur Entstehung bringt. Verschieden hiervon ist der Zeitpunkt der Zahlbarkeit, der in § 30 geregelt ist. Die weiteren Gründe der Steuerpflicht, wie sie in §§ 5 bis 7, 10 festgelegt sind, werden durch § 4 nicht berührt.

b) Mit dem Uebergange des Eigentums entsprechend § 4 **entsteht die Steuerpflicht.** Dieser Zeitpunkt ist sowohl für die Voraussetzungen ihrer Entstehung (inländ. Grundstück!), als auch für ihre Begrenzung, auch insbesondere hinsichtlich des durch Art. II § 1 Dr. 2 geänderten Steuersatzes von 3%, der am 1. September 1925 in Kraft getreten ist, und für die Bestimmung der zahlungspflichtigen Personen maßgebend, ebenso auch für die Anwendung eines die Erhebung von Zuschlägen anordnenden Landesgesetzes; RFH. Mrozek R. 1 zu § 4. Er entscheidet, ob ein Verwandtschaftsverhältnis im Sinne des § 8 Ziff. 4, 5 besteht, ferner für den Wert des Grundstücks gemäß §§ 11, 18. Im Widerspruch hiermit bestimmt § 24, daß die Stundung oder Leistung der Steuer schon vor der Umschreibung im Grundbuche, also vor der Entstehung der Steuerpflicht zu erfolgen hat. Vgl. hierüber Anm. 4 zu § 24. Mit dem aus § 4 sich ergebenden Zeitpunkt entsteht die Zahlungsverbindlichkeit des Schuldners und dem Grunde nach die evtl. Ausgleichspflicht zwischen dem Erwerber und Veräußerer. Von diesem Zeitpunkt an ist auch die Sicherung des dem Grunde nach entstandenen Steueranspruchs durch Arrest gemäß §§ 351, 352 AO. zulässig. Der Arrest ist allerdings auch zur Sicherung bedingter und betagter Ansprüche zulässig, in den Fällen des § 5 daher schon vor Ablauf der Jahresfrist; vgl. Becker Anm. 2 zu § 351 AO.; RFH. StuW. II 527.

c) Mit dem Ablauf des Jahres seit der Begründung der Steuerpflicht beginnt der Lauf der Verjährungsfrist für den Steueranspruch; vgl. Anm. 7 zu § 30.

3. a) **Die Eintragung der Rechtsänderung** in das Grundbuch ist derjenige Vorgang, der in der Regel den Uebergang des Eigentums herbeiführt. Gemäß § 873 BGB. ist zur Uebertragung des Eigentums an einem Grundstücke die Einigung zwischen dem Veräußerer und Erwerber, die sog. Auflassung (§ 925 BGB.), und die Eintragung der Rechtsänderung in das Grundbuch erforderlich. Dies ist der gewöhnliche Weg für die rechtsgeschäftliche Uebereignung. Auch für die grundstücksgleichen Gerechtigkeiten (§ 2) ist Einigung und Eintragung erforderlich.

b) Die Eintragung ist vollzogen, wenn sie von dem Rechtspfleger und dem Gerichtsschreiber unterschrieben ist. (Art. 6 PrAG. GBO.) Mit diesem Zeitpunkt — ohne Rücksicht auf die Kenntnis der Beteiligten — geht das Eigentum auf den Erwerber über.

c) Erweist sich die Eintragung als unrichtig, deckte sie sich z. B. nicht mit der Auflassung, so liegt kein Eigentumsübergang vor. Die Steuer ist daher überhaupt nicht entstanden. § 23 a 1 findet hier keine Anwendung; eines Erlasses bedarf es nicht. Ueber sonstige Fälle der Nichtigkeit des Eigentumsübergangs vgl. Anm. 7 zu § 1 und Anm. 5 zu § 23. Hier werden die neuerdings häufigen Schwarzkauffälle (vgl. unten Anm. 6 sowie Anm. 5 zu § 23) bedeutungsvoll; vgl. hierzu RG. 108, 356; 111, 239; RFH. Mrozek, R. 37 zu § 1; R. 14, 15 zu § 4, wonach keine Steuer entsteht, wenn Nichtigkeit der Umschreibung des Eigentums auf den Schwarzkäufer festgestellt und das Grundbuch durch Wiedereintragung des Verkäufers berichtigt wird.

d) Die Fälle, in denen das Eigentum mit der Eintragung der Rechtsänderung in das Grundbuch übergeht, lassen sich nicht erschöpfend aufzählen. Wo keine Universalsuccession vorliegt, auch keine besonderen Vorschriften aufgestellt sind, vollzieht sich der Eigentumsübergang erst mit der Eintragung. Hierher gehört auch der Fall, daß der Erwerber einen Anspruch auf Uebereignung hat, mag auch ein Vorkaufsrecht gemäß §§ 1094 ff. BGB. für ihn eingetragen sein, so auch im Falle des § 915 BGB. (Ueberbau). Auch wenn der Erwerber die Einwilligung des Veräußerers durch ein rechtskräftiges Urteil (§ 894 ZPO.) ersetzt hat, erlangt er das Eigentum erst durch die Eintragung in das Grundbuch, die er unter Vorlegung des Urteils bei dem Grundbuchamt zu beantragen hat. Hierher gehören ferner die Fälle des § 82 BGB. (Uebertragung eines Grundstücks auf eine Stiftung). Auch die Ersitzung eines Grundstücks gemäß § 927 BGB. bewirkt den Eigentumsübergang erst mit der Eintragung des neuen Eigentümers in das Grundbuch; dasselbe gilt von der A n e i g n u n g eines herrenlosen Grundstücks gemäß § 928 BGB. Für das E i n b r i n g e n von Grundstücken in Akt.-Ges., G. m. b. H. und andere Personenvereinigungen gilt nichts Besonderes; der Eigentumswechsel erfolgt also durch Auflassung und Eintragung; vgl. Amtl. Mitt. 1913, 263. Dagegen vollzieht sich der Eigentumswechsel bei der Uebernahme des G e s e l l s c h a f t s v e r m ö g e n s in verschiedenen Fällen im Wege der Universalsuccession ohne Umschreibung. Vgl. hierüber Anm. 5. Im Falle des E r b s c h a f t s - k a u f s (§§ 2371 ff. BGB.) bedarf es der rechtsgeschäftlichen Uebertragung der zum Nachlaß gehörigen Gegenstände, also der Auflassung und Umschreibung von Grundstücken.

e) Mit der Eintragung wird die Steuerpflicht begründet. Nach § 24 darf die Eintragung aber erst stattfinden, wenn die Steuer gestundet, ein der voraussichtlichen Höhe der Steuer entsprechender Betrag geleistet, oder eine Steuer nicht zu erheben ist.

4. **Soweit das Grundbuch noch nicht als angelegt** anzusehen ist (Art. 186 EGBGB.) erfolgt gemäß Art. 189 EGBGB. der Eigentumsübergang nach Maßgabe der bisherigen Gesetze. Wo hiernach der Eigentumswechsel sich durch Eintragung in öffentliche Bücher, z. B. Stockbücher, Erbbücher, vollzieht (vgl. § 87 GBO.), entsteht die Steuerpflicht mit dieser Umschreibung; soweit dagegen nach den älteren Rechten der Eigentumsübergang nicht durch Eintragung in öffentlichen Büchern bewirkt wird, liegt der Fall des Absatz 1 vor, daß es einer Eintragung zum Uebergange des Eigentums nicht bedarf. Dann entscheidet also der Vorgang, der nach dem Landesrecht die Rechtsänderung bewirkt.

5. **Es bedarf keiner Eintragung** zur Uebertragung des Eigentums in einer Reihe verschiedener Fälle. Hier sei gleich erwähnt, daß in diesen Fällen meist eine Umschreibung dennoch stattfindet; sie hat aber keine rechtsbegründende Bedeutung, sondern erfolgt nur zur Berichtigung des Grundbuchs. Auf diese Umschreibung kommt es für die Entstehung der Steuerpflicht nicht an. Der Eigentumsübergang kann erfolgen entweder kraft G e s e t z e s auf Grund bestimmter rechtserheblicher Vorgänge oder vermittels besonderer b e h ö r d - l i c h e r A n o r d n u n g e n. Zu der ersten Gruppe gehören vor allem die Fälle der Universalsuccession, d. h. des Ueberganges eines ganzen Vermögens oder Sondervermögens auf einen Rechtsnachfolger. Den Hauptfall bildet die Erbschaft (§ 1922 BGB.) und der Eintritt der Nacherbfolge (§ 2130 BGB.), dagegen nicht das Vermächtnis (§ 2174 BGB.), noch weniger der Pflichtteilsanspruch, der gemäß § 2303 BGB. lediglich ein Geldanspruch ist. In allen diesen Fällen besteht jedoch Steuerfreiheit nach § 8 Ziff. 1. Eine Universalsuccession liegt auch im Fall des § 2033 vor (Verfügung über den Nachlaßanteil eines Miterben). Mit dem Abschluß dieses gerichtlich oder notariell zu beurkundenden Vertrages tritt der Erwerber des Nachlaßanteils an Stelle des Miterben in die Miterbengemeinschaft ein. Ob hierin ein Eigentumswechsel zu erblicken ist, vgl. Anm. 5e zu § 1.

Universalsuccession liegt ferner vor bei Begründung oder Aufhebung der Gütergemeinschaft (§§ 1438, 1482 BGB.). Im Falle einer Aufhebung durch Urteil dagegen hat die Auseinandersetzung durch Rechtsgeschäft gemäß §§ 1474 bis 1481 BGB. stattzufinden. Wegen der Steuerbefreiung vgl. § 8 Ziff. 2.

In verschiedenen Fällen des **Gesellschaftsrechts** bedarf es zum Eigentumswechsel keiner Umschreibung im Grundbuch, weil gleichfalls eine Universalsuccession vorliegt. Hierher gehören die Fälle, daß ein offener Handelsgesellschafter bei Auflösung der Gesellschaft entweder gemäß Vereinbarung oder nach § 142 HGB. das Geschäft mit allen Aktiven, also mit einem dazugehörigen Grundstück übernimmt. Ferner gehört hierher die Verstaatlichung einer Aktiengesellschaft (vgl. § 304 Abs. 5 HGB.) und die Fusion zweier Aktiengesellschaften ohne Liquidation gemäß § 306 HGB. Auch die Umwandlung einer Akt.-Ges. in eine G. m. b. H. gemäß §§ 80, 81 G. m. b. H. Ges. ist hierher zu rechnen.

Gemäß §§ 45, 46, 88 BGB. bedarf es keiner Auflassung, wenn das Vereins- oder Stiftungsvermögen an den Fiskus fällt; anders gemäß § 47 BGB. bei anderen Erwerbern. Auch im Falle der sog. Tabularersitzung gemäß § 900 BGB. bedarf es zum Eigentumsübergang keiner Eintragung, weil diese schon bei Beginn der 30 jährigen Ersitzungsfrist vorgelegen haben muß. Eigentumsübergang kraft Gesetzes findet ferner statt nach Maßgabe einzelner Sondergesetze, z. B. gemäß §§ 9, 15, 16, 17, 18 Pr. Wasser-Ges.

Gleichfalls ohne Rücksicht auf Umschreibung im Grundbuch vollzieht sich der Eigentumswechsel in manchen Fällen **kraft behördlicher Verfügung**. Hierher gehören hauptsächlich die Fälle des Zuschlags in der **Zwangsversteigerung** gemäß §§ 90, 172, 176, 180 ZVG. (Vgl. hierzu Stillschweig JW. 1920, 88). Hier geht das Eigentum mit der Verkündung des Zuschlags auf den Ersteher über. Wird der Beschluß auf Grund einer Beschwerde wieder aufgehoben, so ist ein Eigentumsübergang nicht erfolgt (vgl. Jaeckel-Güthe Anm. 5 zu § 90 ZVG.); eine etwa bereits gezahlte Steuer ist daher gemäß § 23 a 1 zurückzuzahlen. Im Falle der Enteignung bewirkt die Zustellung des Enteignungsbeschlusses den Uebergang des Eigentums (§ 44 Pr. Enteig. Ges.). Nach dem Gesetz über das vereinfachte Enteignungsverfahren vom 26. Juli 1922 (GS. 211) geht bei Anwendung des Verfahrens das Eigentum auf den Unternehmer erst nach Zahlung oder Hinterlegung der Entschädigungssumme, also auch kraft Gesetzes, über (§ 5). Vgl. ferner §§ 1, 2 ReichsRayon G. v. 21. 12. 71 und §§ 11, 14, Pr. Fluchtlinien-Ges. v. 2. 7. 75. Nach der Pr. Umlegungsordnung vom 21. 9. 20 (GS. 453) treten die rechtlichen Wirkungen der Umlegung mit der Ausführung des festgestellten Auseinandersetzungsplanes ein; als Zeitpunkt der Ausführung gilt der für sie von der Landeskulturbehörde festgesetzte Tag (§ 19). Im Regierungsbezirk Wiesbaden (GS. 1904, 191) treten diese rechtlichen Wirkungen mit der Rechtskraft der Vollstreckbarkeitserklärung ein. In § 9 c der Verordnung vom 30. 12. 20 (GS. 1921, 77) ist gleichfalls der Uebergang des Eigentums kraft Gesetzes angeordnet, die Eintragung ins Grundbuch gemäß § 9 a stellt nur eine Berichtigung des Grundbuchs dar.

Ohne Umschreibung vollzieht sich ferner der Eigentumsübergang bei **buchungsfreien Grundstücken** gemäß § 90 GBO., Art. 27 AGBGB. Hierher gehören hauptsächlich die staatlichen und kommunalen, sowie die Bahngrundstücke, die vom Grundbuchzwang befreit werden können. Werden sie an Privatpersonen veräußert, so muß ein Grundbuchblatt für sie angelegt werden. In diesen Fällen erfolgt der Eigentumsübergang erst mit der Umschreibung. Nur wenn die Grundstücke wiederum an privilegierte Personen veräußert werden, wird gemäß Art. 127 EG. BGB., Art. 27 PrAG. BGB. der Eigentumswechsel durch öffentlich zu beurkundende Einigung der Parteien vollzogen.

6. a) **Der Vorgang, der die Rechtsänderung bewirkt,** ist in den Fällen der Anm. 5 für die Begründung der Steuerpflicht maßgebend. Welcher Vorgang dies ist, ergibt sich aus den Darlegungen in Anm. 5. In jedem einzelnen Falle ist zu untersuchen, ob der Eigentumswechsel sich vollzieht durch Umschreibung im Grundbuch, durch Umschreibung in anderen öffentlichen Büchern, durch bloße Einigung bei buchungsfreien Grundstücken, durch den Eintritt der Erbfolge oder Nacherbfolge, durch die Uebernahme eines Sondervermögens oder durch eine behördliche Anordnung.

b) Besteht hiernach Zweifel oder Streit, ob die Rechtsänderung sich vollzogen hat, so ist darüber im Steuerstreitverfahren selbständig zu entscheiden. Ein Urteil zwischen dem Veräußerer und Erwerber wäre für die Steuerbehörde nicht bindend. Ebensowenig sind spätere rechtgeschäftliche Aenderungen der Vertragsparteien maßgebend. Ist die Rechtsänderung kraft Gesetzes eingetreten, so ist der Steueranspruch entstanden; es kann höchstens ein Erlaß oder eine Erstattung gemäß § 21 oder ein Erlaß aus Billigkeitsgründen gemäß § 31 in Frage kommen.

Ob der betreffende Vorgang die Rechtsänderung bewirkt hat, bestimmt sich lediglich nach dem hierfür maßgebenden Recht. Ueber nichtige Geschäfte, vgl. Anm. 7 zu § 1, sowie § 23 Anm. 5.

c) Es kann auch Fälle geben, in denen der Uebergang des Eigentums nicht mit der Eintragung im Grundbuche erfolgt, während es dieser Eintragung zum Eigentumsübergang doch bedarf, so daß keiner der in § 4 erwähnten Fälle vorliegt; so, wenn die Auflassung der Eintragung nachfolgt, was nach RGJR. 1926, 804; KGJR. 1925, 122/23; JW. 1925, 2617, Nr. 4 zulässig ist; ferner wenn es zum Eigentumsübergang einer behördlichen Genehmigung bedarf, wie z. B. nach dem PrG. über den Verkehr mit Grundstücken vom 10. 2. 23. Gerade im Anschluß an dieses Gesetz und seine spätere Aufhebung vom 20. 7. 25 (GS. 93) haben sich zahlreiche Fälle ereignet, in denen trotz Auflassung und Eintragung das Eigentum zunächst nicht überging (RG. 108, 356; 111, 239), der Eigentumswechsel vielmehr erst stattfand, wenn entweder die Veräußerung nachträglich von der Verwaltungsbehörde genehmigt wurde, oder wenn nach Aufhebung des Gesetzes vom 10. 2. 23 die Auflassung von den Parteien wiederholt oder bestätigt wurde; vgl. KG. JW. 1925, 2617, Nr. 4 und 1926, 2642, Nr. 3; JR. 1926, 170; KG. JW. 1927, 804, Nr. 1. In allen diesen Fällen wurde die Steuerpflicht durch die Eintragung im Grundbuche noch nicht begründet, weil diese Eintragung zu Unrecht erfolgt war und den Eigentumsübergang nicht bewirkt hatte; vgl. RFH. Mrozek, R. 1 zu § 23 Abs. 1 a), Nr. 1; RFH. JW. 1927, 1959, Nr. 1. Es lag aber auch nicht der Steuerfall vor, daß es einer Eintragung zum Uebergang des Eigentums nicht bedurft hätte; in letzteren Fällen könnte die Steuerpflicht auch nur durch den Vorgang begründet werden, der die Rechtsänderung schließlich bewirkte, also durch die nachträgliche behördliche Genehmigung bzw. durch die wiederholte Auflassung; vgl. Anm. 5 h) zu § 23. War aber der Eigentumswechsel schon auf Grund der in Wirklichkeit ungültigen Eintragung besteuert worden, so ist eine nochmalige Besteuerung dieses Rechtsvorgangs nach wirklichem Eigentumsübergang nicht zulässig; vgl. RFH. Mrozek, R. 6 zu § 4, auch RFH. Mrozek, R. 36 zu § 11 und R. 16 zu § 4. Dieser hat den Grundsatz aufgestellt, daß bei nachträglicher Genehmigung durch die Verwaltungsbehörde oder bei Wiederholung der Auflassung für die Steuerpflicht der Zeitpunkt der Umschreibung des Eigentums, wenngleich diese zunächst rechtsungültig war, maßgebend bleibe. Dieser Standpunkt ist aber durch RFH. JW. 1927, 2946, Nr. 2 = StuW. VI, 619 aufgegeben worden. Hiernach hat die spätere Heilung keine rückwirkende Kraft; Steuerpflicht entsteht erst mit der Heilung; daher sind alle bis dahin erfolgenden Preisänderungen, insbesondere Zuzahlungen, zu berücksichtigen, ohne daß es der Bezugnahme auf § 212 Abs. 2 AO. bedarf. Ob auch der g e m e i n e W e r t z. Zt. der Heilung zu berücksichtigen ist, wird in der Entscheidung nicht erörtert, ergibt sich aber aus dem Prinzip. Wird aber die Nachzahlung mit dem Verkäufer erst nach dem Uebergang des Eigentums vereinbart, so wird dadurch die Höhe der Steuerschuld nicht beeinflußt; RFH. 22, 30. Nach dieser Entscheidung ist zu unterscheiden zwischen der formellen Voraussetzung der Neuveranlagung, die § 212 Abs. 2 AO. aufstellt, und der aus dem GrErwStG. sich ergebenden materiellen Voraussetzung, daß die nachträgliche Vereinbarung vor dem Eigentumswechsel getroffen sein muß. — Diese Rechtsprechung entbehrt noch der völligen Klarheit. Es erscheint noch erforderlich, die in Mrozek, R. 6 zu § 4 ausgesprochenen Rechtsgrundsätze mit JW. 1927, 2946, und RFH. 22, 30 in Einklang zu bringen.

In erster Linie ist stets die formelle Frage zu prüfen, ob der fragliche Eigentumswechsel bereits rechtskräftig besteuert ist. Das ist der Fall, wenn diejenige Auflassung und Eintragung, die der ersten Besteuerung zugrunde lagen, auch die Grundlage der nachträglichen behördlichen Genehmigung bilden. Die Neuveranlagung hängt dann nach § 212 Abs. 2 AO. davon ab, ob eine neu bekanntgewordene T a t s a c h e gegeben ist, d. h. nach RFH. Mrozek, R. 19 zu § 12 Abs. 2 Satz 1 eine Tatsache, die vor der Rechtskraft der ersten Besteuerung bereits vorlag, aber erst später bekanntgeworden ist. Eine Tatsache liegt aber nicht in der neuen zivilrechtlichen Betrachtungsweise, wonach dem PrGrdstVerG. quasi r ü c k w i r k e n d e K r a f t zukommt. Daher kann der Entscheidung RFH. JW. 1927, 2946, Nr. 2, nicht beigetreten werden. Wo hingegen nachträglich ein S c h w a r z k a u f festgestellt wird, ist Neuveranlagung gem. § 212 Abs. 2 AO. zulässig; hierbei sind dann auch die Zuzahlungen, die bis zum wirklichen Eigentumswechsel, also bis zur nachträglichen Genehmigung der Behörde vereinbart worden, zu berücksichtigen und mit dem gem. Wert z. Zt. des Eigentumswechsels zu vergleichen (§ 11, 12). Zu erwägen bleibt überdies, ob nicht mit entsprechender Begründung, wie RFH. 6, 118 (123) sowie StuW. VI, 17 hinsichtlich der Steuer aus § 5 Abs. 1, auch hier anzunehmen wäre, daß nicht der Zeitpunkt des Eintritts der Steuerpflicht, sondern des Rechtsvorgangs, nämlich gem. § 4 der Eintragung, für die Bemessung des gem. Wertes maßgebend ist. Hiermit wäre das Bedenken beseitigt, daß bei nachträglich wirksam gewordenen Käufen der § 4 durch die Rechtsprechung ausgeschaltet und — eigentlich ohne gesetzliche Grundlage — der Zeitpunkt des Eigentumsübergangs an die Stelle der nach § 4 maßgebenden Eintragung gesetzt wird.

## § 5.

**Ein zur Uebertragung des Eigentums verpflichtendes Veräußerungsgeschäft wird steuerpflichtig, wenn der Uebergang des Eigentums nach Ablauf eines Jahres nach Abschluß dieses Veräußerungsgeschäfts nicht erfolgt ist.**

**Ist die Steuerpflicht nach Abs. 1 eingetreten und erfolgt sodann der Eigentumsübergang (§ 4), so wird die Steuer für diesen nur insoweit erhoben, als sie die Steuer des Abs. 1 übersteigt.**

**Liegen mehrere Veräußerungsgeschäfte innerhalb eines Jahres vor und führt eines von ihnen vor Ablauf des Jahres zum Eigentumsübergange (§ 4), so tritt gleichzeitig mit der Steuerpflicht des Eigentumsüberganges die Steuerpflicht derjenigen Veräußerungsgeschäfte ein, die dem zur Ausführung kommenden Veräußerungsgeschäfte vorangehen und ihrerseits nicht zum Eigentumsübergange geführt haben.**

**Als Veräußerungsgeschäfte im Sinne des Abs. 1 sind auch anzusehen:**

1. **die Uebertragung der Rechte der Erwerber aus Veräußerungsgeschäften;**
2. **die Uebertragung von Rechten aus Anträgen zur Schließung eines Veräußerungsgeschäfts, die den Veräußerer binden, sowie aus Verträgen, durch die nur der Veräußerer zur Schließung eines Veräußerungsgeschäfts verpflichtet wird;**
3. **nachträgliche Erklärungen des aus einem Veräußerungsgeschäfte berechtigten Erwerbers, die Rechte für einen Dritten erworben oder die Pflichten für einen Dritten übernommen zu haben;**
4. **die Abtretung der Rechte aus dem Meistgebot und die Erklärung des Meistbietenden, daß er für einen anderen geboten habe;**
5. **Rechtsgeschäfte, durch die jemand ermächtigt wird, ein Grundstück ganz oder teilweise auf eigene Rechnung zu veräußern.**

1. **Allgemeines.** Während § 1 die Steuerpflicht an den Uebergang des Eigentums knüpft und § 3 diesem die Uebertragung der gesamten Anteile von Personenvereinigungen mit Grundbesitz gleichstellt, wird in § 5 auch das verpflichtende Veräußerungsgeschäft, welches der Uebereignung des Grundstücks zugrunde liegt, selbstständig für steuerpflichtig erklärt. Gleichzeitig werden die so-

genannten Zwischengeschäfte, vermittels deren die Grundstücksspekulation Grundstücke ohne Uebereignung, nur durch Abtretung von Ansprüchen auf Uebereignung, von einer Hand in die andere spielt, der Steuer unterworfen. Die Vorschrift lehnt sich an § 5 ZuwStG., sowie an Vorschriften des RStG. an. Sie geht aber über den § 5 ZuwStG. erheblich hinaus, indem sie sämtliche Zwischengeschäfte nebeneinander für steuerpflichtig erklärt, nicht nur das letzte Geschäft, welches unmittelbar zum Eigentumswechsel führt. Entsprechend dem andersartigen Charakter der Grunderwerbsteuer wird die Uebereignung selbst einer nochmaligen selbständigen Steuer unterworfen, auf die jedoch die für den Veräußerungsvertrag gezahlte Steuer anzurechnen ist. Die Vertragssteuer aus § 5 ist also neben der Uebereignungssteuer des § 1 selbständig und unterliegt ihren eigenen Grundsätzen.

Infolgedessen kommt auch keine Herabsetzung und Rückzahlung in Frage, falls etwa in der Zeit zwischen Veranlagung der Steuer aus § 5 Abs. 1 und dem Eigentumserwerb (§ 5 Abs. 2) der Wert des Grundstücks sich mindert. Andererseits kann eine zu Unrecht (weil verfrüht) nach § 5 Abs. 1 festgesetzte Steuer nicht aus dem Gesichtspunkt des § 4 aufrecht erhalten werden, weil die Umschreibung des Eigentums binnen der Jahresfrist bereits erfolgt war; vielmehr muß Freistellung von der Steuer aus § 5 Abs. 1 erfolgen, und neue Veranlagung nach § 4 stattfinden, denn beide Steuern werden für verschiedene Zeitpunkte erhoben; RFH. Mrozek, R. 13 zu § 5 Abs. 2. — Die Steuer aus § 5 ist ihrer Natur nach die Vorwegnahme der Besteuerung des Eigentumswechsels; vgl. RFH. 22, 58.

2. a) **Ein zur Uebertragung des Eigentums verpflichtendes Veräußerungsgeschäft** ist jegliches Rechtsgeschäft, welches eine Verpflichtung zur Uebertragung des Grundeigentums — und zwar an einem inländischen Grundstück — oder zur Uebertragung — nicht Begründung — einer grundstücksgleichen Berechtigung im Sinne des § 2 begründet. Ob auch Verträge, die auf Uebertragung von Gesellschaftsanteilen im Sinne des § 3 gerichtet sind, hierher gehören, ist zweifelhaft. Bejahend Lion Anm. 6 zu § 5 ZuwStG. Nach § 3 wird die Vereinigung aller Anteile oder die Weiterübertragung dem Uebergange des Eigentums an dem Grundstück gleichgeachtet. Voraussetzung hierfür ist nach dem Wortlaut, daß die Vereinigung bzw. Uebertragung bereits vorliegt. Jedoch wird man auch als Verpflichtungsgegenstand beides einander gleichstellen müssen. Voraussetzung hierfür ist aber, daß der Verpflichtungsvertrag seinem Inhalt nach darauf gerichtet ist, dem Erwerber die Gesamtheit der Anteile zu verschaffen. Bezieht sich der Verpflichtungsvertrag nur auf einen Teil der Geschäftsanteile und läßt nicht erkennen, daß der Erwerber alle übrigen Anteile bereits besitzt, so liegt ein Fall des § 5 nicht vor; vgl. Hagelberg, DStZ. 9, 266 und Ott 38 zu § 3.

b) Es muß sich um ein Geschäft handeln, das zur Uebertragung des Eigentums bzw. der Berechtigung oder der Anteile **verpflichtet,** ohne die Uebertragung bereits selbst zu vollziehen. Ein Auseinandersetzungsvertrag, kraft dessen der eine Gesellschafter ausscheidet und der andere Gesellschafter das Geschäft mit allen Aktiven übernimmt, fällt daher nicht unter § 5, sondern unter § 1; vgl. Anm. 6 zu § 1. Das gleiche gilt für Verträge, durch welche buchungsfreie Grundstücke übereignet werden. Andererseits muß die Verpflichtung erst dem Veräußerungsvertrag seine Entstehung verdanken. Hat sie schon vorher bestanden, so unterliegt ein Vertrag, der diese Verpflichtung lediglich feststellt, nicht der Steuerpflicht. Dies gilt z. B. von Schuldanerkentnissen (vgl. RFH. StuW. I, 662) und von Geschäften, durch welche eine auf Grund eines Auftrags oder Dienstvertrags bereits bestehende Verpflichtung zur Uebereignung eines Grundstücks lediglich festgestellt wird; vgl. KGI. 28 B, 88, Heinitz 431 Nr. 4, Lion Anm. 5 zu § 5 ZuwStG., Ott 11 zu § 5 sowie RFH. Mrozek, R. 6 zu § 37 Abs. 5. Ein Vergleich wird zu den Veräußerungsgeschäften im Sinne des § 5 dann gehören, wenn die Verpflichtung zur Uebereignung als solche streitig war, und durch den Vergleich von neuem bestätigt oder wesentlich verschärft wurde (vgl. RG. 109, 22) oder — etwa als Gegenleistung — durch den Vergleich neu begründet wurde, dagegen nicht, wenn nur die Modalitäten (Zeitpunkt, Stundung oder Sicherung des Kaufpreises und dergl.) ihre Erledigung gefunden haben.

c) Die Verpflichtung muß sich **auf die Uebertragung des Eigentums** (der Gerechtigkeit bzw. der Anteile) an einem inländischen Grundstück beziehen, so daß gemäß § 313 BGB. gerichtliche oder notarielle Beurkundung erforderlich ist. Der Vertrag kann auch im Auslande geschlossen worden sein, wobei die Beobachtung der am Abschlußort geltenden Formvorschriften genügt; Art. 11 Abs. 1 Satz 2 EGBGB.; KG. OLG. 44, 152. Welches der sonstige Inhalt des Rechtsgeschäfts ist, bleibt ohne Belang. Insbesondere kommt es nicht darauf an, ob mit Gewinn oder Verlust verkauft ist; RFH. Mrozek, R. 4 zu § 5 Abs. 1.

d) Das Geschäft kann ein **einseitiges** sein (vgl. RFH. StuW. V, 79: a. M. ohne Begründung Ott 6 zu § 5) oder ein **Vertrag**, es kann ein einseitiger oder ein gegenseitiger Vertrag sein. Als einseitiges Rechtsgeschäft kommt z. B. das Stifungsgeschäft (§§ 81, 82 BGB.) in Betracht, das aber nach § 8 Nr. 1 steuerfrei ist, ferner die Auslobung im Sinne der §§ 657—661 BGB., dagegen nicht der Vertragsantrag, die Offerte, weil sie zur Uebertragung des Eigentums noch nicht verpflichtet (vgl. RFH. Mrozek, R. 5 zu § 5 Abs. 4 Nr. 2 betr. einen Grenzfall), auch der andere Teil noch völlig frei ist; RFH. Mrozek, R. 6 das.; auch nicht das Testament gemäß § 8 Ziff. 1; als einseitiger Vertrag das selbständige Schuldversprechen gemäß § 780 BGB. Ott 6 zu § 5 nimmt an, daß zu dem Wesen des Veräußerungsgeschäfts die Verpflichtung des Erwerbers zur Leistung eines Entgelts gehöre. Trotzdem hält er Treuhandverträge in Anm. 12 zu § 5 für steuerpflichtig. Der RFH. verlangt nicht Entgeltlichkeit; vgl. RFH. StuW. V, 79 und 325 sowie RFH. II A, 519/21 bei Ott 12 zu § 5.

e) Den Hauptfall werden **gegenseitige Verträge** bilden, vornehmlich **Kaufverträge.** Im Falle der Einräumung eines Wiederkaufrechts (§§ 497 ff BGB.) oder eines Vorkaufsrechts (§§ 504 ff. BGB.) kommt der Wiederverkauf bzw. Vorkauf erst mit der Ausübung des Rechts zustande. Erst die gesetzmäßige Ausübung des Rechts begründet daher ein Veräußerungsgeschäft im Sinne des § 5; vgl. Ott 19 u. 21 zu § 5; RFH. Mrozek, R. 12 zu § 5 Abs. 3. Auch der Tausch (§ 515 BGB.) gehört hierher; gemäß § 16 ist er, wenn zwei Grundstücke gegeneinander vertauscht werden, bezüglich jedes Grundstücks selbständig als Veräußerungsgeschäft zu behandeln. Ferner gehört hierher der Erbschaftskauf (§§ 2371 ff. BGB.), dagegen nicht der Verkauf eines Erbteils gemäß § 2033 BGB., weil im ersteren Falle der Verkäufer durch den Vertrag verpflichtet wird, die zum Nachlaß gehörigen Gegenstände an den Käufer herauszugeben, Grundstücke also aufzulassen (§ 2374), während beim Verkauf des Miterbenanteils nur der Anteil am ungeteilten Nachlaß, nicht dagegen die einzelnen Nachlaßgegenstände übertragen werden. Dagegen bildet ein Veräußerungsgeschäft der Verkauf eines Vermögens (notarielle Form! § 311 BGB.) oder Sondervermögens (z. B. eines Handelsgeschäfts) sowie die freiwillige Versteigerung (§ 181 FGG.).

f) Ferner fallen unter § 5 diejenigen **Gesellschafts- oder Auseinandersetzungs**verträge, durch welche eine Pflicht zur Uebereignung von Grundstücken begründet wird. Dies ist dann der Fall, wenn ein Grundstück in die Gesellschaft eingebracht oder bei der Auseinandersetzung einem ausscheidenden Gesellschafter zugesprochen wird. Bei Einbringung läuft die einjährige Frist des § 5 Abs. 1 vom Abschluß des Einbringungs-(Gründungs-)Vertrages, nicht von der Eintragung der Gesellschaft im Handelsregister an: RFH. Mrozek R. 11 zu § 5 Abs. 1. Neben GrErwSt. ist in diesem Falle auch KapVSt. zu entrichten: RFH. 17,165. Tritt dagegen ein neuer Gesellschafter in eine Gesellschaft, der ein Grundstück gehört, ein, so wird eine Verpflichtung zur Uebereignung nicht begründet; ebenso wenn ein Gesellschafter ausscheidet, während die Gesellschaft fortbesteht; vgl. Anm. 6 zu § 1. Soll nach dem Auseinandersetzungsvertrag der eine Gesellschafter das Geschäft mit allen Aktiven, darunter auch den Grundstücken, übernehmen, so begründet dieser Vertrag nicht eine Verpflichtung zur Uebertragung des Eigentums, sondern führt den Uebergang des Eigentums selbst herbei. Vgl. oben Anm. 2. Der Gründungsvertrag einer Akt. Ges. oder einer G. m. b. H. ist nach § 5 steuerpflichtig, wenn er die Verpflichtung zur Einbringung von Grundstücken enthält, dagegen nicht der Fusionsvertrag gemäß § 306 HGB.

g) Ein Vertrag, durch welchen ein **Auftrag** zum Erwerb von Grundstücken erteilt wird, fällt nicht unter § 5, weil die Annahme des Auftrages zwar eine Verpflichtung zur Verschaffung des Eigentums an den Auftraggeber nach sich zieht (§ 667 BGB.), sie aber nicht begründet; vgl. Mrozek R. 6 zu § 37 Abs. 5. Dagegen wird ein Auftrag zur Veräußerung von Grundstücken des Auftraggebers dann unter § 5 fallen, wenn der Auftraggeber zugleich eine Verpflichtung übernimmt, das Grundstück an den von dem Beauftragten gestellten Erwerber zu übereignen. Ein Maklervertrag fällt nicht unter § 5, da eine Verpflichtung zum Abschluß für den Geschäftsherrn nicht begründet wird. Ein Erb- oder Vermächtnisvertrag (§§ 2274 ff. 2278 BGB.) ist kein Veräußerungsgeschäft im Sinne des § 5, wäre auch gemäß § 8 Ziff. 1 steuerfrei.

h) Der **Treuhandvertrag**, durch den sich jemand verpflichtet, ein Grundstück zu treuen Händen, z. B. zur Sicherung wegen einer Forderung zu übereignen oder ein zu treuen Händen übereignetes Grundstück dem Treugeber zu übereignen, fällt unter § 5; vgl. RFH. StuW. V 79 u. 325 sowie RFH. II A 519/21 bei Ott 12 zu § 5, sowie Ott 11—14 zu § 5; dagegen nicht ein Vertrag, durch den der Treuhänder seine Stellung lediglich anerkennt: RFH. Mrozek R. 2 zu § 5 Abs. 1; oder durch den die Rechte des Treugebers nur sichergestellt werden: RFH. 18,90.

i) Bloße **Hilfsgeschäfte** gehören nicht zu den Veräußerungsgeschäften im Sinne des § 5, so z. B. die Vollmacht zur Veräußerung eines Grundstücks gemäß § 164 BGB. Ist aber die Vollmacht nur das äußere Gewand für die Verpflichtung zur Eigentumsübertragung, so ist sie als Veräußerungsgeschäft zu erachten und daher auch der Form des § 313 BGB. unterworfen; vgl. RG. 104, 236; 108, 125; 110, 319; KGJR. 1926, 658; Recht 1926, 411. Hierher gehört besonders die unwiderrufliche Vollmacht; vgl. RG. 109, 331, sowie RGJR. 1925, 1326; ferner die Vollmacht unter Befreiung des Bevollmächtigten von den Beschränkungen des § 181 BGB., sofern die Sachlage ergibt, daß diese Befreiung nur erfolgt ist, um dem Bevollmächtigten hierdurch die Verfügung über das Grundstück für eigene Rechnung zu ermöglichen.

k) Die **Auflassung** (§ 925 BGB.) ist ein dingliches Geschäft, nicht ein Rechtsgeschäft, das zur Uebertragung des Eigentums verpflichtet. Sie fällt daher nicht unter § 5 A. M. Lindemann S. 39 und Ott 31 zu § 5 mit der Begründung, daß die Auflassung bereits die Erfüllung des schuldrechtlichen Vertrages, also mehr als dieser enthalte. Ebenso RFH. 14,138 = Mrozek R. 8 zu § 5 Abs. 1. Die Begründung geht aber fehl. Die Auflassung ist nicht mehr als das Veräußerungsgeschäft, sondern ein aliud. Liegt der Auflassung kein formgültiges Veräußerungsgeschäft zu Grunde, so ist die Besteuerung aus § 5 ungerechtfertigt, zumal, da die Auflassung in solchem Falle gemäß § 812 BGB. jederzeit zurückgefordert werden kann, also keine haltbare Rechtsgrundlage für den Erwerber bildet.

l) **Ein Rücktritts- oder Wandelungsvertrag** ist gleichfalls nicht als Veräußerungsvertrag zu betrachten. Es bedarf daher nicht gemäß § 23 eines Antrags auf Erlaß der Steuer. § 23 b 2 hat das Kaufgeschäft im Auge, von dem der Rücktritt erfolgt.

Wird der Veräußerungsvertrag nach Vollziehung des Eigentumswechsels aufgehoben oder durch Vertrag rückgängig gemacht, so hat dieser Vertrag die Verpflichtung zur Uebertragung des Eigentums im Sinne des § 5 zum Gegenstand. Jn diesem Falle kommt § 23 a 2 oder 3 gegebenenfalls zur Anwendung.

m) Ebenfalls gehört eine Schuldübernahme im Sinne des § 414 BGB. unter § 5, falls Gegenstand der übernommenen Schuld die Uebereignung eines Grundstücks ist.

n) Der Enteignungsbeschluß auf Grund der Enteignungsgesetze bildet kein verpflichtendes Veräußerungsgeschäft im Sinne des § 5; vgl. RFH. StuW. V, 324 = Mrozek R. 18 zu § 5 Abs. 1: Ott 32 zu § 5.

o) Das Veräußerungsgeschäft muß **rechtsgültig** sein; vgl. § **23b** 1 und RFH. Mrozek R. 5 zu § 5 Abs. 1 (Kauf für eine noch nicht bestehende G. m. b. H.). Dagegen schadet unrichtige Bezeichnung des Kaufgegenstandes nicht: RFH. Mrozek R. 16 zu § 5 Abs. 1. Es muß auch klagbar sein: RFH. 17,46. Wird ein formungültiges Geschäft gemäß § 313 Satz 2 BGB. geheilt, so wird es auch steuerpflichtig; vgl. PrVerwBl. 32,517. In diesem Falle tritt allerdings gleichzeitig die Steuerpflicht aus §§ 1, 4 ein, so daß eine Steuer aus § 5 nicht in Frage kommt. Auch wenn seit dem formgültigen Abschluß des Kaufvertrages mehr als ein Jahr verstrichen ist, hat die Berechnung nicht nach § 5 Abs. 1 und Abs. 2 getrennt zu erfolgen. Vielmehr ist eine Steuerpflicht aus § 5 Abs. 1 niemals zur Entstehung gelangt. Die Heilung gemäß § 313 Satz 2 BGB. hat nämlich keine rückwirkende Kraft, vgl. RG. 75, 115, KG. JW. 1925, 1522 Nr. 1 und 2632 Nr. 3. Daher ist der Kaufvertrag erst mit der Eintragung des Eigentumswechsels im Grundbuche wirksam geworden, so daß es zur Anwendung des § 5 Abs. 1 nicht kommen kann. Heilung erfolgt auch dadurch, daß die Auflassung zwecks Erfüllung des formungültigen Veräußerungsgeschäfts von dem Veräußerer unmittelbar an den Zessionar des Erwerbers oder an ein weiteres Glied der Kette erfolgt und dieses letzte Glied als Eigentümer eingetragen wird. Damit werden alle Kettengeschäfte steuerpflichtig. RFH. 7, 235.

p) Bei aufschiebend bedingten Geschäften ist der Eintritt der Bedingung erforderlich; bis dahin liegt kein Veräußerungsgeschäft im Sinne des § 5 vor. Mit Eintritt der Bedingung beginnt das Jahr (Abs. 1) zu laufen; vgl. OVG. 69, 7, ebenso Ott 53 zu § 5. Dagegen ist ihm nicht darin beizustimmen, daß bei befristetem Kaufvertrag die Jahresfrist erst mit Eintritt des Termins zu laufen beginnt. Das könnte nur für den praktisch vorkommenden Fall der eigentlichen Befristung im Sinne des § 163 BGB. gelten, bei der die Wirkung des Rechtsgeschäfts erst an einem Anfangstermin beginnen soll, so daß der vereinbarte Termin nicht die Fälligkeit, sondern die Entstehung des Anspruchs befristet. Verkehrsüblich ist jedoch nur die Terminsvereinbarung im Sinne der Fälligkeit des schon mit dem Vertragsschluß entstandenen Anspruchs. Gerade für solche Fälle ist aber § 5 gedacht. Hier beginnt die Jahresfrist mit dem Vertragsschluß zu laufen.

q) Ist zur Wirksamkeit die **Zustimmung** eines Dritten erforderlich (§§ 108, 177, 182 BGB.), so ist vor erteilter Zustimmung kein verpflichtendes Veräußerungsgeschäft vorhanden; vgl. RFH. 17, 46; Mrozek R. 12 und 20 zu § 5 Abs. 1; RFH. StuW. V, 430; VI, 445. Die Rückwirkung gem. § 184 BGB. ist steuerrechtlich ohne Bedeutung. War jedoch zur Annahme einer Offerte eine Frist gesetzt, so muß im Zweifel innerhalb dieser Frist der Vertrag endgültig zustande kommen; besteht die G. m. b. H., der die Offerte gemacht ist, bei Fristablauf noch nicht, so kommt kein Geschäft zustande: RFH. Mrozek R. 5 zu § 5 Abs. 1. Von besonderer Bedeutung ist die behördliche Genehmigung auf Grund der Landesgesetze über den Verkehr mit Grundstücken, insbesondere des Preußischen Gesetzes vom 10. 2. 23 (GS. 25), sowie auf Grund der Verordnung über den Verkehr mit landwirtschaftlichen Grundstücken vom 15. 3. 18 (RG.Bl. 123). Nach diesen Gesetzen bedürfen Verträge über die Veräußerung von Grundstücken zu ihrer Rechtswirksamkeit der Genehmigung der zuständigen Verwaltungsbehörde. Vor der Genehmigung besteht kein Anspruch, auch kein bedingter Anspruch auf Uebereignung: vgl. RG. JW. 1926, 2619, Nr. 2 = JR. 1926, 1232; RG. JR. = 1926, 1344. Die Genehmigung hat keine rückwirkende Kraft (vgl. RFH. JW. 1927, 2946 Nr. 2 = StuW. VI, 619); daher wird der Kaufvertrag erst mit Erteilung der Genehmigung rechtswirksam. Von diesem Zeitpunkt an läuft die Jahresfrist aus § 5: RFH. 17, 46; StuW. V, 430; VI, 445; VII, 86. Vor Erteilung der Genehmigung ist auch nicht der Anspruch auf Sicherstellung gemäß § 82 Abs. 2 AO. gegeben, da kein bedingter Kauf vorliegt. RFH. 12, 100 erklärt einen zur Genehmigung gar nicht eingereichten, später formell aufgehobenen Zwischenverkauf gemäß § 5 AO. als Kaufgeschäft für steuerpflichtig, weil er dem Steuerpflichtigen als Zwischengeschäft gedient hat und seine wirtschaftliche Wirkung nicht rückgängig gemacht ist; ebenso schon RFH. Mrozek R. 7 zu § 5 Abs. 1, sowie RFH. 22, 92 = StuW. VI, 621 hinsichtlich einer erforderlichen Genehmigung des Vormundschaftsgerichts; zustimmend Ott 45 zu § 5. Eine unmittelbare Steuerpflicht aus § 5 GrErwStG. lag nicht vor, weil das ungenehmigte Geschäft niemals rechtswirksam geworden war. Die Erwägung, daß die Parteien durch die Nutzbarmachung des wirtschaftlichen Ergebnisses das Geschäft als wirksam behandelt haben, kann keine Grundlage für die Besteuerung aus § 5 GrErwStG. bilden. Hier wird vielmehr ein rechtswirksames Rechtsgeschäft vorausgesetzt. Die Besteuerung würde auch häufig zu Unbilligkeiten führen, da erfahrungsgemäß diese nicht genehmigten Geschäfte sehr oft im Prozeßwege rückgängig gemacht worden sind. Wird das Grundstücksgeschäft von der Behörde nachträglich, d. h. nach erfolgter Auflassung und Eintragung genehmigt, oder wiederholen die Parteien nach dem Außerkrafttreten des Pr. Gesetzes vom 10. 2. 23 die Auflassung, so kommt eine Steuer nicht mehr aus § 5, sondern nur noch aus § 1 in Frage; vgl. Anm. 5 zu § 23.

r) Ist das Geschäft gemäß §§ 134, 138 BGB. wegen Verstoßes gegen Gesetze oder gegen die guten Sitten **nichtig,** so will Ott 44 zu § 5 die GrErwSt. dennoch erhoben wissen, sofern die Parteien das Geschäft als wirksam behandeln. Eine Entscheidung für das Gebiet der GrErwSt. liegt nicht vor. Die von Ott angegebenen Entscheidungen betreffen überwiegend die WeinSt. und UmsSt. RFH. Mrozek, R. 18 zu § 1 = R. 6 zu § 16 und RFH. Mrozek, R. 23 zu § 6 = StuW. VI, 101 lehnen den vorstehenden Gesichtspunkt für §§ 1, 4 GrErwStG. im Hinblick darauf ab, daß hier das juristische Eigentum maßgebend ist, sowie mit Rücksicht auf § 23 a 1. Letzterer Gesichtspunkt greift aber im Hinblick auf § 23 b 1 auch hier durch. Auch hier ist die Steuer von dem Vorliegen juristischer Rechtsverhältnisse abhängig, sofern nicht ein Fall des § 6 vorliegt. § 6 besteuert aber nicht den Verpflichtungsvertrag, er trifft auch nicht zu, wenn die Parteien in Erwartung der vollen Erfüllung eines Kaufvertrages die Besitzübertragung vorgenommen haben; RFH. 12, 301.

**3. In Absatz 4** werden unter 5 Ziffern eine Anzahl von besonderen Geschäften den Veräußerungsgeschäften im Sinne des § 5 gleichgestellt. Es handelt sich hierbei um Geschäftstypen, welche im Verkehr vielfach angewendet worden sind, um einen Handel mit Grundstücken unter Vermeidung der jedesmaligen Auflassung zu ermöglichen. Die Auflassung und Umschreibung erfolgte vielfach erst auf Grund einer ganzen Kette von Uebertragungsgeschäften seitens des noch eingetragenen ersten Veräußerers an den letzten Erwerber. Diese zwischenliegenden Geschäfte hatten die verschiedensten rechtlichen Formen. Die Hauptfälle hat der Gesetzgeber, um den spekulativen Handel mit Grundstücken zu treffen, zusammengefaßt, aber nicht beispielsweise, sondern erschöpfend. Es handelt sich hierbei nicht um Geschäfte, welche die Verpflichtung zur Uebereignung von Grundstücken begründen, welche vielmehr eine solche Verpflichtung zur Grundlage haben und den gegenüberstehenden Anspruch zum Handelsobjekt machen. Sie werden dem Verpflichtungsgeschäft gleichgestellt, nicht dem Uebereignungsgeschäft. Sie begründen also die Steuerpflicht nicht sofort, sondern erst im Falle des Eigentumsüberganges, spätestens aber nach Ablauf eines Jahres. Ist Besteuerung nach Jahresfrist erfolgt, und wird später der Zwischenerwerber gegen seinen Willen als Eigentümer eingetragen, gleich darauf gelöscht und sein Rechtsnachfolger eingetragen, so darf der Zwischenerwerber nicht nochmals, nämlich nach § 5 Abs. 2 veranlagt werden; RFH. StuW. VI, 375. Auch hier gelten die Steuerbefreiungsgründe der §§ 8, 18, 21 und die Erstattungsvorschrift des § 23. Eine schenkungsweise erfolgte Abtretung ist daher ebenso steuerfrei wie eine Abtretung vom Vater an den Sohn; § 8 Nr. 1 und 4. Die Steuerfreiheit des Eigentumsübergangs vom ersten Veräußerer an den letzten Erwerber der Kette richtet sich nach dem unmittelbar vorausgehenden schuldrechtlichen Geschäft, z. B. nach der letzten Abtretung; vgl. RFH. 11, 67. Ist die Abtretung nichtig oder wird sie durch Vereinbarung aufgehoben, so erfolgt Erlaß nach § 23 b 1 und 2; vgl. Anm. 14. Die Formungültigkeit eines Zwischengeschäfts wird jedoch durch Auflassung vom Ersten der Kette an den Letzten und durch dessen Eintragung im Grundbuche geheilt; vgl. RFH. 7, 235. Nach RFH. 12, 100 sowie RFH. Mrozek, R. 10 zu § 5 Abs. 1; R. 10 zu § 5 Abs. 3 und R. 7 zu § 5 Abs. 4 Nr. 5 genügt es zur Steuerpflicht der — sei es auch nach bürgerlichem Recht ungültigen — Zwischengeschäfte, daß die Parteien sie unter sich gelten lassen und wirtschaftlich zur Durchführung bringen.

4. **Uebertragung der Rechte** der Erwerber aus **Veräußerungsgeschäften.** Der Begriff der Veräußerungsgeschäfte ist der gleiche wie in Abs. 1; vgl. daher Anm. 2.

a) Werden die Rechte aus einem Schenkungsvertrage oder einem Vermächtnis gegen Entgelt auf einen Dritten übertragen, so fällt auch dieses Geschäft unter § 5 Abs. 4; ebenso Ott 67 zu § 5, aber mit der unzutreffenden Begründung, daß der Begriff des Veräußerungsgeschäfts in Abs. 4 weiter sei als in Abs. 1. Auch nach Abs. 1 ist die Schenkung ein verpflichtendes Veräußerungsgeschäft; § 8 begründet aber die Steuerfreiheit für den ganzen Umfang des Gesetzes, also nicht nur für § 1, sondern auch für § 5. Entsprechend ist die Uebertragung der Rechte aus irgendeinem Veräußerungsgeschäft nach § 8 steuerfrei, wenn diese

Uebertragung schenkungsweise oder von Todes wegen erfolgt. Bei Wieder- oder Vorkaufsrecht ist die Uebertragung des Rechts aus der Ausübung der erwähnten Rechte steuerpflichtig, nicht die Uebertragung des Rechts auf Ausübung; RFH. Mrozek, R. 12 zu § 5 Abs. 3; Ott 67 zu § 5.

b) Unter dem **Erwerber** ist diejenige Person zu verstehen, die auf Grund des Veräußerungsgeschäfts den Anspruch auf Uebertragung des Eigentums hat. Auch der Abtretungsempfänger ist wieder ein Erwerber im Sinne dieser Vorschrift, so daß auch die Weiterübertragung seitens des Zessionars an einen Dritten wiederum ein Veräußerungsgeschäft im Sinne des § 5 ist. Jede Abtretung bildet einen selbständigen Steuerfall; es findet nicht, wie früher nach vielen Umsatzsteuer-Ord., bei Gelegenheit des Eigentumswechsels eine Zusammenrechnung der Erwerbspreise statt. Nach dem Wortlaut müßten alle Rechte aus dem Veräußerungsgeschäft übertragen werden. Die Vorschrift ist jedoch sinngemäß nur so zu verstehen, daß eine Uebertragung des Anspruchs auf Uebereignung des Grundstücks erforderlich ist und genügt. Umfaßt der Veräußerungsvertrag daneben noch andere Leistungen, so braucht der Anspruch auf diese nicht mitübertragen zu sein.

c) Ist der Veräußerungsvertrag als Vertrag zugunsten eines Dritten (§§ 328—335 BGB.) abgefaßt, so ist der Versprechensempfänger dann als Erwerber zu betrachten, wenn er einen Anspruch auf Uebereignung des Grundstücks an den Dritten hat (§ 335 BGB.). Neben ihm ist aber jedenfalls auch der Dritte, sofern er ein Recht auf die Leistung hat, Erwerber im Sinne des § 5 Abs. 4 Ziff. 1. Ueberträgt er seinen Anspruch auf einen anderen, so ist dies Geschäft gemäß § 5 steuerpflichtig. Ist nach § 332 BGB. dem Versprechensempfänger die Befugnis vorbehalten, an die Stelle des Dritten eine andere Person zu setzen, so liegt in der Ausübung dieses Rechts eine Uebertragung der Rechte im Sinne der vorliegenden Vorschriften, da auch der erstbezeichnete Dritte Erwerber ist.

Hat jemand im eigenen Namen gekauft und sich Benennung eines Dritten als Erwerbers vorbehalten, so ist er zunächst selbst Käufer; die Benennung des Dritten ist steuerpflichtig nach Abs. 4 Nr. 1 oder 3; anders, wenn der Käufer von vornherein im Namen des einstweilen unbekannten Dritten als dessen unmittelbarer Stellvertreter (§ 164 BGB.) handelt; RFH. 6, 198; 7, 72; RFH. Mrozek, R. 6 zu § 5 Abs. 1; R. 2 zu § 5 Abs. 4 Nr. 1; RFH. DStZ. 1927, S. 53; StuW. VI, 16. Unmittelbare Stellvertretung liegt auch vor, wenn der Käufer dem Notar im verschlossenen Briefumschlag den Namen desjenigen, für den er laut Vertrag kauft, übergibt; RFH. Mrozek, R. 1 zu § 5 Abs. 4 Nr. 1.

**d) Die Uebertragung** erfolgt in der Regel durch formlosen Vertrag zwischen dem Erwerber und seinem Rechtsnachfolger gemäß §§ 398 ff. BGB. Sie kann jedoch auch im Wege der Universalsuccession erfolgen, z. B. durch den Uebergang eines Handelsgeschäfts mit allen Aktiven, durch Fusion zweier Aktiengesellschaften, durch Erwerb eines Vermögens gemäß § 419 BGB. usw. Daß der Erwerber selbst seine Rechte überträgt, ist nicht unbedingt notwendig. Es kann auch vorkommen, daß einem

Dritten das Verfügungsrecht hierüber zusteht, wie z. B. nach § 332 BGB. oder im Falle des Konkurses. Eine Uebertragung liegt auch dann vor, wenn eine andere Person an Stelle des Erwerbers in alle Rechte und Pflichten aus dem Veräußerungsvertrage eintritt, was durch Vereinbarung dieser beiden mit dem Veräußerer geschehen kann. Besteht das abgetretene Recht als ein klagbares in Wirklichkeit nicht, so kann keine Steuer erhoben werden; RFH. Mrozek, R. 3 zu § 5 Abs. 4 Nr. 1. Vielfach kommt es vor, daß der Veräußerer unter Zustimmung des Erwerbers mit einem Dritten einen unmittelbaren neuen Kaufvertrag abschließt, ohne daß der Erwerber seine Ansprüche an den Dritten abgetreten hätte; es findet vielmehr eine Aufhebung des ersten Kaufvertrages statt; der erste Käufer erhält von dem neuen Käufer, den er selbst meistens zugeführt hat, eine Abfindung. Dieser Fall bildet keine Uebertragung, sondern eine Neuschöpfung und fällt nicht unter die hier erörterte Vorschrift, sondern unter Abs. 1. Für das erste Geschäft gilt § 23 b 2; vgl. aber Anm. 3 zu § 7. Die Bestellung eines Nießbrauchs an der Forderung aus dem Kaufvertrag (§§ 1068 ff. BGB.) ist keine Uebertragung. Die dem Nießbraucher nach § 1074 BGB. zustehende Einziehung bewirkt, daß der Nießbrauchsbesteller der Eigentümer des Grundstücks wird und der Nießbraucher auch an dem Grundstück nur den Nießbrauch erlangt (§ 1075 BGB.). Aehnliches gilt nach § 1287 BGB. bei Verpfändung der Forderung aus dem Veräußerungsvertrage.

5. **Die Uebertragung von Rechten aus Anträgen** zur Schließung eines Veräußerungsgeschäfts oder aus **einseitig bindenden Vorverträgen.** Was bezüglich der Uebertragung in Anm. 4 gesagt ist, gilt auch hier. Gegenstand der Uebertragung sind hier jedoch nicht die Rechte aus verbindlichen Veräußerungsgeschäften, sondern aus Anträgen oder aus Vorverträgen, die nur den Veräußerer binden.

a) Freibleibende Anträge scheiden hier aus, weil sie dem Antragsempfänger kein Recht gewähren. Ueber die Bindung an Anträge vgl. §§ 147, 148 BGB. Die Anträge selbst fallen nicht unter das Gesetz. Dies hat der RFH. unter Abgehen von seinem ursprünglichen Standpunkt (RFH. 5, 173; 6, 118) durch die Entscheidung des Großen Senats (RFH. 9, 19) und seitdem in ständiger Rspr. angenommen. — Zur Abtretung ist die Zustimmung des Antragenden erforderlich, RFH. StuW. VII, 89.

b) In der Regel ist das Recht des Antragsempfängers nicht abtretbar, da bei einem Vertragsantrag auch die Person des Empfängers zum Antragsinhalte gehört, also vom Antragsempfänger nicht geändert werden kann. Vielfach wird aber der Antrag hilfsweise auch einer von dem Antragsempfänger zu bezeichnenden dritten Person gemacht oder dem Antragsempfänger das Recht eingeräumt, die Rechte aus der Offerte abzutreten. Dies ist nach RG. 111, 46 angängig. In diesem Falle stellt die Bezeichnung eines Dritten eine Uebertragung der Rechte aus dem Antrage dar; vgl. RFH. 5, 173 und 9, 19. Wird der Vertragsantrag dem von dem Antragsempfänger zu bezeichnenden Dritten derart gemacht, daß der Antragsempfänger sich selbst als Berechtigten bezeichnen darf, so enthält die Benennung des Dritten eine Uebertragung im Sinne des § 5 Abs. 4 Nr. 2 (RFH. 12, 66); darf hingegen der Berechtigte sich selbst nicht benennen, so ist die Benennung des Dritten nicht steuerpflichtig; so RFH. 11, 153 sowie RFH. JW. 1926, 1061, Nr. 4; Mrozek, R. 9 zu § 5 Abs. 4 Nr. 2. In dem letzteren Falle war der Antrag sogar dem X. oder einem von ihm zu benennenden Dritten gemacht. RFH. hat es jedoch für erheblich erklärt, daß der Antragsempfänger mit dem Verkäufer schon vor Abschluß der notariellen Verhandlung darüber einig gewesen ist, daß ausschließlich der schon fest bestimmte Dritte berechtigt und verpflichtet werden sollte, und daß er diesen Dritten unmittelbar nach Abschluß der Verhandlung auf dem Heimweg den Verkäufer gegenüber als seinen Auftraggeber benannt hatte. Auf diese Weise kann insbesondere auch für eine in Gründung befindliche Korporation (Aktiengesellschaft, G. m. b. H. u. dgl.) ein Vertragsantrag gemacht werden, den diese nach erfolgter Eintragung im Handelsregister annehmen kann, ohne daß ein steuerpflichtiges Zwischengeschäft vorläge; vgl. RFH. 7, 72; JW. 1921, 1622, Nr. 14. Der Antrag muß aber zum Ausdruck bringen, daß er der künftigen Gesellschaft gemacht wird; RFH. Mrozek, R. 4 zu § 5 Abs. 4 Nr. 2. Gleichfalls für steuerpflichtig wurde durch RFH. 6, 198; JW. 1921, 1376, Nr. 3 die Benennung des Dritten in einem Fall erachtet, in dem der Käufer im Kaufvertrage erklärt hatte, daß er im mündlichen Auftrag eines Dritten handle, den er später benennen würde. Hier fehlt es an der genügenden Bestimmbarkeit des Dritten und an der Einigkeit der sämtlichen Parteien darüber, daß die Rechte und Pflichten des Erwerbers unmittelbar durch den Vertragsschluß in der Person des Vollmachtgebers und nur in dessen Person stehen sollten. RFH. nahm an, daß dem als Käufer auftretenden die Verfügungsbefugnis über die Grundstücke verschafft werden sollte. Vgl. auch RFH. StuW. VII, 87.

c) Wird also der Antrag dem anderen nicht als Vertreter, sondern als Treuhänder, also als mittelbarem Stellvertreter gemacht, so ist die Benennung des Dritten als Rechtsübertragung steuerpflichtig; RFH. Mrozek, R. 8 zu § 5 Abs. 4 Nr. 2. Wird statt Benennung des Dritten und Annahme der Offerte durch den Benannten die Offerte fallen gelassen, und ein Kaufvertrag zwischen dem Offerenten und dem Benannten geschlossen, so liegt Umgehung gemäß § 5 AO. vor; vgl. RFH. 6, 118, und Anm. 4 d zu § 5 AO. Ist jedoch der erste Antragsempfänger nur Vermittler, so ist weder § 5 AO., noch § 5 Abs. 3 GrErwStG. anwendbar, also keine Steuer zu entrichten; RFH. Mrozek, R. 7 zu § 5 Abs. 3; der Antragsempfänger ist aber nicht schon um dessentwillen steuerfrei, weil er Makler ist, sofern der äußere Tatbestand des § 5 Abs. 4 Nr. 2 gegeben ist; RFH. Mrozek, R. 10 zu § 5 Abs. 4 Nr. 2.

d) Wird der Antrag nicht angenommen, so wird die Steuer gemäß § 23 b 4 erlassen oder erstattet; vgl. aber Anm. 3 zu § 7 und OVG. 67, 37.

e) Die Abtretung von Rechten aus Anträgen des erwerbenden Teils (Käufers usw.) — etwa an den Rechtsnachfolger im Eigentum des Grundstücks — fällt nicht unter § 5.

f) Es muß eine vollendete Uebertragung der Rechte aus dem Antrag vorliegen. Trägt der Antragsempfänger dem Dritten die Uebertragung der Rechte wiederum nur an (Offerte zur Abtretung), so ist dieses Geschäft entsprechend RFH. 9, 19 nicht steuerpflichtig. Ebenso Lindemann S. 42, RFH. Mrozek, R. 7 zu § 5 Abs. 4 Nr. 2 a. M. RG. 87, 76 für TNr. 11a Abs. 1 RStG., weil nach dieser Bestimmung schon die Beurkundung der einseitigen Abtretungserklärung des Berechtigten genügt. Im Sinne des § 5 Abs. 4 Nr. 1 GrErwStG. ist jedoch eine wirkliche Uebertragung der Rechte erforderlich; A. M. Ott 70 zu § 5. Diese Uebertragung liegt nicht schon darin, daß der Antragsempfänger mit dem Dritten einen besonderen Vertrag schließt, mag dieser auch nur geringe Abweichungen von dem angebotenen Vertrag enthalten; vgl. RFH. a. a. O.

g) Verträge, durch die beide Teile zum Abschluß eines Veräußerungsgeschäfts verpflichtet werden, also echte Vorverträge, sind Veräußerungsgeschäfte im Sinne des § 5 Abs. 1, wie ja auch solche Verträge unter den § 313 BGB. fallen. A. M. Lion UmsSt. S. 49 unter b; vgl. PrVerwBl. 30, 482 u. 499. Die Uebertragung der Rechte aus solchen Vorverträgen ist also nach Abs. 4 Ziff. 1 zu beurteilen. Daneben kommen jedoch auch Verträge vor, durch welche nur der Veräußerer des Grundstücks verpflichtet wird, auf Verlangen des anderen Teils einen Kaufvertrag oder ein anderes Veräußerungsgeschäft (Anm. 2) abzuschließen. Dieser Vertrag selbst ist erwerbssteuerfrei. Erst die Abtretung der Rechte bildet einen Steuerfall. Ist ein solcher Vertrag als Vertrag zugunsten eines Dritten abgeschlossen, so stellt die Bezeichnung des Dritten keine Uebertragung der Rechte dar, ist also steuerfrei, es sei denn, daß die ursprüngliche Vertragspartei den Anspruch auf Abschluß des Kaufvertrages in erster Linie für sich selbst besitzt und sich nur daneben das Recht vorbehalten hat, an ihrer Stelle einen anderen zu bezeichnen. Die Ersatzbezeichnung gemäß § 332 BGB. ist eine Uebertragung.

h) Werden die Rechte aus einer Kaufofferte unentgeltlich abgetreten, so ist für die Versteuerung der Wert des Grundstücks maßgebend; RFH. StuW. VII, 88.

6. **Nachträgliche Erklärungen des Erwerbers,** die Rechte für einen Dritten erworben oder die Pflichten für einen Dritten übernommen zu haben. Diese Vorschrift ist der Tarifstelle 32 Abs. 6 Satz 1 PrStStG., Tarifstelle 11 a Abs. 2 RStG., § 5 Abs. 3 Ziff. 3 ZuwStG. nachgebildet. Eine derartige Erklärung ist im Verhältnis zum Veräußerer in der Regel unwirksam. Wer im eigenen Namen abschließt, kann, wenn er für einen Dritten erwerben will, dem Dritten nur durch Abtretung seine Rechte verschaffen. Es bedarf also für die Rechtswirksamkeit einer derartigen nachträglichen Erklärung der Zustimmung des Vertragsgegners, es sei denn, daß der Erwerber sich schon im Vertrage vorbehalten hat, eine derartige Erklärung nachträglich abzugeben; vgl. OVG. 70, 6. Wird bei freiwilliger Versteigerung die Erklärung vor Abschluß des Protokolls abgegeben, und unterzeichnet der Dritte das Protokoll, so ist die Erklärung keine nachträgliche, Nr. 3 also nicht anwendbar; der Dritte ist unmittelbarer Erwerber; RFH. 9, 217. Wird die Zustimmung versagt, so ist die Erklärung rechtlich wirkungslos und daher auch nicht steuerpflichtig. Wird die Zustimmung erteilt, so liegt hierin ein Eintritt des Dritten an Stelle des ursprünglichen Erwerbers in die Rechte und Pflichten aus dem Veräußerungsgeschäft; vgl. Anm. 4.

Eine Ausnahme wie nach Tarifstelle 32 PrStStG., wonach Steuerfreiheit besteht, wenn der Erklärung eine öffentlich beglaubigte Vollmacht zugrunde liegt, fehlt. Die indirekte Stellvertretung führt also zu einer doppelten Steuerpflicht und scheidet daher praktisch für Grundstücksgeschäfte aus. Auch wenn der indirekte Stellvertreter die Auflassung selbst entgegennimmt und dann im Wege der Abwicklung das Grundstück an seinen Auftraggeber herausgibt und aufläßt, ist doppelte Steuer zu zahlen, weil ein zweimaliger Uebergang des Eigentums vorliegt und keine Ausnahme vorgesehen ist. Ebenso RFH. Mrozek, R. 1 und 2 zu § 5 Abs. 4 Nr. 3, wo ferner ausgeführt wird, daß keine Steuerpflicht entsteht, wenn der Vertragschließende von vornherein nicht im eigenen Namen mit dem Recht der Benennung, sondern ausschließlich als direkter Stellvertreter für den zu Benennenden auftritt und selbst kein eigenes Recht durch den Vertrag erwirbt.

7. **Die Abtretung der Rechte aus dem Meistgebot** und die Erklärung des Meistbietenden, daß er für einen anderen geboten habe, stehen ebenfalls den verpflichtenden Veräußerungsgeschäften gleich. Diese Vorschrift entspricht der Tarifstelle 32 Abs. 9 PrStStG. und Tarifstelle 11a Abs. 1 RStG., sowie dem § 5 Abs. 3 Ziff. 4 ZuwStG. Sie beruht auf § 81 Abs. 2 und 3 ZVG., wonach im Versteigerungstermin — sei es auch vor Abschluß des Protokolls; RFH. JW. 1927, 1793, Nr. 26 — oder nachträglich durch öffentlich beglaubigte Urkunden nachgewiesen werden kann, daß der Meistbietende die Rechte aus dem Meistgebot an einen anderen abgetreten oder das Meistgebot für einen anderen abgegeben habe. In diesen Fällen wird nicht ihm, sondern dem anderen der Zuschlag erteilt. Das hierin liegende Zwischengeschäft wird durch Abs. 4 Ziff. 4 steuerlich erfaßt. Es ist bestritten, ob das Meistgebot selbst ein Veräußerungsgeschäft im Sinne des § 5 ist. RFH. 5, 154 = JW. 1921, 601 und RFH. 8, 247 = JW. 1922, 935 = StuW. I, 458 bejahen dies, und zwar mit Recht. Bei Abtretung der Rechte aus dem Meistgebot liegt ein doppelter Umsatz ebenso vor, wie bei Abtretung der Rechte aus einer Offerte. Das Meistgebot, unzweifelhaft ein Rechtsgeschäft, verpflichtet zu den in dem Meistgebot liegenden Leistungen; vgl. §§ 107, Abs. 2, 108, 118, 128, 132 ZVG. Auf der andern Seite enthalten die gesetzlichen Vorschriften, insbesondere § 81 ZVG. auch die Bindung des andern Teils. So kann hierin ein verpflichtendes Veräußerungsgeschäft im steuerrechtlichen Sinne erblickt werden. A. M. die herrschende Lehre, insbesondere Stillschweig JW. 1920, 88 und 1921, 601, Heinitz JW. 1921, 1068, Ihde, daselbst, Ott 78 zu § 5. Nach RFH. Mrozek, R. 1 zu § 5 Abs. 4 Nr. 4 ist doppelte Steuer auch dann begründet, wenn der Meistbietende von vornherein nur für einen Dritten bieten wollte, sofern er nicht gemäß § 71 ZVG. s o f o r t im Termin durch öff. begl. Vollmacht seine Vertretungsmacht nachweist.

8. **Rechtsgeschäfte, durch die jemand ermächtigt wird,** ein Grundstück ganz oder teilweise **auf eigene Rechnung zu veräußern,** dienen häufig dazu, einen Zwischenhandel mit dem Grundstück zu treiben. Auch wenn die Ermächtigung im Ausland zwischen Ausländern erteilt ist, findet die Vorschrift Anwendung, sofern ein inländisches Grundstück in Frage steht; RFH. StuW. VI, 622.

a) Es kann eine Vollmacht des Eigentümers an den Zwischenhändler erteilt sein, wonach dieser zum Verkauf und vielleicht auch zur Auflassung des Grundstücks im Namen des Eigentümers ermächtigt wird. Die Ermächtigung kann aber auch dahin gehen, daß der Ermächtigte im eigenen Namen das Grundstück veräußert (§ 185 Abs. 1 BGB.); vgl. Lion Anm. 25 zu § 5 ZuwStG. Es genügt ferner auch eine Ermächtigung im weiteren Sinne, daß nämlich der Eigentümer dem anderen gegenüber Garantie übernimmt, daß er an den Käufer des anderen auflassen werde; vgl. RFH. Mrozek, R. 4 zu § 5 Abs. 4 Nr. 5 und RFH. 12, 258.

b) Die bloße Verkaufsofferte, auch wenn dem Empfänger das Recht zur Abtretung eingeräumt ist, stellt keine derartige Ermächtigung dar: OVG. 62, 38; PrVerwBl. 41, 160; ebenso RFH. StuW. I, Mrozek, R. 1 zu § 5 Abs. 4 Nr. 5. Hat hingegen der Grundstückseigentümer den Antragsempfänger ermächtigt, das Grundstück im eigenen Namen zum Verkauf anzubieten und sich dann verpflichtet, mit dem vom Antragsempfänger benannten Dritten unmittelbar einen Kaufvertrag unter bestimmten Bedingungen abzuschließen, während der Antragsempfänger den Mehrerlös behalten soll, so liegt nach RFH. StuW. I 314 = JW. 1922, 829, Nr. 1 eine Ermächtigung im Sinne des § 5 Nr. 5 vor.

c) Voraussetzung ist nach der Rspr. des RFH. immer, daß der Eigentümer sich dem Ermächtigten gegenüber zum Abschluß eines Veräußerungsvertrages rechtsgültig **verpflichtet** hat; RFH. 5, 202; 12, 258 sowie ferner RFH. Mrozek, R. 8 zu § 5 Abs. 4 Nr. 5 und StuW. V, 327. Eine rechtswirksame Ermächtigung liegt demnach nur vor, wenn sie gemäß § 313 BGB. öffentlich beurkundet ist, oder wenn der Mangel der Form durch nachträgliche Auflassung und Eintragung geheilt ist; vgl. RFH. 12, 258 und Mrozek, R. 2 zu § 23 Abs. 1 b Nr. 4. Bei einer bloß widerruflichen Vollmacht fehlt es an der Bindung des Vollmachtgebers, die Abs. 4 Nr. 5 voraussetzt. Die Steuerbehörde hat im einzelnen zu prüfen, wie das Innenverhältnis geregelt ist, und ob hiernach der Ermächtigte Geschäftsführer sein sollte; RFH. Mrozek, R. 9, 13 zu § 5 Abs. 4 Nr. 5. Nach Nr. 5 sind steuerpflichtig Rechtsgeschäfte, die ohne bürgerlich-rechtlich Kaufgeschäfte zu sein, dem Ermächtigten eine Rechtsstellung einräumen, als ob ein Kaufvertrag geschlossen wäre; RFH. StuW. VI, 106 = Mrozek, R. 14, zu § 5 Abs. 4 Nr. 5. Abs. 4 Nr. 5 setzt rechtliche Verfügungsmacht im Gegensatz zu § 6 voraus, der die wirtschaftliche Verfügungsmacht regelt; so RFH. 7, 248.

d) Der Ermächtigte muß das Grundstück fur eigene Rechnung veräußern, also den sogenannten Ueberpreis für sich behalten dürfen und nur einen bestimmten festgelegten Wert herauszuzahlen haben; vgl. RG. 81, 179 und RFH. 12, 258. Dies allein reicht aber nicht aus; RFH. 5, 202; Mrozek, R. 8, 14 zu § 5 Abs. 4 Nr. 5. Die Bevollmächtigung für Rechnung des Vollmachtgebers bildet keinen Steuerfall nach diesem Gesetz, auch wenn der Ermächtigte eine nach der Höhe des erzielten Preises schwankende Provision erhält. Sobald er zur Rechnungslegung verpflichtet ist, ist er nicht fur eigene Rechnung zur Veräußerung ermächtigt, wobei allerdings zu berücksichtigen ist, daß es im Sinne des Abs. 4 Nr. 5 schon genugt, wenn der Ermächtigte das Grundstück auch nur teilweise auf eigene Rechnung veräußern darf. Hierbei ist nicht an Realteile des Grundstücks gedacht, sondern an eine Ermächtigung, wonach Gewinn und Verlust ganz oder zum Teil dem Ermächtigter zufällt; vgl. RFH. Mrozek, R. 7 zu § 6. Der Treuhänder handelt nicht für eigene Rechnung; RFH. Mrozek, R. 16 zu § 6; StuW. V, 168. Ebenso liegt keine Ermächtigung für eigene Rechnung vor, wenn er sich aus dem Erlös für eine Forderung gegen den Vollmachtgeber decken soll; vgl. OVG. v. 30. 1. 13, VII b 565, 12 bei Boethke-Bergschmidt 9 zu § 5. Einen Fall der verdeckten Ermächtigung behandelt OVG. Amtl. Mitt. 1914, 181. Es kommt mehr auf das Innenverhältnis zwischen Eigentümer und Ermächtigten an, als auf den Umfang der Vollmacht; ist dem Ermächtigten eine Rechtsstellung eingeräumt, wie wenn ein Kaufvertrag geschlossen wäre, so tritt Steuerpflicht ein; RFH. StuW. VI, 106. Auch eine Mehrheit von Rechtsgeschäften kann in ihrem Zusammenhang eine Ermächtigung im Sinne des Abs. 4 Nr. 5 darstellen; RFH. StuW. VI, 244.

Der bloße Vermittler ist nicht nach Abs. 4 Nr. 5 steuerpflichtig, auch wenn er Vergütung in Gestalt eines Ueberpreises erhält, es sei denn, daß der Auftraggeber sich verpflichtet hat, an den vom Vermittler Nachgewiesenen aufzulassen; RFH. 5, 202, JW. 1922, 829, Nr. 1; Mrozek, R. 8 zu § 5 Abs. 4 Nr. 5. Die Ermächtigung kann auch zugleich den Tatbestand des § 6 verwirklichen; RFH. Mrozek, R. 7 zu § 5 Abs. 4 Nr. 5.

e) Der Veräußerungsvertrag selbst, den der für eigene Rechnung Ermächtigte abschließt, bildet ein weiteres selbständiges Veräußerungsgeschäft, das gleichfalls der Steuerpflicht unterliegt. Kommt es nicht zu einer Veräußerung auf Grund der Ermächtigung, so wird die Ermächtigung als solche dennoch steuerpflichtig; die Steuer ist jedoch nach § 23 auf Antrag zu erlassen oder zu erstatten, wenn die Ermächtigung wieder aufgehoben wird; vgl. RFH. 12, 258.

f) Die Ermächtigung, die Rechte aus einem Veräußerungsvertrag auf eigene Rechnung abzutreten, fällt nicht unter § 5, kann aber gemäß § 5 AO. steuerpflichtig werden; vgl. Zusatz zu § 7 Anm. 4 f.

9. **Entstehung der Steuerpflicht nach Jahresfrist.** Der Ablauf eines Jahres bringt die Steuerpflicht zur Entstehung, wie wenn der Eigentumsübergang erfolgt wäre, und zwar von dem einen Vertragsteil auf den Vertragsgegner.

a) In allen oben erörterten Fällen entsteht die Steuerpflicht, sofern der Eigentumsübergang — und zwar auf Grund des fraglichen Veräußerungsgeschäfts — nicht früher erfolgt, erst mit Ablauf eines Jahres nach Abschluß des Veräußerungsgeschäftes, und zwar nach voller Wirksamkeit, dergestalt, daß auf Eigentumsübertragung geklagt werden kann (RFH. 17, 46 = Mrozek, R. 12 zu § 5 Abs. 1; RFH. StuW. V, 430; VI, 445), es sei denn, daß das Veräußerungsgeschäft aufgehoben (§ 23 b 2) oder ein Rückkauf erfolgt ist (OVG. 72, 37). Fehlt es an einer erforderlichen behördlichen Genehmigung (Verwaltungsbehörde, Vormundschaftsgericht), so entfällt die Steuerpflicht dennoch nicht, wenn die Beteiligten die wirtschaftlichen Wirkungen nicht rückgängig machen: RFH. 12, 100; StuW. II 594 u. 665; VI, 621. Sind mehrere

Zwischengeschäfte vorhanden, so wird jedes von ihnen selbständig steuerpflichtig, sobald ein Jahr seit seinem Abschluß verstrichen ist. Es ist belanglos, ob die mehreren Zwischengeschäfte eine zusammenhängende Kette bilden oder unabhängig voneinander sind; ebenso RFH. 7, 270 und Lindemann, S. 41, entgegen seiner früheren Meinung JW. 1920, 87.

b) Verkauft der Eigentümer das Grundstück nebeneinander an verschiedene Personen, so wird jedes Kaufgeschäft steuerpflichtig; da jedoch nur eines erfüllt werden kann, wird bei dem anderen die Steuer nach § 23 b 2 oder 3 erlassen werden. So auch RFH. Mrozek, R. 1 zu § 5 Abs. 1, wo jedoch die Voraussetzungen für § 23 b 2, 3 nicht als festgestellt erachtet wurden und die Steuerpflicht aus § 5 Abs. 1 daher bejaht wurde. Wird ein Vorkaufsrecht ausgeübt, so wird das Kaufgeschäft, das zur Ausübung des Vorkaufs Veranlassung gegeben hat (§ 504 BGB.), infolge Nichterfüllung rückgängig gemacht werden, sofern nicht ein Rücktrittsrecht ausbedungen ist (§ 506 BGB.), so daß auch hier Steuererlaß nach § 23 b 3 stattfindet; vgl. Anm. 6 zu § 23. In der Regel wird es daher zu mehrfacher Steuerzahlung auf Grund von Zwischengeschäften nur dann kommen, wenn diese eine Kette bilden.

c) Erst nach Ablauf des Jahres entsteht die Steuerpflicht. Daher ist erst dieser Zeitpunkt für die W e r t b e m e s s u n g maßgebend. Diese in der Wissenschaft überwiegend geteilte Ansicht ist jedoch vom RFH. verworfen worden: RFH. 6, 118 läßt den Zeitpunkt des Geschäftsabschlusses für die Wertbemessung entscheiden. Ebenso RFH. StuW. VI, 17 sowie § 3 der Durchführungsbestimmungen zu § 11 in der Fassung der 2. StNVO., die allerdings in die jetzige Fassung nicht mehr übernommen ist. Bedarf aber das Geschäft einer zivilrechtlichen oder öffentlichrechtlichen G e n e h m i g u n g, so ist für die Besteuerung der Wert am Tage der Genehmigung maßgebend: RFH. StuW. VI, 445. — Für den S t e u e r s a t z ist der Ablauf des Jahres maßgebend (vgl. RFH. JW. 1922, 237, Nr. 1 = StuW. I, 212), so daß alle nach dem 31. 8. 1924 abgeschlossenen Veräußerungsgeschäfte, die innerhalb Jahresfrist nicht zum Eigentumsübergang geführt haben, gemäß Art. II, § 1 des Aend.Ges. v. 10. 8. 25 (RGBl. 242), nur noch der ermäßigten Steuer von 3% unterliegen; ebenso Ott 57 zu § 5. — A r r e s t e sind schon während der Jahresfrist zulässig; vgl. Ott 56 zu § 5; Becker Anm. 2 zu § 351 AO.; RFH. 4, 3 sowie RFH. StuW. II, 527.

d) Die Frist berechnet sich nach §§ 187 ff. BGB. (§ 64 AO.).

**10. Entstehung der Steuerpflicht bei Eigentumsübergang.** a) Dieser bringt jedenfalls die Entscheidung über die Steuerpflicht der Veräußerungsgeschäfte. Liegt nur ein einzelnes, noch kein Jahr bestehendes, verpflichtendes Veräußerungsgeschäft vor, so bleibt es steuerfrei, und die Steuerpflicht entsteht nur für den (dinglichen) Uebereignungsvorgang. War das Veräußerungsgeschäft dagegen schon nach Abs. 1 steuerpflichtig geworden, so kommt es nur zur Anrechnung der Steuer (Anm. 11). Ist die Steuer gem. Abs. 1 noch nicht veranlagt, so kann sie nunmehr nach dem gemeinen Wert zur Zeit des Eigentumsübergangs einheitlich festgesetzt werden: RFH. Mrozek R. 14 und 21 zu § 5 Abs. 1.

b) Sind mehrere Zwischengeschäfte oder selbständige Veräußerungsgeschäfte vorhanden, so bleibt es gleichfalls bei der Steuerpflichtigkeit der bereits jährigen Geschäfte. Die übrigen, die im letzten Jahre vor dem Eigentumswechsel abgeschlossen sind, werden nunmehr gleichzeitig steuerpflichtig (Abs. 3), jedoch nur, soweit sie demjenigen Geschäft zeitlich vorangehen, auf Grund dessen der Eigentumsübergang erfolgt. Im Gegensatz zu Abs. 1 ist aber auch ein innerer Zusammenhang der verschiedenen Geschäfte zu verlangen; vgl. RFH. 7, 270. Die mehreren Geschäfte müssen also eine Kette bilden; vgl. RFH. StuW. VI, 620. Auch formungültige Glieder der Kette werden durch die Eigentumsumschreibung geheilt und steuerpflichtig; vgl. RFH. 7, 235 und oben Anm. 29.

c) Dasjenige Veräußerungsgeschäft, das zur Ausführung kommt, also zum Eigentumsübergang führt, bleibt steuerfrei, weil die Ausführung selbst, nämlich der Eigentumswechsel, bereits gemäß § 1 versteuert wird. Das ist ganz klar, wenn es sich um die Abtretung der Rechte aus Veräußerungsgeschäften handelt. Zweifel entstehen aber für die Fälle des Abs. 4 Nr. 2–5. Werden die Rechte aus Verkaufsanträgen übertragen, so kommen folgende Rechtsgeschäfte in Betracht: 1. der Verkaufsantrag, 2. die Abtretung der Rechte, 3. die Annahme des Antrags durch den Abtretungsempfänger. Der Antrag ist kein Veräußerungsgeschäft, wohl aber die Abtretung. Diese ist steuerpflichtig, während die Annahme des Antrags steuerfrei ist, weil sie zum Eigentumswechsel führt. Ebenso nach anfänglichem Schwanken RFH. 9, 19 sowie Heinitz, Ihde und Hagelberg JW. 1921, 1066 bzw. 1068 bzw. 1126 und 1574, sowie Ott 86 zu § 5. Es kommt also nicht darauf an, ob durch das fragliche Veräußerungsgeschäft Uebertragung an diejenige Person erfolgt ist, die schließlich das Eigentum erwirbt, sondern ob das Veräußerungsgeschäft unmittelbar zum Eigentumsübergang geführt hat. Die Abtretung der Rechte aus der Offerte führt nicht unmittelbar zum Eigentumswechsel, wohl aber die Annahme der Offerte, deren Erfüllung der Eigentumswechsel darstellt. In den Fällen des Abs. 4 Nr. 3 ist das Veräußerungsgeschäft steuerpflichtig, die nachträgliche Erklärung steuerfrei, weil sie zum Eigentumswechsel führt. Sehr bestritten ist der Fall der Abtretung der Rechte aus dem Meistgebot. RFH. 5, 154 u. 8, 247 erklärt das Meistgebot für ein Veräußerungsgeschäft und daher steuerpflichtig, die Abtretung für steuerfrei, weil sie zum Eigentumsübergang führt: Heinitz JW. 1921, 1068 hält die Abtretung für steuerpflichtig und das Meistgebot für steuerfrei, weil es zum Zuschlag führt. In den Fällen der Ermächtigung (Abs. 4 Nr. 5) bildet diese das steuerpflichtige Veräußerungsgeschäft; der Kaufvertrag, den der Ermächtigte daraufhin abschließt, ist steuerfrei, weil er zum Eigentumsübergang führt. — Liegt dem Finanzamt der ganze Sachverhalt vor, so kann die Rechtsmittelbehörde das besteuerte Geschäft durch ein anderes der Kette ersetzen: RFH. 9, 19.

d. Bei nachfolgenden Geschäften setzt der Erlaß aus § 23 ein, ebenso bei Zwischengeschäften, die keine Kette bilden; vgl. Anm. 9. Wird der Antrag auf Erlaß versäumt, so werden sie ein Jahr nach ihrem Abschluß steuerpflichtig.

11. **Anrechnung der Steuer.** a. Die Steuer aus § 1 wird n e b e n der Steuer aus § 5 erhoben, sobald der Eigentumsübergang nach dem Fälligwerden der Steuer aus § 5 Abs. 1, also nach Ablauf des Jahres erfolgt. Erlangt der Käufer nicht selbst das Eigentum, weil er z. B. die Rechte an einen Dritten abgetreten hat, so kann die Steuer aus Abs. 2 nur auf den Dritten veranlagt werden; vgl. RFH. II A 596, 26 bei Ott 58 zu § 5. Die Steuern aus Abs. 1 und 2 sind selbständig (RFH. 15, 183 u. 20, 253) und daher grundsätzlich getrennt festzusetzen; nur wenn ihre Summe mit Notwendigkeit denselben Betrag ausmacht, wie die einheitliche Steuer, ist einheitliche Festsetzung zulässig; RFH. StuW. VI, 105 = JW. 1927, 1446, Nr. 9. Eine aus § 5 Abs. 1 angeforderte Steuer kann nicht durch eine solche aus §§ 1, 4 ersetzt werden, wenn sich herausstellt, daß die Voraussetzungen des § 5 Abs. 1 nicht vorgelegen haben; RFH. StuW. VI, 242. Auch wenn bei Veranlagung der Eigentumsübergang schon erfolgt ist, kann noch die getrennte Veranlagung aus Abs. 1 und Abs. 2 erfolgen; RFH. StuW. VI, 373.

b) Die für das Verpflichtungsgeschäft zu zahlende Steuer wird auf die Steuer vom Eigentumsübergang **angerechnet.** Ergibt sich nämlich, daß der gemeine Wert des Grundstücks zur Zeit des Eigentumsüberganges höher ist, als zur Zeit der Steuerpflichtigkeit des Kaufes, so ist von dem Unterschied die Eigentumserwerbsteuer nachzuzahlen.

Entgegen dem Wortlaut des Abs. 2 werden nicht die Steuern miteinander verglichen, sondern die Grundstückswerte; RFH. 14, 226 = JW. 1924, 2077, Nr. 3, sowie RFH. II A 843 24. Der Steuerpflichtige kann auch nach rechtskräftiger Veranlagung sich darauf berufen, daß früher ein zu geringer Wert zu Grunde gelegt worden ist und daß in Wirklichkeit das Grundstück den vom RFH. 14, 329 für die Inflationszeit angenommenen Durchschnittswert gehabt hat. So RFH. 14, 272; 15, 183; RFH. JW. 1925, 1161, Nr. 3; 1927, 2543, Nr. 8. Es ist also nur der Wertzuwachs nachzuversteuern, den das Grundstück in der Zeit zwischen dem Kaufabschluß und dem Eigentumsübergang erfahren hat, wobei aber gemäß RFH. 9, 61 Veränderungen des Zustandes, die in dieser Zwischenzeit durch den Erwerber getroffen worden sind (Neubauten, Ausbauten u. dergl.) außer Betracht bleiben.

Nach RFH. 15, 183 = StuW. IV, 130 = Mrozek, R. 3 zu § 5 Abs. 2 ist im allgemeinen eine erhebliche Wertsteigerung der Grundstücke seit dem Aufhören des Währungsverfalls nicht anzunehmen, die scheinbare Wertsteigerung vielmehr nur darauf zurückzuführen, daß mit der Festigung der Währung der Schleier von der inneren Unwahrhaftigkeit der vorherigen Preisbildung hinweggezogen ist. Aehnlich RFH. Mrozek, R. 14 zu § 5 Abs. 2 = JW. 1927, 2543, Nr. 8, wo betont wird, daß die Werte für beide Stichtage nach einheitlichen Grundsätzen ermittelt werden müssen und daß der i n n e r e Wert maßgebend ist. Ein Irrtum bei der Veranlagung nach § 5 Abs. 1 darf hiernach nicht bei derjenigen des Abs. 2 ausgeglichen werden. Die Steuer aus Abs. 2 ist gegenüber derjenigen aus Abs. 1 selbständig; vgl. oben Anm. 1 u. 11a. Für jede Steuer ist also ein **gesonderter Bescheid** zu erteilen; vgl. RFH. 14, 272. Ist die Steuer aus Abs. 1 versehentlich vo

Jahresfrist rechtskräftig festgesetzt worden oder sonst unrichtig festgesetzt worden, so ist die neue Steuer nach Abs. 2 als selbständige hiervon unabhängig; sie muß davon ausgehen, daß die Steuerpflicht aus § 5 Abs. 1 eingetreten ist und hat nur den Wertzuwachs zu erfassen; vgl. RFH. Mrozek, R. 6 zu § 5 Abs. 2; ebenso RFH. 14, 226 und 19, 75. War die Steuer aus Abs. 1 auf Grund des gemeinen Wertes festgesetzt, obgleich der Kaufpreis höher war, so ist bei Berechnung der Steuer aus Abs. 2 der Unterschied zwischen Kaufpreis und dem gemeinen Wert am Tage des Eigentumswechsels zugrunde zu legen; war der Kaufpreis höher als der gem. Wert bei Eigentumsübergang, so entfällt die Steuer aus Abs. 2 überhaupt; vgl. RFH. 20, 253 und RFH. DStBl. 1926, 85; StuW. VI, 374 und Ott 61 zu § 5.

Ist umgekehrt zur Zeit des Eigentumsüberganges der gemeine Wert des Grundstücks gesunken, so erfolgt keine Rückvergütung.

d) Ist in der Zeit zwischen Veranlagung der Steuer nach Abs. 1 und der nach Abs. 2 der **Steuersatz herabgesetzt** worden (AendGes. v. 10. 8. 25), muß eine Kombination zwischen dem Vergleich der Werte und dem der Steuern stattfinden. Liegt kein Wertzuwachs vor, so wird überhaupt keine Steuer erhoben. Ist ein Wertzuwachs festgestellt, so ist zu prüfen, ob die nach Abs. 1 veranlagten 4% von dem geringeren Wert einen geringeren Betrag ergeben als die 3% von dem höheren Wert gemäß Abs. 2. Nur in diesem Falle ist der Unterschied zu veranlagen.

e) Liegen mehrere Zwischengeschäfte vor, so ist dasjenige Verpflichtungsgeschäft entscheidend, auf Grund dessen der Eigentumswechsel stattfindet. Die in Abs. 4 aufgezählten Rechtsgeschäfte sind als Veräußerungsgeschäfte im Sinne des Abs. 1 anzusehen; sie müssen daher auch bei der Anrechnung nach Abs. 2 in Rücksicht gezogen werden. Erfolgt also der Eigentumsübergang an den letzten Abtretungsempfänger, so wird die Steuer nach Abs. 2 nur insoweit erhoben, als sie den gemeinen Wert des Grundstücks zur Zeit der an ihn erfolgten Abtretung oder die Abtretungsvaluta, falls diese höher ist, übersteigt; vgl. §§ 11, 12.

**13.** Wegen der **Höhe der Steuer** ist auch hier auf §§ 11—15 zu verweisen.

a) In erster Linie kommt es also auf den g e - m e i n e n W e r t des Grundstücks an, und zwar nach RFH. 6, 118 sowie StuW. VI, 17 = JW. 1927, 1446, Nr. 9, in dem Zeitpunkt des Vertragsschlusses, nicht, wie man nach dem Wortlaut des Gesetzes annehmen sollte, im Zeitpunkt des Entstehens der Steuerpflichtigkeit, also ein Jahr nach Vertragsschluß. Bestandsveränderungen am Grundstück, die nach Kaufabschluß erfolgt sind, bleiben demgemäß außer Betracht. Wird aber das Veräußerungsgeschäft erst nach dem Abschluß klagbar, z. B. erst nach Eintritt einer Bedingung oder nach Erteilung der Genehmigung durch einen Dritten oder eine Behörde, so entscheidet der Zeitpunkt der Entstehung eines klagbaren Anspruchs; RFH. 17, 46 = Mrozek, R. 12 zu § 5 Abs. 1 und RFH. 21, 113 = Mrozek, R. 22 zu § 5 Abs. 1. Hat sich der Steuersatz während des Jahres verändert, oder sind Zuschläge durch Landesgesetz eingeführt worden, so ist der Zeitpunkt maßgebend, in dem das

Geschäft steuerpflichtig wird; vgl. RFH. Mrozek, R. 2 zu § 5 Abs. 4 Nr. 5.

b) Ist der Veräußerungspreis bzw. das Abtretungsentgelt höher, so tritt es an die Stelle des gemeinen Wertes. Ist das Abtretungsentgelt geringer als der gemeine Wert des Grundstücks, so kommt nur der gemeine Wert in Frage. Ott 72 zu § 5 will bei Abtretung der Rechte aus einer Kaufofferte den Wert der übertragenen Rechtslage oder, falls die Gegenleistung höher ist, diese entscheiden lassen. Hat z. B. der Antragsempfänger die Rechte aus einer Offerte, wonach das Grundstück ihm für 100 000 Mark zum Kauf angeboten wird, gegen Zahlung von 20 000 Mark abgetreten, so soll für die GrErwSt. dieser Betrag von 20 000 Mark maßgebend sein oder, falls das Grundstück mehr als 120 000 Mark wert ist, der Wert abzüglich der 100 000 Mark. Diese Auffassung dürfte jedoch nicht nur dem mit Abs. 4 Nr. 2 verfolgten Ziele, wie Ott zugibt, sondern auch der Gestaltung der ganzen Vorschrift und ihrer Stellung im System widersprechen. Die Gleichstellung der Abtretung von Rechten aus Offerten mit der Abtretung von Rechten aus Kaufverträgen ist erfolgt, weil in beiden Fällen durch die Abtretung wirtschaftlich über das Grundstück verfügt wird. Die Fälle müssen daher auch steuerlich gleich behandelt werden.

c) Im Falle der Abtretung der Rechte aus dem Meistgebot ist das Abtretungsentgelt maßgebend, wenn es den Betrag des Meistgebots übersteigt (§ 13 Satz 2). Auch § 14 kann Anwendung finden, wenn die Rechte aus dem Meistgebot an einen Hypothekengläubiger abgetreten worden sind, bzw. wenn das Meistgebot für ihn abgegeben worden ist.

d) § 15 findet insbesondere auf Auseinandersetzungs- und Gesellschaftsverträge Anwendung, die ja als Veräußerungsgeschäfte im Sinne des § 5 Abs. 1 in Betracht kommen, jedoch nur, soweit nicht bereits in diesen Verträgen die Durchführung des Eigentumswechsels vorliegt, wie z. B. in den Fällen des § 142 HGB.

**14. Steuerfreiheit** gemäß § 8 gilt auch für die verpflichtenden Veräußerungsgeschäfte, die den in § 8 aufgezählten Fällen des Eigentumswechsels zugrunde liegen. Nach dem Wortlaut des § 8 könnte dies zweifelhaft sein, da die Nichterhebung der Steuer dort nur „beim Erwerb auf Grund von Verträgen pp.“ „beim Einbringen pp.“ „bei Grundstücksübertragungen pp.“ angeordnet ist. Die enge Verbindung zwischen den Steuern aus § 1 und § 5 und ihre Wechselwirkung, wie § 5 sie ergibt, nötigen jedoch zu der Erstreckung der Steuerfreiheit auch auf das verpflichtende Rechtsgeschäft.

15. **Steuerpflichtige Personen** sind auch hier gemäß § 20 der Erwerber und der Veräußerer als Gesamtschuldner. Bei den Zwischengeschäften kommen nur die an dem fraglichen Zwischengeschäft beteiligten Personen in Betracht. Der erste Veräußerer haftet also nicht für die Vertragssteuer auf Grund der Abtretung des Käuferrechts an einen Dritten. (So schon für ZuwStG. nach herrschender Praxis; vgl. OVG. 70, 6.) Wohl aber haftet er für die Differenzsteuer gemäß Abs. 2, welche beim Eigentumsübergang

erhoben wird. Das Privileg für Kriegsbeschädigte gemäß § 21 gilt nur, wenn sie das Grundstück wirklich erwerben, nicht wenn sie den Käuferanspruch weiter abtreten.

16. **Mitteilung** an die Steuerstellen gemäß § 25 Ziff. 3, § 26.

## § 6.

**Steuerpflichtig ist auch ein Rechtsvorgang, der es ohne Uebertragung des Eigentums einem andern ermöglicht, über das Grundstück wie ein Eigentümer zu verfügen.**

1. **Allgemeines.** Diese Vorschrift war im Entwurf ebenso wie im § 6 ZuwStG. durch ein „insbesondere" dem jetzigen § 7 als Unterfall angehängt. Im Gesetz ist aus diesem Unterfall eine selbständige Bestimmung geworden. Hieraus folgt zweierlei:

a) Es handelt sich um einen selbständigen Steuerfall. Die fraglichen Rechtsvorgänge bilden ebenso, wie der Eigentumsübergang (§ 1), der Uebergang von grundstücksgleichen Berechtigungen (§ 2), die Vereinigung aller Gesellschaftsanteile (§ 3) und die verpflichtenden Veräußerungsgeschäfte Grundlagen der Steuerpflicht, während nach der Fassung des Entwurfs die Steuerpflicht in dem verdeckten Rechtsvorgang lag. Die Uebertragung der eigentumsähnlichen Stellung kann daher nicht gleichzeitig nach § 5 Abs. 1 oder als Zwischengeschäft nach § 5 Abs. 4 steuerpflichtig werden; vgl. OVG. 74, 34.

b) Der im § 6 bezeichnete Rechtsvorgang ist nicht unter dem Gesichtspunkt zu begreifen, daß durch ihn ein anderer Rechtsvorgang, nämlich die Uebereignung des Grundstücks verdeckt würde. Es ist keineswegs erforderlich, daß die Vertragsparteien den wirtschaftlichen Zweck einer Uebereignung verfolgen. Die Steuerpflicht tritt auch dann ein, wenn gerade nur die Verschaffung einer eigentumsähnlichen Stellung, nicht des Eigentums, und zwar ohne jede Rücksicht auf die Steuerfrage, gewollt worden ist. Es braucht also kein Scheingeschäft vorzuliegen; vgl. OVG. 15. 12. 16 bei Ziegesar S. 16 Nr. 2. Auch eine Steuerumgehung ist nicht vorausgesetzt; vgl. RFH. 5, 247 sowie RFH. StuW. II, 563 und VI, 100; ebensowenig Spekulationsabsicht; RFH. Mrozek, R. 8 zu § 6.

Der Steuerfall des § 6 bildet insofern einen Gegensatz zu § 1, als er den Uebergang des wirtschaftlichen Eigentums der Steuer unterwirft, während nach § 1 der Uebergang des juristischen Eigentums der Steuer unterliegt.; Der § 6 enthält demgemäß eine Erweiterung der Steuerpflicht; vgl. RFH. StuW. VI, 100 = Mrozek, R. 13 zu § 4. Ein weiterer Fall, in welchem die Uebertragung des wirtschaftlichen Eigentums steuerpflichtig ist, ist der des § 3. Dieser ist gegenüber § 6 selbständig, so daß in dem vom § 3 geregelten Gebiet eine Besteuerung aus dem Gesichtspunkt des § 6 unzulässig ist; vgl. RFH. 5, 247 u. Anm. 4 e u. 7 i zu § 3. Von der Vorschrift des § 80 Abs. 1 AO. unterscheidet sich § 6 dadurch, daß § 80 den Eigenbesitzer eines Gegenstandes dem Eigentümer gleichstellt, während § 6 die Uebertragung des wirtschaftlichen Eigentums derjenigen des juristischen Eigentums gleichstellt. Also — wie Ott es ausdrückt — § 80 behandelt das wirtschaftliche Eigentum in der Ruhe, § 6 das in der Bewegung. Der Unterschied zu § 5 Abs. 4 Nr. 5 liegt darin, daß dieser die rechtliche, § 6 dagegen die wirtschaftliche Möglichkeit, wie ein Eigentümer zu verfügen, voraussetzt; RFH. 7, 248.

Gemäß § 31 Abs. 2 kann der Reichsrat typische Rechtsvorgänge, die unter den § 6 fallen, allgemein für steuerpflichtig erklären und dadurch die Frage, ob diese Vorgänge durch § 6 erfaßt werden, außer Streit stellen. Die betr. Rechtsvorgänge bilden dann als solche selbständige Steuerfälle, ähnliche wie die in § 3 geregelten, die an sich auch unter den § 6 fallen würden. Vgl. § 31.

2. **Der steuerpflichtige Rechtsvorgang** besteht darin, daß es einem anderen ermöglicht wird, über das Grundstück wie ein Eigentümer zu verfügen; vgl. hierzu OVG. 70, 3; 72, 9 u. 11; PrVerwBl. 38, 117; Amtl. Mitt. 1915, 3; 1916, 108; 1917, 1;

a) Es muß sich um einen **Rechtsvorgang** handeln, d. h. um ein Rechtsgeschäft oder um einen sonstigen rechtlich erheblichen Vorgang, z. B. eine behördliche Verfügung. Der Uebergang von Grundstücken vom Reich auf die Reichsbahngesellschaft gem. § 6 RBahnG. v. 30. 8. 24 begründet nicht die Steuer aus § 6: RFH. 21, 323.

b) Rechtliche Wirksamkeit des Vorgangs ist vorausgesetzt; vgl. Anm. 3 zu § 23; Schriftlichkeit nicht erforderlich. Wenn aber der fragliche Rechtsvorgang oder einzelne seiner Teile nach dem Gesetz einer bestimmten Form unterliegen, so muß diese erfüllt sein. Gehört also z. B. zu dem Rechtsvorgang auch eine unwiderrufliche Vollmacht zur Auflassung des Grundstücks und entbehrt diese der in § 313 BGB. vorgeschriebenen Form, so ist die Vollmacht und damit unter Umständen der ganze Rechtsvorgang formungültig und in diesem Falle auch nicht der Steuer unterworfen; vgl. RFH. 22, 92; StuW. VI, 101 u. 624. Maßgebend ist die Gesamtheit der Vertragsbestimmungen (Amtl. Mitt. 1916, 106; 1917, 1).

c) der Rechtsvorgang braucht sich nicht zwischen dem Eigentümer und dem anderen zuzutragen; es genügt z. B. auch ein Rechtsgeschäft ohne Mitwirkung des Eigentümers, wenn es nur dem „Erwerber“ die hier gekennzeichnete Rechtsstellung verschafft.

Es reicht aus, wenn ein wirtschaftlicher Eigentümer seine Rechtsstellung auf einen andern überträgt. (Wegen Uebertragung der Stellung als Treugeber; vgl. Anm. 2 a. E.) Das verschaffte wirtschaftliche Eigentum muß aber einen endgültigen Rechtszustand darstellen. Handels es sich nur um die Vorwegnahme des wirtschaftlichen Tatbestandes einer juristischen Uebereignung, also um die Besitzübertragung auf Grund eines Kaufvertrages vor Umschreibung des Eigentums, so ist die Besteuerung nach § 6 ausgeschlossen; vgl. RFH. 12, 301, ebenso RFH. J.W. 1922, 1611, Nr. 10, RFH. Mrozek, R. 6 zu § 4. Wenn die Beteiligten bei nichtiger Auflassung den Eigentumsübergang als gültig behandeln, liegt der Fall des § 6 ebensowenig vor, wie bei späterer Rückübertragung und Berichtigung des Grundbuchs. RFH. StuW. VI, 101 = DStZ. 1927, 151 = Mrozek, R. 23 zu § 6 = JW. 1927, 1443 Nr. 6;

sowie Berolzheimer das. zustimmend; vgl. RFH. Mrozek, R. 3 zu § 5 Abs. 4, Nr. 1 (anders für die Vermögenssteuer RFH. 19, 113). Besitzt der Pflichtige das wirtschaftliche Eigentum bereits, und schließt er nunmehr einen Vertrag lediglich zur Sicherung seiner Stellung, so ist dieser Vertrag nicht nach § 6 steuerpflichtig; vgl. RFH. 18, 90.

d) Auf Grund dieses Rechtsvorganges erlangt ein anderer, ohne daß ihm das Eigentum übertragen wird oder übertragen werden soll (OVG. 72, 13 f.), die **Möglichkeit,** über das **Grundstück wie ein Eigentümer zu verfügen.** Diese Möglichkeit muß auf einer Rechtsgrundlage beruhen, also rechtlich gesichert, nicht lediglich tatsächlicher Natur sein. Der Erwerber muß also nicht nur die tatsächliche Verfügungsgewalt, den Besitz, und zwar mittelbaren oder unmittelbaren Besitz, erlangen, sondern auch die übrigen wesentlichen rechtlichen Auswirkungsmöglichkeiten des Eigentümers. Diese ergeben sich aus § 903 BGB. Ob von den Befugnissen Gebrauch gemacht wird, ist belanglos: RFH., Mrozek, R., 8 zu § 6. Der Begriff „verfügen" in § 6 ist nicht im technischen Sinne der Veräußerung und Belastung zu verstehen, sondern mit den Worten „wie ein Eigentümer" zu einer Einheit zu verbinden. § 6 erfordert also eine Rechtsstellung, welche dem Berechtigten im wesentlichen die gleiche Rechtsmacht gewährt, wie ein Eigentümer sie hat. Hierzu gehört die Möglichkeit, das Grundstück zu nutzen (§ 100 BGB.), die Substanz des Grundstücks zu verwerten und das Grundstück selbst zu belasten oder zu veräußern; vgl. RFH. 7, 248 u. 12, 298. Sind wesentliche Teile dieser ausgeschlossen, so ist die Stellung keine eigentumsähnliche im Sinne des § 6. Daher reicht ein Kaufangebot oder ein Kaufvertrag (RFH. 12, 258 u. 301; OVG. 67, 43; 68, 13; 71, 7) oder der Fall des § 5 Abs. 4 Nr. 5 (OVG. 72, 9; RFH. 7, 248; RFH. StuW. VI, 37), oder bloße Besitzübertragung an den Käufer nicht aus, weil er hierdurch nicht in die Lage versetzt wird, das Grundstück zu belasten und zu veräußern. Ebenso reicht die bloße Einräumung des Nießbrauchs — auch in Verbindung mit einem Kaufvertrag — nicht aus; vgl. OVG. 72, 12; RFH. JW. 1927, 1446 Nr. 10 = StuW. VI, 376 (Nießbrauch oder Pachtvertrag allein), wohl aber in Verbindung mit einer Auflassungsvollmacht (RFH. 7, 248); aber auch die Einräumung eines Erbbaurechts oder einer Kohlenabbaugerechtigkeit genügt nicht mit Rücksicht auf deren Sonderregelung in § 2, obgleich diese dem Berechtigten weitgehende Rechte gewähren. (Vgl. § 2 Anm. 2 und die Aeußerung des Regierungsvertreters in der 76. Sitzung der Nat.-Vers., sowie für ZuwStG. OVG., PrVerw.Bl. 37, 344, dagegen RG. 61, 1). Kaufangebot bei Uebergabe des Grundstücks vor Ablauf der Annahmefrist ist für ausreichend erklärt worden; RFH. StuW. VI, 623.

Dagegen fällt die Verschaffung der Möglichkeit, wie ein Erbbauberechtigter zu verfügen, unter § 6, da nach § 2 das Erbbaurecht einem Grundstück gleichsteht. Vgl. Ott 20 zu § 6. — Auch ein Pachtvertrag reicht für sich allein nicht aus, um den Tatbestand des § 6 zu erfüllen; vgl. RFH. JW. 1922, 1611, Nr. 10 und die Anm. von Hagelberg daselbst. — Uebertragung des Eigentums an einem auf fremdem Grundstück auf vorübergehende Zeit errichteten Gebäude erfüllt nicht den Tatbestand des § 6: RFH.

11, 59. Es müssen besondere Umstände vorliegen, aus denen sich entnehmen läßt, daß nach dem wirklichen Willen der Beteiligten dem Erwerber die weitergehenden Befugnisse, kraft deren er über das Grundstück wie über ein eigenes verfügen kann, eingeräumt werden sollten (OVG. 71, 8). Hiernach wird in der Verbindung der erwähnten Rechte die Verschaffung einer eigentumsähnlichen Stellung zu finden sein, so in dem häufigen Falle, daß dem Käufer der Besitz übertragen, der Nießbrauch eingeräumt und Auflassungsvollmacht bei Eintragung einer Vormerkung erteilt wird. Hierdurch erlangt er tatsächlich alle rechtlichen Möglichkeiten, wie sie ein Eigentümer hat, wenn auch gewisse weniger wesentliche Rechte fehlen; vgl. OVG. PrVerwBl. 38, 117; 40, 122; RFH. Mrozek, R. 4 zu § 6.

Die Auflassungsvollmacht braucht nicht unwiderruflich zu sein oder eine Befreiung von § 181 BGB. zu enthalten. Wird die Auflassungsvollmacht nicht erteilt, so wird dadurch allein die Steuerpflicht aus § 6 nicht ausgeschaltet, sofern der Erwerber die Möglichkeit der Weiterveräußerung durch Abtretung seines Auflassungsanspruchs besitzt, und ihm die Möglichkeit einer Belastung, sei es durch verpflichtende Vereinbarung, sei es durch Eintragung einer den Grundstückswert deckenden Hypothek, verschafft wird; vgl. den Fall OVG. 72, 11. Andererseits reicht eine Vollmacht allein nicht aus; vgl. unten Anm. 2 a. E.

e) Neuerdings häufen sich die Fälle, in denen zur Steuerersparung ausschließlich eine den gegenwärtigen und zu erwartenden Wert des Grundstücks deckende **Grundschuld** für den Erwerber eingetragen wird. Liegt nur eine solche Grundschuldbestellung vor, so ist der Tatbestand des § 6 nicht gegeben, weil es dem Erwerber an der Nutzung des Grundstücks fehlt. Er erlangt nur die Möglichkeit, durch Abtretung der Grundschuld oder Verpfändung oder durch Versteigerung des Grundstücks den wirtschaftlichen Kapitalwert des Grundstücks zu realisieren. Häufig aber wird daneben dem Grundschuldgläubiger auch die Verwaltung des Grundstücks für eigene Rechnung überlassen. Hiermit kann der Tatbestand des § 6 erfüllt sein. —

f) Wird erst durch eine **Mehrheit von Rechtsgeschäften** die Steuerpflicht erfüllt, z. B. durch Bestellung von Nießbrauch, Auflassungsvollmacht, Kaufantrag, so tritt die Steuerpflicht mit dem letzten Rechtsgeschäft ein, durch das der Kreis der nach § 6 erforderlichen Befugnisse geschlossen wird; so RFH. StuW. V. 234.

g) Nicht erforderlich ist es, daß die dem Erwerber verschaffte Verfügungsbefugnis eine **dauernde** sei. Nach RFH. JW. 1922, 1611 Nr. 10 genügt ein zehnjähriger Vertrag. In diesem Falle lag zugleich ein Kaufangebot vor, von dem die Erwerberin voraussichtlich Gebrauch machen würde. In einem Falle RFH. StuW. V, 234; Mrozek, R. 19 zu § 6 war das wirtschaftliche Eigentum zunächst nur auf ein Jahr übertragen, was unter Berufung auf § 23 für ausreichend erachtet wurde. Falls jedoch die zeitliche Beschränkung nach den Umständen des Falles eine sachliche Begrenzung der Verfügungsmacht darstellt, wird man den § 6 nicht anwenden können. Eine sachliche Beschränkung wird meist nicht vorliegen, wenn der Erwerber Veräußerungsvollmacht erhält und damit zu rechnen ist, daß er in der ihm eingeräumten Verfügungszeit von seiner Veräußerungsvollmacht Gebrauch machen wird. Bejaht wurde der Fall des § 6 bei Ueberlassung eines Tonausbeutungsrechts auf 30 Jahre bei Vorkaufsofferte auf gleiche Zeit und Anrechnung des Entgelts für die Tonausbeutung auf den Kaufpreis; RFH. 7, 181.

h) Die eigentumsähnliche Stellung kann auch auf anderen Wegen herbeigeführt werden. Der Fall der Vereinigung aller Anteile einer Grundstücksgesellschaft ist bereits in § 3 besonders behandelt und nur nach Maßgabe jener Vorschrift zu entscheiden. Vgl. RFH. 5, 247 = JW. 1921, 247 sowie RFH. StuW. II, 560. Ob unter § 6 die sogenannte Finanzierungsgesellschaft fällt, d. h. eine Personenvereinigung, der nicht das Grundstück gehört, wohl aber die Gesamtheit der Anteile der Grundstücksgesellschaft, ist zweifelhaft; verneinend OVG. Amtl. Mitt. 1914, 206 sowie OVG. 70, 1; 72, 17 für § 6 ZuwStG. Die Vereinigung aller Anteile einer solchen Finanzierungsgesellschaft wird durch § 3 nicht erfaßt; es kann aber der § 5 AO. anwendbar sein; ähnlich Ott 21 § 6; vgl. auch Anm. 5 zu § 7, sowie Zusatz zu § 7 Anm. 4.

i) Auch die Bestellung zum Geschäftsführer oder Vorstand einer Grundstücksgesellschaft oder einer Finanzierungsgesellschaft bildet in der Regel keinen steuerpflichtigen Rechtsvorgang im Sinne des § 6. Ebenso die Erteilung der Einzelprokura mit Grundstücksvollmacht (§ 49 Abs. 2 HGB.). Der Wortlaut des § 6 trifft freilich auf diese Fälle zu; auch die Absicht der Steuerumgehung kann wohl auf diesem Wege verwirklicht werden. Andererseits wäre die Erhebung der Steuer in den normalen Fällen ganz unbegründet. Hier wird die Frage brennend, ob § 6 sich mit einer Rechtsstellung begnügt, die dem Berechtigten nach außen die Eigentümerbefugnisse gewährt, wie sie z. B. ein Treuhänder hat, oder ob der Berechtigte auch wirtschaftlich eine eigentumsartige Stellung haben muß. Die letztere Frage ist zu bejahen. Der § 6 regelt die Uebertragung des wirtschaftlichen Eigentums. Das ergibt die Entstehungsgeschichte und der Zweck der Bestimmung, wie ja auch nach § 5 Abs. 4 Ziff. 5 nur Ermächtigungen zur Veräußerung für eigene Rechnung des Ermächtigten steuerpflichtig sind; vgl. Zusatz zu § 7 Anm. 4 a. Es wird somit im einzelnen Falle darauf ankommen, welches die innere Rechtsstellung des Geschäftsführers pp. ist. Ist er gegenüber den Gesellschaftern, Vereinsmitgliedern pp. zur Rechenschaft verpflichtet, so hat er im Sinne des § 6 nicht die Möglichkeit, über das Grundstück wie ein Eigentümer zu verfügen, denn der Eigentümer ist in der Verfügungsmacht, soweit diese überhaupt reicht, frei und nur auf sich selbst gestellt. Nur wenn dem Geschäftsführer im Innenverhältnis eine ebensolche Stellung eingeräumt wird, wenn also die ihm an sich aus dem Dienstvertrag obliegenden Pflichten gemäß §§ 675, 665—667 BGB. erlassen sind, ist der Fall des § 6 gegeben. Für die Steuerpflicht kommt es hierbei natürlich auf den wirklichen Willen der Beteiligten, nicht auf nur zum Schein aufgestellte Vertragsbedingungen an; hier greift also § 7 ein, wonach die Steuerpflicht nicht dadurch ausgeschlossen wird, daß dem Geschäftsführer zum Schein eine Rechenschaftspflicht gegenüber den Gesellschaftern auferlegt ist.

k) Wird dem Erwerber die Mehrheit der Anteile einer Grundstücksgesellschaft bzw. Finanzierungsgesellschaft übertragen, so daß er durch Ueberstimmung der übrigen Gesellschafter maßgebenden Einfluß auf die Verwaltung und Verwertung des Grundstücks gewinnt, so genügt dies doch zur Begründung der Steuerpflicht nach § 6 nicht, weil nur die rechtliche Verfügung über das Grundstück, nicht aber das volle Nutzungsrecht, das gleichfalls zu der Verfügungsmacht eines Eigentümers gehört, übertragen ist. Hat aber etwa der Inhaber der übrigen Gesellschaftsanteile auf seinen Anteil am Gewinn und am Liquidationserlös verzichtet, so würde der Fall des § 6 gegeben sein; ebenso wenn der andere Anteilsinhaber nur Treuhänder des ersten ist.

l) Die Bestellung als Vormund eines Grundstückbesitzers, als Nachlaßpfleger oder Konkursverwalter erfüllt nicht den Tatbestand des § 6, weil diese Personen über das Grundstück nicht für eigene Rechnung verfügen und weil sie ferner nur mit gerichtlicher Genehmigung bzw. solcher des Gläubigerausschusses das Grundstück veräußern oder belasten können. (Vgl. § 1821 Ziff. 1 BGB. § 134 Nr. 1 KO.).

m) Die Erteilung einer Vollmacht reicht im Sinne des § 6 dann aus, wenn sie unwiderruflich ist und die gesamte Verwaltung und Verwertung des Grundstücks umfaßt und der Bevollmächtigte das Recht hat, die auf Grund der Verwaltung und Verwertung eingezogenen Beträge — abgesehen von bestimmten Leistungen an den Veräußerer — für sich zu behalten. Vgl. RFH. Reichsanz. 1922 Nr. 78 bei Rohde 2d zu § 6. Liegt aber nur Veräußerungsvollmacht für eigene Rechnung vor, ohne daß der Bevollmächtigte Besitz, Verwaltung und Nutznießung am Grundstück hat, so sind die Voraussetzungen des § 6 nicht erfüllt. Vgl. RFH. 7, 248; StuW. VI, 37. Voraussetzung des § 6 ist, daß nicht nur der Ermächtigte die Verfügungsmacht erlangt, sondern daß der Eigentümer sie zugleich verliert: RFH. Mrozek R. 5 zu § 6. Ob dies der Fall ist, richtet sich nach dem zugrunde liegenden Auftrags- bzw. sonstigen Rechtsverhältnis; vgl. RFH. Mrozek R. 7, 15 zu § 6 und Anm. 8 zu § 5.

n) Fraglich ist es ,ob die Uebertragung der Stellung als Treugeber die Steuerpflicht nach § 6 begründet. RFH. StuW. III, 566 und V, 372 = JW. 1927, 1445 Nr. 8 erklärt den Vorgang für steuerfrei, weil die Eigentumsübertragung von einem Treuhänder auf den andern steuerpflichtig ist und nicht nebeneinander der juristische und der wirtschaftliche Eigentumserwerb besteuert werden kann. Im Einzelfalle kann aber Steuerpflicht nach § 5 AO. vorliegen. Ott 18 zu § 6 bekämpft diesen Standpunkt des RFH. und hält die Doppelbesteuerung des juristischen und des wirtschaftlichen Eigentumswechsels für angemessen. Dem RFH. dürfte aber recht zu geben sein, obgleich im Gebiet des § 3 dieser Grundsatz noch nicht anerkannt worden ist. Allerdings ist durch diese Weise ein Weg geöffnet, auf dem besonders Ausländer das wirtschaftliche Eigentum an einem Grundstück steuerfrei übertragen können, zumal wenn als Treuhänder eine G. m. b. H. oder A.-G. eingetragen ist. Steuerfrei ist angeblich auch die Uebertragung des wirtschaftlichen Eigentums von dem Treugeber auf den im Grundbuch als Eigentümer eingetragenen Treuhänder, der ja schon bei seiner Eintragung als juristischer Eigentümer die Steuer entrichtet hat.

3. **Ein Verpflichtungsvertrag,** der nicht auf Uebertragung des Eigentums, sondern einer eigentumsähnlichen Stellung im Sinne des

§ 6 gerichtet ist, ist nicht steuerpflichtig, weder nach § 5 noch nach § 6. § 6 sagt nicht — nach Art des § 3 — daß die Uebertragung einer eigentumsähnlichen Stellung dem Eigentumsübergang gleichgeachtet werde. § 5 ist daher nicht anwendbar. § 6 andererseits besteuert nur den Rechtsvorgang, durch den der Erwerber die eigentumsähnliche Stellung bereits erlangt. Vielfach wird allerdings in diesen Fällen der Verpflichtungsvertrag mit dem Erfüllungsvertrage zusammenfallen. Soll der Erwerber jedoch bestimmte Vollmachten oder den Nießbrauch oder die Stellung als Vorstand einer Gesellschaft erlangen, so tritt die Steuerpflicht erst ein, sobald ihm diese Rechte wirklich übertragen sind. Vgl. dagegen Zusatz zu § 7 Anm. 4d.

4. **Die Steuerfreiheit** nach § 8 tritt auch dann ein, wenn nur eine eigentumsähnliche Stellung in Frage steht. Ebenso Ott 23 zu § 6. Erwerben z. B. Abkömmlinge ein Grundstück von den Eltern, so muß die Steuerfreiheit nach dem argumentum a majore ad minus um so eher gelten, wenn der Abkömmling nicht das volle Eigentum, sondern nur ein eigentumsähnliches Recht erwirbt.

5. Für die **Höhe der Steuer** gelten auch hier die Vorschriften der §§ 11—13, 15, 17—19. Maßgebend ist also der gemeine Wert des Grundstücks oder, falls höher, der Veräußerungspreis. Der Umstand, daß das wirtschaftliche Eigentum an Machtfülle hinter dem juristischen Eigentum etwa zurückbleibt, ist nicht wertmindernd zu berücksichtigen. Als Veräußerungspreis ist die Gesamtheit der Gegenleistungen, die für die verschiedenen in ihrem Zusammentreffen das wirtschaftliche Eigentum begründenden Rechte gewährt werden, maßgebend. Vgl. RFH. StuW. II, 563 = Mrozek R. 10 zu § 6. Eine Weiterveräußerung im Sinne des § 19 liegt auch dann vor, wenn wiederum nur eine eigentumsähnliche Stellung eingeräumt wird.

6. **Zahlungspflichtige Personen** sind auch hier gemäß § 20 der Erwerber der eigentumsähnlichen Stellung und der Veräußerer als Gesamtschuldner. Veräußerer ist derjenige, der dem anderen Teil die eigentumsähnliche Stellung einräumt, mag er nun selbst Eigentümer sein oder gleichfalls nur eine Verfügungsmacht für eigene Rechnung haben. In diesem Falle ist der Eigentümer nicht mit verhaftet.

7. **Steuererlaß gemäß § 23a** findet entsprechend statt; so RFH. 9, 278 = Mrozek R. 2 zu § 23a, 3 u. StuW. V, 234. Die in der 1. Auflage vertretene entgegengesetzte Auffassung muß fallen gelassen werden. Ist die Uebertragung der eigentumsähnlichen Stellung wegen Formmangels oder aus andern Gründen nichtig, so könnte ohnehin die Steuer nicht verlangt werden. Es entspricht aber der Billigkeit, daß Erstattung nach § 23 erfolgt, falls die Nichtigkeit erst nach rechtskräftiger Festsetzung der Steuer sich herausstellt; ebenso bei Rückerwerb der eigentumsähnlichen Stellung durch den Veräußerer gemäß § 23a Nr. 2 u. 3.

8. **Anzeigepflicht** besteht nur gemäß § 25 Ziff. 2, § 26.

9. **Nachfolgender Eigentumserwerb** seitens derjenigen Person, die zunächst — z. B. durch Kaufvertrag, Auflassungsvollmacht und Nießbrauch — eine eigentumsähnliche Stellung erworben hat, begründet keinen neuen Steuerfall; vgl. OVG. PrVerwBl. 40, 123. Das muß, wie für das ZuwStG. auch für dieses Ges. gelten, da die

erste Besteuerung bereits den Umsatz des Grundstücks von diesem Veräußerer an diesen Erwerber erfaßt hat und ein neuer Umsatz bei dem nachfolgenden Eigentumsübergang nicht vorliegt. Diesen Standpunkt hat auch der RFH. in ständiger Rspr. angenommen; vgl. insbesondere RFH. 15, 223. War aber der Uebergang des wirtschaftlichen Eigentums nicht versteuert worden, so ist, wenn später das juristische Eigentum übertragen wird, nur dieser Rechtsvorgang zu versteuern; der Erwerber kann sich nicht darauf berufen, daß er schon längst wirtschaftlicher Eigentümer und daß die Steuer aus § 6 schon verjährt sei; vgl. RFH. 18, 7 = StuW. V, 25 = Mrozek, R. 13 zu § 6. Erfolgt dagegen später der Eigentumsübergang von dem Bucheigentümer an einen Dritten, an den etwa die Rechte aus dem Kaufvertrage abgetreten sind, so liegt ein neuer Steuerfall vor; vgl. OVG. 70, 6; 72, 16; Amtl. Mitt. 1915, 157.

Ueberträgt der wirtschaftliche Eigentümer später das Eigentum wieder auf den juristischen Eigentümer zurück, und zwar nach Ablauf von 2 Jahren (vgl. Anm. 7), so will Ott 14 zu § 6 die erneute Steuerpflicht nach § 6 bejahen. Es dürfte jedoch hier an der gesetzlichen Unterlage fehlen, da ein Fall des § 6 nicht vorliegt. Dem Bucheigentümer kann nicht die Möglichkeit verschafft werden, „wie ein Eigentümer zu verfügen". Ueberträgt der Bucheigentümer, nachdem er einem andern das wirtschaftliche Eigentum verschafft hat und die Steuer hierfür entrichtet ist, das nudum jus auf einen Dritten, so muß dieser Vorgang nach dem Standpunkt des RFH. steuerfrei sein, weil sonst Doppelbesteuerung anzunehmen wäre. Eine Entsch. des RFH. hierüber steht noch aus.

## § 7.

**Die Besteuerung wird nicht dadurch ausgeschlossen, daß ein nach diesem Gesetze steuerpflichtiger Rechtsvorgang durch einen anderen verdeckt wird.**

1. **Allgemeines.** Diese Vorschrift fand sich bereits fast gleichlautend in § 6 ZuwStG., wo ihr der jetzige § 6 als Unterfall hinzugefügt war. Dieser Unterfall ist jetzt zu einem selbständigen steuerpflichtigen Rechtsvorgang geworden, was die rechtliche Bedeutung des jetzigen § 7 viel durchsichtiger gemacht hat. Eine fernere Abweichung vom ZuwStG. liegt darin, daß an die Stelle der Worte „steuerpflichtiges Rechtsgeschäft" die Worte „steuerpflichtiger Rechtsvorgang" getreten sind. Hierdurch ist das Anwendungsgebiet der Vorschrift etwas erweitert worden.

2. **Rechtliche Natur** der Vorschrift. § 7 stellt nicht den Tatbestand eines steuerpflichtigen Rechtsvorganges auf, setzt vielmehr voraus, daß ein nach den Vorschriften der §§ 1—6 steuerpflichtiger Rechtsvorgang gegeben ist, der aber durch einen anderen verdeckt wird. § 7 bestimmt lediglich, daß die auf anderen Vorschriften beruhende Steuerpflicht nicht ausgeschlossen werde durch ein Verdecken der für die Besteuerung maßgeblichen Umstände. Sache des Steuerrichters wird es daher bei Anwendung des § 7 stets sein, zweierlei festzustellen, nämlich:

a) das Vorliegen eines nach §§ 1—6 steuerpflichtigen Rechtsvorgangs, der als solcher sich rechtswirksam abgewickelt hat,
b) das Vorliegen eines zweiten Rechtsvorganges, der den Vorgang zu a) zu „verdecken" bestimmt ist.

Ist der Rechtsvorgang zu a) als solcher nicht rechtswirksam vorhanden, so fehlt es an der Anwendbarkeit des § 7 und an einer Rechtsgrundlage für die Besteuerung. Nicht angängig ist es, nach § 7 einen gar nicht vorhandenen Rechtsvorgang zu besteuern, weil die Parteien ihn selbst oder seine wirtschaftlichen Wirkungen gewollt haben mögen. So z. B. ist es unmöglich, eine Steuerpflicht nach § 1 festzustellen, wenn es zu einem Uebergange des Eigentums nach Maßgabe des bürgerlichen Rechts gar nicht gekommen ist. Zur rechtsgeschäftlichen Uebertragung des Eigentums an Grundstücken gehört die Auflassung und die Umschreibung im Grundbuche. Sind diese Rechtsakte nicht erfolgt, so ist Eigentum nicht übergegangen. Für die Anwendung des § 7 fehlt es somit an jeder Grundlage. Der Rechtsvorgang, den die Parteien bewirkt haben, verdeckt nicht den Eigentumsübergang, sondern e r s e t z t ihn. Gleiches gilt für die Fälle des § 2.

Hier liegt die Grenze zwischen dem § 7 GrErwStG. und dem § 5 AO. § 7 betont die Steuerpflichtigkeit eines Rechtsvorgangs, der wirklich vorhanden, aber durch einen andern nach außen verdeckt ist. § 5 AO. hingegen erklärt Rechtsvorgänge für steuerpflichtig, die an sich den Tatbestand eines Steuergesetzes nicht erfüllen, aber in dieser Form nur zur Umgehung der Steuergesetze vereinbart sind und die wirtschaftlichen Zwecke des steuerpflichtigen Rechtsvorgangs gleichwohl erreichen; vgl. RFH. 11, 117; 12, 100. — Unrichtig das Beispiel (RFH. 7, 181) bei Rohde 1 zu § 6, da ein Eigentumsübergang nur verdeckt sein kann, wenn er wirklich vorliegt, was mangels Umschreibung im Grundbuche im fraglichen Falle nicht gegeben war. Das Anwendungsgebiet des § 7 wird sich hauptsächlich auf die Fälle der §§ 3, 5 und besonders des § 6 erstrecken, soweit nicht die Rechtswirksamkeit dieser Rechtsvorgänge von der Beobachtung bestimmter Formen abhängig ist, wie z. B. bei der Uebertragung der Geschäftsanteile einer G. m. b. H. und bei der Verpflichtung zur Uebertragung des Grundstückseigentums. Die formlos rechtswirksamen Geschäfte können durch ein äußerlich vorgespiegeltes, andersartiges Geschäft verdeckt sein, also selbst dahinter rechtmäßig bestehen.

Die Vorschrift des § 7 bezweckt nur eine Klarstellung und wäre als Gesetzesvorschrift an sich entbehrlich. Auch ohne besondere Bestimmung würden die Steuergerichte wohl nicht daran zweifeln, daß ein an sich steuerpflichtiger Rechtsvorgang nicht dadurch steuerfrei werden kann, daß die Parteien ihn vor den Augen des Steuerrichters verdecken, also geheim halten. Es ist hierbei gleichgültig, wodurch die Verdeckung erfolgt, ob durch ein Scheingeschäft oder durch einen andern Rechtsvorgang oder einfach durch Verheimlichung des ganzen wirtschaftlichen Vorgangs.

3. a) **Der Begriff des Verdeckens** fällt nicht vollkommen mit dem Scheingeschäft des § 117 BGB. zusammen (vgl. Lion Anm. 1 zu § 6 ZuwStG. u. RG. StuW. V, 467). Im Absatz 2 daselbst findet sich allerdings der Ausdruck „verdecktes Rechtsgeschäft“. Dieser Fall wird daher auch zum großen Teil das Anwendungsgebiet des § 7 ausfüllen.

Zu beachten bleibt, daß ein Scheingeschäft im Sinne des § 517 BGB. nur dann vorliegt, wenn die Parteien das Rechtsgeschäft in der vereinbarten Gestalt in Wirklichkeit nicht wollen. Daß sie mit dem Rechtsgeschäft wirtschaftliche Wirkungen anderer Art erreichen wollen, macht das Rechtsgeschäft nicht zum Scheingeschäft. Gerade wenn die Parteien zum Zweck der Steuerumgehung ihre wirtschaftlichen Absichten in eine ungewöhnliche Rechtsform gekleidet haben, läßt die Absicht der Steuerumgehung darauf schließen, daß die Parteien das Geschäft in der abgeschlossenen Form wirklich gewollt haben; vgl. RFH. 5, 247 = JW. 1921, 1129 Nr. 27. In der Begrenzung auf § 117 Abs. 2 BGB. wäre jedoch die Vorschrift des § 7 kaum erforderlich gewesen. Da nämlich das GrEStG. die Rechtsbegriffe des bürgerlichen Rechts zur Grundlage für die Steuertatbestände genommen hat, versteht es sich von selbst, daß nur die nach Maßgabe des bürgerlichen Rechts wirklich bestehenden Rechtsgeschäfte zugrunde zu legen sind; vgl. OVG. PrVerwBl. 41, 172. Haben die Parteien eine Uebertragung von Aktien gewollt und eine Verpfändung nach außen vorgespiegelt, so liegt gemäß § 117 BGB. nur eine Uebertragung vor.

b) Ueber diesen Fall des dissimulierten Rechtsgeschäftes geht die Vorschrift des § 7 jedoch nach zwei Richtungen hinaus:

1. Sie umfaßt auch verdeckte Rechts*vorgänge*, die nicht Rechtsgeschäfte sind. Es kann also durch § 7 auch eine derartige Steuerumgehung gefaßt werden, die unter Mißbrauch behördlicher Verfügungen oder Amtshandlungen einen an sich steuerpflichtigen Rechtsvorgang zu verdecken sucht. Dieser Fall könnte z. B. vorliegen, wenn durch fälschliche Legitimierung eines Kindes (§ 1720 Abs. 2 BGB.) die Steuerfreiheit nach § 8 Ziff. 4 herbeigeführt werden soll.
2. Ein Verdecken ist auch dann gegeben, wenn ein nach § 117 BGB. nichtiges Scheingeschäft deshalb nicht vorliegt, weil es an dem *Einverständnis der Gegenpartei fehlt*, diese vielmehr getäuscht worden ist oder sonst in einem Irrtum gehandelt hat; vgl. RG. StuW. V, 467. Ferner auch, wenn des verdeckende Rechtsgeschäft als solches *ernstlich gewollt* aber praktisch gegenstandslos ist oder ein geheimgehaltenes steuerpflichtiges Geschäft bemäntelt. Nach bisherigem Recht war allerdings der wirtschaftlich geschaffene Zustand für den Steueranspruch nicht entscheidend (OVG. PrVerwBl. 41, 172). Das ist jetzt durch den § 7 dieses Gesetzes und durch §§ 4, 5 AO. geändert worden.

c) Ott 3 zu § 7 bestreitet, daß auch ein *ernstlich gewolltes Geschäft* als verdeckendes Geschäft in Frage kommen kann, aber zu Unrecht. § 7 erfordert lediglich, daß ein Rechtsvorgang in Wirklichkeit vorhanden, aber durch einen andern verdeckt ist. Ob das verdeckende Geschäft ernstlich gemeint ist oder nicht, ist gleichbedeutend, da es für § 7 auf die Natur des verdeckenden Geschäfts überhaupt nicht ankommt, sondern nur auf das Vorhandensein des verdeckten steuerpflichtigen Rechtsvorgangs. Es trifft auch nicht zu, daß, falls das verdeckende Rechtsgeschäft ernstlich gemeint ist, nur § 5 AO. in Frage kommen könnte. Von ungewöhnlichen Rechtsformen kann gar nicht die Rede sein, wenn der verdeckte Rechtsvorgang eine der wirtschaftlichen entsprechende rechtliche Gestaltung enthält.

Die in der 1. Aufl. aufgeführten Beispiele mögen zum Teil zweifelhaft sein. Wird eine *Veräußerungsvollmacht* erteilt, ihre Steuerpflichtigkeit aber durch Aufstellung einer Rechenschaftspflicht verdeckt, die niemals praktisch werden kann, weil der Bevollmächtigte erst bei einem den Wert des Grundstücks weit übersteigenden Betrage zu einer Herauszahlung an den Vollmachtgeber verpflichtet ist, so liegt ein verdecktes Rechtsgeschäft im Sinne des § 5 Abs. 4 Nr. 5 vor. Erwirbt jemand ein Grundstück unter Vorschiebung eines Kriegsbeschädigten als Treuhänders (Strohmanns), der nach § 21 Steuerfreiheit erhält, so ist in Wirklichkeit der Treugeber wirtschaftlicher Eigentümer geworden. Dieser nach § 6 steuerpflichtige Rechtsvorgang wird verdeckt durch den an sich ernstlichen Erwerb des juristischen Eigentums seitens des Treuhänders. Die Außenwelt sieht zunächst nur diesen juristischen Eigentumserwerb, während das dahinterstehende wirtschaftliche Eigentum des Treugebers verdeckt, d. h. für den gewöhnlichen Blick nicht sichtbar ist. Erwirbt jemand sämtliche Aktien einer Grundstücksgesellschaft, übergibt aber einen Teil der Aktien einem Dritten zur Verwahrung und Verwaltung und läßt den Dritten das Stimmrecht im eigenen Namen ausüben, so ist dieser ernstgemeinte Verwaltungs- und Stimmrechtsvertrag ein Rechtsvorgang, der den Aktienerwerb des andern verdecken, d. h. unsichtbar machen soll. Wird eine Verkaufsofferte des A. von dem Antragsempfänger B nicht angenommen, aber vor Fristablauf auf seine Anweisung ein unmittelbarer Kaufvertrag zwischen dem Offerenten A und einem von dem Antragsempfänger B nachgewiesenen Dritten C abgeschlossen, so wird durch diesen ernstgemeinten Kaufvertrag nur der steuerpflichtige formlose Rechtsvorgang der Uebertragung der Rechte aus dem Kaufantrag verdeckt, denn nur auf Grund dieser Uebertragung hat der Verkäufer A sich bereitfinden können, mit dem ihm fremden C einen Kaufvertrag abzuschließen, obgleich sein Verkaufsantrag an B noch zu Recht bestand. Dagegen liegt nach RFH., Mrozek, R. 1 zu § 7 = DStBl. 4, 436, eine verdeckte Uebereignung nicht schon deshalb vor, weil ein Grundstück einem Vermittler bei hoher Gebühr, fest an die Hand gegeben ist.

4. **Vorsatz** wird für die Anwendung des § 7 stets zu erfordern sein. Der Begriff des Verdeckens setzt nicht nur Vorsatz, sondern sogar Absicht voraus. Der Vorsatz braucht jedoch nicht die Steuerumgehung zu umfassen; ebenso Ott 3 zu § 7 und RFH., Mrozek, R. 8 zu § 6, sowie DJZ. 1915, 1140. Es genügt, daß die Parteien wissentlich einen bestimmten — objektiv steuerpflichtigen — Rechtsvorgang durch einen anderen verdeckt haben, mag dies auch nur zu anderen Zwecken, vielleicht zur Benachteiligung von Gläubigern oder zur Täuschung einflußreicher Angehöriger oder Behörden geschehen sein. Man denke an den Fall, daß bei einem Verein, der nur noch aus 3 Mitgliedern besteht, das Ausscheiden von 2 Mitgliedern nur zu dem Zweck vermieden wird, um die Entziehung der Rechtsfähigkeit gemäß § 73 BGB. zu verhüten, während die 2 Mitglieder dem Dritten gegenüber sich insgeheim verpflichten, keinerlei Rechte auf Grund ihrer Mitgliedschaft geltend zu machen, ihren Anspruch auf den Liquidationserlös auch dem Dritten übertragen.

Es kann vorkommen, daß nur ein Vertragsteil den Verdeckungsvorsatz hat, während der andere Teil getäuscht wird. Auch in diesem Falle ist § 7 anwendbar; vgl. RG. StuW. V, 467 oben in Anm. 3 b.

5. **Die wirkliche Ausschaltung** einzelner Voraussetzungen der Steuerpflicht, also die echte Umgehung, fällt nicht unter § 7. Hier liegt die Grenze gegen § 5 AO. Wird also ein Eigentumsübergang nicht bewirkt, so kann eine Steuerpflicht jedenfalls nach § 1 nicht aus § 7 hergeleitet werden; vgl. aber OVG. PrVerwBl. 40, 111; 38, 464. Wird ein Veräußerungs v e r t r a g gewollt, aber nur eine Offerte beurkundet, so liegt ein Steuerfall aus § 5 Abs. 1 schon deshalb nicht vor, weil es gemäß § 313 BGB. an einem rechts g ü l t i g e n Vertrag fehlt (OVG. PrVerwBl. 41, 160; 38, 464; RG. JW. 1909, 654). Werden einzelne Anteile einer Grundstücksgesellschaft ernstlich zurückbehalten, so liegt der Fall des § 3 nicht vor. Dasselbe gilt, wenn Ehegatten, die sämtliche Anteile einer Grundstücksgesellschaft erwerben wollen, sich vorher scheiden lassen. Auch wenn dies nur zum Zwecke der Steuerumgehung geschieht, sind sie doch rechtsgültig geschieden und gelten nicht mehr als eine Person. Ein verdeckter steuerpflichtiger Rechtsvorgang ist nicht gegeben. Das gleiche gilt, wenn Brüder die sämtlichen Anteile einer Grundstücksgesellschaft erwerben, mögen sie auch in einer tatsächlichen Gütergemeinschaft miteinander leben. Dieser Fall ist in RFH. 5, 247 entschieden und unter § 5 AO. gestellt worden. Anders, wenn der Teilhaber nur zum S c h e i n oder als T r e u h ä n d e r für den anderen Teilhaber oder ohne jedes praktisch in die Erscheinung tretende Mitgliedschaftsrecht aufgenommen ist. Auch in den Fällen des § 8 kann, wenn der Tatbestand eines dieser Fälle ernstlich und rechtswirksam gegeben ist, § 7 keine Anwendung finden, so z. B. wenn eine Eheschließung nur zu dem Zweck vorgenommen wird, um durch spätere Teilung des Gesamtguts ein Grundstück aus der Hand des einen in die des andern Teils hinüberzuspielen. (§ 8 Ziff. 3.)

In einem ähnlichen Falle ist vom RFH. zu Unrecht der § 7 für vorliegend erachtet worden. In RFH. JW. 1926, 1061 Nr. 8 = StuW. V, 27 = DStBl. 1926, 151, hatte eine Ehefrau, die mit ihrem Manne im gesetzlichen Güterstand lebte, die Grundstücke ihres Mannes unter Uebernahme der Hypothekenschulden und einer geringen Barzahlung gekauft. Dieser Vertrag wurde aufgehoben, die Eheleute vereinbarten die allgemeine Gütergemeinschaft und hoben diesen Güterstand 2 Tage später wieder auf, indem sie Gütertrennung vereinbarten. Bei der Auseinandersetzung wurden der Ehefrau die fraglichen Grundstücke überwiesen. RFH. hat angenommen, daß alle diese Rechtsvorgänge auf einem einheitlichen Plan beruhten, und daß die Gütergemeinschaft nur zum Schein eingeführt worden sei. Diese Annahme widerspricht dem vom RFH. 5, 247, ausgesprochenen zutreffendem Grundsatz, daß gerade aus der Absicht der Steuerersparung die Ernstlichkeit zu folgern sei. Es kam daher höchstens § 5 AO. in Frage; vgl. die Anm. v. Hagelberg zu ob. Entsch. JW. 1926, 1061.

OVG. 70, 4 nimmt an ,daß der bloße Mangel der Formwahrung die Annahme einer verdeckten Uebertragung nicht ausschließt, da § 6 ZuwStG. gerade auch die gewollte und herbeigeführte wirtschaftliche Uebertragung treffen will. In der Abtretung der sämtlichen Geschäftsanteile einer sog. Finanzierungsgesellschaft, der alle

Geschäftsanteile einer Grundstücksgesellschaft gehörten, wurde daher die verdeckte Uebertragung der Anteile dieser letzteren erblickt. Hier greift indes nur der § 5 AO. durch; vgl. Zusatz zu § 7.

§ 7 GrdErwStG. und § 5 AO. schließen einander aus; vgl. RFH. 5, 247; 11, 104; 12, 100. Möglich ist es indes, daß der verdeckte Rechtsvorgang seinerseits erst auf Grund des § 5 AO. steuerpflichtig ist.

6. **Die Höhe der Steuer** richtet sich lediglich nach dem verdeckten, steuerpflichtigen Rechtsvorgang. Auch für die Person des Haftpflichtigen ist dieser Rechtsvorgang maßgebend.

7. **Das verdeckende Rechtsgsechäft** kann als solches gleichfalls nach Vorschrift dieses Gesetzes steuerpflichtig sein, so z. B. in dem in Anm. 4 d zu § 5 erörterten Falle und bei vorgespiegelter Beteiligung von Kriegsbeschädigten (§ 21), die in Wirklichkeit nur Strohmänner, also Treuhänder sind. Die Besteuerung erfolgt dann nach den für das verdeckende und das verdeckte Geschäft geltenden Vorschriften.

Eine Doppelbesteuerung muß jedoch vermieden werden. Es erscheint daher nicht zulässig, für ein und denselben Eigentumswechsel die GrdErwSt. sowohl hinsichtlich des verdeckten als hinsichtlich des verdeckenden Rechtsgeschäfts zu erheben, falls nicht etwa beide in Wirklichkeit Kettengeschäfte sind. Ist das verdeckende Geschäft nach § 117 BGB. nichtig, so findet § 23 Anwendung. — Als verdeckendes kann auch ein nach § 8 steuerfreies Rechtsgeschäft in Frage kommen; vgl. OVG. PrVerwBl. 35, 892.

## Zusatz zu § 7.

### Der § 5 der Reichabgabenordnung.

1. **Allgemeines.** Die Reichsabgabenordnung, welche zum eigentlichen Gegenstand die Regelung des Verfahrens in Steuersachen hat, enthält in den §§ 4 und 5 Bestimmungen, die das materielle Steuerrecht berühren. Der § 4 enthält eine allgemeine Auslegungsregel: „Bei Auslegung der Steuergesetze sind ihr Zweck, ihre wirtschaftliche Bedeutung und die Entwicklung der Verhältnisse zu berücksichtigen." Diese Vorschrift ist bei Erläuterung aller Bestimmungen des GEStG. zugrunde zu legen; vgl. hierzu Becker StuW. III, 145 ff.

Der § 5 RAbgO. hingegen schließt sich eng an den § 7 dieses Gesetzes an. Er lautet:

**Durch Mißbrauch von Formen und Gestaltungsmöglichkeiten des bürgerlichen Rechts kann die Steuerpflicht nicht umgangen oder gemindert werden.**

**Ein Mißbrauch im Sinne des Abs. 1 liegt vor, wenn**

1. **in Fällen, wo das Gesetz wirtschaftliche Vorgänge, Tatsachen und Verhältnisse in der ihnen entsprechenden rechtlichen Gestaltung einer Steuer unterwirft, zur Umgehung der Steuer ihnen nicht entsprechende ungewöhnliche Rechtsformen gewählt oder Rechtsgeschäfte vorgenommen werden, und**

2. **nach Lage der Verhältnisse und nach der Art, wie verfahren wird oder verfahren werden soll, wirtschaftlich für die Beteiligten im wesentlichen derselbe Erfolg erzielt wird, der erzielt wäre, wenn eine den wirtschaftlichen Vorgängen, Tatsachen und Verhältnissen entsprechende rechtliche Gestaltung gewählt wäre, und ferner**

3. **etwaige Rechtsnachteile, die der gewählte Weg mit sich bringt, tatsächlich keine oder nur geringe Bedeutung haben.**

**Liegt ein Mißbrauch vor, so sind die getroffenen Maßnahmen für die Besteuerung ohne Bedeutung. Die Steuern sind so zu erheben, wie sie bei einer den wirtschaftlichen Vorgängen, Tatsachen und Verhältnissen angemessenen rechtlichen Gestaltung zu erheben wären. Steuern, die auf Grund der für unwirksam zu erachtenden Maßnahmen etwa entrichtet sind, werden auf Antrag erstattet, wenn die Entscheidung, die diese Maßnahmen als unwirksam behandelt, rechtskräftig geworden ist.**

2. **Rechtliche Bedeutung** des § 5 AO. Die Vorschrift stellt für das gesamte Reichssteuerrecht, also gem. § 36 Abs. 2 FinAusglG. auch für das vorliegende Gesetz einen selbständigen Steuertatbestand, also einen neuen Steuerfall auf. Sie setzt nicht, wie § 7, voraus, daß einer der in diesem Gesetz geregelten Steuerfälle wirklich vorliegt und nur vor den Blicken der Steuerbehörden verdeckt ist. Vielmehr will der § 5 AO. solche Tatbestände treffen, die keinen der hier geregelten Steuerfälle erfüllen. Das ist von großer praktischer Bedeutung, weil die Tatbestände dieses Gesetzes zum größten Teil von der Innehaltung bestimmter Rechtsformen abhängig sind, so zwar, daß ohne diese der Uebergang des Eigentums, der Berechtigung im Sinne des § 2, des Geschäftsanteils (z. B. einer G. m. b. H.) nicht erfolgt, eine rechtswirksame Verpflichtung im Sinne des § 5 Abs. 1 dieses Ges. nicht erzeugt wird. § 5 bekämpft also die e c h t e U m g e h u n g, die Ausschaltung der Steuervorschriften; vgl. Anm. 5 zu § 7.

Er setzt also voraus, daß die Rechtsregelung, wie die Parteien sie vereinbart haben, ernstlich gemeint und nicht zur Verdeckung eines dahinterstehenden steuerpflichtigen Rechtsvorgangs bestimmt ist. Die Absicht der Parteien ist nicht auf Täuschung der Steuerbehörde, nicht auf Verheimlichung eines steuerpflichtigen Tatbestandes gerichtet, sondern auf Umgehung der Steuer, also auf Erreichung eines wirtschaftlichen Zieles, das bei normaler rechtlicher Gestaltung die Steuerpflicht begründen würde. Die Umgehung einer Steuerpflicht wird dadurch herbeizuführen gesucht, daß Tatbestandsmerkmale, die das Gesetz für die Steuerpflicht aufstellt, nicht verwirklicht, sondern durch andere, im Steuergesetz nicht erwähnte Vorgänge wirtschaftlich ersetzt werden. Nicht erorderlich ist, daß gerade die Steuer aus dem GrEStG. umgangen werden sollte; auch bei Umgehung früherer ähnlicher Steuern durch Gründung von Grundstücksgesellschaften ist § 5 AO. auf spätere Uebertragung von Anteilen anwendbar: RFH. StuW. VI, 510.

**Man** könnte in dem § 5 AO. eine gesetzliche Fiktion **erblicken.** Unter gewissen Voraussetzungen wird das Vorliegen eines der Tatbestände der §§ 1—6 dieses Gesetzes fingiert.

Damit wäre aber sachlich nicht viel gewonnen. Die Fiktion ist nur eine Ausdrucksabkürzung, um eine Summe von Rechtsfolgen, die sich an einen gewissen Tatbestand knüpfen, auch auf einen anderen Tatbestand anzuwenden. Sachlich betrachtet bleibt dieser andere Tatbestand aber, was er ist, und löst selbständig die Rechtsfolgen aus.

Der Mißbrauch von Formen und Gestaltungsmöglichkeiten des bürgerlichen Rechts bildet somit einen Steuerfall dieses Gesetzes, sofern solche wirtschaftlichen Vorgänge, wie sie bei adäquater rechtlicher Gestaltung die Grunderwerbsteuer auslösen, zu Umgehungszwecken mißbräuchlich in fremdartige Rechtsformen gekleidet worden sind. Auf diesen Steuerfall sind alle Vorschriften dieses Gesetzes, die für den umgangenen Steuerfall gelten, anzuwenden.

Der § 5 AO. stellt eine Schutzbestimmung zugunsten des Steuerfiskus dar, auf die der Steuerpflichtige sich nicht zu eigenem Vorteil berufen kann. Hat er sich bei der Gestaltung des Rechtsgeschäfts versehen, und die beabsichtigte Steuerumgehung nicht erreicht, so kann er nicht beanspruchen, daß die von ihm abgeschlossenen Geschäfte gemäß § 5 AO. als nicht vorgenommen behandelt werden; RFH. 11, 112.

3. a) **Mißbrauch** von Formen und Gestaltungsmöglichkeiten des bürgerlichen Rechts. Zum **bürgerlichen Recht** gehören alle materiellrechtlichen Vorschriften, die nicht dem öffentlichen Recht angehören, also nicht nur die Vorschriften des Bürgerlichen Gesetzbuches. In Betracht kommen für dieses Gesetz besonders die Rechtsformen des Handels- und Gesellschaftsrechts im weitesten Sinne. Auch in Verfahrensgesetzen, z. B. der Zivilprozeßordnung, sind Gestaltungsmöglichkeiten des bürgerlichen Rechts enthalten; man denke an den Vergleich (als Umgehung des § 5) oder an die Rechtskraft des Urteils (als Umgehung des § 4; vgl. § 894 ZPO.). Das gleiche gilt für das ZVG. Dagegen wird ein Mißbrauch des öffentlichen Rechts, wie er im Hinblick auf § 8 Nr. 7, 9; § 21 Abs. 2, 3, Nr. 2 möglich ist, nicht getroffen.

b) Der **Begriff des Mißbrauchs** ergibt sich aus Abs. 2. Es brauchen daher nur im einzelnen Falle die Tatbestandsmerkmale des Abs. 2 festgestellt zu werden. Darüber hinaus ist es nicht erforderlich, daß das Vorgehen der Parteien vom Standpunkt der Steuermoral aus mißbilligenswert erscheint; vielmehr ist ihr Verhalten als Mißbrauch zu betrachten, wenn die Tatbestandsmerkmale des Abs. 2 vorliegen. Ein Verstoß gegen die guten Sitten, der die Nichtigkeit des Geschäfts begründen würde, liegt in dem Mißbrauch nicht: RFH. StuW. VI, 623. Das Gesetz steht hiernach auf dem Standpunkt, daß die Parteien bei Regelung ihrer wirtschaftlichen Beziehungen die im bürgerlichen Recht aufgestellten typischen Geschäftsformen einhalten sollen. Wollen sie z. B. volle Herrschaft über ein Grundstück gegen Entgelt übertragen, so stellt der im Gesetz geregelte Kaufvertrag die entsprechende Regelung dar. Wird statt dessen von den Parteien ein Sonderabkommen getroffen, das die Uebertragung des Eigentums vermeidet und durch andere Rechtsformen ersetzt, so ist dies an sich ein Mißbrauch. Sind mehrere entsprechende Rechtsformen für einen beabsichtigten wirtschaftlichen Erfolg vorhanden, so haben die

Parteien unter ihnen die Wahl und sind nicht zur Vermeidung eines Mißbrauchs verpflichtet, denjenigen Weg zu wählen, der steuerlich ungünstiger ist; vgl. Ott 1 zu § 5; RFH. 16, 18.

c) Der Begriff ist in Abs. 2 **erschöpfend**, nicht bloß beispielmäßig geregelt. Daher ist § 5 nicht anwendbar, wenn z. B. zwei Leute zwecks Ersparung von Steuern eine Ehe miteinander eingehen, um etwa ein gemeinschaftliches Grundstück dem Sohn des einen von ihnen steuerfrei übereignen zu können (§ 8 Nr. 4) oder ihre Ehe mit Rücksicht auf § 3 Satz 2 scheiden lassen, oder wenn jemand eine Legitimation eines Kindes im Hinblick auf § 8 Nr. 4 vornimmt (wegen fälschlicher, unzulässiger Legitimierung vgl. dagegen Anm. 3 unter a) zu § 7) u. dgl. Diese Fälle haben gemeinsam, daß die Umgehungsmaßnahme nicht ein rechtliches Tatbestandsmerkmal des die Steuerpflicht auslösenden Vorgangs ausschaltet, sondern gewisse für die Steuerpflicht erhebliche persönliche Eigenschaften begründet oder aufhebt. Der § 5 AO. trifft jedoch nur die gekünstelte rechtliche Gestaltung eines steuerbaren Vorgangs. Das Gesetz führt drei Tatbestandsmerkmale auf:

a) die gewählte Rechtsform entspricht nicht dem wirtschaftlichen Vorgang,
b) die gewählte Rechtsform verbürgt im wesentlichen denselben Erfolg, wie die dem Vorgang „entsprechende" Rechtsform,
c) die der gewählten Rechtsform eigenen, dem Vorgang nicht entsprechenden Besonderheiten sind praktisch ohne Bedeutung.

4. **Die entsprechende Gestaltung** eines wirtschaftlichen Vorganges wird nicht immer sicher festzustellen sein. Bei der Erläuterung des vorliegenden Gesetzes ist von denjenigen typischen Rechtsverhältnissen auszugehen, deren Begründung oder Uebertragung die Steuerpflicht auslöst, und bei jedem der wirtschaftliche Gehalt zu erforschen.

a) Der Uebergang des Eigentums (§ 1) ist der rechtliche Ausdruck für die Uebertragung der größtmöglichen Gewalt und Verfügungsmacht über das fragliche Grundstück. Wird eine andere Rechtsform zur Erreichung dieses wirtschaftlichen Zwecks gewählt, so ist der Steuerfall des § 6 gegeben, der denselben Rechtsgedanken zum Ausdruck bringt, wie § 5 AO. Der § 6 geht aber weiter, indem er die Umgehungsabsicht nicht erfordert und auch bei nicht „ungewöhnlichen" Rechtsformen durchgreift. Sowohl nach § 5 AO., als nach § 6 ist es fraglich, ob ein Treuhandverhältnis ausreicht; für beide Steuerfälle ist dies jedoch zu verneinen; vgl. Anm. 2 zu § 6. Für § 5 AO. ergibt sich das aus der Erwägung, daß dem wirtschaftlichen Verhältnis eines Verwaltungs- oder Verwertungsauftrags nicht nur — wenn überhaupt — das Eigentum als Rechtsform entspricht. Hiernach wird der § 5 AO. im Gebiet des § 1 dieses Ges. nur selten Anwendung finden. Im einzelnen kann deshalb auf die Erläuterungen zu § 6 verwiesen werden. Der dort in Anm. 2 erwähnte Fall der Finanzierungsgesellschaft kann durch § 5 AO. erfaßt werden, sofern die ihm eigenen Rechtsteile nur geringe Bedeutung haben. Das kann z. B. aus Steuergründen zu verneinen sein. Abschluß eines Pachtvertrags statt Einbringens des Grundstücks in eine Gesellschaft fällt nicht unter § 5, wenn die Beteiligten aus wirtschaftlichen Gründen, zu denen auch Rücksichten auf die Eink. und Körperschaftssteuer gehören können, den Betrieb der Gesellschaft nur vorübergehend nutzbar machen wollen: RFH. 16, 19.

b) Für die Uebertragung grundstücksgleicher Gerechtigkeiten (§ 2) gilt das gleiche, wie zu a). Auch hier besteht die Konkurrenz mit § 6; vgl. Anm. 2 zu § 2. Eine Anwendung des § 5 AO. kann z. B. in Frage kommen, wenn statt der Uebertragung des Erbbaurechts dessen Löschung und die Neubegründung für den Erwerber vereinbart wird, oder wenn zunächst steuerfrei ein Erbbaurecht begründet und dann das hiermit belastete, also minderwertige Grundstück für einen minimalen Preis an den Erbbauberechtigten oder etwa an eine ihm gehörige Gesellschaft verkauft wird.

c) Die Vereinigung sämtlicher Anteile an einer Gesellschaft, zu deren Vermögen Grundstücke gehören, in einer Hand und ihre Uebertragung auf einen anderen (§ 3). Dieser Rechtsvorgang bildet einen Steuerfall aus dem (gesetzgeberischen) Gesichtspunkt einer Umgehungsmaßnahme, ohne jedoch den Zweck einer Umgehung des § 1 als Tatbestandsmerkmal zu erfordern. Daher kommt er selbst wieder als Steuerfall in Betracht, der umgangen werden kann.

In der 1. Aufl. ist dargelegt worden, daß § 5 mit Bezug auf § 3 GrdErwStG. kaum zur Anwendung kommen kann, weil die Uebertragung sämtlicher Geschäftsanteile einer Gesellschaft kaum jemals der „entsprechende" rechtliche Ausdruck für bestimmte wirtschaftliche Verhältnisse sein wird, und weil die Ersetzung des Erwerbes einzelner Geschäftsanteile durch andere wirtschaftlich gleichwertige Rechtsformen (Treuhand, Nutzungspfandrecht u. dergl.) keine Umgehung des § 3 bildet, weil dieser nicht die Abtretung eines Geschäftsanteils der Steuerpflicht unterwirft, sondern nur die Vereinigung sämtlicher Geschäftsanteile in einer Hand. Der RFH. hat jedoch gerade auf dem Gebiet des § 3 in zahlreichen Entsch. den § 5 AO. zur Anwendung gebracht. Er geht davon aus, daß die entsprechende Gestaltung in der Uebereignung des Grundstücks liegt, und daß diese mißbräuchlich umgangen wird, wenn die Parteien unter gewissen Voraussetzungen nur einzelne Geschäftsanteile der Grundstücksgesellschaft übertragen. Die erste diesbezgl. Entsch. stellt RFH. 5, 247 = JW. 1921, 1129 dar. Dort hatte der Inhaber sämtlicher Anteile einer Grundstücksgesellschaft m. b. H. durch gesonderte Verträge die sämtlichen Anteile zu bestimmten Teilen an 2 Brüder übertragen. Hierdurch werde dasselbe erreicht wie durch die Uebereignung des Grundstücks an beide nach Bruchteilen oder zum gesamten Hand. Der Rechtsnachteil, der bei Uebertragung der Gesellschaftsanteile in der Haftung für etwaige Gesellschaftsschulden liege, sei unbedeutend. Aehnlich RFH., Mrozek, R. 6 zu § 3. Voraussetzung für die Anwendung des § 5 ist aber, daß die Gesellschaft im wesentlichen nur begründet worden ist, um den Grundbesitz zu mobilisieren. War die Gründung schon vor dem GrdErwStG. erfolgt, so kommt es darauf an, ob an diesem Zweck festgehalten worden ist, insbesondere, ob es sich bei dem Verkehr mit den Anteilen um eine Mobilisierung des Grundbesitzes handelt: RFH. JW. 1927, 2539, Nr. 1. Entscheidend ist nicht der Inhalt der Satzung, sondern das tatsächliche Verhalten der Beteiligten. Hat die Gesellschaft dauernd die Absicht gehabt, weitere Grundstücke zu erwerben, so spricht dies gegen die Mobilisierungsabsicht. Nur wenn alle Grundstücke der Gesellschaft übernommen werden sollen, kommt § 5 in Frage. Besitzt die Gesellschaft noch anderes Vermögen und andere als Hypothekenschulden in nicht geringem Umfang, so ist § 5 nicht anwendbar; RFH. 11, 310; ähnlich RFH. StuW. I, 862 u. 970; VII, 3. Ob gleichzeitige Rechtsnachteile gemäß Abs. 2 Nr. 3 den Mißbrauch ausschließen, entscheidet sich nach dem Zeitpunkt der Vornahme des Rechtsgeschäfts. Daher wurde das Fehlen des Schutzes aus § 20 Aufw.-Ges. und der Ausschluß einer Anfechtung wegen Schwarzkaufs für unerheblich erachtet, weil beide Momente bei Uebertragung der Gesellschaftsanteile unbekannt und deshalb auf die Gestaltung ohne Einfluß waren: RFH. StuW. V, 193. Die Anwendung des § 5 ist im wesentlichen nur dann gerechtfertigt, wenn zwischen den Abtretungen an verschiedene Personen ein innerer Zusammenhang besteht, welcher eine einheitliche Willensbildung herbeiführt und somit insgesamt die Verfügungsmacht über das Grundstück verleiht; die Uebertragung muß sich wirtschaftlich als solche des Grundstücks darstellen; hingegen ist es nicht zulässig, ohne weiteres jeden Gesellschaftsanteil einem ideellen Grundstücksanteil gleichzustellen. Vgl. RFH. 21, 260. In RFH. JW. 1927, 2539 Nr. 1 wird der Zusammenhang daraus gefolgert, daß die Ehemänner der Anteilserwerberinnen zugleich den Veräußerer vertraten und Geschäftsführer der Gesellschaft waren; hieraus könne gefolgert werden, daß vermöge gemeinsamer Willensbildung eine einheitliche Person durch die zwei Erwerberinnen ersetzt werden sollte. Der innere Zusammenhang ist nicht neben der Mobilisierungsabsicht zu fordern, sondern letzterer ist meist nur beim Vorliegen des ersteren feststellbar; es kommt darauf an, ob ein berechtigter Kapitalverkehr oder Umgehung des Grundstücksverkehrs vorliegt: RFH. II A 530/34/27. Aehnlich RFH. JW. 1928, 196 Nr. 1 = StuW. VII, 2, StuW. VII, 4, sowie StuW. VII, 84. Besonders sorgfältig ist diese Voraussetzung bei Aktiengesellschaften zu prüfen, welche anders als G. m. b. H. wenig geeignet sind, einen inneren Zusammenhang zwischen den einzelnen Aktionären herauszustellen: RFH. 21, 260 = StuW. V, 485. Hier erfolgte Freistellung, weil die drei Vorbesitzer der Aktien, die zudem nicht die Gründer waren, in einer großen Zahl zum Teil kleinster Posten ihre Aktien veräußert hatten. Hieraus wurde gefolgert, daß es ihnen nicht um die Uebertragung des Eigentums am Grundstück zu tun gewesen sei. Ein ge-

*meinschaftliches Vorgehen* ist angenommen bei Anteilserwerben durch verschiedene Gesellschaften eines Konzerns, für möglich erklärt in Fällen, wo dieselben Personen die Gesellschaft, wie die Anteilseigner vertreten, aber abgelehnt, wenn zwischen den Anteilseignern gar keine Beziehung bestand; vgl. die Nachweisungen in RFH. 21, 263. Ist die Gesellschaft zur Mobilisierung des Grundbesitzes bestimmt, so kann in der Abtretung nur eines *Teils der Geschäftsanteile* die Umgehung der Uebereignung eines Miteigentumsanteils erblickt werden; es genügt jedoch nicht die Mobilisierungsabsicht des Veräußerers, vielmehr muß *auch auf seiten des Erwerbers* der Geschäftsanteile die Absicht bestehen, wirtschaftlich die Verfügungsmacht über das Grundstück selbst zu entsprechenden Bruchteilen zu erlangen; RFH. StuW. V, 623 = JW. 1927, 1444[7] = Mrozek R. 12 zu § 3. Ist der Zweck der Gesellschaft nicht nur darauf gerichtet, ein oder mehrere Grundstücke zu mobilisieren, sondern auch auf den *Betrieb anderer Geschäfte*, z. B. einer Fabrik oder eines Sanatoriums, so stellt die Abtretung nur eines Teils der Geschäftsanteile oder die Abtretung aller Anteile an mehrere Personen in der Regel keine Umgehung im Sinne des § 5 AO. dar, sofern nicht der ursprüngliche Hauptzweck der Gründung aufgegeben und die Gesellschaft im wesentlichen zur Grundstücksgesellschaft geworden ist; vgl. RFH. 11, 310, und Mrozek R. 21 zu § 5 Abs. 1 AO., Ott 14 zu § 5 AO. Daß der Veräußerer sich *weigert*, an Stelle der Anteile das Grundstück zu veräußern, schließt die Absicht der Steuerumgehung nicht aus, auch nicht auf seiten des Erwerbers: RFH. StuW. VII, 1.

Werden sämtliche Anteile an 2 Personen übertragen, von denen einer nur der *Treuhänder* des andern ist, so ist gleichfalls § 5 AO. anwendbar; vgl. RFH. StuW. II, 484.

d) Die *verpflichtenden Veräußerungsgeschäfte* des § 5 können den Gegenstand einer Umgehung im Sinne des § 5 AO. bilden. Ihr wirtschaftlicher Gehalt, dessen rechtlichen Ausdruck sie bilden, besteht in dem gegenseitigen, auf Umsatz eines Grundstücks gerichteten Versprechen. In erster Linie möchte man hier an den Vertragsantrag denken, der als solcher der Steuer nicht unterliegt; vgl. Anm. 5 a) zu § 5. Nun kann im allgemeinen wirtschaftlich „für die Beteiligten" durch den Vertragsantrag nicht im wesentlichen derselbe Erfolg erzielt werden, wie durch einen Kaufvertrag, weil der Antragsempfänger nicht gebunden ist. Hat dieser aber eine Anzahlung von entsprechender Höhe geleistet und für den Fall der Nichtannahme des Antrags auf Rückzahlung verzichtet, so ist der wirtschaftliche Erfolg oft der gleiche, wie wenn er sich zur Abnahme des Grundstücks verpflichtet hätte, da das Reugeld jeden Schaden, der dem Verkäufer aus der Nichterfüllung entstehen kann, deckt. Hier kann also gemäß § 5 AO. die Steuer aus § 5 Abs. 1 dieses Ges. nach Jahresablauf erwachsen; ebenso Ott 16 zu § 5 AO. und die dort angeführte Entsch. RFH. II A 563/26, wo aber überdies die sofortige Uebergabe des Grundstücks an den Antragsempfänger vorlag. Ebenso RFH. StuW. VI, 507. Auch ein Vertrag, der auf Einräumung einer eigentumsähnlichen Stellung im Sinne des § 6 gerichtet ist (vgl. Anm. 3 zu § 6), kann gemäß § 5 AO. steuerpflichtig werden, sofern er wirtschaftlich einem Kaufvertrag gleichkommt. Ferner können hierher gehören Geschäfte, die die „Uebertragung" eines der Rechte aus § 5 Abs. 4 durch andere Rechtsformen, z. B. Treuhandverhältnisse, Ermächtigungen und dgl. ersetzen; sowie die Einkleidung der Veräußerungspflicht in die Form einer Wette mit Vorauszahlung u. dgl.

RFH. 6, 118, hat den § 5 in einem Falle angewendet, in dem der Eigentümer sein Grundstück einem Ehepaar oder einem zu benennenden Dritten zum Kauf angeboten hatte; das Ehepar hatte einen Dritten bezeichnet, darauf war der Kaufantrag aufgehoben und ein unmittelbarer Vertrag zwischen dem Eigentümer und dem Dritten abgeschlossen worden. RFH. ließ dahingestellt, ob die Aufhebung als Scheingeschäft nichtig oder, falls ernstlich gewollt, nach § 5 AO. nicht geeignet sei, die Steuerpflicht des ersten Abkommens zu hindern. Hierbei ging RFH. noch davon aus, daß der Kaufantrag im Sinne des § 5 Abs. 4 als Veräußerungsgeschäft steuerpflichtig sei. Auch RFH. 11, 104 wendet § 5 in einem Falle an, in dem der Antragsempfänger während Laufens der Bindefrist einen unmittelbaren Kaufabschluß zwischen dem Offerenten und einem vom Antragsempfänger gebrachten Dritten veranlaßte. Antragsempfänger war Zwischenhändler, nicht Vermittler. Sein Verzicht auf die Rechte aus der Offerte zugunsten des Dritten entsprach nicht den wirtschaftlichen Zwecken, denn er hatte diese Rechte in Wirklichkeit nicht aufgegeben, sondern für sich zur Erlangung eines Mehrpreises verwertet. Die natürliche Gestaltung hätte die Abtretung seiner Rechte aus der Offerte dargestellt. Aehnlich RFH. StuW. II, 740, IV 566 u. V 329. RFH. JW. 1922, 1605 Nr. 3, Mrozek R. 2 zu § 6 erkennt an, daß § 5 AO. nicht zutrifft, wenn dem Käufer der Kauf leid wird und er deshalb dem Verkäufer einen andern Abnehmer zuführt, mit dem unter Aufhebung des alten Kaufvertrages ein neuer Kaufvertrag geschlossen wird; läßt sich aber der erste Käufer von dem zweiten eine Abfindung (6 500 Mark) zahlen, so kann hieraus die Umgehungsabsicht gefolgert werden. Dagegen hat RFH. StuW. I 371 trotz Gewährung einer Abfindung den § 5 AO. für unanwendbar erklärt, weil der Erstkäufer nicht die Absicht der gewinnbringenden Weiterveräußerung gehabt hat und der bei Aufhebung des Kaufvertrages eingetretene Neuerwerber schon vor dem ersten Kaufvertrag in Verhandlungen wegen Ankaufs gestanden hatte. Ist der Ersterwerber wirtschaftlich nur Vermittler, so entspricht die Aufhebung des Geschäfts und der Abschluß eines neuen Geschäfts mit dem von ihm zugeführten Käufer den wirtschaftlichen Verhältnissen, so daß § 5 AO. nicht zur Anwendung kommt; RFH. StuW. II, 256 u. 709 sowie V, 566 u. 625. Dasselbe gilt, wenn der Kaufvertrag aufgehoben wird, weil der Kauf dem Käufer leid wird; RFH. StuW. V, 566. Beruht die Aufhebung des Vertrages auf einer Anregung des Verkäufers, so wird in der Regel § 5 AO. ebenfalls nicht einschlagen; RFH. StuW. I, 373 u. V, 566.

e) Der in § 6 gekennzeichnete Rechtsvorgang ist selbst eine Umgehungsmaßnahme und nicht die „entsprechende" rechtliche Gestaltung eines wirtschaftlichen Vorganges. Er kann also nicht umgangen werden. Daher keine Steuerpflicht, wenn es dem Erwerber nur ermöglicht wird, wie ein Nießbraucher zu schalten.

f) Der Steuerfall des § 10 wird selten für den § 5 AO. in Frage kommen, da der Hauptumgehungsfall, Treuhandverhältnis für die Personenvereinigung, bereits vom Gesetz selbst erfaßt wird; vgl. Anm. 4 zu § 10.

g) **Mißbrauch im Sinne des § 8.** Der RFH. hat den § 5 auch in solchen Fällen für anwendbar erklärt, in denen die Steuerbefreiung gemäß § 8 durch Mißbrauch von Formen und Gestaltungsmöglichkeiten herbeigeführt war, so in folgendem Falle: der Eigentümer hatte sein Grundstück an seine Tochter verkauft und übereignet; als der Sohn des Veräußerers wider Erwarten aus dem Felde zurückkehrte, verkaufte die Erwerberin das Grundstück wieder an den Vater, der es dann an den Sohn verkaufte. Der Fall wurde gemäß § 5 steuerrechtlich so behandelt, als hätte die Schwester das Grundstück unmittelbar auf den Bruder übertragen; RFH. JW. 1922, 923, Nr. 2 = StuW. I, 138 erklärte es für entscheidend, ob die drei Uebertragungen im inneren Zusammenhang standen und ob evtl. bei Uebereignung des Grundstücks auf die Tochter bereits deren Verpflichtung begründet wurde, das Grundstück im Falle der Rückkehr des Sohnes aus dem Felde an den Vater zurück zu übertragen.

h) **Mißbrauch des § 23** kann gleichfalls zur Anwendung des § 5 AO. führen. Wird z. B. ein Kaufvertrag aufgehoben und auf Anweisung des Käufers vom Verkäufer ein neuer Vertrag mit einem Dritten geschlossen, so kann darin eine Umgehung der Abtretung gem. § 5 Abs. 4 Nr. 1 GrErwStG. liegen, sofern wirtschaftlich ein doppelter Grundstücksumsatz vorliegt; RFH. 6, 118; 11, 104; 12, 100; RFH. StuW. V, 329. Eine Umgehung liegt aber nicht vor, wenn der erste Erwerber wirtschaftlich nur als Vermittler (RFH. Mrozek R. 10 und 12 zu § 5 AO.; R. 14 zu § 5 Abs. 1 AO.; JW. 1927, 1439, Nr. 1) oder als Treuhänder gehandelt hat (RFH. Mrozek R. 15, zu § 3 = StuW VI, 103), oder wenn dem ersten Erwerber das Geschäft leid geworden ist und er einen Ersatzmann beschafft hat; RFH. Mrozek R. 2 zu § 6; RFH. JW. 1927, 1339, Nr. 1. Beruht die Aufhebung auf einer Anregung des Verkäufers, so wird in der Regel § 5 nicht einschlagen; RFH. Mrozek R. 4 zu § 5 Abs. 1 AO.; vgl. hierzu auch oben zu c).

5. **Die Rechtswirkung** der Anwendung des § 5 AO. besteht darin, daß die Steuer so erhoben wird, wie sie bei der angemessenen rechtlichen Gestaltung zu erheben wäre. Der Fall wird also steuerlich nach der umgangenen Vorschrift behandelt. Vgl. RFH. StuW. VI, 623. Wäre das umgangene Geschäft nach § 8 steuerfrei, so ist auch keine Steuer aus § 5 AO. zu erheben: RFH. StuW. VI, 507.

a) Ist der Verkauf oder die Uebereignung des Grundstücks umgangen, z. B. durch Abtretung von Gesellschaftsanteilen, so ist der gemeine Wert des Grundstücks maßgebend oder gemäß § 12, falls höher, der Kaufpreis. Das vereinbarte Entgelt für die Abtretung der Gesellschaftsanteile kann dabei als Grundlage dienen: RFH. Mrozek 1 zu § 5 Abs. 3 AO. Dabei finden auch die Bestimmungen über Steuerfreiheit (§§ 8, 18, 21), Ermäßigung (§§ 14, 15), Erhöhung (§ 19), Erlaß (§§ 22, 23, 31) Anwendung. Auch die Anzeigepflichten (§§ 25, 26, 28) entstehen. Das ist besonders für die Beteiligten von Bedeutung.

b) Wird hinterher die dem Vorgang entsprechende rechtliche Gestaltung verwirklicht, so liegt kein neuer Steuerfall vor: RFH. 13, 132; hier war die Steuer gemäß § 5 AO. erhoben worden, obgleich die sämtlichen Anteile an 2 Personen abgetreten waren. Später hatte einer dieser beiden seine Anteile an den Sohn des andern abgetreten; RFH. hat die nochmalige Besteuerung nach § 3 GrdErwStG. abgelehnt; vgl. auch RFH. 15, 225. War aber die Steuer gemäß § 5 AO. noch nicht erhoben, so ist bei nachfolgender „entsprechender" Gestaltung nur für diese die Steuer zu entrichten; vgl. RFH. 15, 8 u. 19, 929 = StuW. III, 564 u. V, 451.

c) Auch die **Teilungsvorschriften** des FinAusglG. gelten; ebenso die Vorschriften über die Landeszuschläge (§§ 36—38 FinAusglG.).

d) **Strafbar** wird die Umgehung im Sinne des § 5 AO. erst dann, wenn die Parteien vorsätzlich oder fahrlässig Pflichten verletzen, die ihnen in Rücksicht auf die Ermittlung einer Steuerpflicht obliegen, und durch diese Pflichtverletzung die Verkürzung der Steuereinnahmen oder die Erzielung der ungerechtfertigten Vorteile bewirken: §§ 359 Abs. 4, 367 Abs. 2 AO. Eine solche Verletzung kommt nur in Frage, wenn die Steuerstelle Ermittlungen anstellt; vgl. RFH. StuW. II, 270.

6. **Die Umgehungsmaßnahme** kann selbst einen Steuerfall darstellen, z. B. nach einem Stempelgesetz oder einer kommunalen Steuerordnung. Die Versteuerung soll aber keine doppelte sein; daher sind die zunächst erhobenen Steuern zu erstatten, sobald die Heranziehung zur GrErwSt. rechtskräftig geworden ist. Das muß auch für Landes- und Gemeindesteuern gelten, da, wie § 33 ergibt, die der GrdErwSt. unterliegenden Rechtsvorgänge von Ländern und Gemeinden — außer dem Zuschlagsrecht (§ 38 FinAusglG.) nicht besonders besteuert werden sollen.

## § 8.

**Die Steuer wird nicht erhoben:**

**1. beim Erwerbe von Todes wegen oder auf Grund einer Schenkung unter Lebenden im Sinne des Erbschaftssteuergesetzes, sofern nicht die Form der Schenkung lediglich**

gewählt ist, um die Grunderwerbsteuer zu ersparen. Bei Schenkungen mit einer Auflage beschränkt sich die Steuerbefreiung auf den Teil des gemeinen Wertes des Grundstücks, der den Wert der Auflage überschreitet;

2. bei Begründung, Aenderung, Fortsetzung und Aufhebung der ehelichen Gütergemeischaft;

3. beim Erwerb auf Grund von Verträgen, die zwischen Miterben oder Teilnehmern an einer ehelichen oder fortgesetzten Gütergemeinschaft zum Zwecke der Teilung der zum Nachlaß oder zum Gesamtgut gehörenden Gegenstände abgeschlossen werden, sowie beim Erwerb auf Grund eines Zuschlags, der in den vorgenannten Fällen bei Teilung im Wege der Versteigerung einem Miterben oder Teilnehmer erteilt wird;

4. beim Erwerbe der Abkömmlinge von den Eltern, Großeltern und entfernteren Voreltern, sowie beim Erwerbe der Eltern von den Kindern; den Eltern stehen die Stiefeltern gleich, ebenso die Adoptiveltern, wenn kein Verdacht besteht, daß die Annahme an Kindes Statt zum Zwecke der Steuerhinterziehung vorgenommen ist;

5. beim Einbringen in eine ausschließlich aus dem Veräußerer und dessen Abkömmlingen oder aus diesen allein bestehende Vereinigung. Die Steuerpflicht tritt ein, wenn nachträglich ein Gesellschafter aufgenommen wird, der nicht zu den Abkömmlingen des Veräußerers gehört;

6. beim Einbringen von Nachlaßgegenständen in eine ausschließlich von Miterben gebildete Vereinigung. Die Vorschrift der Nr. 5 Satz 2 findet entsprechende Anwendung;

7. beim Austausch im Inland gelegener Grundstücke zum Zwecke der Zusammenlegung (Flurbereinigung), der Ermöglichung einer besseren landwirtschaftlichen Ausnutzung von Grundstücken in Gemengelage, der Grenzregelung oder der besseren Gestaltung von Bauflächen (Umlegung) sowie bei Ablösung von Rechten an Forsten, wenn diese Maßnahmen auf der Anordnung einer Behörde beruhen oder von einer gesetzlich hierfür zuständigen oder durch die oberste Landesfinanzbehörde bezeichneten Behörde als zweckdienlich anerkannt werden;

8. beim Austausch von Feldesteilen zwischen angrenzenden Bergwerken und bei der Vereinigung zweier oder mehrerer Bergwerke zum Zwecke der besseren bergbaulichen Ausnutzung, sofern sie nicht zum Zwecke der Steuerersparung erfolgen;

9. bei Grundstücksübertragungen, die der Besiedelung des platten Landes oder der Schaffung gesunder Kleinwohnungen für Minderbemittelte zu dienen bestimmt sind,

wenn als Erwerber oder Veräußerer Körperschaften des öffentlichen Rechtes oder solche Personenvereinigungen, die sich mit den genannten Zwecken befassen, beteiligt sind. Die Befreiung der Personenvereinigungen tritt nur ein, wenn der zu verteilende Reingewinn satzungsgemäß auf eine Verzinsung von jährlich höchstens fünf vom Hundert der eingezahlten Kapitaleinlagen beschränkt, bei Auslosungen, Ausscheiden eines Mitglieds und für den Fall der Auflösung der Vereinigung den Mitgliedern nicht mehr als die eingezahlten Kapitaleinlagen zugesichert und bei der Auflösung der etwaige Rest des Vermögens für gemeinnützige Zwecke bestimmt ist;

10. beim Erwerbe von Grundstücken zwecks Schaffung oder Erweiterung öffentlicher Erholungs-, Wald- und sonstiger Grünanlagen sowie für Zwecke öffentlicher Straßen und Plätze. Falls und insoweit das Grundstück innerhalb einer Frist, die vom Beginne des zweiten Jahres bis zum Ende des fünfzehnten Jahres nach Abschluß des Veräußerungsgeschäfts läuft, für andere Zwecke verwendet wird, erfolgt Nachveranlagung.

## § 9.

**Zu den Miterben im Sinne des § 8 Nr. 3 und 6 wird der überlebende Ehegatte gerechnet, der mit den Erben des verstorbenen Gatten gütergemeinschaftliches Vermögen zu teilen hat. Die Steuerbefreiungen nach § 8 Nr. 3 und 4 kommen auch Ehegatten von Miterben oder Teilnehmern an einer fortgesetzten Gütergemeinschaft sowie Ehegatten von Abkömmlingen zu, wenn sie auf Grund des bestehenden Güterstandes ohne rechtsgeschäftliche Uebertragung Miteigentum erwerben.**

1. **Allgemeines.** Die Vorschrift ist im wesentlichen dem § 7 ZuwStG. nachgebildet; neu sind nur Ziff. 9 u. 10; die übrigen Vorschriften sind nur teilweise abgeändert.

Wie von der ZuwSt. sollen gewisse Erwerbsarten auch von der GrErwSt. frei sein. Der gesetzgeberische Grund ist allerdings nicht ganz der gleiche. Bei der Zuwachssteuer lag er im wesentlichen darin, daß in den hier fraglichen Fällen keine Gewinnrealisierung gegeben war. Dieser Grund trifft aber wenigstens ungefähr auch für die Befreiung von der GrErwSt. zu. Diese Steuer soll nicht erhoben werden, wo ein Umsatz im wirtschaftlichen Sinne nicht vorliegt, regelmäßig also auch ein Gewinn nicht zu vermuten ist. in den Fällen Ziff. 1 (Erbschaft, Schenkung) unterliegt der Erwerb bereits der besonderen Erbschäfts- oder Schenkungssteuer.

Ferner enthält § 8 die steuerliche Begünstigung von Geschäften, die lediglich auf dem familienrechtlichen Band beruhen und die Begünstigung einzelner im Interesse der Volkswirtschaft und des öffentlichen Wohles erfolgender Rechtsakte.

Das Reich, die Länder und Kommunen, sowie auch Kirchen, milde Stiftungen u. dgl. sind nur von der Steuer der toten

Hand aus § 10, nicht aber von der Grundwechselsteuer aus §§ 1—6 befreit; vgl. § 21 Abs. 3 und RFH. 4, 330 und Mrozek. R. 6 zu § 8 Allg.

2. **Rechtliche Bedeutung** der Steuerbefreiung. a) Das Gesetz sagt, daß die Steuer nicht erhoben wird. Hiermit wird aber über den Wortlaut hinaus festgestellt, daß ein Steueranspruch in den 10 Fällen des § 8 überhaupt nicht zur Entstehung gelangt. Entsprechend dem § 1, wonach beim Uebergang des Eigentums eine Grunderwerbssteuer erhoben wird, bestimmt § 8, daß die Steuer in den angeführten Fällen nicht erhoben wird.

Es handelt sich also um eine sachliche Steuerbefreiung, nicht nur um die Befreiung bestimmter Personen von der Steuer. Demnach findet § 26 keine Anwendung, wohl aber §§ 24, 25.

b) Die Steuerfreiheit erstreckt sich auf sämtliche Steuerfälle der §§ 1—6; das ergibt sich aus der allgemeinen Fassung. Es macht also keinen Unterschied, ob der Eigentumsübergang oder der Uebergang einer grundstücksgleichen Berechtigung oder die Vereinigung aller Anteile an einer Grundstücksgesellschaft oder eines der Verpflichtungsgeschäfte des § 5 (RFH. Mrozek R 1 zu § 8 Allg.) oder schließlich die Uebertragung einer eigentumsähnlichen Stellung (§ 6) den Gegenstand eines der 10 Rechtsvorgänge bildet, die in § 8 aufgeführt sind; vgl. auch Anm. 14 zu § 5 u. Anm. 4 zu 6.

Auch die Anwendung des § 5 AO. kommt nicht in Frage, wenn bei entsprechender rechtlicher Gestaltung ein Fall der Steuerfreiheit gemäß § 8 vorliegen würde. Bei Kettengeschäften im Sinne des § 5 Abs. 3 u. 4 kommt es für die Frage der Steuerpflicht des Eigentumsübergangs auf das ihm unmittelbar vorangehende schuldrechtliche Geschäft an, auch wenn die Auflassung von dem ersten Veräußerer der Kette unmittelbar an den letzten Erwerber erfolgt; vgl. RFH. 11, 67 u. RFH. JW. 1923, 790 Nr. 3.

c) In den Fällen des § 8 erstreckt sich die Steuerfreiheit auch auf die Zuschläge gemäß § 38 FinAusglGes. Die Länder können auch über den Rahmen des § 8 hinaus weitere Steuerbefreiungen bezüglich der Zuschläge bestimmen; vgl. RFH. 14, 299.

3. **Erwerb von Todes wegen** ist steuerfrei, soweit er unter §§ 1, 2 des ErbStG. vom 10./22. 8. 25 (RGBl. 320) fällt. § 2 lautet wie folgt:

(1) Als Erwerb von Todes wegen gilt

1. der Erwerb durch Erbanfall, durch Vermächtnis (§§ 2147 ff. des Bürgerlichen Gesetzbuchs) oder auf Grund eines geltend gemachten Pflichtteilsanspruchs;

2. der Erwerb auf Grund einer Nachfolge in ein Hausgut, Lehen, Fideikommiß oder Stammgut oder in ein sonstiges gebundenes Vermögen;

3. der Erwerb durch Schenkung auf den Todesfall (§ 2301 des Bürgerlichen Gesetzbuchs) sowie jeder andere Erwerb, auf den die für Vermächtnisse geltenden Vorschriften des bürgerlichen Rechts Anwendung finden (§§ 1932, 1969, BGB.);

4. der Erwerb von Vermögensvorteilen, der auf Grund eines vom Erblasser geschlossenen Vertrags unter Lebenden von einem Dritten mit dem Tode des Erblassers unmittelbar gemacht wird.

(2) Als vom Erblasser zugewendet gilt auch

1. der Uebergang von Vermögen auf eine vom Erblasser angeordnete Stiftung;

2. was jemand infolge Vollziehung einer vom Erblasser angeordneten Auflage oder infolge Erfüllung einer vom Erblasser gesetzten Bedingung erwirbt, es sei denn, daß eine einheitliche Zweckzuwendung vorliegt;

3. was jemand dadurch erlangt, daß bei Genehmigung einer Zuwendung des Erblassers Leistungen an andere Personen angeordnet oder zur Erlangung der Genehmigung freiwillig übernommen werden;

4. was als Abfindung für einen Verzicht auf den entstandenen Pflichtteilanspruch oder für die Ausschlagung einer Erbschaft oder eines Vermächtnisses von dritter Seite gewährt wird;

5. was als Entgelt für die Uebertragung der Anwartschaft eines Nacherben gewährt wird.

(3) Das Erlöschen von Leibrenten und anderen von dem Leben einer Person abhängigen Lasten gilt nicht als Erwerb von Todes wegen.

Zum Erwerb durch Erbanfall gehört auch die Nacherbfolge, sowie der Fall des § 1514 BGB. Der Erwerb von Todes wegen ist im Gegensatz zur Schenkung auch dann steuerfrei, wenn er mit einer Auflage beschwert ist. Bestimmt der Erblasser, daß ein Nachlaßgrundstück einem Dritten gegen Zahlung eines Betrages an den Nachlaß übereignet werden soll, so ist es Auslegungsfrage, ob hierin das Vermächtnis eines Kaufrechts liegt oder ein durch die Zahlung bedingtes Vermächtnis des Grundstücks. RFH. StuW. V, 628 = Mrozek, R. 13 zu § 8 Abs. 1 Nr. 1 = JW. 1927, 1447, Nr. 11 hat in einem Falle der letzteren Art Steuerfreiheit nach § 8 Nr. 4 angenommen, da der Erblasser Großvater des Erwerbers war. Dagegen ist in den Fällen RFH. 12, 278 = StuW. II, 812 und RFH. StuW. V, 620 Vermächtnis eines Kaufrechts angenommen worden. In diesem Falle ist der gemeine Wert des Grundstücks, soweit er den Kaufpreis übersteigt, der Differenz nicht zugrunde zu legen, da dieser Wertüberschuß als von Todes wegen zugewendet gilt und daher nach § 8 Nr. 1 steuerfrei ist. Nur soweit das Entgelt reicht, ist GrdErwSt. zu entrichten. — Kein Erwerb gem. § 2 Abs. 2 Nr. 4 ErbschStG., wenn ein Pflichtteilsberechtigter ein Nachlaßgrundstück zwangsweise versteigern läßt und es ersteht: RFH. StuW. VI, 625.

4. **Schenkungen** unter Lebenden im Sinne des § 3 des ErbschStG. Dieser lautet.

(1) Als Schenkung im Sinne des Gesetzes gilt:

1. jede Schenkung im Sinne des bürgerlichen Rechts;

2. jede andere freigebige Zuwendung unter Lebenden, soweit der Bedachte durch sie auf Kosten des Zuwendenden bereichert wird;

3. was infolge Vollziehung einer von dem Schenker angeordneten Auflage oder infolge Erfüllung einer einem Rechtsgeschäft unter Lebenden beigefügten Bedingung ohne entsprechende Gegenleistung erlangt wird, es sei denn, daß eine einheitliche Zweckzuwendung vorliegt;

4. was jemand dadurch erlangt, daß bei Genehmigung einer Schenkung Leistungen an andere Personen angeordnet oder zur Erlangung der Genehmigung freiwillig übernommen werden;

5. was als Abfindung für einen Erbverzicht (§§ 2346, 2352 des Bürgerlichen Gesetzbuchs) gewährt wird;

6. was ein Vorerbe dem Nacherben mit Rücksicht auf die angeordnete Nacherbschaft vor ihrem Eintritt herausgibt;

7. der Uebergang von Vermögen auf Grund eines Stiftungsgeschäfts unter Lebenden;

8. eine freigebige Zuwendung bei Auflösung eines Fideikommisses oder anderweitiger Aufhebung der Bindung von Vermögen;

9. was bei Aufhebung einer Stiftung erworben wird.

(2) Im Falle des Abs. 1 Nr. 6 ist der Versteuerung auf Antrag das Verhältnis des Nacherben zum Erblasser zugrunde zu legen.

(3) Gegenleistungen, die nicht in Geld veranschlagt werden können, werden bei der Feststellung, ob eine Bereicherung vorliegt, nicht berücksichtigt.

(4) Die Steuerpflicht einer Schenkung wird nicht dadurch ausgeschlossen, daß sie zur Belohnung oder unter einer Auflage gemacht oder in die Form eines lästigen Vertrages gekleidet wird.

(5) Ausstattungen, die Abkömmlingen zur Einrichtung eines den Vermögensverhältnissen und der Lebensstellung der Beteiligten angemessenen Haushalts gewährt werden, gelten nicht als Schenkung, sofern zur Zeit der Zuwendung ein Anlaß zur Ausstattung gegeben ist und der Zweck der Zuwendung innerhalb zweier Jahre erfüllt wird. Ausstattungen, die über das angegebene Maß hinausgehen, sind insoweit steuerpflichtig.

a) Hierher gehört vor allem die Schenkung im Sinne des § 516 BGB., d. h. eine Zuwendung, durch die jemand aus seinem Vermögen einen anderen bereichert, wenn beide Teile darüber einig sind, daß die Zuwendung unentgeltlich erfolgt. Es kommt also darauf an, welche Bedeutung die Beteiligten der Zuwendung von ihrem subjektiven Standpunkt aus beilegen wollten (RFH. 1, 16). Schenkung erfordert das objektive Merkmal der Bereicherung und daneben das subjektive Merkmal, daß der Zuwendende beabsichtigt, dem Bedachten einen Vorteil zu verschaffen: RFH. 7, 192; 9, 12; 12, 59; 15, 78; 18, 294; 19, 12; 20 100. Nach § 3 Nr. 2 ErbschStG. liegt eine Schenkung aber auch dann vor, wenn nur auf seiten des Schenkers Freigebigkeit, also Bereicherungsabsicht gegeben ist; vgl. RFH. 18, 294, sowie Mirre StuW. I, 205 ff. Keine Schenkung bei Uebereignung vom Treuhänder an den Treugeber (OVG. 66, 24) und umgekehrt (RFH. 6, 62 u. Mrozek, R. 19 zu § 1), ebenso nicht bei Uebertragung eines Grundstücks vom Treuhänder auf Weisung des Treugebers auf einen Dritten zur Ausführung eines Schenkungsversprechens RFH. StuW. VII, 90. Eine freigebige Zuwendung kann auch in die Form eines gegenseitigen Vertrags gekleidet sein, wenn die Gegenleistung in einem derartigen Mißverhältnis zu der Zuwendung steht, daß der Mehrwert objektiv und subjektiv sich als Akt der Freigebigkeit darstellt: RFH. 20, 100. Bei Auflösung eines Familien-Fideikommisses ist die Abfindung eines Anwärters nur insoweit schenkungssteuerpflichtig, als ihm die Familie aus Freigebigkeit mehr zuwendet, als ihm beim Fortbestehen des

Fideikommisses voraussichtlich zugefallen wäre: RFH. JW. 1927, 2590, Nr. 2.

b) Die Form der Schenkung kann aber auch zur **Verdeckung** einer Leistung an Zahlungs Statt gewählt sein. Hier würde zugleich ein Fall des § 7 vorliegen. Ueberhaupt ist diese Ausnahme durch § 7 gedeckt. Die besondere Hervorhebung, daß die Steuerfreiheit nicht gegeben ist, wenn die Form der Schenkung lediglich gewählt ist, um die GrErwSt. zu ersparen, erscheint daher überflüssig. Hierher gehören besonders die Fälle der belohnenden und der gemischten Schenkung, sowie die im Gesetz besonders erwähnte Schenkung unter Auflage, die der gemischten Schenkung nahe verwandt ist. Hier überall liegen mitunter Grenzfälle zu entgeltlichen Geschäften vor.

c) Die **belohnende Schenkung** besteht darin, daß der Schenker zwar die Absicht der Freigebigkeit hat, daß sein Beweggrund aber darin besteht, irgendeine Leistung des Beschenkten zu belohnen, nicht aber im rechtsgeschäftlichen Sinne zu entlohnen. Die Grenzen sind aber naturgemäß flüssig. Die belohnende Schenkung wird sich häufig als nachträgliche Vergütung erweisen, so daß ein entgeltliches Geschäft anzunehmen ist. Eine freigebige Schenkung liegt vor, wenn kein Rechtsanspruch auf sie besteht. Die nachträglich belohnten Leistungen können aber auch nach den Umständen des Falles vorweggenommene Erfüllungshandlungen auf einen abzuschließenden entgeltlichen Vertrag darstellen, der durch nachträgliche Entlohnung zustande kommt; RFH. 12, 55. Aber auch wenn z. B. eine Ehefrau Geldmittel zum Umbau eines Hauses unentgeltlich hergegeben hat und ihr später zum Ausgleich die Miteigentumshälfte am Grundstück übertragen wird, so kann hierin eine nachträgliche Vergütung liegen, wodurch die Schenkung ausgeschlossen wird; vgl. RFH. StuW. IV, 240 = Mrozek, R. 4 zu § 8 Abs. 1 Nr. 1.

d) Eine **gemischte Schenkung** liegt vor, wenn der Wert des Gegenstandes das Entgelt übersteigt und mindestens diejenige Partei, die den wertvolleren Gegenstand hingibt, sich der Freigebigkeit bewußt ist. (§ 3 Abs. 1 Nr. 2 ErbschStG.); vgl. RFH. 16, 22; 18, 294; 20, 101. Fehlt ihnen dies Bewußtsein, so begründet der bloß objektive Mehrwert des Grundstücks keine teilweise Schenkung: RFH. 20, 102. Beweispflichtig für das Vorliegen einer Schenkung ist die Steuerbehörde, wenn der äußere Tatbestand eines lästigen Vertrages gegeben ist; vgl. RFH. 7, 192 u. 18, 294 = StuW. V, 229.

Zwecks Feststellung der objektiven Höhe der Bereicherung hat die Steuerbehörde den Wert von Leistung und Gegenleistung nach allgemeinen, nicht nach steuerrechtlichen Grundsätzen zu ermitteln, also die gemeinen Werte, nicht etwa den Vermögenssteuerwert zu berücksichtigen. RFH. 20, 101. Die Frage, ob eine Schenkung vorliegt, ist nach bürgerlich-rechtlichen Gesichtspunkten zu entscheiden; RG. 98, 295. Nach RFH. 9, 9 kommt es bei mehreren Wirkungen einer Handlung darauf an, ob gerade die dem Bereicherten günstige von dem anderen Teil beabsichtigt war. Bei dem Verkauf von Kasernengrundstücken seitens einer Kommune an den Militärfiskus zu geringerem Preise ist freigebige Absicht nicht anzunehmen. RFH.,

Mrozek, R. 11 zu § 8 Abs. 1 Nr. 1 = StuW. V, 627. Wird ein mit Hypotheken belastetes Grundstück übereignet, so kommt es zunächst darauf an, welche Partei die persönliche Haftung für die Hypotheken übernimmt. Ist dies der Veräußerer, und ist er auch für die übernommenen Schulden zahlungsfähig, so liegt reine Schenkung vor; vgl. RFH. Mrozek, R. 12 zu § 8 Abs. 1 Nr. 1. Fehlt es dagegen an der Zahlungsfähigkeit des Veräußerers, oder fallen die Hypotheken nach der Vereinbarung dem Erwerber zur Last, so liegt in Höhe des Hypothekenbetrages ein entgeltliches Geschäft vor; vgl. RFH., Mrozek, R. 2 zu § 8 Abs. 1 Nr. 1, sowie RFH., StuW. V, 229. Nach Treu und Glauben und der Verkehrssitte ist in Ermangelung einer Abrede anzunehmen, daß der Beschenkte für die auf dem Grundstück lastenden Hypotheken auch persönlich haften soll, daß also gemischte Schenkung bzw. Schenkung unter dieser Auflage vorliegt . RFH., Mrozek, R. 14 zu § 8 Abs. 1 Nr. 1 (= JW. 1927, 2545, Nr. 10. Bei Altenteilsverträgen gilt grundsätzlich das gleiche, obwohl bei der Ungewißheit der künftigen Lebensdauer des Altenteilsberechtigten der Wert des Altenteils nicht genau berechnet werden kann. Gutsüberlassung mit Altenteilsvertrag ist Schenkung, nicht Ausstattung: RFH. 16, 236. Nach den Umständes des Falles kann infolge dieser Ungewißheit des Wertes auch ein lästiges Veräußerungsgeschäft vorliegen. Uebersteigt aber der Wert des Grundstücks auch bei ungewöhnlich langer Lebensdauer des Altenteilsberechtigten den Wert der Altenteilslast, so liegt eine Bereicherung des Empfängers ohne weiteres vor, die nach den Umständen des Falles als durch den Veräußerer gewollt anzunehmen ist, so daß gemischte Schenkung gegeben ist; vgl. RFH. 16, 22, jetzt auch ebenso Ott 36 zu § 8. Bei der Bewertung der Altenteilslast ist der § 145 AO. nicht ausschließlich maßgebend; vielmehr bietet § 144 Abs. 3 die Möglichkeit der Anpassung an die besonderen Verhältnisse des Einzelfalles. Darnach ist der gemeine Wert des Gesamtbezuges der uNtzungen oder Leistungen zugrunde zu legen, wenn er nachweislich höher oder niedriger ist als der schematische, für den Regelfall geltende Kapitalisierungswert; vgl. RFH. 10, 237 = StuW. I, 1064 u. 18, 307 = StuW. V, 203; RFH. 20, 101.

e) Ein besonderer Fall der Steuerumgehung durch Schenkungen wird besonders geregelt; das ist die S c h e n k u n g m i t e i n e r **Auflage** (§§ 525 bis 527 BGB). Hier liegt eine Bereicherung nur insoweit vor, als der gemeine Wert des Grundstücks den Wert der Auflage überschreitet. Nur insoweit reicht daher auch die Steuerfreiheit.

Unter einer Auflage ist jede dem Beschenkten als solchem auferlegte Leistung zu verstehen, die keine vertragliche Gegenleistung bildet, jedoch seine Bereicherung und infolgedessen auch die Schenkungssteuer mindert; RFH. 11, 286; bei Schenkung des Grundstücks jede Last, die infolge der Veräußerung des Grundstücks ohne weiteres auf den Erwerber übergeht; RFH. StArch. 26, 21. Ist das verschenkte Grundstück mit Lasten, z. B. Hypotheken, Grundschulden, Reallasten, Nießbrauch, beschwert, so liegt eine Schenkung nur insoweit vor, als der gemeine Wert den Wert der Lasten übersteigt. Hier kann auch gemischte Schenkung gegeben sein; vgl. oben unter c).

Ueberläßt jemand ein belastetes Grundstück unentgeltlich einem andern, so ist regelmäßig gewollt, daß der Erwerber die Hypothekenschuld an Stelle des Veräußerers übernehme; Schenker ist nicht verpflichtet, die Hypotheken zu beseitigen. In dieser Hypothekenübernahme liegt eine Auflage; vgl. RFH. 3, 303 u. 11, 286. Entsprechend bei Schenkung eines Grundstücks unter Vorbehalt des Nießbrauchs; RFH. 16, 97. Ebenso bei Schenkung eines mit einem Altenteil belasteten Grundstücks; RFH. Mrozek, R. 8 zu § 8 Abs. 1 Nr. 1. Anders in dem Ausnahmefalle, daß der Beschenkte für alle aus dem Altenteil entstehenden Nachteile Schadloshaltung verlangen kann; RFH. Mrozek, R. 10 zu § 8 Abs. 1 Nr. 1. Vielfach wird in solchem Falle überhaupt keine Schenkung vorliegen, sondern die Uebernahme der Lasten den Gegenwert für die Uebereignung darstellen. Die Form der Schenkung kann hier mitunter lediglich gewählt sein, um die Steuer zu ersparen.

f) Ist **Schenkungssteuer rechtskräftig** festgesetzt, dann muß nach RFH. 16, 25 = StuW. IV, 255 = JW. 1926, 1060, Nr. 2 ohne weiteres Befreiung von der GrdErwSt. zugebilligt werden. Steuerfreiheit nach § 8 Nr. 1 tritt im Falle der Schenkung auch dann ein, wenn die Schenkung im einzelnen Fall schenkungssteuerfrei ist; vgl. RFH. 4, 120.

5. **Gütergemeinschaft (Ziff. 2).** a) Grundstücksveräußerungen unter Ehegatten sind grundsätzlich steuerpflichtig; Befreiung tritt nur ein bei Eigentumsübergang auf Grund der ehelichen Gütergemeinschaft. Eine solche besteht kraft Gesetzes nur bei Ehen, die vor dem 1. Januar 1900 abgeschlossen sind; bei jüngeren Ehen nur kraft besonderen Ehevertrags (§§ 1432 ff., 1437 BGB.). In Betracht kommt die allgemeine Gütergemeinschaft (§§ 1437 ff. BGB.), die fortgesetzte GGem. (§§ 1483 ff. BGB.), die Errungenschaftsgemeinschaft (§§ 1519 ff. BGB.) und die Fahrnisgemeinschaft (§§ 1549 ff. BGB.), sowie besondere Gütergemeinschaften, z. B. nach § 1433 Abs. 2 BGB. Auch auf Gütergemeinschaften von Ausländern nach ihrem Heimatrecht findet § 8 Nr. 2 Anwendung; RFH. JW. 1927, 2593, Nr. 7, StuW. VI, 626.

b) Das Gesetz bezeichnet v i e r R e c h t s v o r g ä n g e als Fall der Steuerfreiheit, nämlich die Begründung, Aenderung, Fortsetzung und Aufhebung der ehelichen Gütergemeinschaft. Ott, Zeitg. Steuerfr. 1921, 189 ff. sowie 46—56 zu § 8 kommt zu dem Ergebnis, daß Steuerfreiheit trotz der Aufzählung der vier Rechtsvorgänge n u r b e i B e g r ü n d u n g der a l l g e m e i n e n Gütergemeinschaft in Frage kommt. Bei Begründung der Errungenschafts- oder Fahrnisgemeinschaft fallen Grundstücke eines der Ehegatten nicht in das Gesamtgut (§§ 1520, 1551 BGB.). Bei Eintritt der fortgesetzten Gütergemeinschaft tritt kein Eigentumswechsel ein, sondern nur Wechsel in der Person der Gesamthandsmitglieder, somit nicht Steuerfreiheit auf Grund des § 8 Nr. 2, sondern überhaupt kein Steuerfall nach § 1. Unter A e n d e r u n g der Gütergemeinschaft versteht Ott (ebenso RFH. JW. 1922, 833, Nr. 6) nur den Uebergang von einer Form der Gütergemeinschaft zu einer andern, z. B. von der allgemeinen Gütergemeinschaft zur Errungenschaftsgemeinschaft. Dieser Fall bedeutet aber begrifflich immer die Begründung der fraglichen neuen Gütergemeinschaft. Bei der Aufhebung der ehelichen Gütergemeinschaft schließlich erfolgt kein Uebergang von Gesamthandsgrundstücken kraft Gesetzes, sondern nur kraft Auseinandersetzungsvertrages; Steuerfreiheit also nach § 8 Nr. 3, nicht Nr. 2. Mit dieser Begründung hat RFH. 4, 129; 11, 36 und JW. 1922, 833, Nr. 6; Mrozek, R. 1 zu § 8 Nr. 2 Steuerpflicht angenommen, wenn bei oder nach Begründung der Errungenschaftsgemeinschaft vereinbart wurde, daß das Grundstück eines Ehegatten in das Gesamtgut fallen soll, oder wenn bei Begründung der allgemeinen Gütergemeinschaft vereinbart wurde, daß das den Ehegatten je zur Hälfte gehörige Grundstück Vorbehaltsgut der Ehefrau werden soll. Dieser Standpunkt kann für zutreffend nicht erachtet werden, vgl. Lehmann, JW. 1921, 602; Hagelberg, JW. 1922, 833; Berolzheimer, 9 zu § 8. Der RFH. will nur diejenigen Eigentumsveränderungen als steuerfrei gelten lassen, die kraft der gesetzlichen Gütergemeinschaft nach § 1438 Abs. 2, 1519 Abs. 2 ohne rechtsgeschäftliche Uebertragung eintreten. Hierbei ist übersehen, daß die im BGB. geregelten Formen der ehelichen Gütergemeinschaft durchweg vertragsmäßiges Güterrecht darstellen (§ 1432 BGB.), und daß die Ehegatten berechtigt sind, abgesehen von früheren oder ausländischen Güterrechten, den Güterstand nach ihrem Belieben vertragsmäßig zu regeln (§ 1433 BGB.). Eine Ausnahme gilt nur für die fortgesetzte Gütergemeinschaft; vgl. § 1518 BGB. § 8 Nr. 2 spricht allgemein von der ehelichen Gütergemeinschaft, nicht nur von den typischen Formen, die im BGB. geregelt sind. Daher muß die Steuerfreiheit auch gelten, wenn die Parteien bei Begründung einer ehelichen Gütergemeinschaft eine Sonderregelung hinsichtlich des Umfangs des Gesamtguts treffen. Die Auslegung, daß Steuerfreiheit bei Aenderung der Gütergemeinschaft niemals vorkommen kann, weil Aenderung identisch sei mit Begründung einer andern Form der Gütergemeinschaft, kann nicht zutreffend sein, weil sie eine Bestimmung aus dem Gesetz hinausdisputieren will. Unter Aenderung der Gütergemeinschaft muß auch die Uebertragung eines Grundstücks aus dem Vorbehaltsgut in das Gesamtgut oder umgekehrt erachtet werden, nicht dagegen die Uebertragung eines Grundstücks aus dem Vorbehaltsgut des Mannes in das Vorbehaltsgut der Frau, weil diese mit der Gestaltung der Gütergemeinschaft nichts zu tun hat. Erfolgt der Eigentumserwerb nicht unmittelbar auf Grund der Aufhebung, sondern auf Grund eines Auseinandersetzungsvertrags, so ist Ziff. 3 maßgebend.

c) Auch bei Aufhebung einer Gütergemeinschaft braucht aber ein Teilungsvertrag im Sinne des § 8 Nr. 3 nicht abgeschlossen zu werden. § 1474 BGB. läßt auch andere Vereinbarungen zu; RFH. 8, 297 will Steuerfreiheit nach § 8 Nr. 3 zubilligen, auch wenn der ganze Nachlaß einem Mitbewerber zufällt, der die übrigen Erben abfindet. Bei einer derartigen Auseinandersetzung unter Ehegatten ist jedoch in erster Linie § 8 Nr. 2 gegeben. Auch bei der Uebernahme eines eingebrachten Grundstücks gemäß § 1477 Abs. 2 BGB. braucht ein Teilungsvertrag nicht vorzuliegen, da ja ein gesetzliches Recht gegeben ist; mitunter erfolgt sogleich die Auflassung zwecks Erfüllung dieses Rechts.

d) Die Steuerfreiheit beschränkt sich jedoch nicht auf diese Vorgänge, sondern erstreckt sich auf jeden Eigentumswechsel bzw. Uebergang von Rechten gemäß §§ 2, 3, 5, 6, der infolge der Begründung, der Aenderung, der Fortsetzung und der Aufhebung einer ehelichen Gütergemeinschaft stattfindet. Auch bei der Auseinandersetzung zwischen dem Erben des überlebenden Ehegatten und den Teilnehmern an der fortges. Gütergem. tritt die Steuerfreiheit ein; vgl. OVG. PrVerwBl. 34, 690. Wird dagegen ein Grundstück, das dem einen Ehegatten gehört, bei Begründung oder Aufhebung der ehelichen Gütergemeinschaft dem anderen Ehegatten übereignet, so liegt nur ein zeitlicher oder auch gelegentlicher Zusammenhang vor, der die Steuerfreiheit nicht begründet. Wird bei Aufhebung der Gütergemeinschaft zwecks Berichtigung der Gesamtsgutverbindlichkeiten das Gesamtgut gemäß § 1475 Abs. 3 BGB. in Geld umgesetzt und hierbei ein Grundstück an einen Dritten veräußert, so besteht gleichfalls keine Steuerfreiheit, weil auch hier nur ein gelegentlicher Zusammenhang besteht, nicht aber der Eigentumswechsel durch die Aufhebung der ehelichen Gütergemeinschaft als solche gesetzlich herbeigeführt wird. Daher auch keine Steuerfreiheit, wenn bei Ehescheidung der schuldige Ehegatte zwecks Berichtigung seiner Schuld gemäß § 1478 BGB. dem andern ein Grundstück übereignet.

e) Besteht keine Gütergemeinschaft, so sind Grundstücksgeschäfte zwischen den Ehegatten ebenso steuerpflichtig, wie derartige Grundstücksgeschäfte, die nicht durch die Gütergemeinschaft als solche herbeigeführt werden; vgl. Amtl. Mittl. 1911, 254.

Daher keine Steuerfreiheit, wenn bei Beendigung des gesetzlichen Güterstandes die Ehefrau ihr Miteigentum an einem den Eheleuten gemeinschaftlich gehörigen Grundstück dem Ehemann überträgt, weil es aus seinen Mitteln erworben war; RFH.; Mrozek, R. 3 zu § 8 Nr. 2. In der Begründung und alsbaldigen Wiederaufhebung der allg. Gütergemeinschaft behufs steuerfreier Ueberführung eines Grundstücks aus dem Vermögen des Mannes in das der Frau hat RFH.; Mrozek, R. 4 zu § 8 Nr. 2 = JW. 1926, 1061, Nr. 8 StuW. V, 27 ein Scheingeschäft erblickt und eine Steuerhinterziehung (§ 359 AO.) für in Frage kommend erachtet.

6. **Teilungsverträge zwischen Miterben** oder Teilnehmern an einer ehelichen oder fortgesetzten Gütergemeinschaft **(Ziff. 3).**

a) Hier sind nur solche dinglichen oder Verpflichtungsgeschäfte steuerfrei, die zum Zwecke der Teilung abgeschlossen werden, mag diese auch im Wege einer Versteigerung erfolgen, gleichviel ob freiwillige Versteigerung oder Zwangsversteigerung, zum Zweck der Auseinandersetzung (RFH.; Mrozek, R. 4 zu § 8 Nr. 3), nicht aber bei Zwangsversteigerung auf Antrag eines Nachlaßgläubigers; vgl. RFH. 8, 286. Steuerfrei auch Teilungsgeschäfte, die von dem Konkursverwalter, dem Testamentsvollstrecker oder Nachlaßpfleger betrieben werden; vgl. RG. 76, 125, KG. Joh. 32 B 61. Das Grundstück braucht nicht geteilt zu werden, sondern kann einem der Miterben ganz überwiesen werden; vgl. OVG. PrVerwBl. 39, 478; RFH. 8, 297. — Ebenso ist steuerfrei der Uebergang eines Grundstücks, das zwei Gesellschaftern einer OHG. gehörte, auf einen von ihnen, wenn durch den Tod des anderen die Gesellschaft aufgelöst wird, der Ueberlebende zu den Miterben gehört, und die Ueberlassung des der Erbengemeinschaft zustehenden Anteils an ihn zum Zwecke der Erbauseinandersetzung erfolgt ist. RFH. 22, 312.

b) Es muß sich um ein Grundstück handeln, das dem Veräußerer und dem Erwerber vor der fraglichen Teilung gemeinsam gehörte, nicht etwa um ein vom Veräußerer bei Lebzeiten des Erblassers von diesem unter Vorwegnahme der Beerbung unter Lebenden erworbenes und nunmehr an einen Miterben veräußertes Grundstück; vgl. OVG. PrVerwBl. 37, 326.

Zum Nachlaß gehört aber auch ein Grundstück, das vom Erblasser einem Miterben zu treuen Händen übertragen war; RFH. 15, 132. Andererseits gehört nicht zum Nachlaß ein Grundstück, das vom Erblasser in eine Aktiengesellschaft eingebracht, im Grundbuch jedoch noch nicht umgeschrieben war; wird es bei Liquidation der AG. veräußert, und von einem Miterben erworben, so findet § 8 Nr. 3 keine Anwendung; RFH. in StuW. VI, 378. Hat einmal eine Auseinandersetzung stattgefunden, so ist für eine weitere Auseinandersetzung kein Raum; RFH. Mrozek, R. 2, 16 zu § 8 Nr. 3. Ist ein Nachlaßgrundstück zu Bruchteilen auf die Erben umgeschrieben, die Erbengemeinschaft also aufgelöst, und erfolgt später Zwangsversteigerung zwecks Auseinandersetzung, unter den Miteigentümern, so fällt diese mithin nicht mehr unter § 8 Nr. 3; RFH. Mrozek, R. 6 zu § 8 Nr. 3. Ebenso bei späterer Flächenteilung; RFH. Mrozek, R. 10 das. Ist jedoch der Erbfall noch unter der Herrschaft des gemeinen Rechts eingetreten, so ist schon durch Erbteil Bruchteilseigentum entstanden. Das Vorhandensein von Bruchteilseigentum nötigt also nicht ohne weiteres zu dem Schluß, daß eine Erbteilung schon stattgefunden hat; RFH. Mrozek, R. 11 zu § 8 Nr. 3. Zwischen dem Vorerben und dem Nacherben besteht keine Erbengemeinschaft; vgl. OVG. PrVerwBl. 36, 366; ebenso wenig zwischen Mitvermächtnisnehmern (OVG. Amtl. Mitt. 1916, 89) oder zwischen Erben und Pflichtteilsberechtigten (RFH. Mrozek, R. 13 zu § 8 Nr. 3) = DNotV. 1926, 201; StuW. VI, 625.

c) Auch eine Teilerbauseinandersetzung, die z. B. nur das Nachlaßgrundstück betrifft, reicht aus; OVG. PrVerwBl. 36, 232. RFH. 8, 297; RFH. Mrozek, R. 1 zu § 8 Nr. 3 hat Steuerfreiheit in einem Falle zugebilligt, wo der Erfolg der Teilauseinandersetzung durch eine Mehrheit von Verträgen auf dem Umweg über eine Eintragung von Bruchteilen für alle Erben und Uebertragung einiger Bruchteile auf einen Miterben erreicht worden war. Auch wenn von vier Miterben zunächst zwei gegen Abfindung ausscheiden, und später die beiden anderen Miterben sich auseinandersetzen, findet die Befreiungsvorschrift wieder Anwendung, denn auch bei subjektiv beschränkter Auseinandersetzung liegt Teilauseinandersetzung vor; RFH. 8, 300 und RFH. Mrozek, R. 9 zu § 8 Nr. 3. Dagegen liegt eine solche nicht vor, wenn zwei von den fünf Miterben, die bei der Auseinandersetzung das Grundstück zu gleichen Bruchteilen übernommen hatten, nunmehr Flächenteilung vornehmen; RFH. Mrozek, R. 10 zu § 8 Nr. 3; StuW. VI, 628.

d) Der Teilungsvertrag muß jedoch der Rechtsgrund des Erwerbs sein. Bei Kettengeschäften kommt es nicht darauf an, zwischen welchen Personen sich der dingliche Eigentumsübergang vollzieht, sondern zwischen wem das dem Eigentumsübergang unmittelbar zugrundeliegende schuldrechtliche Geschäft abgeschlossen ist. Hat also ein Fremder in der Zwangsversteigerung das Meistgebot abgegeben und seine Rechte an einen Miterben abgetreten, so ist der Zuschlag an diesen nicht gemäß § 8 Nr. 3

steuerfrei; RFH. 20, 261. Steuerpflichtig ist eine Grundstücksübertragung, die nur aus Anlaß einer solchen Teilung erfolgt, wenn z. B. ein Miterbe den gesamten Nachlaß übernimmt und dem anderen zur Abfindung ein eigens nicht zum Nachlaß gehöriges Grundstück übereignet; vgl. Ott 72 zu § 8 und OVG. Amtl. Mitt. 1915, 5, sowie RFH. Mrozek, R. 14 zu § 8 Nr. 3. Dagegen bleibt steuerfrei eine Verfügung über ein Grundstück im Zusammenhang mit einer Erbauseinandersetzung, wenn das Grundstück für den Nachlaß erworben aber nur auf einzelne Erben umgeschrieben worden ist. RFH. StuW. VII, 91. Steuerpflichtig ist ferner die Veräußerung eines Nachlaßgrundstücks an einen Dritten zwecks Versilberung des Nachlasses. Hier findet der Erwerb nicht auf Grund des Teilungsvertrages statt. Ist ein Erbauseinandersetzungsvertrag einmal vollzogen, so besteht für einen neuen Vertrag, der den ersten, aufgehobenen, ersetzen soll, keine Steuerfreiheit; vgl. RFH. StuW. VI, 627.

e) Zu den Miterben wird nach § 9 auch der überlebende Ehegatte im Falle der Auflösung der Gütergemeinschaft gerechnet; § 1482 BGB. Lebt einer der Miterben in Gütergemeinschaft, so erwirbt sein Ehegatte seinen Teil des Nachlasses mit; dieser Mitgenuß eines „Fremden" steht nach § 9 Satz 2 der Steuerfreiheit nicht entgegen. Ist ein Miterbe verstorben und teilt sein Erbe mit den Miterben des Verstorbenen den Nachlaß des Erblassers, so ist § 8 Ziff. 3 anwendbar; vgl. OVG. PrVerwBl. 36, 232. Hat dagegen ein Miterbe seinen Anteil am Nachlaß gemäß § 2033 BGB. veräußert, und findet die Teilung dann zwischen dem Erwerber und den übrigen Miterben statt, so findet Ziff. 3 keine Anwendung, auch nicht auf diejenigen Partner, die selbst Miterben sind; ebenso RFH. 12, 71; Ott 63 zu § 8; A. M. Boethke-Bergschmidt 11 zu § 8. Ebenso wenn die Miterben das Grundstück in eine G. m. b. H. eingebracht hatten und einzelne Gesellschafter ihre Geschäftsanteile abtreten; OVG. 72, 24. Desgleichen fällt nicht unter Ziff. 3 die Abtretung des ganzen Erbanteils von einem Miterben an den anderen; vgl. OVG. 72, 32.

**7. Erwerb der Abkömmlinge von den Eltern. (Ziff. 4.)** a) Hinzugefügt ist jetzt im Gegensatz zu § 7 Ziff. 4 ZuwStG. auch der Erwerb der Eltern von den Kindern, sowie die Gleichstellung der Stiefeltern und der Adoptiveltern. Erwerb der Großeltern von den Enkeln ist nicht steuerfrei; ebensowenig der Erwerb der Vorfahren von Stiefeltern, aber auch nicht deren Veräußerung an die Stiefkinder ihrer Abkömmlinge. Auch Schwiegereltern stehen den Eltern nicht gleich. Wird ein Grundstück an Sohn und Schwiegertochter je zur Hälfte veräußert, so ist die Hälfte des Sohnes steuerfrei, die der Schwiegertochter normal zu besteuern; RFH. 8, 282. Entsprechend, wenn ein zum Gesamtgut der ehelichen Gütergemeinschaft gehöriges Grundstück an einen Elternteil des einen Ehegatten veräußert wird; § 80 Abs. 2 AO.; RFH. 19, 256. Nach § 9 Satz 2 schadet es jedoch nicht, wenn ein Abkömmling mit seinem Ehegatten in Gütergemeinschaft lebt und der Ehegatte hierdurch das Miteigentum an dem Erwerb erlangt; vgl. Aussch. Ber. 6.

Errungenschaftsgemeinschaft reicht dagegen nicht aus; RFH. 9, 215. Der Ehegatte muß kraft Gesetzes, nicht durch Vertrag Eigentum erworben haben; RFH. Mrozek, R. 1 zu § 8 Abs. 2. Abgesehen hiervon müssen alle Veräußerer zu den Vorfahren der Erwerber gehören.

b) Adoptiveltern sind gleichgestellt, wenn kein Verdacht besteht, daß die Adoption zum Zwecke der Steuerhinterziehung vorgenommen ist. Diese Fassung muß als unglücklich bezeichnet werden, da sie eine Verdachtsstrafe aufstellt.

Nach RFH. StuW. V, 170 = Mrozek, R. 4 zu § 8 Nr. 4 ist der Fortfall der Steuerfreiheit für Adoptivkinder nur dann gerechtfertigt, wenn nach der Meinung der Steuerbehörde für die Annahme an Kindesstatt die Steuerersparnis der allein bestimmende Grund war. Die Legitimation eines unehelichen Kindes (§§ 1719 ff. BGB.) begründet dagegen Steuerfreiheit auch dann, wenn sie bei Gelegenheit eines Grundstücksgeschäfts erfolgt ist. Ein uneheliches Kind gilt nur der Mutter gegenüber als Abkömmling im Sinne der Bestimmung.

c) Nicht erforderlich ist, daß der betreffende Angehörige selbst die Veräußerung bewirkt; Steuerfreiheit vielmehr auch dann, wenn z. B. der Konkursverwalter ein zur Masse gehöriges Grundstück an den Sohn des Gemeinschuldners veräußert; vgl. Ott 79 zu § 8. Im Falle des Vermächtnisses kommt es nicht darauf an, ob der Erbe, der das Grundstück an die Vermächtnisnehmer überträgt, mit diesen verwandt ist, sondern ob zwischen dem Erblasser und den Vermächtnisnehmern das Verwandschaftsverhältnis gemäß § 8 Nr. 4 bestanden hat; RFH. StuW. V, 628 = Mrozek, R. 13 zu § 8 Nr. 1. Dagegen hatte RFH. 12, 278 das Vermächtnis eines Kaufrechts angenommen und daraufhin, soweit das Entgelt reichte, den Erwerb nach § 8 Nr. 4 für steuerfrei erklärt, weil die Vermächtnisnehmerin die Mutter der Erbin war. Hier beruhte der Eigentumserwerb auf dem Kauf, so daß es auf das Verwandschaftsverhältnis zwischen der Verkäuferin und der Käuferin ankam.

d) Belanglos ist es, aus welchem Grunde der Grundstückserwerb stattfindet, ob es sich um eine Ausstattung, um eine Abfindung für den Erb- oder Pflichtteil (anders als nach früheren UmsStO.; vgl. OVG. 58, 13), insbesondere einen sog. Gutsüberlassungsvertrag, oder ob es sich um eine reine Geschäftsangelegenheit handelt. Auch der Erwerb in der Zwangsversteigerung ist steuerfrei, wenn zwischen dem Subhastaten und dem Ersteher ein Verwandtschaftsverhältnis gemäß § 8 Nr. 4 besteht; RFH. 7, 258. Ebenso der Erwerb bei Auflösung eines Familienfideikommisses, wenn Erwerber der Sohn (Tochter) des letzten Inhabers ist; RFH. StuW. VI, 371.

e) Befreit sind dingliche und Verpflichtungsgeschäfte; sie müssen aber unmittelbar, d. h. ohne Zwischengeschäfte Fremder zwischen den in Ziff. 4 genannten Angehörigen abgeschlossen sein; vgl. OVG. 72, 33; Amtl. Mitt. 1917, 35. Bei Kettengeschäften kommt es nicht auf das Verwandtschaftsverhältnis zwischen den Personen, die an dem dinglichen Geschäft beteiligt sind, an, sondern auf die Verwandschaft zwischen den Personen, die das der Uebereignung unmittelbar zugrunde liegende Veräußerungsgeschäft abgeschlossen haben; vgl. RFH. StuW. V, 628 u. RFH. 20, 261. Ist der Vater wirtschaftlicher Eigentümer, so besteht Steuerfreiheit nicht schon dann, wenn die als Eigentümerin eingetragene Tochter das Eigentum auf ihren Bruder überträgt, wohl aber, wenn sie schuldrechtlich das Grundstück dem Vater überlassen hat und dieser (vertragsgemäß) den Sohn benannt hat; RFH. Mrozek, R. 2 zu § 8 Nr. 4.

f) Die Uebereignung seitens des Vaters an eine aus Abkömmlingen bestehende OffHandGes. ist nicht steuerfrei; vgl. RG. 84, 108; RFH. 17, 40; sowie unter Anm. 8. Ebenso ist umgekehrt bei Uebereignung seitens einer offenen Handelsgesellschaft, die aus Vater und Sohn besteht, an den Sohn Steuerfreiheit gemäß § 8 Nr. 4 nicht begründet; RFH. 19, 253 = StuW. V, 482.

g) Nach § 9, früher § 8 Abs. 2, kommt die Steuerbefreiung auch den Ehegatten von Abkömmlingen zu, wenn sie auf Grund des bestehenden Güterstandes ohne rechtsgeschäftliche Uebertragung Miteigentum erwerben. Insbesondere, wenn das Grundstück in das Gesamtgut der ehelichen Gütergemeinschaft des Abkömmlings fällt. Dasselbe gilt, wenn die Abkömmlinge z. B. ein Grundstück vom väterlichen Großvater erwerben und dieses Grundstück in das Gesamtgut der fortgesetzten Gütergemeinschaft fällt, zu der die Mutter der Abkömmlinge gehört. Erwirbt dagegen ein in Errungenschaftsgemeinschaft lebender Ehemann in Anrechnung auf das Erbrecht ein Gut gegen Auszugsrecht an seinen Vater, so muß, auch wenn dies Gut kraft Vereinbarungen zwischen den Eheleuten zum Gesamtgut gehören soll, nach RFH. 9, 215 von dem Anteil der Ehefrau die Steuer entrichtet werden, da nach der gesetzlichen Vorschrift des § 152 BGB. das Gut an sich zum eingebrachten Gut des Ehemannes gehört; vgl. hierzu oben Anm. 5.

8. **Vereinigung von Abkömmlingen (Ziff. 5).** a) Diese Vorschrift ist gegenüber der Ziff. 5 des § 7 ZuwStG. erweitert, indem jetzt die Vereinigung nicht mehr der Gattung nach beschränkt ist. Wegen des Begriffes der Abkömmlinge vgl. Anm. 7. Adoptiv- und Stiefkinder sind im Gegensatz zu Ziff. 4 in Ziff. 5 nicht erwähnt; die 1. Aufl. hat angenommen, daß sie den wirklichen Kindern nicht gleich stehen; RFH. 18, 254 = StuW. V, 235 hat dagegen die Steuerfreiheit zugebilligt, weil der Sinn der Befreiungsvorschrift der Nr. 5 nur der sein könne, die Freilassung der Grundstücke bei dem Uebergang von den Eltern auf die Kinder nicht an dem formalen Umstand scheitern zu lassen, daß die Kinder allein oder zusammen mit den Uebertragenden zu einer Gesellschaft oder Vereinigung verbunden sind; Nr. 5 ist daher gewissermaßen nur ein Unterfall von Nr. 4, so daß die Gleichstellung der Stiefeltern und Adoptiveltern auch in Nr. 5 anzunehmen ist. Schwiegerkinder stehen hingegen den Kindern nicht gleich.

b) Stehen auf der Veräußererseite mehrere Personen, so müssen diese sämtlich Vorfahren der übrigen Gesellschafter sein, z. B. Eltern oder Vater und Großvater; vgl. RFH. 8, 115; 17, 40 u. RFH. StuW. IV, 258 = Mrozek, R. 14 zu § 1, sowie Ott 93 zu § 8. RFH. 10, 22 hat die Steuerfreiheit auch in einem Falle gewährt, in dem beide Eheleute das Grundstück zwar eingebracht haben, jedoch nur der Ehemann als Eigentümer des Grundstücks eingetragen war; es komme nur darauf an, wer das Grundstück einbringe, nicht wer eingetragener Eigentümer ist. Andererseits gehörten zu der Vereinigung, in die das Grundstück eingebracht wurde, außer den Eltern eine G. m. b. H., deren Gesellschafter die Eltern und deren Abkömmlinge waren. Dies wurde in ausdehnender Auslegung des Gesetzes für ausreichend erklärt, weil Zweck und wirtschaftliche Bedeutung der Vorschrift in der Begünstigung von Familiengesellschaften bestehe. Besteht die Vereinigung, in die das Grundstück eingebracht wird, nur aus denselben Personen, die das Grundstück einbringen, so ist § 8 Nr. 5 nicht anwendbar; vgl. Ott 94 zu § 8; RFH. 8, 115 = StuW. I 218 und II A, 38/27. Keine Steuerfreiheit also, wenn nicht ein Elternteil, sondern dieser zusammen mit den Abkömmlingen das Grundstück einbringt, wenn also die Einbringenden dieselben Personen sind, wie die Gesellschafter der Vereinigung, in die das Grundstück eingebracht wird; RFH. Mrozek, R. 14 zu § 1. Gehört zu dieser Vereinigung auch ein Fremder, so findet keine Befreiung statt; RFH. 17, 40. Bringt eines der Geschwister sein Grundstück in die aus den Geschwistern bestehende Vereinigung ein, so findet Ziff. 5 keine Anwendung.

c) Nicht erforderlich ist, daß die Vereinigung schon bei der Gründung nur aus dem Veräußerer und den Abkömmlingen bestand. Es genügt, daß zur Zeit des Einbringens nur diese Personen Mitglieder der Vereinigung waren; ebenso Ott 95 zu § 8. Nach RFH. 16, 80 = StuW. IV, 258 = Mrozek, R. 6 zu § 8 Nr. 5, 6 liegt eine Familiengesellschaft im Sinne des § 8 Nr. 5 auch dann vor, wenn zur Zeit der Einbringung außer dem Veräußerer und seinen Abkömmlingen sog. Strohmänner beteiligt waren, die bei der Gründung zur Erreichung der gesetzlichen Mindestzahl Anteile übernommen hatten; ebenso RFH. Mrozek, R. 9 zu § 8 Nr. 5, 6; JW. 1927, 2594, Nr. 8. Ist die Zuziehung der fremden Personen hingegen allein oder auch aus wirtschaftlichen Gründen erfolgt, so ist § 8 Nr. 5 nicht anwendbar, auch wenn die Fremden nur Treuhänder waren; vgl. RFH. StuW. V, 374 = Mrozek, R. 11 zu § 8 Nr. 5, 6. Welchem Zweck die Vereinigung dient, ist gleichgültig; sie kann auch reinen Erwerbszwecken dienen. Ebenso kommt es auf die Rechtsform der Vereinigung nicht an (Aktien-Ges., G. m. b. H., Verein, off. Hand.-Ges., Ges. des bürg. Rechts).

d) „Einbringen" ist ein Vorgang des Gesellschaftsrechts, bei dem die Gegenleistung in der Gewährung von Gesellschaftsrechten besteht; vgl .RFH. 1, 94; Amtl. Mitt. 1919, 290; JW. 1919, 848, Nr. 4). Diesen Standpunkt hat RFH. 5, 189 jedoch verlassen; § 8 Nr. 5 kenne auch ein Einbringen durch den Veräußerer, wenn er der Gesellschaft nicht angehört. Der Begriff des Einbringens werde also in anderm Sinne gebraucht, als z. B. im StempStG. TNr. 1 A. Der Sinn der Bestimmung sei die Freilassung beim Uebergang des Grundstücks an die Kinder; ebenso RFH. Mrozek, R. 1 zu § 8 Nr. 5, 6. Ein Einbringen in die aus den Abkömmlingen allein bestehende Vereinigung ist daher im Gegensatz zur 1. Aufl. auch dann anzunehmen, wenn der Elternteil nicht beitritt, sondern, gleichviel gegen welche Gegenleistung, das Grundstück einer aus seinen Abkömmlingen bestehenden Vereinigung überläßt.

e) Wird bei **Auflösung** einer Personenvereinigung der in § 8 Nr. 5 bezeichneten Art ein Gesellschaftsgrundstück einem Abkömmling übertragen, so trifft an sich die Befreiungsvorschrift nicht zu. RFH. 19, 253 = StuW. V, 482 = Mrozek, R. 12 zu § 8 Nr. 5, 6 sowie RFH. StuW. V, 629 = Mrozek, R. 13 zu § 8 Nr. 5, 6 hat jedoch auch in diesen Fällen unter entsprechender Anwendung des § 8 Nr. 5 Steuerfreiheit zugebilligt, weil der gesetzgeberische Gedanke der Vorschrift auf die Begünstigung von Familiengesellschaften gerichtet ist; es soll verhütet werden, daß die in Nr. 4 angeordnete Freilassung beim Uebergang von Eltern auf die Kinder nicht an dem formalen Umstand scheitert, daß die Kinder allein oder zusammen mit dem Uebertragenden zu einer Vereinigung organisiert sind. Bei diesem Sinn der Vorschrift ist es aber gleichbedeutend, ob die Vereinigung das Grundstück erhält oder an einen der Familienangehörigen herausgibt.

f) Steuerpflicht tritt ein, wenn nachträglich ein **„Fremder“ aufgenommen** wird. Ist die Vereinigung ursprünglich nur aus den Abkömmlingen gebildet worden, und tritt später ein Elternteil ein, der nicht der Veräußerer ist, so entsteht die Steuerpflicht; ebenso Ott 100 zu § 8. Dagegen wird durch den Beitritt weiterer Abkömmlinge des Veräußerers zu der Vereinigung keine Steuerpflicht begründet. Der Beitritt als stiller Gesellschafter im Sinne der §§ 335 ff HGB. schadet nicht. Die Höhe der so entstehenden Steuerpflicht regelt sich nach § 15 Abs. 3, sofern es sich um ein Gesamthandsverhältnis, z. B. offene Handelsgesellschaft, Kommanditgesellschaft oder Gesellschaft des bürgerlichen Rechts handelt. Tritt der Veräußerer der Vereinigung seiner Abkömmlinge nicht bei, so ist § 15 nicht anwendbar. Die Besteuerung hat so zu erfolgen, wie wenn schon bei dem Einbringen der Fall der Steuerfreiheit überhaupt nicht vorgelegen hätte, also nicht etwa nur bezüglich des Anteils des Fremden. Ebenso Ott 102 zu § 8. A. M. Boethke-Bergschmidt 18 zu § 8, wonach nur der Eintritt des Fremden keinen Anspruch auf Befreiung genießen soll; der Eintritt ist aber nach herrschender Praxis gar nicht steuerpflichtig. Fraglich ist, welcher Zeitpunkt für die Höhe des Steuersatzes und die Bewertung des Grundstücks maßgebend ist, ob der Zeitpunkt des Einbringens oder der Zeitpunkt, in dem der Fremde beitritt. Für die erste Auffassung Lion S. 67, für die letztere Auffassung Fürnrohr StuW. II, 1139 und ihm folgend Ott 103 zu § 8, weil erst mit dem Eintritt des Fremden der steuerrechtliche Tatbestand sich vollendet; ebenso auch Berolzheimer 22 zu § 8. Der Eintritt des Fremden ist aber nur Bedingung für die Erhebung der Steuer, nicht Bestandteil des steuerpflichtigen Rechtsvorgangs. Andernfalls müßte die Steuer logisch nur von dem Anteil des Fremden erhoben werden. „Die Steuerpflicht“ tritt mit dem Eintritt des Fremden ein, nämlich die Steuerpflicht für das Einbringen des Grundstücks in die Gesellschaft. Daher ist das Grundstück in dem Zustand und für den Zeitpunkt des Einbringens zu bewerten. Der Steuersatz ist jedoch nach dem Zeitpunkt der Erhebung der Steuer zu berechnen. Die Verjährungsfrist beginnt nach § 122 AO. mit Ablauf des Jahres, in dem der Anspruch entstanden, der Fremde also beigetreten ist.

g) Vereinigen sich alle Anteile der Vereinigung in der Hand eines Abkömmlings, so ist der Fall des § 3 gegeben. Da aber der Vater mit seinen Abkömmlingen nach § 3 Satz 2 ohnehin als eine Person gilt, entsteht keine Steuerpflicht; vgl. Anm. 6 zu § 3. Erwirbt ein Fremder zunächst den Anteil eines der Abkömmlinge, so wird die Steuer aus § 8 Nr. 5 Satz 2 fällig.

Erwirbt der Fremde dann auch die restlichen Anteile, so wird auch die Steuer aus § 3 fällig. Uebertragen dagegen der Vater und seine Abkömmlinge gleichzeitig ihre sämtlichen Anteile auf einen Fremden, so will Ott 107 zu § 8 die GrdErwSt. für diesen einheitlichen Vorgang zweimal erheben, nämlich einmal aus § 8 Nr. 5 Satz 2 und daneben aus § 3. Dies erscheint unbegründet, und zwar gewiß vom Standpunkte Ott's aus, der in Anm. 103 die Steuer erst durch den Eintritt des Fremden entstehen läßt, so daß eine Nachholung gar nicht vorliegt. Aber auch abgesehen hiervon hört die Gesellschaft mit dem Erwerb aller Anteile durch eine Person für das GrErwSt.-Recht zu bestehen auf; nach § 3 wird die Vereinigung der Anteile dem Uebergang des Eigentums an dem Grundstück gleich geachtet. Demnach kann in diesem Rechtsvorgang nicht gleichzeitig die Aufnahme des Fremden in die Gesellschaft im Sinne des § 8 Nr. 5 erblickt werden. Die Familiengesellschaft brauchte ja auch, wenn sie statt Uebertragung aller Anteile des Grundstücks selbst an den Fremden auflassen würde, die GrdErwSt. nur einmal zu zahlen.

9. **Vereinigung von Miterben (Ziff. 6).** a) Zu den Miterben gehört nach § 8 Abs. 2 auch der überlebende Ehegatte bei aufgelöster Gütergemeinschaft (§ 1482 BGB). Auch die Einbringung in das Gesamtgut einer fortgesetzten Gütergemeinschaft wird mit Lion zu § 7 Ziff. 6 ZuwStG. sowie Ott 110 zu § 8 entgegen der ersten Aufl. als steuerfrei zu erklären sein. Hat einer der Miterben seinen Anteil gemäß § 2033 BGB. veräußert, so liegt der Fall der Ziff. 6 nicht vor. Desgleichen, wenn das Grundstück einer von den Miterben gebildeten Off. HandGes. gehörte und von dieser in eine Erben-G. m. b. H. eingebracht wird (OVG. 68, 183); vgl. RFH. JW. 1927, 2594, Nr. 8 (Einbringen von Grundstücken, die einer aus Erblasser und einem Miterben bestehenden Off. HandGes. gehörten, in eine aus allen Miterben gebildete Akt.-Ges. nicht steuerfrei). Dagegen ist nicht erforderlich, daß die Vereinigung aus der Gesamtheit der Miterben besteht. Ueber den Begriff der Vereinigung vgl. Anm. 8.

b) Ott 108 zu § 8 legt Wert darauf, daß die Vereinigung ausschließlich von zwei Erben „gebildet" sein muß und will dies dahin verstehen, daß schon bei der Begründung der Vereinigung nur Miterben beteiligt gewesen sein dürfen und zwar schon in ihrer Eigenschaft als Miterben; ebenso Lindemann S. 73. Diese Auffassung dürfte die Bedeutung des Wortes „gebildet" überschätzen; ein rechtlicher Grund für diese Auslegung ist nicht ersichtlich. Nach RFH. JW. 1927, 2594, Nr. 3, schadet es nicht, wenn bei der Gründung vorgeschobene Personen mitgewirkt haben, die nicht zu den Mitarbeitern gehören, sofern sie lediglich aus formalrechtlichen Gründen, z. B. um die nach § 185 HGB. erforderliche Zahl von fünf Gründern zu beschaffen, nicht gleichzeitig aus wirtschaftlichen Gründen zugezogen sind. Daß die Fremden als Treuhänder verpflichtet sind, ihre Anteile an die steuerbegünstigten Personen abzutreten, genügt allein nicht.

c) Auf den Zweck der Vereinigung kommt es auch hier nicht an. Die Vereinigung braucht nicht nur die Verwertung der Nachlaßgegenstände zum Zweck zu haben; sie kann auch anderweitiges Vermögen umfassen. Ungeteilte Erbengemeinschaft muß aber noch bestehen, da nach erfolgter Teilung von „Miterben" nicht mehr gesprochen werden kann.

Ueber den späteren Eintritt eines Fremden vgl. Anm. 8 f. Weitere Miterben können eintreten, ohne die Steuerfreiheit zu gefährden.

**10. Austausch von Grundstücken usw. (Ziff. 7).**

a) Die ursprüngliche Fassung der Ziff. 7 ist erweitert worden durch Hinzufügung der Worte „der Ermöglichung einer besseren landwirtschaftlichen Ausnutzung von Grundstücken in Gemengelage". Es kommen jetzt also fünf Fälle in Betracht, nämlich Flächenbereinigung, Austausch von Grundstücken in Gemengelage, Grenzregelung, Umlegung und Ablösung von Rechten an Forsten.

b) In Betracht kommt in Preußen die Zusammenlegung von Grundstücken gemäß der Gemeinheitsteilungsordnung vom 7. Juni 1821 und den hierzu ergangenen Gesetzen. Teilung von Gemeinschaften (Almenden usw.) sowie Landabfindung für Reallasten sind nicht steuerfrei; vgl. Lion zu § 7 Ziff. 7 ZuwStG., wohl aber Landabfindung für Waldservituten. Ferner kommt hier in Betracht die Pr. Umlegungsordnung vom 21. 9. 20 (GS. 453). Nach RFH. 14, 8 sind Planüberweisungen im Pr. Auseinandersetzungsverfahren als Eigentumsübergang im Sinne des GrdErwStG. zu betrachten, es sei denn, daß einem Grundeigentümer sein bisheriger Besitz überwiesen ist. Die Identitätstheorie, wonach das überwiesene Grundstück kraft Fiktion dasselbe wie das eingeworfene ist, hat der RFH. abgelehnt. Steuerpflicht jedoch ausgeschlossen nach § 8 Nr. 7, auch wenn der Empfänger eines Planstücks kein Grundstück eingeworfen hat, sondern ihm eine Gerechtigkeit abgelöst worden ist. Dies muß auch für § 20 der Pr. UmlOrdn. gelten. Ebenso Ott 118 zu § 8. Wegen Steuerfreiheit einer Grundstückszuweisung an eine Waldgenossenschaft nach dem PrG. vom 1. 4. 1854 vgl. RFH. StuW. IV, 628 = Mrozek, R. 7 zu § 8 Nr. 7. Unmittelbare räumliche Verbindung des eingetauschten Grundstücks mit dem sonstigen Grundbesitz des Erwerbers ist nicht vorausgesetzt; RFH. DStZ. 1927, Nr. 293.

c) Der Austausch zum Zwecke der Grenzregelung kommt ebenfalls nur in Frage, wenn er auf Anordnung einer Behörde beruht oder von einer solchen auf Grund gesetzlicher Vorschriften als zweckdienlich anerkannt ist. Ein Austausch von Grundstücken zur besseren Gestaltung von Bauflächen erfolgt gemäß dem Gesetz vom 28. 7. 1902 betr. Umlegung von Grundstücken in Frankfurt a. M. und § 14 a (nicht aber § 13 a) PrFluchtlinGes. in der Fassung des Art. 1 des Pr. Wohnungsgesetzes vom 28. 3. 1918 (GS. 13). Nach RFH. 16, 316 = StuW. IV, 516 = JW. 1925, 2057, Nr. 28, genügt es, wenn nur zwei Teilflächen gegen einander ausgetauscht werden und wenn nur eines der in Betracht kommenden Grundstücke bebaut werden soll. Unmittelbare räumliche Verbindung des eingetauschten mit einem sonstigen Grundstück des Erwerbs ist nicht erforderlich. RFH. StuW. VII, 92. Nach RFH. 13, 171 ist die Möglichkeit der Erzwingung in Nr. 7 nicht vorausgesetzt. Auch bei privaten Vereinbarungen liegt der gleiche gesetzgeberische Grund für die Befreiung vor wie bei Erzwingung. Auch die private wirtschaftliche Regelung dient dem öffentlichen Wohle, wenn sie zweckdienlich ist.

d) An die Stelle der in Nr. 7 bezeichneten ob. Landesfinanzbehörde ist gemäß § 445 AO. der RFM. getreten. Ist eine Behörde für den Anspruch der Zweckdienlichkeit nicht vorhanden, so ist das Land verpflichtet, eine zuständige Behörde mindestens von Fall zu Fall zu bestimmen. Liegt eine solche Bestimmung nicht vor, so kann der Beweis der Zweckdienlichkeit auch auf andere Weise geführt werden. Den Finanzbehörden bleibt die Beurteilung der Zweckdienlichkeit dann überlassen; sie können gutachtliche Aeußerungen von Fachbehörden einziehen. Die für die Zweckdienlichkeitsbescheinigungen in den einzelnen Ländern bestimmten zuständigen Behörden sind bei Ott 115 zu § 8 aufgeführt.

11. **Austausch von Feldesteilen (Ziff. 8).** Vgl. hierzu § 51, vbd. §§ 42, 45, 49 PrABG. Die Vereinigung mehrerer Bergwerke kann mangels einer Einschränkung in jeglicher Form erfolgen (Vereinigung in Privathand, Fusion von Akt.-Ges., Konsolidation; wegen der letzteren vgl. OVG. 73, 10). RFM. DVerkStR. 1921, 172 hatte Fusionen von der Steuerfreiheit ausgeschlossen. RFH. 6, 69; Mrozek, R. 1 zu § 8 Nr. 8; JW. 1921, 1375, Nr. 2, sowie JW. 1927, 1722, Nr. 11; StuW. VI 446 hat jedoch auch für Fusionen die Steuerfreiheit zugebilligt. Hiernach wird die Befreiung nicht nur gewährt bei Vereinigungen aus bautechnischen Gründen, sondern auch bei allen Vereinigungen, die für die bergbautechnische Ausnutzung nötig oder zweckmäßig sind, aber nicht nur zum Zweck der Steuerersparung oder aus sonstigen allgemein wirtschaftlichen Gründen vorgenommen wurden. Handelt es sich jedoch um Eigentümerbergbau, bei dem das Kohlegewinnungsrecht mit dem Grundstückseigentum verbunden ist, wie im Preußischen Bereich des vorm. Kurfürstlich-Sächsischen Mandats vom 19. 8. 1743, so ist der Austausch der kohlehaltigen Grundstücke nicht steuerfrei; RFH. 16, 91 = StuW. IV, 260 = Mrozek, R. 3 zu § 8 Nr. 8 und RFH. StuW. IV, 629 = Mrozek, R. 2 zu § 8 Nr. 8; RFH. StuW. VI, 446. Die Steuerfreiheit tritt nicht ein, wenn die Vereinigung zum Zwecke der Steuerersparung erfolgt; vgl. hierzu OVG. PrVerwBl. 40, 111. Der Nebenzweck der Steuerersparung ist dann unschädlich, sofern er nur in der Ausnutzung der gesetzlich gewährten Steuerfreiheit besteht.

12. **Besiedelungsprivileg (Ziff. 9).** Diese Vorschrift ist erst im Ausschuß der Nat.-Vers. eingefügt worden; vgl. AusschBer. 4. Sie setzt für die, beiden Vertragsteilen zugute kommende Steuerbefreiung eine objektive und eine subjektive Voraussetzung.

a) Die objektive Voraussetzung liegt in dem Zweck der Grundstücksübertragung. Diese muß der Besiedelung des platten Landes oder der Schaffung gesunder Kleinwohnungen zu dienen bestimmt sein. Was unter den Begriff „Kleinwohnung" fällt, ist im Einzelfall unter Rücksichtnahme auf die Verkehrsauffassung festzustellen: RFH. 16, 316. Nach RFM. RStBl. 1921, 152 = DVerkStR. 1921, 75 kommen nur solche Wohnungen in Betracht, die nach ihrer Größe (regelmäßig nicht über 90 qm, bei Eckwohnungen 100 qm für Wohn-, Schlafraum und Küche) und Ausstattung den ortsüblichen Bedürfnissen in einfachster Form entsprechen. Für solche Fälle ist ein gewisser Spielraum gelassen. Diese Anordnung kommt jedoch nur als Anhaltspunkt für den Steuerrichter in Betracht, ohne ihn zu binden; vgl. RFH. 8, 13 u. 118; 16, 316. Das Vorhandensein des üblichen Hofraums und Hausgartens steht der Steuerfreiheit nicht entgegen, RFH. 8, 13; ebenso nicht das Vorhandensein von Sammelheizung und von Stabfußboden in einem Zimmer; RFH. StuW. VI, 631. Dagegen ist die Uebertragung von Gartengrundstücken, die nur mit einer Laube versehen sind, hiernach nicht steuerfrei: RFH. Mrozek, R. 12 zu § 8 Nr. 9. Auch die Ausstattung von Beamten-Dienstwohnungen mit Garten- und Ackerland zwecks Erleichterung der Lebenshaltung gehört nicht hierher: RFH. 4, 330.

b) Erforderlich ist, daß das Grundstück unmittelbar der Besiedelung des platten Landes oder der Schaffung gesunder Kleinwohnungen dient; die Absicht, auf dem Grundstück ein Verwaltungsgebäude für die Siedlungsgesellschaft zu errichten, also mittelbares Dienen zum Siedlungszweck reicht nicht aus: RFH. 7, 133 = JW. 1922, 239 Nr. 3. Ebenso liegt nur mittelbare Zweckbestimmung vor, wenn das auf dem Kaufgrundstück gewonnene Holz zum Bau von Häusern auf anderen Grundstücken oder zur Herstellung von Möbeln für anderweit errichtete Siedlungen verwendet werden soll: RFH. JW. 1922, 1614 Nr. 12 = Mrozek R. 4 zu § 8 Nr. 9, oder wenn aus dem Grundstück Ton zur Ziegelfabrikation für Kleinwohnungen gewonnen werden soll: RFH. StuW. VI, 632. Ebenso wenn die Siedelungsgesellschaft sich durch den Grundstücksverkauf nur die Mittel zur Erfüllung ihrer Siedelungsaufgaben beschaffen will: RFH. StuW. III, 565.

c) Die Beschaffung gesunder Kleinwohnungen muß Selbstzweck sein, jedoch schadet es nicht, wenn nebenher auch der Dienst der in dem Hause untergebrachten Personen günstig beeinflußt wird: RFH. StuW. V, 630 = JW. 1927, 609 Nr. 1. Besteht hingegen der Hauptzweck in der Unterbringung von Beamten, Angestellten oder Arbeitern des Reichs bzw. der Körperschaft, mag diese auch eine aus Arbeitgebern gebildete gemeinnützige Personenvereinigung sein, so ist Steuerfreiheit nicht gegeben: RFH. Mrozek R. 11, 16, 21 zu § 8 Nr. 9, RFH. StuW. III, 534 und IV, 397 sowie RFH. 16, 182 = StuW. IV, 398 = JW. 1925, 2059 Nr. 29. Dies setzt jedoch voraus, daß die Unterbringung der Beamten Vorbedingung der Durchführung des Dienstbetriebs ist; dagegen ist Steuerfreiheit gegeben, wenn nur eine Verbesserung der Wohnungsverhältnisse für die Beamten in Frage steht; Schaffung gesunder Kleinwohnungen kann auch dann vorliegen, wenn deren Vergebung auf einen bestimmten Personenkreis beschränkt ist: RFH. JW. 1927, 2165 Nr. 3.

d) Enthält das Gebäude nur zum Teil Kleinwohnungen, so ist Steuerfreiheit zu gewähren, wenn es sich im wesentlichen um Kleinwohnungen handelt; vgl. RFH. 8, 118 und RFH. „Recht“ 1927 Nr. 542. Soll ein Grundstück nur teilweise zur Schaffung gesunder Kleinwohnungen verwendet werden, so muß dieser Teil bestimmt bezeichnet werden können: RFH. Mrozek R. 5 zu § 8 Nr. 9 = JW. 1922, 1614 Nr. 12. In diesem Falle ist der dem Siedlungs- bzw. Kleinwohnungszweck dienende Teil steuerfrei; RFH. 8, 13 = JW. 1922, 830 Nr. 3.

e) Der Verkauf eines Restgutes, der zu Siedlungen nicht gebraucht wird, seitens der Siedlungsgesellschaft ist nicht steuerfrei, weil er nicht unmittelbar zum Besiedelungsverfahren gehört. Die Steuerfreiheit darf nicht Personen zugute kommen, die an dem Besiedelungsgeschäft nicht beteiligt sind. Auch der Vorbehalt eines Wiederkaufsrechts gibt dem Verkauf des Restgutes nicht die Eigenschaft einer Siedlung; eine Vorbereitung künftiger Siedlungen verschafft noch nicht die Steuerbefreiung; RFH. 12, 195. Daher auch keine Steuerfreiheit, wenn jemand einen Grundbesitz für sich gekauft und erst später zur Beseitigung des Vorkaufsrechts der Höfebank den Hof dieser zu Siedlungszwecken überläßt; in solchem Falle ist nur die Ueberlassung, nicht aber der ursprüngliche Ankauf steuerfrei: RFH. 13, 37.

f) Nicht notwendig, wenn auch die Regel, ist, daß die gesunden Kleinwohnungen erst erbaut werden sollen, und zwar im Zeitpunkt des schuldrechtlichen Vertrages (RFH. 16, 320); es genügt zur Steuerfreiheit, wenn die Wohnungen in diesem Zeitpunkt schon vorhanden sind, sofern sie nur dem Zweck, gesunde Kleinwohnungen für Minderbemittelte zu sein, bisher nicht gedient haben, sondern erst durch die Grundstücksveräußerung für diesen Zweck bereitgestellt werden sollen. „Schaffen von Wohnungen" ist also im Sinne von „Verschaffung von Wohngelegenheit", nicht bloß im Sinne der Förderung des Kleinwohnungsbaues zu verstehen: RFH. 8, 13 = JW. 1922, 830 Nr. 3 = StuW. I, 219. Es genügt jedoch nicht, daß die schon vorhandenen gesunden Kleinwohnungen lediglich von Schmutz befreit oder renoviert werden: RFH. 16, 182 = StuW. IV, 398. Das Gesetz verlangt vielmehr solche Aenderungen der Wohnungen, die aus ihnen etwas anderes machen, als sie ihrer ganzen Anlage nach früher gewesen sind: RFH. Mrozek R. 20 zu § 8 Nr. 9 = StuW. IV, 397.

g) Zwischen der Grundstücksübertragung und der Schaffung gesunder Kleinwohnungen muß ein ursächlicher Zusammenhang bestehen. Sind die gesunden Kleinwohnungen schon vorhanden, so ist die Weiterveräußerung dieses Grundstücks nicht mehr steuerfrei, auch wenn sie durch den Wohnungsbauverein erfolgt, der die Kleinwohnungen geschaffen hat: RFH. 13, 144 = JW. 1924, 561 Nr. 10 = StuW. III, 72 = Mrozek R. 15 zu § 8 Nr. 9. Aehnlich RFH. Mrozek R. 17 zu § 8 Nr. 9, wonach es nicht genügt, daß die schon erfolgte Bereitstellung gesunder Kleinwohnungen für die Zukunft sichergestellt werden soll.

h) Hier greift auch die Verordnung über Befreiung von der GrdErwSt. beim Erwerb von Eigenheimen durch Minderbemittelte vom 2. 7. 23 (RGBl. I, 553) ein, die auf Grund des § 108 Satz 2 AO. erlassen worden ist. Wenn Körperschaften des öffentlichen Rechts oder Personenvereinigungen, die in § 8 Abs. 1 Nr. 9 GrdErwStG. in Verbindung mit Art. I, § 12 des Ges. über die Berücksichtigung der Geldentwertung in den Steuergesetzen vom 20. 3. 23 (RGBl. 198) bezeichnet sind, auf ihren Grundstücken gesunde Kleinwohnungen für Minderbemittelte nachweisbar in der Absicht geschaffen haben, die Grundstücke demnächst an Minderbemittelte als Eigenheime zu übertragen, so sind diese Grundstücksübertragungen von der GrdErwSt. nebst Zuschlägen befreit. Aus diesem Billigkeitserlaß folgert RFH. 13, 144, daß nach dem Gesetz eine derartige Veräußerung an sich steuerpflichtig wäre, um so mehr also die Veräußerung eines fertigen Hauses mit mehreren Kleinwohnungen; unter einem Hause im Sinne der Verordnung kann nur ein Einfamilienhaus verstanden werden. Die VO. bezieht sich nur auf die erstmalige Uebertragung von Grundstücken an Minderbemittelte: (RFH. Mrozek R. 12 zu § 5 Abs. 3) oder an einen wirklichen Treuhänder des Minderbemittelten (RFH. 20, 108).

i) Erbaut der Veräußerer im Einverständnis mit dem Erwerber und nach seinen Wünschen die Kleinwohnungen und überträgt dann das bebaute Grundstück an den Erwerber, so daß dieser wirtschaftlich der Erbauer ist, so wird die Steuerfreiheit zugebilligt; vgl. RFH. 13, 144 u. 16, 182 = StuW. IV, 398; RFH. 16, 321. Noch weiter geht RFH. 19, 278 = StuW. V, 631 = Mrozek R. 29 zu § 8 Nr. 9 = JW. 1927, 1448 Nr. 12. Hiernach ist die erstmalige Grundstücksübertragung seitens einer Personengesellschaft an ihre Mitglieder steuerfrei, falls sie satzungsgemäß den Zweck der Bereitstellung neuer Kleinwohnungen verwirklicht, und zwar auch dann, wenn das Grundstück mehrere Kleinwohnungen enthält; denn der Zweck des § 8 Nr. 9 besteht in der Begünstigung derjenigen Grundstücksübertragungen, welche die gemeinnützigen Unternehmungen zur Verwirklichung ihrer Satzungszwecke vornehmen.

k) Geht ein ganzes Siedelungsunternehmen von einem der privilegierten Rechtssubjekte auf ein anderes zwecks Fortführung über, so ist der Eigentumsübergang nach § 8 Nr. 9 befreit: RFH. 21, 144 = StuW. VI, 322, StuW. VII, 93. Dasselbe gilt, wenn — bei Fortbestand und weiterer Wirksamkeit des ersten Rechtssubjekts — ein gesondertes Siedelungsunternehmen auf das andere Rechtssubjekt übergeht und von ihm fortgeführt wird: RFH. JW. 1927, 2165 Nr. 3 = StuW. VI, 630.

l) Daß die Wohnungen auch preiswert sein müssen, ergibt sich daraus, daß sie nach Ziff. 9 „für Minderbemittelte zu dienen bestimmt" sind. Diese Bestimmung schließt den Wohnungswucher begrifflich aus. Zu den „Minderbemittelten" zählen auch mittlere Beamte; vgl. OVG. 62, 254. Insbesondere auch Volksschullehrer; vgl. RFH. 16, 320 = StuW. IV, 517. Voraussetzung ist, daß die Beamten auf ihr Gehalt angewiesen sind und nicht etwa Nebeneinkünfte oder eigenes Vermögen in nicht geringem Umfange besitzen; zahlenmäßig läßt sich der Begriff der Minderbemittelten nicht umgrenzen; er kommt nicht dem des „Bedürftigen" nahe; bei seiner Auslegung ist darauf Rücksicht zu nehmen, daß er im Gesetz zu dem Begriff der Kleinwohnungen in Beziehung gesetzt ist. Wer also nach seiner wirtschaftlichen Lage bei verständiger Lebensführung auf die Benutzung von Kleinwohnungen angewiesen ist, gehört stets zu den Minderbemittelten; so RFH. 19, 72 = StuW. V, 375.

m) Für die Frage, ob die Veräußerung der Besiedelung des platten Landes oder der Schaffung gesunder Kleinwohnungen zu dienen bestimmt ist, kommt es auf die Absicht der Parteien beim Abschluß des der Uebereignung zugrunde liegenden Vertrages an, nicht auf die Absichten der die dingliche Uebereignung bewirkenden Personen. Bleibt z. B. der Bauverein Meistbietender und tritt die Rechte aus dem Meistgebot ab, so ist der Zuschlag nach § 8 Nr. 9 steuerfrei, obgleich der Subhastat die Absicht der Schaffung gesunder Kleinwohnungen nicht gehabt hat; vgl. RFH. 8, 247.

n) Daß der Zweck im Uebertragungsvertrage vereinbart ist, wird nicht zu fordern sein; vgl. RFH., Mrozek, R. 12 zu § 8, sowie Ott 150 zu § 8 und RFH. StuW. VI, 109, wonach im allgemeinen zum Beweise der steuerbegünstigten Zweckverwendung die pflichtgemäße Versicherung der gesetzlichen Vertreter der erwerbenden Körperschaft genügt; ein Nachweis, daß die Erreichung des Zweckes auch wirklich gesichert ist, kann nicht gefordert werden. Die Absicht, das Grundstück zu dem hier fraglichen Zweck zu verwenden, muß aber ernstlich gemeint sein und schon zur Zeit der Uebereignung bestehen; RFH. JW. 1927, 2866, Nr. 4 = StuW. VI, 633. Soll das Grundstück zunächst zu andern Zwecken und erst später zu Siedlungszwecken verwendet werden, so kommt Steuerfreiheit nur dann in Betracht, wenn die vorläufige Verwendung untergeordnet ist (z. B. zunächst ein laufender Pachtvertrag ausgehalten werden soll) und die Verwendung zu Siedlungszwecken den tragenden Beweggrund zum Erwerbe gebildet hat; den Ausschlag gibt nicht der Inhalt der Verträge, sondern die wirkliche Absicht beim Erwerb; RFH. 7, 133.

o) Ob die Voraussetzungen der Steuerfreiheit vorliegen, hat die Steuerbehörde selbständig zu prüfen; §§ 284 ff. AO. Die Prüfungsunterlagen müssen gesichert sein; die Geltendmachung irgend welcher unbestimmter Absichten reicht nicht aus.

p) Wird der Zweck des Erwerbers später dennoch nicht erreicht, so bleibt es bei der Steuerfreiheit, sofern nicht die Voraussetzungen des § 7 zu erweisen sind. Dies folgt schon daraus, daß § 8 Nr. 9 nicht wie Nr. 10 Satz 2 die Nachveranlagung vorschreibt. Ebenso Ott 152 zu § 8 sowie RFH. StuW. VI, 109, wonach die Nachveranlagung (etwa in Anlehnung an § 78 Abs. 1 Nr. 3 AO.) für zweifelhaft gehalten wird; ähnlich RFH. Mrozek, R. 17 zu § 8 Nr. 9.

q) Eine Siedlungsgesellschaft oder sonstige Vereinigung im Sinne des § 8 Nr. 9 ist sowohl beim Erwerb als bei der Weiterveräußerung der Grundstücke steuerfrei, wenn sie ein Gelände erwirbt, um es in Teilen an andere zum Zweck der Bebauung zu veräußern oder wenn sie es nach erfolgter Bebauung mit Kleinwohnungen veräußert; vgl. RFH. 13, 144 = JW. 1924, 561, Nr. 10. Die Steuerfreiheit erstreckt sich sowohl auf das schuldrechtliche Geschäft, als auf den Eigentumsübergang; bei Kettengeschäften, z. B. Abtretung der Rechte aus dem Meistgebot, ist dasjenige Geschäft befreit, auf das die Voraussetzungen der Nr. 9 zutreffen; RFH. 8, 248.

r) Als Erwerber oder Veräußerer muß eine Körperschaft des öffentlichen Rechts (Provinz, Kreis, Gemeinde, Religionsgesellschaft, Landwirtschaftskammer, Innung u. dgl.), gleichviel, ob sie im einzelnen Fall in Ausübung von Hoheitsrechten handelt oder privatwirtschaftlich tätig ist (RFH. Mrozek, R. 13 zu § 8 Nr. 9), auch die Reichsbank (RFH. StuW. VI, 629 = JW. 1927, 2165, Nr. 3), oder eine private Personenvereinigung mit bestimmten Eigenschaften beteiligt sein. Die letztere kann eine juristische Person (Aktiengesellschaft, G. m. b. H., eingetragener Verein, Genossenschaft) sein oder auch ein nicht rechtsfähiger Verein oder eine Gesellschaft. Der Zweck (die Siedelung bzw. Schaffung von Kleinwohnungen) muß nicht statutenmäßig feststehen, auch nicht den einzigen Betätigungsgegenstand bilden (vgl. AusschBer. 4), aber tatsächlich erwiesen werden, und nicht nur gelegentlich, sondern planmäßig betrieben werden; vgl. RFH. 8, 247, sowie RFH. StuW. V, 508. Er braucht nicht in einem eigenen Bauunternehmen zu bestehen, sondern kann auch die mittelbare Schaffung von Kleinwohnungen durch Vergebung von Bauten, Begründung von Erbbaurechten u. dgl. betreffen. Ein Verein, der die Förderung der Wohlfahrt der fortbildungspflichtigen Jugend bezweckt und auf dem erworbenen Grundstück eine Wandererholungsstätte errichten will, ist nicht steuerfrei; vgl. RFH. StuW. V, 632 = Mrozek, R. 30 zu § 8 Nr. 9. Es darf sich nicht um Erwerbsgesellschaften handeln. Die Uneigennützigkeit (vgl. hierüber OVG. 67, 56) muß aus der Satzung hervorgehen; vgl. RFH. StuW. V, 508 und die darin angezogene Entsch. II A 572/21, Mrozek, R. 7 zu § 8 Nr. 9. Ist die Begrenzung der Gewinnverteilung auf 5% in der Satzung nicht enthalten, so ist der Hinweis darauf, daß ein Reingewinn bisher nicht erzielt sei und voraussichtlich auch nicht erzielt werden werde, unerheblich; RFH. Mrozek, R. 7 zu § 8 = DVerkStR. 1926, 136. Die Bestimmung des Restvermögens für „gemeinnützige Zwecke" ist ausreichend gesichert, wenn der Verein sein Vermögen bei Auflösung einem Verein überweist, der gleichfalls gemeinnützige Zwecke verfolgt und dessen Auflösung unwahrscheinlich ist; vgl. RFH. Mrozek, R. 14 zu § 8 Nr. 9, Ott 131 zu § 8. Arbeitergewerkschaften sind nicht als gemeinnützige Zwecke erfolgend zu erachten; vgl. RFH. 18, 159. Eine wirkliche Sicherheit besteht nicht, da eine spätere Aenderung der Satzungen oder deren Nichtbeachtung nicht ausgeschlossen ist und eine Nachforderung der Steuern, wie nach § 5 Abs. 1 g PrStG., nicht angeordnet ist. Bei Aktiengesellschaften, G. m. b. H. und bei nicht rechtsfähigen Vereinen besteht an sich keine gesetzliche Handhabe, um die Unveränderlichkeit der Satzung zu gewährleisten; auch bei eingetragenen Vereinen ist das Einspruchsrecht der Verwaltungsbehörde (§§ 71, 61 BGB.) unzulänglich. In der Regel reicht satzungsmäßige Festlegung jedoch aus; RFH. 1, 58. Einer Stiftung (§§ 80 ff. BGB.) steht das Steuerprivileg aus Ziff. 9 nicht zu; ebenso RFH. 17, 198 = StuW. IV, 630 = Mrozek, R. 26 zu § 8 Nr. 9; vgl. aber § 22; ebensowenig einer Einzelperson, z. B. einem Guts- oder Fabrikbesitzer; vgl. RFH. Mrozek, R. 13 zu § 8 Nr. 9 a. E.

s) Steuerfreiheit besteht aber auch nicht für Erwerbsgesellschaften bei Errichtung von Arbeiterwohnungen für die eigene Arbeiterschaft (vgl. oben unter c) sowie RFH. Mrozek, R. 16 zu § 8 Nr. 9 und RFH. 16, 182 = StuW. IV, 398 = JW. 1925, 2059, Nr. 29, wonach die Schaffung gesunder Kleinwohnungen Selbstzweck der Körperschaft bzw. Vereinigung sein muß), es sei denn, daß als Veräußerer des Baulandes eine uneigennützige Vereinigung auftritt. In diesem Falle besteht Steuerfreiheit auch dann, wenn der Erwerber des Siedelungs- oder Baulandes Erwerbszwecke verfolgt.

13. **Privileg für Grünanlagen (Ziff. 10).** Auch diese Vorschrift verdankt ihre Entstehung erst der Nat.-Vers. Sie ist ebenso wie Ziff. 9 wenig präzis gefaßt.

a) Der **Zweck** dieser Steuerbefreiung sollte ein Entgegenkommen gegenüber den Gemeinden bilden; vgl. RFH. 7, 9. Es handelt sich auch hier um eine sachliche Steuerbefreiung, die dem Veräußerer ebenso wie dem Erwerber zugute kommt; vgl. Ausschußbericht S. 4.

b) Hier ist die Person des Veräußerers oder des Erwerbers belanglos. Auch wenn Privatpersonen ein Grundstück zu den erwähnten Zwecken erwerben, tritt Steuerfreiheit ein; vgl. Ott 154 zu § 8. Der Zweck wird nachgewiesen werden und sichergestellt sein müssen. In dem Kaufvertrage braucht er nicht verzeichnet zu sein.

c) Bei Tauschverträgen ist nur das für Grünanlagen erworbene Grundstück, nicht auch das zum Tausch hingegebene Grundstück steuerfrei; vgl. RFH. StuW. I, 465 = Mrozek, R. 4 zu § 8 Nr. 10 und R. 5 zu § 16, Ott 156 zu § 8 und die dort angef. Entsch. II A 512/26.

d) Mittelbare Zweckbestimmung reicht auch hier nicht aus; also keine Steuerfreiheit für den Erwerb eines Dienstgehöfts, das für einen Straßenmeister bestimmt ist; RFH. 11, 50, vgl. RFH. 14, 272. Keine Steuerfreiheit eines zugleich mit dem Wegeland erworbenen Zollhauses, auch wenn der Weg ohne das Zollhaus nicht zu erlangen war; RFH. Mrozek, R. 9, 10 zu § 8 Nr. 10 = StuW. II, 415. Ist nur ein Teil des Kaufgrundstücks für Grünanlagen usw. bestimmt, so beschränkt sich die Steuerfreiheit auf diese Teilfläche; vgl. RFH. 8, 13 sowie RFH. DVerkStR. 1923, 63 und 1926, 177.

e) Der Begriff der öffentlichen Erholungsanlagen ist ein wenig bestimmter. Vor allem fragt es sich, ob er die Benutzung des Grundstücks oder eines Teiles desselben zu gewerblichen, insbesondere schankwirtschaftlichen Zwecken ausschließt. Verneint man diese Frage, so wäre ein Privileg für Biergärten, Rummelplätze und andere Volksbelustigungs-Parks begründet, was der Absicht des Gesetzes offenbar zuwiderläuft. Andererseits liegt der Ausschluß jener Zwecke nicht ohne weiteres in dem Begriff der öffentlichen Erholungsanlage, da die Verabfolgung von Speisen und Getränken und die Darbietung musikalischer Genüsse gegen Entgelt, oder die Vorführung oder Ausstellung von Tieren, Pflanzen u. dgl. den Erholungszweck nicht nur nicht ausschließt, sondern sogar zu fördern vermag. Man denke auch an Parkanlagen für Trinkkuren, an die Vermietung von Sitzgelegenheiten in Parkanlagen, an sportliche Unternehmungen, botanische oder zoologische Gärten u. a. m. Maßgebend wird der Hauptzweck der Anlage sein müssen. Will eine Gemeinde einen Stadtpark schaffen, so wird dieser überwiegende Zweck nicht dadurch ausgeschlossen, daß ein Teil des Geländes zu Schankzwecken verpachtet oder daß einem Unternehmen die Aufstellung von Mietstühlen gestattet wird; vgl. RFH. DVerkStR. 1926, 177. Ist dagegen der Hauptzweck des Unternehmens nicht Erholung, sondern Belustigung oder Belehrung, so entfällt die Steuerfreiheit. Gewerblichkeit des Unternehmens steht der Steuerfreiheit nicht entgegen.

f) Erholungsheime, in denen Erholungsbedürftige gepflegt und beköstigt werden, gehören nicht zu den Erholungsanlagen im Sinne der Nr. 10. In Betracht kommen vielmehr nur Anlagen, die dem Publikum ermöglichen, sich im Freien zu ergehen und in frischer Luft aufzuhalten; vgl. RFH. 6, 340 und RFH. StuW. V, 632. Auch ein Erholungs- und Genesungsheim für tuberkulöse Kinder fällt nicht unter Nr. 10; RFH. Mrozek, R. 12 zu § 8 Nr. 10. Ebensowenig ein Wandererholungsheim für Jugendliche; RFH. Mrozek, R. 30 zu § 8 Nr. 9. Bei Waldanlagen muß die forstwirtschaftliche Nutzung hinter den Erholungszweck zurücktreten, wie insbes. bei kleineren Wäldern in der Nähe von Großstädten; vgl. RFH. StuW. I, 669 = Mrozek, R. 6 zu § 8 Nr. 9; RFH. Mrozek, R. 13 zu § 8 Nr. 10 und RFH. StuW. IV, 261 und VI, 246. Forstmäßige Bewirtschaftung schließt aber die Steuerfreiheit nicht aus, wenn der Erholungszweck überwiegt: RFH. StuW. VI, 636.

g) Oeffentlich ist die Anlage, wenn sie für jedermann zugänglich ist, sei es auch unter Erfüllung gewisser Bedingungen, z. B. Zahlung von Eintrittsgeld. Anlagen, die nur den Vereinsmitgliedern offen stehen, sind öffentliche, falls der Beitritt jedem gestattet ist; A. M. Ott 159 zu § 8 und die dort angef. Entsch. RFH. II A, 512/26, wonach ein Grundstückserwerb zum Zweck eines Sportplatzes nicht steuerfrei ist, wenn der Sportplatz nicht jedermann aus dem Publikum, sondern nur den Mitgliedern der Sportvereine offen steht. Hier steht aber nicht fest, ob die in Frage kommenden Sportvereine nicht geschlossene Vereine waren. Bei letzteren entfällt natürlich der Begriff der Oeffentlichkeit. Nach RFH. Mrozek, R. 12 zu § 8 Nr. 10 ist eine Erholungsanlage jedenfalls dann nicht öffentlich, wenn sie nur einem kleinen Kreise von Personen dienen soll, bei denen bestimmte Voraussetzungen gegeben sein müssen, z. B. tuberkulöse Kinder. Auch ein Sportplatz für bestimmte Schulen wird demgemäß nicht hierhergehören, überhaupt keine Anlage, die nach ihrer Artung nicht allgemeiner Benutzung zugänglich ist, sondern nur von einer beschränkten Personenzahl benutzt werden kann; RFH. Mrozek, R. 30 zu § 8 Nr. 9. Wohl aber ein Gelände zum regelmäßigen Betrieb von Turnspielen für Angehörige der erwerbenden Gemeinde: RFH. StuW. VI, 635.

h) Ein Erwerb von Grundstücken für Zwecke öffentlicher Straßen und Plätze liegt nur dann vor, wenn das ganze Grundstück oder ein festbestimmter Teil für diesen Zweck bestimmt ist; vgl. z. B. § 11 PrFluchtlGes. und RFH. DVerkStR. 1923, 63. Dagegen ist eine Parzellierungsfirma nicht für denjenigen Bruchteil des Kaufgrundstücks steuerfrei, der bei einer künftigen Aufteilung zur Anlegung von Straßen und Plätzen zu verwenden ist. Oeffentliche Straßen und Plätze sind solche, die der Allgemeinheit zugänglich sind, auch wenn sie im Privateigentum stehen. Wasserstraßen (Flüsse, Kanäle) gehören nach RFH. 7, 9 nicht hierher; ebensowenig Schienenwege: RFH. 7, 23; RFH. Mrozek, R. 6, 8 zu § 8 Nr. 10. Nach RFH. 7, 23 gehören Friedhöfe nicht zu den öffentlichen Plätzen im Sinne der Nr. 10, auch nicht zu den Grünanlagen: RFH. Mrozek, R. 1 zu § 8 Nr. 10, ebensowenig Waldfriedhöfe: RFH. StuW. VII, 13. Nur Straßen und Plätze, die für den allgemeinen Verkehr bestimmt sind, fallen unter Nr. 10; RFH. 7, 23.

i) Die spätere Verwendung des Grundstücks für andere Zwecke führt zur Nachveranlagung. Diese ist entgegen dem Grundsatz des § 212 AO. auch nach Ablauf der Verjährungsfrist, nämlich noch 15 Jahre nach Abschluß des Veräußerungsgeschäfts zulässig. Sie unterliegt im übrigen denselben Vorschriften, wie die ursprüngliche Veranlagung; vgl. § 29. Maßgebend für den Wert ist der Zeitpunkt, in welchem die anderweitige Verwendung erfolgt. Hiermit entsteht der Steueranspruch, beginnt also auch die Verjährung (Anm. 7 zu § 30). Es fragt sich, ob der Veräußerer gemäß § 20 als Gesamtschuldner haftet, wenn die anderweitige Verwendung des

Grundstücks dem Kaufvertrage widerspricht. Nach RFH. 9, 339 ist nur der Erwerber heranzuziehen. Erfolgt die anderweitige Verwendung bereits im ersten Jahre des Veräußerungsgeschäfts, so kommt es darauf an, ob sie bis zum Beginn des zweiten Jahres fortdauert. In diesem Falle erfolgt Nachveranlagung; anders, wenn das Grundstück zwecks Schaffung von Grünanlagen erworben, bald darauf jedoch zu anderen Zwecken verwendet, jedoch noch innerhalb des ersten Jahres dem ursprünglichen Zweck endgültig wieder zugeführt wird; hier bleibt es bei der Steuerfreiheit. Nach RFM. III a 1815 (Ott 163 zu § 8) bedingt nur eine dauernde und endgültige Verwendung für andere Zwecke die Nachveranlagung, dagegen nicht eine nur vorübergehende zwischenzeitliche Verwendung, z. B. Verpachtung oder Benutzung zu gemeinnützigen Zwecken oder Nichtbenutzung. Wird nur ein Teil des Grundstücks nachträglich zu andern Zwecken verwendet, so erfolgt Nachveranlagung nur hinsichtlich dieses Teils.

Fraglich ist es, was unter dem Veräußerungsgeschäft zu verstehen ist, ob das Verpflichtungsgeschäft (Kauf usw.) oder das dingliche Geschäft (Eigentumsübergang usw.). Als maßgebend wird dasjenige Geschäft zu erachten sein, das der Nachveranlagung zugrunde zu legen ist, falls also der Eigentumsübergang bereits stattgefunden hat, dieser. A. M. Ott 162 zu § 8, der die Frist immer mit der Beurkundung des schuldrechtlichen Veräußerungsvertrages beginnen läßt.

## Zusatz zu § 8.

### Steuerbefreiungen auf Grund anderer Vorschriften.

a) Nach der Verordnung vom 2. 10. 1921 (RZBl. 865 und RSTBl. 393) sind Grundstücksübertragungen, die auf Grund des Ges. über Enteignungen und Entschädigungen aus Anlaß des **Friedensvertrages** vom 31. 8. 19 (RGBl. 1527) erfolgen, allgemein von der GrdErwSt. nebst Zuschlägen befreit, und zwar sowohl die Enteignung für das Reich als auch die Umschreibung auf den Dritten; vgl. RFM. III, V, 6892 bei Ott 189 zu § 8. Dagegen ist zur Entscheidung darüber, ob die Voraussetzungen des Art. 297 j FV. für die Erstattung der Abgabe gegeben sind, der RFH. nicht zuständig, vielmehr ein besonderes Erstattungsverfahren nach rechtskräftiger Veranlagung gegeben: RFH. 9, 29 und Mrozek R. 3 zu § 8 Allg.

b) Nach der Verordn. vom 19. 2. 22 (RGBl. I, 153; RSTBl. 128) ist, soweit Gegenseitigkeit verbürgt ist, der Erwerb von Grundstücken durch einen **auswärtigen Staat** oder durch den Heiligen Stuhl für die amtlichen Zwecke einer diplomatischen oder konsularischen Vertretung von der GrdErwSt. nebst Zuschlägen befreit.

c) Nach der Verordn. vom 4. 7. 22 (RZBl. 415) besteht Steuerfreiheit beim Erwerb von Grundstücken auf Grund des Ges. vom 25. 5. 1873 über die Rechtsverhältnisse der zum **dienstlichen Gebrauch einer Reichsverwaltung** bestimmten Gegenstände insofern Grundstücke dem Lande, aus dessen Besitz es in die Verwaltung des Reiches übergegangen war, zurückgegeben werden oder dem Lande ein Ersatzgrundstück übereignet wird.

d) Nach der Verordn. vom 7. 8. 22 (RGBl. I, 713) wird bei Grundstücksveräußerungen auf **Helgoland**, wenn nur Helgoländer beteiligt sind, die GrdErwSt. erlassen, soweit der Vertrag vor dem 1. 4. 26 liegt.

e) Nach der Verordn. vom 25. 10. 21 (RZBl. 871 = RStBl. 393) sind Grundstücksübertragungen, die sich bei der vermögensrechtlichen Auseinandersetzung zwischen den Ländern und **den landesfürstlichen Häusern** infolge der Staatsumwälzung vollziehen, von der GrdErwSt. nebst Zuschlägen befreit.

f) Nach § 29 RSiedlG. vom 11. 8. 19 (RGBl. 1429) in der Fassung vom 7. 6. 23 (RGBl. 1364) sind alle Geschäfte und Verhandlungen, die zur Durchführung von **Siedlungsverfahren** im Sinne des Ges. dienen, soweit sie nicht im Wege des ordentlichen Rechtsstreits vorgenommen werden, von allen Steuern des Reichs und der Länder, also auch von der GrdErwSt. nebst Zuschlägen befreit. Nach RFH. 7, 133 = JW. 1922, 239 Nr. 3 ist § 29 RSiedlG. durch das später erlassene GrdErwStG. nicht aufgehoben, obgleich es in diesem Gesetz nicht erwähnt ist. Die Gebühren-, Stempel- und Steuerfreiheit ist durch die zuständige Behörde ohne weitere Nachprüfung zuzugestehen, wenn das gemeinnützige Siedlungsunternehmen versichert, daß ein Siedlungsverfahren im Sinne des Gesetzes vorliegt, und daß der Antrag oder die Handlung zur Durchführung eines solchen Verfahrens vorliegt. Die Versicherung unterliegt nicht der Nachprüfung durch die Finanzbehörde.

Mit dem Zusatz der Worte „daß ein Siedlungsverfahren im Sinne des RSiedlG. vorliegt“, durch die Nov. vom 7. 6. 23 ist klargestellt worden, daß die Steuerbehörde nicht, wie RFH. 10, 285 und 289 = JW. 1923, 321 Nr. 7 angenommen hatte, befugt ist, die Versicherung des Siedlungsunternehmens in rechtlicher Hinsicht nachzuprüfen, insbesondere nach der Richtung, ob ein Siedlungsunternehmen im Sinne des Ges. überhaupt vorliegt. Vielmehr hat sich die Nachprüfung der Steuerbehörde nur noch darauf zu erstrecken, ob die Versicherung von der zuständigen Stelle und mit dem vorgeschriebenen Inhalt abgegeben worden ist; vgl. RFH. 17, 27 = StuW. IV, 518 sowie RFH. 19, 339. Nach RFH. 13, 37 steht jedoch der Steuerbehörde hinsichtlich solcher Bescheinigungen, die vor dem Ges. vom 7. 6. 23 angegeben worden sind, noch die Nachprüfung in rechtlicher Beziehung zu.

Wegen der gemeinnützigen Siedlungsunternehmungen vgl. Ponfick-Wenzel 4 zu § 1 RSiedlG. sowie Ott 171 zu § 8.

Die Steuerfreiheit gilt nicht für Grundstücksverkäufe, die nur zur Beschaffung von Geldmitteln für die eigentlichen Siedelungsaufgaben vorgenommen werden: RFH. Mrozek R. 5 zu § 8 Allg. Ebenso nicht für den Erwerb eines Hofes, der später behufs Abwendung des Vorkaufsrechts für andere Grundstücke an die Siedelungsgesellschaft übereignet wurde: RFH. 13, 37.

g) Nach dem RHeimstG. vom 10. 5. 20 (RGBl. 962) sind alle zur Begründung und Vergrößerung von **Heimstätten** erforderlichen Geschäfte und Verhandlungen von der GrdErwSt. nebst Zuschlägen befreit. Auch hier ist Steuerfreiheit ohne weitere Nachprüfung zuzugestehen, wenn der Ausgeber versichert, daß der Antrag oder die Handlung zur Durchführung eines solchen Verfahrens erfolgt. Auch hier wird eine Nachprüfung durch die Steuerbehörde in rechtlicher Hinsicht nicht zulässig sein; vgl. Hagelberg JW 1923, 321 und Ott 177 zu § 8. — Bei Weiterveräußerung der Heimstätte an einen Ehegatten, einen Verwandten gerader Linie oder bis zum dritten Grad der Seitenlinie oder einen Verschwägerten bis zum zweiten Grad unter Lebenden oder von Todeswegen wird die GrdErwSt. nur zur Hälfte, der Landeszuschlag höchstens zur Hälfte erhoben.

h) Nach der Beamten-Siedlungsverord. vom 11. 2. 24 (RGBl. I, 53) ist der Erwerb von Grundeigentum von den Steuern des Reichs und der Länder befreit, soweit er den Bedingungen des erwähnten Ges. entspricht. Es handelt sich dabei um die Erleichterung des Erwerbs und der Bebauung von Grundeigentum zu Garten- und landwirtschaftlicher Siedlung für Beamte, die auf Grund der Personalabbau-Verordn. in den dauernden Ruhestand versetzt worden sind, sowie bei Wartegeldempfängern. Die Länder sind ermächtigt, entspr. Vorschriften für ihre Beamten, Angestellten und Arbeiter zu erlassen; vgl. für Pr. das Ges. über Beamtensiedlung vom 27. 3. 24 (GS. 195). Ueber die Voraussetzungen der Steuerfreiheit entscheidet bindend für die Steuerstelle die Behörde, die die Versorgungsansprüche zu regeln hat: RFH. StuW. VI, 634.

i) Nach § 23 des Reichsges. über die **Sozialisierung** der **Elektrizitätswirtschaft** vom 31. 12. 19 (RGBl. 1920, 19) sind alle infolge dieses Gesetzes vorgenommenen Rechtsakte frei von öffentlichen Abgaben. Hierzu gehören der Erwerb von Grundeigentum in den in §§ 2 und 8 bezeichneten Anlagen sowie die Enteignung von Grundeigentum gemäß § 15. Nach RFH. 10, 9 sind jedoch nur solche Grundstücke befreit, die zum Zwecke der Sozialisierung übernommen werden oder auf die sich das Enteignungsrecht erstreckt, mag auch der Erwerb nicht im Wege der Enteignung, sondern durch Vertragsschluß erfolgen, dagegen nicht Grundstückerwerbungen im laufenden Geschäftsverkehr.

k) Nach § 1 der Verordn. über **Wasserwirtschaft** vom 22. 8. 22 (RZBl. 475 und RSTBl. 347) ist der Erwerb von Grundstücken von der GrdErwSt. nebst Zuschlägen befreit, soweit er der einheitlichen Erfüllung von wasserwirtschaftlichen Aufgaben in bestimmten Gebieten des Reichs durch die hierin berufene Körperschaft des öffentlichen Rechts dient. Nach RFH. 14, 272 gilt diese Befreiung nicht für den Grunderwerb zur Errichtung eines Verwaltungsgebäudes für eine Wassergenossenschaft, sondern nur für Grundstücke, die u n m i t t e l b a r dem begünstigten Zwecke dienen.

l) Dagegen stellt der Erlaß der Steuer gem. § 108 Abs. 1 AO. keinen Fall der Steuerfreiheit dar; er betrifft nicht die Entstehungsgrundlage, sondern nur die Erhebung der Steuer; anders die gemäß § 108 Abs. 2 AO. angeordneten allgemeinen Befreiungen bzw. Erstattungen, welche Gesetzeskraft haben; RFH. 17, 211. Daher ist auf Erlasse gem. § 108 Abs. 1 AO. der § 78 AO. anwendbar: RFH. 5, 245.

§ 10.

**Die Steuer wird auch erhoben, wenn bei inländischen Grundstücken, die**

1. **auf Grund von Vorschriften, welche nach den Artikeln 57, 58 und 59 des Einführungsgesetzes zum Bürgerlichen Gesetzbuch von dessen Bestimmungen unberührt bleiben, gebunden sind, oder**
2. **im Eigentume von Personenvereinigungen, Anstalten oder Stiftungen aller Art oder für diese im Eigentume einer natürlichen Person zu treuen Händen stehen,**

**zwanzig Jahre seit der Bindung (Nr. 1) oder dem Erwerbe (Nr. 2) oder dem letztmaligen Eintritt der Steuerpflicht nach dieser Vorschrift verflossen sind.**

**Grundstücke, zu deren rechtsgültigen Veräußerung weder eine behördliche Genehmigung noch die Zustimmung von Familienmitgliedern oder Dritten erforderlich ist und deren Veräußerungserlös nach den gesetzlichen, hausverfassungsmäßigen oder stiftungsmäßigen Bestimmungen der freien Verwendung des Veräußerers unterliegt, gelten nicht als gebunden im Sinne des Abs. 1 Nr. 1. Den im Abs. 1 Nr. 1 genannten Grundstücken stehen die Grundstücke von Gesamtgeschlechtern gleich.**

1. **Allgemeines.** a) § 10 führt die Besteuerung der in der sog. toten Hand befindlichen Grundstücke ein. Es handelt sich hierbei um die durch Gesetz oder Hausgesetz gebundenen Grundstücke, die einem Eigentumswechsel nicht unterliegen, und um Grundstücke von Anstalten und Stiftungen, die gleichfalls der Regel nach zu einer Veräußerung nicht bestimmt sind. Gleichgestellt sind jedoch sämtliche Personenvereinigungen, obgleich diese als tote Hand nicht zu bezeichnen sind, vielmehr großenteils im regsten geschäftlichen Leben stehen. Hiermit ist der Steuergrund verdunkelt. Mit demselben Recht könnte auch jedes im Eigentum einer natürlichen Person stehende Grundstück nach 20 Jahren zur Steuer herangezogen werden; vgl. AusschBer. 7 f.

Mit Recht verweist Ott 6 zu § 10 darauf, daß die besitzabgabepflichtigen Gesellschaften mit ihrem Grundbesitz auch der Reichsvermögenssteuer und der Industriebelastung sowie den landesrechtlichen Grund- und Gebäudesteuern nebst Gemeindeumlagen, u. U. daneben auch der GewSt. unterworfen sind. Die Erwägung, daß bei den Personenvereinigungen die ErbschSt. wegfällt, vermag die Sonderbestimmung von § 10 nicht zu rechtfertigen, da die Teilhaber der Vereinigungen mit dem Vermögenswert ihres Anteils an der Vereinigung der ErbschSt. unterworfen sind; vgl. hierzu auch Gr. v. Degenfeld, StuW. V, 1223 ff., wonach diese Steuer irrational ist, sowohl vom Standpunkt der Wirtschaft, als des Steuerempfängers.

Die Steuer aus § 10 stellt eine Art von Ausgleich zwischen dem befestigten und dem beweglichen Grundbesitz dar. Sie soll verhüten, daß der befestigte oder feste Besitz steuerlich zu sehr begünstigt werde. Sie hat gewisse Vorläufer hinsichtlich des gebundenen Besitzes in § 89 RStG. in der ursprünglichen Fassung und in § 95 RStG., vermeidet aber die daselbst vorgesehene jährliche Abgabe, die äußerlich eine direkte Vermögensbesteuerung darstellt; ferner hinsichtlich der juristischen Personen in Art. 20 Abs. 2 BayStG. und in § 8 Abs. 3 Sächs. Gemeinde-AbgG.

b) Im Falle der Veräußerung eines der nach § 10 steuerbaren Grundstücke sind die Steuern gemäß 1—6 ebenso zu erheben, wie bei jedem Grundstück; irgendwelche Anrechnung findet nicht statt. Dies gilt auch bei Fusion zweier Aktiengesellschaften, bei Einverleibung in ein anderes Fideikommiß u. dgl.

c) Nach Ott 8 zu § 10 ist die Besitzabgabe als **dingliche Last** zu erachten; a. M. Berolzheimer, Anm. 1 S. 93 und Stillschweig

JW. 1927, 2492, beide ohne Begründung. Nach Art. 1 des PrAG. zum ZVG. gehören zu den öffentlichen Lasten eines Grundstücks die auf einem nicht privatrechtlichen Titel beruhenden Abgaben und Leistungen, die auf dem Grundstück nach Gesetz oder Verfassung haften. Es fragt sich daher, ob die Besitzabgabe aus § 10 nach dem Gesetz auf dem Grundstück haftet. Das wird zu verneinen sein. Allerdings ist die Steuer in bestimmten Zwischenräumen von dem Eigentümer eines bestimmten Grundstücks zu entrichten, aber aus Gründen, die in der Person des Eigentümers liegen. Nach § 20 Abs. 2 ist die Steuer von dem Eigentümer, nicht von dem jeweiligen Eigentümer zu entrichten; vgl. Anm. 8 zu § 20. § 20 Abs. 2 ergibt, daß es sich um eine persönliche Verbindlichkeit handelt. Nach § 20 Abs. 3 kann in gewissen Fällen der Schuldner den Rückgriff in den Grundbesitz nehmen, aber nur kraft besonderer Genehmigung der Aufsichtsbehörde im einzelnen Fall.

2. **Voraussetzungen** des Steueranspruchs sind

a) ein inländisches Grundstück;

b) gebundener Grundbesitz oder Eigentum von Personenvereinigungen, Anstalten oder Stiftungen;

c) Ablauf von 20 Jahren seit der Bindung bzw. dem Erwerbe oder seit dem letztmaligen Eintritt der Steuerpflicht.

Die 20 Jahre müssen eine ununterbrochene Einheit darstellen. Sie laufen im Falle der Nr. 1 von der Bindung ab, im Falle der Nr. 2 vom Erwerb des Eigentums, also nicht vom Abschluß des schuldrechtlichen Vertrages (Kauf u. dgl.) ab. Der Zeitraum bis zur ersten Erhebung der Steuer beträgt nach § 28 Satz 2 nur 10 Jahre. Die Eigentumszeit des Rechtsvorgängers wird nicht angerechnet; vgl. AusschBer. 8. War die Bindung während dieser Zeit vorübergehend beseitigt oder hatte die Personenvereinigung das Grundstück inzwischen veräußert und zurückerworben, so sind die 20 Jahre unterbrochen. Wird innerhalb der Periode ohne Aufhebung der Bindung das Grundstück ganz oder teilweise innerhalb der Familienglieder veräußert, so tritt keine Unterbrechung ein; dafür ist aber diese Veräußerung steuerfrei: RFH. JW. 1927, 2593 Nr. 6. Eine Aenderung im Personenstand der Personenvereinigung, sofern diese ein Gesamthandsverhältnis darstellt, wie die off. HandGes., bewirkt keine Eigentumsänderung (Anm. 6 zu § 1), unterbricht also die 20 Jahre nicht. Ebenso Ott 17 zu § 10. (A. M. Boethke-Bergschmidt 7 zu § 10, die aber für den Wechsel der Mitglieder die Steuer nach § 15 erheben wollen. Wird die Personenvereinigung aufgelöst, so ist dies zunächst ohne Bedeutung, da sie im Liquidationsstadium fortbesteht; vgl. Ott 17 zu § 10. War eine Weiterveräußerung wegen Betrugs oder Irrtums angefochten oder sonst nichtig oder auf Grund einer Wandelung (§ 467 BGB.) rückgängig gemacht, so gelten die 20 Jahre als abgelaufen. Anders wenn ein freiwilliger Rückerwerb stattgefunden hat. War eine Zwangsversteigerung erfolgt, der Zuschlag auf Beschwerde aber aufgehoben worden, so ist gleichfalls keine Unterbrechung eingetreten. Hatte die Personenvereinigung einem Dritten eine eigentumsähnliche Stellung gemäß § 6 eingeräumt, so entbindet dies nicht von der Steuerpflicht aus § 10, sofern nur das Eigentum nach Ablauf von 20 Jahren noch nicht übergegangen ist. Dies folgt daraus, daß § 10 auch eine Personenvereinigung, die das Eigentum nur als Treuhänder für eine andere Personenvereinigung hat, für steuerpflichtig gemäß § 10 behandelt; vgl. Anm. 4 a. E. — Dasselbe gilt, wenn inzwischen ein Veräußerungsgeschäft gemäß § 5 steuerpflichtig geworden ist.

3. **Gebundene Grundstücke** im Sinne des § 10 Ziff. 1 sind:

a) nach Art. 57 EGBGB.: die im Eigentum von Landesherren oder landesherrlichen Familien stehenden, kraft Hausverfassung oder Landesgesetz gebundenen Grundstücke,

b) gemäß Art. 58 EGBGB. die Güter der vormals reichsständischen und seit 1806 unmittelbar gewordenen, sog. hochadligen Häuser, die nach Maßgabe der Landesgesetze und der Hausverfassungen gebunden sind; ebenso die Güter der Häuser des ehemaligen Reichsadels und des ihm gleichgestellten landsässigen Adels,

c) nach Artikel 59 EGBGB. die Familien-Fideikommisse und Lehen mit Einschluß der allodifizierten Lehen, sowie die Stammgüter.

Nach § 10 Abs. 2 gelten solche Grundstücke nicht als gebunden, welche frei veräußert werden können, sofern auch der Veräußerungserlös der freien Verwendung des Veräußerers unterliegt, mögen sie auch im übrigen Haus- oder Stammgüter sein.

4. **Personenvereinigungen, Anstalten oder Stiftungen.** a) Ueber den Begriff der Personenvereinigungen vgl. Anm. 2 zu § 3. Stiftungen können solche des Privatrechts (§§ 80—88 BGB.) oder solche des öffentlichen Rechts (§ 89 BGB.) sein. Anstalten gehören begrifflich dem öffentlichen Recht an; vgl. § 89 BGB. Stiftungen und Anstalten sind juristische Personen, während die Personenvereinigungen dies nicht zu sein brauchen. Auf den Zweck, den die Personenvereinigung, Anstalt oder Stiftung verfolgt, kommt es nicht an. Reine Erwerbsgesellschaften, wie Akt.-Ges., G. m. b. H., offene Handelsgesellschaften, Kom.-Ges. gehören ebenso hierher, wie ideale oder Fachvereine, sowie die Verbände des öffentlichen Rechts; vgl. jedoch § 21 Abs. 3, 4. Steuerpflichtig ist also der Grundbesitz von Innungen, Krankenkassen, Berufsgenossenschaften, Handels-, Handwerks- u. Landwirtschaftskammern, Wassergenossenschaften, Pensionskassen u. dgl. Selbst Terraingesellschaften, deren Aufgabe nicht in der Erhaltung, sondern in der Veräußerung der Grundstücke besteht, haben die Steuer zu entrichten, wenn sie — vielleicht gegen ihren Wunsch — ein Grundstück 20 Jahre im Eigentum behalten; vgl. Wünschmann JW. 1919, 795.

Die stille Gesellschaft ist jedoch keine Personenvereinigung, ebensowenig die eheliche Gütergemeinschaft oder Erbengemeinschaft vgl. RFH. 12, 71 und Ott 13 zu § 10.

b) Im Eigentum einer Personenvereinigung, die keine juristische Person ist, steht das Grundstück dann, wenn es, wie bei der Gesellschaft, den vereinigten Personen zur gesamten Hand gehört. Aber auch Quoteneigentum reicht aus (§§ 1008 ff. BGB.), sofern nur eine Vereinigung gegeben ist, nicht eine Zufallsgemeinschaft. A. M. Ott 14 zu § 10, dem darin beizutreten ist, daß das Miteigentum nach Bruchteilen an sich keine Zweckgemeinschaft bildet; es besteht aber die Möglichkeit, daß die Miteigentümer durch Vertrag eine Vereinigung zur Verwaltung und Verwertung des ganzen Grundstücks gebildet haben, ohne das Grundstück gemäß § 718 BGB. in diese Gesellschaft einzubringen.

c) Das Erbbaurecht sowie die sonstigen grundstücksgleichen Gerechtigkeiten des § 2 stehen dem Eigentum gleich. Dagegen reicht es nicht aus, wenn die Personenvereinigung alle Anteile einer Grundstücksvereinigung in einer Hand vereinigt (§ 3); in diesem Falle hat nur diese Grundstücksgesellschaft die Steuer aus § 10 zu zahlen. Eine eigentumsähnliche Stellung gemäß § 6 reicht im Sinne des § 10 nicht aus; statt dessen ist hier das Treuhandverhältnis dem Eigentum gleichgestellt.

Wirtschaftliches Eigentum ist also nicht genügend; vielmehr ergibt die Gegenüberstellung von „Eigentum von Personenvereinigungen usw." und „für diese im Eigentum einer natürlichen Person" in Nr. 2, daß das Gesetz unter Eigentum nur das juristische Eigentum begreifen will. Hätte wirtschaftliches Eigentum genügt, so wäre die Hervorhebung des Treuhandverhältnisses überflüssig. Würde wirtschaftliches Eigentum genügen, so würde Doppelbesteuerung eintreten, wenn sämtliche Anteile einer Personenvereinigung, die Eigentümerin eines Grundstücks ist, einer andern Personenvereinigung zustehen. A. M. Ott 18 zu § 10.

d) In den Fällen des § 6 wird meistens der eingetragene Eigentümer als Treuhänder zu bezeichnen sein. Dem Treuhandverhältnis können verschiedenartige Rechtsverhältnisse zugrunde liegen; meist wird es ein Auftrags- oder Dienstverhältnis sein; auch ein Gesellschaftsverhältnis kann vorliegen; die eigene Beteiligung des Eigentümers an den Erträgen des Grundstücks läßt ihn dennoch zugleich als Treuhänder erscheinen, insoweit er das Grundstück für eine Personenvereinigung verwaltet, nutzt oder verwertet. Der Treuhänder braucht nicht die Verwaltung des Grundstücks zu führen. Im allgemeinen wird ein Treuhandseigentum dann vorliegen, wenn die durch das Eigentum gewährten Rechte nicht dem Eigentümer, sondern der Personenvereinigung usw. zugute kommen sollen. Es muß genügen, wenn dies nur teilweise geschehen soll, wie ja auch das Miteigentum dem Eigentum gleichsteht. Stehen der Personenvereinigung nur einzelne Nutzungsrechte an dem Grundstück zu, z. B. Nießbrauchsrecht oder eine weitgehende Hypothek, so begründet dies allein noch nicht die Treuhandeigenschaft des Eigentümers. Im allgemeinen kann auf § 6 verwiesen werden. Treuhänder muß eine natürliche Person sein; ist es eine juristische Person oder Personenvereinigung, so hat diese die Steuer aus § 10 zu entrichten. Ist eine Erbengemeinschaft oder sonstige Zufallsgemeinschaft Treuhänder, so steht sie einer natürlichen Person gleich.

5. **Die Höhe** der Steuer beträgt nach § 17 zwei vom Hundert des gemeinen Wertes des Grundstücks. Der Veräußerungspreis (§§ 12—14) kommt hier nicht in Frage, da nach § 11 nicht der Zeitpunkt des Erwerbs, sondern der des Eintritts der Steuerpflicht maßgebend ist. Ueberschreitet der gemeine Wert den Betrag von 50 M. nicht, so wird die Steuer nach § 18 nicht erhoben.

Bewegliches Zubehör sowie Maschinen und Betriebsanlagen im Sinne des § 154 Abs. 2 AO., auch wenn sie Bestandteil sind, scheiden bei der Bewertung auch hier aus.

Jedes Grundstück begründet einen selbständigen Steuerfall, wie sich aus den Vorschriften über die Entstehung der Steuerpflicht ergibt. Daher sind die Werte mehrerer Grundstücke nicht zusammenzurechnen. Ist eine wirtschaftliche Einheit im Laufe der 20 Jahre durch Abrundungskäufe vergrößert worden, so darf nur derjenige Teil, der volle 20 Jahre im Eigentum der Personenvereinigung steht, berücksichtigt werden.

Nach § 28 Abs. 2 Satz 2 wird die Steuer das erste Mal nur in Höhe von 1 Prozent erhoben.

Zuschläge zu der Steuer für die Länder und Gemeinden sind zulässig. Nach § 38 Abs. 4 FinAusglGes. in der Fassung vom 9. 4. 27 (RGBl. 93) dürfen die Zuschläge 1 vom Hundert und bei der erstmaligen Erhebung der Steuer (§ 28 Abs. 2) $1/_{3}$ vom Hundert nicht überschreiten. Nach § 44 Abs. 2 des PrAG. zum FinAusglG. vom 5. 5. 26 (GS. 137) werden die Zuschläge zur GrdErwSt. in Stadtkreisen durch genehmungsfreien Gemeindebeschluß, in Landkreisen durch Kreistagsbeschluß festgesetzt. Vgl. Anm. 2 zu § 38 FinAusglGes.

6. **Entstehungszeit und Fälligkeit** der Steuer. Die Steuerpflicht tritt grundsätzlich 20 Jahre nach der Bindung bzw. nach dem Erwerbe des Grundstücks ein; vgl. Anm. 2. Nach § 28 Abs. 2 tritt sie jedoch zum erstenmal bereits am 1. Januar 1929 oder jedenfalls 10 Jahre seit der Bindung bzw. dem Erwerbe ein. Die Zahlbarkeit richtet sich nach §§ 29, 30.

Ist während der 20 bzw. 10 Jahre die Steuer aus § 3 erhoben worden, so ist für den fraglichen Abschnitt dieAbgabe aus § 10 nicht zu entrichten, da diese Abgabe nur einen Ausgleich für die entgehende GrdErwSt. bilden soll, Doppelbesteuerung aber zu vermeiden ist; vgl. unter Berufung auf RFH. 12, 71 Ott 7 zu § 10.

7. **Der Zahlungspflichtige** ist in § 20 Abs. 2 bezeichnet. Der Treuhänder haftet für die Steuer. Diese ist im Falle der Nr. 2 von dem Eigentümer des Grundstücks zu entrichten, worunter nur der juristische Eigentümer verstanden werden kann, da sonst im Falle des Treuhandeigentums völlige Unklarheit über die Person des Steuerpflichtigen bestehen würde.

Bei gebundenem Grundbesitz gewährt § 20 Abs. 3 dem haftbaren Inhaber ein Erholungsrecht aus der Substanz des gebundenen Vermögens. Vgl. Anm. 8 u. 9 zu § 20.

8. Befreit sind nach § 21 Abs. 3, 4 das Reich, die Länder (Bundesstaaten), die Gemeinden und Gemeindeverbände, sowie Kirchen, öffentlich zugelassene Religionsgesellschaften, ferner Personenvereinigungen und Stiftungen zu kirchlichen, gemeinnützigen und milden Zwecken, die Kirchen und Stiftungen usw. jedoch nur hinsichtlich der zu kirchlichen Zwecken bestimmten Grundstücke; vgl. Anm. 7—9 zu § 21.

9. **Anzeigepflicht** gemäß § 28 Abs. 1.

10. **Die Verteilung** der Steuer zwischen Reich und Ländern regelt das FinAusglGes. s. dort.

11. **Steuerfreie Rücklagen nach § 10 GrErwStG.** a) Bei juristischen Personen. Von juristischen Personen, d. h. von Aktiengesellschaften, Kommanditgesellschaften auf Aktien, Kolonialgesellschaften, bergbautreibenden Gesellschaften, bergbautreibenden rechtsfähigen Vereinigungen, Berggewerkschaften,

G. m. b. H. und Genossenschaften können nach § 15 Abs. 1 Nr. 1 KörpStG. neben den Werbungskosten für die Besitzabgabe des § 10 GrdErwStG. jährlich abzugsfähige Rücklagen gemacht werden. Dabei bezieht sich die Abzugsberechtigung nicht nur auf die Steuer selbst, sondern auch auf die Zuschläge der Länder, Gemeinden oder Gemeindeverbände (§ 37 FinAusglG.).

b) Steuerfreie Rücklagen der offenen Handelsgesellschaften und Kommanditgesellschaften. Im Gegensatz zu dem KörpStG. enthält das EinkStG. 1925 eine positive Bestimmung analog dem § 15 KörpStG. nicht. Die Abgabe nach § 10 GrErwStG. kann im Zahlungsjahre selbst gemäß § 16 Abs. 5 Nr. 1 EinkStG. als Werbungskosten in Abzug gebracht werden, da die Steuer zu den Betriebsausgaben gehört; vgl. Evers KörpStG. § 15 Anm. 9 S. 648; Ott 20 zu § 10.

Fraglich ist, ob bei den Erwerbsgesellschaften ohne juristische Persönlichkeit (off. HGes., Komm.-Ges.) etwaige Rücklagen steuerpflichtige Reserven sind oder ob diese Rücklagen steuerfrei in Abzug gebracht werden können. Im Gegensatz zum KörpStG. bedurfte es im EinkStG. einer solchen Vorschrift deshalb nicht, weil bei Körperschaften zwar die Abzugsfähigkeit zweifelhaft sein konnte, da es sich nicht um eine Abgabe vom Grundvermögen, sondern um eine solche handelt, die nur bestimmte Rechtssubjekte trifft, in der Steuer des § 10 aber nicht eine Grundsteuer, vielmehr eine Personalsteuer zu erblicken ist. In Anbetracht des rechtlichen Charakters dieser Abgabe wäre mangels einer positiven Vorschrift die Steuer bei den Körperschaften nicht abzugsfähig gewesen. Anders bei den Handelsgesellschaften ohne juristische Persönlichkeit. Denn bei diesen gehören die Steuern, durch welche die Mitglieder, die persönlich der Einkommensteuer unterliegen, infolge ihres Zusammenschlusses zu einer Handelsgesellschaft belastet werden, zu den Werbungskosten im Sinne des § 16 EinkStG. Man wird daher nach den Grundsätzen ordnungsmäßiger Buchführung für die künftige Steuer aus § 10 bei den Personalgesellschaften, ohne Rücksicht darauf, ob die Entstehung der Steuer bereits feststeht, der Belastung des Vermögens durch Zulässigkeit von Rücklagen Rechnung zu tragen haben. In diesem Sinne hat sich nunmehr auch der Reichsfinanzhof ausgesprochen; vgl. RFH. StuW. VI, 147; ebenso Becker StuW. VI, S. 703; Reinach StuW. VI, S. 694; Ott 20 zu § 10; a. M. Evers § 15 KörpStG. Anm. 9.

c) Berechnung der Rücklagen. Voraussetzung für die Zulässigkeit steuerfreier Rücklagen ist kaufmännische Buchführung. Die Höhe der jährlichen Rücklage richtet sich nach dem voraussichtlichen Betrag der Steuer und ist für jedes Jahr seit dem KörpStG. von 1925 anteilig abzuschreiben. Die Rückstellungen selbst bemessen sich nicht nach dem Buchwert der Grundstücke, sondern nach dem gemeinen Wert. Ist eine Gesellschaft Eigentümerin von Grundbesitz, der mit 500 000 Rm. zu Buche steht, dessen gemeiner Wert sich aber auf 800 000 Rm. beläuft, so ist am 1. Januar 1929 eine Abgabe von 1½% von 800 000 Rm. = 12 000 Rm. zu zahlen. Rücklagen aus der Inflationszeit müssen, da es sich um Papiermarkbeträge handelt, unbeachtet bleiben, weil die Umrechnung auf Goldmark nicht lohnend ist; ebenso Ott 24 zu § 10.

Haben die Gesellschaften unterlassen, in den Jahren 1925 und 1926 Rücklagen zu machen, so kann es nicht für zulässig gehalten werden, diese derart nachzuholen, daß im Jahre 1927 der dreifache Betrag eingestellt wird. Dagegen bestehen keine Bedenken, gerade mit Rücksicht auf die erwähnte Entscheidung des RFH., die den Steuerpflichtigen die Wahl zwischen Rückstellung und Nichtrückstellung läßt, von jetzt ab die Steuer auf die noch ausstehende Zeit, d. h. auf drei Jahre, zu verteilen, sofern die Grundstücke schon seit 1919 im Besitze der Gesellschaft sind. Mit Recht hat Becker a. a. O. es für zulässig erklärt, daß man den offenen Handelsgesellschaften, die erst später zu Rücklagen übergehen wollen, dies nicht verwehren dürfe, wenn nur die Kontinuität dadurch gewahrt ist, daß nicht ein Wechsel vorgenommen wird dergestalt, daß in dem einen Jahre Rückstellungen gemacht werden, diese in einem späteren Jahre unterblieben, um dann in dem kommenden Jahre wieder in Erscheinung zu treten. Die von Becker erhobene Forderung einer gleichmäßigen Behandlung des gesamten Grundbesitzes des Steuerpflichtigen erscheint deshalb nicht gerechtfertigt, weil aus wirtschaftlichen Gründen unterschiedliche Behandlung der einzelnen Grundstücke sehr wohl geboten sein kann.

d) Abzugsfähigkeit im Jahre 1929. Es ist bereits oben darauf hingewiesen, daß die Abgabe im Zahlungsjahre selbst voll abgezogen werden kann. Dies hat natürlich zur Voraussetzung, daß nicht bereits in den früheren Jahren steuerfreie Rückstellungen in voller Höhe der geforderten Zahlung gemacht worden sind. Ist das der Fall, so kommt ein Abzug im Zahlungsjahre selbst nicht mehr in Frage. Sonst kann die Abgabe im Zahlungsjahr insoweit abgezogen werden, als die Zahlung die Summe der Rücklage übersteigt. Ist die Zahlung selbst niedriger als die gemachten Rückstellungen, so tritt in Höhe des Differenzbetrages eine Erhöhung des Geschäftsgewinns des Zahlungsjahres ein; vgl. Ott 27 zu § 10.

e) Keine Abzugsfähigkeit bei der Vermögenssteuer. Hinsichtlich der Vermögenssteuer ist die Abgabe nicht abzugsfähig, da Rücklagen für die Ausgaben künftiger Jahre echte Reserven darstellen und damit steuerpflichtig sind; RFH. 17, 38.

## § 11.

**Die Steuer wird von dem gemeinen Werte des Grundstücks zur Zeit des steuerpflichtigen Rechtsvorganges, im Falle des § 10 zur Zeit des Eintritts der Steuerpflicht berechnet.**

I. **Allgemeines.** Der § 11 regelt den Berechnungsmaßstab der Steuer, und zwar sowohl der nach § 1—6 zu erhebenden eigentlichen Grundwechselsteuern, als auch der Steuer aus § 10. Ueberall wird der gemeine Wert des Grundstücks, bzw. im Sinne des § 2 der Berechtigung, für maßgeblich erklärt; vgl. auch § 152 Abs. 1 AO. Nach § 12 geht jedoch der Veräußerungspreis vor, wenn er höher ist als der gemeine Wert. § 14 stellt eine Ausnahme für den Fall auf, daß ein Grundstück in der Zwangsversteigerung zur Rettung einer Hypothek, Grundschuld, Rentenschuld oder Reallast erworben wird.

Durch Art. VIII Nr. 3 der 2. StNotVer. vom 19. 12. 23 (RGBl. I 1205) waren dem § 11 folgende zwei Sätze hinzugefügt worden:

„Die Berechnung des gemeinen Wertes oder des nach § 12—14 an seine Stelle tretenden Betrages erfolgt in Goldmark. Der Reichsminister der Finanzen kann mit Zustimmung des Reichsrates nähere Bestimmungen über die Art der Berechnung, insbesondere auch über die Umrechnung von Papiermarkwerten in Goldmarkwerte erlassen." Diese Sätze sind in der Bekanntmachung des Textes des GrdErwStG. vom 11. 3. 27 (RGBl. 72) nicht mehr übernommen worden. Wegen der erwähnten Durchführungsbestimmungen über die Art der Berechnung vgl. die Bekanntmachung vom 27. 2. 24 (RGBl. I, 156).

Das RBewG. vom 10. 8. 25 (RGBl. I, 214) ist für die GrdErwSt. nicht anwendbar; der Einheitswert ist also nicht an die Stelle des gemeinen Wertes getreten; vgl. RFH. Mrozek R. 14 zu § 5 Abs. 2.

2. a) **Der gemeine Wert** wird nach § 138 AO. durch den Preis bestimmt, der im gewöhnlichen Geschäftsverkehr nach der Beschaffenheit des Gegenstandes unter Berücksichtigung aller den Preis beeinflussenden Umstände bei einer Veräußerung zu erzielen wäre, ungewöhnliche oder lediglich persönliche Verhältnisse sind nicht zu berücksichtigen. Aehnlich schon OVG. in Staatssteuersachen 5, 326; vgl. Becker zu § 138 AO., Ott 4—15 zu § 11. Jedes Grundstück hat einen gemeinen Wert, auch wenn nur ein beschränkter Käuferkreis in Frage kommt, oder die Veräußerung aus Rechts- oder andern Gründen erschwert ist; vgl. RFH. Mrozek R. 28 zu § 11; StuW. V 552 = JW. 1927, 2545 Nr. 11. Auch Grundstücke, die nur ausnahmsweise veräußert werden, wie Kirchen, Krankenhäuser u. dergl., haben einen gemeinen Wert; vgl. Ott 12 zu § 11. Erschwerte Verkäuflichkeit kann als wertmindernder Umstand in Frage kommen; vgl. Becker 15 zu § 138 AO.

b) Der gemeine Wert bildet einen Gegensatz zum Ertragswert, d. h. zu dem durch Kapitalisierung des durchschnittlichen, nachhaltig zu erzielenden Ertrags gewonnenen Werte; vgl. OVG. 5, 63.

Auch der Bilanz- oder Buchwert des Grundstücks (§ 139 Abs. 2 AO.) kommt nicht in Betracht; vgl. RFH., JW. 1922, 728 Nr. 4.

c) Maßgebend für die Schätzung des gemeinen Wertes sind diejenigen Umstände, die zur maßgebenden Zeit (Anm. 5) bekannt waren und daher für die Preisbildung in Betracht kamen, also nicht das erst später entdeckte Vorhandensein von Kohle, Kies oder dgl.; vgl. Amtl. Mitt. 1914, 188; PrVerwBl. 36, 184; vgl. RFH. DNotV. 1926, 582.

d) Um den Verkaufswert zu ermitteln, wird in erster Linie der für das **fragliche Grundstück selbst** in neuerer Zeit (vgl. OVG. 70, 14) erzielte Preis zugrunde zu legen sein; vgl. OVG. 5, 85; 8, 311 u. 347; JW. 1915, 768. Auch der vereinbarte Veräußerungspreis des fraglichen Steuerfalles kann, wenn er unter gemeingewöhnlichen Verhältnissen zustande gekommen ist, zugrunde gelegt werden.

Grundsätzlich ist davon auszugehen, daß der vereinbarte Preis dem gemeinen Wert entspricht; vgl. RFH. Mrozek R. 1 zu § 11; jener ist nur dann außer Acht zu lassen, wenn bestimmte Umstände vorliegen, aus denen sich ergibt, daß der Preis nicht dem Werte ent-StuW. V, 83. Sofortige Bezahlung in geldknapper Zeit rechtfertigt einen Zuschlag: RFH. Mrozek R. 21, 37 zu § 11; JW. 1927, 2545 Nr. 11. Sofortige Barzahlung in geldknapper Zeit rechtfertigt einen Zuschlag: RFH. Mrozek R. 21, 37 zu § 11; St. u. W. V 83; JW. 1927, 2545 Nr. 11. Der Preis ist aber natürlich nur ein Anhaltspunkt und zwar der beste Anhalt für den gemeinen Wert; vgl. RFH. 6, 118 (123); 7, 248 (251) u. 11, 260. Bleibt bei geringen Objekten der Kaufpreis nur verhältnismäßig wenig hinter dem Betrage zurück, der äußerstenfalls als Grundstückspreis geschätzt werden könnte, so dürfen Preis und Wert als übereinstimmend behandelt und der Preis der Versteuerung zugrunde gelegt werden; die Ermittlungspflicht aus § 228 AO. soll bei geringen Objekten nicht überspannt werden. So RFH. 20, 307 = Mrozek R. 38 zu § 11 = JW. 1927, 2542 Nr. 6 = DStZtg. 1927, 344. Der bei einer Weiterveräußerung durch den Erwerber erzielte Preis bietet, falls er um den maßgebenden Zeitpunkt herum erzielt ist, einen Anhaltspunkt für Bemessung des gemeinen Werts, ist aber nicht ohne weiteres entscheidend, da er durch ungewöhnliche Umstände beeinflußt sein kann: RFH. Mrozek R. 14 zu § 5 Abs. 1; R. 14 zu § 12 Abs. 1.

e) Liegt ein derartiger Preis nicht vor, so sind die für **gleichartige**, möglichst benachbarte **Grundstücke** in letzter Zeit erzielten Preise heranzuziehen; vgl. RFH. StuW. I, 393. Naturgemäß ist darauf zu achten, ob diese Nachbargrundstücke unter gemeingewöhnlichen Umständen veräußert sind und ob sie nicht in ihrer Beschaffenheit und Verwertbarkeit von dem fraglichen Grundstück abweichen; vgl. Ott 20 zu § 11. Den Durchschnitt aus verschiedenen einwandfreien Gutachten zu ziehen, hat RFH. 8, 346 zugelassen. Dies darf aber nicht schematisch geschehen; vielmehr muß immer die Eigenart des fraglichen Grundstücks berücksichtigt werden; vgl. RFH. Mrozek R 30 zu 138 Abs. 1 AO. Bloße Kaufangebote können nur mit Vorsicht benutzt werden; vgl. RFH. Mrozek R. 12 zu § 138 Abs. 1 AO. Nach RFH. das. R. 17 ist es zulässig, bei stattgefundenem öffentlichen Ausgebot das höchste eingehende Gebot als gemeinen Wert anzusehen. Mit Recht wendet Ott 21 zu § 11 hiergegen ein, daß die höheren Angebote von persönlichen Verhältnissen der betreffenden Kaufliebhaber beeinflußt sein können.

f) Sind die Preise für gleichartige Nachbargrundstücke nicht zu ermitteln, so müssen als Hilfsmittel eine Anzahl von Unterlagen verwertet werden, wie z. B. der Grundsteuerreinertrag (OVG. 5, 89; 6, 55), der Ertrag selbstbewirtschafteter Grundstücke (vgl. RFH. 8, 346); dagegen nicht bei gewerblich benutzten Grundstücken der Ertrag des Unternehmens oder dessen Rentabilität; vgl. OVG. PrVerwBl. 37, 570 — der erzielte Pachtzins bzw. Mietertrag (OVG. 5, 63) und nur mit Vorsicht der Feuerkassenwert (OVG. 5, 231); (vgl. RFH. 8, 346) und andere Taxen (OVG. 6, 5 u. 227).

Alle diese Momente kommen jedoch nur als Unterlagen für die Schätzung des gemeinen Wertes in Betracht. Nicht gebilligt wurde vom OVG. der in Großstädten sehr beliebte Weg zur Wertermittlung, bestehend in der Feststellung des Mittels aus dem Grund- und Gebäudewert einerseits und dem Ertragswert andererseits (OVG. 6, 5 u. 298). Auch das mechanische Zusammenrechnen des Boden- und Gebäudewerts wurde abgelehnt (OVG. 6, 5; 7, 248 u. 250; 8, 308; PrVerwBl. 23, 610), ebenso die Einsetzung der Herstellungskosten (OVG. 6, 298 u. PrVerwBl. 22, 265). Die Einzelwerte sind nur Rechnungsfaktoren (OVG. 5, 341; 7, 264; 9, 367).

g) Maßgebend ist der **gewöhnliche Geschäftsverkehr**, der nicht deshalb ausgeschlossen ist, weil der Käuferkreis ein begrenzter ist;

vgl. OVG. PrVerwBl. 37, 569. Es müssen also alle Verkäufe ausscheiden, bei denen besondere Verhältnisse den Preis bestimmt haben, wie z. B. ein besonderes persönliches oder geschäftliches Interesse des Erwerbers oder ein Geschäftsverkehr, der sich unter besonderen Ausnahmeverhältnissen, wie sie etwa durch den Krieg herbeigeführt worden sind, abgespielt hat; RFH. JW. 1919, 851 Nr. 9 läßt das Ergebnis freiwilliger Versteigerungen zu, nicht aber dasjenige einer Zwangsversteigerung, bei der der Ersteher ein Hypothekengläubiger ist.

Nach RFH. StuW. V, 553 = Mrozek R. 27 zu § 11 ist das Meistgebot im Zwangsversteigerungsverfahren nicht geeignet, den wahren Wert eines Grundstücks zum Ausdruck zu bringen. — Die durch die feindliche Besatzung geschaffenen Verhältnisse sind nicht als ungewöhnliche i. S. des § 138 AO. anzusehen: RFH. Mrozek R. 32 zu § 11.

Ungewöhnlichkeit ist nicht ohne weiteres begründet bei Ankauf durch die Ansiedelungskommission (OVG. 8, 311) oder durch das Spekulationsmotiv (OVG. PrVerwBl. 36, 366; 37, 474). Gegen das Vorwalten persönlicher oder ungewöhnlicher Verhältnisse spricht die Vermutung (OVG. 8, 311).

Die **Geldentwertung** ist vom RFH. zunächst nicht zu den ungewöhnlichen Verhältnissen gerechnet worden. RFH. StuW. III, 359 = RFH. Mrozek R. 8 zu § 11; RFH. StuW. III, 537. Dagegen hat RFH. 14, 329 = StuW. IV, 20 = JW. 1925, 2039 Nr. 8 in Abweichung von dem früheren Standpunkt angenommen, daß der gemeine Wert von Grundstücken während der Inflationszeit infolge der allgemeinen Verwirrung der wirtschaftlichen Verhältnisse regelmäßig zu niedrig festgesetzt worden ist; für das Steuerwesen komme nur der wirtschaftliche Wert in Betracht. Der gewöhnliche Geschäftsverkehr im Sinne des § 138 AO. setze einen freien Markt voraus, der in der Inflationszeit nicht bestanden habe, vielmehr müßten die Verhältnisse der Kriegs- und Nachkriegszeit als ungewöhnliche Verhältnisse bezeichnet werden, die die Bildung eines freien Marktes gehindert haben, so insbesondere die Zwangswirtschaft im Mietwesen und die Geldinflation. Die Preise auch für Käufe, die unter Ausnutzung dieser ungewöhnlichen Verhältnisse zustande gekommen sind, müssen daher als Vergleichsobjekte bei Ermittlung des gemeinen Wertes ausscheiden. Der für die Hypothekenaufwertung durch die 3. StNotVer. angenommene Satz von 15 v. H. des Nennwertes könne auch für den gemeinen Wert von Grundstücken in großen Verkehrsmittelpunkten auf dem Gebiete der Zwangswirtschaft für das Ende der Inflationszeit als unterste Grenze angenommen werden. Es bliebe daneben zu prüfen, ob sich die Beschaffenheit des Gegenstandes geändert habe, insbesondere eine Verschlechterung des baulichen Zustandes eingetreten war. Bei einer Abminderung des Friedenspreises bis 15 % sei aber eine nicht ausgeglichene Abnutzung der Grundstücke bereits berücksichtigt. Nach RFH. Mrozek R. 26 zu § 11 ist dieser Satz durch die spätere Aufwertungsgesetzgebung nicht beeinflußt. RFH. 15, 183 hat daraus die Folgerung gezogen, daß bei Veranlagung nach § 5 Abs. 2 der Steuerpflichtige sich darauf berufen könne, daß der gemeine Wert bei der Veranlagung gemäß § 5 Abs. 1 zu gering angenommen sei und daß zwischen Abschluß des Kaufvertrages und Eigentumsübergang in Wahrheit eine Wertsteigerung des

Grundstücks nicht erfolgt sei, sodaß eine Steuer aus § 5 Abs. 2 nicht erhoben werden dürfe. In derselben Entscheidung führt RFH. aus, daß im allgemeinen eine erhebliche Wertsteigerung der Grundstücke seit dem Aufhören der Inflation nicht anzunehmen sei. Nach RFH. II A 1151 24 bei Ott 16 zu § 11 ist für mittlere Städte ein Betrag bis zu 30 % des Vorkriegswertes als gemeiner Wert gegen Ende der Inflationszeit angenommen worden, für kleinere Orte und für nicht durch Vermietung genutzte Grundstücke (Bauland) bis zu 100 %: RFH. Mrozek R. 14 zu § 5 Abs. 2. Für März 1924 hat RFH. StuW. IV, 266 angenommen, daß der innere Wert gegen Ende der Inflationszeit nicht gestiegen sei, obgleich die Grundstückspreise sich erhöht hätten.

i) Nach RFH. Mrozek R. 20 zu § 11 greift für Fälle von etwa Ende 1924 ab **wieder die ordentliche Art** der Wertermittelung Platz. Der gemeine Wert ist wieder durch Vergleichung mit Kaufpreisen gleichartiger Grundstücke zu ermitteln; die Bemessung nach einem Hundertsatz des Vorkriegswertes bildet nur einen Notbehelf, wenn andere Mittel nicht zur Verfügung stehen. Aehnlich RFH. Mrozek R. 24 zu § 11. Hiernach und nach RFH. StuW. VI, 38 = JW. 1927, 1446 Nr. 9 darf der gemeine Wert nicht niedriger festgestellt werden, als nach RFH. 14, 329 für das Ende des Währungsverfalls vorgesehen, es sei denn, daß inzwischen der innere Wert des Grundstücks gesunken sein sollte; wo jedoch die Verhältnisse der Inflationszeit auch im Jahre 1925 noch nicht als überwunden anzusehen waren, ist die Berechnung nach dem Vorkriegswert noch zulässig; RFH. Mrozek R. 24, 29, 31 zu § 11; nach RFH. StuW. VI, 59 ist als Vorkriegswert eines Grundstücks in der Regel der Wehrbeitragswert anzusehen. Nach RFH. Mrozek R. 13 zu § 11 ist es rechtlich ausgeschlossen, daß die Steuer hiernach den vereinbarten Preis übersteigt.

k) Für die Berechnung der Steuer aus Rechtsvorgängen der Inflationszeit ist nach RFH. 14, 190 zu entscheiden, ob die Steuerschuld vor oder nach dem 22. 12. 1923, dem Inkrafttreten des Art. VIII Nr. 3 der 2. StNotVO. entstanden ist. Für die älteren Rechtsvorgänge ist Grundstückswert und Steuer auf Papiergrundlage zu berechnen. (Anders in einem Falle, in dem der Preis schon in Goldmark vereinbart war, RFH. Mrozek R. 2 zu § 11 Satz 2). Nach RFH. Mrozek R. 17, 18 zu § 11 würde es das Richtigste sein, unmittelbar Papiermarkbeträge festzusetzen; es ist aber auch nicht ausgeschlossen, zunächst einen Goldmarkbetrag — etwa 15 % des Vorkriegswertes — zu ermitteln und diesen in Papiermark umzuwandeln. Das kann gemäß RFH. 14, 336 nicht auf Grund des Dollarkurses, sondern am zweckmäßigsten auf Grund der Lebenshaltungsteuerungszahlen des Statistischen Reichsamtes geschehen. Von diesem Betrage ist die Steuer zu verrechnen und gemäß RFH. 14, 329 auf Grund der AufwVO. vom 11. u. 18. 10. 1923 (RGBl. I 939; RStBl. 363) nach Maßgabe der Goldumrechnungssätze aufzuwerten; vgl. RFH. Mrozek R. 17, 18 zu § 11. — Ist der Steueranspruch nach dem 21. 12. 23 entstanden, so erfolgt Bewertung und Steuerberechnung in Goldmark nach den vom RFM. erlassenen Bestimmungen. Ein vereinbarter Dollarpreis ist nicht über Papiermark, sondern im Verhältnis von 4,2 zu 1 in Goldmark umzurechnen: RFH. Mrozek R. 3 zu § 11 Satz 2. — Steuerschulden, die bis zum 31. 12. 1922 entstanden sind, werden nach der StAufwVO. vom 11. 10. 23 nicht aufgewertet und bleiben daher unerhoben. Für die jetzige Zeit sind vorstehende Grundsätze daher nur noch insoweit erheblich, als entweder die Steuer nach dem 31. 12. 22 entstanden ist oder es sich um die nachträgliche Berechnung der Steuer gemäß § 5 Abs. 1 handelt; vgl. RFH. 15, 183.

l) Bei Feststellung des gemeinen Wertes ist die Beschaffenheit des Grundstücks zugrunde zu legen. Hierzu gehört in erster Linie die Lage des Grundstücks, z. B. gute Geschäfts- oder Wohnlage, Nähe öffentlicher Gebäude, bei Landgrundstücken Nähe der Eisenbahn oder der Ortschaft. Hierzu kommt die Benutzungsfähigkeit des Grundstücks selbst, für welche die zur Zeit geltende Benutzungsart nur einen Anhaltspunkt bietet (OVG. 7, 309; RG. JW. 02, 534). Andererseits haben aber Benutzungsarten, welche sich in absehbarer Zeit nicht verwirklichen lassen, auszuscheiden (RG. Gruch. 27, 1045). Dies gilt besonders für die Bebaubarkeit des Grundstücks. Eine solche setzt zwar nicht voraus, daß das Grundstück an einer bereits fertiggestellten Straße gelegen sei (RG. 21, 368; EisnbE. 15, 348), auch die Aufnahme in einen Bebauungsplan ist nicht entscheidend (RG. JW. 02, 323, EisE. 19, 223); es muß aber nach den tatsächlichen Verhältnissen die wirtschaftliche Möglichkeit einer Verwendung als Bauland in absehbare Nähe gerückt sein (OVG. PrVerwBl. 21, 600; RG. PrVerwBl. 26, 605) u. RFH. I A 209, 26 bei Ott 8 zu § 11, vgl. auch § 36 des unmittelbar nicht anwendbaren RBewG. Das Grundstück muß bereits in das Bebauungsgebiet hineingewachsen sein (BayVerwGH. JW. 1918, 636). Bei der Bewertung eines noch aufzuteilenden Baugeländes können nur gleichartige Grundstücks komplexe herangezogen werden, der Preis einzelner Baustellen dagegen nur in Ermangelung jener als Schätzungsanhalt (Thür. OVG. JW. 1918, 384).

Als Industriegelände kann das Grundstück nur bewertet werden, wenn die Industrie Neigung zeigt, sich in der fraglichen Gegend nicht nur vereinzelt anzusiedeln und das Grundstück für industrielle Unternehmungen auch geeignet ist; vgl. RFH. Mrozek R. 11 zu § 138 Abs. 1 AO.

m) Zu berücksichtigen ist auch die besondere Eignung des Grundstücks für bestimmte Gewerbebetriebe, sei es nach der Lage (Bahnanschluß!), vorhandener natürlicher Wasserkraft (RFH. 22, 126), sei es nach Gewöhnung bestimmter Kundenkreise an dieses Grundstück (FME. 8. 8. 11 III 13234 DNotV. XII 216 und RFH. StuW. II 617, insbesondere bei einem langjährigen Apothekengrundstück (RFH. 1, 222; JW. 1920, 65 Nr. 2), sowie RFH. 2, 133 und 306; 4, 158; 8, 9) oder Gasthof (OVG. PrVerwBl. 37,299; OVG. 64, 55, Amtl. Mitt. 1914, 13); sei es nach der Beschaffenheit des Gebäudes (Fabrikgebäude, Mühle u. dergl.); vgl. OVG. PrVerwBl. 21, 230.

n) Dagegen kann eine werterhöhende Eigenschaft nicht aus persönlichen Verpflichtungen hergeleitet werden, die der Verkäufer im Kaufvertrage dem Käufer gegenüber übernimmt, z. B. zur Anlage eines Bahnanschlusses; RFH. 1, 134 und Ott 10 zu § 11 bejaht im Anschluß an Popitz ArchöffR. 40, 144 und OVG. bei Lion ZuwStG. 129, daß auch die Eignung eines Grundstücks zum Bordell berücksichtigt werden darf. Diese Frage ist aber unbedingt zu verneinen. Wird für das Grundstück mit Rücksicht auf den Bordellzweck ein besonders hoher Preis vereinbart, so ist dieser nach § 12 ohnehin maßgebend. Wird das Grundstück aber zu einem geringeren Preise verkauft, weil der Erwerber es zu bürgerlichen Zwecken verwenden will, so kann unmöglich darauf verwiesen werden, daß das Grundstück im Falle der Verwendung als Bordell einen höheren Preis hätte bringen können. Eine derartige Verwendung kann nicht als in den gewöhnlichen Geschäftsverkehr fallend bezeichnet werden.

o) Bei landwirtschaftlichen Grundstücken ist zu unterscheiden, ob sie nur für leichtere Früchte oder auch für Weizen, Hafer- und Rübenbau geeignet sind. Bei Gebäuden kommt es naturgemäß auf deren Beschaffenheit, Einrichtung und baulichen Zustand an; jedoch bilden die tatsächlich aufgewendeten Baukosten nur einen Anhalt für die Wertbemessung (OVG. 10. 6. 13 bei Boethke. PrVerwBl. 35, 280 Nr. 61; RFH. StuW. I 392; RFH. 8, 346; 11, 59).

p) Die Feststellung des gemeinen Wertes erfolgt aber ohne besonderes Verfahren bei der Steuerfestsetzung gemäß § 29. Sie ist Sache des Finanzamts, das von dem Steuerpflichtigen zur Ermittlung des gemeinen Werts dienliche Angaben, nicht aber die Angabe des gemeinen Werts selbst verlangen kann: RFH. StuW. II, 270. Eine etwa zum Zweck der Grundsteuer bereits erfolgte Festsetzung des gemeinen Wertes durch die Gemeindebehörde ist nicht verbindlich, sondern bildet nur eine Unterlage. Landesgesetzliche Vorschriften über die Wertfestsetzung sind nicht maßgebend, soweit sie sich mit dem Reichsrecht nicht decken: RFH. Mrozek R. 2 zu § 11. Auch von einem voraussichtlichen Vermögenssteuerwert darf nicht ausgegangen werden, von einem tatsächlich festgestellten nur dann, wenn der maßgebende Zeitpunkt, für den diese Feststellung erfolgt ist, von dem Stichtag nach § 11 nicht zu weit abliegt: RFH. Mrozek R. 7 zu § 11. Mit Rücksicht hierauf kann der Vermögenssteuerwert immer nur als Anhaltspunkt verwertet werden: RFH. Mrozek R. 9, 19 zu § 11; auch wenn ein Hundertsatz des Vorkriegswertes zu vermitteln ist, darf der Vermögenssteuerwert nicht einfach zugrunde gelegt werden, vielmehr ist die Höhe des Hundertsatzes in jedem Einzelfall zu ermitteln; RFH. Mrozek R. 15 zu § 11.

Ein Angriff gegen die Feststellung des gemeinen Wertes mit der Rechtsbeschwerde ist nur unter dem Gesichtspunkt möglich, daß der Rechtsbegriff des gemeinen Wertes verkannt sei oder daß das Verfahren an wesentlichen Mängeln leide (§ 266 RAbgO.). Ein Mangel liegt z. B. vor, wenn das Gutachten nicht ersehen läßt, welche Grundstückspreise zum Vergleich herangezogen sind; RFH. Mrozek R. 1 zu § 138 AO.; R. 3 zu § 11; daß es den Parteien nicht vollinhaltlich mitgeteilt und ihnen nicht Gelegenheit zu Einwendungen dagegen gegeben sei (OVG. 13. 4. 15 VII C 592, 14; JW. 1915, 769); vgl. § 205 AO.; ist die Mitteilung unterblieben, so muß sie im Rechtsmittelverfahren nachgeholt werden, falls der Steuerpflichtige es beantragt oder der Inhalt der Rechtsmittelschrift sonst Veranlassung dazu gibt; vgl. § 240 AO.; vgl. auch RFH. 7, 248 (251). Auch das Ergebnis einer Beweisaufnahme ist dem Steuerpflichtigen mitzuteilen, wenn sich die angefochtene Entscheidung auf sie stützt; RFH. 6, 248. Die Mitwirkung von Beamten der betr. Kommunalbehörde als Gutachtern wurde als nicht unbedenklich bezeichnet; die Katasterkontrolleure dagegen als besonders geeignet; vgl. die Entscheidung der OVG. bei Strutz, JW. 1915, 769. Das Gutachten muß die Schätzungsunterlagen erkennen lassen (vgl. OVG. bei Boethke, PrVerwBl. 35, 281 Nr. 80 sowie RFH. Mrozek R. 1 zu § 138 AO. Die Berufung auf eigene Kenntnis ist nicht ausreichend, wenn für die Ermittlung des gemeinen Wertes Unterlagen angeboten und Beweise angetreten werden; vgl. RFH. II A 241 25 bei Ott 26 zu § 11. Eigene Sachkunde der Gerichtsmitglieder kann aber sonst verwendet werden; vgl. § 258 AO. und RFH. StuW. I, 727; inwieweit das Finanzgericht eines Sachverständigen bedarf, steht in seinem Ermessen: RFH. StuW. II, 783. Unzulässig, den Durchschnitt zweier Gutachten, die von unrichtigen Gesichtspunkten ausgehen, zugrunde zu legen (OVG. a. a. O. S. 280 Nr. 62).

q) Ein **Vergleich** über die Bewertung oder über den Steueranspruch ist nach RFH. 18, 92 unwirksam. Dagegen Ott 29 zu § 11 unter Berufung darauf, daß der Steuerpflichtige gegen willkürliche Behandlung durch die Steuerbehörde dadurch geschützt sei, daß ein Rechtsmittelverzicht vor Erlaß des Steuerbescheides unwirksam ist, falls die Anerkennung der Rechtswirksamkeit den Pflichtigen der Willkür der Behörde preisgeben würde; RFH. 16, 1 und 19, 30.

r) Nach § 228 Satz 2 AO. kann der Steuerbescheid von der Rechtsmittelbehörde auch zum Nachteil des Steuerpflichtigen, der das Rechtsmittel eingelegt hat, geändert werden, wenn und soweit neue Tatsachen oder Beweismittel bekannt geworden sind, die eine solche Aenderung rechtfertigen oder wenn diese Aenderung sich auf eine abweichende rechtliche Beurteilung gründet. Nach § 212 Abs. 2 AO. ist eine **Neuveranlagung** zulässig, wenn neue Tatsachen und Beweismittel kekannt werden, die eine höhere Veranlagung rechtfertigen. Nach RFH. 11, 58 stellt es aber keine neue Tatsache dar, wenn die Steuerbehörde ihre frühere Schätzung später als zu niedrig erkennt, und kein neues Beweismittel, wenn ein im Veranlagungsverfahren zunächst nicht zugezogener Sachverständiger in seinem Gutachten das Grundstück, sei es auch auf Grund einer andern Schätzungsmethode, höher bewertet als dies bei der ersten Veranlagung geschehen ist. Wenn dagegen die tatsächlichen Unterlagen der ersten Schätzung z. B. Größe, Lage, Beschaffenheit des Grundstücks, seine hypothekarische Bestellung usw. sich nachträglich als wesentlich unrichtig herausstellen, liegen neue Tatsachen vor; vgl. RFH. StuW. II, 53. Daß ein Grundstück später zu einem höheren Preis verkauft worden ist, stellt noch keine neue Tatsache dar; vgl. Becker 9 zu § 212 AO. und Ott 27 zu § 11 gegen RFH. StuW. II, 515.

s) Von praktischer Bedeutung ist besonders die spätere Feststellung, daß ein **Schwarzkauf** vorgelegen hat und die Veranlagung auf Grund der unrichtigen Beurkundung des Kaufpreises erfolgt war, insbesondere auch, wenn von dem beurkundeten Kaufpreis als gemeinen Wert ausgegangen war oder wenn der geschätzte gemeine Wert zwar den beurkundeten Kaufpreis überstiegen, den wirklich vereinbarten Kaufpreis aber nicht erreicht hat. Ist die frühere Veranlagung auf Grund des § 12 erfolgt und erweist sich der beurkundete Kaufpreis als unrichtig, so ist Neuveranlagung ohne weiteres zulässig. Es fragt sich jedoch, ob in diesem Falle die Neuveranlagung nach dem gemeinen Wert unter Zugrundelegung von RFH. 14, 329 in Höhe von 15 % des Vorkriegswertes erfolgen kann. Die Frage wird zu bejahen sein, da die Neuveranlagung eine neue selbständige Veranlagung ist, die wiederum gemäß § 12 den Veräußerungspreis nur zugrunde legen darf, wenn er höher als der gemeine Wert ist. War die erste Veranlagung nach dem gemeinen Wert erfolgt, so ist die Neuveranlagung nur zulässig, wenn bei Festsetzung des gemeinen Wertes von dem beurkundeten Veräußerungspreis ausgegangen war; vgl. hierzu RFH. StuW. II, 53.

t) Die auf dem Grundstück ruhenden **privatrechtlichen Lasten** sind bei der Ermittelung des gemeinen Wertes nicht in Abzug zu bringen, da sie nicht den Wert des Grundstücks, sondern nur den des Eigentums beeinträchtigen; vgl. OVG. PrVerwBl. 23, 549. Dies gilt in erster Linie von Hypotheken, Grundschulden und Rentenschulden, die vom gemeinen Wert nicht abgezogen werden dürfen. Nach RFH. Mrozek R. 30 zu § 11 = StuW. V, 633 (vgl. Becker 18 zu § 138 AO. und StuW. II, 619) können aber die Bedingungen bei Hypotheken wie bei Vermietung und Verpachtung u. U. werterhöhend wirken, gegebenenfalls auch wertmindernd, so z. B. bei besonders geringer bzw. hoher Zinslast oder einem langjährigen Mietsverhältnis mit besonders günstigen bzw. ungünstigen Bedingungen. Bestritten ist hingegen die Behandlung dauernder Lasten, wie es das Erbbaurecht ist, sowie beschränkter persönlicher Dienstbarkeiten und des Nießbrauchs. RFH. 16, 56 hält die Berücksichtigung beschränkter persönlicher Dienstbarkeiten (§ 1090 BGB.) bei der Festsetzung des gemeinen Wertes auch für gerechtfertigt in einem Falle, in dem die Verkäuferin (Stadtgemeinde) sich eine beschränkte persönliche Dienstbarkeit vorbehalten hatte, wonach das Grundstück nicht für Gewerbe oder Lagerplatz benutzt und in dem Gebäude kein Gewerbebetrieb eingerichtet werden durfte. Wie das Grundstück in dem tatsächlichen Zustand zu bewerten ist, in dem die Parteien es zum Gegenstand des schuldrechtlichen Vertrages gemacht haben (RFH. 9, 61 und 13, 293), so muß die Bewertung auch in dem zwischen den Parteien vereinbarten rechtlichen Zustand erfolgen. RFH. 16, 264 = StuW. IV, 453 behandelt die Frage grundsätzlich und stellt fest, daß Hypotheken und Grundschulden den Wert nicht beeinflussen, während andere Lasten wertvermindernd wirken können. Ob dies im einzelnen Falle zutrifft, richtet sich nach § 138 AO., wonach der gemeine Wert gleich dem Preise ist, der im gewöhnlichen Geschäftsverkehr erzielt werden kann. Der Begriff des Preises ergibt sich aber wiederum aus § 12 GrdErwStG. Um bei der nach §§ 11, 12 stets gebotenen Vergleichung beider Maßstäbe zu keinem Scheinergebnis zu kommen, muß man das, was für den Preis gilt, regelmäßig auch auf den Wert anwenden. Demnach wurde die Uebernahme eines auf dem Grundstück eingetragenen Ausgedinges nicht für abzugsfähig erklärt, da es auch nach § 12 dem Preise hinzuzurechnen wäre. Baut man auf dieser Grundlage weiter, so kann ein auf dem Grundstück eingetragener Nießbrauch oder Wohnungsrecht nicht zur Herabsetzung des gemeinen Wertes führen, da ja auch Vorbehalt von Nutzungen nach § 12 dem Preise hinzuzurechnen sind. Ebenso Ott 42 zu § 11. Dasselbe gilt von Reallasten, auf Grund deren Leistungen aus dem Grundstück zu entrichten sind. Soweit dagegen auf Grund der Dienstbarkeit die Ausübung eines Rechts ausgeschlossen ist oder gewisse Handlungen nicht vorgenommen werden dürfen (Verbotsdienstbarkeiten), mindert diese Last den gemeinen

Wert. Zweifelhaft ist die Behandlung des Erbbaurechts, das nach Ott 40 zu § 11 abzugsfähig ist, während Mirre, ZtgStfr. 1926, 21 wegen der Möglichkeit der Steuerumgehung die Abzugsfähigkeit verneint. Berolzheimer 5 zu § 11 will auf die Verkehrsauffassung abstellen. Dem Standpunkt von Mirre wird beizutreten sein, da der Gegenstand des Erbbaurechts einer vorbehaltenen Nutzung sachlich gleichsteht. Steht das Gebäude im Eigentum des Erbbauberechtigten, so ist sein Wert nach § 153 Abs. 2 AO. nicht zu berücksichtigen. Das Bergwerkseigentum ist abzugsfähig, da es die nach § 905 BGB. dem Eigentümer zustehende Herrschaft über den Erdkörper unter der Oberfläche beschränkt. Hat der Erwerber die GrdErwSt. ganz übernommen, so darf die halbe Steuer dem gemeinen Wert nicht hinzugerechnet werden; RFH. Mrozek R. 15 zu § 1; StuW. IV, 264.

Verfügungsbeschränkungen persönlicher Art, insbesondere solche, die auf letzwilligen Anordnungen beruhen, sind gemäß § 138 Abs. 2 AO. als lediglich persönliche Verhältnisse zu betrachten und deshalb nicht zu berücksichtigen. Ein Wiederkaufsrecht wirkt als persönliche Belastung nicht wertvermindernd (vgl. RFH. 16, 56), ebenso wenig ein persönliches oder dingliches Vorkaufsrecht; vgl. RFH. StuW. V, 633 = Mrozek R. 30 zu § 11, JW. 1917, 2545 Nr. 11; auch ein Pachtrecht hat in der Regel keinen besonderen gem. Wert, falls der Pachtzins angemessen ist = RFH. StuW. VI, 637. Dagegen wirken allgemeine, öffentlich-rechtliche Belastungen wertvermindernd, so z. B. Baubeschränkungen; vgl. OVG. 58, 131 oder Patronatslasten oder sonstige gemeine Lasten; vgl. RFH. 18, 197 (200).

3. **Das Grundstück** bildet den Gegenstand der Bewertung. a) Ueber Begriff und Umfang des Grundstücks vgl. § 1 Anm. 2 und 3. Dort ist auch die Frage erörtert, inwieweit Bestandteile und Zubehör mitzuberücksichtigen sind. Wegen Apotheken- und Gewerbekonzession, Firma und Kundschaft vgl. oben Anm. 2 m). Nach § 137 Abs. 2 AO. ist jede wirtschaftliche Einheit für sich zu bewerten und ihr Wert im ganzen festzustellen. Hieraus folgt die Unzulässigkeit, den gemeinen Wert durch Zusammenrechnen von Boden- und Bauwert zu ermitteln. Eine wirtschaftliche Einheit ist etwas anderes als die Summe ihrer Teile; so Becker 4 zu § 137 AO. Bildet aber ein Grundstück A mit einem auf dem Grundstück B errichteten, aber dem Eigentümer von A gehörigen Gebäude eine wirtschaftliche Einheit, so ist bei Veräußerung des Grundstücks A nur der Wert dieses Grundstücks ohne das Gebäude bei B zu berücksichtigen, da das Gebäude eine bewegliche Sache darstellt; so OVG. 11, 59. Im Falle des Ueberbaues (§§ 912 ff. BGB.) ist der Wert des überbauten Gebäudeteils nicht dem Eigentümer des überbauten Grundstücksteils, sondern dem Ueberbauenden zuzurechnen; vgl. OVG. 11, 59. Das gilt insbesondere bei der Eigentumsübertragung gemäß § 915 BGB., wobei die GESt. nur von dem Wert des überbauten Grundstücksteils zu berechnen ist; vgl. OVG. PrVerwBl. 37, 365.

b) Bildet ein **Miteigentumsanteil** den Gegenstand der Veräußerung, so darf nicht als wertmindernd berücksichtigt werden, daß ein Bruchteil für sich schwerer verkäuflich ist als ein Grundstück im Ganzen; RFH. StuW. VI, 38 = JW. 1927, 2542 Nr. 5. (Stillschweig das. beitretend). Mit Recht bekämpft Ott 32 zu § 11 diese Entscheidung. § 140 AO., auf den RFH. sich beruft, kann nur zur

Anwendung kommen, wenn das ganze, mehreren Miteigentümern gehörige Grundstück zur Veräußerung kommt. Bei selbständiger Veräußerung eines Anteils ist § 138 AO. maßgebend, wonach alle den Preis beeinflussenden Umstände zu berücksichtigen sind. Zu den persönlichen Verhältnissen gehört die Eigenschaft als Eigentumsbruchteil nicht. RFH. 21, 208, StuW. VI, 522 hat jedoch an seinem Standpunkt festgehalten. Wegen Bahneinheiten vgl. Ott 50 zu § 11 und RFH. 11, 322.

c) Das Grundstück ist **in demjenigen Zustand** zu bewerten, in dem die Beteiligten es zum **Gegenstand des schuldrechtlichen Vertrages** gemacht haben; vgl. RFH. 9, 61; 13, 293. Ist also eine Baustelle verkauft, so ist der Wert eines vom Erwerber zwischen Kaufabschluß und Eigentumsübergang errichteten Gebäudes nicht zu berücksichtigen. Entsprechend, wenn der Veräußerer sich den Abbruch eines Gebäudes vorbehalten hat. Hat der Veräußerer es übernommen, im Auftrage und für Rechnung des Erwerbers die verkaufte Baustelle zu bebauen, so kommt es darauf an, ob Kauf und Bauvertrag im inneren Zusammenhang stehen. In diesem Falle ist das Grundstück mit dem Gebäude als Einheit zu bewerten; vgl. hierüber im übrigen Anm. 3h zu § 1 und Anm. 2c zu § 12. Bei einem Landgut, das unbestellt oder kurz nach der Bestellung verkauft und übergeben wird, ist demgemäß der Mehrwert, der durch Bestellung bzw. durch das Reifen entsteht, nicht zu berücksichtigen; umgekehrt ist eine mitverkaufte Ernte auch dann zu berücksichtigen, wenn sie bis zur Eigentumsänderung durch Hagelschlag und dergleichen vernichtet wird; RFH. 13, 293.

d) In den Fällen des § 2 tritt an die Stelle des Grundstücks die grundstücksgleiche Gerechtigkeit, auf deren gemeinen Wert es ankommt. Das Bauwerk ist wesentlicher Bestandteil des Erbbaurechts. Daneben kommt das Recht auf Bodennutzung in Frage. Diese wird durch den zu zahlenden Erbbauzins vielfach aufgewogen werden, so daß die Bodennutzung gleich Null zu bewerten ist; vgl. RFH. 15, 188. Hiernach ist bei der Bewertung auch die Beschränkung auf bestimmte Zeit sowie etwaige Vereinbarungen über den Verbleib des Bauwerks am Ende der Zeit zu berücksichtigen. Wegen des Bergwerkeigentums vgl. Ott 47, 48 zu § 11.

e) In den Fällen des § 3 hingegen ist nicht der Wert des Vermögens der Personenvereinigung, sondern der Wert des Grundstücks maßgebend. Die übrigen Vermögensgegenstände der Personenvereinigung bleiben unberücksichtigt, ebenso ihre Schulden, insbesondere die Hypothekenschulden; vgl. RFH. 7, 145.

f) Auch bei der Besteuerung gemäß § 5 oder § 6 ist der Wert des Grundstücks maßgebend; eine Minderung mit Rücksicht auf das beschränkte Recht des Erwerbers findet nicht statt; ebenso ist in den Fällen des § 10, insbesondere bei gebundenem Grundbesitz, der Wert des Grundstücks selbst maßgebend, obgleich eine Veräußerung nicht angängig ist. Die Bewertung hat also zu erfolgen, wie wenn das Grundstück frei veräußerlich wäre.

4. **Maschinen- und Betriebsvorrichtungen** sind nach der besonderen Vorschrift des Satz 2 der ursprüngl. Fassung, der durch § 460 AO. mit Rücksicht auf § 154 Abs. 2 AO. gestrichen ist, abzurechnen.

a) Hiernach ist das bewegliche Inventar nicht zu berücksichtigen und der Wert von Maschinen sowie sonstigen Vorrichtungen aller Art, die zu einer Betriebsanlage des Grundstücks verwandt sind, abzurechnen oder nicht zu berücksichtigen. Dies gilt auch dann, wenn es sich um wesentliche Bestandteile handelt. Nach der Begründung S. 21 sollte die Steuer auf den Grund und Boden und die daraufstehenden Gebäude beschränkt werden, weil ein Uebergriff der Besteuerung auf Betriebsvorrichtungen in die Besteuerung den Charakter einer Gewerbesteuer oder einer Belastung der landwirtschaftlichen Produktion hineinbringen würde. Die Sonderbestimmung hinsichtlich der Maschinen wurde für nötig gehalten, da diese nach der Rechtsprechung des Reichsgerichts vielfach als wesentliche Bestandteile des Grundstücks betrachtet werden.

b) Zu den sonstigen Vorrichtungen aller Art gehören Dampfkesselgefäße, Röhrenanlagen für Betriebszwecke, Haustelephone u. dgl.

Nach RFH. 5,44 kommen nur solche Anlagen, die einen gewerblichen Betrieb einschließlich Urerzeugung und Handel bestimmt sind, in Betracht, nicht dagegen Sammelheizungs-, Warmwasser- und Fahrstuhlanlagen; auch dann nicht, wenn das Grundstück gewerblichen Zwecken dient, es sei denn, daß die Heizungsvorrichtungen eine besondere Beziehung zu einem Gewerbebetrieb haben, wie Webe- und Trockenanlagen: RFH. 7, 43. Badeöfen und Badewannen in einem Miethause sind bei der Bewertung des Grundstücks mit zu berücksichtigen, nicht abzuziehen; nur in Orten, wo Oefen und Badewannen als Mobilien angesehen werden, ist es anders: RFH. 7, 127. Nicht erforderlich ist, daß die Vorrichtungen den Zwecken einer auf dem Grundstück vorhandenen Betriebsanlage dienen.

Es macht bei all diesen Vorrichtungen keinen Unterschied, ob sie wesentliche oder nichtwesentliche Bestandteile des Grundstücks sind. Vorausgesetzt ist nur, daß sie in eine auf dem Grundstück befindliche Betriebsanlage zum Zwecke der Aufstellung eingebracht sind.

Die Vorrichtung kann auch in der Betriebsanlage selbst bestehen, diese ganz und gar ausmachen, vorausgesetzt, daß sie sich nicht als Gebäude darstellt. Eine Bockwindmühle wurde daher als Vorrichtung im Sinne des § 154 Abs. 2 AO. erachtet: RFH. 18, 53; ein Wasserkraftwerk: RFH. 22, 226.

Der Betrieb mag ein gewerblicher, wissenschaftlicher oder künstlerischer sein, ein privater oder öffentlicher. Er mag von dem Eigentümer oder einem Dritten betrieben werden.

c) Zubehörstücke fallen als bewegliches Inventar ohne weiteres aus dem Rahmen der GESt. heraus; vgl. § 1 Anm. 3; sie unterliegen aber den landesrechtlichen Abgaben, z. B. Stempelsteuern. A. M. Karger, PrVerwBl. 1925, 340; wie hier Ott, 35 zu § 11. Ein „Geleisbeitrag" (Vergütung für die Benutzbarkeit eines auf dem städtischen Gelände liegenden Ladegeleises) fällt nicht unter § 154 Abs. 2 AO., weil er nicht Kaufpreis für die Geleisanlage ist, sondern eine Vergütung für eine werterhöhende Eigenschaft des Grundstücks darstellt: RFH. Mrozek, R. 5 zu § 11.

5. **Der Zeitpunkt,** welcher für die Bewertung des Grundstücks maßgebend ist, ist der des steuerpflichtigen Rechtsvorganges. Für die Fälle des § 1 vgl. § 4;

Maßgebend ist also der Wert zur Zeit des Eigentumsübergangs, nicht der Abschluß des schuldrechtlichen Veräußerungsgeschäfts. Vgl. RFH. 13, 120 und 293; a. M. Berolzheimer 10 zu § 11; bei sog. Schwarzkäufen, die nachträglich wirksam werden, entscheidet der Tag der Umschreibung des Eigentums, obwohl letzterer an jenem Tage nichtig war: RFH. Mrozek, R. 36 zu § 11; für die Fälle des § 3 vgl. Anm. 4 und 5 daselbst; (RFH. 6, 334, insbes. 337); für die Fälle des § 5 Anm. 9, 10 daselbst.
Nach RFH. 6, 118 ist der Zeitpunkt des Geschäftsabschlusses maßgebend, nicht der Ablauf eines Jahres, ebenso RFH. StuW. VI, 17 = JW. 1927, 1446 Nr. 9. Unterliegt aber das Geschäft einer Genehmigung (Ehemann, Vormundschaftsgericht, Landrat oder dgl.), so ist der Tag der Erteilung der Genehmigung maßgebend: RFH. StuW. VI, 445.

In den Fällen des § 6 ist der Zeitpunkt maßgebend, in dem der Erwerber die eigentumsähnliche Stellung wirklich erlangt, vgl. Anm. 3 zu § 6. Ueber Veränderung des Wertes zwischen Kauf und Uebereignung durch Neubauten u. dgl.; vgl. Anm. 3h zu § 1; und oben Anm. 3c. Für die Fälle des § 8 Nr. 5 u. 6 (Aufnahme eines Fremden in die Vereinigung) ist der Zeitpunkt der Einbringung des Grundstücks maßgebend, nicht der der Aufnahme des Fremden; vgl. Anm. 8f zu § 8. — Wegen des Zeitpunktes bei Auseinandersetzung unter Gesellschaftern vgl. RFH. Stuw. VII, 96.

Für die Fälle des § 10 ist der Eintritt der Steuerpflicht für maßgebend erklärt, also der Ablauf des zehnjährigen (§ 28 Abs. 2) bzw. des zwanzigjährigen (§ 10) Zeitraumes; vgl. Anm. 6 zu § 10.

## § 12.

**Ist der Veräußerungspreis höher als der gemeine Wert des Grundstücks, so tritt er an die Stelle des gemeinen Wertes.**

**Der Veräußerungspreis bestimmt sich nach dem Gesamtbetrage der Gegenleistung, einschließlich der vom Erwerber übernommenen oder ihm sonst infolge der Veräußerung obliegenden Leistungen und der vorbehaltenen oder auf dem Grundstück lastenden Nutzungen und bei Verträgen über Leistung an Erfüllungs Statt nach dem Werte, zu dem die Gegenstände an Erfüllungs Statt angenommen werden. Die auf einem nicht privatrechtlichen Titel beruhenden Abgaben und Leistungen, die auf dem Grundstück kraft Gesetzes lasten (gemeine Lasten), werden nicht mitgerechnet. Ist einem der Vertragschließenden ein Wahlrecht oder die Befugnis eingeräumt, innerhalb gewisser Grenzen den Umfang der Gegenleistung zu bestimmen, so ist der höchstmögliche Betrag der Gegenleistung maßgebend.**

**Wenn die Beteiligten zum Zwecke der Steuerersparung einen Teil des Entgelts in die Form einer Vermittlungsgebühr, einer den üblichen Zinssatz erheblich übersteigenden Verzinsung des gestundeten Preises oder einer sonstigen Nebenleistung kleiden, so ist der als Teil des Entgelts anzusetzende Betrag durch Schätzung zu ermitteln.**

**1. Allgemeines.** Neben dem gemeinen Wert des Grundstücks kommt als Berechnungsmaßstab der Veräußerungspreis in Betracht, falls er den gemeinen Wert übersteigt. Die Steuerbehörde hat daher in jedem Falle einen Vergleich zwischen dem gemeinen Wert und dem Veräußerungspreis vorzunehmen. § 12 kommt jedoch nur für die Steuerfälle der §§ 1—6 in Betracht, während für § 10 nur der gemeine Wert maßgebend ist.

Die der Steuerbehörde eingeräumte Wahl zwischen dem Veräußerungspreis und dem gemeinen Wert soll Umgehungsmöglichkeiten ausschließen, die bei der Vereinbarung des Veräußerungspreises gegeben wären; andererseits soll eine Kontrolle dafür geschaffen werden, daß nicht der gemeine Wert überspannt wird.

Der Absatz 2 setzt sich aus Vorschriften zusammen, die dem § 8 Abs. 2 ZuwStG. und dem § 7 Abs. 2 der Musterumsatzsteuerordnung nachgebildet sind. Er will ferner die Schwierigkeiten fortschaffen, welche nach dem geltenden Stempelrecht insofern bestanden, als nur die übernommenen Leistungen zu berücksichtigen waren, dagegen nicht auch die infolge des Gesetzes übergehenden, wie z. B. Reallasten, Rentenbankrenten, Ansiedlungsrenten und bereits eingetragenen Altenteile. Vgl. Begründung S. 21 ff.

Absatz 3 will Umgehungen verhüten, indem an die Stelle eines Teils des Veräußerungspreises gewisse Nebenleistungen gesetzt werden, die nicht ohne weiteres als Entgelt erkennbar sind.

**2. Der Veräußerungspreis** deckt sich mit der Gegenleistung für das Grundstück auf Grund des Veräußerungsvertrages. Der bei einer Weiterveräußerung seitens des Erwerbers erzielte Preis ist für die Besteuerung des Erwerbsvorganges nicht maßgebend und kommt höchstens als Anhaltspunkt für den gemeinen Wert in Betracht: RFH. Mrozek, R. 14 zu § 5 Abs. 1; R. 14 zu § 12 Abs. 1.

Ein Veräußerungspreis kommt nicht in jedem Steuerfalle in Frage, da der Uebergang des Eigentums auch in denjenigen Fällen steuerpflichtig ist, in denen eine rechtsgeschäftliche, entgeltliche Veräußerung nicht vorliegt; z. B. bei Uebereignung zu treuen Händen. Aber auch ein Veräußerungspreis, der unter ganz anderen wirtschaftlichen Verhältnissen vor dem Kriege vereinbart worden ist, muß bei einem erst 1924 erfolgenden Eigentumswechsel außer Betracht bleiben: RFH. Mrozek R. 13 zu § 12 Abs. 1.

Dies gilt sowohl in den Fällen des § 1, wie in denen des § 6. Ist eine Gegenleistung hiernach nicht vorhanden, so bleibt es lediglich bei der Steuerbemessung gemäß § 11.

a) Der Ausdruck **Veräußerungspreis** deutet an sich auf das Vorliegen eines Kaufgeschäfts hin. Der Begriff ist jedoch im Sinne des § 12 viel weiter zu fassen und bezieht sich auf jegliche Art der Gegenleistung bei allen entgeltlichen Rechtsgeschäften.

Soweit die Gegenleistung nicht in Geld besteht, ist ihr Wert, und zwar gemäß §§ 137, 138 AO. ihr gemeiner Wert maßgebend; vgl. RFH. StuW. V, 41 und Ott 39 zu § 12. Auch Nebenleistungen bei einem Kaufvertrage, die nicht in Geld bestehen sind in dieser Weise abzuschätzen, so z. B. die beim Kauf eines Gastwirtschaftsgrundstücks übernommene Verpflichtung zum Bierbezug; vgl. RFH. 7, 184; oder die beim Kauf eines städtischen Grundstücks übernommene Verpflichtung, anstelle eines über das Grundstück führenden öffentlichen Weges auf seine Kosten eine andere öffentliche Straße herzustellen: RFH. StuW. VI, 447.

Es muß jedoch ein rechtsgültiges Geschäft vorliegen; OVG. 73, 1. Bei Schenkungen mit einer Auflage oder bei Zuwendungen unter der aufschiebenden Bedingung einer Leistung des Erwerbes kann von einem Veräußerungspreis im eigentlichen Sinne nicht gesprochen werden. Auch der Fall des § 12 Abs. 3 wird nicht vorliegen, da die Erfüllung der Auflage bzw. der Bedingung nicht als Nebenleistung erscheint. In solchen Fällen kommt es aber auf die wirtschaftliche Natur des Rechtsverhältnisse an. Ist die Form der Schenkung mit einer Auflage oder unter einer Bedingung nur gewählt worden, um ein entgeltliches Veräußerungsgeschäft zu verdecken, so rechtfertigt es sich, die Leistung des „Beschenkten" als einen Veräußerungspreis zu betrachten.

In der Regel wird der Begriff des Veräußerungspreises keine Schwierigkeiten verursachen. Er ist aus dem schuldrechtlichen Veräußerungsvertrag zu entnehmen (Amtl. Mitt. 1912, 100; 1913, 224). Preisermäßigungen sind nur zu berücksichtigen, soweit sie vor dem Steuerfall (§ 4) vereinbart sind; vgl. OVG. bei Ziegesar S. 23 Nr. 16, Amtl. Mitt. 1914, 12: RFH. Mrozek R. 19 zu § 12 Abs. 2 S. 1, aber auch § 23b 5. Bei allen gegenseitigen Verträgen besteht er nicht schlechtweg in dem, was der Erwerber aufwendet, um das Grundstück zu erlangen (OVG. Amtl. Mitt. 1913, 279), sondern in der Gesamtheit derjenigen Leistungen, die gemäß § 320 BGB. als Gegenleistung für den Erwerb des Grundstücks erscheinen, (vgl. OVG. 65, 4; PrVerwBl. 37, 89), auch wenn sich die Preisvereinbarung auf einen größeren Grundstückskomplex bezieht (OVG. 19. 12. 13. VII C 58. 13. JW. 1915, 762). Ob die Gegenleistung in die Hände des Veräußerers gelangt oder einem Dritten zugute kommt, ist gleichgültig (OVG. 65, 1; PrVerwBl. 37, 9).

Die Leistung muß aber auf Grund einer Verpflichtung gegenüber dem Verkäufer und für seine Rechnung übernommen sein; vgl. RGSt. 58, 41. Wird also eine Leistung an einen Vermittler bewirkt, von der der Veräußerer nichts erfahren soll, so kommt sie als Gegenleistung nicht in Frage; vgl. im übrigen unten zu f. Im Falle des Kaufs ist der Kaufpreis schlechthin maßgebend — ohne Abzug von Zwischenzinsen bei zinsloser Stundung (OVG. 68, 169; PrVerwBl. 36, 545). RG. 69, 171; RFH. JW. 1927, 2546 Nr. 12, A. M. Ott 38 zu § 12, der § 144 AO. entspr. anwenden will. RFH. StuW. V, 509 hat indes bei Uebernahme einer Aufwertungshypothek neben dem Barpreis deren Gegenwartswert unter Berücksichtigung des geringen Zinssatzes festgesetzt.

Im Falle des Tauschs ist die Tauschleistung maßgebend, gegebenenfalls also auch ein Grundstück, so daß immer das wertvollere Grundstück für beide Tauschleistungen maßgeblich ist, nämlich auf Grund des gemeinen Wertes, soweit es selbst in Frage kommt und auf Grund der Gegenleistung, soweit das geringerwertige Tauschgrundstück in Frage kommt; vgl. RFH. St. u. W. II 312 und IV 269 = Mrozek R. 19 zu § 11; R. 9 zu § 12 Abs. 1.

Im Falle des Gesellschaftsvertrages ist es der dem Gesellschafter für sein Einbringen gewährte Vorteil (Einbringungswert), welcher meist in der Gewährung eines Anteils am Gesellschaftsvermögen (Aktie, Geschäftsanteil usw.) besteht) RFH. 1, 94; OVG. 64, 94; PrVerwBl. 37, 471.), sich aber nicht immer hiermit deckt. Vgl. auch Anm. 3 und 4.

Die eigentlichen Vertragskosten, insbesondere Maklerprovision und Reisekosten sind nicht zu berücksichtigen. Wegen der Maklerprovision vgl. aber Abs. 3 sowie unten Anm. 8. Im übrigen bildet die Maklerprovision dann einen Teil der Gegenleistung, wenn der Veräußerer durch Vertrag mit dem Makler verpflichtet war, die Provision zu zahlen, und der Erwerber ihm diese Last abnimmt. War dagegen der Maklerlohn vor Abschluß des Kaufvertrages durch Vereinbarung mit dem Makler vom Erwerber übernommen, so gehört der Maklerlohn nicht zur Gegenleistung; vgl. unten Anm. 3.

Maßgebend ist der wirklich vereinbarte, nicht der hiervon etwa abweichende schriftlich festgesetzte Preis; vgl. Amtl. Mitt. 1914, 120; 1916, 127.

Hierbei ist aber zu berücksichtigen, daß die unrichtige Beurkundung des Preises in einem Grundstücksveräußerungsvertrage nach §§ 313, 125 BGB. zur Nichtigkeit des Geschäfts führt. Erst durch Auflassung und Eintragung wird das Geschäft nach § 313 Satz 2 BGB. geheilt. Die Steuer aus § 5 Abs. 1 wird daher bei unrichtiger Beurkundung des Kaufpreises überhaupt nicht in Frage kommen; vgl. Anm. 2 zu § 5.

Ob aber der ernstlich vereinbarte Preis dem Werte des Grundstücks entspricht, ist gleichgültig (OVG. 64, 56). Ebenso ob dem ziffermäßig vereinbarten Preise in seinem Nennwert entsprechender wirklicher Wert nicht beizumessen ist; vgl. OVG. 62, 70 und RFH. StuW. V, 267. Anders bei Uebernahme von Aufwertungshypotheken nach RFH. StuW. V, 509.

Auch auf mündliche Nebenabreden, deren Formmangel nach § 313 Satz 2 BGB. die Auflassung heilt, kann der Steuerpflichtige sich berufen; vgl. OVG. 65. 1 und Ott 37 zu § 12. Ob der vereinbarte Kaufpreis wirklich bezahlt wird, ist für die Steuerbemessung ohne Belang; das Risiko hat mit der Steuerfrage nichts zu tun; vgl. RFH. 4, 278. Wird der Preis nachträglich geändert, so kann nach § 212 Abs. 2 AO. Neuveranlagung erfolgen. Hierbei ist zwischen verfahrensrechtlichen und materiellen Voraussetzungen zu unterscheiden. Verfahrensrechtliche Voraussetzung ist, daß die Preisänderung zur Zeit der ersten Veranlagung schon vorlag, der Steuerbehörde aber nicht bekannt war. Vgl. Becker 9 zu § 212 AO.; Ott 49 zu § 12. Daneben ist aber materiellrechtlich nach GrErwSt.-Recht eine Preisänderung, die nach der Umschreibung des Eigentums als dem für den gemeinen Wert maßgebenden Stichtag, wenn auch vor der Veranlagung, erfolgt ist, unbeachtet zu lassen. Denn mit dem Eigentumsübergang ist der steuerliche Tatbestand vollendet; spätere Vertragsänderungen bleiben für die Besteuerung ebenso unbeachtet, wie spätere Wertänderungen: RFH. Mrozek R. 19 zu § 12 Abs. 2 Satz 1 u. RFH. 22, 30 = StuW. VI, 639. Ott 51 zu § 12 will die spätere Aufwertung des Restkaufpreises unberücksichtigt lassen, da die Aufwertung nur die Preiserfüllung betreffe und mit der Preisvereinbarung regelmäßig nichts zu tun habe. Entscheidend ist, daß die Aufwertung keine Aenderung des Kaufpreises darstellt, sondern nur eine Umrechnung in die gegenwärtig geltende Währung, die niemals eine Erhöhung der Schuld enthält, wohl aber gemäß §§ 8, 10 und 15 AwG. eine Abwertung enthalten kann. Zur Herabsetzung der GrdErwSt. kann aber eine Abwertung nicht führen. Bei unbestimmter Gegenleistung, z. B. Beteiligung am etwaigen Gewinn der Weiterveräußerung ist entweder der Wert der Gewinnbeteiligung zu schätzen und die Steuer endgültig festzusetzen oder aber die Gewinnbeteiligung unberücksichtigt zu lassen, die Steuer nur vorläufig festzusetzen und bei Eintritt eines Gewinns Berichtigung und Nachforderung gemäß §§ 82, 214 AO. zu bewirken; vgl Ott 48 zu § 12 und RFH. StuW. I, 884 und IV, 352.

b) Ueber den Fall der **Zwangsversteigerung** vgl. §§ 13, 14. Bei Enteignungen tritt an die Stelle des Veräußerungspreises die gemäß § 8 Enteig. G. endgültig festgestellte Entschädigung (OVG. 71, 33 und PrVerwBl. 37, 299; 38, 687), soweit sie sich auf den Wert des Grundstücks selbst bezieht und nicht die Vergütung für allerlei besondere, indirekte Schäden umfaßt. Vgl. Amtl. Mitt. 1915, 6; JW. 1915, 768 f., aber auch OVG. 74, 16.

Die für Entwertung des Restgrundstücks gezahlte Entschädigung ist jedoch vom RFH. 12, 32 mit als Preis berücksichtigt worden.

c) Bildet den Gegenstand des Vertrages noch eine **weitere Leistung des Veräußerers** neben dem Grundstück, so kommt es in erster Linie darauf an, ob es sich um eine selbständige Nebenleistung handelt oder um einen Bestandteil der Hauptverpflichtung zur Uebereignung und Uebergabe des Grundstücks. In dieser Hinsicht entscheidet nicht die Fassung des Vertrages, sondern die rechtliche Bedeutung der Nebenleistung. Wird eine besondere Vergütung für die **Räumung** des Kaufgrundstücks oder gewisser Teile des Grundstücks von dem Verkäufer vereinbart, so bildet die Sondervergütung einen Teil des Kaufpreises, da die Räumungspflicht nach § 433 Abs. 1 Satz 2 BGB. einen Bestandteil der Verkäuferleistung (Uebergabe der Sache) darstellt; dies gilt auch bei bestehender Zwangswirtschaft: RFH. 9, 268. Das Selbstbewohnen des Grundstücks durch den Eigentümer ist nicht Ausfluß eines Mietverhältnisses, sondern des Eigentums; das Weiterbewohnen nach der Veräußerung ist daher nicht selbstverständlich, die Räumungspflicht folgt vielmehr aus § 433 BGB. Hierbei macht es keinen Unterschied, ob es dem Käufer gelingt, die Zuweisung der Wohnung durch das Wohnungsamt zu erhalten oder nicht: RFH. DNotV. 1926, 202 Nr. 5. Dagegen hat der Kais. Rat in Els. Lothr. Amtl. Mitt. 1914, 42 eine Entschädigung für Umzugskosten und Neueinrichtung bei Verkauf eines Apotheken-Grundstücks für eine steuerfreie Sonderleistung erklärt. Verpflichtet sich der Verkäufer, gegen besonderes Entgelt Mieter zur Räumung zu bewegen, so ist es Auslegungsfrage, ob hierin eine neben dem Kaufvertrag selbständige Sondervereinbarung liegt oder ob ein mieterfreies Grundstück zu liefern ist. Letzterenfalls gehört die Sondervergütung zum Kaufpreis: RFH. 12, 21; ebenso RFH. Mrozek R. 25 zu § 12 Abs. 2 Satz 1. Bei Veräußerung eines Grundstücks, auf dem ein Sanatorium betrieben wurde, dessen Betrieb vom Erwerber nicht fortgesetzt worden ist, hat RFH. 9, 173 die Entschädigung für die Betriebseinstellung dem Kaufpreis hinzugerechnet und auch keinen besonderen Betrag für den Ruf des bisherigen Sanatoriums abgesetzt, obgleich der Erwerber auf dem Grundstück ein neues Sanatorium errichtete; vgl. hierzu RFH. Mrozek R. 1 zu § 12 Abs. 1 und Hagelberg JW. 1922, 1618 Nr. 16. Dort ist ausgeführt, daß die Vereinbarung eines Konkurrenzverbots mit Sondervergütung als selbständig zu betrachten wäre. Nach RFH. StuW. V, 637, DStZ. 1926, 1106 bildet die Sondervergütung für Aufgabe eines Lichtspiel-Theaters auf dem Grundstück einen Teil des Kaufpreises, da der Erwerber hierdurch nichts erlangt, die Gegenleistung demnach für ihn nur in dem Wert des Grundstücks begründet ist. Eine Vergütung für die Entwertung des dem Veräußerer verbleibenden Grundbesitzes gehört nach RFH. 12, 32 zum Kaufpreise. Auch die Gegenleistungen für den Verzicht auf eine Apotheken-Konzession oder Schankwirtschaftserlaubnis wird zum Kaufpreis gerechnet; vgl. RFH. 1, 220; 2, 306; 4, 158; 8, 9; RFH. StuW. V, 489 betr. Apotheken sowie RFH. 2, 133, RFH. Mrozek R. 2 zu § 12 Abs. 2 Satz 1 betr. Gasthöfe. Eine Sondervergütung für das Recht zur Benutzung der auf dem Nachbargrundstück befindlichen Gleisanlage gehört zum Kaufpreis, wenn dem Käufer dieses Recht schon bei Abschluß des Kaufvertrages kraft öffentlichen Rechtes zustand: RFH. StuW. III, 74 = Mrozek R. 5 zu § 11. Die Mitübernahme einer bereits bestehenden Bierbezugsverpflichtung der Verkäuferin gehört zum Kaufpreis: RFH. 7, 184 = JW. 1922, 832 Nr. 5. Ob die Bierbezugsverpflichtung zum Grundstück oder nur zum Schankwirtschaftsgewerbe Bezug hat, ist nur erheblich, wenn es sich um ihre Begründung handelt, nicht aber, wenn die bestehende Verpflichtung übernommen wird. In RFH. 12, 264 ist die Begründung der Bierbezugspflicht beim Grundstückskauf als Teil des Kaufpreises erachtet worden, obgleich sie in einem Nebenvertrag betreffend Gewährung eines Darlehns vereinbart war. Es wurde innerer Zusammenhang zwischen beiden Verträgen festgestellt.

Dagegen wurde der innere Zusammenhang verneint vom Pr. OVG. StuW. V, 468 bei einer Sondervergütung für eine mit der Miteigentumsübertragung nur wirtschaftlich zusammenhängende Leistung, als deren Bewirkung die Eigentumsänderung lediglich einen Anlaß gebildet hat. Hier war gleichzeitig bestimmt, daß das Entgelt rückzahlbar sei, falls die Sonderleistung ausfalle, während der Kaufvertrag im übrigen aufrecht erhalten bleibe; vgl. auch OVG. 69, 16. Zusammenhang ferner durch die Uebernahme der Herstellung eines Bahnanschlusses durch den Verkäufer: RFH. 1, 134. Ebenso bei Erstattung der Kosten für die Verpflanzung der nicht mit veräußerten Bäume auf ein anderes Grundstück: Pr. OVG. Amtl. Mitt. 1915, 60; ferner bei Vergütung für den Verzicht auf Ersatz des Bergschadens bei Verkauf des beschädigten Grundstücks an die Bergwerksgesellschaft: RFH. Mrozek R. 4 zu § 12 Abs. 1.

Wegen Sondervergütung für ein mitübernommenes Geschäft, Kundschaft, Firma, Ruf; vgl. Anm. 3f zu § 1.

Uebernimmt der Veräußerer die **Herstellung eines Neubaus** auf dem Kaufgrundstück, so ist es Auslegungsfrage, ob ein einheitlicher Vertrag über ein bebautes Grundstück vorliegt oder ein selbständiger Kaufvertrag und Werkvertrag; vgl. RFH. StuW. I, 316 = JW. 1922, 831 Nr. 4 = Mrozek R. 10 zu § 12 Abs. 1; RFH. Mrozek

R. 18 zu § 12 Abs. 1. Nach RFH. StuW. V, 635 = Mrozek R. 22 zu § 11 liegt einheitlicher Kaufvertrag vor, wenn nach dem Willen der Vertragschließenden die §§ 433 ff. BGB. nicht nur für das Grundstück, sondern auch für das Gebäude gelten sollen, dagegen getrennter Kauf — und Werkvertrag, wenn die Errichtung des Gebäudes den Regeln der §§ 631 ff., insbesondere auch des § 651 BGB. unterstehen sollte; es kommt darauf an, ob Verkäufer oder Erwerber als „Bauherr", für dessen Rechnung das Gebäude errichtet wird, zu betrachten ist. Nach RFH. StuW. V, 622 = JW. 1927, 1960 Nr. 2 spricht die Vereinbarung, daß das Grundstück sofort übergeben und baldmöglichst aufgelassen werden soll, mangels besonderer Umstände gegen die Annahme, daß Gegenstand des Veräußerungsgeschäfts das Grundstück mit Bauwerk sein soll. In RFH. StuW. I, 316 = JW. 1922, 831 Nr. 4 = Mrozek R. 10 zu § 12 Abs. 1 wurde es für erheblich erklärt, daß Besitz und Genuß des Grundstücks an dem gleichen Tage auf den Käufer übergehen sollte, an dem die schlüsselfertige Uebergabe des Hauses zu erfolgen hatte, und daß das Kaufobjekt in dem Zustand übergeben werden sollte, in welchen es sich befindet, also im Zustande der fertigen Bebauung. Ott 11 zu § 12 will darauf abstellen, ob die Verpflichtung zur Auflassung nach dem Willen der Parteien auch für den Fall bestehen bleiben soll, daß der vereinbarte Bauvertrag aus irgendwelchen Gründen nicht zur Ausführung kommt. Wird das Gebäude nach dem Eigentumswechsel errichtet, so liegt Werkvertrag vor; der Werklohn gehört dann nicht zum Grundstückskaufpreis; ebenso Ott 12 zu § 12.

Ist das Grundstück zugleich mit **beweglichem Inventar** oder Maschinen oder sonstigen Vorrichtungen, die zu einer Betriebsanlage des Grundstücks verwandt sind, verkauft worden, so bleibt der hierauf entfallende Teil des Kaufpreises steuerfrei, wie dies auch bei dem gemeinen Wert des Grundstücks der Fall ist (§ 154 Abs. 2 AO.); vgl. RFH. 5, 269.

Um das Wertverhältnis zwischen dem Grundstück und den weiteren Leistungen des Veräußerers zu berechnen, ist wiederum von den gemeinen Werten beider Leistungen auszugehen; diese sind also zunächst durch Schätzung zu ermitteln. Der ungetrennte Veräußerungspreis ist dann nach dem Verhältnis dieser (gemeinen) Einzelwerte zu teilen.

So RFH. Mrozek R. 22 zu § 12 Abs. 2 Satz 1 StuW. V, 554; VI 40. Ist jedoch im Kaufvertrage der auf das Grundstück und der auf die Nebenleistungen, auf Inventar, Maschinen und Betriebsvorrichtungen entfallende Kaufpreis getrennt worden, so ist diese Verteilung nur maßgebend, wenn sie dem wirklichen Verhältnis der Werte entspricht: RFH. 1, 215; Mrozek R. 5, 6 zu § 12 Abs. 1; zweckmäßigerweise wird der Preis nach dem Wertverhältnis des Grundstücks und der beweglichen Sachen zerlegt; RFH. Mrozek; R. 11 zu § 12 Abs. 1. Sind mehrere Grundstücke für einen Gesamtpreis veräußert, so ist der Preis auf die einzelnen Grundstücke zu verteilen, und jeder Einzelpreis ist mit dem gem. Wert des betreffenden Grundstücks zu vergleichen: RFH. Mrozek; R. 2 zu § 12 Abs. 1. Vgl. auch unten zu g, sowie OVG. 67, 4.

d) In den Fällen des § 3 ist ein Veräußerungspreis des Grundstücks gar nicht vorhanden, sondern entweder ein Veräußerungspreis für die Gesamtheit der Gesellschafts-Anteile oder auch nur für diejenigen Anteile, die dem Erwerber der Gesamtheit der Anteile noch gefehlt haben. Hier wird ein Vergleich mit dem gemeinen Wert des Grundstücks kaum jemals möglich sein, da das Gesellschaftsvermögen sich mit dem Wert des Grundstücks nicht deckt. In diesen Fällen scheidet § 12 vollkommen aus. Das gleiche gilt in denjenigen Fällen des § 5 Abs. 4, in denen der Erwerber Verpflichtungen aus dem Veräußerungsgeschäft nicht übernimmt, so in den Fällen der Ziff. 2.

e) Soweit der Veräußerungspreis nicht in Geld bemessen ist (z. B. Wertpapiere, ausländische Geldsorten, Hypotheken, Wertsachen u. dgl.), müssen die Gegenstände, aus denen er besteht, geschätzt werden. Auf die Wertangabe der Vertragsparteien kommt es nicht an, falls der Wert ein höherer ist; vgl. Amtl. Mitt. 1912, 146; 1913, 31; 1914, 89 und 187; OVG. 67, 4. RFH. 1, 215; sowie RFH. StuW. IV, 267, wonach die in der Inflationszeit erfolgte Bemessung des Preises auf Roggenwert keine Vereinbarung über die Erfüllung, sondern eine Umschreibung des Kaufpreises selbst darstellt, so daß der in erster Linie vereinbarte Geldpreis nicht maßgebend ist. Auch hier wird der gemeine Wert der Gegenstände maßgebend sein; vgl. § 137 Abs. 1 AO. Nach RFH. StuW. VI, 640 ist zu prüfen, ob der als Kauf bezeichnete Vertrag nicht in Wahrheit ein Tauschvertrag ist; bejahendenfalls kommt es nicht auf den im Vertrag bezeichneten baren Kaufpreis, auf den Sachleistungen zu verrechnen sind, an; vielmehr ist der Wert dieser Sachleistungen maßgebend.

Soweit Wertpapiere in Deutschland einen Kurswert haben, ist nach § 145 AO. dieser anzusetzen. Für Aktien ohne Kurswert, Kuxe oder Anteile an einer Bergwerksgesellschaft oder einer G. m. b. H. hat nach § 141 Abs. 2 AO. das zuständige Finanzamt den Verkaufswert zu ermitteln; notfalls ist der gemeine Wert unter Berücksichtigung des Gesamtvermögens und der Ertragsaussichten zu schätzen. Auch für dieses Gesamtvermögen ist der gemeine Wert maßgebend; vgl. RFH. 18, 338 = StuW. V, 41. Andere Kapitalforderungen sind nach § 143 AO. mit dem Nennwert anzusetzen, sofern nicht besondere Umstände einen höheren oder geringeren Wert begründen. Der Wert unverzinslicher befristeter Forderungen ist nach der Hoffmannschen Formel $\frac{k \times 4\,Z}{100}$ ohne Berücksichtigung der Zinseszinsen zu berechnen; vgl. RFH. 11, 129. Als Zeitpunkt für die Bewertung ist in der Regel der Tag des Vertragsschlusses zugrunde zu legen, falls nicht im Vertrage eine besondere Erfüllungszeit vorgesehen ist; vgl. Ott 40 zu § 12. RFH. Mrozek R. 3 zu § 154 Abs. 2 Satz 1 AO. — Wegen Belegung des Kaufpreises durch Uebernahme von Hypotheken; vgl. unten Anm. 3.

Ist die Schätzung nicht möglich, wie z. B. bei verabredeter Teilung des künftigen Veräußerungsgewinnes, so sollte nach OVG. 63, 72; 62, 39 und 73 JW. 1920, 163 Nr. 2 der Wert solcher Leistung außer Betracht bleiben. Nach der neueren Rspr. des RFH. ist dies nicht mehr anzunehmen, vielmehr kann in solchen Fällen gemäß §§ 82, 214 AO. ein vorläufiger Steuerbescheid ergehen oder die Festsetzung gegen oder ohne Sicherheitsleistung ausgesetzt und nach Beseitigung der Ungewißheit nachgeholt werden; vgl. RFH. 8, 301; 15, 263; 18, 300; RFH. StuW. I, 884, IV, 352 und V, 198, Ott 48 zu § 12. Ebenso nach RFH. W. I 884, IV 352 und V 198, Ott 48 zu § 12. Ebenso nach RFH. StuW. VI, 113 bei Uebernahme von Verpflichtungen durch den Käufer, die geeignet sind, den Kaufpreis u. U. künftig zu erhöhen, Käufer, die geeignet sind, den Kaufpreis u. U. künftig zu erhöhen. so z. B. bei der Verpflichtung, den Verkäufer von Aufwertungsansprüchen auf Grund etwaiger künftiger Gesetze zu befreien.

Ist auf einen bestimmten Teil des Kaufpreises ein Gegenstand in Zahlung zu geben, so ist die ziffermäßige Einigung maßgebend; vgl. OVG. JW. 1915, 763. — Anders bei Leistungen an Erfüllungs Statt, nachdem ursprünglich Geldzahlung vereinbart war; vgl. Anm. 5.

f) Leistungen an einen *Dritten* (§§ 328 ff. BGB.) gelten im Zweifel als Gegenleistung (vgl. OVG. Amtl. Mitt. III 279), auch wenn der Veräußerer nicht das Recht hat, die Leistung zu fordern (§ 335 BGB.).

Voraussetzung ist jedoch, daß die Leistung zu Gunsten des Veräußerers bewirkt wird. Zahlt der Erwerber an einen *Mieter* des Grundstücks unmittelbar einen Betrag zur *Ablösung* seines Mietrechts, ohne daß der Verkäufer daran beteiligt ist, so ist diese Abfindung nicht Teil des Kaufpreises: RFH. StuW. VI, 248; Mrozek R. 24 zu § 12 Abs. 2 Satz 1; anders wenn an den Verkäufer selbst eine Entschädigung für die *Räumung* der eigenen Wohnung oder für die Freimachung vermieteter Wohnungen gezahlt wird, vgl. RFH. 9, 268; 12, 21. Zahlt der Erwerber eine *Abfindung* an einen Dritten, damit dieser *vom Kauf abstehe*, so ist auch diese Zahlung kein Teil des Kaufpreises; vgl. Ott 15 zu § 12. — Voraussetzung ist selbstverständlich auch, *daß der Erwerber* dem Veräußerer gegenüber zu der Leistung verpflichtet ist, mag sie von ihm selbst oder von einem Dritten für seine Rechnung bewirkt werden. Hat dagegen *ein Dritter* sich dem Veräußerer gegenüber selbständig zu einer Leistung verpflichtet, um das Kaufgeschäft zwischen dem Veräußerer und dem Erwerber zustande zu bringen, so ist diese Leistung des Dritten nicht Bestandteil des Kaufpreises; andernfalls könnte der Erwerber verpflichtet werden, die Steuer nach einem den Wert des Grundstücks übersteigenden Betrage, den er selbst als Preis nie bewilligt haben würde, zu entrichten; so RFH. StuW. V, 636; Mrozek R. 23 zu § 12 Abs. 2 Satz 1.

*Auflösend bedingte Leistungen* werden voll gerechnet; bei *betagten* Leistungen wird kein Zwischenzins abgezogen; vgl. RG. 69, 171. *Zinslose Stundung* des Kaufpreises ändert nichts an der Versteuerung in voller Höhe (RFH. StuW. VII, 98 = RFH. 22, 305). Aufschiebend bedingte Leistungen und Vertragsstrafen (OVG. 72, 80) werden nicht in Ansatz gebracht; ebensowenig ein Reugeld (OVG. 64, 21). Hier greifen die §§ 82, 214 AO ein. Die *Draufgabe* gilt als Teil des Preises; vgl. § 337 BGB.

g) Ein Abzug der *Lasten*, wie nach § 10 ZuwStG., ist nicht angeordnet, versteht sich aber von selbst, soweit die Uebernahme der Last zu den oben unter c erörterten Nebenleistungen gehört.

Der für die Last geforderte Zusammenhang mit dem Grundstück (OVG. 64, 106; 71, 24), ist dann belanglos.

Es kann also auf die Anführungen unter c) verwiesen werden. Soweit es sich bei den Lasten um Leistungen, die auf dem Grundstück lasten, handelt oder um übernommene Nutzungen vgl. Anm. 3 und 4.

**3. Die vom Erwerber übernommenen** oder ihm sonst infolge der Veräußerung obliegenden Leistungen sind in den Veräußerungspreis einzurechnen.

a) Uebernommene Leistungen sind alle diejenigen, die der Erwerber außer der eigentlichen, an den Veräußerer geschuldeten Gegenleistung übernommen hat.

Sie gehören an sich zur Gegenleistung; ihre besondere Anführung in Abs. 2 ist praktisch hauptsächlich für diejenigen Leistungen von Bedeutung, die dem Erwerber „sonst infolge der Veräußerung obliegen". Durch ihre Anführung wird klargestellt, daß auch diese Leistungen dem Veräußerungspreis hinzuzurechnen sind.

b) Sie müssen rechts-, also auch formgültig übernommen sein; vgl. aber § 313 Satz 2 BGB. und OVG. 74, 14. Es wird sich hierbei vorwiegend um Leistungen an Dritte handeln, insbesondere um solche, die nicht in die Form einer Gegenleistung gebracht sind.

Leistungen an den Veräußerer gehören zum eigentlichen Veräußerungspreis (Gesamtbetrag der Gegenleistung); hierzu vgl. Anm. 2a und e.

Sind sie aber nicht zwischen Veräußerer und Erwerber ausbedungen, so kommen sie nicht in Betracht; vgl. OVG. 59, 21; 65, 4; 66, 155; PrVerwBl. 37, 9. Es müssen in der Regel Leistungen sein, die eigentlich der Veräußerer zu tragen hätte; (vgl. Amtl. Mitt. 1913, 108; 1914, 5: OVG. 69, 13; JW. 1915, 764), so die Uebernahme von Hypothekenschulden; es genügt aber, daß der Erwerber es dem Veräußerer gegenüber übernommen hat, die Leistung zu bewirken. Nicht erforderlich ist die Uebernahme auch im Außenverhältnis gegenüber dem Gläubiger. Einen Sonderfall, in dem vereinbart war, daß eine vom Erwerber nicht übernommene Grundschuld nicht beseitigt werden sollte, behandelt RFH. Mrozek R. 9 zu § 12 Abs. 2 Satz 1 (Schätzung des Wertes der übernommenen Leistung.)

Es gehören hierher Leistungen an dritte Personen, zu denen eine Verbindlichkeit bisher überhaupt nicht bestanden hat, so z. B. wenn der Veräußerer sich ausbedingt, daß der Erwerber 100 000 M. an ihn und weitere 50 000 M. an seine Ehefrau oder an seinen Schwiegersohn zahlen solle, oder wenn der Käufer an einen Dritten zur Abfindung für eine mit diesem bereits getroffene Kaufabrede einen Betrag zu zahlen übernimmt; vgl. OVG. 65, 4 u. PrVerwBl. 36, 821. Vgl. oben zu c) und RFH. StuW. V, 636.

Ein praktisch häufiger Fall ist die Uebernahme einer bestehenden Bierbezugsverpflichtung des Veräußerers durch den Erwerber beim Kauf eines Gastwirtschaftsgrundstücks; sie gehört zu den übernommenen Leistungen i. S. des § 12 Abs. 2: RFH. Mrozek R. 1 zu § 12 Abs. 2 Satz 1.

c) Ferner gehören hierher die auf dem Grundstück ruhenden **Lasten**, die der Veräußerer gemäß §§ 434, 439 Abs. 2 BGB. zu beseitigen hat, sofern sie vom Erwerber in Anrechnung auf den Kaufpreis übernommen werden, so hauptsächlich Hypotheken, Grundschulden, Rentenschulden, ferner ein Wiederkaufsrecht (§ 497

BGB.); vgl. OVG. 71, 19. Lasten, die der Verkäufer nach § 439 Abs. 1 BGB. infolge Kenntnis des Erwerbers nicht zu beseitigen braucht, gehören nicht zu den übernommenen Leistungen, da sie schon kraft des Gesetzes von dem Erwerber zu tragen sind; wohl aber zu denjenigen Leistungen, die dem Erwerber infolge der Veräußerung obliegen, so daß sie nach Abs. 2 dem Kaufpreis hinzuzurechnen sind.

d) Bezüglich der **Hypotheken** sind drei Fälle zu unterscheiden:

1. Uebernahme von Hypothekenschulden, die bereits vor der Veräußerung auf dem Grundstück lasteten, in Anrechnung auf den Kaufpreis,
2. Begründung einer Hypothek für das gestundete Restkaufgeld,
3. Hereingabe einer dem Erwerber zustehenden Hypothekenforderung, mag sie auf dem Kaufgrundstück oder auf einem anderen Grundstück lasten, zur Deckung der Kaufpreisschuld.

Der Fall 2 bedarf keiner Erörterung; es handelt sich um einen Teil des Veräußerungspreises im eigentlichen Sinne. Wegen Aufwertung vgl. Anm. 2 a. Der Fall zu 3 fällt unter Anm. 2 e. Nur der Fall 1 fällt unter § 12 Abs. 2 und stellt eine vom Erwerber übernommene oder im Falle des § 439 Abs. 1 BGB. eine dem Erwerber infolge der Veräußerung obliegende Leistung dar. Nach § 143 Abs. 1 AO. sind die übernommenen Hypotheken mit dem Nennwert anzusetzen, sofern nicht besondere Umstände einen höheren oder geringeren Wert begründen. Bei unverzinslichen Hypotheken erfolgt die Umrechnung nach der Hoffmann'schen Formel; vgl. RFH. 11, 129.

Im allgemeinen wird derjenige Teil des Kaufpreises, der durch Uebernahme der Hypotheken „belegt" werden soll, im Kaufvertrage ausdrücklich bestimmt. Handelt es sich um eine **Aufwertungshypothek** — vgl. hierzu auch Ott, StuW. V, 1697 ff. —, so kommt es zunächst darauf an, ob die Aufwertungslast dem Veräußerer oder dem Erwerber zufällt. Im ersten Falle kommt sie naturgemäß bei der Feststellung der Gegenleistung nicht in Betracht. Dies gilt auch dann, wenn der Erwerber zwar nach dem Aufwertungsgesetz für die Aufwertung haftet, weil z. B. der öffentliche Glaube gemäß §§ 20 bis 22 AwG. nicht platzgreift, der Veräußerer aber nach dem Kaufvertrag verpflichtet ist, dem Erwerber die Last abzunehmen. Ob dies der Fall ist, muß nach den Umständen des Einzelfalls entschieden werden. Allgemeine Richtlinien lassen sich nicht aufstellen; insbesondere ist es auch nicht wie Ott, a. a. O., im Anschluß an Mügel meint, entscheidend, ob die Hypothek in Kenntnis der Aufwertungsmöglichkeit nur zum Nennbetrag auf einen bestimmten Papiermarkpreis angerechnet worden ist. Im Zweifel muß wohl angenommen werden, daß der Verkäufer, der die Unterlage der Hypothek, das Grundstück, veräußert, auch die Last der Hypothekenschuld im ganzen Umfang übertragen wollte, und daß der Erwerber hiermit einverstanden war. Wird somit im Einzelfall festgestellt, daß der Erwerber die Aufwertungslast trägt, so kommt es nicht, wie Ott ferner meint, gemäß § 364 Abs. 2 BGB. darauf an, zu welchem Betrage die Hypothekenübernahme auf den Kaufpreis im Vertrage angerechnet wird; denn die Leistung an Zahlungsstatt liegt nicht vor. Vgl. unten Anm. 5. Vielmehr ist nun zu unterscheiden, ob der Kaufvertrag abgeschlossen ist

a) vor dem 14. 2. 1924,
b) während der Herrschaft der 3. StNotVO.,
c) nach dem Inkrafttreten des AwG. vom 16. 7. 25.

Im Falle a) kommen zwei Unterfälle in Betracht, nämlich 1. Erste Veranlagung, 2. Neu-Veranlagung, nachdem die erste Veranlagung bereits in der Inflationszeit erfolgt war. Der erste Fall wird kaum noch praktisch werden, es sei denn, etwa bei einer Offerte, die z. B. im Jahre 1923 mit langjähriger Bindung abgegeben war und erst jetzt angenommen wird. Hier muß eine Aufwertung des gesamten Kaufpreises erfolgen; demgemäß ist als Wert der Hypothekenübernahme ohne weiteres der für die fragliche Hypothek heute geltende Aufwertungsbetrag zugrunde zu legen. Im zweiten Unterfall fragt es sich, ob eine Neuveranlagung wegen der inzwischen erfolgten Aufwertung der übernommenen Hypothek nach § 212 Abs. 2 AO. zulässig ist. Diese Frage wird zu verneinen sein. Ebenso Ott 56 zu § 12, der die Neuveranlagung nur dann für zulässig hält, wenn der Steuerbehörde erst jetzt bekannt wird, daß der Erwerber mit der Uebernahme der Hypothek zugleich auch das Wagnis der Aufwertung übernommen hat.

Diese Konstruktion ist jedoch nicht zutreffend. Mit Recht lehnt RFH. Mrozek R. 26 zu § 12 Abs. 2 Satz 1 die Annahme ab, daß die Uebernahme eines noch völlig unbestimmten Aufwertungsrisikos die Gewährung eines Vermögenswertes darstelle, der abgeschätzt werden müßte. Hierzu kommt, daß bei den weitaus meisten Inflationskäufen eine Uebernahme des Aufwertungsrisikos nicht erfolgt, an ein solches vielmehr gar nicht gedacht worden ist. Der vereinbarte Kaufpreis bestand in einem P a p i e r m a r k - b e t r a g e, auf den die auf gleiche Währung lautende Hypothek angerechnet wurde. Heute besteht eine a n d e r e W ä h r u n g, in die die übernommene Hypothek umgerechnet worden ist. Diese Fortentwicklung des Hypothekenrechts geht aber den Grundstücksverkäufer nichts mehr an; sie ändert nicht rückwärtshin den Kaufpreis, der auf einer anderen Währung beruhte, sondern gehört zu dem Schicksal der übernommenen Hypothek. Ob z. Zt. des Kaufvertragsabschlusses nach — wie wir jetzt erkennen — richtiger Rechtsauffassung die Hypothek nur durch Zahlung einer den Nennbetrag übersteigenden Papiermarksumme hätte abgelöst werden können, ist unerheblich, da diese Rechtserkenntnis keine neue bekannt gewordene Tatsache im Sinne des § 212 Abs. 2 AO. ist.

Ist die Aufwertung nach dem Eigentumsübergang erfolgt, so ist sie schon aus diesem Grunde für die Besteuerung ohne Belang: vgl. RFH. 22, 30. — Ist unter der Herrschaft der 3. StNotVO. eine Hypothek vom Erwerber übernommen worden, so war der Wert dieser Uebernahme grundsätzlich 15% des Goldwertes der Hypothek. Erfolgt heute die erste Veranlagung, so kommt es zunächst auf Entscheidung der zivilrechtlichen Frage an, ob der Grundstückserwerber gegenüber dem Veräußerer berechtigt ist, Befreiung von der Hypothek hinsichtlich der überschießenden 10%, die nach dem AufwG. mehr aufzuwerten sind, zu verlangen. Diese Frage bejaht Weigert JW. 1925, 2550. Mügel § 6 Anm. 16 will unterscheiden, ob die Uebernahme der Hypothek n e b e n der Verpflichtung zur Zahlung eines Barpreises steht oder ob ein einheitlicher Preis vereinbart und auf diesen Preis die Hypothek in bestimmter Höhe angerechnet ist. Im letzteren Falle soll der Erwerber für den Mehrbetrag der Aufwertung dem Veräußerer gegenüber nicht haften. Da es sich um Auslegungsfragen handelt, bedarf es an dieser Stelle keines Eingehens hierauf. Soweit eine Uebernahme der Aufwertungslast durch den Erwerber hiernach anzunehmen ist, bestimmt sich der Wert des dem Veräußerungspreis hinzuzurechnenden Betrages. Wegen der Frage einer Neuveranlagung ist auf die Darlegungen zu a) zu verweisen; es kommt jedoch hier darauf an, ob die Erhöhung des Aufwertungssatzes durch das AwG. eine neue Tatsache im Sinne des § 212 Abs. 2 AO. ist, die die Neuveranlagung rechtfertigt. Nach Ott 49 zu § 12 ist dies zu verneinen, sofern das Inkrafttreten des AwG. zeitlich nach dem Stichtag, nämlich dem Eigentumsübergang liegt; ebenso RFH. Mrozek R. 19 zu § 12 Abs. 2 Satz 1 und RFH. 22, 30. Vgl. auch RFH. StuW. VII, 97. Ist der Kaufvertrag nach dem Inkrafttreten des AwG. abgeschlossen worden, so ergibt sich die Bewertung der Hypothekenübernahme aus den Bestimmungen des AwG. Nach RFH. StuW. V, 509, VII, 14; RFH. JW. 1927, 2240 Nr. 3; 2543 Nr. 7 ist für den Wert der übernommenen Aufwertungshypothek der vom RJM. festgesetzte Barwert der Hypothek gemäß den Verordnungen über Berechnung des Zwischenzinses bei vorzeitiger Zahlung des Aufwertungsbetrages maßgebend. Ist ein Kaufpreis von 75 000 M. vereinbart, wovon 25 000 M. durch Uebernahme einer Aufwertungshypothek „belegt“ werden, so gilt als wirklicher Preis der geringere Barwert dieser Aufwertungshypothek zuzüglich der bar zu zahlenden 50 000 M. Verpflichtet sich der Erwerber, für etwaige noch unbekannte Aufwertungsansprüche aufzukommen, so ist nach § 82 AO. zu verfahren; RFH. Mrozek, zu § 12 Abs. 2 Satz 1.

Kommt es zu einer **Abwertung** gemäß §§ 8, 15 AwG., so ist diese bei der Veranlagung naturgemäß zu berücksichtigen. War jedoch die Hypothek zur Belegung eines bestimmten Teiles des Kaufpreises übernommen worden, so vermindert sich der für die Steuer maßgebliche Veräußerungspreis nicht dadurch, daß es dem Erwerber gelungen ist, durch Abwertung der übernommenen Hypothek sich einen Vorteil gegenüber der Preisvereinbarung zu verschaffen. Erfolgt die Abwertung erst nach rechtskräftiger Veranlagung der Steuer, so ist die Abwertung für die Besteuerung belanglos, da § 212 Abs. 2 AO. nur eine höhere Veranlagung auf Grund Bekanntwerdens neuer Tatsachen zuläßt, nicht aber eine geringere Veranlagung. Wird die vom Grundstückserwerber übernommene persönliche Schuld gemäß §§ 9 bis 13 AwG. höher aufgewertet, so ist diese höhere Aufwertung für die Bewertung der übernommenen Leistung maßgebend. Schwebt das Verfahren wegen Festsetzung der höheren Aufwertung zur Zeit der Veranlagung noch, so kann die Steuerbehörde nach §§ 82, 214 AO. verfahren. Ist dies nicht geschehen, so bildet die Festsetzung einer höheren Aufwertung nach rechtskräftiger Veranlagung oder nach erfolgtem Eigentumswechsel keinen Grund zur Neuveranlagung gemäß § 212 Abs. 2 AO. Vgl. Mrozek R. 19 zu § 12 Abs. 2 Satz 1; RFH. 22, 30. Die gleichen Grundsätze gelten, wenn der Grundstückserwerber, der bei Kaufabschluß geglaubt hat, gemäß KG. DNotV. 1926, 148 zu einer Aufwertung gegenüber dem **Zedenten** auf Grund des öffentlichen Glaubens nicht verpflichtet zu sein, gemäß RG. DNotV. 1927, 399 die Aufwertung in vollem Umfang tragen muß. Ist Veranlagung noch nicht erfolgt, so ist bei der Bewertung der Hypothek sowohl die Aufwertung für den Zedenten als für den Zessionar zu berücksichtigen. Neuveranlagung gemäß § 212 Abs. 2 AO. ist jedoch nicht zulässig, da die erwähnte Entscheidung des RG. keine neue Tatsache im Sinne jener Vorschrift darstellt. § 212 Abs. 4 spricht zwar nur von neuen Entscheidungen des RFH.; aber auch eine Entscheidung des RG. kann nicht als neue Tatsache angesehen werden, die eine höhere Veranlagung rechtfertigt; es handelt sich vielmehr nur um eine neue rechtliche Beurteilung der bekannten Tatsachen. — War die Hypothek wegen geringer Aufwertung der persönlichen Forderung gemäß § 4 AwG. entsprechend gering aufgewertet und in dieser Höhe der Veranlagung zugrunde gelegt worden, so bildet die Umwandlung in eine **Grundschuld** gemäß §§ 4 bis 6 der AwNov. vom 9. 7. 27 (RGBl. 171) keine neue Tatsache im Sinne des § 212 Abs. 2 AO., insofern sie erst nach dem Eigentumsübergang oder der Veranlagung hervorgetreten ist. Erfolgt dagegen die erste Veranlagung erst nach der Umwandlung in eine Grundschuld, so ist diese zugrunde zu legen. Dasselbe gilt von der Vorschrift des § 14 AwNov. v. 9. 7. 27, wonach ein Grundstückserwerber sich auf den öffentlichen Glauben des Grundbuchs nicht berufen kann, wenn die Hypothek von ihm oder für seine Rechnung abgelöst worden ist. Ebenso wenn die einer **Restkaufgeldhypothek** zugrunde liegende persönliche Forderung bis auf 400 bezw. 600% des Goldmarkbetrages aufgewertet wird. Hat der Grundstückserwerber eine Aufwertungsschuld übernommen und ist diese bis zum 2. 1. 1926 nicht angemeldet und daher bei der Veranlagung zur GrdESt. mit Null bewertet worden, so kann gleichfalls die nachträgliche Aufwertung gemäß § 16 a. a. O. keinen Grund zur Neuveranlagung gemäß § 212 Abs. 2 AO. bilden, da die **Wiedereinsetzung in den vorigen Stand** zwar eine neue Tatsache ist, jedoch nicht im Sinne des § 212 Abs. 2 AO., sofern sie zur Zeit des Eigentumswechsels oder der ersten Veranlagung noch nicht vorlag. — Hat sich der Veräußerer bei einem Inflationsverkauf verpflichtet, eine auf dem Kaufgrundstück eingetragene, vom Erwerber nicht übernommene Hypothek zur Löschung zu bringen und ist dies bis zum Inkrafttreten der Aufwertungsgesetzgebung nicht gelungen. so ist nach RG 112, 329 nach Maßgabe der Umstände ein billiger und gerechter Ausgleich zwischen Leistung und Gegenleistung der Kaufparteien herbeizuführen. Der Erwerber hat hiernach zur Vermeidung eines Rücktrittsrechts des Verkäufers zu dem Aufwertungsbetrag beizutragen. Kommt es zu einer solchen Beitragsleistung, so liegt hierin wiederum eine neue Tatsache die, sofern sie erst nach dem Eigentumswechsel oder der Veranlagung eingetreten ist, die Neuveranlagung gemäß § 212 Abs. 2 AO. nicht rechtfertigt. Eine Gegenleistung für das Grundstück im Sinne des § 12, die Ott 58 zu § 12 leugnet, liegt allerdings vor, aber auf Grund einer Neubewilligung nach der ersten Veranlagung.

e) Uebernimmt der Erwerber eine auf dem Grundstück lastende **Schweizer Goldhypothek,** so ist der Wert der Uebernahme nach dem Inhalt der Vereinbarung, den ihm die Parteien erkennbar beigelegt haben zu bemessen, also bei Verkäufen der Inflationszeit nach Maßgabe der damaligen gesetzlichen Vorschriften (Ges. v. 23. 6. 23, RGBl. II 284), wonach die Grundschuld zum Kurse von 100 Franken = 81 Papiermark anzurechnen war: RFH. Mrozek R. 20 zu § 12 Abs. 2 Satz 1.

f) Zu den übernommenen Leistungen gehören ferner die Verpflichtung zur Einzäunung des Grundstücks (JW. 92, 344), sowie die Uebernahme der **Maklerkosten** des Verkäufers durch den Käufer.

Bezüglich der Maklerkosten kommt es darauf an, wer im Verhältnis zum Makler der Zahlungspflichtige ist. Wird vor Abschluß des Kaufvertrages zwischen den Kaufparteien und dem Makler vereinbart, daß dieser seine Vergütung nur von dem Käufer, nicht aber vom Verkäufer zu beanspruchen habe, so liegt keine übernommene Leistung vor. Das Gesetz bestimmt nicht, von welcher Partei der Makler Vergütung zu beanspruchen hat. Hierüber entscheidet vielmehr nach § 652 BGB. die Vereinbarung und nur in Ermangelung einer solchen nach § 653. die aus den Umständen zu folgernde stillschweigende Vereinbarung. Hat dagegen der Veräußerer dem Makler eine Vergütung versprochen oder nach den Umständen zu zahlen, so stellt die lediglich unter den Kaufparteien getroffene Vereinbarung, wonach der Käufer den Makler befriedigen soll, die Uebernahme einer dem Veräußerer an sich obliegenden Leistung durch den Erwerber im Sinne des § 12 Abs. 2 dar. Ebenso die Uebernahme des im Außenverhältnis dem Verkäufer obliegenden Kosten der Auflassungsmaterialien (FME. 13. 1. 99. III 268), der Vermessung usw. Vgl. KG. OLG. 17, 282 u. 292; Greiff 105d δ zu Tn. 11 RStG.; Hummel-Specht 764 D I 2. Ebenso Uebernahme der Zuwachssteuer durch den Käufer (OVG. 66, 153); Zahlung einer Vergütung für das mit dem Grundstückseigentum verbundene Amortisationsguthaben einer landwirtschaftlichen Hypothek (RG. 74, 401, Greiff 105a zu Tn. 11 RStG.), dagegen nicht Uebernahme der Kursdifferenz bei landwirtschaftlicher Beleihung, wenn ein Zuschußdarlehen gegeben und hypothekarisch eingetragen ist (OVG. 71, 16).

g) Die dem Erwerber sonst infolge der Veräußerung obliegenden Leistungen sind nur solche, die als Leistungen an den Veräußerer erscheinen. Soweit diese Leistungen den Veräußerer nichts angehen, erhöhen sie nicht den Veräußerungspreis. Vgl. RFH. StuW. VI, 641. Unbeachtet bleiben daher Vergütungen des Erwerbers an seinen eigenen Makler (OVG. 70, 10), sowie die vom Käufer gemäß § 449 BGB. zu tragenden Kosten der Auflassung und Eintragung; andererseits sind sie nicht abzuziehen, wenn die Gegenpartei dessen, der sie eigentlich zu tragen hat, sie übernimmt; vgl. OVG. PrVerwBl. 35, 280; OVG. 64, 160.

h) Dasselbe gilt von der Grunderwerbsteuer (§ 20).

Hier hat sich aber der RFH. in ständiger Rspr. auf den gegenteiligen Standpunkt gestellt und aus § 20, wonach Erwerber und Veräußerer gesamtschuldnerisch haften, in Verbindung mit § 426 BGB. gefolgert, daß an sich jede Kaufpartei im Innenverhältnis die Hälfte Steuer zu tragen habe; übernehme der Käufer im Vertrage die ganze Steuer, so nehme er dem Verkäufer die ihm obliegende Hälfte ab; insoweit liege eine übernommene Leistung im Sinne des § 12 Abs. 2 vor: RFH. 6, 171; 10, 160 = Mrozek R. 4 zu § 12 Abs. 2

Satz 1; JW. 1922, 1615 Nr. 14 = StuW. I, 972; RFH. Mrozek R. 8 zu § 12 Abs. 2 Satz 1. Dieser Standpunkt ist vielfach bekämpft worden, vgl. Hagelberg JW. 1922, 1615; Boethke DStBl. IV 16, Wruck DStZ. X 191; Both DJZ. 1922, 315. Ott 22 zu § 12 hält den Standpunkt des RFH. de lege lata für richtig, aber de lege ferenda für unzweckmäßig, weil er „eine Steuer aus der Steuer“ begründe. Er ist aber auch nach dem bestehenden Gesetz nicht zu rechtfertigen. Der Rechtsirrtum liegt darin, daß RFH. annimmt, daß die halbe GrdErwSt. „kraft Gesetzes“ dem Veräußerer oblag und erst durch Vertrag vom Erwerber übernommen wurde. § 426 BGB. enthält aber nur eine Auslegungsregel, die überhaupt nicht zur Anwendung kommt, wenn ausdrückliche Parteivereinbarung vorliegt. Die Steuerpflicht wird erst durch den Kaufvertrag erzeugt und würde ohne Abschluß des Kaufvertrages überhaupt nicht entstanden sein. Daher ist es ein Denkfehler, überhaupt die Frage zu stellen, welche GrdErwSt. der Käufer ohne den Kaufvertrag zu tragen hätte. Nur wenn das GrdErwStG. die Steuer dem Verkäufer und Käufer je zur Hälfte auferlegen würde, wäre der Standpunkt des RFH. richtig. Dies ist aber nicht der Fall. Da das GrdErwStG. das Innenverhältnis zwischen Verkäufer und Käufer nicht geregelt hat, bestimmt sich dieses grundsätzlich nach dem Vertrage. Es ist daher begrifflich unmöglich, daß der Käufer schon durch den Abschluß des Kaufvertrages dem Verkäufer eine diesem obliegende Leistung abnimmt. Ott a. a. O. und RFH. fingieren einen Kaufvertrag, den die Beteiligten hätten schließen können, und der über die Tragung der GrdErwSt. keine Bestimmung enthielt, und folgern dann aus dem Umstand, daß nach dem wirklichen Kaufvertrag der Käufer die ganze Steuer zu tragen hat, die Uebernahme einer Leistung durch den Käufer. Es gibt aber keinen Normalkaufvertrag, der „eigentlich“ geschlossen werden müßte. § 12 legt vielmehr im Gegensatz zu §11, der den abstrakten, zu erzielenden Preis berücksichtigt, den konkreten, wirklich vereinbarten Preis zugrunde. —

Nach der Rspr. des RFH. ist der wirkliche Kaufpreis nach folgender Formel zu errechnen: $X = \frac{100\,K}{100 - p/2.}$ Dabei bedeuten K den vereinbarten Kaufpreis und p den Prozentsatz der GrdErwSt. Beträgt dieser einschließlich Zuschlag 5% und handelt es sich um einen vereinbarten Kaufpreis von 100 000 M., so ist der Steuer zugrunde zu legen ein Kaufpreis von 10 Millionen: 97½; vgl. RFH. 10, 160. Ist Erwerber das Reich und ist es von dem staatlichen Zuschlag befreit, während der Veräußerer nicht befreit ist, so fehlt es an einem Gesamtschuldverhältnis; hier gilt die ganze Steuer als übernommen; daher ist nach RFH. Mrozek R. 12 zu § 12 Abs. 2 Satz 1 in der vorstehenden Formel p um den Betrag des Landeszuschlags zu erhöhen. — Uebernimmt der Veräußerer die ganze GrdErwSt., so wird entsprechend der Kaufpreis um den Betrag der halben GrdErwSt. herabgesetzt nach der Formel $X = \frac{100\,K}{100 + p/2\,;}$ vgl. RFH. 13, 13. Bei der Besteuerung nach dem gemeinen Wert ist es dagegen unerheblich, welche Partei die GrdErwSt. in vollem Umfang übernommen hat. Vgl. RFH. StuW. IV, 264. Beim Erwerb in der Zwangsversteigerung wird die halbe GrdErwSt. nicht hinzugerechnet, weil der Subhastat nach § 20 Abs. 1 Satz 2 für die Steuer nicht haftet: RFH. 11, 332.

i) Anders bei Leistungen, die eigentlich dem Veräußerer noch oblagen, aber infolge der Veräußerung kraft des Gesetzes dem Erwerber zur Last fallen. Hierher gehören jedoch nicht Anliegerbeiträge, auch wenn sie schon vor der Veräußerung entstanden sind (anders für das ZuwStG. RG. Holdh. Z. 19, 297, JW. 1902, 191, Schulzenstein JW. 1916, 169; OVG. 13. 6. 13 JW. 1914, 658 zu 4), weil dies gemeine Lasten sind: OVG. 74, 115; a. M. Ott 28 zu § 12, wohl aber die gemäß § 439 Abs. 1 BGB. vom Käufer zu tragenden Lasten (OVG. 69, 13), Rentenbankrenten, ein Erbpachtkanon (OVG. Amtl. Mitt. IV, 89) und gewisse Leistungen auf Grund des Wassergesetzes. Auch die Verpflichtungen aus abgeschlossenen Miet- und Pachtverträgen begründen für den Erwerber infolge der Veräußerung gewisse Leistungen, jedoch nur solche, die sich während seiner Eigentumszeit aus den Miet- oder Pachtverhältnissen ergeben. Die Erfüllung dieser Leistungen stellt in der Regel keine Leistung gegenüber dem Veräußerer dar, da der Erwerber Nutzungen und Lasten gleichmäßig übernimmt. Das Gegenteil wird aber anzunehmen sein, wenn z. B. im Mietvertrage die Ausführung eines Umbaus oder die Vornahme von Renovationen derart festgelegt war, daß sie erst nach der Veräußerung fällig wurde.

Zu den dem Erwerber infolge der Veräußerung obliegenden Leistungen gehören auch im Grundbuch eingetragene Dienstbarkeiten (§§ 1090 ff BGB.), insbesondere Leibgedinge, Altenteil oder Auszug sowie Reallasten §§ 1105 ff BGB.; vgl. RFH. 16, 264.

Der Wert wiederkehrender Leistungen bestimmt sich nach §§ 144 ff AO.; vgl. darüber Anm. 4 a. E.

**4. Die vorbehaltenen oder auf dem Grundstück lastenden Nutzungen** sind dem Veräußerungspreis hinzuzurechnen.

a) Ueber den Begriff der Nutzungen vgl. §§ 99, 100 BGB. Hierher gehören besonders ein Nießbrauch, Wohnungsrecht, Wegerecht u. dgl., dagegen nicht bloße Verbotsrechte vgl. Ott 34 zu § 12.

b) Der Uebergang der Nutzungen auf den Erwerber vollzieht sich jeweils nach den Vorschriften der in Frage kommenden Veräußerungsgeschäfte, beim Kauf z. B. gemäß § 446 BGB. im Zeitpunkt der Uebergabe, bei der Zwangsversteigerung gemäß §§ 56, 89 ZVG. mit dem Zuschlag. Soweit hiernach die Nutzungen dem Veräußerer verbleiben, handelt es sich nicht um vorbehaltene Nutzungen. Solche sind nur insoweit gegeben, als sie kraft besonderer Vereinbarung entgegen den gesetzlichen Vorschriften noch dem Veräußerer zukommen sollen. Der Wert dieser Nutzungen ist zu schätzen und dem Veräußerungspreis hinzuzurechnen.

c) Auf dem Grundstück lastende Nutzungen können auch nur solche sein, die für den Veräußerer ein Recht begründen. Soweit es sich um das Recht eines Dritetn handelt, können sie unter die übernommenen Leistungen fallen.

Nach RFH. 16, 264 (266) ist der Begriff der persönlichen Leistungen weit zu fassen und auch auf Lasten zu beziehen, die nicht notwendig mit einer Leistungspflicht verbunden sind. Soweit hingegen die Nutzungen zwar einem Dritten zufallen, dem Veräußerer aber ein Recht zusteht, handelt es sich um vorbehaltene Nutzungen; vgl. Ott 31 zu § 12. Behält sich der Eigentümer vor, das Holz auf dem Kaufgrundstück für eigene Rechnung abzuholzen, so handelt es sich zwar nicht um vorbehaltene Nutzungen. Der Wert des Holzes ist nicht hinzuzurechnen, vielmehr das Grundstück in dem Zustande zu bewerten, in dem es zum Gegenstand des Kaufvertrages gemacht worden ist, also als abgeholztes Grundstück; vgl. Ott 31 zu § 12.

d) Der **Wert** wiederkehrender Nutzungen bestimmt sich nach den §§ 144 ff. AO. Hiernach ist zu unterscheiden zwischen solchen Nutzungen bezw. Leistungen, die auf bestimmte Zeit beschränkt sind, und solchen, die auf die Lebenszeit einer Person oder mehrerer Personen beschränkt sind. Bei den erstgenannten ist der Gesamtwert durch Zusammenzählen der einzelnen Jahreswerte, jedoch unter Abrechnung der Zwischenzinsen zu berechnen. Hierfür ist vom Bundesrat eine Hilfstafel aufgestellt worden, in der die Zwischenzinsen bereits abgerechnet sind. Der Gesamtwert darf den zum gesetzlichen Zinssatze von 4 v. H. kapitalisierten Jahreswert nicht übersteigen. Bei den lebenslänglichen Renten und Nutzungen bestimmt sich der Wert gemäß §145 AO. nach dem Lebensalter der Person; er beträgt bis zum Alter von 15 Jahren das 18 fache der einjährigen Nutzung und sinkt mit steigendem Lebensalter, bis er bei über Achtzigjährigen nur das 2 fache ausmacht. Hängt die Dauer der Nutzung von der Lebenszeit mehrerer ab, so ist das Lebensalter der ältesten Person, wenn das Recht mit dem Tode der zuerst verstorbenen Person erlischt, und das der jüngsten Person, wenn das Recht mit dem Tode der letztverstorbenen Personen erlischt, maßgebend; § 145 Abs. 4 AO. Immerwährende Nutzungen oder Leistungen sind nach § 144 Abs. 2 AO. mit dem Fünfundzwanzigfachen des einjährigen Betrages, solche von unbestimmter Dauer mit dem Zwölfundeinhalbfachen desselben zu veranschlagen.

Ein sog. Heimatrecht, d. h. ein durch Bedürftigkeit bedingtes zeitlich beschränktes Recht auf Wohnung, Krankenpflege und Kost ist, soweit es noch nicht ausgeübt werden kann, gem. § 144 Abs. 3 AO. zum gem. Wert zu schätzen; vgl. RFH. 18, 307.

**5. Leistung an Erfüllungs Statt;** vgl. §§ 364, 365 BGB. Die Abrede, wonach an Erfüllungs Statt eine anderweitige Leistung, als sie ursprünglich vereinbart war, angenommen werden soll, wird erst nach dem Abschluß des Veräußerungsvertrages getroffen.

Dies ergibt sich schon aus der Fassung des § 364, wonach eine andere als *die geschuldete Leistung* an Erfüllungs Statt angenommen wird. Wird die Abrede bereits im Kaufvertrage getroffen, so liegt in Wirklichkeit ein teilweiser Tausch oder doch eine teilweise nicht in Geld bestehende Gegenleistung (vgl. Anm. 2 c) oder auch ein Wahlrecht vor, auf das § 12 Abs. 2 Satz 3 Anwendung findet. Ott 44 zu § 12 will auch den Fall hierunter begreifen, daß der Käufer eine Hypothekenschuld in Anrechnung auf den Kaufpreis übernimmt. Dies kann jedoch nur in Frage kommen, wenn im ursprünglichen Kaufvertrage lediglich Geldzahlung vereinbart war. Wird aber schon im Kaufvertrage ein Teil des Kaufpreises durch Uebernahme einer auf dem Grundstück lastenden Hypothek oder durch „Hereingabe“ einer anderweiten

Hypothek, einer Baustelle oder durch Aktien oder dergl. belegt, so sind diese Leistungen nicht mit demjenigen Betrage zu bewerten, den die Parteien im Kaufvertrage angenommen haben. sondern mit ihrem wirklichen Werte: RFH. Mrozek R. 19 zu § 11 = StuW. IV, 269. Wird z. B. eine Aufwertungshypothek zur Belegung des Kaufpreises übernommen, so ist der Barwert dieser Hypothek, nicht der Goldmarkbetrag zugrunde zu legen; vgl. RFH. StuW. V, 509, VII, 14; JW. 1927, 2240 Nr. 3. Demgemäß ist eine Schädigung des Steuerfiskus etwa dadurch, daß die Parteien den Kaufpreis absichtlich geringer als vereinbart bemessen und zum Ausgleich hochwertige Aktien zur Belegung eines Teils des Kaufpreises hereingeben, nicht möglich. Ist dagegen der Preis im Kaufvertrage selbst in Geld vereinbart und wird nachträglich an Stelle des Geldes ein anderer Wert, z. B. Aktien, Geschätfsanteile, Kostbarkeiten oder dergl. in Zahlung genommen, so werden diese nicht von der Steuerbehörde bewertet, sondern mit dem Betrag berücksichtigt, für den sie in Zahlung genommen worden sind.

**6. Gemeine Lasten** sind solche, nach Gesetz oder Verfassung dinglich auf dem Grundstück ruhenden Abgaben und Leistungen, welche auf öffentlich-rechtlichen Titeln beruhen; vgl. Art. 1 Abs. 1 Nr. 2 und Art. 2 Ziff. 2 PrAG. ZVG. und OVG. 54, 21. Der Verkäufer braucht sie nach § 436 BGB. nicht zu beseitigen. Hierher gehören die Kanalisations- und Anschlußgebühren, Grund- und Gebäudesteuern, Patronatslasten, Schulabgaben, die Deichlast und Beiträge, die mit der Wegeunterhaltung, der Flußräumung usw. zusammenhängen, insbesondere die gemäß § 15 FluchtlinG. erhobenen Straßenbaukosten (OVG. 74, 115; RG. 86, 359).

Auch wenn solche Lasten, z. B. Straßenbaukosten im Vertrage ausdrücklich übernommen werden, sind sie nicht dem Preise zuzurechnen; vgl. RFH. 11, 314 = Mrozek R. 16 zu § 12 Abs. 2 Satz 1 = JW. 1923, 789 Nr. 2. Rentenbankrenten sind keine gemeinen Lasten, vgl. OVG. 75, 18. Ebenso eine Straßenbauverpflichtung, die durch Vertrag mit der Stadt übernommen worden ist; vgl. Ott 26 zu § 12. Auch solche öffentlichen Abgaben, die nicht kraft des Gesetzes auf dem Grundstück haften, bilden keine gemeinen Lasten. Vgl. RFH. JW. 1922, 1615 Nr. 13; so z. B. die Hamburgische Bahnabgabe, auch wenn sie kraft Bewilligung in das Grundbuch eingetragen ist, die WertZSt., die GrdErwSt., die EinkSt. Diese Lasten sind hier ausgeschieden, weil sie in der Zugehörigkeit zu einer Gemeinschaft begründet sind, ferner auch wegen der Schwierigkeit, ihren Wert festzustellen.

Nach Ott 28 zu § 12 sind gemeine Lasten aber insoweit dem Preise hinzuzurechnen, als es sich um Rückstände aus der Zeit vor dem Erwerb handelt; a. M. Rohde S. 96, dem beizutreten ist, da § 12 Abs. 2 Satz 2 keine Handhabe für eine derartige Unterscheidung bietet. Verpflichtet der Erwerber sich, gemeine Lasten, z. B. Straßenbaukosten, die erst in Zukunft fällig werden, sogleich im voraus zu entrichten, so kann hierin eine Mehrleistung gegenüber der gesetzlichen Verpflichtung liegen, die als Gegenleistung für das Grundstück anzusehen ist, jedoch keinesfalls in voller Höhe und nur dann, wenn wirklich eine Erhöhung der Gegenleistung für die Grundstücke in der vorzeitigen Begleichung gefunden werden kann; vgl. RFH. 11, 314 = JW. 1923, 789 Nr. 2.

7. **Bei Wahlrechten,** mögen sie dem Veräußerer oder dem Erwerber zustehen, ist der höchstmögliche Betrag der Gegenleistung maßgebend. Es ist hiernach jede der Leistungen, unter denen zu wählen ist, zu schätzen. In Betracht kommen nur mehrfache Leistungen des Erwerbers; besteht ein Wahlrecht für mehrere Leistungen des Veräußerers, so ist abzuwarten, welche Leistung gewählt wird. Nur die endgültig bestimmte Leistung kann die Grundlage für die Besteuerung abgeben. Ist z. B. das Grundstück A oder das Grundstück B zu übereignen, so kann erst nach erfolgter Wahl die Grunderwerbsteuer bestimmt werden, und zwar nur nach Maßgabe des nunmehr zu übereignenden Grundstücks. Ist nach Wahl einer der Parteien ein Grundstück oder ein Pferd zu leisten und wird die Lieferung des Pferdes gewählt, so kommt es überhaupt nicht zu einer Grunderwerbsteuer, es sei denn, daß § 5 zutrifft. In diesem Falle wird allerdings die Steuer nach dem wertvolleren Grundstück zu bemessen sein; ebenso Ott 46 zu § 12.

Ebenso ist der Fall zu behandeln, daß einem Teil die Befugnis eingeräumt ist, innerhalb gewisser Grenzen den Umfang der Gegenleistung zu bestimmen; vgl. § 315 BGB. Bestimmt die Vertragspartei eine Gegenleistung, die die höchste zulässige Grenze nicht erreicht und ist die Steuer bis dahin noch nicht festgesetzt, so wird sie nunmehr nach dem endgültigen Wert der Gegenleistung zu berechnen sein. Dasselbe gilt bei Wahlrechten, die vor der endgültigen Festsetzung der Steuer ausgeübt sind; ebenso Ott 45 zu § 12. Ist die Befugnis einem Dritten eingeräumt (§ 317 BGB.), so ist dessen Bestimmung abzuwarten.

Wird nach rechtskräftiger Steuerveranlagung die geringere Leistung gewählt, so kann Billigkeitserlaß der zu viel gezahlten Steuer erfolgen; ein Fall des § 23 liegt nicht vor. Ebenso Ott 45 zu § 12.

8. **Umgehungsmaßnahmen,** welche den Veräußerungspreis dadurch verschleiern, daß sie ihn teilweise in gewisse andere Rechtsformen kleiden, werden durch Absatz 3 ergriffen.

Eine Umgehung i. S. des § 5 AO. braucht nicht vorzuliegen.

Festzustellen ist in erster Linie, daß die fragliche Maßnahme zum Zwecke der Steuerersparnis vorgenommen ist. Hieraus ergibt sich, daß eine Abrede des Veräußerers und des Erwerbers (OVG. 67, 37; RFH. StuW. VI, 641) und eine Umgehungsabsicht der Parteien vorliegen muß. Hat die Abrede nicht den Zweck der Steuerersparung, sondern einen in der Sache selbst begründeten Zweck, so ist der Veräußerungspreis nicht zu erhöhen. Wird also der Zinssatz besonders hoch bemessen, weil die Kreditwürdigkeit des Erwerbers zweifelhaft ist, so kommt Abs. 3 nicht zur Anwendung. Es wird aber zu beachten sein, ob nicht die Ueberleistung, wiewohl an sich sachlich gerechtfertigt, doch der Höhe nach eine Verschleierung des Veräußerungspreises bezweckt. Zinsfreie Stundung führt dagegen nicht zur Herabsetzung des steuerpflichtigen Veräußerungspreises; vgl. RFH. JW. 1927, 2546 Nr. 12.

Ott 38 zu § 12 will im Falle zinsfreier Stundung unter entsprechender Anwendung des § 144 AO. die Zwischenzinsen abrechnen und auch sonstige besonders günstige Zahlungsbedingungen, z. B. kleine auf einen langen Zeitraum verteilte Abtragungsraten u. dgl. entsprechend berücksichtigen. Er beruft sich hierbei auf RFH. StuW. V, 509. Diese Entscheidung läßt aber die frühere Rspr. des OVG. ausdrücklich unberührt und verweist auf RFH. StuW. IV, 267, wonach grundsätzlich, in Zeiten beständiger Währung, den Werten der zur Preiserfüllung gewählten Leistung ein Einfluß auf den Inhalt der Preisvereinbarung versagt wird. Eine Abweichung wird nur für die Uebernahme von Papiermarkhypotheken aufgestellt, die nach dem Barwert zu bemessen sind. Ebenso RFH. JW. 1927, 2240 Nr. 3. In beiden Fällen wurde die Uebernahme von Papiermarkhypotheken als selbständige Leistung des Käufers neben dem vereinbarten Barpreis aufgefaßt.

Erwähnt sind nur 3 Fälle der Umgehung. Ist ein Teil des Entgelts zwecks Steuerersparung in die Form der Vermittlungsgebühr gekleidet, so liegt meist ein Scheingeschäft vor, da die Vermittlungsgebühr in Wirklichkeit einen Teil des Entgelts darstellen soll. Es genügt indes der weniger weitgehende Beweis, daß ungeachtet der Ernstlichkeit der Provisionsabrede diese Gebühr zum Zwecke der Steuerersparung besonders hoch bemessen worden ist, z. B. wenn der Vermittler ein naher Angehöriger des Veräußerers ist. Die ungewöhnliche Höhe der Vermittlungsgebühr kann ein Indiz für die Absicht der Steuerersparung sein; vgl. OVG. 31. 10. 13 bei Boethke PrVerwBl. 40, 402. Voraussetzung ist jedoch immer, daß mindestens ein Teil der Vermittlungsgebühr direkt oder indirekt dem Verkäufer zugute kommt. Andernfalls wird nicht die Rede davon sein können, daß es sich in Wirklichkeit um einen Teil des Entgelts handelt, der nur zum Zweck der Steuerersparung in die Form einer Vermittlungsgebühr gebracht ist. S. auch RFH. StuW. VI, 641.

Als Generalklausel wird nur die sonstige Nebenleistung erwähnt. Wird eine Hauptleistung an einen Dritten, die nicht als Vermittlungsgebühr konstruiert ist, ausbedungen, so ist darin eine vom Erwerber übernommene Leistung (Anm. 3) zu erblicken. Keine besondere ernste Nebenleistung liegt vor, soweit es sich um die natürlichen und notwendigen Folgen der Grundstücksveräußerung selbst handelt; vgl. OVG. PrVerwBl. 36, 648; hierher gehört z. B. die Verpflichtung zur Räumung des Grundstücks an einem bestimmten Tage oder die Aufgabe eines gewerblichen Unternehmens und Wegschaffung der Betriebsgeräte; vgl. Anm. 2a; ferner Allodifizierung eines Lehngutes (RG. Recht 1913 Nr. 20); Aufgabe der Gartenkulturen (PrVerwBl. 35, 280 Nr. 65): Entschädigung für Wirtschaftserschwerungen für das nicht verkaufte Restgrundstück (OVG. 67, 160).

Die Stundung des Kaufpreises gilt nicht als Nebenleistung (OVG. 58, 19; 64, 110; 65, 1; Amtl. Mitt. 1913, 11 und 125; 1914, 260), ebenso die Vorrangseinräumung für eine Baugeldhypothek (Amtl. Mitt. 1915, 149).

§ 13.

**Bei dem Uebergange im Wege der Zwangsversteigerung tritt an die Stelle des Veräußerungspreises (§ 12) der Betrag des Meistgebots, zu dem der Zuschlag erteilt wird, unter Hinzurechnung der vom Ersteher übernommenen Leistungen. Dabei tritt im Falle der Abtretung der Rechte aus dem Meistgebote und der Erklärung des Meistbietenden, daß er für**

**einen anderen geboten habe, an die Stelle des Meistgebots der Wert der Gegenleistung, wenn sie höher ist als das Meistgebot.**

**1. Allgemeines.** Die Vorschrift ist dem § 9 ZuwStG. und dem § 7 der Mustersteuerordnung nachgebildet. Das Meistgebot ist jedoch nicht unbedingt maßgebend, sondern tritt nur an die Stelle des Veräußerungspreises, so daß der gemeine Wert, falls er nicht niedriger ist, vorgeht. Dies entspricht der Tarifnummer 11 RStG. und der Tarifstelle 32 PrStG.

Die Steuerbehörde muß also das Meistgebot mit dem gemeinen Wert des Grundstücks vergleichen. Das Meistgebot ist nicht ohne weiteres Ausfluß des gemeinen Wertes, da es von außergewöhnlichen Umständen abhängig ist, insbes. die Betätigung des Grundstückseigentümers bei seiner Bemessung fehlt; vgl. RFH. 1, 157; JW. 1919, 851 Nr. 9; RFH. StuW. V, 553. Wegen des Steuerschuldners vgl. Anm. 4 zu § 20. Zu vgl. Stillschweig JW. 1920. 88 ff.

**2. Uebergang im Wege der Zwangsversteigerung** bedeutet den Eigentumsübergang; vgl. Anm. 5 zu § 4. Bleibt der Schuldner selbst Meistbietender und erlangt er den Zuschlag, so findet ein Uebergang des Eigentums nicht statt; eine Steuer wird in diesem Falle nicht erhoben; vgl. § 1 Anm. 5. In Betracht kommen nur die Fälle der §§ 1 und 2. Wegen des § 5 vgl. Anm. 4. Die Versteigerung von Gesellschaftsanteilen (§ 3) fällt nicht unter diese Vorschrift. Unter der Zwangsversteigerung ist vielmehr nur die auf Grund der ZVG. stattfindende Versteigerung von Grundstücken oder grundstücksgleichen Gerechtigkeiten zu verstehen. Jedoch fallen alle Versteigerungen auf Grund des ZVG. unter § 13, insbesondere auch die Versteigerung zum Zwecke der Aufhebung einer Gemeinschaft.

Dagegen nicht die freiwillige Versteigerung, die nur eine besondere Form des Kaufes ist.

**3. Der Betrag des Meistgebots** tritt an die Stelle des Veräußerungspreises.

a) Die Zinsen des Bargebots bis zur Kaufgelderbelegung sind nicht hinzuzunehmen, auch nicht ein etwaiger Ueberschuß aus der Zwangsverwaltung; RFH. Mrozek R. 1 zu § 13.

b) Was unter dem Meistgebot und was unter den übernommenen Leistungen zu verstehen sei, ist zweifelhaft und bestritten. RFH. StuW. V, 432 = DNotV. 1926, 612 läßt diese Frage offen. Die jetzige Fassung des § 13 geht zurück auf § 57 Abs. 3 Pr.ZVG. vom 13. 7. 1883, wonach die bei Feststellung des geringsten Gebots berücksichtigten Realansprüche in Anrechnung auf den Kaufpreis zu übernehmen sind. Die Fassung des jetzt geltenden § 49 ZVG. ist eine andere. RFH. nimmt an, daß hiernach unter dem Meistgebot nur das **Meistbargebot** verstanden wird. Dem schließt sich Ott 5 zu § 13 an. In Wirklichkeit unterscheidet § 49 ZVG. die Begriffe Meistgebot und Bargebot. Unter dem letzteren versteht es „den das geringste Gebot übersteigenden Betrag des Meistgebots zuzüglich desjenigen Teils des geringsten Gebots, welcher zur Deckung der Kosten sowie der in § 10 Nr. 1—3 und in § 12 Nr. 1, 2 bezeichneten Ansprüche bestimmt ist“. Bargebot ist hiernach nicht identisch mit Meistgebot, sondern bildet einen Teil des Meistgebots. § 49 ergibt aber auch, daß das geringste Gebot einen Teil des Meistgebots bildet, da er von dem „das geringste Gebot übersteigenden Betrag des Meistgebots" spricht. Auch § 91 Abs. 3 und § 125 ZVG. sprechen von „dem durch Zahlung zu berichtigenden Teil des Meistgebots". Hiernach umfaßt der Begriff des Meistgebots auch die in das geringste Gebot fallenden, durch den Zuschlag nicht erlöschenden Rechte. So auch Stillschweig JW. 1920, 89, 90. RFH. will hingegen die in das geringste Gebot fallenden Rechte zu den übernommenen Leistungen rechnen. Dieser Unterschied ist von praktischer Bedeutung hinsichtlich der in das geringste Gebot aufgenommenen Dienstbarkeiten, so insbes. Nießbrauch, Wohnungsrecht und Grunddienstbarkeiten, die als übernommene Leistungen schwerlich bezeichnet werden können. Ihre Berücksichtigung muß aber nach diesseitiger Auffassung erfolgen, weil sie zum Meistgebot gehören. Rechte, die ins geringste Gebot nicht aufgenommen zu werden brauchen, die dennoch bestehen bleiben (§ 52 ZVG., § 9 EGZVG.), z. B. Ueberbau- und Notwegrenten gemäß §§ 912—917 BGB, Leibgedinge und Altenteil, sowie Reallasten gehören ebenfalls zum Meistgebot im Sinne des § 13. Diese Rechte bilden gewissermaßen ein für allemal gesetzlichen Bestandteil des geringsten Gebots und daher auch des Meistgebots. Ihr Stehenbleiben gehört zu den gesetzlichen Versteigerungsbestimmungen, welche auch ohne besondere Hervorhebung im Zuschlagsbeschluß (§ 82 ZVG.) dem Gebot hinzutreten. Aehnlich, wenn auch mit anderer Begründung, Ott 9 zu § 13.

c) Eine **Gesamthypothek** ist bei Berechnung des Meistgebots mit dem vollen Betrage anzusetzen. RFH. 3, 28. (KG. Joh. 30 B 31), eine Höchstbetragshypothek mit dem ganzen Höchstbetrag (KG. Joh. 29 B 49; KG. PosMSchr. 10, 26; RG. 55, 217; 61, 37).

d) Der Begriff der **übernommenen Leistungen** ist, wie oben schon erwähnt, zweifelhaft. Die in § 12 erwähnten „ihm sonst infolge der Veräußerung obliegenden Leistungen" sind in § 13 nicht aufgeführt. Praktische Folgen hat diese Auslassung aber kaum. Bezüglich der übernommenen Leistungen ist entsprechend der älteren Rechtsprechung anzunehmen, daß nur solche, die dem Gericht gegenüber als Gegenleistung für den Zuschlag übernommen sind, in Frage kommen; vgl. OVG. 62, 12; 64,42 PrVerwBl. 35, 459. Die Kosten des Zuschlagsbeschlusses, welche gemäß § 58 ZVG. dem Ersteher zu Last fallen, gehören hingegen nicht zu den von ihm übernommenen Leistungen. Ebensowenig Vereinbarungen zwischen dem Ersteher und Hypothekengläubigern, um diese vom Mitbieten abzuhalten (OVG. 62, 12; 64, 42; JW. 1915, 766; PrVerwBl. 35, 459). Ebenso Ott 13 zu § 13. Trotzdem nimmt Ott 12 zu § 13 an, daß eine Abfindung, die der Ersteher außerhalb des Zwangsversteigerungsverfahrens einem Hypothekengläubiger dafür leistet, daß dieser auf das Herausbieten seiner Hypothek verzichtet, als übernommene Leistung zu gelten habe. Dies ist jedoch ebensowenig der Fall, wie wenn der Ersteher vor dem Versteigerungstermin dem fraglichen Hypothekengläubiger die Hypothek abkauft und sie dann ausfallen läßt. Im letzteren Falle könnte von einer übernommenen Leistung wohl gewiß nicht die Rede sein. Auch wenn der Ersteher mit dem Gläubiger einer ausgefallenen Hypothek das Bestehenbleiben der Hypothek vereinbart, will Ott 12 zu § 13 diese Hypothek dem Meistgebot unter Berufung auf BadVGH. Amtl. Mitt.

1912, 50, 72 und 213 zu § 9 ZuwStG. hinzurechnen. Auch dies erscheint nicht begründet. Die Auffassung Ott's führt praktisch ins Uferlose. Ob und inwieweit bei Vereinbarungen außerhalb des Zwangsversteigerungsverfahrens Zusammenhang mit dem Meistgebot besteht, wird häufig gar nicht zu erkennen sein. Der Begriff der übernommenen Leistungen setzt voraus, daß es sich um eine Gegenleistung für den Erwerb des Grundstücks handelt. Im Zwangsversteigerungsverfahren kann die Gegenleistung aber nur durch die gesetzlichen oder richterlichen Versteigerungsbedingungen bestimmt werden, ebenso RFH. 22, 317 mit anderer Begründung. Das Korrelat für etwaige Schiebungen bietet § 11. — Die GrdErwSt. fällt nach § 20 Abs. 1 Satz 2 nur dem Erwerber zur Last. Daher ist auch nach RFH. 11, 332 von der Uebernahme einer an sich dem Veräußerer obliegenden Leistung keine Rede, also nicht etwa die Hälfte dem Meistgebot hinzuzuschlagen.

d) Fraglich ist es, ob nicht der Wert des beweglichen **Zubehörs** und der **Maschinen** und **Vorrichtungen** in Abzug zu bringen ist. Gemäß §§ 37, 55 ZVG. erstrecken sich Beschlagnahme und Zuschlag auch auf das Zubehör und um so eher auch auf Maschinen, die wesentliche Bestandteile des Gebäudes sind; das Meistgebot umfaßt daher auch den Wert der erwähnten Gegenstände. Diese sollen jedoch der Grunderwerbsteuer nicht unterliegen; vgl. Anm. 3 zu § 1. Daher sind sie auch bei der Berechnung des Veräußerungspreises gemäß § 12 abzusetzen; vgl. Anm. 2c zu § 12. Da das Meistgebot an die Stelle des Veräußerungspreises treten soll, rechtfertigt es sich, auch hier den Wert des Zubehörs, der Maschinen usw. in Abzug zu bringen. (Ebenso bei Tn. 11 RStG.; vgl. Greiff 112a dazu). Das Gegenteil würde dem ersichtlichen Sinn des Gesetzes widersprechen. Ebenso für § 13 Stillschweig JW 1920, 90; Ott 15 zu § 13. Insoweit ist also das geringste Gebot nicht ohne weiteres maßgebend. Dasselbe gilt auch für die im geringsten Gebot steckenden Beträge für Kosten, Zinsen der Vorhypotheken, regelmäßig wiederkehrende Lasten u. dergl.; vgl. RFH. Mrozek R 1 zu § 13.

e) Ob **vorbehaltene Nutzungen** dem Meistgebot hinzuzurechnen sind, ist zweifelhaft. Sie sind in § 13 nicht besonders erwähnt, ebensowenig die auf dem Grundstück lastenden Nutzungen. Soweit es sich um Nießbrauchs-, Wohnungsrecht u. dergl. handelt, die in das geringste Gebot fallen, gehört ihr Wert zum Meistgebot.

**4. Die Abtretung der Rechte aus dem Meistgebot** und die Vertretungserklärung (vgl. § 5 Abs. 4 Nr. 4) liegen außerhalb des Zwangsversteigerungsverfahrens, ebenso auch die dabei vereinbarte Gegenleistung. Dennoch ist diese für die Steuer maßgebend; vgl. OVG. 65, 6; Amtl. Mitt. 1913, 271. Die Abtretung erfolgt in der Regel gegen eine Vergütung, die mindestens in der Uebernahme der Pflichten aus dem Meistgebot besteht, meist aber darüber hinaus eine Abfindung des Meistbietenden umfaßt. In diesem Falle wird die Steuer nach dem höheren Betrag, also dem Meistgebot einschließlich der Abfindung berechnet; ebenso Ott 17 zu § 13. Erreicht die Vergütung nicht das Meistgebot, zahlt also der Abtretende dem Empfänger eine Entschädigung, so bleibt für die Steuer doch der Betrag des Meistgebots maßgebend. Ueber die Frage, ob neben der Steuer vom Eigentumswechsel gemäß § 5 Abs. 4 Nr. 4 auch noch die Steuer vom Meistgebot zu entrichten ist, vgl. Anm. 7 zu § 5.

§ 14.

**Ist das Grundstück in der Zwangsversteigerung von einem Hypotheken-, Grundschuld-, Rentenschuld- oder Reallastgläubiger erworben worden, so hat das Landesfinanzamt auf Antrag des Steuerschuldners zu bestimmen, daß die Steuer nur von dem Teile des gemeinen Wertes des Grundstücks oder des Meistgebots erhoben wird, welcher den Gesamtbetrag der Hypotheken-, Grundschuld-, Rentenschuld- oder Reallastforderung des Erwerbers und der dieser vorgehenden gleichartigen Forderungen übersteigt, sofern**

1. **sich aus den Umständen ergibt, daß der Erwerb des Grundstücks erfolgte, um die Hypothek, Grundschuld, Rentenschuld oder Reallast zu retten und kein Anhalt besteht, daß der Erwerber sich die Hypothek, Grundschuld, Rentenschuld oder Reallast zur Ersparung von Abgaben bei dem beabsichtigten Erwerbe des Grundstücks habe bestellen oder abtreten lassen, und**

2. **die Hypothek, Grundschuld, Rentenschuld oder Reallast dem Erwerber bereits seit einem Jahre vor der ersten Beschlagnahme des Grundstücks zustand. Dabei ist die Zeit, in der die Hypothek, Grundschuld, Rentenschuld oder Reallast einem Erblasser des Erwerbers oder seines Ehegatten zustand, diesem anzurechnen; und ferner**

3. **entweder das Meistgebot oder der Gesamtbetrag in vorstehendem Sinne mindestens achtzig vom Hundert des gemeinen Wertes des Grundstücks beträgt.**

**Entsprechendes gilt beim Erwerbe durch einen Bürgen für eines der im Abs. 1 genannten Schuldverhältnisse.**

**Der Reichsminister der Finanzen kann die Entschließung über Anträge nach Abs. 1 und 2 auf Behörden übertragen, die den Landesfinanzämtern untergeordnet sind.**

1. **Allgemeines.** In dem häufigen Falle, daß das Grundstück in der Zwangsversteigerung von dem Inhaber eines dinglichen Rechts erworben werden muß, um das Ausfallen dieses Rechts zu verhüten, stellt die Erhebung der vollen Grunderwerbsteuer eine besondere Härte dar, weil der Umsatz in diesem Falle nicht ein Zeichen wirtschaftlicher Stärke, sondern wirtschaftlicher Schwäche ist. Manche Umsatzsteuerordnungen haben deshalb in solchen Fällen die Steuer ganz erlassen. Die Mustersteuerordnung sah in § 1 Abs. 5 Satz 2 eine Regelung vor, wie sie jetzt in § 14 getroffen worden ist, jedoch ohne die Bedingungen zu 1—3. Das Gesetz hat es für erforderlich gehalten, die besonderen Bedingungen aufzustellen, um die Steuerbegünstigung wirklich nur in wirtschaftlichen Notfällen eintreten zu lassen und die Ausbeutung des Privilegs durch Grundstücksspekulanten zu verhindern. Die Bedingung zu 3

ist dazu bestimmt, die Begünstigung solcher Ersteher zu vermeiden, die das Grundstück besonders wohlfeil erstanden und schon hierdurch einen wirtschaftlichen Vorteil erlangt haben.

Das Privileg des § 14 führt zum völligen Erlaß von der Steuer nur dann, wenn das Meistgebot nicht einmal die Hypothek oder doch nur die Hypothek des Erstehers deckt.

Ueber Steuererlaß in den Fällen des § 14 vgl. § 31.

2. **Voraussetzungen der Steuerbegünstigung** sind folgende:

a) Ersteher ist ein Hypotheken-, Grundschuld-, Rentenschuld- oder Reallastgläubiger,

b) der Erwerb ist nach den Umständen zur Rettung des Rechtes erfolgt, nicht zur Ersparung von Abgaben,

c) der Erwerber hat das Recht am Grundstück mindestens ein Jahr vor der ersten Beschlagnahme des Grundstücks besessen,

d) er hat das Grundstück nicht zu einem Preise unter 80% des gemeinen Wertes erworben,

e) der Steuerschuldner hat die Vergünstigung beantragt.

Alle diese Voraussetzungen müssen zusammentreffen. Ist dies nicht der Fall, so kann nur der Billigkeitserlaß gemäß § 31 in Betracht kommen, der vornehmlich für diese Fälle gedacht ist, sofern nur die Voraussetzungen zu a) und b) vorliegen. Es kann jedoch auch hiervon abgesehen werden.

3. **Die Person des Erstehers.** a) Voraussetzung ist Erwerb in der Zwangsversteigerung, d. h. Zuschlag im Zwangsversteigerungsverfahren, nicht etwa freihändiger Erwerb nach Einleitung der Zwangsversteigerung; vgl. OVG. 60, 137; auch nicht Erwerb in freiwilliger Versteigerung; vgl. Amtl. Mitt. 1913, 107, oder zur Vermeidung der Zwangsversteigerung (Amtl. Mitt. 1913, 125).

b) Der Ersteher muß zur Zeit des Zuschlags (OVG. 68, 67) ein Hypotheken- usw. Gläubiger sein. Es genügt nicht, daß der Meistbietende diese Eigenschaft hatte und seine Rechte an einen Dritten abgetreten hat (vgl. RFM. DVerkStR. 1921, 188; OVG. PrVerwBl. 28, 686 und 30, 498) oder daß der Ersteher als Treuhänder für den Hypothekengläubiger erworben hat (Amtl. Mitt. 1912, 70 und 167); ebenso OVG. JW. 1920, 71 Nr. 4 und herrschende Ansicht; a. M. Lion, S. 105. Dagegen ist es nicht nötig, daß der Hypotheken- usw. Gläubiger auch das Meistgebot abgegeben hat, sofern er nur durch den Zuschlag Eigentümer geworden ist; vgl. OVG. PrVerwBl. 34, 77; anders PrVerwBl. 28, 685. Anders nach Abs. 9 TSt. 32 PrStStG.; vgl. RG. 83, 192.

c) Keinen Unterschied macht es, ob eine **Brief- oder Buchhypothek** (§ 1116 BGB.), eine Verkehrs-, Sicherungs- oder Höchstbetragshypothek (§§ 1184 ff., 1190 BGB.) vorliegt; vgl. OVG. 64, 157. Auch eine Gesamthypothek (§ 1132 BGB.) reicht natürlich aus. Wegen der Grundschuld vgl. §§ 1191 ff. BGB., wegen der Rentenschuld §§ 1199 ff. BGB.; wegen der Reallasten §§ 1105 ff. BGB. Hierher ist auch das Altenteilsrecht zu rechnen. Ob die Ueberbaurente als Reallast zu betrachten ist, obgleich nach § 914 Abs. 3 BGB. die Vorschriften über die Reallasten nur „im übrigen" Anwendung finden, kann zweifelhaft sein; praktisch wird die Voraussetzung Anm. 2 b mit Rücksicht auf § 914 Abs. 1 BGB. kaum jemals vorliegen; §vgl. OVG. 68, 76.

d) Der Ersteher muß eines der erwähnten Rechte zur Zeit des Zuschlags wirklich innegehabt haben; vgl. OVG. 60, 139; 64, 8; 68, 66, sowie PrVerwBl. 28, 686 und 29, 485; Eintragung ins Grundbuch ist zum rechtsgeschäftlichen Erwerb nur bei Buch-, nicht bei Briefhypotheken erforderlich; vgl. OVG. 64, 92; §§ 1117, 1154, 873, 878 BGB. Bei beiden Arten von Hypotheken kommt aber auch der Rechtserwerb außerhalb des Grundbuches in Betracht, so insbesondere in den Fällen der §§ 1143, 1163, 1164 BGB. Ein bloßer Anspruch auf Einräumung des Rechts genügt selbst dann nicht, wenn eine Vormerkung zur Sicherung dieses Anspruchs eingetragen war; vgl. OVG. 48, 59, sowie PrVerwBl. 24, 759 und 760; 28, 686; 30, 498. Noch weniger reicht es aus, daß der persönlich haftende Schuldner einer Hypothekenschuld zur Vermeidung seiner Inanspruchnahme das Grundstück ersteht; vgl. die Entsch. OVG. bei Boethke-Bergschm. 1 c) zu § 14; ebenso Ott 32 zu § 14 und der dort zitierte Erlaß RFM. DVerkStR. 1921, 188.

Nicht notwendig ist es, daß der Ersteher alleiniger Inhaber der Hypothek usw. sei. Daher kommt die Vergünstigung einem einzelnen Ehegatten im Falle der Gütergemeinschaft — aber nur in diesem Falle — zu statten; OVG. 49, 57. A. M. Ott 11 zu § 14, der nur, wenn sowohl Hypothek als das erstandene Grundstück ins Gesamtgut fallen, die Vergünstigung zubilligen will. Ebenso bei einem Mitinhaber einer Hypothek, aber nicht einem off. Hand.-Gesellschafter, wenn für die Gesellschaft die Hypothek besteht (OVG. 74, 109), ebenso nicht einer off. HandGes., wenn die Hypothek für einen Gesellschafter persönlich eingetragen war; vgl. OVG. PrVerwBl. 39, 20. Andererseits wird die Vergünstigung, wenn mehrere als Ersteher auftreten, demjenigen von ihnen zuteil, der zur Rettung seiner Hypothek geboten hat; Amtl. Mitt. 1912, 182. Es kommt darauf an, ob er mit andern zur gesamten Hand ersteht oder als Miteigentümer. War z. B. der in Gütergemeinschaft lebende Ehegatte Alleingläubiger der Hypothek, die zu seinem Vorbehaltsgut gehörte und ersteht er für das Gesamtgut das Grundstück, so hat nur er, nicht aber die Ehefrau, ein Anspruch auf die Vergünstigung, ebenso wenn zwei Personen zu gleichen oder verschiedenen Rechten und Anteilen, also als Miteigentümer das Grundstück erstehen. Da jedoch in beiden Fällen der erstehende Hypothekengläubiger die sämtlichen ihm vorhergehenden Hypotheken ausbieten muß, so müssen sie auch in voller Höhe, nicht nur in Höhe seines Anteils, wie Ott 9 zu § 14 will, steuerfrei bleiben.

e) Stillschweig JW. 1920, 91 verlangt **formelle und materielle Identität** zwischen Hypothekengläubiger und Ersteher und will die Vergünstigung deshalb einem Hypothekengläubiger nicht gewähren, der die Hypothek als Treuhänder innehat, das Grundstück aber für eigene Rechnung ersteht; das dürfte zu weit gehen. Jedenfalls genügt es nicht, daß der Ersteher das Grundstück als Treuhänder für den Hypothekengläubiger erworben hat; OVG. 64, 6. Ebenso genügte es nicht, wenn der Ersteher ein Pfandrecht oder einen Nießbrauch an der Hypothek usw. gehabt hat; vgl. OVG. PrVerwBl. 28, 685; 34, 77; OVG. 57, 52. Auch wenn das Hypothekenrecht gepfändet und ihm zur Einziehung überwiesen war, kommt ihm die Vergünstigung nicht zu; wohl aber, wenn sie ihm an Zahlungs Statt zum Nennwerte überwiesen war, weil hierin ein wirklicher Uebergang des Rechts liegt; vgl. OVG. PrVerwBl. 28, 685 und 686; 29, 495; ebenso Ott 29 zu § 14.

4. **Der Bürge** ist dem Hypothekengläubiger durch Abs. 2 gleichgestellt. Eine Bürgschaft für die Hypothek als dingliches Recht oder für die Grundschuld gibt es nicht, sondern nur für eine persönliche Verbindlichkeit; vgl. RG. 93, 234.

Es ist gleichgültig, ob er die Bürgschaftsschuld bereits durch Befriedigung des Gläubigers getilgt hatte oder nicht; im ersteren Falle ist er gemäß § 774 BGB. selbst Hypothekengläubiger geworden; vgl. OVG. 57, 119. Der Schuldner aus einem Kreditauftrag (§ 778 BGB.) steht dem Bürgen gleich; vgl. PrVerwBl. 32, 433); der Schuldner aus einer kumulativen Schuldübernahme nicht. Der Rückbürge steht dem Bürgen gleich, ebenso der Nachbürge (vgl. OVG. PrVerwBl. 30, 498), dagegen nicht derjenige, der eine sogenannte Ausbietungsgarantie übernommen hat. Bei dem Bürgen müssen die Voraussetzungen Anm. 2a bis e entsprechend vorliegen, also Erstehen zum Schutz gegen Inanspruchnahme, bei Bestand der Bürgschaft seit einem Jahre vor der Beschlagnahme usw. Ob die Person des Hypothekengläubigers inzwischen gewechselt hat, ist belanglos. Ebenso Stillschweig JW. 1920, 93; Boethke-Bergschmidt S. 142; Ott 31 zu § 14. Hat der Erblasser die Bürgschaft übernommen und ist die Bürgschaftsschuld auf den Erben übergegangen, so wird die Jahresfrist des Abs. 1 Nr. 2 von der Bürgschaftsübernahme des Erblassers ab gerechnet; ebenso Ott 31 zu § 14.

5. **Rettung der Hypothek** usw. muß der Zweck des Erwerbs sein. Dies muß sich aus den Umständen ergeben. Wenn der Erwerber nur seine eigene Hypothek usw. — bei Besitz mehrerer die letzte (vgl. Joh. 40, B 387; PrJMBl. 1910, 290) — ausgeboten hat, wird in der Regel anzunehmen sein, daß er das Grundstück zu ihrer Rettung erworben habe. Dies braucht jedoch nicht immer der Fall zu sein; insbesondere können Anhaltspunkte dafür bestehen, daß der Erwerber von langer Hand die Hypothek usw. erworben hat, um später bei der Versteigerung die Grunderwerbsteuer zu ersparen. Hat der Erwerber über seine Hypothek hinausgeboten, fiel diese insbesondere in das geringste Gebot (§ 52 ZVG.), so wird in der Regel nicht anzunehmen sein, daß er das Grundstück zur Rettung seiner Hypothek erworben hat; vgl. PrVerwBl. 24, 732. Hierin liegt eigentlich ein Widerspruch in der Vorschrift selbst, da diese doch den Fall voraussetzt, daß der Erwerber seine eigene Hypothek überboten hat; in diesem Falle soll die Steuer von dem Ueberpreis berechnet werden. Praktisch wird das nur dort vorkommen können, wo der Hypothekengläubiger aus Irrtum über seine Hypothek hinausgeboten hat, oder wo er befürchten mußte, daß ein anderer Bieter, der ein zur Deckung der Hypothek ausreichendes Gebot abgegeben hat, nicht zahlungsfähig sein würde. Besitzt der Gläubiger eine ins geringste Gebot fallende Hypothek seit mehr als einem Jahr und eine andere Hypothek seit weniger als einem Jahr, so ist die Vergünstigung nicht begründet, da sich Nr. 2 des Abs. 1 auf dieselbe Hypothek

bezieht, die in Nr. 1 erwähnt ist. Auch wenn kein anderes Gebot abgegeben wurde, kann der Ersteher zur Rettung seiner Hypothek geboten haben, da schon die Tatsache des Versteigerungsverfahrens meist eine Mißwirtschaft erkennen läßt, die das Hypothekenrecht gefährdet; ähnlich Stillschweig JW. 1920, 92.; Ott 17 zu § 14.

6. **Ein Jahr vor der ersten Beschlagnahme** des Grundstücks muß das Recht dem Erwerber zugestanden haben. a) Die Beschlagnahme wird nach §§ 20, 22 ZVG. wirksam, sobald der Beschluß, durch den die Zwangsversteigerung angeordnet wird, dem Schuldner zugestellt wird oder dem Grundbuchamt zugeht. Von dem früheren dieser Zeitpunkte ist das Jahr zurückzurechnen. Ist die Zwangsversteigerung auf Antrag mehrerer Gläubiger erfolgt, so entscheidet die erste Beschlagnahme. Ist dem Zwangsversteigerungsverfahren eine Zwangsverwaltung vorausgegangen, so entscheidet die Verwaltungs-Beschlagnahme (OVG. PrVerwBl. 34, 77), welche auch durch die Einweisung des Zwangsverwalters in den Besitz wirksam wird. Im Falle der Resubhastation ist die Beschlagnahme in diesem, nicht in dem vorhergegangenen Verfahren maßgebend (OVG. PrVerwBl. 34, 77).

b) Die Besitzzeit des Erblassers wird dem Erwerber zugerechnet. Dasselbe gilt von der der Ehefrau des Erwerbers. Im Gesetzestext heißt es allerdings: „einem Erblasser des Erwerbers oder seines Ehegatten". Die herrschende Lehre nimmt aber an, daß ein Redaktionsfehler vorliegt und daß es „seinem Ehegatten" heißen muß; vgl. Stillschweig JW. 1920, 92; Ott 12 zu § 14; Lion S. 106. Es ist zuzugeben, daß es sinnwidrig wäre, die Besitzzeit zwar des Erblassers des Ehegatten, aber nicht des Ehegatten selbst hinzuzurechnen. Andererseits bleibt eine Lücke insofern bestehen, als nunmehr der Erblasser des Ehegatten nicht erwähnt ist. Bedenklich erscheint es, einen Redaktionsfehler auch jetzt noch anzunehmen, nachdem der Wortlaut des Gesetzes in der neuen Fassung vom 11. 3. 27 unverändert geblieben ist. Im Falle der Fusion zweier Aktiengesellschaften wird die Besitzzeit der durch die Fusion untergegangenen Aktiengesellschaft nicht mitgerechnet.

c) Die **Fristberechnung** erfolgt gemäß § 64 AO. nach den Vorschriften der §§ 187 ff. BGB. Die Frist darf nicht durch eine Abtretung, sei es auch nur eine fiduziarische, unterbrochen sein; vgl. OVG. 60, 139; RFM. DVerkStR. 1921, 188. Dagegen besteht Identität des Rechts, wenn die Hypothek innerhalb des letzten Jahres bei einer früheren Zwangsversteigerung durch den Zuschlag an sich erloschen, ihr Bestehenbleiben aber nachträglich gemäß § 91 Abs. 2 ZVG. vereinbart worden war. Ein neuer Hypothekenerwerb ist aber anzunehmen, wenn die alte Hypothek durch den Zuschlag erloschen war und später gemäß § 118 und § 128 ZVG. eine neue Sicherungshypothek eingetragen worden ist; vgl. Ott 14, 15 zu § 14. Die Umwandlung einer Hypothek in eine Grundschuld schadet nicht; vgl. OVG. PrVerwBl. 34, 77.

7. **Das Meistgebot oder der Gesamtbetrag muß mindestens 80%** des gemeinen Werts des Grundstücks betragen. Hierbei wird das Grundstück in demjenigen Umfang zu bewerten sein, in dem es von der Beschlagnahme und dem Zuschlag ergriffen wird, also

gegebenenfalls mit Zubehör und Maschinen. Entsprechend ist auch das ganze Meistgebot zu berücksichtigen. Unter dem Gesamtbetrag in Ziff. 3 ist der oben erwähnte Gesamtbetrag der Hypotheken-, Grundschuld- und Reallastforderung des Erwerbers, und zwar mit Zinsen und Kosten (OVG. 64, 35; 68, 64), sowie die Summe der dieser vorhergehenden gleichartigen Forderung zu verstehen; vgl. Anm. 7. Ott 27 zu § 14 will den Wert der Maschinen- und Betriebsanlage sowie Zubehörs auch von dem Gesamtbetrag abziehen. Dies erscheint nicht zutreffend. Wie Ott 19 zu § 14 selbst darlegt, besteht der gesetzgeberische Zweck der Einschränkung in Nr. 3 darin, daß der Ersteher, der unter 80% des Grundstückswertes aufwendet, ohnehin ein gutes Geschäft macht und daher der Steuervergünstigung nicht bedarf. Demgemäß muß der ganze Wert des Erstandenen mit den Aufwendungen zur Rettung der Hypothek verglichen werden.

8. a) **Die Steuervergünstigung** besteht nicht in einem vollständigen Erlaß der Steuer, sondern nur in einer Ermäßigung dergestalt, daß nur ein Teil des gemeinen Wertes des Grundstücks oder, falls das Meistgebot höher ist, dieses der Berechnung zugrunde gelegt wird. Hier ist ebenfalls das Grundstück in dem Umfang, in dem es vom Zuschlag ergriffen wurde, zu berücksichtigen, da ja das Grundstück auch in diesem Umfang, also mit allen Bestandteilen und Zubehör für die Hypothek usw. haftete. (§§ 1120 ff. BGB.). Ott 27 zu § 14 will den Wert des Zubehörs, der Maschinen usw. sowohl von dem gemeinen Wert bzw. Meistgebot als auch von dem Gesamtbetrag der Hypotheken usw. abziehen. Im Ergebnis besteht kein Unterschied.

b) Der Steuerberechnung wird nur derjenige Teil des gemeinen Werts oder evtl. des höheren Meistgebots zugrunde gelegt, der das Recht des Erstehers — einschließlich Zinsen und Kosten (OVG. 68, 64) — und die vorstehenden Rechte übersteigt, falls er mehrere Rechte besitzt, das letzte (Zimm. Ott S. 38 Nr. 100, KG. PrJMBl. 1910, 290). Nur insoweit gilt der Ersteher wirtschaftlich als Käufer, während er bis zur Höhe seines eigenen Rechts gewissermaßen nur ein Aequivalent für sein durch die Zwangsversteigerung ausfallendes Recht erlangt. Ob der Ersteher sein eigenes Recht ausgeboten hat oder mit ihm ausgefallen ist, macht nichts aus. Vorausgesetzt ist aber, daß die Hypothek usw. dem Ersteher mindestens ein Jahr zustand. Besaß er mehrere Hypotheken und stand ihm eine im Range vorgehende Hypothek noch nicht ein Jahr zu, so schadet dies nicht; vgl. Ott 22 zu § 14.

c) **Im Range gleichstehende Rechte** sind in § 14 nicht erwähnt. Ott 24 zu § 14 will auch sie berücksichtigen, ebenso Boethke-Bergschmidt S. 138. Es trifft allerdings zu, daß der Ersteher genötigt sein kann, auch die gleichstehenden Rechte auszubieten, wenn er sein eigenes Recht in voller Höhe retten will. Diese Erwägung berechtigt aber nicht dazu, die ausdrückliche Vorschrift, wonach nur die vorgehenden Rechte zu berücksichtigen sind, zu ergänzen.

d) Bei **Gesamthypotheken** kommt der volle Betrag in Ansatz (KG. Joh. 30 B 31); Bei **Höchstbetragshypotheken** ist zu unterscheiden, ob sie dem Ersteher zustehen oder ihm im Range vorgehen. Eine Höchstbetragshypothek des Erstehers ist nur in derjenigen Höhe zu berücksichtigen, in der die zugrundeliegende Forderung im Zeitpunkt des Zuschlags zu Recht besteht, weil ihm eben nur in dieser Höhe die Hypothek zusteht, während sie im übrigen Eigentümergrundschuld ist. Die im Range vorgehenden Höchstbetragshypotheken sind hingegen in voller Höhe zu berücksichtigen, da sie, auch soweit die Forderung nicht zur Entstehung gelangt ist, als dingliches Recht in der Person des Eigentümers bestehen, also in voller Höhe vorgehende Rechte sind. Vgl. Ott 25 zu § 14.

e) **Andere Rechte** als die in § 14 aufgeführten werden nicht berücksichtigt, so insbesondere nicht Erbbaurechte, Vorkaufsrechte, Grunddienstbarkeiten, gemeine Lasten. Soweit also das Meistgebot Steuerforderungen, Anliegerbeiträge, Verwendungen des betreibenden Gläubigers und dgl. umfaßt (vgl. § 10 Ziff. 1—3 ZVG.), hat der Ersteher von diesem Betrage die Grunderwerbsteuer zu bezahlen. Die Auslegung von Stillschweig JW. 1920, 91, dem Ott 23 zu § 14 beitritt, wonach neben der Hypothek des Erstehers alle, und zwar nur die in das Meistgebot fallenden Rechte zu berücksichtigen sind, ist zwar de lege ferenda, nicht aber de lege lata annehmbar.

Wenn das Gesetz ausdrücklich von gleichartigen Forderungen spricht, kann die Auslegung nicht von der Gleichartigkeit abweichen. Nießbraucher, Erbbauberechtigte usw. haben auch nicht die Steuervergünstigung des § 14 erhalten; das Gesetz unterscheidet diese Rechte also von den Hypotheken-usw.-Rechten; wie hier Lion S. 107.

f) Die Steuervergünstigung des § 14 bezieht sich auch auf die Steuer aus § 5 Abs. 4 Ziff. 4.

9. **Der Antrag** ist von dem Ersteher zu stellen, und zwar bei der Steuerstelle (§ 29). Diese legt ihn dem Landesfinanzamt vor, welches, wenn es dem Antrag stattgibt, die Steuer nicht selbst berechnet, sondern nur bestimmt, daß sie gemäß § 14 zu berechnen sei. Das weitere Verfahren liegt dann der Steuerstelle ob, gegen deren Entscheidung die ordentlichen Rechtsmittel gegeben sind.

Gegen einen ablehnenden Bescheid des LFA. ist nur die Aufsichtsbeschwerde an die oberste Landesfinanzbehörde gegeben; vgl. RFH. 4, 219; RFH. StuW. VII, 100. Nach Abs. 3 kann die Entscheidung über den Antrag auch Behörden übertragen werden, die den Oberbehörden untergeordnet sind.

## § 15.

**Geht ein Grundstück, das mehreren zur gesamten Hand gehört, an einen oder mehrere Mitberechtigte über, so wird die Steuer so berechnet, als ob die Beteiligten nach Bruchteilen berechtigt wären; der Bruchteil der Erwerber bleibt unberücksichtigt. Die Höhe der Bruchteile ist nach den Anteilen zu bestimmen, zu denen die Beteiligten an dem Vermögen zur gesamten Hand berechtigt sind, oder nach Verhältnis dessen, was ihnen bei Auflösung der Gemeinschaft zufallen würde.**

**Abs. 1 gilt insoweit nicht, als die Anteilsberechtigung des Erwerbers, oder wenn die Erben eines Mitberechtigten oder Gesellschafters Erwerber sind, die Anteilsberechtigung des Erblassers nach dem Inkrafttreten dieses Gesetzes durch den**

**Erwerb von Anteilen anderer Mitberechtigter oder Gesellschafter mittels Rechtsgeschäfte unter Lebenden begründet worden ist.**

**Die Vorschrift des Abs. 1 gilt sinngemäß, wenn eine Gemeinschaft zur gesamten Hand ein Grundstück von einem Mitberechtigten erwirbt. Der nach Abs. 1 zu ermittelnde Anteil des Veräußerers bleibt unberücksichtigt.**

1. **Allgemeines.** Der § 15 hat durch § 460 AO. mit Wirkung vom 23. Dezember 1919 ab eine neue Fassung erhalten. Nur Abs. 2 ist im wesentlichen unverändert; Abs. 3 ist neu hinzugefügt. Abs. 1 ist auf Grundstücke, die im Gesamthandseigentum stehen, beschränkt, während er früher sich auf alle „gemeinschaftlichen Grundstücke" bezog, indem er dem § 25 Satz 1 ZuwStG. nachgebildet war. Nach der Rechtsprechung des Preuß. OVG. (besonders 50, 97 und 51, 100, ebenso jetzt auch RFH. 1, 228) wurde bei Gesamthandseigentum jeder Teilhaber als Erwerber bzw. Veräußerer des ganzen Grundstücks behandelt. Nunmehr wird durch Abs. 1 dieser Rechtsprechung der Boden entzogen.

Die Vorschrift beruht darauf, daß bei dem Uebergang eines im Gesamthandseigentum stehenden Grundstücks an einen Mitberechtigten ein wirklicher Eigentumswechsel stattfindet, auch die Auflassung erforderlich ist. Formell bezieht sich dieser Eigentumswechsel auf das gesamte Grundstück; wirtschaftlich aber war der Teilhaber bereits vor dem Eigentumsübergang zu seinem Anteil an dem Grundstückseigentum beteiligt. Dem soll nun auch vom Standpunkt der Besteuerung aus Rechnung getragen werden. Das Entsprechende gilt im umgekehrten Fall des Abs. 3.

Es handelt sich nur um eine Berechnungsvorschrift; vgl. Anm. 3 und RFH. 17, 40.

2. **Ein Grundstück,** das mehreren zur **gesamten Hand gehört,** bildet den Gegenstand der Besteuerung.

a) Eigentum zur gesamten Hand besteht vornehmlich bei der Gesellschaft des bürgerlichen Rechts, der offenen Handelsgesellschaft, der Kommanditgesellschaft, der Reederei, dem nicht rechtsfähigen Verein, sowie der Erbengemeinschaft und der ehelichen Gütergemeinschaft. Gesamthandseigentum besteht nur bei solchen Rechtsverhältnissen, für die es kraft Gesetzes bestimmt ist; die Beteiligten können es nicht nach Belieben begründen; vgl. OVG. 62, 265; RFH. Mrozek R. 3 zu § 15 Abs. 1. Das Miteigentum im Sinne der §§ 1008 ff. BGB. ist ein Eigentum nach Bruchteilen. Auch bei diesem kann von einem gemeinschaftlichen Grundstück gesprochen werden. Hier versteht sich jedoch die Bestimmung des § 15 von selbst, da der Miteigentümer nur noch diejenigen Anteile zu erwerben braucht, die ihm noch nicht gehören; nur auf diese Anteile hat sich die Auflassung zu beziehen. Veräußerungen von Bruchteilen bilden je selbständige steuerpflichtige Rechtsvorgänge; vgl. RFH. 5, 184; 8, 283. Daher bedarf es nicht der Anwendung des § 15; in den Fällen des Abs. 2 ist somit die Steuer gleichfalls nur nach dem Wert derjenigen Anteile zu berechnen, die der Erwerber zu seinem Anteil hinzu erwirbt.

b) Gehört das Grundstück einer Personenvereinigung mit juristischer Persönlichkeit, z. B. einer Akt.-Ges., G. m. b. H., einem eingetragenen Verein usw., so ist bei dem Uebergang auf einen Aktionär bzw. Gesellschafter die volle Steuer zu entrichten. Die juristische Person besteht als solche neben den natürlichen Personen, aus denen die fragliche Vereinigung sich zusammensetzt. Was der juristischen Person gehört, ist daher nicht gemeinschaftliches Gut; vgl. RFH. 7, 145 (G. m. b. H.); 9, 337 (Gewerkschaften).

c) Nicht unter § 15 fallen schließlich auch solche Grundstücke, die körperlich geteilt sind, so daß jeder Teil im Alleineigentum einer bestimmten Person steht. Durch solche Teilung entstehen eine Mehrzahl selbständiger Grundstücke, so daß im Rechtssinn ein gemeinschaftliches Grundstück nicht mehr vorhanden ist.

**3. Ein steuerpflichtiger Uebergang** des gemeinschaftlichen Grundstücks wird vorausgesetzt. In der ursprünglichen Fassung des § 15 war dies besonders zum Ausdruck gebracht. Da § 15 jedoch nur eine Berechnungsvorschrift für die Steuer enthält, versteht es sich von selbst, daß er nur für steuerpflichtige Uebergänge gilt. Gedacht ist in erster Linie an den Eigentumsübergang (§§ 1, 4), bei grundstücksgleichen Gerechtigkeiten (§ 2) an den Uebergang dieser. Auch im Falle der Zwangsversteigerung findet § 15 Anwendung. Ebenso kann er in den Fällen des § 3 Anwendung finden; so z. B. wenn alle Anteile der Personenvereinigung einer offenen Handelsgesellschaft gehören und von dieser auf einen Gesellschafter übertragen werden; dagegen nicht, wenn das Grundstück selbst an einen Gesellschafter der off. Handelsgesellschaft, der die Anteile der Grundstücksgesellschaft gehören, übereignet wird; ebenso Ott 7 zu § 15.

Die Veräußerungsgeschäfte des § 5 sind nach denselben Grundsätzen zu versteuern, wie der Eigentumswechsel selbst; auch hier muß also § 15 Anwendung finden. Dasselbe gilt in den Fällen des § 6, wobei es gleichgültig ist, ob die Gesellschaft selbst das Eigentum oder gleichfalls nur eine eigentumsähnliche Stelle innegehabt hat; vgl. Ott 7 zu § 15, der auch in den Fällen des § 7 den § 15 für anwendbar erklärt. Letzteres versteht sich von selbst, da § 7 nur die Steuerpflichtigkeit des verdeckten Rechtsgeschäfts feststellt; dieses verdeckte Rechtsgeschäft ist aber nach §§ 1—6 steuerpflichtig, die Steuer daher gegebenenfalls nach § 15 zu berechnen.

Da ein steuerpflichtiger Uebergang vorausgesetzt wird, ist § 15 nicht anwendbar in den Fällen des § 8, insbesondere beim Erwerb auf Grund von Verträgen zwischen Miterben zum Zwecke der Teilung (§ 8 Nr. 3).

Der wirtschaftliche oder Rechtsgrund des Grundstücksüberganges ist gleichgültig. Es ist nicht vorausgesetzt, daß die Gesellschaft, der das Grundstück gehört, aufgelöst werde. Die Vorschrift begründet kein Privileg für die Auseinandersetzung unter Gemeinschaftern, sondern beruht darauf, daß der Erwerber mindestens wirtschaftlich bereits einen Anteil an dem Grundstück besessen hat, also nur die ihm fehlenden Anteile hinzuerwirbt.

4. **Erwerber** muß ein Mitberechtigter oder ein Gesellschafter sein, oder mehrere von ihnen. Diese „mehreren" können zu Bruchteilen oder zur gesamten Hand erwerben; ebenso RFH. StuW. VI, 642 und Ott 15 zu § 15, der auch auf die G. m. b. H. und Co. verweist, die nach RG. 105, 101 für zulässig erklärt ist. Sind die Mehreren aber zu einer Vereinigung mit juristischer Persönlichkeit (A.-G., G. m. b. H., rechtsfähiger Verein u. dgl.) zusammengeschlossen, so kommt nur diese Korporation als solche in Betracht; das Grundstück geht dann also a n e i n e n Mitberechtigten, nämlich die A.-G. usw. über, falls eine solche Gesellschafterin der Gesamthandsgemeinschaft war; waren dies hingegen die Aktionäre p e r s ö n l i c h, so ist, wenn das Grundstück auf die Akt.-Ges. übertragen wird, der § 15 nicht anwendbar: RFH. Mrozek R. 7 zu § 1. Nach Ott 17 zu § 15 soll jedoch § 15 nicht anwendbar sein, wenn zwei offene Handelsgesellschaften oder Gesellschaften des BGB. oder die eine und die andere als Veräußerer und Erwerber einander gegenüberstehen, weil es sich hier um steuerrechtsfähige Personenvereinigungen handelt. Dieser Standpunkt ist jedoch vom RFH. nicht geteilt worden und erscheint auch nicht zutreffend; vgl. RFH. StuW. VI, 642 = DStZ. 1927 Nr. 295; JW. 1927, 2544 Nr. 9, Mrozek, R. 5 zu § 15. — Wegen Anwendung des § 15 bei dem Uebergang eines Grundstücks von der Erbengemeinschaft auf eine teilweise personengleiche Komm.-Ges.; vgl. RFH. 10, 311. Erfolgt die Veräußerung seitens der Gesellschaft an einen Dritten, mag er auch früher Gesellschafter gewesen sein, so ist die volle Steuer zu erheben; vgl. OVG. PrVerwBl. 34, 44. Wird jedoch die Auseinandersetzung erst nach dem Ausscheiden vollzogen, so findet § 15 noch Anwendung, weil Verpflichtungs- und Vollzugsgeschäft, wie § 5 ergibt, nach einheitlichen Grundsätzen zu behandeln sind. Wer nur ein rechtsgeschäftliches oder Pfändungspfandrecht an dem Anteil bzw. dem Auseinandersetzungsguthaben eines Mitberechtigten hat, gilt nicht als Mitberechtigter im Sinne des § 15; vgl. OVG. 51, 101. Der Erbe eines Mitberechtigten ist nicht immer auch selbst ein solcher; vgl. z. B. § 138 HGB., § 736 BGB. In diesem Falle findet § 15 trotz Abs. 2 auf ihn keine Anwendung.

Maßgebender Zeitpunkt ist der Zeitpunkt der Steuerentstehung (vgl. §§ 4, 5 Abs. 1 u. 3).

Erwerben ein Mitberechtigter und ein Fremder gemeinsam das Gesellschaftsgrundstück, so findet, wenn sie getrennte Anteile (Bruchteile) erwerben, auf den Bruchteil des Mitberechtigten, dessen Erwerb einen selbständigen Steuerfall bildet (Anm. 5 zu § 1), der § 15 Anwendung. Für den halben Grundstückswert bleibt also der bisherige (gedachte) Anteil dieses Erwerbers außer Betracht; der andere halbe Grundstückswert wird voll versteuert.

5. a) **Die Berechnung der Steuer** geschieht, wie wenn die Gesamthänder nach Bruchteilen berechtigt wären. Es wird derart gehalten, als ob der Erwerber bereits einen getrennten selbständigen Bruchteil des Grundstückseigentums besäße und nur die fehlenden Anteile hinzuerwürbe. Der gemeine Wert (§ 11) wird also nicht von dem ganzen Grundstück berechnet. Auch von dem Veräußerungspreis (§ 12) und dem Meistgebot (§ 13) ist nur ein Teil zugrunde zu legen, der nach Abzug des Erwerberanteils übrig bleibt.

Freilich wird der Veräußerungspreis häufig bereits unter Berücksichtigung der schon vorhandenen Beteiligung des Erwerbers festgesetzt sein.

b) Der gedachte Bruchteil des Erwerbers bleibt unberücksichtigt. Hat die Gesellschaft also drei gleichberechtigte Gesellschafter und überträgt sie das Grundstück an einen von ihnen, so ist die Steuer nur von zwei Dritteilen zu berechnen; erwerben zwei Gesellschafter, A u. B, das Grundstück, so ist folgende Berechnung aufzustellen: A veräußert sein Drittel zur Hälfte, also $^1/_6$, an sich, $^1/_6$ an B; auch B und C veräußern je $^1/_6$ an A und $^1/_6$ an B. Erwerben alle drei das Grundstück zu je $^1/_3$, so erwirbt jeder von sich selbst $^1/_9$. Unberücksichtigt bleiben die Bruchteile der Erwerber; das kann bedeuten — und so wurde es in der 1. Aufl. aufgefaßt — daß die bisherigen gedachten Bruchteile der Erwerber unberücksichtigt bleiben, bei zwei Erwerbern also $^2/_3$, bei drei Erwerbern $^3/_3$, also Steuerfreiheit; es kann aber auch bedeuten, daß die Bruchteile, die jeder Erwerber von sich selbst erwirbt, unberücksichtigt bleiben, also bei A und B je $^1/_6$. Diese Auffassung vertritt im Gegensatz zur früheren Rechtsprechung (RFH. 6, 113; 10, 311) jetzt der RFH.; Mrozek R. 3, 4 zu § 15 Abs. 1; StuW. VI, 642 entsprechend der neuen Auffassung zu Abs. 3 in RFH. 17, 40.

6. a) **Der Anteil des Erwerbers**, nach dem der auf ihn entfallende Bruchteil bestimmt wird, ist nicht identisch mit seinem Anteil an dem Grundstück; einen solchen Anteil hat der Mitberechtigte bei der gesamten Hand nicht; vgl. §§ 719, 1442, 2033 Abs. 2 BGB. Ebensowenig hat er einen Anteil am Grundstückseigentum. Maßgebend ist vielmehr der Anteil an dem Vermögen der Gemeinschaft oder der Anteil an dem Auseinandersetzungserlös. Das Wort „oder" soll nicht ein freies Wahlrecht (wem?) gewähren, sondern nur für den Fall, daß ein berechenbarer Anteil am Gemeinschaftsvermögen nicht besteht, einen anderen Maßstab festsetzen; vgl. Ott 9—11 zu § 15. RFH. 20, 125 = RFH. StuW. VI, 166 billigt diesen Standpunkt für den Fall, daß wie bei der ehelichen Gütergemeinschaft, ein Anteil bei bestehender Gemeinschaft nicht vorhanden ist und stellt fest, daß bei Gesellschaften nicht etwa die eine oder die andere Alternative eintritt, je nachdem die Gesellschaft aufgelöst wird oder nicht.

b) Die beiden Anteile können sich decken. Bei der off. Hand.-Ges. z. B. ist nach § 155 HGB. für die Verteilung des Vermögens der Kapitalanteil (§§ 120 ff. HGB.) maßgebend. Bei der Gesellschaft des bürgerlichen Rechts wird der Anteil an dem Gesellschaftsvermögen (§ 719 BGB.), die Einlage (§§ 705—707, 733 Abs. 2, 735 BGB.), der Gewinnanteil (§ 722 BGB.) und das Auseinandersetzungsguthaben nach Abzug der Einlage (§ 734 BGB.) unterschieden. Hier deckt sich die Einlage, vermindert um Verlust-, vermehrt um Gewinnanteile, mit demjenigen, was dem Gesellschafter bei einer für den Zeitpunkt des steuerpflichtigen Rechtsvorgangs gedachten Auflösung der Gesellschaft zukommen würde. ebenso Ott 11 zu §15.

c) Der Verteilungsmaßstab kann aber, wie Ott 12 zu § 15 mit Recht darlegt, durch Vertrag für die Auseinandersetzung anders festgesetzt sein als für die Zeit des Bestehens. Nach RFH. 20, 125 = RFH. StuW. VI, 166 = Mrozek R. 4 zu § 15 Abs. 3 ist in diesem Falle bei einer Gesellschaft, die von einem ihrer Gesellschafter ein Grundstück erwirbt, die für die Zeit des Bestehens der Gesellschaft getroffene Regelung der Kapitalbeteiligung maßgebend; der umgekehrte Fall, daß ein Gesellschafter das Grundstück von der Gesellschaft erwirbt, wird offen gelassen. Es wird auch hier das Verhältnis bei Bestehen der Gesellschaft maßgebend sein, falls die Auflassung des Grundstücks nicht etwa bei Gelegenheit der Auseinandersetzung im Falle der Auflösung der Gesellschaft stattfindet.

d) Bei der ehelichen Gütergemeinschaft gibt es keinen ziffermäßig feststellbaren Anteil an dem Gesamtgut, sondern nur einen (gedachten) Auseinandersetzungsanteil, der nach § 1476 BGB. die Hälfte beträgt. Für den Fall der Ehescheidung vgl. § 1478 BGB., der jedoch nur dann anwendbar ist, wenn z. Zt. des steuerpflichtigen Rechtsvorganges die Ehe rechtskräftig geschieden ist. Hier ist der Anteil besonders zu errechnen. Für die fortgesetzte GGem. vgl. §§ 1498 ff., 1503 BGB. Für die Erbengemeinschaft ist der Anteil am Nachlaß maßgebend (§§ 2033 ff. BGB.), der sich gemäß § 2047 BGB. mit dem Anteil bei der Auflösung deckt. Die Ausgleichungspflicht ist hierbei zu berücksichtigen, und zwar auch für den Erbanteil. Hier ist also die zweite Alternative maßgebend; es entscheidet also das Verhältnis dessen, was dem Ehemann bei der Auflösung der Gemeinschaft zufallen würde. Dabei ist zu berücksichtigen, was jeder Ehegatte dem Gesamtgut zu ersetzen hat; vgl. §§ 1476 Abs. 2 BGB. Ist bei einer Gesellschaft vereinbart, daß einem Gesellschafter überhaupt kein Anteil am Gesellschaftsvermögen zustehen soll (vgl. RG. JW. 1915, 1428 Nr. 3), so wird ein Anteil für ihn im Falle des § 15 nicht berücksichtigt. Erwirbt er von der Gesellschaft ein Grundstück, so muß er vom vollen Wert die Steuer entrichten; erwirbt sein alleiniger Mitgesellschafter das Grundstück, so ist der § 15 nicht anwendbar, sondern gleichfalls die volle Steuer zu entrichten, denn es fehlt an der Voraussetzung, daß das Grundstück mehreren zur gesamten Hand gehört; vgl. Ott 14 zu § 15. Ist infolge Ueberschuldung oder Ueberentnahme der Anteil eines Gesellschafters unter Null gesunken und zu einem Schuldposten geworden, so kann dieser Gesellschafter, wenn er ein Grundstück von der Gesellschaft erwirbt, ebenfalls nichts abziehen. Der alleinige Mitgesellschafter ist in diesem Falle nach Ott 13 zu § 15 überhaupt nicht steuerpflichtig, falls er das Grundstück erwirbt. Dem ist beizutreten, da in diesem Falle ein Gesamthandsverhältnis gemäß § 718 BGB. vorliegt, § 15 also anwendbar ist. Ebenso wenn der Anteil eines Gesellschafters an Gesellschaftsvermögen durch Entnahme u. dgl. gleich Null gesunken ist oder wenn ein Gesellschafter nur seine Arbeitskraft eingebracht hat, aber auch im Innenverhältnis vollberechtigter Gesellschafter ist.

7. **Nachträglicher Erwerb** von Anteilen nach dem Inkrafttreten dieses Gesetzes begründet das Steuerprivileg nicht. Hierdurch soll verhütet werden, daß zum Zweck der Steuerersparung bei gemeinschaftlichen Grundstücken zunächst ein Gesellschaftsanteil erworben

wird, was die Grunderwerbsteuer nicht hervorruft, und dann erst das Grundstück.

Ott 19 zu § 15 unterscheidet unmittelbaren und mittelbaren Erwerb von Anteilen. Ersterer kommt nur im Falle des § 2033 Abs. 1 BGB. (Erwerb des Anteils eines Miterben) in Frage; mittelbarer Erwerb bei Eintritt in eine Gesellschaft oder bei Vergrößerung des Anteils eines Gesellschafters durch Vertrag. — Durch die Sondervorschrift des § 15 Abs. 2 ist auch die Anwendung der allgemeinen Bestimmung des § 80 Abs. 2 AO. auf die Steuerberechnung ausgeschlossen: RFH. Mrozek R. 7 zu § 3. § 15 findet dagegen Anwendung auf den bei der Gründung übernommenen Anteil bei Gesellschaften und Gemeinschaften, die erst nach dem Inkrafttreten dieses Gesetzes gegründet worden sind. In der Gründung einer Gesellschaft liegt nicht der Erwerb von Anteilen anderer Gesellschafter. Ebenso findet § 15 Anwendung bei Anteilserwerb von Todes wegen (Erbfolge, Vermächtnis), sowie wenn nach dem Inkrafttreten dieses Gesetzes jemand zwar den Anteil eines Gesellschafters erlangt, die Gesellschaft aber erst nachher das Grundstück erwirbt, das dann später auf den Gesellschafter übertragen wird.

8. **Erwerb der Gemeinschaft von einem Mitberechtigten.** Steuerfreiheit gemäß § 8 Ziff. 2, 5, 6. Im übrigen kommt es auf den Grund und die Form des Erwerbs nicht an; es mag sich um Einbringung oder um rechtsgeschäftliche Veräußerung (Kauf, Schenkung usw.) handeln. Hier bleibt der fingierte Bruchteil, der dem Veräußerer nach dem Eigentumsübergang auf die Gemeinschaft an dem Grundstück zusteht, unberücksichtigt. Dieser Bruchteil ist wie nach Anm. 6 zu berechnen. Wird der Anteil gerade infolge der Grundstücksübereignung, z. B. bei Einbringung, größer, so ist der größere Anteil steuerfrei zu lassen. Ebenso entscheidet für die Frage, ob der Veräußerer ein Mitberechtigter ist, hier nicht die Vergangenheit, sondern der Rechtsgrund des Erwerbs; das Steuerprivileg kommt also auch bei Einbringung durch einen hinzutretenden Gesellschafter zur Anwendung. Dies muß sinngemäß auch für die Steuer aus § 5 gelten, wenn Vollziehung des Beitritts und der Einbringung hinausgeschoben ist. Ebenso Ott 18 zu § 15.

Wegen Erwerbs eines Grundstücks, das einem Mitberechtigten und einem Fremden gemeinsam gehört, vgl. Anm. 4.

Uebertragen zwei Miteigentümer das Grundstück auf die von ihnen gebildete off. Hand.-Ges., so ist dieser Vorgang nicht, wie Lion, ZtgStfr. 1, 12 meint, völlig steuerfrei; vielmehr bildet die Uebertragung jedes Bruchteils einen selbständigen Steuerfall (vgl. RFH. 5, 184; 8, 282) und löst — bei gleicher Beteiligung der beiden off. Hand.-Gesellschafter — die Steuer vom halben Wert des Eigentumsanteils aus. Ebenso RFH. 17, 40 = Mrozek R. 3 zu § 15 Abs. 3 unter Aufgabe des früheren Standpunktes RFH. 5, 182; 6, 113; 10, 311.

## § 16.

**Beim Tausche von Grundstücken ist die Steuer für jedes Grundstück gesondert zu berechnen.**

1. **Tausch von Grundstücken** (§ 515 BGB.). a) Vorausgesetzt ist, daß ein Grundstück gegen das andere vertauscht wird, und zwar muß es sich, wie § 1 ergibt, um inländische Grundstücke handeln. Gleichgestellt ist der Tausch eines Grundstücks gegen eine Berechtigung im Sinne des § 2, sowie der Tausch solcher Berechtigungen gegeneinander. § 16 ist ferner anwendbar, wenn die Anteile einer Grundstücksgesellschaft (§ 3) gegen die Anteile einer anderen derartigen Gesellschaft oder gegen ein Grundstück vertauscht werden. Ebenso genügt ein Rechtsvorgang im Sinne des § 6 auf einer oder auf beiden Seiten, obgleich hier ein Tausch im Sinne des § 515 BGB. nicht vorliegt.

b) Ein Tausch wird in ständiger Rechtsprechung von RFH. auch angenommen, wenn Miteigentum in Flächeneigentum umgewandelt wird; vgl. RFH. 5, 19; 8, 166 = Mrozek R. 1 zu § 16 sowie RFH. Mrozek R. 4, 6, 7 zu § 16; ebenso Ott 5 zu § 17.

c) Liegt dagegen der Tausch eines Grundstücks gegen bewegliche Werte, z. B. gegen eine Fabrik, ein Warenlager u. dgl. vor, so kommt § 16 nicht in Frage; maßgebend ist dann lediglich der gemeine Wert des einen Grundstücks und gemäß § 12 der Wert der Gegenleistung.

d) Der verpflichtende Tauschvertrag (§ 515 BGB.) ist, wenn er gemäß § 5 steuerpflichtig wird, gleichfalls nach § 16 zu behandeln. Ist nach Ablauf des Jahres das eine Grundstück bereits übereignet, das andere dagegen nicht, so entsteht die Steuerpflicht nur hinsichtlich des letzteren.

e) Der Unterschied zwischen dem Tausch und dem doppelseitigen Kauf, der im Einzelfall mitunter sehr unsicher ist, kommt für dieses Gesetz wenig in Betracht, da die Steuer im Falle des Tauschs nicht anders zu berechnen ist als bei dem doppelseitigen Kauf.

2. a) **Die Steuerberechnung** hat beim Tausch derart zu geschehen, daß sie für jedes Grundstück gesondert vorgenommen wird. Sind freilich auf der einen Seite mehrere Grundstücke Gegenstand des Geschäfts, so hängt die zusammenfassende oder gesonderte Berechnung der Steuer davon ab, ob sie eine wirtschaftliche Einheit bilden (vgl. Anm. 2 zu § 1). Abgesehen hiervon bleibt jedes Grundstück für die Steuerberechnung selbständig; der Tausch begründet also für die Berechnung zwei Steuerfälle. Ganz unabhängig voneinander sind diese allerdings nicht, denn das eine Grundstück bildet die Gegenleistung für das andere, kommt also als Veräußerungspreis des anderen Grundstücks gemäß § 12 in Betracht; vgl. OVG. 66, 26.

b) In erster Linie entscheidet für jedes Grundstück der gemeine Wert; gemäß § 12 ist dieser mit dem Veräußerungspreis zu vergleichen. Als solcher kommt der gemeine Wert des Tauschgrundstücks in Betracht. Bei verschiedenem gemeinem Wert beider Grundstücke ist daher der des wertvolleren Grundstücks für beide Steuerfälle maßgebend, für den einen gemäß § 11, für den anderen gemäß § 12; vgl. RFH. Mrozek, R. 3, 8 zu § 16; RFH. StuW. IV, gemäß § 12; vgl. RFH. Mrozek, R. 3, 8 zu § 16; RFH. StuW. IV, 269 = JW. 1925, 164 = DNotV. 1926, 368; RFH. StuW. VI, 380 = JW. 1928, 537 Nr. 4. Wird ein Grundstück gegen ein minderwertiges unter Zuzahlung eines Geldbetrages getauscht, so ist Gegenleistung für das minderwertige Grundstück nicht der Wert des höherwertigen abzüglich des Geldbetrages; vielmehr ist der Wert des höherwertigen anteilig auf das minderwertige Grundstück und die Barleistung nach Verhältnis des Wertes dieses Grundstücks zu der Barleistung zu verteilen; RFH. StuW. IV, 263; VI, 380 = JW. 1928, 537 Nr. 4.

c) Auf den im Vertrage etwa angegebenen „Tauschwert" kommt es nicht an; vgl. OVG. 64, 53 und 66, 25 und Strutz JW. 1915, 764; PrVerwBl. 37, 232; Ott 4 zu § 16; Lindemann S. 119; Boethke-Bergschmidt S. 153. Wegen Berücksichtigung der Uebernahme von Hypothekenschulden als Teils der Gegenleistung vgl. OVG. 66, 25.

d) Tauscht eine Gesellschaft das gemeinschaftliche Grundstück gegen das einem Gesellschafter allein gehörige Grundstück, so kommt die Vergünstigung des § 15 nur für das erstere in Anwendung. Tauschen Großeltern mit einem Enkelkind Grundstücke, so ist die Steuerfreiheit des § 8 Ziff. 4 nur für dasjenige Grundgegeben, das der Enkel von den Großeltern erwirbt, nicht für dasjenige, das er an sie veräußert. Dieselbe Ungleichheit kann in den Fällen des § 8 Ziff. 9 und 10 eintreten. Wird z. B. für ein in Grünfläche umzuwandelndes Grundstück ein anderes Grundstück in Tausch gegeben, so ist nur die Uebereignung des ersteren Grundstücks gemäß § 8 Nr. 10 steuerfrei; RFH. StuW. I, 465; Mrozek, R. 4 zu § 8 Abs. 1 Ziffer 10 und R. 5 zu § 16; dagegen findet die Steuerfreiheit in den Fällen des § 8 Ziff. 7 und 8 auf beiden Seiten Anwendung.

**3.** Eine besondere Frage ist es, ob jede Leistung nicht nur für die Berechnung, sondern auch steuerrechtlich einen besonderen Steuerfall bildet. Dies ist für die Entstehung der Steuer, die Verjährung, die Steuerfreiheit nach §§ 8, 18 und 21, den Erlaß nach §§ 22, 23, die Anzeigepflicht nach §§ 26, 27 von Bedeutung. In allen diesen Beziehungen muß aber jede Leistung volle Selbstständigkeit für sich in Anspruch nehmen, da ja die Steuerpflicht sich — abgesehen von § 5 — auf den dinglichen Rechtsübergang gründet, also auf jeder Seite selbständig gemäß § 4 entsteht. Auch im Falle des § 5 gilt mit Rücksicht auf den Zusammenhang mit dem Eigentumswechsel das gleiche.

## § 17.

**Die Steuer beträgt drei vom Hundert, in den Fällen des § 10 zwei vom Hundert des gemeinen Wertes des Grundstücks oder des nach §§ 12 bis 14 an seine Stelle tretenden Betrages.**

**1. Allgemeines.** Die Vorschrift bestimmt die Höhe der Steuer und zwar sowohl derjenigen, die gemäß §§ 1—6 erhoben wird, nämlich der eigentlichen Grunderwerbsteuer, als auch der nach § 10 von der toten Hand erhobenen wiederkehrenden Steuer, der Grundbefestigungssteuer. Der Steuersatz betrug ursprünglich 4 v. H., ist aber durch Art. II § 1 Nr. 2 des Aend G. v. 10. 8. 1925 auf 3 v. H. herabgesetzt worden; vgl. Anm. 3.

**2. Bemessungsgrundlage** ist der gemeine Wert des Grundstücks ohne Rücksicht auf die Höhe der Belastung; vgl. § 11 Anm. 2. In den Fällen der §§ 12—14 ist es der daselbst bezeichnete, an die Stelle des gemeinen Werts tretende Betrag; bei Abtretung eines

Miteigentumsanteils ist es der gemeine Wert dieses Anteils, nicht des ganzen Grundstücks; vgl. RFH. 8, 282. Es fällt auf, daß § 15 nicht mit angeführt ist; trotzdem ist in den Fällen des § 15 die Steuer nicht von dem gemeinen Wert des Grundstücks, sondern nur des hinzuerworbenen Anteils zu berechnen; vgl. Anm. 5 zu § 15.

Wird eine Mehrheit von Grundstücken übereignet, so kommt es darauf an, ob sie eine wirtschaftliche Einheit bilden (Anm. 2 zu § 1); in diesem Falle sind sie einheitlich zu bewerten.

**3.** a) Die Höhe der Grunderwerbsteuer ist, wie erwähnt, durch das Aend G. auf 3 v. H. bemessen worden. Das Aend G. ist am 1. 9. 1925 in Kraft getreten. Demgemäß unterliegen alle Rechtsvorgänge der ermäßigten Steuer, sofern die Steuerpflichtigkeit nach dem 31. August 1925 entstanden ist. Bei der Steuer aus § 1 kommt es gemäß § 4 auf den Zeitpunkt des Eigentumsüberganges an; entsprechend bei der Steuer aus § 2. Bei der Steuer aus § 3 kommt es darauf an, wann der Erwerber die Gesamtheit der Anteile zu Eigentum erlangt hat; bei der Steuer aus § 5 ist der Jahresablauf maßgebend, bei derjenigen aus § 6 der Zeitpunkt, in dem das letzte derjenigen Rechtsgeschäfte abgeschlossen ist, welches dem Erwerber die eigentumsähnliche Stellung verschaffte.

b) Hiermit umfaßt die Steuer gemäß § 33 zugleich alle Abgaben der Länder, Gemeinden und Gemeindeverbände in Ansehung des Eigentumswechsels. Die Länder dürfen jedoch nach § 38 FinAusglG. (vgl. Anhang) Zuschläge festsetzen bzw. zulassen. Eine Erhöhung der Steuer ist in § 19 vorgesehen.

c) Eine **Ermäßigung** der Steuer auf 1½% ergibt sich aus dem Steuermilderungsgesetz; in den dort geregelten Fällen kommen auch die Zuschläge in Wegfall; vgl. Anhang.

d) Die Steuer der **toten Hand** ist auf 2 v. H. festgesetzt; gemäß § 28 Abs. 2 Satz 2 wird sie das erste Mal nur in Höhe von 1 v. H. erhoben. Auch diese Steuer umfaßt die Anteile der Länder und Gemeinden, welche jedoch nach § 38 FinAusglG. berechtigt sind, für ihre Rechnung Zuschläge zu erheben.

Pfennigbeträge sind nach § 10 Abs. 2 AB. im Einzelfalle nach unten auf volle Zehner abzurunden.

**4. Weitere Steuern** neben der GrErwSt. kommen auf Grund verschiedener Steuergesetze in Betracht.

a) So wird für die Veräußerung von Grundstücken die **Umsatzsteuer** erhoben, wenn das Grundstück innerhalb einer selbständig und nachhaltig ausgeübten Tätigkeit veräußert wird; vgl. RFH. 4, 183; 6, 12; RFH. JW. 1921, 1374, Nr. 1. Zwangsversteigerung ist nach RFH. 12, 257 umsatzsteuerfrei; erfolgt sie aber im Rahmen der gewerblichen Tätigkeit des Grundstückseigentümers, so ist sie steuerpflichtig; RFH. 18, 211. Die Veräußerung eines Unternehmens, zu dem Grundstücke gehören, im ganzen ist nach RFH. 3, 109 umsatzsteuerfrei, sofern nicht das Unternehmen als solches gewerbsmäßig auf Zeit gekauft und wieder veräußert wird; ebenso RFH. 6, 53. Dagegen ist nach RFH. 10, 348 der allmähliche Ausverkauf eines ganzen Unternehmens umsatzsteuerpflichtig; daher auch die Veräußerung des verbleibenden Restvermögens im ganzen; vgl. RFH. 12, 296; 18, 211. Umsatzsteuerpflichtig sind nicht nur die im regelmäßigen Geschäftsbetrieb erfolgenden Veräußerungen, insbesondere also Grundstücksveräußerungen einer Terraingesellschaft, sondern auch die sogenannten Hilfsgeschäfte, welche dazu dienen, das Gesamtunternehmen aufrecht zu erhalten und fortzuführen, z. B. Betriebskapital zu schaffen; vgl. RFH. 4, 92; 5, 241; 9, 94; auch eine Baugesellschaft, die gelegentlich ein Grundstück abstößt oder ihren umfangreichen Besitz liquidiert, ist umsatzsteuerpflichtig; vgl. RFH. 6, 76; ebenso die Veräußerung unwirtschaftlicher Grundstücksteile durch einen Landwirt; RFH. 10, 317.

b) Auch die **Gesellschaftssteuer** gemäß § 6 KapVerkStG. wird gegebenenfalls neben der GrErwSt. erhoben. Gegenstand und Höhe beider Steuern sind aber verschieden. Der Gesellschaftssteuer unterliegen nur die Zahlungen und Leistungen zur Erlangung der Gesellschaftsrechte, in der Regel also Nennbetrag der Aktie bzw. des Gesellschaftsanteiles zuzüglich eines etwaigen Agio. Mit dem Grundstückswert hat diese Steuer nichts zu tun. Wird z. B. bei Gründung einer Aktiengesellschaft in Anrechnung auf einen Aktienbetrag von 100 000 M. ein Grundstück im Werte von 300 000 M. das mit 200 000 M. Hypotheken belastet ist, eingebracht, so ist KapVerkSt. nach einem Betrage von 100 000 M., GrErwSt. dagegen nach einem Wert von 300 000 M. zu entrichten. Nach RFH. 17, 165 = Mrozek, R. 15 zu § 5 Abs. 1 schließen Gesellschaftssteuer und GrErwSt. einander auch dann nicht aus, wenn die letztere gemäß § 5 Abs. 1 nach Jahresfrist zu erheben wäre, weil es zur Umschreibung des Eigentums nicht gekommen ist, obgleich in diesem Falle die GrErwSt. sich gleichfalls an den Gesellschaftsvertrag knüpft. Doppelbesteuerung liegt gleichwohl nicht vor, da beide Steuern einen verschiedenen Grundcharakter haben.

c) Neben der Steuer des § 3 ist auch die **Börsenumsatzsteuer** zu erheben. Dies gilt für beide Steuern auch dann, wenn die Besteuerung aus § 3 nur gemäß § 5 AO. stattfindet; vgl. RFH. StuW V, 624.

d) Auch **Einkommensteuer** ist neben der GrErwSt. zu erheben, wenn der Gewinn aus der Grundstücksveräußerung gemäß §§ 13, 30, 42 EinkStG. steuerpflichtig ist, insbesondere aber bei Grundstückshändlern gemäß § 12 Abs. 1, Satz 1 EinkStG. Dagegen bleibt nach Satz 2 a. a. O. Einkommen aus der Veräußerung von Grund und Boden, der zum Anlagekapital gehört, außer Betracht.

## § 18.

**Die Steuer wird nicht erhoben, wenn der gemeine Wert des Grundstücks oder der nach den §§ 12 bis 14 an seine Stelle tretende Betrag fünfzig Mark nicht überschreitet.**

1. **Die Steuerfreiheit** für geringwertige Grundstücke, die in § 18 aufgestellt wird, stellt einen Fall der wirklichen Steuerfreiheit dar, obgleich die Vorschrift sich im System nicht an § 8, sondern an die Bestimmungen über die Höhe der Steuer anreiht. Demnach muß auch in diesem Falle die Anzeigepflicht gemäß §§ 26—28 entfallen.

Nach der ursprünglichen Fassung reichte die Steuerfreiheit bis zu einem gemeinen Wert von 150 M., jetzt bis zu 50 Rm.

2. **Voraussetzung** ist, daß der gemeine Wert des Grundstücks (vgl. § 11 Anm. 2) — auch in den Fällen des § 3 — oder der

nach §§ 12—14 an seine Stelle tretenden Betrag 50 M. nicht übersteigt. In den Fällen des § 14 kommt es also nicht auf den vollen gemeinen Wert des Grundstücks an, sondern nur auf denjenigen Teil, der den dort erwähnten „Gesamtbetrag" (vgl. Anm. 6, 7 zu § 14) übersteigt. Gerade in diesen Fällen wird es vielleicht verhältnismäßig häufig zu der Steuerfreiheit des § 18 kommen.

In den Fällen des § 15 — Uebergang eines gemeinschaftlichen Grundstücks an einen Mitberechtigten — findet § 18 schon dann Anwendung, wenn der Wert des hinzuerworbenen Anteils an dem Grundstück 50 M. nicht übersteigt. Allerdings ist der § 15 in § 18 nicht erwähnt. Das ist aber auch in § 17 nicht geschehen; vgl. Anm. 2 das. Dennoch muß in beiden Fällen die Vorschrift des § 15 Beachtung finden, wonach der Anteil des Erwerbers für die Berechnung der Steuer außer Betracht bleibt. Da der § 12 in § 18 angezogen ist, würde man sonst zu dem unannehmbaren Ergebnis kommen, daß, falls der gemeine Wert des Anteils nicht höher als der Veräußerungspreis ist, dieser aber unter 50 M. beträgt, die Steuerfreiheit eintritt, daß aber, falls der gemeine Wert der höhere ist, der Wert des ganzen Grundstücks zugrunde zu legen und gegebenenfalls die Steuerfreiheit des § 18 zu versagen ist.

Wird ein Miteigentumsanteil übertragen, so entscheidet dessen Wert, nicht der des ganzen Grundstücks; vgl. RFH. 8, 282. Bei Uebereignung mehrerer Grundstücke sind sie als Einheit zu behandeln, ihre Werte also zusammenzurechnen, wenn sie eine wirtschaftliche Einheit bilden (Anm. 2 zu § 1); anderenfalls kommt es darauf an, ob der Wert des einzelnen Grundstücks 50 M. überschreitet; ebenso Ott 2 zu § 18.

## § 19.

**Die Steuer erhöht sich um zwei vom Hundert, wenn ein Teil eines Grundstücks, das eine wirtschaftliche Einheit bildet, innerhalb dreier Jahre, von dem Zeitpunkt der in den §§ 4, 5 und 6 bezeichneten Rechtsvorgänge an gerechnet, auf Grund planmäßigen Vorgehens, das gewerbsmäßig auf völlige oder teilweise Zerschlagung der wirtschaftlichen Einheit gerichtet ist, weiterveräußert wird: der erste Erwerber des weiterveräußerten Teiles erhält auf seinen Antrag den Unterschied zwischen der erhöhten Steuer und dem Steuersatze nach § 17 vergütet, wenn er das Teilgrundstück zur Begründung oder Abrundung einer selbständigen Ackernahrung oder zur Kleinsiedlung verwendet. Der Antrag ist innerhalb dreier Jahre nach dem Erwerbe bei dem Landesfinanzamt zu stellen.**

**1. Allgemeines.** Die Vorschrift des § 19 bezweckt dem Gewerbe der Güterschlächter entgegenzuwirken, aber auch der Spekulation städtischer Terraingesellschaften entgegenzuarbeiten. Für den Schutz der Kleinsiedlungen trägt der zweite Halbsatz des Satz 1 Rechnung. Ein Vorbild hat die Bestimmung in zahlreichen Umsatzsteuer-Ordnungen; vgl. Lion, UmsStG. S. 168 Anm. 63; OVG. 59, 12 und PrVerwBl. 40, 444. In der ursprünglichen Fassung hatte der letzte Satz noch einen Schlußteil: Gegen den ablehnenden Bescheid ist nur die Verwaltungsbeschwerde gegeben. Diese Bestimmung ist aber durch § 451 AO. aufgehoben; vgl. RFH. Mrozek, R. 1 zu § 19; StuW. II, 814. Der Satz ist in der neuen Fassung daher gestrichen.

2. **Die Steuer** soll sich nach § 19 erhöhen. Nach der Fassung der Vorschrift könnte es zweifelhaft sein, um welche Steuer es sich handelt. § 18 des Entwurfs brachte es klarer zum Ausdruck, daß nur die Steuer für die Weiterveräußerung sich erhöht, nicht die Steuer für den Erwerb durch den Güterschlächter. Ebenso Ott 14 zu § 19, Boethke-Bergschmidt 2a zu § 19; Lindemann 1 zu § 19; Rohde 7 zu § 19.

Die Erhöhung bezieht sich auf alle in den §§ 1—6 angeordneten Steuern. Im Falle des Tauschs (§ 16) tritt die Erhöhung nur für dasjenige Grundstück ein, das zum Zwecke der Zerschlagung weiterveräußert wird.

Die Steuer aus § 10 unterliegt nicht der Erhöhung.

3. **Die Erhöhung der Steuer** stellt nicht einen besonderen steuerrechtlichen Vorgang dar; vielmehr will § 19 nur besagen, daß in gewissen Fällen die Steuer um 2 v. H. höher ist, als in den Regelfällen. Vorausgesetzt wird also immer, daß die Steuer überhaupt zu erheben ist. In den Fällen der Steuerfreiheit sind daher nicht etwa 2 v. H. Steuern zu bezahlen, falls die Voraussetzungen des § 19 vorliegen, was ja z. B. in den Fällen des § 8 Ziff. 4 und 9 der Fall sein kann; anders auf der Grundlage einer KreisUmsStO.: OVG. PrVerwBl. 40, 444. Auch in den Fällen des § 18 liegt vollständige Steuerfreiheit vor. Dasselbe gilt von der Befreiung nach § 21. Auch der Erlaß der Steuer gemäß § 22 bezieht sich auf die gesamte Steuer einschließlich der Erhöhung.

In den Fällen des § 5 Abs. 2 erhöhen sich die Steuern von dem Verpflichtungsgeschäft und diejenige von dem Rechtsübergang selbständig nebeneinander. Nach Rhode 7 zu § 19 sollen die 2 v. H. nachveranlagt werden, wenn die Absicht der Zerschlagung erst nach der ursprünglichen Veranlagung festgestellt wird. Hier entscheidet § 212 AO. Nachveranlagung ist also zulässig, wenn die Absicht der Zerschlagung erst nach erfolgter Veranlagung der Steuerbehörde bekannt wird oder wenn die Oberbehörde bei einer Nachprüfung die Unrichtigkeit der Veranlagung feststellt. Hat der Veräußerer erst mit der Zeit zwischen Kaufabschluß und Uebereignung den Zerschlagungsplan gefaßt, so erhöht sich die Steuer aus § 5 Abs. 2, nicht aber die aus § 5 Abs. 1; es ist demnach der ganze Unterschied zwischen der erhöhten Steuer aus Abs. 2 und der geringen Steuer aus Abs. 1 nachzuzahlen. Zur Anwendung des erhöhten Steuersatzes genügt es, wenn eines der beiden Veräußerungsgeschäfte, also Erwerbs- oder Weiterveräußerungsgeschäft, ein schuldrechtliches und nur das andere ein dingliches Geschäft ist, so insbesondere bei Kettengeschäften, wenn der Güterschlächter die Rechte aus dem Kaufvertrage in Teilen an die Parzellenkäufer abtritt (§ 5 Abs. 4 Nr. 1) oder, wenn er das Grundstück auf Grund einer Vollmacht für eigene Rechnung in Teilen veräußert (§ 5 Abs. 4 Nr. 5); vgl. RFH. Mrozek, R. 2 zu § 19.

Neben der Erhöhung werden die Zuschläge gemäß § 38 FinAusglG. erhoben. Auch diese Zuschläge können unter den Voraussetzungen des § 19 erhöht werden. Sie dürfen jedoch insgesamt nicht mehr als 2 v. H. betragen.

4. **Planmäßige Zerschlagung** der wirtschaftlichen Einheit bildet die eine Voraussetzung der Steuererhöhung, und zwar muß sie gewerbsmäßig erfolgen.

a) Wegen des Begriffs der wirtschaftlichen Einheit vgl. Anm. 2 zu § 1, und § 137 Abs. 2 AO.; maßgebend für den Begriff der wirtschaftlichen Einheit ist die Verkehrsauffassung, nicht der Inhalt des Grundbuchs. Bei Aufteilungen zur Bildung von Baustellen wird somit die Steuererhöhung nur dann eintreten, wenn die wirtschaftliche Einheit noch bestanden hat. Von einer solchen kann bei einer brach liegenden größeren Fläche nicht die Rede sein. Andererseits genügt es, wenn die Aufhebung der wirtschaftlichen Einheit zwar vor der Zerschlagung, aber in zeitlichem und ursächlichem Zusammenhange mit ihr erfolgt ist (OVG. 60, 16). Dagegen keine Erhöhung, wenn das Teilgrundstück lange vorher und ohne Zusammenhang mit der späteren Veräußerung für sich allein verpachtet war (OVG. a. a. O.). Die einheitliche Verpachtung mehrerer Grundstücke begründet für sich allein noch nicht eine wirtschaftliche Einheit, wenn in der Bewirtschaftung räumlich und sachlich der Zusammenhang fehlt; vgl. Amtl. Mitt. 1912, 152. Andererseits wird eine wirtschaftliche Einheit nicht ohne weiteres dadurch gelöst, daß ein Teil der Grundfläche verpachtet ist; OVG. 64, 84. Mehrere Hausgrundstücke bilden nur dann eine wirtschaftliche Einheit, wenn sie zu einem einheitlichen Zweck verwendet werden; vgl. OVG. 62, 43. Räumlicher Zusammenhang ist nicht erforderlich; vgl. Amtl. Mitt. 1913, 277; vgl. im übrigen die Erläuterungen des Reichsschatzamtes zu § 1 Abs. II ZuwStG. Amtl. Mitt. 1911, 253.

b) Eine Zerschlagung der wirtschaftlichen Einheit liegt nur dann vor, wenn wesentliche Teile derselben abgesondert und aufgeteilt werden. Da eine teilweise Zerschlagung ausreicht, so ist es nicht erforderlich, daß die ursprüngliche Wirtschaft völlig aufgelöst wird; vielmehr kann — besonders bei ausgedehnten Besitzungen — ein Restgut mit den ursprünglichen Wohn- und Wirtschaftsgebäuden verbleiben, während nur ein Teil der zu dem bisherigen Gut gehörigen landwirtschaftlichen Flächen aufgeteilt wird. Insoweit ist OVG. 59, 17 bei der Fassung des § 19 nicht mehr anwendbar. Dagegen genügt nicht jede Veräußerung eines Teils der wirtschaftlichen Einheit zur Annahme einer Zerschlagung. So reicht z. B. die Veräußerung einzelner Flächen an Nachbarn nicht aus. Im allgemeinen ist eine Veräußerung vorausgesetzt, die sich als ein wirtschaftlich unerwünschter Parzellierungsverkauf darstellt (OVG. 59, 17 und 68, 62). Deshalb ist § 19 nicht anwendbar, wenn das Landgut im wesentlichen als wirtschaftliche Einheit veräußert und nur ein unbeträchtliches Teilstück zurückbehalten wird (OVG. 68, 62).

c) Es ist einmal ein planmäßiges Vorgehen, und ferner Gewerbsmäßigkeit erforderlich. Es muß die Absicht bestehen, durch die Bildung einer Mehrheit von selbständigen Teilgrundstücken einen Gewinn zu erzielen. Diese Absicht kann bereits durch eine einzelne Teilveräußerung in die Erscheinung treten, sie muß aber besonders bewiesen werden; vgl. Ott 8 zu § 19. Bei Wiederholung gleichartiger entgeltlicher Geschäfte unter Benutzung derselben Gelegenheit liegt ein Gewerbebetrieb vor, ohne daß eine besondere subjektive Absicht erwiesen werden muß; vgl. RFH. DStZ. 1927, 198. Gemeinnützige Siedlungsgesellschaften handeln nicht gewerbsmäßig, da die Absicht der Gewinnerzielung fehlt; andererseits ist es nicht erforderlich, daß ein wirklicher Gewerbebetrieb vorliegt; § 19 beschränkt sich also nicht auf gewerbsmäßige Güterhändler; vielmehr genügt es, daß der Veräußerer nur einmal eine größere Grundstücksfläche zum Zweck der Gewinnerzielung zerschlägt; vgl. OVG. 75, 50; Boethke-Bergschmidt 3 b zu § 19; Ott 8 zu § 19. Die bloße innere Absicht andererseits genügt nicht, sie muß zu einem planmäßigen Vorgehen gediehen sein, also sich zu äußerlich hervorgetretenen Maßnahmen verdichtet haben, die die Ausführung des Zerschlagungsplanes zum mindesten vorbereiten. Auch die Zerschlagung durch Beauftragte, Vermittler u. dgl. reicht aus; OVG. PrVerwBl. 30, 481 und 34, 78. Die Steuerbehörde braucht nicht zu beweisen, daß ein bestimmter Aufteilungsplan vorliegt; Planmäßigkeit bedeutet nur den Gegensatz zu einer gelegentlichen Parzellenveräußerung.

Auf die Absichten und die Kenntnis des Erwerbers von der Zerschlagung kommt es nicht an, obgleich auch er für die erhöhte Steuer haftet.

5. **Die Weiterveräußerung** eines Teils des Grundstücks bildet die weitere Voraussetzung für die Steuererhöhung. Wird das ganze Grundstück an einen Güterschlächter veräußert, so unterliegt dieser Vorgang nur der regelmäßigen Besteuerung. Erst die Ausführung der Zerschlagungsabsicht durch Veräußerung eines Teilgrundstücks zieht die Steuererhöhung für diese Weiterveräußerung nach sich. Auf den Erwerbsgrund und die Art des Erwerbs des Güterschlächters kommt es nicht an. Er mag das Grundstück ererbt, geschenkt erhalten, gekauft oder in der Zwangsversteigerung erworben haben. Ebenso Ott 10 zu § 19, der dort irrigerweise annimmt, daß Zwangsversteigerung in unserer ersten Auflage als Erwerbsgrund ausgeschlossen war, während dies nur für die Weiterveräußerung geschehen war. Auch der Erwerb gemäß § 5 Abs. 4 z. B. in der Form einer Vollmacht für eigene Rechnung reicht aus; vgl. RFH. Mrozek, R. 2 zu § 19 = StuW. I, 814.

Es muß eine wirkliche Weiterveräußerung vorliegen. Auch die Rückveräußerung fällt hierher, wenn sie nicht in der völligen oder teilweisen Rückgängigmachung des ursprünglichen Veräußerungsgeschäfts besteht, sondern im Verfolg der Grundstückszerschlagung vor sich geht; vgl. hierzu OVG. PrVerwBl. 35, 360 f. Unter der Veräußerung ist hier nicht jede dingliche Verfügung zu verstehen, insbesondere nicht die Verpfändung oder Belastung mit einem Nießbrauchsrecht; vielmehr nur die rechtsgeschäftliche Uebertragung des Eigentums. Zwangsversteigerung steht nicht gleich; OVG. 68, 83; PrVerwBl. 36, 282. Vielmehr muß es sich bei der Weiterveräußerung um eine rechtsgeschäftliche Maßnahme des Veräußerers handeln, die aus dem Begriff der Planmäßigkeit hervorgeht; dagegen reicht Veräußerung durch den Konkursverwalter gegebenenfalls aus. Uebertragung einer eigentumsähnlichen Stellung im Sinne des § 6 steht gleich. Dagegen würde die Weiterveräußerung einzelner Anteile der Grundstücksgesellschaft (§ 3) nicht hierhergehören; § 19 hat vielmehr nur die Veräußerung eines realen Grundstücks im Auge. Auch die Einräumung eines Miteigentumsanteils gehört daher nicht hierher. Die Begründung von Erbbaurechten an einzelnen Teilen des Grundstücks fällt ebenfalls nicht unter § 19, weil sie überhaupt steuerfrei ist (vgl. Anm. 2 zu § 2). Hat der Veräußerer das Erbbaurecht an dem ganzen Grundstück und teilt er dieses zum Zweck der Bebauung unter mehrere Ansiedler, so wird gleichfalls eine erhöhte Steuer nicht fällig.

Unter der Weiterveräußerung ist nicht nur die dingliche Uebertragung des Eigentums, sondern auch das verpflichtende Veräußerungsgeschäft im Sinne des § 5 zu verstehen; ebenso Berolzheimer 2 zu § 19.

6. **Die Veräußerungsfrist** beträgt 3 Jahre seit dem Erwerb des zu zerschlagenden Grundstücks seitens des Güterschlächters usw.

a) Hinsichtlich der Fristberechnung vgl. §§ 64 ff. AO. und §§ 186—193 BGB. Maßgebend für die Steuerberechnung ist es, ob die Weiterveräußerung des einzelnen, jeweils fraglichen Teilgrundstücks in diese 3 Jahre fällt. Der Güterschlächter oder Baustellenhändler spart also Steuern, wenn er mit der Weiterveräußerung 3 Jahre vom Erwerb an wartet; freilich werden die auflaufenden Zinsen den Betrag von 2 v. H. wesentlich übersteigen. Hat er selbst das Grundstück in Teilen zu verschiedenen Zeiten erworben und besteht ein weiterveräußerter Teil aus mehreren Teilstücken, die zu verschiedenen Zeiten erworben sind, so kann es vorkommen, daß ein Teil innerhalb und ein anderer Teil außerhalb der 3 Jahre weiter veräußert worden ist. In diesem Fall ist der gemeine Wert beider Teile festzustellen und die erhöhte Steuer nur von dem Teilwert zu erheben.

b) Schwierigkeiten können entstehen, wenn eine besondere Steuer für das verpflichtende Veräußerungsgeschäft zu zahlen ist. Ist der Güterschlächter usw. zur Zeit der Weiterveräußerung bereits Eigentümer des Grundstücks, so sind die 3 Jahre von dem Eigentumserwerb ab zu rechnen; der vorherliegende Kaufvertrag des Güterschlächters bleibt außer Betracht. Wie hier Ott 11 zu § 19, Rhode 5 zu § 19 und Boethke-Bergschmidt Anm. 2b. Da jedoch §19 die Frist mit den in §§ 4, 5 und 6 bezeichneten Rechtsvorgängen beginnen läßt, muß der letzte Rechtsvorgang entscheiden. Im Sinne des § 5 Abs. 1 läuft die Frist vom Abschluß des Erwerbsgeschäfts (Kauf usw.) ab; ebenso Boethke-Bergschmidt 2b zu § 19, Ott 11 zu § 19. Die gegenteilige Auffassung der 1. Aufl., wonach die Dreijahresfrist mit der Steuerpflicht des Erwerbsvorganges, also mit dem Ablauf eines Jahres seit dem Erwerbsgeschäft beginnt, wird fallen gelassen, da es auf die Steuerpflichtigkeit des Erwerbsgeschäfts überhaupt nicht ankommt.

Schließt der Parzellant innerhalb der 3 Jahre den verpflichtenden Veräußerungsvertrag hinsichtlich eines Teilgrundstücks ab, wird dieser aber gemäß § 5 Abs. 1 erst 1 Jahr später, und nunmehr nach Ablauf der 3 Jahre steuerpflichtig, so tritt die Erhöhung der Steuer dennoch ein, weil es auf den Zeitpunkt der Weiterveräußerung, nicht deren Steuerpflichtigkeit ankommt. Ebenso Ott 12 zu § 19, der irriger Weise annimmt, daß unsere 1. Aufl. a. M. war. War der Kaufvertrag noch innerhalb der 3 Jahre steuerpflichtig geworden und die Steuer von 5 v. H. entstanden, fällt aber der Eigentumsübergang auf den Teilerwerber erst nach Ablauf der 3 Jahre, so wird für diesen die Steuer nur mit 3 v. H. berechnet und ist nur insoweit zu zahlen, als diese 3 v. H. die für den Kauf bezahlten 5 v. H. übersteigen, d. h. nur dann, wenn der gemeine Wert sich inzwischen um mehr als 50% erhöht hat. A. M. Ott 12 zu § 19, der aber übersieht, daß die Steuer aus § 5 Abs. 2 selbständig ist und hinsichtlich der sie begründenden Tatsachen nicht von der Steuer aus § 5 Abs. 1 abhängt; vgl. RFH. 15, 183 und 20, 253. Fiel der Kaufvertrag noch in die 3 Jahre, die Uebereignung aber nicht mehr, jedoch noch innerhalb Jahresfrist nach dem Kauf, so ist gemäß § 5 Abs. 1 nur der Eigentumswechsel zu versteuern; der Steuersatz beträgt dann nur 3 v. H. Also z. B. Erwerb 1. November 1923, Weiterverkauf 15. Dezember 1925, Auflassung und Eintragung Ende November 1926; Steuer 3 v. H. Dagegen: Erwerb 1. 11. 23, Weiterverkauf 15. 12. 25, Uebereignung 20. 12. 26: Steuer nach § 5 Abs. 1 am 15. 12. 25 beträgt 5 v. H., Steuer nach § 5 Abs. 2 nur 3 v. H. Werden mehrere Veräußerungsgeschäfte gemäß § 5 Abs. 3 durch den Eigentumsübergang innerhalb der 3 Jahre steuerpflichtig, so ist die erhöhte Steuer nur für diejenigen Geschäfte zu entrichten, auf welche die Voraussetzungen des § 19 zutreffen. Hat der erste Veräußerer das fragliche Teilgrundstück in Ausführung einer planmäßigen Zerschlagung weiterveräußert, der Erwerber seine Rechte aus dem Kauf an einen Dritten abgetreten, und dieser vielleicht an einen Vierten, so ist der erste Kaufvertrag mit 5 v. H. zu besteuern, der zweite und dritte jedoch nur mit je 3 v. H., falls hier nicht von neuem eine gewerbsmäßige Zerschlagung des erworbenen Teilgrundstücks vorliegt. Erfolgt dann der Eigentumsübergang von dem ersten Veräußerer an den letzten Erwerber, so unterliegt dieser nur der gewöhnlichen Steuer von 3 v. H., da nach der Rechtsprechung des RFH. die Steuer für den Eigentumsübergang nach Grund und Höhe sich nach dem unmittelbar vorausgegangenen verpflichtenden Veräußerungsgeschäft richtet; wie hier Boethke-Bergschmidt 4 b zu 19, Ott 13 zu § 19; anders 1. Aufl.

7. a) **Die Steuervergütung erfolgt,** um die Erwerber von Kleinsiedlungen gegen die leicht mögliche Abwälzung der erhöhten Steuer zu schützen. Diese sollen daher den Unterschied zwischen der erhöhten und der regelmäßigen Steuer erstattet erhalten. Es liegt kein Fortfall der Steuererhöhung vor, wie Boethke-Bergschmidt 5 a zu § 19 meinen; sonst müßte auch der Veräußerer gemäß § 20 den Anspruch auf Rückerstattung der von ihm gezahlten erhöhten Steuer haben. Das ist jedoch nicht der Fall. Vielmehr hat immer nur der Erwerber den Vergütungsanspruch, mag die erhöhte Steuer von ihm oder von dem Veräußerer bezahlt worden sein; es ließe sich ja doch nicht feststellen, ob nicht der Veräußerer die von ihm bezahlte Steuer in den Kaufpreis einkalkuliert hatte. Wie hier Ott 15 zu § 19. Boethke-Bergschmidt 6 c zu § 19 gewähren den

Vergütungsanspruch nur dem Erwerber, der die Steuer selbst gezahlt hat. Das ist nach Wortlaut und Sinn der Vorschrift unbegründet. Hat der Veräußerer nach dem Kaufvertrage oder nach § 449 BGB. gegen den Erwerber einen Anspruch auf Erstattung der gezahlten Steuer (vgl. Anm. 5 zu § 20), so erstreckt sich dieser auf die vollen 6 v. H.; der Erwerber hat jedoch das Recht auf Erstattung von 2 v. H. aus der Steuerkasse. Hat nach dem Vertrage der Veräußerer dem Erwerber die von diesem gezahlte Grunderwerbsteuer zu erstatten, so muß er die vollen 6 v. H. abführen und hat keinen Anspruch auf Abzug der dem Erwerber auf seinen Antrag zu vergütenden 2 v. H. Ist dagegen diese Anrechnung vereinbart, so wird eine solche Abmachung nicht etwa als gegen die guten Sitten verstoßend für nichtig zu erachten sein. Ebenso Ott 15 zu § 19.

b) Voraussetzung der Steuervergütung ist die Verwendung des Teilgrundstücks zur Begründung oder Abrundung einer selbständigen Ackernahrung oder zur Kleinsiedlung. Nicht erforderlich ist es, daß der Erwerber das Grundstück für sich selbst verwendet; auch ein Bauunternehmer, der das Teilgrundstück zwecks Weiterverkaufs durch Erbauung eines Wohnhauses zur Kleinsiedlung verwendet, hat den Anspruch auf Steuervergütung. Die Streichung der im Entwurf enthalten gewesenen Worte „für sich oder andere" ändert den Sinn der Vorschrift nicht, die in dieser Hinsicht unbeschränkt geblieben ist. Ebenso Ott 19 zu § 19, der mit Recht weiter ausführt, daß die Steuervergütung nur erfolgt, wenn der Erwerber selbst, nicht erst wenn sein Rechtsnachfolger die Wohngebäude errichtet hat.

c) Die bloße Absicht der Verwendung reicht nicht aus. Der Antrag ist erst begründet, wenn die Verwendung bereits nachgewiesen werden kann; diese muß also innerhalb dreier Jahre erfolgen; vgl. RFH. Mrozek R. 3 zu § 19. Beginn der zur „Verwendung" erforderlichen Arbeiten wird genügen. Ebenso Ott 19 zu § 19.

d) Zweifelhaft ist es, ob die Verwendung auch durch **Veräußerung** geschehen kann, z. B. wenn der Erwerber des Teilgrundstücks dieses an den Nachbarn zur Abrundung dessen selbständiger Ackernahrung veräußert. Man wird diese Frage bejahen müssen, sofern durch die Veräußerung als solche bereits die erforderliche Verwendung erfolgt. Dies kann bei der Abrundung einer selbständigen Ackernahrung der Fall sein; bei der Begründung nur dann, wenn das Teilgrundstück in seiner gegenwärtigen Verfassung als selbständige Ackernahrung verwendbar, also mit den erforderlichen Wohn- und Wirtschaftsgebäuden versehen ist. Dagegen genügt es nicht, daß der Abkäufer das Grundstück erst zu dieser Verwendung einrichten will. In diesem Falle würden die Voraussetzungen der Steuervergütung nicht bei dem ersten Erwerber, sondern erst bei dessen Rechtsnachfolger vorliegen. Dasselbe gilt, wenn der erste Erwerber die Ansprüche aus dem Kaufvertrage abtritt.

e) Der Begriff der selbständigen Ackernahrung sowie der Kleinsiedlung ist nach Maßgabe des Verkehrsgebrauchs zu verstehen. Im allgemeinen versteht man unter einer selbständigen Ackernahrung eine landwirtschaftliche oder gärtnerische Unternehmung, die zur Erhaltung einer Familie ausreicht, aber die Grenzen des Kleinbetriebs nicht überschreitet. Aus dem Begriff der Selbständigkeit folgt, daß es sich nicht um einen bloßen Nebenbetrieb handelt, daß der Betrieb vielmehr den Inhaber und seine Familie in der Hauptsache zu erhalten vermag. Andererseits ist nicht erforderlich, daß der Inhaber alle Bedürfnisse aus dem Grundstück unmittelbar befriedigen kann; eine derartige reine Naturalwirtschaft ist dem modernen Leben ziemlich fremd. Daher wird der Begriff der selbständigen Ackernahrung nicht dadurch ausgeschlossen, daß der Inhaber einen Teil der landwirtschaftlichen Erzeugnisse verkauft und sich für den Erlös gewisse Industrieprodukte, z. B. Geräte, Kleidungsstücke usw. kauft. Die Grenzen des Kleinbetriebs werden noch nicht überschritten sein, wenn der Inhaber sich einen Knecht oder eine Magd hält; im allgemeinen werden die Grenzen aber dort liegen, wo der Betrieb — unabhängig von den tatsächlichen Familienverhältnissen — von einer rüstigen Bauernfamilie ohne fremde Hilfe nicht mehr durchgeführt werden könnte. Ebenso Ott 16 zu § 19. Nach RFH. Mrozek R. 3 zu § 19 = StuW. II, 814 gehört zum Wesen einer selbständigen Ackernahrung, daß sich auf dem Grundstück ein Gebäude befindet, von dem aus die Wirtschaft betrieben werden kann.

f) Auch der Begriff der Kleinsiedlung steht nicht vollkommen fest. Es wird sich um Einfamilienhäuser handeln müssen, die nur für die Bedürfnisse der minderbemittelten Bevölkerung eingerichtet sind. Ott 17 zu § 19 will auch ein in seiner Aufmachung bescheidenes Mehrfamilienhaus von der Vergünstigung nicht ausschließen. Dies mag angehen, soweit die Abvermietung keinen gewerbsmäßigen Charakter annimmt, sondern nur zur Erleichterung der Grundstückslasten erfolgt. Immer muß aber die Kleinsiedlung dem Charakter der selbständigen Ackernahrung gleichstehen, im wesentlichen also dem Eigenbedürfnis des Eigentümers und seiner Familie dienen. Garten und Nebengebäude werden in einem entsprechenden Verhältnis hierzu stehen müssen.

8. **Der Antrag** ist formfrei. Wegen der Fristberechnung vgl. §§ 64 ff. AO. u. §§ 186 ff. BGB. Rechtzeitige Anbringung bei dem Finanzamt reicht nach § 127 AO. aus. Oberbehörde ist das Landesfinanzamt. Als Erwerb gilt derjenige Rechtsvorgang, aus dessen Anlaß die erhöhte Steuer gezahlt worden ist. Eine Verlängerung durch die Behörde ist ausgeschlossen. Vgl. im übrigen §§ 127—136 AO.

Anstelle der Verwaltungsbeschwerde ist gemäß §§ 223, 448 AO. das Berufungsverfahren (§§ 217 ff.) getreten; vgl. RFH. Mrozek R. 1 zu § 19 = StuW. II, 814.

## § 20.

**Zur Entrichtung der Steuer sind der Erwerber und der Veräußerer gesamtschuldnerisch verpflichtet. Beim Erwerb im Zwangsversteigerungs- oder im Enteignungsverfahren kann die Steuer von demjenigen, gegen den sich das Verfahren richtete, nicht gefordert werden.**

**Im Falle des § 10 Nr. 1 ist die Steuer von dem Inhaber des gebundenen Grundstücks, im Falle des § 10 Nr. 2 von dem Eigentümer des Grundstücks zu entrichten.**

**Der Inhaber des gebundenen Grundbesitzes ist mit Genehmigung der Aufsichtsbehörde befugt, den Betrag der Abgabe aus dem gebundenen Vermögen zu entnehmen und zu diesem Zwecke über die zu dem Vermögen gehörenden Gegenstände zu verfügen. Hierdurch wird die Befugnis des Inhabers nicht berührt, auf Grund solcher gesetzlicher, hausgesetzlicher oder stiftungsmäßiger Vorschriften, welche die Verfügung unter anderen Voraussetzungen zulassen, über das gebundene Vermögen zu verfügen. Fehlt eine Aufsichtsbehörde oder ist es ungewiß, welche Behörde zur Aufsicht berufen ist, so gilt als Aufsichtsbehörde im Sinne dieser Vorschriften das Oberlandesgericht, in dessen Bezirk das gebundene Vermögen sich seinem Hauptbestande nach befindet. Ist die Genehmigung von einem Oberlandesgericht erteilt, so kann nicht geltend gemacht werden, daß das Oberlandesgericht für die Genehmigung nicht zuständig gewesen sei. Die Landeszentralbehörde kann bestimmen, daß an Stelle des Oberlandesgerichts eine andere Behörde tritt.**

1. **Allgemeines.** a) Für die Steuer haften der Veräußerer und der Erwerber als Gesamtschuldner. Die Vorschrift ist dem § 1 Abs. 4 und Abs. 5 Satz 1 der Mustersteuerordnung nachgebildet. In Abs. 2 und 3 wird die Haftung für die Steuer aus § 10 und das Erholungsrecht des Inhabers gebundener Grundstücke geregelt.

b) § 20 bestimmt somit die **Person des Steuerpflichtigen** im Sinne des § 79 AO. Soweit der Veräußerer oder der Erwerber durch gesetzliche Vertreter oder Vermögensverwalter, z. B. Testamentsvollstrecker, Konkursverwalter (wegen dieser vgl. OVG. 67, 29, 73, 144; PrVerwBl. 36, 442) vertreten sind, haften die ersteren, nicht die Vertreter. Diesen liegt jedoch gemäß §§ 84, 85 AO. die Verpflichtung ob, für die Entrichtung der Steuer aus dem ihrer Verwaltung unterliegenden Vermögen zu sorgen. Für die Konkursverwalter gilt dies jedoch nur hinsichtlich der während des Verfahrens fällig werdenden Steuern; vorkonkursliche sind anzumelden; vgl. RFH. 17, 185 und unten. Dasselbe gilt nach § 86 für die Vorstände und Geschäftsführer und letzten Endes die Mitglieder steuerpflichtiger Personenvereinigungen. Nach § 90 haften die erwähnten Vertreter für die Steuer persönlich neben dem Steuerpflichtigen, insoweit sie durch schuldhafte Verletzung der ihnen auferlegten Pflichten den Steuerfiskus geschädigt haben. Wenn sie erkennen, daß der Steuerpflichtige unrichtige Erklärungen abgegeben oder pflichtwidrig die Erklärungen überhaupt nicht abgegeben hat, müssen sie dies in Monatsfrist bei Vermeidung persönlicher Haftung der Steuerstelle anzeigen.

Der Ehemann einer steuerpflichtigen Frau ist nach § 100 AO. verpflichtet, die Zwangsvollstreckung wegen der Steuerforderung in das eingebrachte Gut zu dulden. Er haftet aber nicht mit seinem persönlichen Vermögen; vgl. Ott 36 zu § 20. Entsprechendes gilt für Eltern hinsichtlich des Kindesvermögens. Ueber die Haftung der Erben gilt nichts Besonderes.

c) Wer kraft bürgerlichen Rechts zur Erfüllung fremder Verbindlichkeiten verpflichtet ist, kann auch zur Berichtigung der Steuerschulden herangezogen werden. Zwangsverfahren nach §§ 303 Abs. 1; 292 Abs. 4 AO. ist zulässig. Der Herangezogene kann aber den ordentlichen Rechtsweg beschreiten, jedoch nur hinsichtlich seiner bürgerlich-rechtlichen Verpflichtung zur Erfüllung der fremden Steuerschuld, während die Frage, ob die Steuerschuld als solche besteht, nur nach den Vorschriften der AO. im Steuerprozeß zu entscheiden ist; vgl. RFH. StuW. V, 34. Hierher gehört die Haftung gemäß § 419 BGB. wegen Uebernahme eines Vermögens. Die Haftung entsteht schon dann, wenn der Uebernehmer rein tatsächlich das Aktivvermögen, sei es auch unter Ausschluß unwesentlicher Bestandteile übernommen hat, ohne daß eine ausdrückliche Vereinbarung, daß die Uebernahme sich auf das ganze Vermögen erstrecken soll, nötig wäre; vgl. RG. 82, 273; JW. 1919, 828. Handelt es sich um die Uebernahme des Vermögens eines Ausländers, so tritt die Haftung nur ein, wenn der Ausländer auch im Ausland kein nennenswertes, nicht übernommenes Vermögen besitzt; vgl. RFH. StuW. V, 34. Die Haftung aus § 419 BGB. ist auf das übernommene Vermögen beschränkt. — Weitere Fälle der Haftung für fremde Schuld kraft BGB. bilden der Kauf einer Erbschaft nach § 2382 BGB. oder eines Handelsgeschäfts (§ 25 HGB.), der Eintritt in eine offene Handelsgesellschaft (§ 28 HGB.). — Hat jemand sich gegenüber einem anderen verpflichtet, für ihn die GrErwSt. zu bezahlen, so kann er von der Steuerstelle nur durch Klage beim ordentlichen Gericht zur Zahlung angehalten werden; vgl. RFH. StuW. I, 317. Der Notar, der erklärt hat, die GrErwSt. anstelle der Beteiligten entrichten zu wollen, kann nicht durch Steuerbescheid zur Zahlung der Steuer angehalten werden. Er kann vielmehr gleichfalls nur gemäß § 100 Abs. 2 AO. nach den Vorschriften des bürgerlichen Rechts belangt werden: RFH. StuW V, 455 = DNotVO. 1926, 525. Unzulässig ist hiernach die Ersetzung eines Steuerschuldners durch einen anderen auf Grund Vereinbarung unter den Parteien oder mit der Steuerstelle. Bindende Vergleiche mit der Steuerbehörde über den Steueranspruch mit der Wirkung, daß der Steuerpflichtige auf Rechtsmittel verzichtet, sind unwirksam: RFH. 18, 92.

d) Das **Konkursverfahren** unterbricht das Steuerverfahren. Steuerforderungen können nur noch nach den Vorschriften der KO. verfolgt werden (RFH. 17, 185; 18, 86). War ein Steuerbescheid vor Konkurseröffnung noch nicht erlassen, so ist die Steuerforderung anzumelden; vgl. RFH. 16, 322; ein Steuerbescheid während des Konkursverfahrens bis zum Prüfungstermin ist nur gegen den Gemeinschuldner persönlich zulässig. Die Anmeldung gilt nicht als Steuerbescheid: RFH. 18, 86; 19, 355, auch wenn auf Teilnahme am Konkursverfahren nicht verzichtet wird: RFH. 21, 9; dagegen nicht gegen den Konkursverwalter: RFH. 18, 86; bestreitet dieser im Prüfungstermin die Steuerforderung, so ist nunmehr der Steuerbescheid zu erlassen, gegen den der Konkursverwalter die nach der AO. gegebenen Rechtsmittel hat (RFH. 18, 86). War der Steuerbescheid bereits vor der Konkurseröffnung erlassen worden, so wird die Rechtsmittelfrist durch die Konkurseröffnung unterbrochen; es kommt nun gleichfalls darauf an, ob die Forderung im Prüfungstermin bestritten wird oder nicht. Im ersteren Falle hat aber nunmehr der Konkursverwalter durch Einspruch und die nach Steuerrecht gegebenen Rechtsbehelfe die Entscheidung im Steuerprozeß zu betreiben. Bleibt die Steuerforderung im Prüfungstermin unbestritten, so ist sie nach Konkursrecht festgestellt; die Feststellung ist in der Tabelle zu vermerken; vgl. RFH. 18, 86; 19, 355; StuW. V, 47, 49, 50. Schwebt z. Zt. der Konkurseröffnung ein Rechtsmittelverfahren, so ist eine nachher gegen den Gemeinschuldner ergangene Entscheidung der Konkursmasse gegenüber unwirksam. Nach Widerspruch im Prüfungstermin Aufnahme des Steuerstreits durch den Konkursverwalter oder bei seiner Säumigkeit durch die Steuerbehörde oder Fortgang des Verfahrens auf Veranlassung der Rechtsmittelbehörde; RFH. 21, 308. Ueber das Vorrecht im Konkurse entscheidet im Streitfall das bürgerliche Gericht; RFH. 20, 240; RG. DStBl. 1927, 52.

2. Erwerber ist derjenige, auf den das Recht gemäß §§ 4, 5 6 übergeht. Liegt eine K e t t e von verpflichtenden Veräußerungsgeschäften im Sinne des § 5 Abs. 3, 4 vor, so bildet jedes Veräußerungsgeschäft einen selbständigen Steuerfall, bei welchem demnach immer ein Veräußerer und ein Erwerber vorhanden ist. Hier kann es leicht vorkommen, daß ein Beteiligter die Steuer zweimal entrichten muß, einmal als Erwerber, das zweite Mal als Veräußerer; er ist dann auf den Rückgriff angewiesen; vgl. Anm. 6. 7. Im Sinne des § 5 Abs. 4 Nr. 3 ist der benannte Dritte als Erwerber zu betrachten, im Sinne der Nr. 4 derjenige, für den geboten worden ist, im Sinne der Nr. 5 der Ermächtigte; vgl. RFH. 5, 173 und 9, 19 (26). In den Fällen des § 3 gilt als Erwerber des Grundstücks diejenige Person, in deren Hand sich alle Anteile der Grundstücksgesellschaft usw. vereinigen. Sind dies Ehegatten oder Eltern und ihre Kinder, so kann es zweifelhaft sein, ab sie allesamt als Erwerber zu betrachten sind, falls nur einer von ihnen denjenigen Anteil an der Gesellschaft erworben hat, der ihnen zusammen an der Gesamtheit der Anteile noch fehlte. Also z. B. der Ehemann besaß die Hälfte der Gesellschaftsanteile, die Ehefrau weitere 40%; die letzten 10% werden nun von dem Inhaber, einem Fremden, auf den Ehemann übertragen. Da im Sinne des § 3 die Ehegatten als e i n e Person gelten, muß die Ehefrau neben dem Manne als Erwerberin des Grundstücks behandelt werden; ebenso Ott 4 zu § 20. Nach § 95 Abs. 2 AO. haften die Ehegatten, wenn sie zusammen zu einer Steuer veranlagt werden, als Gesamtschuldner; ebenso RFH. 21, 312 = JW. 1927, 3026 Nr. 6.

3. **Veräußerer** ist in der Regel diejenige Person, der das Grundstückseigentum vor der Uebereignung zugestanden hat.

a) Es fragt sich jedoch, ob das auch für diejenigen Fälle gilt, in denen die Veräußerung nicht durch Rechtsgeschäft, sondern **kraft Gesetzes** erfolgt. Diese Frage wird zu bejahen sein, da § 20 in Abs. 1 Satz 2 nur zwei Fälle hervorhebt, in denen der frühere Eigentümer nicht für die Steuer haften soll, nämlich die Fälle der Zwangsversteigerung und der Enteignung. Das Gesetz geht demnach offenbar davon aus, daß der frühere Eigentümer grundsätzlich als Veräußerer zu betrachten sei. Ott 5 zu § 20 will als Veräußerer nur betrachten, wer das Grundstück im freien Handeln auf einen andern übertragen hat. Diese Auffassung muß den

Satz 2 des § 20 Abs. 1 als Ausdruck eines allgemeinen Rechtsprinzips betrachten und entsprechend auf alle anderen Fälle unfreiwilligen Eigentumsverlustes anwenden. Das erscheint jedoch nach Wortlaut und Entstehungsgeschichte nicht angängig. Demnach ist in den Fällen des Eigentumserwerbs durch Ersitzung (§ 927 BGB.) der letzte Eigentümer als Veräußerer zu behandeln, ebenso bei Universalsuccession, z. B. bei der Fusion zweier Aktiengesellschaften die untergehende Aktiengesellschaft.

b) Veräußert der zu Unrecht eingetragene Nichteigentümer das Grundstück an einen gutgläubigen Erwerber, der gemäß § 892 BGB. das Eigentum erwirbt, so ist der Verkäufer nach § 5 Abs. 1 unzweifelhaft als steuerpflichtiger Veräußerer zu behandeln. Es fragt sich, ob für die Uebereignung der wahre Eigentümer als Veräußerer zu behandeln ist. Im Gegensatz zur 1. Aufl. wird dies jedoch zu verneinen sein. Der im Grundbuch eingetragene Veräußerer muß sich steuerrechtlich als solcher behandeln lassen und kann nicht den Einwand erheben, daß ihm das Eigentum in Wahrheit nicht zugestanden habe.

c) Gehört das Grundstück einer offenen Handelsgesellschaft und scheiden die Gesellschafter bis auf einen aus, so sind die Ausscheidenden als Veräußerer zu betrachten, nicht die Firma, die mit dem verbleibenden Gesellschafter nunmehr identisch ist. Nimmt ein Einzelkaufmann einen Gesellschafter auf, so ist der erstere Veräußerer, die offene Handelsgesellschaft, als Erwerber zu betrachten.

d) In den Fällen des § 3 gilt derjenige, der alle Anteile überträgt, als Veräußerer. Besaß hingegen der Erwerber bereits alle Geschäftsanteile bis auf einen, so erscheint es unbillig, den Veräußerer des einen Geschäftsanteils als Veräußerer des Grundstücks zu betrachten und für die Steuer als Gesamtschuldner in Anspruch zu nehmen. Man denke an eine G. m. b. H. mit Stammkapital von 20 000 M., die ein wertvolles, wenn auch hoch belastetes Grundstück besitzt; überträgt hier ein Gesellschafter seinen Geschäftsanteil von 500 M. auf den Inhaber der restlichen Anteile, so kann hieraus die Haftung für eine Steuer von vielleicht 20 000 M. entstehen. Stillschweig JW. 1921, 1629 und Ott 47 zu § 3 (anders hingegen 5 zu § 20!) nehmen für diesen Fall an, daß ein Veräußerer im Sinne des Gesetzes überhaupt nicht existiert. Dem ist beizutreten; vgl. Anm. 7 zu § 3.

e) Im Sinne des § 5 ist Veräußerer derjenige, der sich zur Uebertragung des Eigentums verpflichtet oder der die Rechte aus einem solchen Verpflichtungsvertrage überträgt. Oppenheimer JW. 1922, 869 und Ott 6 zu § 20 wollen beim Kettengeschäft den ersten Veräußerer, der die Auflassung unmittelbar an den letzten Erwerber vornimmt, für dieses Geschäft nicht haften lassen, sondern statt seiner den letzten Veräußerer der Kette. Es verkauft zum Beispiel A. an B., B. tritt die Rechte an C., dieser an D. ab. A. läßt an D. auf; dann soll für die Steuer aus dem Eigentumsübergang nach § 5 Abs. 3 C. als Veräußerer haften. Da aber die Abtretung C.—D. steuerfrei ist, weil sie unmittelbar zum Eigentumsübergang geführt hat, so kommt C. als Veräußerer nicht in Betracht. Es muß doch bei jedem Steuerfall festgestellt werden, wer Veräußerer und wer Erwerber ist. Bei dem steuerpflichtigen Eigentumsübergang ist aber der Uebereignende, also A., Veräußerer.

f) Im Sinne des § 6 ist derjenige der Veräußerer, der es dem anderen ermöglicht, über das Grundstück wie ein Eigentümer zu verfügen, mag er nun selbst Eigentümer sein oder nicht.

4. **Im Zwangsversteigerungs- oder im Enteignungsverfahren** ist derjenige, gegen den sich das Verfahren richtet, nicht Steuerschuldner. Im Zwangsversteigerungsverfahren wird dies in der Regel der Eigentümer sein. Steuerschuldner ist nur der Ersteher. Daher ist nach RFH. 11, 332 nicht die halbe GrErwSt. zum Preise hinzuzurechnen. Im Falle des § 172 ZVG. (Antrag seitens des Konkursverwalters) ist der Gemeinschuldner derjenige, gegen den sich das Verfahren richtet. Bei der Zwangsversteigerung zur Aufhebung einer Gemeinschaft (§ 180 ZVG.) richtet sich das Verfahren gegen alle Gemeinschafter, auch gegen den Antragsteller selbst; ebenso Ott 7 zu § 20. Ersteht einer der Gemeinschafter selbst das Grundstück, so haftet er für die Steuer als Erwerber. — Ueber die Streitfrage, ob der Meistbietende in den Fällen des § 5 Abs. 4 Nr. 4 für die Steuer mithaftet, vgl. Stillschweig JW. 1920, 89 und Anm. 7 zu § 5. Wird die Haftung mit RFH. bejaht, so haftet der Meistbietende und derjenige, an den die Rechte aus dem Meistgebot abgetreten sind oder für den geboten worden ist, als Erwerber. Für die Steuer aus dem Eigentumsübergang (Zuschlag) kommt nur der Ersteher als Erwerber in Betracht; ebenso Ott 7 zu § 20.

Im Enteignungsverfahren richtet sich das Verfahren stets gegen den bisherigen Eigentümer. Er ist daher steuerfrei. Nach Ott 7 zu § 20 soll Erwerb im Enteignungsfalle auch dann noch anzunehmen sein, wenn eine gütliche Vereinbarung zustande kommt. Dem wird man sich anschließen können.

5. Bei einer **Mehrheit von Veräußerern oder Erwerbern** ist zu untersuchen, ob diese als Gesamtschuldner oder nur nach Bruchteilen haften. Die Regelung ist verschieden.

a) Besteht **Bruchteilseigentum,** so liegt eine Mehrheit von Veräußerern bzw. von Erwerbern gar nicht vor, weil die Uebertragung jedes Miteigentumsanteils einen selbständigen Steuerfall bildet, für den jeweils nur ein Veräußerer und ein Erwerber in Betracht kommt; ebenso RFH. 8, 282 = Mrozek, R. 5 zu § 20 Abs. 1, sowie RFH. Mrozek, R. 3 zu § 20 Abs. 1.

b) Bei Eigentum zur **gesamten Hand** sind nach § 80 Abs. 2 AO. die Beteiligten so zu besteuern, wie wenn sie nach Bruchteilen berechtigt wären. Sie haften also nicht als Gesamtschuldner für die ganze Steuer. Die Höhe der Haftungsteile bestimmt sich nach den Anteilen am Gemeinschaftsvermögen oder nach dem Verhältnis des Auseinandersetzungsguthabens. Diese Regelung gilt für den Fall, daß ein im Eigentum zur gesamten Hand stehendes Grundstück an einen Fremden veräußert wird; wird es an einen der Gemeinschafter übertragen, so bleibt nach § 15 dessen Anteil bei der Berechnung der Steuer unberücksichtigt; der Steuersatz ist also an sich im ganzen geringer. Hinsichtlich dieser Steuer haftet der Gemeinschafter, auf den das Grundstück übergeht, in voller Höhe; die übrigen Gemeinschafter haften als Veräußerer gemäß § 80 Abs. 2 AO. nach Bruchteilen, bei deren Berechnung der Anteil des Erwerbers am Gesellschaftsvermögen nicht zu berücksichtigen ist.

c) Ist eine **juristische Person** Veräußerer oder Erwerber, so liegt der Fall einer Mehrheit nicht vor. Dasselbe gilt aber auch bei Gesamthandsgemeinschaften, die für das Steuerrecht als selbständige steuerpflichtige Personen behandelt werden. So insbesondere für die Personenvereinigungen im Sinne des § 3, nämlich offene Handelsgesellschaft, Kommanditgesellschaft, Gesellschaft des bürgerlichen Rechts, nichteingetragener Verein u. dgl. Hier ist die Gesellschaft bzw. der Verein nach RFH. 12, 76 (großer Senat) steuerpflichtig. Die Steuerbehörde kann hier in das Gesellschaftsvermögen unmittelbar vollstrecken; vgl. § 302 AO.

d) Nach § 93 AO. gelten für die persönliche Haftung der einzelnen Gesellschafter oder Vereinsmitglieder, falls Gesellschaften, Vereine oder Genossenschaften als solche der Steuer unterliegen, sinngemäß die Vorschriften des bürgerlichen Rechts. Hier wird also gemäß § 427 BGB. gesamtschuldnerische Haftung vorliegen; vgl. RFH. 5, 47, wonach Steuerschulden ebenso behandelt werden müssen, wie Verbindlichkeiten aus Verträgen der Geschäftsführer. Nach RFH. 15, 104 haften die Gesellschafter für derartige Steuerschulden nur mit ihrem Anteil am Gesellschaftsvermögen.

e) **Ehegatten** haften, falls überhaupt eine Haftung für beide begründet ist, nach § 95 Abs. 2 AO. als Gesamtschuldner. Jedoch geht hier § 80 Abs. 2 AO. vor, so daß Ehegatten, die z. B. für das Gesamtgut ein Grundstück erwerben, nur nach Bruchteilen zu veranlagen sind; vgl. Ott 37 zu § 20. Daneben besteht nach § 1459 Abs. 2 BGB. die persönliche Haftung des Ehemannes für die Gesamtgutsverbindlichkeiten der Frau. Wegen der Geltendmachung vgl. oben Anm. 1.

f) **Erben** haften gemäß § 95 Abs. 3 nach den Vorschriften des bürgerlichen Rechts über die Haftung für Nachlaßverbindlichkeiten (§§ 2058 ff. BGB.). Wegen der besonderen steuerrechtlichen Verpflichtungen der Erben, Testamentsvollstrecker usw. vgl. Anm. 1.

**6.** a) **Die gesamtschuldnerische Verpflichtung** ist nach den Vorschriften des bürgerlichen Rechts zu beurteilen. Maßgebend sind also die §§ 421 ff. BGB. Die Steuerstelle kann nach ihrem Ermessen den Erwerber oder den Veräußerer zu der gesamten Steuerleistung heranziehen; durch einmalige Bewirkung der ganzen Leistung sind aber alle Erwerber befreit.

b) **Durchführung der Haftung.** Keiner der Gesamtschuldner hat einen Anspruch darauf, daß die Steuerstelle den anderen in Anspruch nehme. Auch wenn im Verhältnis unter den Gesamtschuldnern der eine die Zahlung der Steuer übernommen hat, kann die Steuerbehörde den andern von ihnen zur Zahlung heranziehen. Selbst wenn sie dies mit der irrigen Begründung getan hat, daß sie den Herangezogenen für den im Innenverhältnis Steuerpflichtigen halte, so ist dies belanglos; vgl. RFH. Mrozek, R. 6 zu § 20 Abs. 1 = StuW. IV, 631. Ott 10 zu § 20 nimmt unter Berufung auf Hensel, VierteljZ. 1927, 116 an, daß die Steuerstelle verpflichtet ist, diejenige Partei, die die Steuer im Vertrag übernommen hat, zunächst heranzuziehen. Eine derartige Verpflichtung wird zu bejahen sein; gegen Verletzung ist aber nur Beschwerde gegeben, da § 20 eine gesamtschuldnerische Verpflichtung begründet, die Haftung beider Parteien als solche demnach nicht zu bestreiten ist. Hat die Steuerstelle nur einem der Gesamtschuldner einen Steuerbescheid erteilt, so ist sie gehalten, das Verfahren gegen diesen ordnungsmäßig und mit tunlichster Beschleunigung durchzuführen, damit dem anderen, falls er später in Anspruch genommen wird, durch etwaige Verzögerung der Rückgriff nicht vereitelt werde. Trotz Verzögerung bleibt aber der andere Gesamtschuldner an sich haftbar; vgl. OVG. PrVerwBl. 35, 278. Ott 11 zu § 20 nimmt aber zutreffend an, daß der durch die Verzögerung geschädigte Gesamtschuldner gemäß § 839 BGB. in Verbindung mit Art. 131 RV. Schadenersatzansprüche gegen das Reich bei dem ordentlichen Gericht erheben kann.

c) **Zahlung, Erlaß, Stundung.** Hat einer der Pflichtigen einen Teil bezahlt, so dürfen die anderen Gesamtschuldner, falls sie noch nicht veranlagt waren, nur noch in Höhe des Restbetrages veranlagt werden; vgl. OVG. PrVerwBl. 34, 78; OVG. 73, 147. Nach § 94 AO. kommt die Erfüllung den anderen Verpflichteten insoweit zustatten, als ihrer eigenen Pflicht dadurch genügt wird und es für das Finanzamt nicht von Wert ist, daß die Pflicht auch von den anderen Beteiligten erfüllt wird. Diese Vorschrift kann jedoch für die der Höhe nach feststehenden Geldschulden nach diesem Ges. nicht Anwendung finden. Nach § 423 BGB. wirkt ein Erlaß, der mit einem der Gesamtschuldner vereinbart ist, auch für die übrigen Schuldner, wenn das ganze Schuldverhältnis aufgehoben werden sollte. Der Steuererlaß gemäß § 22 oder § 23 ist als ein Vertrag, wie § 423 BGB. ihn im Auge hat, nicht zu erachten. Er bezieht sich aber nach diesem Gesetz auf die Steuer als solche, hat daher die Befreiung aller Gesamtschuldner zur Folge.

Billigkeitserlaß kann dagegen auch gegenüber einer einzelnen Partei erfolgen, ohne daß dadurch gleichzeitig auch die andere Partei als befreit gilt. War jedoch die Steuer bereits entrichtet und erfolgt Rückerstattung aus Billigkeitsgründen, so kann der andere Gesamtschuldner, wie Ott 9 zu § 20 zutreffend ausführt, nicht mehr herangezogen werden, weil er durch die erfolgte Zahlung bereits endgültig befreit war. Stundung wirkt nur zugunsten desjenigen Steuerschuldners, dem sie gewährt worden ist (§ 425 BGB.). Auch hier kann aber unter Umständen ein Schadensersatzanspruch gemäß § 839 BGB. gegen das Reich entstehen, falls der andere Gesamtschuldner infolge der Stundung um sein Rückgriffsrecht gebracht wird, falls die Steuerbehörde, ohne den andern zu benachrichtigen, dem ersten Schuldner Stundung gewährt und bis zum Ablauf der Stundungsfrist nichts veranlaßt. Da eine Stundung gemäß § 105 Abs. 2 S. 2 AO. in der Regel nur gegen Sicherheitsleistung erfolgt, wird dem anderen Gesamtschuldner ein Schaden praktisch nicht erwachsen, gemäß §§ 105, 109—119 AO.; vgl. Stund O. vom 29. 1. 1923 in der Fassung vom 26. 9. 23 und 21. 12. 24.

d) Nach § 425 BGB. wirkt der **Verzug**, die **Verjährung** und das rechtskräftige **Urteil** nur für und gegen denjenigen Gesamtschuldner, in dessen Person eine dieser Rechtstatsachen eingetreten ist. Was von dem rechtskräftigen Urteil gesagt ist, muß auch auf den rechtskräftigen Steuerbescheid (§§ 217 ff. AO.) angewendet werden. Die Steuerstelle muß daher, wenn sie einen der Gesamtschuldner in Anspruch nehmen will, diesem einen besonderen Steuerbescheid gemäß § 29 erteilen. Sie kann auch beiden gleichzeitig den Steuerbescheid zustellen und wird dies in der Regel tun. Zweckmäßig ist es, daß der Steuerbescheid die Natur der Gesamthaftung und die Person des anderen Gesamtschuldners zum Ausdruck bringt. Gegen einen Steuerbescheid, der nur einem der Gesamtschuldner zugestellt ist, steht dem anderen Einspruch oder Berufung nicht zu; RFH. Mrozek, R. 2 zu § 20 Abs. 1. Der andere braucht aber, wenn er im Verfahren nicht zugezogen war, das Verfahren nicht gegen sich gelten zu lassen; RFH. StuW. VI, 518; VII, 15 = JW. 1928, 842 Nr. 1. Die Veranlagung eines der Gesamtschuldner ist solange zulässig, als nicht die ganze Steuer einschließlich der Zuschläge gezahlt ist.

e) Eine **dingliche Last** bildet die Grunderwerbsteuer nicht; vgl. § 95 AO. Gemäß § 10 Ziff. 3 ZVG. hat sie daher im Falle der Zwangsversteigerung nicht den Rang vor den auf dem Grundstück ruhenden dinglichen Rechten; vgl. Art. 1—3 PrAG. ZVG. sowie Jaeckel-Güthe Anm. 14 zu § 10 ZVG. Ebenso Ott 12, 18 zu § 20; Berolzheimer 1 zu § 20. Bei Objektssteuern kann sich die Haftung des Grundstücks für die Steuer aus der Gestaltung der Steuer im Gesetz ergeben; RFH. StuW. V, 34. Dies ist bei der GrdErwSt. nicht der Fall. Wird das Grundstück von dem Erwerber weiterveräußert, bevor die Steuer für seinen Erwerb getilgt ist, so haftet das Grundstück nicht mehr für diese Steuer; vgl. für ZuwStG. Wolff PrVerwBl. 35, 182.

**7. Die Ausgleichung** unter den Gesamtschuldnern erfolgt gemäß § 426 BGB.; vgl. OVG. 73, 143.

a) Hiernach sind sie im Verhältnis zu einander zu gleichen Anteilen verpflichtet, soweit nicht ein anderes bestimmt ist. § 426 BGB. enthält nur eine Auslegungsregel. In erster Linie ist also das zwischen dem Veräußerer und dem Erwerber bestehende Rechtsverhältnis maßgebend, d. h. der Kauf oder Gesellschaftsvertrag oder das sonstige dem Eigentumswechsel zugrunde liegende Rechtsverhältnis. Es kommt daher zunächst auf die Auslegung dieses Rechtsverhältnisses an. Hat der Erwerber darin „sämtliche Kosten" übernommen, so kann nach den Umständen des Falles hierin auch die Uebernahme der GrErwSt. gefunden werden, obgleich diese an sich zu den Kosten im Sinne des § 449 BGB. nicht gehört. Ist ein Käufer, der die Steuertragung übernommen hat im Verzuge mit der Entgegennahme der Auflassung, so trägt er die Gefahr einer Erhöhung der Steuer; vgl. RG. 2. 3. 1910, V, 204/09 im KommRGRäte 1 zu § 449 BGB. Auf Grund des § 449 BGB., wonach die Kosten der Auflassung und der Eintragung dem Käufer zur Last fallen, hat er die Steuer jedoch nicht zu tragen; vgl. RFH. 6, 171.

b) Entsprechend wird man auch, wenn die **Anteile** einer Grundstücksgesellschaft usw. (§ 3) verkauft sind, gemäß § 448 Abs. 2

BGB. annehmen müssen, daß die Steuer nicht zu den Kosten der Uebertragung des Rechts gehört. Die Grunderwerbsteuer ist also in allen diesen Fällen in Ermangelung einer Vereinbarung vom Veräußerer und dem Erwerber je zur Hälfte zu tragen.

c) Sind auf einer Seite **mehrere beteiligt,** so haften sie dem Vertragsgegner auf Erstattung der Steuer bzw. des Anteils ihrer Vertragsseite als Gesamtschuldner.

d) Ist das **Reich** selbst Veräußerer oder Erwerber, so ist es von der GrErwSt. nicht befreit (vgl. RFH. 4, 330 und Mrozek, R. 6 zu § 8 Allg.); daher kann entgegen der 1. Aufl. nicht angenommen werden, daß der andere Teil nur die Hälfte der Steuer zu entrichten hätte; vielmehr bedeutet die Beteiligung des Reiches als Vertragspartei keine Abweichung von der Regel. Es verbleibt daher bei der Ausgleichung zwischen dem Reich und der Gegenpartei nach Maßgabe des Vertrages; ebenso Ott 13 zu § 20. Für Länder und Gemeinden als Vertragsparteien gilt das Gleiche, auch hinsichtlich der Zuschläge; vgl. Ott 13 zu § 20.

e) Wer einen Ausgleichungsanspruch haben würde, kann schon vor der Inanspruchnahme von dem Ausgleichspflichtigen Befreiung von der Steuerschuld verlangen; vgl. RG. 79, 290. RFH. 6, 171 (174) nimmt an, daß der Erwerber die Abnahme des Grundstücks so lange verweigern kann, als nicht der Verkäufer, dem im Innenverhältnis die Entrichtung der Steuer obliegt, diese Pflicht erfüllt hat. Ott 14 zu § 20 hält dies für zweifelhaft, weil das Zurückbehaltungsrecht eine fällige Gegenforderung voraussetzte. Im Innenverhältnis ist aber die Verpflichtung zur Steuerentrichtung — jedenfalls in den Grenzen des § 24 — schon vor der Eintragung der Eigentumsänderung im Grundbuche fällig; die Zahlung, soweit sie nach § 24 zur Erlangung der Bescheinigung erforderlich ist, bildet einen Bestandteil der Erfüllung der Uebereignungspflicht. Demgemäß wird Verzug mit dieser Verpflichtung auch die Rechte aus § 326 BGB. begründen können. RG. JW. 1927, 1416, Nr. 12 hat in einem in der Inflationszeit liegenden Fall die Möglichkeit der Bejahung im Hinblick darauf, daß der Betrag der Steuer damals im Vergleich zum Kaufpreise sehr hoch war, festgestellt; maßgebend ist hiernach, ob die fragliche Leistung nach der Auffassung der Parteien so wesentlich war, daß bei ihrer Nichterfüllung nicht bloß ein Erfüllungsanspruch, sondern auch das Rücktrittsrecht gegeben sein sollte.

8. a) **Die Steuer aus § 10** hat bei gebundenen Grundstücken der Inhaber, im Falle des § 10 Nr. 2 der Eigentümer des Grundstücks zu tragen, also die Personenvereiniggung, Anstalt oder Stiftung. Haftbar ist, wer im Zeitpunkt der jedesmaligen Fälligkeit der Steuer Inhaber bzw. Eigentumer ist; künftige Erwerber des Grundstücks sind für die rückständige Steuer nicht haftbar; vgl. RFH. StuW. V, 34. Auch wenn die Personenvereinigung keine Rechtsfähigkeit hat, gilt sie doch als steuerlich rechtsfähig; vgl. RFH. 12, 76. Die Mitglieder haften gemäß § 93 AO. als Gesamtschuldner; vgl. oben Anm. 5. Wenn das Grundstück im Eigentum eines Treuhänders steht, ist dieser Steuerschuldner. Ott 38 zu § 20 scheint auch in diesem Falle die Haftung nur der Personenvereinigung usw. anzunehmen; es erscheint aber doch nicht wohl

möglich, den Begriff Eigentümer im Sinne des § 20 Abs. 2 dahin zu verstehen, daß darunter gleichzeitig das juristische und wirtschaftliche Eigentum der Personenvereinigung usw. zu begreifen ist. Hierzu berechtigt auch nicht § 80 Abs. 1 AO. § 10 Abs. 1 Nr. 2 versteht vielmehr unter dem Eigentum nur das juristische Eigentum; vgl. Anm. 4 und 7 zu § 10; daher kann auch im Sinne des § 20 Abs. 2 unter dem Eigentümer nur der juristische Eigentümer verstanden werden.

b) Sein **Rückgriff** richtet sich nach dem Rechtsverhältnis, das der Treuhandschaft zugrunde liegt. Ist dies ein Auftragsverhältnis oder, was gemäß § 713 BGB. auf dasselbe hinauskommt, das Geschäftsführeramt einer Gesellschaft oder eines nicht rechtsfähigen Vereins (§ 54 BGB.), so hat der Treuhänder gemäß §§ 669, 670 BGB. den Anspruch auf vorschußweise Erstattung des Steuerbetrages. Dieser Anspruch wird fällig werden, sobald der Steuerbescheid gemäß § 29 erteilt ist. Nach §§ 100, 301 AO. kann jedoch auch der Verein usw. zur Zahlung der Steuer herangezogen werden.

Sind diese Eigentumsverhältnisse zweifelhaft, und schwebt über die Feststellung etwa ein Rechtsstreit, so kann das Finanzamt nach § 82 AO. die Steuer vorläufig festsetzen oder die Festsetzung gegen oder ohne Sicherheitsleistung aussetzen.

9. **Das Erholungsrecht** der Fideikommißinhaber usw. gründet sich darauf, daß die gemäß § 10 Nr. 1 zu zahlende Steuer auf den Stammwert des Grundstücks gelegt ist und nicht, wie z. B. die Einkommensteuer, aus den Nutzungen entnommen werden soll. Der Inhaber hat daher das besondere Recht erhalten, den Stamm des gebundenen Vermögens zur Deckung der Steuer heranzuziehen. Ob über die Art und Weise dieser Heranziehung bestimmte Vorschriften zu machen sind, hat die Aufsichtsbehörde zu entscheiden. Sie darf aber den Erfolg des Erholungsrechts nicht beeinträchtigen.

## § 21.

**Kriegsbeschädigte und Hinterbliebene von Kriegsteilnehmern, die bei Abfindung ihrer militärischen Bezüge auf Grund des Kapitalabfindungsgesetzes Grundstücke erwerben, sind nach näherer Bestimmung des Reichsrats von der Steuer befreit. Bei der Beteiligung dieser Personen ermäßigen sich die in den §§ 17 und 19 genannten Steuersätze im Verhältnis ihrer Beteiligung.**

**Die Steuer wird nicht erhoben bei dem Uebergange vom Eigentum gelegentlich der Uebernahme einer Körperschaft des öffentlichen Rechtes durch eine andere oder der Grenzveränderungen unter solchen Körperschaften sowie gelegentlich der Auseinandersetzung zwischen Ländern und Kirchen.**

**Von der Steuer des § 10 sind befreit:**

**1. das Reich, die Länder, die Gemeinden und Gemeindeverbände;**

2. **deutsche Kirchen und andere mit Rechtspersönlichkeit ausgestattete, in einem Lande öffentlich zugelassene Religionsgesellschaften sowie Anstalten, Stiftungen und Personenvereinigungen, die ausschließlich kirchlichen, Unterrichts-, gemeinnützigen oder milden Zwecken dienen. Das gleiche gilt für Anstalten, Einrichtungen und Vermögensmassen der freien Wohlfahrtspflege, die der Erfüllung von Aufgaben der öffentlichen Wohlfahrtspflege dienen; ferner für Träger der Reichsversicherung und an ihre Stelle tretende Ersatzkassen, Krankenkassen der selbständigen Handwerker sowie Vereinigungen von Trägern der Reichsversicherung bei der Erfüllung ihrer gesetzlichen oder satzungsmäßigen Aufgaben.**

**Im Falle der Nr. 2 beschränkt sich die Befreiung auf diejenigen Grundstücke, die unmittelbar zu den daselbst bezeichneten Zwecken bestimmt sind; bei den Personenvereinigungen setzt die Befreiung außerdem voraus, daß der zu verteilende Reingewinn satzungsgemäß auf eine Verzinsung von jährlich höchstens fünf vom Hundert der eingezahlten Kapitaleinlagen beschränkt, bei Auslosungen, Ausscheiden eines Mitglieds oder für den Fall der Auflösung der Personenvereinigung nicht mehr als die eingezahlten Kapitaleinlagen zugesichert und bei der Auflösung der etwaige Rest des Vermögens für Zwecke der genannten Art bestimmt ist.**

1. **Allgemeines.** a) In § 21 werden drei ganz verschiedenartige Steuerbefreiungen geregelt, nämlich

a) diejenige der Kriegsbeschädigten und der Kriegshinterbliebenen,

b) diejenige der Körperschaften des öffentlichen Rechts bei Fusionen und Grenzveränderungen,

c) die der öffentlichrechtlichen Verbände und gemeinnützigen Anstalten hinsichtlich der Steuer aus § 10.

Der Kreis dieser Anstalten hat durch Art. II § 1 Nr. 3 des AendG. eine Erweiterung erfahren, indem die Steuerbefreiung auch für Anstalten, Einrichtungen und Vermögensmassen der freien Wohlfahrtspflege, sowie für die Träger der Reichsversicherung, die Ersatzkassen und gewisse Krankenkassen gilt.

b) Der gesetzgeberische Grund dieser Steuerbefreiungen ist natürlich ein ganz verschiedenartiger. Ebenso ist auch der juristische Inhalt der Befreiungen insofern verschieden, als diejenige zu a) keine unbedingte ist. Dagegen sind alle Befreiungen sachlicher, nicht subjektiver Natur, mag auch der gesetzgeberische Grund in der Person der Steuerpflichtigen liegen; vgl. RFH. 12, 14 = Mrozek R. 2 zu § 21 Abs. 1. Die Steuer kommt also in den im § 21 erwähnten Fällen überhaupt nicht zur Entstehung, so daß auch keine Anzeigepflicht nach §§ 25—28 besteht. Wohl aber ist § 24 anwendbar. Die Beteiligten müssen sich also eine Bescheinigung der Steuerstelle über die Steuerfreiheit beschaffen.

c) Der § 21 Abs. 1 ist eine Veranlagungs-, keine bloße Hebungsvorschrift; sie muß schon im Steuerfestsetzungs- oder im Rechtsmittelverfahren geltend gemacht werden; nur wenn das Kapitalabfindungsverfahren erst später oder doch für die Geltendmachung in demjenigen Teil des Steuerverfahrens, in dem neue Tatsachen noch geltend gemacht werden können, zu spät beendet wird, ist ein Erstattungsanspruch gegeben; RFH. 22, 55; StuW. VI, 643; vgl. hierzu Becker, StuW. VI, 1145, wonach es genugt, daß die rechtzeitige Geltendmachung in der Tatsacheninstanz verkehrmäßig nicht mehr möglich war, obgleich die Bewilligung der Abfindung noch vor Beendigung der Instanz erfolgt war; Becker, a. a. O., will die Erstattung ferner nicht deshalb versagen, weil bei Bewilligung der Abfindung die Einspruchs- oder Berufungsfrist noch lief, der Pflichtige aber statt eines Rechtsmittels vor oder nach Fristablauf den Erstattungsantrag bei der Steuerstelle gestellt hat.

2. **Kriegsbeschädigte und Hinterbliebene** von Kriegsteilnehmern.

a) Die in Abs. 1 vorgesehene nähere Bestimmung des Reichsrats ist mit rückwirkender Kraft auf 1. Oktober 1919 durch die Verordnung vom 29. 6. 1923 (RMBl. 644) getroffen worden. Sie lautet:

§ 1.

Wenn Kriegsbeschädigte oder Hinterbliebene von Kriegsteilnehmern mit Hilfe bewilligter Kapitalabfindung Grundstücke erwerben, wird die GrErwSt. nur insoweit erhoben, als der gemeine Wert oder der nach § 12 GrErwStG. an seine Stelle tretende Veräußerungspreis des erworbenen Grundstücks den 15fachen Betrag der Kapitalabfindung übersteigt.

§ 2.

Sind neben den nach § 1 begünstigten Personen noch andere Personen als Miterwerber beteiligt, so ermäßigen sich die in den §§ 17 und 19 GrErwStG. genannten Steuersätze im Verhältnis der Beteiligung der begünstigten Personen.

Der Kriegsbeschädigte und seine miterwerbende Ehefrau gelten im Sinne der Befreiungsvorschrift des § 21 Abs. 1 als ein Erwerber.

§ 3.

Die Steuerbefreiung ist eine sachliche. Sie tritt auch dann ein, wenn die Kapitalabfindung nachträglich zur Abtragung des Kaufpreises für ein bereits erworbenes Grundstück gewährt und verwendet wird. War die Steuer bereits entrichtet, so ist sie auf Antrag zu erstatten.

b) Die Kapitalabfindung erfolgt nach dem RVG. vom 12. 5. 20 RGBl. 989) in der Fassung vom 31. 7. 25 (RGBl. I, 165). Offiziere (auch solche des Beurlaubtenstandes) als Kriegsbeschädigte, sowie ihre Hinterbliebenen, genießen gleichfalls Steuerfreiheit aus § 21; vgl. RFH. Mrozek, R. 4 zu § 21 Abs. 1; StuW. VI, 381.

c) Es muß feststehen, daß der Erwerb des fraglichen Grundstücks auf Grund der Kapitalabfindung erfolgt; das wird meist leicht nachzuweisen sein, da entweder der Erwerb des Grundbesitzes durch Vermittelung gewisser öffentlich-rechtlicher Körperschaften erfolgt oder gemäß § 11 a. a. O. eine Sicherstellung der bestimmungsgemäßen Verwendung des Abfindungskapitals stattfindet. Bei ordnungsmäßigem Nachweis tritt Steuerfreiheit nach Maßgabe der vom Reichsrat erlassenen Bestimmungen ein. Nach § 3 VO. vom 29. 6. 23 ist es angängig, daß der Kriegsbeschädigte zunächst das Grundstück erwirbt und die sodann bewilligte Kapitalabfindung zur Bezahlung des Kaufpreises verwendet. Diese tatsächliche Verwendung des Geldes muß jedoch feststehen; hat der Kriegsbeschädigte das vorher erworbene Grundstück bereits wieder verkauft, bevor die Kapitalabfindung bewilligt wurde, so kommt ihm die Steuerbefreiung nicht zugute; vgl. RFH. Mrozek, R. 3 zu § 21 Abs. 1. Ebenso nicht, wenn er die Kapitalabfindung nicht zur Abtragung des Kaufpreises, sondern zur wirtschaftlichen Stärkung des Grundbesitzes, z. B. zu einem Umbau, verwendet; RFH. 22, 55 = StuW. VI, 643.

d) Die Steuerfreiheit kommt auch dem Veräußerer zugute. Dies ist jetzt durch § 3 Satz 1 VO. vom 29. 6. 23 ausdrücklich bestimmt, nachdem RFH. 12, 24 schon vor Erlaß dieser VO. zu dem gleichen Ergebnis gelangt war; ebenso auch die 1. Aufl.

e) Dem Erwerb von Grundstücken steht der von Erbbaurechten und anderen grundstücksgleichen Gerechtigkeiten (§ 2) gleich. Ein Erwerb gemäß § 3 wird nicht in Frage kommen; ein solcher gemäß § 6 ist durch § 21 nicht befreit; dagegen erstreckt sich die Befreiung auf die Verpflichtungsgeschäfte gemäß § 5, ebenso auf Tauschgeschäfte (§ 16), jedoch nur hinsichtlich des von dem Kriegsbeschädigten erworbenen Grundstücks.

f) Die Steuerbefreiung tritt nach § 1 VO. vom 29. 6. 23 nur bis zum 15fachen Betrag der Kapitalabfindung ein. Uebersteigt der gemeine Wert oder der Kaufpreis den 15fachen Betrag, so ist der Ueberschuß steuerpflichtig. Zubehör, Maschinen und Betriebsvorrichtungen im Sinne des § 154 AO. werden auch hier bei dem gemeinen Wert und bei dem Veräußerungspreis nicht mitgerechnet. Im Falle des § 15 kommt es darauf an, ob das ganze Grundstück, nicht der für die Steuerberechnung maßgebende Betrag, den 15fachen Betrag der Kapitalabfindung übersteigt. Beim Tausch besteht Steuerfreiheit nur für dasjenige Grundstück, das der Kriegsbeschädigte erwirbt, nicht für das in Tausch gegebene. Die Art des erworbenen Grundstücks ist für die Steuerfreiheit belanglos; vgl. RFH. StuW. VI, 381. Befreit sind nicht etwa nur Grundstücke, die von dem Kriegsbeschädigten und seiner Familie allein bewohnt werden; vgl. RFH. Mrozek, R. 5 zu § 21 Abs. 1. Der Steuerbehörde steht hiernach nicht die Nachprüfung zu, ob die Abfindung nach der Art des Grundstücks zu Recht bewilligt worden ist. Andererseits kann Steuerfreiheit nicht deshalb anerkannt werden, weil nach Ansicht der Steuerbehörde die zu Zwecken der Stärkung des Grundbesitzes bewilligte Abfindung auch zum Erwerb des Grundstücks bewilligt worden wäre oder daß sie dem Erwerb zugute komme; RFH. 22, 55. Daher tritt Steuerfreiheit auch dann ein, wenn der Kriegsbeschädigte das erworbene Grundstück später planmäßig zerschlägt (§ 19). Für die Weiterveräußerung ist dann natürlich die erhöhte Steuer zu entrichten. Hat der Kriegsbeschädigte das Grundstück von einem Güterschlächter (§ 19) erworben, so ist dieser

Erwerb in den Grenzen des § 1 VO. vom 29. 6. 23 steuerfrei, § 19 also gegenstandslos. Der Kriegsbeschädigte erhält daher auch nicht den in § 19 vorgesehenen Unterschiedsbetrag vergütet.

3. **Eine Beteiligung von Kriegsbeschädigten** bzw. Hinterbliebenen kommt für § 21 nur auf der Erwerberseite in Betracht. Gedacht ist an den Fall, daß der Kriegsbeschädigte nicht allein, sondern in Gemeinschaft mit einer anderen Person ein Grundstück erwirbt, und zwar auf Grund des Versorgungsgesetzes. Eine Beteiligung liegt nicht vor, wenn der Kriegsbeschädigte einen realen Teil des Grundstücks oder einen getrennten Miteigentumsanteil (§ 1008 BGB.) erwirbt; ebenso Ott 12 zu § 21; a. M. Hutmacher 61 zu § 21. In diesen Fällen bildet sein Erwerb einen selbständigen Steuerfall; die Tatsache, daß eine andere Person gleichzeitig einen anderen Grundstücksteil oder einen anderen getrennten Bruchteil des Grundeigentums erwirbt, ist steuerlich ohne Belang. Zur Anwendung des § 21 Abs. 1 Satz 2 kommt es nur, wenn die mehreren Personen, zu denen der Kriegsbeschädigte gehört, gemeinschaftlich (zur gesamten Hand) als Erwerber auftreten (§ 432 BGB.). Da nach § 2 Abs. 2 VO. vom 29. 6. 23 der Kriegsbeschädigte und seine Ehefrau als e i n Erwerber gelten, scheidet der Fall des Erwerbers für das Gesamtgut einer Gütergemeinschaft aus; es tritt also vollständige Steuerfreiheit, nicht nur entsprechende Ermäßigung ein. Erwerb für eine Gesellschaft wird praktisch auch nur selten in Frage kommen, da zum Zweck der Beteiligung an Gesellschaften eine Kapitalabfindung in der Regel nicht gewährt wird. Der zulässige Beitritt zu einer gemeinnützigen Bau- oder Siedlungsgesellschaft scheidet aus, da es sich hier wohl stets um eine juristische Person (Genossenschaft, Aktiengesellschaft usw.) handeln wird. Somit verbleibt für die Gesamthand nur die Erbengemeinschaft. Ott 10 zu § 21 legt zutreffend dar, daß beim Erwerb eines Miteigentumsanteils der gemeine Wert oder der Veräußerungspreis d i e s e s A n t e i l s mit dem 15fachen Betrag der Kapitalabfindung zu vergleichen ist, nicht der Wert des Grundstücks. Erwirbt der Kriegsbeschädigte zusammen mit seiner Schwester aus Mitteln der ungeteilten Erbengemeinschaft ein Grundstück, so will Ott a. a. O. dieselbe Berechnung eintreten lassen. Mit Rücksicht auf § 80 Abs. 2 AO. ist dies an sich zutreffend. Es erscheint jedoch zweifelhaft, ob beim Erwerb für eine ungeteilte Erbengemeinschaft die Steuerfreiheit aus § 21 überhaupt in Frage kommt. Das erworbene Grundstück wird nur dann in die Erbengemeinschaft fallen, wenn der Erblasser es bereits gekauft hatte (§ 2039 BGB.) oder wenn es aus Nachlaßmitteln angeschafft wird (§ 2041 BGB.). In beiden Fällen kommt ein Erwerb mit Hilfe bewilligter Kapitalabfindung nicht in Frage. Den Hauptfall der Anwendung des § 2 VO. vom 29. 6. 23 wird die fortgesetzte Gütergemeinschaft bilden.

4. **Die Ermäßigung** bemißt sich nach dem Verhältnis der Beteiligung des Kriegsbeschädigten bzw. der Hinterbliebenen. Es ist also zunächst der volle Steuerbetrag gemäß §§ 17, 19 zu berechnen. Sodann ist festzustellen, mit welchem Anteil der Kriegsbeschädigte usw. bei der Gemeinschaft der Erwerber beteiligt ist; vgl. § 80 Abs. 2 AO. Maßgebend hierfür ist seine Beteiligung an dem gemeinschaftlichen Vermögen. Um den entsprechenden

Bruchteil ist der Steuersatz zu ermäßigen. Nur diese ermäßigte Steuer wird geschuldet. Für sie haftet der Kriegsbeschädigte gemäß § 80 Abs. 2 AO. wiederum nur zu demjenigen Bruchteil, der seiner Beteiligung entspricht. Ob er für den von ihm etwa gezahlten Teil der Steuer von den anderen Beteiligten Ersatz verlangen kann, richtet sich nach dem zugrunde liegenden Rechtsverhältnis. Enthält dieses keine besondere Bestimmung, so wird ein Anspruch auf Erstattung nicht zu begründen sein. Allerdings ist die Steuerermäßigung nur mit Rücksicht auf die Beteiligung des Kriegsbeschädigten erfolgt. Er sollte also eigentlich für seinen Anteil von der Steuer gänzlich freigestellt sein. Die Durchführung dieses Grundsatzes wäre in Anlehnung in § 80 Abs. 2 AO. durch eine andere Fassung des § 21 möglich gewesen. Bei der vorliegenden Fassung, die wohl von einer gesamtschuldnerischen Haftung jedes Beteiligten ausging, ist aber die Begünstigung des Kriegsbeschädigten nur durch eine Ermäßigung des ganzen Steuersatzes erfolgt, also durch gleichmäßige Begünstigung aller Beteiligten. A. M. Berolzheimer 4 zu § 21, wonach der Kriegsbeschädigte überhaupt nicht haftet. Auch Ott 10 zu § 21 meint, daß man den Kriegsbeschädigten nicht schlechter stellen dürfe, als wenn er eine Miteigentumshilfe am Grundstück mit der ganzen Kapitalabfindung erworben hätte. Wäre dies aber die Absicht des Gesetzes, so wäre die Vorschrift des Abs. 1 Satz 2 sowie der § 2 Abs. 1 VO. vom 29. 6. 23 überflüssig gewesen.

**5. Verschmelzung und Grenzveränderung von Körperschaften des öffentlichen Rechts** oder Auseinandersetzung zwischen Ländern und Kirchen.

a) Eine Körperschaft des öffentlichen Rechts (§ 89 BGB.) ist eine solche, die irgendwelche öffentlichen Befugnisse besitzt und staatliche Aufgaben erfüllt. Hierher gehören das Reich, die Länder, Gemeindeverbände, wie Provinzen und Kreise, Stadt- und Landgemeinden, Kirchen und öffentlich zugelassene Religionsgesellschaften, Innungen, Handels-, Handwerks- und Landwirtschaftskammern sowie andere Berufsvereinigungen kraft öffentlichen Rechts, ferner die Träger der öffentlichen Versicherung (Versicherungsanstalten, Berufsgenossenschaften, Krankenkassen), Wassergenossenschaften, Deichverbände, Fischereigenossenschaften usw.

b) Die Uebernahme einer solchen Körperschaft durch eine andere wird im allgemeinen mit der Verschmelzung identisch sein. Es kommt nicht darauf an, ob die eine Körperschaft in der anderen aufgeht oder ob beide zu bestehen aufhören und durch eine zusammenfassende Körperschaft ersetzt werden. Wird von einer Körperschaft ein Gebietsteil abgetrennt und einer neuen Körperschaft zugewiesen, wie z. B. bei der Entstehung neuer Kirchengemeinden, so ist nach RFH. 8, 265; RFH. StuW. VI, 249 und 250 Steuerfreiheit gem. § 21 Abs. 2 gleichfalls begründet. Es genügt für diese Steuerfreiheit der Wechsel des Rechtsubjekts, in welchem unveränderte öffentlich-rechtliche Funktionen, denen das Grundstück dient, verkörpert werden.

c) Eine Grenzveränderung liegt dann vor, wenn die Körperschaften den Bereich ihrer Tätigkeit auf bestimmte Landesteile erstrecken und dieses territoriale Gebiet ihrer Betätigung verändert wird. Grenzveränderungen kommen daher nicht nur bei Ländern und Gemeinden vor, sondern können sich ebenso bei Kirchengemeinden, Innungen, Berufskammern und anderen Körperschaften ereignen. Auch bei einer Auseinandersetzung, an der nicht das Land selbst beteiligt ist, sondern öffentlich rechtliche Unterverbände des Landes, z. B. Schulverbände, ist die Steuerfreiheit gemäß § 21 Abs. 2 gegeben; RFH. 18, 155 = Mrozek, R. 3 zu § 21 Abs. 2 = StuW. V, 172. Erfolgt ein Eigentumswechsel zwischen den im § 21 Abs. 2 bezeichneten Körperschaften, ohne daß eine Verschmelzung, Funktionsübernahme, Grenzveränderung oder Auseinandersetzung vorliegt, so ist Steuerfreiheit nicht gegeben; vgl. RFH. Mrozek, R. 2 zu § 21 Abs. 2.

6. **Der Eigentumswechsel erfolgt gelegentlich der Verschmelzung,** Grenzveränderung usw. Es ist nur erforderlich, daß die erwähnte Gebietsveränderung die Veranlassung zu dem Eigentumswechsel gegeben hat. Nicht notwendig ist es, daß das fragliche Grundstück sich in demjenigen Gebietsteil befindet, der fortan nicht mehr zum Gebiet der bisherigen Eigentümerin gehört. Der Fall kann auch so liegen, daß z. B. ein Verwaltungsgebäude wegen Verringerung des Geschäftskreises der Körperschaft entbehrlich wird. Dagegen wird es für die Steuerfreiheit nicht ausreichen, wenn die Körperschaft aus einem solchen Anlaß ein Grundstück an irgend eine dritte Person veräußert; vielmehr setzt das Gesetz doch wohl voraus, daß der Eigentumsübergang sich unter den beteiligten Körperschaften vollzieht; ebenso Ott 15a zu § 21. Es ist aber nicht erforderlich, daß z. B. die Grenzveränderung den Eigentumswechsel kraft Gesetzes mit sich bringt; vielmehr kann auch eine besondere Auflassung erforderlich sein. So RFH. StuW. V, 250. Auf die Zweckbestimmung des Grundstücks kommt es nicht an; Befreiung auch bei privatwirtschaftlich genutzten Grundstücken: RFH. 22, 112 = StuW. VI, 644. Dem Steuerrichter steht nicht die Nachprüfung zu, ob die Uebernahme der einen Körperschaft durch die andere zulässig gewesen ist; vgl. RFH. StuW. V, 249.

7. **Befreiung von der Steuer des § 10.** Gedacht ist hier in der Hauptsache an Nr. 2 des § 10. Eine Befreiung von der gemäß §§ 1—6 zu erhebenden Steuer ist auch für das Reich, die Länder usw. nicht angeordnet; bezüglich des Reichs vgl. Anm. 7 zu § 20. — Steht das Eigentum am Grundstück einer natürlichen Person als Treuhänder zu, so tritt die Steuerfreiheit nicht ein.

Die Steuerfreiheit ist im Rahmen des § 10 eine allgemeine für das Reich, die Länder, die Gemeinden und die Gemeindeverbände. Sie erstreckt sich also auf sämtliche Grundstücke, die im Eigentum dieser Korporation stehen, gleichviel, welchem Zweck sie dienen. Befreit sind also auch Fabrikgebäude, selbst wenn sie reinen Erwerbszwecken des Staates oder der Gemeinde dienen, staatliche Bergwerke, Staats- und Gemeindeforsten, Rieselgüter usw. Dagegen ist nicht befreit eine Akt.-Ges. oder G. m. b. H., auch wenn sämtliche Anteile dem Reich oder einem Land gehören: RFH. StuW. VII, 16.

Bei den unter Ziff. 2 aufgeführten Vereinigungen beschränkt sich dagegen die Befreiung auf diejenigen Grundstücke, die unmittelbar den spezifischen Zwecken der fraglichen Vereinigungen dienen. Bei einer Kirche ist daher das Kirchengebäude steuerfrei, nicht aber der Pfarracker, wohl aber ein Unterrichts- und Verwaltungsgebäude. Ein von der Kirchengemeinde unterhaltenes Krankenhaus wird ebenfalls steuerfrei bleiben.

Zu den in der ursprünglichen Fassung genannten Kirchen, Religionsgesellschaften und gemeinnützigen Anstalten und Stiftungen sind in der neuen Fassung auch Anstalten und Einrichtungen der freien Wohlfahrtspflege sowie die Träger der Sozialversicherung getreten.

8. **Anstalten, Stiftungen und Personenvereinigungen;** vgl. §§ 80 ff. 89 BGB.

a) Die Personenvereinigung muß nicht Rechtsfähigkeit besitzen, wie Boethke-Bergschmidt Anm. 10 zu § 21 annehmen. Es kann sich insbesondere auch um einen nichtrechtsfähigen Verein (§ 54 BGB.) handeln. Ebenso Ott 31 zu § 21. Das fragliche Grundstück muß unmittelbar demjenigen Zweck zu dienen bestimmt sein, der die fragliche Körperschaft oder Vereinigung von der Steuer befreit. Wird das Grundstück z. B. verpachtet oder sonst zu allgemeinen wirtschaftlichen Zwecken benutzt, so entfällt die Steuerfreiheit; vgl. Ott 22 zu § 21.

b) Der **Betätigungszweck** der Stiftung oder Personenvereinigung muß ausschließlich zu den im Gesetz aufgeführten gehören. Es genügt nicht, ist aber auch nicht erforderlich, daß dieser Zweck in der Satzung angegeben sei. Er muß nur tatsächlich den einzigen Gegenstand der Betätigung bilden; vgl. PrVerwBl. 34, 318. Eine Zusammenfassung der kirchlichen, Unterrichts-, gemeinnützigen und milden Zwecke oder einiger von ihnen ist natürlich zulässig. Sobald aber ein Nebenzweck verfolgt wird, der abseits der erwähnten Zwecke liegt, entfällt die Steuerfreiheit. Das gilt insbesondere für wirtschaftliche Zwecke, zu denen auch die Verbesserung der Erwerbs-, Lohn- und Arbeitsbedingungen gehört. Ein Gewerkverein oder eine Gesellenvereinigung gehört daher auch dann nicht zu den steuerfreien Subjekten, wenn sie im übrigen Unterrichts- oder gemeinnützige Zwecke verfolgt. Dasselbe gilt von Fachvereinen, die auch die Hebung der wirtschaftlichen Lage ihrer Mitglieder oder eines Berufsstandes zum Gegenstande haben. Daß für den Unterricht oder für die gemeinnützigen oder milden Darbietungen ein Entgelt zu zahlen ist, steht der Steuerfreiheit nicht entgegen, sofern nur der Erwerbszweck ausgeschlossen ist; § 21 Abs. 4; vgl. Anm. 8. Welcher Art der Unterricht ist, bleibt gleichbedeutend; es kann Religions- oder wissenschaftlicher, auch Unterricht in Kunst oder Literatur sein, ebenso Unterricht in Handwerk und Handfertigkeiten und — falls nicht der Unterhaltungszweck vorwaltet — auch im Turnen und Sport.

c) Zu den **deutschen Kirchen** gehören die katholische und die evangelische Kirche. Mit Rechtspersönlichkeiten ausgestattete öffentlich zugelassene Religionsgesellschaften sind in Preußen die Gemeinden der Lutheraner, der Herrenhuter und Böhmischen Brüder, der Mennoniten und Baptisten, sowie die Synagogengemeinden der Juden. Zu den Kirchen gehören auch kirchliche Einrichtungen, wie der bischöfliche Stuhl, geistliche Orden und Kongregationen, Klöster und Stifte; vgl. Ott 24 zu § 21. A. M. Lindemann, S. 129, der geistliche Orden nur dann für befreit hält, wenn sie Korporationsrechte haben. — Kirchliche Zwecke sind solche, die unmittelbar auf die Förderung und Ausgestaltung der Religionsausübung gerichtet sind. Hierzu kann auch die Propaganda (Mission) gehören.

d) Personenvereinigungen, die ausschließlich kirchlichen Zwecken dienen, sind insbesondere Religionsgesellschaften und -vereine, die nicht in einem Lande öffentlich zugelassen sind. Weltanschauungsvereinigungen, wie Monisten, Freidenker u. dgl. gehören nicht hierher; ebenso Ott 26 zu § 21. — Unterrichtszwecke verfolgen nicht nur solche Vereinigungen, die der Ausbreitung der Wissenschaft oder Kunst gewidmet sind; vielmehr gehören Schulen jeglicher Art hierher, auch solche, in denen die Schüler in Handfertigkeiten aller Art unterwiesen werden, auch Haushaltungsschulen u. dgl.; ebenso Priesterseminare und Schul-Internate, sofern diese mit einer Schule organisch verbunden sind; falls dagegen die Zöglinge eine öffentliche Schule am Ort besuchen, verfolgt das Internat nicht Unterricht, sondern nur Erziehungs- und Pensionszwecke.

e) **Gemeinnützige Zwecke** sind solche, die dem Wohle der Allgemeinheit dienen. Hierher würde an sich jedes Unternehmen gehören, das seine Betätigung nicht auf begrenzte Personenkreise beschränkt, also die meisten wirtschaftlichen Betriebe; aber nach Abs. 4 muß das Unternehmen den Erwerbszweck ausschließen. Es muß sich um die Pflege des Wohls der Allgemeinheit handeln; die Leistungen müssen, wenn auch nicht unentgeltlich, so doch unter dem Selbstkostenpreise dargeboten werden; vgl. Ott 28, 29 zu § 21. Unter diesen Voraussetzungen gehören hierher Mittelstandsküchen, Volksbadeanstalten, Lese- und Theatervereine, Wohnungs- und Bauvereine (vgl. OVG. 67, 56), aber auch gewisse Wirtschaftsgenossenschaften, die den Reingewinn an gemeinnützige oder milde Anstalten überweisen und ihre Leistungen nicht nur den Genossen zuwenden. Weitere Beispiele bei Ott 29 zu § 21. Eine Loge, deren unmittelbarer Zweck u. a. in der sittlichen Vervollkommnung ihrer Mitglieder besteht, gehört bei den strengen Aufnahmeabstimmungen, die für diese gelten, nicht hierher; RFH. 22, 89.

f) **Milde Stiftungen** oder Personenvereinigungen mit milden Zwecken sind solche, deren Gegenstand die Mildtätigkeit, d. h. die Unterstützung hilfsbedürftiger Personen, ist; vgl. RG. JMBl. 1892, 280; 1893, 311; JW. 1894, 329; OVG. PrVerwBl. 32, 266. Hierher gehört z. B. Pflege und Unterricht verwahrloster Kinder; vgl. OVG. 39, 88. Teilweise Bezahlung schließt die Mildtätigkeit nicht aus, so bei Verwaltungsbeiträgen seitens des Empfängers zinsfreier Darlehen (RG. JMinBl. 1891, 24), bei Zahlung von Pflegegeldern für schwachsinnige Personen (RG. JMinBl. 1893, 311; OVG. 32, 165; 40, 195). Die Beiträge dürfen jedoch nicht derart gestaltet sein, daß das Unternehmen zu einem Versicherungsunternehmen wird. Hilfsbedürftigkeit ist nicht mit materieller Not gleichbedeutend (OVG. 32, 165), sie kann auch gegeben sein, wenn z. B. die Eltern nur zur Bestreitung einen standesmäßigen Erziehung nicht imstande sind; vgl. OVG. 39, 88; 43, 71. Dagegen genügt nicht ein zwar sozialethischer, aber nicht zugleich wohltätiger Zweck, z. B. der Schutz der Jugend gegen sittliche Gefahren; RG. 80, 147. Hierher gehören also Armenhäuser, Kinderheime, Krüppelhäuser, aber auch Anstalten für gefährdete Mädchen, Vereine zum Schutz entlassener Strafgefangener, die Vereine vom Roten Kreuz u. dgl.

g) Anstalten, Einrichtungen und Vermögensmassen der **freien Wohlfahrtspflege** unterscheiden sich von den milden Stiftungen dadurch, daß ihre Betätigung sich auf Kreise erstreckt, die noch nicht hilfsbedürftig sind, sondern davor geschützt werden sollen, es zu werden. Die Wohlfahrtspflege bezweckt die Sorge für leibliche und geistige Entwicklung derjenigen Kreise, die nicht oder nur mit Mühe imstande sind, das hierzu Erforderliche aus eigenen Kräften zu tun. Unter freier Wohlfahrtspflege ist eine solche zu verstehen, die nicht von öffentlichen Korporationen betrieben wird, sondern der Initiative des Publikums entspringt. Selbstverständlich ist auch hier jeder Erwerbszweck ausgeschlossen, nicht dagegen Entgeltlichkeit. Hierher gehören öffentliche Badeanstalten, Speisehäuser, Kantinen u. dgl. Werden derartige Anstalten von einem Arbeitgeber für seine angestellten Arbeiter errichtet, sei es auch in der Form eines Angestelltenvereins, so kommt es darauf an, ob die fragliche Einrichtung vorwiegend dem Nutzen des Arbeitgebers gewidmet ist oder dem der Angestellten. Liegt es im dienstlichen Interesse, daß die Angestellten die Mittagsmahlzeit in unmittelbarer Nähe der Arbeitsstätte einnehmen, so wird eine hierzu bestimmte Kantine nicht zur freien Wohlfahrtspflege zu rechnen sein. Das Gleiche gilt, wenn die fragliche Einrichtung nur der Bequemlichkeit der Angestellten dient.

h) **Träger der Reichsversicherung** sind auf dem Gebiet der Krankenversicherung die öffentlichen Krankenkassen (Orts-, Land-, Betriebs- und Innungskrankenkassen) (§§ 225 ff. RVO.), auf dem Gebiet der Unfallversicherung die Berufsgenossenschaften, auch das Reich und die Reichsbahngesellschaft (§ 623 ff. RVO.), auf dem Gebiet der Invalidenversicherung die Versicherungsanstalten und die zugelassenen Sonderanstalten (§ 1326 ff., 1360 ff. RVO.); ferner die Reichsversicherungsanstalt für Angestellte (§ 93 ff. AVO.), der Reichsknappschaftsverein gemäß §§ 4 ff. Reichsknappschaftsgesetz. Wegen Ersatzkassen vgl. §§ 503 ff. RVO. und §§ 363 ff. AVG. An der Steuerbefreiung nehmen nicht nur die Verwaltungsgebäude der vorstehenden Anstalten teil, sondern auch Heilanstalten, Kliniken u. dgl.; vgl. Ott 35 zu § 21.

9. **Die Verwendung des Reingewinns** zu gemeinnützigen usw. Zwecken ist hier ähnlich, wie in § 8 Nr. 9 vorausgesetzt, um Erwerbsgesellschaften von der Steuerfreiheit auszuschließen; vgl. Anm. 12 zu § 8. Im Falle der Auflösung kann der Vermögensrest hier zu einem der in Abs. 3 genannten vier Zwecke bestimmt sein, nicht notwendig gerade zu denselben Zwecken, denen die Personenvereinigung sich gewidmet hatte. Bei Anstalten und Stiftungen ist diese Voraussetzung nicht aufgestellt. Sie werden aber nicht als ausschließlich milden usw. Zwecken dienend zu betrachten sein, wenn die Satzung für den Fall der Auflösung eine anderweitige Verwendung des Vermögens zuläßt.

## § 22.

**Das Landesfinanzamt soll die Steuer auf Antrag bei Grundstückserwerbungen durch milde Stiftungen erlassen, wenn das zu erwerbende Grundstück den Stiftungszwecken**

**unmittelbar dient und die Vermögensverhältnisse der Stiftung den Erlaß rechtfertigen.**

1. **Der Erlaß der Steuer** hängt nicht von dem Belieben der Oberbehörde ab, hat vielmehr zu erfolgen, wenn die Voraus-Oberbehörde ab, hat vielmehr zu erfolgen, wenn die Voraussetzungen vorliegen. A. M. Ott 2 zu § 22, Lion 5 b zu § 22, Rhode 2 zu § 22, Hutmacher 70 zu § 22 und jetzt auch RFH. AZ. II 378, 27, der aus dem Gebrauch das Wörtchens „soll" das Gegenteil folgert. Hätte aber der Gesetzgeber einen Rechtsanspruch ausschließen wollen, so hätte die Vorschrift in den § 31 Abs. 1 gehört, nicht aber zwischen § 21 und § 23, in denen unzweifelhaft Fälle von Steuerfreiheit bezw. auf Steuererlaß aus Rechtsgründen geregelt sind. § 22 führt in Gegensatz zu § 108 AO. bestimmte Tatsachen an, die den Steuererlaß begründen sollen. Auch die dritte Voraussetzung, daß nämlich die Vermögensverhältnisse der Stiftung den Erlaß rechtfertigen, enthält eine zwar von dem Ermessen, nicht aber von dem freien Ermessen der Behörde abhängige, objektiv feststellbare Voraussetzung.

RFH. stellt auch in Abrede, daß die Entscheidung über den Erlaßantrag gemäß § 6 AO. „nach Recht und Billigkeit" zu treffen ist. Wie der Ausschußbericht zur AO. S. 6, 56 ergibt, soll aber § 6 gerade auch bei bloßen „Kann"- und „Soll"-Vorschriften gelten; vgl. auch die — auf anderen Ermessensvorschriften bezüglichen — Entsch. RFH. 16, 220; 17, 265; 18, 135. Es kann also auch bei Ermessensentscheidungen ein Rechtsanspruch der Beteiligten bestehen. Der Erlaß kommt beiden Parteien zugute.

Es handelt sich also um eine sachliche Befreiung; ebenso Ott 3 zu § 22; Rhode 2 zu § 22; Lion 1 zu § 22. Er bezieht sich auf die Steuern aus §§ 1 bis 6; § 10 kommt jedoch nicht in Betracht. Im Falle des Tausches erstreckt sich der Erlaß nur auf diejenige Steuer, die für das von der milden Stiftung erworbene Grundstück zu zahlen ist; die Veräußerung ist nicht steuerfrei. Ueber weitere Fälle des Erlasses vgl. § 23 u. Anm. 1 dazu, sowie § 31.

2. **Eine milde Stiftung** muß als Erwerberin des Grundstücks auftreten. Bei Veräußerungen seitens der milden Stiftung findet der Steuererlaß nicht statt. Ebenso Ott 7 zu § 22.

Ueber den Begriff der milden Stiftung vgl. Anm. 8 zu § 21. Im Sinne des § 22 hat als milde Stiftung auch eine Personenvereinigung zu gelten, welche milde Zewcke verfolgt; vgl. OVG. 39, 88: PrVerwBl. 28, 686; Joh. 27 B 3. Ebenso Ott 4 zu § 22; Lindemann 1 zu § 22. Dagegen ist § 22 nicht anwendbar auf Gemeinden, Kirchengemeinden und ähnliche Körperschaften ihres milden Zwecken gewidmeten Vermögens; hier wird auch kaum die Voraussetzung vorliegen können; daß die Vermögensverhältnisse den Erlaß rechtfertigen. Nur wenn ein abgesondertes Zweckvermögen vorliegt, kann hiervon die Rede sein. Als milde Stiftungen kommen in Betracht der Preußische Landesverein vom Roten Kreuz, Vaterländische Frauenvereine, Erziehungshäuser für Schwachsinnige sowie für verlassene Kinder, Damenstifte, Mittelstandsküchen und dergl.; vgl. Ott 6 zu § 22 mit Nachweisungen einzelner Entscheidungen.

Der Erlaß tritt nur dann ein, wenn die Vermögensverhältnisse der Stiftung ihn rechtfertigen. Dies wird nur dann nicht der Fall sein, wenn die Stiftung so reichlich dotiert ist, daß ihre Zwecke auch bei Zahlung der Steuer nicht wesentlich beeinträchtigt werden. Das zu erwerbende Grundstück muß in der Hauptsache den Stiftungszwecken unmittelbar dienen; also kein Steuererlaß bei Erwerb eines Miethauses seitens einer solchen Stiftung, mag diese auch einzelne Räume des Hauses für ihre Zwecke benutzen wollen. Führt die Stiftung das Grundstück später einer anderen Bestimmung zu oder veräußert sie es oder verbessern sich ihre Vermögensverhältnisse, so besteht an sich keine Nachzahlungspflicht. A. M. Ott zu § 22, Boethke-Bergschmidt 6 zu § 22 unter Berufung auf § 78 Nr. 2 erster Halbsatz AO. Diese Vorschrift kann aber nur auf fortlaufende Bewilligungen bezogen werden, nicht auf Bewilligungen, die s. Zt. zu Recht ausgesprochen worden sind und sich ausgewirkt haben. Bei ihnen hängt es von dem im Einzelfall anwendbaren materiellen Recht, hier also vom GrdErwStG. ab, ob die Steuerfreiheit bei späterer Veränderung der sie begründeten Tatsachen rückgängig gemacht wird; vgl. z .B. § 8 Nr. 5 und 10. Das muß auch für den Steuererlaß gelten. Andernfalls wäre jeder Steuererlaß ipso iure als nur vorläufig wirksam zu erachten; er wäre also überhaupt kein echter Erlaß. Die hier vertretene Auslegung folgt auch ohne weiteres aus der Fassung des § 78 AO., der nur in Abs. 2 eine Rücknahme der Bewilligung mit rückwirkender Kraft zuläßt, während Abs. 1 nur die Rücknahme für die Fortentwicklung kennt.

Bestand aber schon bei Erwerb die Absicht, solche Aenderung herbeizuführen, so liegt strafbare Erschleichung von Steuervorteilen vor; vgl. Anhang. Hier kann nach § 78 Abs. 2 AO. der Erlaß mit rückwirkender Kraft zurückgenommen werden. Vgl. RFH. 5, 245, wonach § 78 AO. auf den Steuererlaß anwendbar ist.

**3. Der Antrag** ist bei der Steuerstelle oder bei der Oberbehörde (Landesfinanzamt; § 8 Abs. 2 AO.) einzureichen. Auch der Veräußerer ist hierzu befugt. Der Antrag kann auch nach Entrichtung der Steuer noch gestellt werden. Gegen den ablehnenden Bescheid, der nach § 127 Abs. 2 AO. eine Belehrung über die Rechtsmittel enthalten soll, sind gemäß § 223 AO. dieselben Rechtsmittel wie gegen den Steuerbescheid gegeben. Gegen die Entscheidung des Landesfinanzamtes ist die Berufung an das Finanzgericht und gegen dessen Entscheidung die Rechtsbeschweurde an den Reichsfinanzhof gegeben. A. M. Ott zu § 22 entsprechend seiner Auffassung, wonach kein erzwingbarer Rechtsanspruch auf Erlaß einer Steuer besteht und demgemäß nur die Verwaltungsbeschwerde an dem RFM. gegeben ist. So auch RFH.; vgl. Anm. 1.

## § 23.

**Die Steuerstelle hat die Steuer auf Antrag zu erlassen oder zu erstatten**

**a) im Falle der Steuerpflicht nach § 1:**

1. **bei Nichtigkeit der Auflassung oder des sonstigen den Eigentumserwerb begründenden Rechtsvorganges,**
2. **bei Rückerwerb des Eigentums infolge Nichterfüllung der Vertragsbedingungen des Veräußerungsgeschäfts,**

3. **bei Rückerwerb des Eigentums innerhalb zweier Jahre seit der Veräußerung,**
4. **bei Preisverminderung nach den §§ 459, 460 des Bürgerlichen Gesetzbuches, soweit sie eine Ermäßigung der Steuer zur Folge haben würde;**

**b) im Falle der Steuerpflicht nach § 5:**

1. **bei Nichtigkeit des Rechtsgeschäfts,**
2. **bei Aufhebung des Rechtsgeschäfts durch Vereinbarung oder infolge Ausübung eines vorbehaltenen Rücktrittsrechts,**
3. **wenn die Veräußerung infolge Nichterfüllung der Vertragsbedingungen rückgängig gemacht wird,**
4. **wenn der Antrag zur Schließung eines Veräußerungsgeschäfts sowie der nur den Veräußerer bindende Vertrag über Schließung eines Veräußerungsgeschäfts (§ 5 Abs. 4 Ziffer 2) fortgefallen ist, ohne daß das Veräußerungsgeschäft zustande gekommen ist,**
5. **bei Preisminderung nach den §§ 459, 460 des Bürgerlichen Gesetzbuchs, soweit sie eine Ermäßigung der Steuer zur Folge haben würde.**

Der Antrag muß innerhalb eines Jahres vom Tage der Entrichtung oder Beitreibung der Steuer ab gestellt werden. Wird er auf Tatsachen gestützt, die erst nach der Entrichtung oder Beitreibung eingetreten sind, so beginnt die Frist mit dem Tage, an dem der Antragsteller von diesen Tatsachen Kenntnis erhalten hat.

**1. Allgemeines.** In den Fällen der Nichtigkeit oder Aufhebung des steuerpflichtigen Geschäfts gewährt das Gesetz einen Anspruch auf Erlaß oder Erstattung der Steuer. Die Vorschrift entspricht dem § 34 ZuwStG. u. §§ 30, 31 der AB. z. Zuw.StG. Zur Ergänzung dient der Erlaß aus Billigkeitsgründen gemäß § 31. Bez. Niederschlagung der Steuer wegen Uneinbringlichkeit vgl. § 16 AB. und bez. Erstattung einer infolge offenbaren Versehens zu Unrecht gezahlten Steuer § 17 AB. Ueber Eintragung im Sollbuch vgl. § 18 AB.

Wegen der Ermächtigung des RFM. zum Erlaß der Steuer aus Billigkeitsgründen in Einzelfällen oder in Gattungen von Fällen vgl. § 108 AO. und § 31.

**2. Erlaß oder Erstattung.** Der Unterschied ergibt sich aus dem Wortlaut; erlassen wird die noch nicht entrichtete Steuer, erstattet die bereits gezahlte oder beigetriebene Steuer. In der Rechtswirkung stehen Erlaß und Erstattung im übrigen einander gleich. Sie unterscheiden sich von der Steuerfreiheit, die das Gesetz mit den Worten „Die Steuer wird nicht erhoben" kennzeichnet dadurch, daß die Befreiung des Steuerpflichtigen in den Fällen des § 23 nur auf Antrag nach Prüfung der Rechtslage auf Grund eines besonderen Entschlusses der Steuerstelle eintritt, während sie in den Fällen der §§ 8, 18, 21 kraft Gesetzes gegeben ist. In den Fällen des § 23 liegt also an sich der Steuerfall vor, so daß auch die Anzeigepflicht nach §§ 26, 27 eintritt. Wird der Antrag auf Erlaß nicht fristmäßig gestellt, so bleibt es bei der Steuerpflichtigkeit. Der Steuererlaß kann aber andererseits auch noch erfolgen, wenn der Antragsteller bereits rechtskräftig veranlagt ist.

Eine Veranlagung im Sinne des § 29 hat jedenfalls dann zu erfolgen, wenn ein Antrag auf Erlaß der Steuer nicht vorliegt. Ist ein solcher Antrag gestellt, so wird an Stelle der Steuerfestsetzung der Bescheid dahin zu lauten haben, daß die Steuer erlassen wird (Freistellungsbescheid; vgl. RFH. 19, 68; § 212 Abs. 2 AO.). Der Erlaß ist im Sinne des § 223 AO. aus Rechtsgründen zugelassen und im Berufungsverfahren durchführbar. Der Steuerpflichtige hat also einen Erstattungs anspruch im Gegensatz zu dem Erlaß aus Billigkeitsgründen (§ 31).

Ergibt sich später, daß die Steuerbehörde das Vorhandensein der den Erlaß rechtfertigenden Tatsachen auf Grund einer Täuschung der Beteiligten irrig angenommen hat, so ist nach § 78 Abs. 2 AO. Rücknahme des Erlasses mit rückwirkender Kraft zulässig; wegen § 78 Abs. 1 AO.; vgl. Anm. 2 zu § 22. Also kein Widerruf des Erlasses, wenn sich die Steuerbehörde in tatsächlicher oder rechtlicher Hinsicht geirrt hat, ohne durch unlautere Mittel eines Beteiligten in den Irrtum versetzt zu sein.

**3. Gegenstand des Erlasses** bildet nach a) die Steuer gemäß § 1 und nach b) die Steuer gemäß § 5.

a) Bei Rückgängigmachung des Eigentumsüberganges ist die gesamte Steuer, auch die für den Veräußerungsvertrag zu erstatten: RFH. 13, 180. Die Unterabteilung b) des § 23 bezieht sich nur auf Fälle, in denen der Vertrag noch nicht durch Eigentumserwerb ausgeführt ist; dagegen entfällt die Anwendung von b) im entgegengesetzten Fall, wo die Steuer aus § 5, die im Grunde nur eine vorweggenommene Steuer aus § 1 ist, zu einer solchen aus § 1 geworden ist; hier finden nur noch die Erstattungsgründe aus a) Anwendung: RFH. 22, 58 = StuW. VI 645 = JW. 1928, 82 Nr. 3.

b) In den Fällen des § 2 gründet sich die Steuerpflicht gleichfalls auf § 1, da die Berechtigungen den Grundstücken im Sinne des § 1 gleichstehen; vgl. RFH. 9, 278.

Dasselbe hat aber auch die Steuerpflicht nach § 3 zu gelten, da die Vereinigung oder Uebertragung der Gesellschaftsanteile dem Uebergang des Eigentums an dem Grundstück gleichgeachtet wird, die Steuerpflicht also auf § 1 beruht.

So RFH. 10, 264 = Mrozek R. 3 zu § 23 Abs. 1a Nr. 3 = StuW. II 159 sowie RFH. Mrozek R. 6 zu § 23 Abs. 1a Nr. 3 = StuW. V 236; RFH. Mrozek R. 15 zu § 3 = StuW. VI 103. Voraussetzung ist nach RFH. 10, 264 aber, daß der frühere Zustand völlig wieder hergestellt wird. Hat also der frühere Gesellschafter die Gesamtheit aller Anteile auf einen andern übertragen, so genügt es nicht, daß er einen Teil der Anteile zurückerwirbt. War dagegen die erste Steuer durch Vereinigung aller Anteile in einer Hand begründet worden, so muß nach Mrozek R. 15 zu § 3 = StuW. VI 103 derjenige Rechtsvorgang, der die Vereinigung aller Anteile vollendet hat, in vollem Umfange wieder rückgängig gemacht werden. Dabei kommt nicht immer nur der letzte Uebertragungsakt in Betracht; die Rückgängigmachung muß sich vielmehr auch auf die mit ihm innerlich zusammenhängenden früheren Uebertragungen erstrecken. Ein solcher innerer Zusammenhang kann auch vorliegen, wenn die Anteile von verschiedenen Vorbesitzern erworben sind, sei es in einer einheitlichen Urkunde oder in mehreren. Die einheitliche Urkunde als solche ist andererseits für den inneren Zusammenhang nicht ausschlaggebend. Fehlt ein solcher, so reicht es für die Steuerfreiheit aus, falls nur einer der früheren Anteilsinhaber die von ihm übertragenen Anteile zurückerwirbt.

c) Die Steuer aus § 6 steht dagegen derjenigen aus § 1 nicht gleich, sondern beruht auf einem selbständigen Steuertatbestand. Dennoch hat RFH. 9, 278 = StuW. I 770 = Mrozek R. 2 zu § 23 Abs. 1a Nr. 3 (entgegen unserer ersten Aufl.) den § 23a auch in den Fällen des § 6 für anwendbar erklärt, wenn das wirtschaftliche Eigentum zurückübertragen wird; vgl. auch RFH. StuW. V 234 und Anm. 7 zu § 6. Dagegen kein Erlaß, wenn der frühere juristische Eigentümer nur das wirtschaftliche Eigentum zurückverlangt: RFH. StuW. VI 646; ebenso wenn der wirtschaftliche Eigentümer ohne oder gegen den Willen des früheren Eigentümers auf seine Rechtsstellung verzichtet: RFH. StuW. VI 647. Auch in dem Falle des § 7 kommt der Erlaß gemäß § 23 in Frage; vgl. RFH. 9, 278. Dies folgt schon daraus, daß § 7 überhaupt keinen besonderen Steuerfall aufstellt, sondern lediglich eine negative Vorschrift enthält.

d) Auf die Steuer aus § 10 bezieht sich die Vorschrift des § 23 nicht. In den Fällen des § 16 ist dagegen der Erlaß insoweit zu gewähren, als die Voraussetzungen des § 23 für eine oder beide Seiten zutreffen. Dies ist für jeden Vertragsteil selbständig zu prüfen.

e) Erlaß und Erstattung erstrecken sich auf die Steuer einschließlich der Erhöhung gemäß § 19 und der Zuschläge. Die Gemeindeorgane haben hinsichtlich der Zuschläge keine besondere Prüfungs- und Bewilligungsbefugnis.

f) In den Fällen des Rückerwerbs erstreckt sich Erstattung bezw. Erlaß sowohl auf die erste Veräußerung, als auf den Rückerwerb; dies soll nach Begr. 25 durch die Fassung „die Steuer zu erlassen oder zu erstatten" klargestellt werden. Vgl. RFH. 10, 264.

g) Im Falle der Erstattung sind bei Beträgen über 100 M. gemäß § 132 AO. 5 v. H. **Zinsen** von der Entrichtung an zu vergüten. A. M. Ott 53 zu § 23, weil § 130 in § 132 AO. nicht erwähnt ist. der Erlaßantrag im Rechtsmittelverfahren gestellt werden und führt dann gemäß RFH. 19, 68 zu einem Freistellungsbescheid. Dementsprechend ist der Bescheid, der einem Erstattungsantrag stattgibt, als Aufhebung oder Rücknahme des Veranlagungsbescheides aufzufassen. Nach RFH. 8, 96 ist nur das im Sinne des § 128 AO. zu Recht gezahlt, was die Steuerbehörde behalten darf; die Verzinsung entspricht auch mindestens in den Fällen a) 1. 2. 4. und in allen Fällen zu b), außer dem der Vertragsaufhebung durch Vereinbarung, der Billigkeit.

4. **Der Antrag** ist Voraussetzung für den Erlaß bezw. die Erstattung. a) Er ist bei der Steuerstelle (dem Finanzamt) anzubringen und unterliegt keiner Form; vgl. § 127 AO. **Antragsberechtigt** ist jeder Steuerpflichtige selbständig, also sowohl der Veräußerer wie der Erwerber.

Voraussetzung ist jedoch, daß der Antragsteller die Steuerschuld als seine eigene bezahlt hat, gleichviel, ob er veranlagt war oder nicht: RFH. Mrozek 1 zu § 23 Abs. 2.

b) Bei einer Mehrheit auf einer Vertragsseite steht das Antragsrecht jedem einzelnen selbständig zu, und zwar mit Wirkung zugunsten aller Beteiligten, dagegen nicht zu ihren Ungunsten; vielmehr gilt hier der Grundsatz des § 425 BGB., wonach das rechtskräftige Urteil, also auch der rechtskräftige Steuerbescheid die übrigen Gesamtschuldner nicht bindet.

c) Der Antrag muß bei Vermeidung des Rechtsverlustes innerhalb eines Jahres vom Tage der Entrichtung oder Beitreibung der Steuer ab gestellt werden. Er ist auch im Rechtsmittelverfahren zulässig und kann auch stillschweigend gestellt werden, also in dem Rechtsmittelantrag zu finden sein; vgl. RFH. 7, 270 = Mrozek, R. 1 zu § 23.

Bis zur Entrichtung kann der Antrag daher jederzeit eingereicht werden. Für die Fristbemessung gelten gemäß § 64 AO. die Vorschriften des bürgerlichen Rechts, also die §§ 186 ff. BGB. Sind die Voraussetzungen des Erlasses, z. B. Anfechtung oder Aufhebung des Kaufs, Wandelung oder Minderung, erst nach der Entrichtung eingetreten, so beginnt die Frist erst mit der Kenntnis des Antragstellers von diesen Tatsachen. Ist die Tatsache dagegen vor der Entrichtung eingetreten, so bleibt der Zeitpunkt der Kenntnis des Antragstellers außer Betracht. Dies kann z. B. bei ursprünglicher Nichtigkeit und bei Zwischengeschäften im Falle b 4 Bedeutung erlangen.

Nach RFH. 20, 155 beginnt die Antragsfrist jedoch nicht vor dem Tage, an dem die Nichtigkeit der Auflassung von einer Vertragspartei geltend gemacht wird, weil bis dahin der Steueranspruch trotz der Nichtigkeit der Auflassung nicht hinfällig geworden war. Ueber Hemmung der Frist wegen höherer Gewalt, Geschäftsunfähigkeit usw. vgl. § 131 AO.

d) Wird dem Antrag stattgegeben, so ist der entsprechende Bescheid als **Freistellungsbescheid** im Sinne des § 212 Abs. 2 AO. zu betrachten; vgl. RFH. 19, 68 (Großer Senat), wonach ein Freistellungsbescheid dann vorliegt, wenn der Bescheid ein Veranlagungsverfahren mit der Mitteilung abschließt, daß eine Steuer nicht zu erheben sei. Wegen Ablehnung des Antrags vgl. Anm. 3 zu § 22.

5. a) **Die Nichtigkeit** des steuerpflichtigen Rechtsvorgangs hat schon kraft Gesetzes die Wirkung, daß eine Steuerpflicht gar nicht zur Entstehung kommt.

Die besondere Bedeutung des § 23 in solchen Fällen beruht darin, daß auch nach rechtskräftiger Veranlagung die Nichtigkeit noch geltend gemacht werden kann. Die Steuerbehörde wird, wenn der äußere Tatbestand eines Eigentumsübergangs oder eines verpflichtenden Veräußerungsgeschäfts vorliegt, die Veranlagung gemäß §§ 4, 5 vornehmen. Macht der Steuerpflichtige im Veranlagungsverfahren oder Rechtsmittelverfahren die Nichtigkeit des Geschäfts geltend, so ist hierin ein Erlaßantrag gemäß § 23 zu erblicken; vgl. RFH. 7, 270 und oben Anm. 7 zu § 1. Dagegen wird z. B. bei Nichtigkeit der Eintragung (vgl.

Anm. 3 zu § 4) oder auf Grund eines privatschriftlichen Kaufvertrages eine Veranlagung aus § 5 Abs. 1 nicht erfolgen dürfen; im letzteren Falle, weil der Kaufvertrag gemäß §§ 313, 125 BGB. zur Uebertragung des Eigentums nicht verpflichtet.

b) Nach RFH. 20, 155 soll der Befreiungsanspruch so lange nicht begründet sein, als die Parteien das Geschäft unter sich gelten lassen und keine Partei die Nichtigkeit geltend macht. Im Widerspruch hierzu hat RFH. Mrozek R. 18 zu § 1 R. 6 zu § 16 und RFH. Mrozek, R. 26 zu § 6 = StuW. VI, 101 gerade im Hinblick auf die Bestimmungen des § 23 sowie darauf, daß das GrdErwStG. in §§ 1, 4 die Steuer nicht an den Uebergang der wirtschaftlichen Verfügungsmacht, sondern an den bürgerlich-rechtlichen Eigentumsübergang knüpft, die wirtschaftliche Betrachtungsweise abgelehnt und es für nicht ausreichend erklärt, daß die Parteien den Eigentumsübergang als geschehen gelten lassen. Dieser Standpunkt verdient den Vorzug.

c) Die **Nichtigkeit des Verpflichtungsgeschäfts** (§ 5) hat die Nichtigkeit der Auflassung nicht ohne weiteres zur Folge. Im Falle des Wuchers oder in anderen Fällen der Unsittlichkeit sowie bei Anfechtung wegen Betrugs (OVG. PrVerwBl. 37, 203; RG. 70, 55) wird freilich oft mit dem Verpflichtungsgeschäft auch die Auflassung von der Nichtigkeit erfaßt werden. War hingegen das Verpflichtungsgeschäft wegen mangelnder Form nichtig, so wird diese Nichtigkeit gemäß § 313 Satz 2 BGB. durch eine rechtswirksame Uebereignung geheilt. Jedenfalls ist die Frage der Nichtigkeit für das Verpflichtungsgeschäft und für die Uebereignung selbständig zu prüfen. Ist das Verpflichtungsgeschäft gültig, die Auflassung aber nicht, so entsteht die Steuerpflicht aus § 5 Abs. 1 mit Ablauf eines Jahres seit Abschluß des Veräußerungsgeschäfts. War innerhalb dieses Jahres die ungültige Uebereignung erfolgt, so daß die Steuer nur von dieser erhoben wurde, so führt der Erlaß dieser letzteren Steuer zur Erhebung der Steuer aus § 5. Ist umgekehrt das Verpflichtungsgeschäft nichtig, die Uebereignung aber gültig, und war gemäß § 5 Abs. 2 nur eine Differenzsteuer für die Uebereignung erhoben worden, so ist bei Erlaß der für das Verpflichtungsgeschäft zu zahlenden Steuer diejenige für die Uebereignung nunmehr selbständig in voller Höhe des gemeinsamen Wertes zu erheben, falls es nicht zur Rückübereignung gemäß § 812 BGB. kommt und a 3) vorliegt.

d) Ist ein **Zwischengeschäft** (§ 5 Abs. 4) nichtig, so ist der Erlaß aus b 1 für dieses Geschäft begründet (vgl. § 5 Abs. 3). Kommt es infolge der Nichtigkeit zur Rückübereignung an den Veräußerer gemäß § 812 BGB., so liegt auch a) 3 vor; erwirbt dagegen ein Zwischenveräußerer das Grundstück, so ist für die Steuer aus § 1 kein Erlaßfall gemäß § 23 gegeben.

Bei Vorliegen mehrerer Kettengeschäfte kommt es darauf an, ob sie alle oder ob nur eines von ihnen nichtig ist. Erweist sich ein Grundstückskaufvertrag als nichtig, so entfällt damit die Steuerpflicht der Zwischengeschäfte, z. B. der Abtretungen der Rechte aus dem Kaufantrag oder dem Kaufvertrag; vgl. RFH. StuW. V, 326 = Mrozek, R. 2 zu § 23 Abs. 1 b Nr. 4. Ott 11 zu § 23 will die Steuerpflicht der Zwischengeschäfte aufrecht erhalten, falls sie nicht auch wirtschaftlich durch Rückzahlung der

**Entgelte** rückgängig gemacht sind. § 23 stellt jedoch nur auf die juristische Nichtigkeit ab.

e) Die **Gründe der Nichtigkeit** sind für die Frage des Steuererlasses gleichbedeutend; es mag sich um Nichtigkeit wegen Formmangels (§ 125 BGB.) oder wegen Geschäftsunfähigkeit (§ 105) handeln, um Nichtigkeit wegen Scheingeschäfts (bei Zwangsversteigerung praktisch ausgeschlossen; vgl. OVG. 11. 7. 13 bei Boethke PrVerwBl. 35, 278), oder wegen ursprünglicher Unmöglichkeit der Leistung (§ 306 BGB.), aber auch um Nichtigkeit wegen Verstoßes gegen gesetzliche Verbote (§§ 134, 309 BGB.). Auch im Falle der Unsittlichkeit (§ 138 BGB.), des Wuchers und des Betrugs — letzterenfalls bei erfolgter Anfechtung — wird der Steuererlaß gewährt und kommt auch demjenigen Teil zugute, der sich des Verstoßes schuldig gemacht hat. Auch dieser Teil ist zu dem Antrag auf Erlaß der Steuer berechtigt. Ebenso Ott 4 zu § 23, der diese Rechtsfolge bekämpft, aber de lege lata anerkennt.

f) Das gleiche gilt bei erfolgreicher Anfechtung wegen Irrtums oder Zwanges. Diese hat gemäß § 123, 142 BGB. zur Folge, daß das Geschäft als von Anfang an nichtig anzusehen ist. Wird nur das Verpflichtungsgeschäft angefochten, so wird dadurch die Gültigkeit des Erfüllungsgeschäftes (Auflassung) nicht ohne weiteres berührt. Vielmehr bedarf es eines besonderen Beweises, daß Irrtum, Betrug oder Zwang auch auf das Zustandekommen der Auflassung eingewirkt haben. Dies wird z. B. bei Irrtum über die Person des Vertraggegners meist der Fall sein, dagegen bei Irrtum über die Höhe des Kaufpreises in der Regel nicht. — Eine andere Bedeutung hat die Anfechtung durch den Konkursverwalter auf Grund der §§ 29 bis 32 KO. oder durch einen Gläubiger gemäß § 3 AnfG. Eine solche Anfechtung bewirkt nicht die Nichtigkeit des Verpflichtungsgeschäfts oder der Auflassung. Nach § 37 KO. hat der Erwerber auf Verlangen des Konkursverwalters das Grundstück zur Konkursmasse zurückzugewähren. Hier kann § 23 a 3 in Frage kommen, nicht aber § 23 b 2. Nach § 7 AnfG. hat der Anfechtungsgegner hingegen nur die Zwangsvollstreckung in das in anfechtbarer Weise erlangte Grundstück zu dulden; § 23 kommt daher gar nicht zur Anwendung. Ebenso Ott 6 zu § 23.

g) Wird der **Zuschlagsbeschluß** im Zwangsversteigerungsverfahren auf Beschwerde **aufgehoben** (§§ 96 ff. ZVG.), so liegt ein Fall des § 23 a 1 vor; ebenso Ott 7 zu § 23.

h) **Unwirksamkeit** des Geschäfts (vgl. z. B. §§ 108, 177, 182, 1396 BGB.) steht der Nichtigkeit gleich, sobald sie eine endgültige geworden ist.

Hierher gehört das sogenannte **Schwarzkaufwesen.** Unter Schwarzkauf wird ein Kaufvertrag verstanden, bei dem irgendwelche Vertragsbedingungen, insbesondere der Kaufpreis, unrichtig oder unvollständig beurkundet worden sind. Ein solcher Grundstückskaufvertrag ist gemäß § 313, 125 BGB. nichtig. Nach § 313 Satz 2 BGB. tritt Heilung ein, wenn Auflassung und Eintragung im Grundbuche erfolgt sind. Bis dahin liegt der Fall des § 23 Abs. 1 b 1 vor. Die Nichtigkeit kann im Veranlagungsverfahren geltend gemacht und nach rechtskräftiger Veranlagung durch Erlaßantrag gemäß § 23 verfolgt werden.

Heilung erfolgt jedoch nur auf Grund rechtsgültiger Auflassung und Eintragung. Bedarf es nach Reichsrecht (Verordnung über den Verkehr mit landwirtschaftlichen Grundstücken v. 15. 3. 1918 oder landesrechtlichen Bestimmungen (insbesondere PrG. v. 10. 2. 23 über den Verkehr mit Grundstücken) einer Genehmigung, so ist die Auflassung so lange schwebend unwirksam, bis die Genehmigung erteilt ist; vgl. RG. 111, 245 und RG. JW. 1927, 1416, Nr. 12. Nach dem PrG. v. 10. 2. 23 und v. 20. 7. 25 ist eine Genehmigung nur dann nicht erforderlich, wenn das Verpflichtungsgeschäft vor dem 1. Januar 1925 wirksam zustande gekommen ist, oder wenn die Eintragung im Grundbuche vor dem 16. 2. 1923 erfolgt ist. War demnach im Jahre 1922 ein Schwarzkauf beurkundet worden, so ist die Genehmigung der Auflassung erforderlich. War die Genehmigung der Verwaltungsbehörde zu einem notariellen Kaufvertrage erteilt, der die Bedingungen zum Teil unrichtig oder unvollständig enthielt, so war eine solche Genehmigung gegenstandslos und ohne Wirkung, weil sie sich nicht auf die in Wirklichkeit getroffenen Vereinbarungen bezog: RG. 111, 245. In allen solchen Fällen hatte die Auflassung und Eintragung im Grundbuche keine heilende Wirkung. Das Eigentum ist durch eine Eintragung in derartigen Fällen auf den Erwerber nicht übertragen worden. Vielmehr liegt schwebende Unwirksamkeit des Verpflichtungsgeschäfts und der Auflassung vor. Wird die Genehmigung endgültig versagt, so verwandelt sich die Unwirksamkeit in eine endgültige, die der Nichtigkeit gleichsteht. Es ist nunmehr der Fall des § 23 a 1 und b 1 gegeben. Wird auf Grund des nichtigen Schwarzkaufvertrages die erfolgte Auflassung gemäß § 812 BGB. zurückgefordert und entweder freiwillig zurückgewährt oder durch rechtskräftiges Urteil aufgehoben, so ist gleichfalls endgültige Nichtigkeit des Kaufvertrages gegeben; eine nachträgliche Genehmigung könnte hieran nichts ändern. So lange hingegen die Auflassung zu Recht besteht, ist nachträgliche Genehmigung möglich; Nichtigkeit der Auflassung liegt daher an sich nicht vor. Ott 36 Fall 1 zu § 23 will in solchem Falle den Erstattungsanspruch mindestens so lange nicht gewähren, als die Parteien die Auflassung unter sich bestehen und weiter gelten lassen. Insoweit wird man ihm folgen können. Dagegen läßt Ott die häufigen Fälle unerörtert, in denen der Verkäufer die Rückgewähr des Grundstücks außergerichtlich verlangt oder auch gerichtlich geltend macht, und in denen durch vorläufig vollstreckbares oder durch rechtskräftiges Urteil die Nichtigkeit der Eigentumsumschreibung festgestellt und der Erwerber zur Herausgabe des Grundstücks verurteilt worden ist. In allen diesen Fällen wird man Nichtigkeit im Sinne des § 23 a 1 annehmen müssen. Nach der gegenwärtigen Rechtslage ist die Erlangung der nachträglichen Genehmigung praktisch fast unmöglich, weil in der Regel eine Mitwirkung des Verkäufers erforderlich ist, die sehr selten erlangt werden kann. Die somit fast nur theoretische Möglichkeit der nachträglichen Genehmigung kann nicht dazu führen, die Steuererstattung zu versagen.

Einigen sich die Parteien dahin, daß das Grundstück dem Veräußerer zurückgewährt wird, so ist § 23 a 1 auch dann anwendbar, wenn sich der Verkäufer für die Einwilligung in die Grundbuchberichtigung besondere Vorteile hat versprechen lassen; vgl. RFH. Mrozek R. 1 zu § 23 Abs. 1 a 1. Dagegen hat RFH. Mrozek R. 4 zu § 23 Abs. 1 a Nr. 2 angenommen, daß durch den fraglichen Vergleich eine neue und selbständige Rechtsgrundlage für die Rückübertragung hat geschaffen werden sollen. Dies wurde daraus gefolgert, daß der Ausgang des ersten Rechtszuges im Prozeß und die schweren Bedingungen, unter denen der Beklagte sich zur Rückübertragung des Grundbesitzes verstanden hat vermuten ließen, daß er sich nicht von einer Anerkennung der Nichtigkeit habe leiten lassen. Jedenfalls ist die Steuerbehörde an die Erklärungen der Beteiligten im Vergleich nicht gebunden, sondern zur selbständigen Prüfung befugt, ob Rückgewähr wegen Nichtigkeit oder Rückerwerb des Grundstücks gegen Entgelt vorliegt; vgl. RFH. StuW. VI 101; I W. 1927, 1959 Nr. 1. Die Grenzen werden oft fließend sein. Die Tatsache des Vergleichs spricht oft dafür, daß mehr oder weniger erhebliche Bedenken gegen die Annahme der Nichtigkeit bestanden haben. Mitunter allerdings kann aus dem Vergleich entnommen werden, daß der Rückgewähranspruch feststand und nur hinsichtlich der Aufwertung des zurückzugewährenden Kaufpreises eine Einigung erfolgt ist. Die Steuerbehörde wird in der Regel davon ausgehen dürfen, daß, wenn die Parteien im Vergleich die Rückgewähr des Grundstücks, und nicht umgekehrt die Bestätigung des Schwarzkaufs gegen Nachzahlung an den Verkäufer vereinbaren, die größere Wahrscheinlichkeit für Nichtigkeit spricht. Mackensen PrVerwBl. 1926, 163 folgert zu Unrecht aus der Höhe der Vergleichssumme, daß ein neues steuerpflichtiges Grundstücksumsatzgeschäft vorliege. Ott 36 Fall 5 zu § 23 will dies mindestens in dem Falle annehmen, wenn der Veräußerer den aussichtsvollen Einwand der Arglist zu befürchten hatte. Dies erscheint jedoch unrichtig. Der Einwand der Arglist hindert den Verkäufer nur an der prozessualen Geldentmachung des Rückgewähranspruchs, begründet aber nicht die Rechtsgültigkeit der Uebereignung. Einigen sich die Parteien auf Rückgewähr des Grundstücks gegen hohe Entschädigung, so kann nur angenommen werden, daß die Parteien über die Nichtigkeit der Uebereignung einig gewesen sind, und daß die Höhe der Vergleichssumme nur durch die prozessuale Schwierigkeit der Durchsetzung des Rückgewähranspruchs bedingt war.

Einigen sich die Parteien dahin, daß Kauf und Auflassung bestätigt werden, so ist diese Bestätigung auf mehrfachem Wege möglich. Die sicherste Art der Bestätigung besteht darin, daß der wahre Inhalt des ursprünglichen Kaufvertrages und des Vergleiches der Verwaltungsbehörde angezeigt und die nachträgliche Genehmigung erbeten wird. Vielfach ist aber der Vergleich auch in der Weise durchgeführt worden, daß die Parteien nach dem Außerkrafttreten des Gesetzes v. 10. 2. 23 die Auflassung bestätigten und wiederholten. KG. hat eine derartige Auflassung für genehmigungsfrei erklärt JW. 1925, 2617 und OLG. 45, 193). Dagegen hat der Ferienzivilsenat des RG. JW. 1927, 2512, Nr. 18, ausgesprochen, daß eine Auflassung, wenn sie zur Erfüllung eines vor dem Außerkrafttreten des Gesetzes v. 10. 2. 23 abgeschlossenen Rechtsgeschäfts vorgenommen wird, stets der Genehmigung bedarf. Vgl. hierzu Hagelberg, JW. 1927, 2920. Auch hiernach wird aber eine

Auflassung, die nicht zur Erfüllung des ursprünglichen Kaufvertrages, sondern des nach Außerkrafttreten des Gesetzes v. 10. 2. 23 zustande gekommenen Vergleichs erfolgt, für genehmigungsfrei zu erachten sein.

Wird der Eigentumsübergang an den ursprünglichen Erwerber durch nachträgliche Genehmigung der Verwaltungsbehörde oder durch erneute Auflassung wirksam, so kommt die Anwendung des § 23 nicht mehr in Frage; vgl. hierzu Anm. 6c zu § 4 und Anm. 2q zu § 5.

i) Ob Nichtigkeit vorliegt, hat die Steuerstelle selbständig zu prüfen. Vgl. RFH. StuW. VI 104. Gerichtliche Urteile, die zwischen den Parteien ergangen sind, binden die Steuerstelle nicht.

6 a) **Nichterfüllung der Vertragsbedingungen** begründet den Antrag auf Erlaß der Steuer, wenn er den Rückerwerb des Eigentums oder im Falle des § 5 der Rückgängigmachung der Veräußerung zur Folge hat. Ob im letzteren Falle der Kaufpreis in voller Höhe oder nur teilweise zurückgezahlt wird, ist gleichgültig: RFH. StuW. VI 648. Wegen Nichtanwendung der Erstattungsgründe unter b) neben denen unter a); vgl. oben Anm. 3.

b) **Voraussetzung** ist jedoch, daß der Rückerwerb des Eigentums auf einem gesetzlich oder vertragsmäßig zustehenden Rechte beruht; es genügt nicht, daß der Erwerber die Vertragsbedingungen tatsächlich nicht erfüllt und die Vertragsparteien den Rückerwerb sodann vereinbaren, um die Einleitung des Zwangsversteigerungsverfahrens und den dann mit Sicherheit vorauszusehenden Zuschlag an den Veräußerer zu vermeiden. Der Rückerwerb muß einseitig und gegen den Willen des Erwerbers erzwungen werden können; vgl. RFH. 13, 180 = StuW. III, 124 = Mrozek R. 1 zu § 23 Abs. 1a Nr. 2. Es ist von amtswegen zu prüfen, ob im einzelnen Fall diese Voraussetzungen vorgelegen haben.

c) Unter den Vertragsbedingungen des Veräußerungsgeschäftes (vgl. § 5 Abs. 1) ist die Gesamtheit seiner Bestimmungen zu verstehen. Es macht keinen Unterschied aus, ob die Verpflichtungen der einen oder der anderen Partei die Rückgängigmachung verursacht haben. Der Erlaß ist also sowohl dann begründet, wenn der Verkäufer mit der Auflassung in Verzug gekommen ist und der Käufer daraufhin den Rücktritt erklärt hat, als auch wenn der Verkäufer wegen Zahlungsverzugs des Käufers zurückgetreten ist.

Auch wenn der Rücktritt durch Verschulden einer Partei verursacht worden ist, besteht zu Gunsten beider Parteien der Erlaß- bezw. Erstattungsanspruch.

d) Der Rückerwerb bezw. die Rückgängigmachung mögen auf besonderen Vertragsbestimmungen oder auf dem Gesetz beruhen. Hat z. B. der Verkäufer ein Rücktrittsrecht, falls der Käufer nicht bis zu einem bestimmten Tage die Anzahlung geleistet hat, so trifft bei Ausübung dieses Rücktrittsrechts § 23a 2 bezw. b3 zu. Ein solches Rücktrittsrecht besteht nach § 454 BGB. jedoch nicht, wenn der Verkäufer den Vertrag erfüllt und den Kaufpreis gestundet hat. In solchen Fällen ist daher der Anspruch aus § 23 nicht gerechtfertigt, falls die Parteien den Kaufvertrag rückgängig machen; vgl. RFH. StuW. V, 173 = Mrozek, R. 3 zu § 23 Abs. 1 a Nr. 2.

e) Hat dagegen die eine Partei ein unbedingtes vertragliches Rücktrittsrecht, so ist nur a 3 bzw. b 2 anwendbar, auch wenn die Nichterfüllung gewisser Verpflichtungen das Motiv für die Ausübung des Rücktrittsrechts gegeben hat Wird ein Uebertragungsgeschäft (§ 5 Abs. 4) rückgängig gemacht, so ist b 3 gleichfalls anzuwenden. Erwirbt infolgedessen der Vormann innerhalb der Kette das Grundstück, so liegt für das dingliche Geschäft kein Erlaßgrund, insbesondere nicht a 2 vor.

f) Erfolgt der Rückerwerb auf Grund eines **Vergleiches,** so ist nicht ohne weiteres anzunehmen, daß der Vergleich einen selbständigen Rechtsgrund zur Rückgängigmachung des Geschäfts, losgelöst von der Frage der Vertragsverletzung, schafft; vielmehr ist nicht ausgeschlossen, in dem Vergleich eine Anerkennung des Rechts zur Rückgängigmachung des Vertrags wegen Verletzung der Vertragsbedingungen zu erblicken: RFH. StuW. IV 271 = Mrozek, R 2 zu § 23 Abs. 1 a Nr. 2. Wird der Kaufvertrag wegen arglistiger Täuschung angefochten, so liegt nicht Rückerwerb infolge Nichterfüllung der Vertragsbedingungen vor, sondern Nichtigkeit. Der Fall § 23 a Nr. 2 oder b Nr. 3 setzt immer voraus, daß der Veräußerungsvertrag selbst gültig ist: RFH. Mrozek, R 4 zu § 23 Abs. 1 a Nr. 2. — Eine gesetzliche Frist für den Antrag auf Erlaß oder Erstattung der Steuer ist in diesen Fällen nicht gegeben.

g) Ein gesetzliches Recht auf Rückerwerb bzw. Rückgängigmachung wegen Nichterfüllung der Vertragsbedingungen kommt hauptsächlich in folgenden Fällen in Betracht:

a) Eintritt einer auflösenden Bedingung (§ 158 Abs. 2 BGB.), z. B. der Verkauf gilt als aufgehoben, wenn eine Partei eine bestimmte Leistung bis zu einem Stichtage nicht bewirkt hat;
b) Ausübung des Rücktrittsrechtes gemäß § 326 oder § 361 BGB.;
c) Rücktritt in den Fällen der Unmöglichkeit der Erfüllung (§§ 324, 325 BGB.), sowie der Fall des § 323 Abs. 1 BGB.);
d) Wandelung des Kaufs wegen Sachmängel (§ 462 BGB.);
e) Rücktritt wegen Mangels im Recht gemäß § 440 BGB.;
f) Rückforderung der Schenkung wegen unterbliebener Vollziehung der Auflage (§ 527 BGB.).

h) Verlangt der eine Teil **Schadensersatz wegen Nichterfüllung** gemäß §§ 326, 463 BGB., so ist die Steuer zu erlassen, wenn es zum Rückerwerb des Grundstücks kommt; war das Grundstück noch nicht übereignet, so ist der Erlaß nach b 3 einmal dann begründet, wenn eine Uebertragung gemäß § 5 Abs. 4 durch Schadensersatz in Geld ersetzt wird; aber auch bei Kaufverträgen wird „die Veräußerung des Grundstücks" rückgängig gemacht, wenn an ihrer Stelle Schadensersatz wegen Nichterfüllung verlangt wird: der Leistungsgegenstand wird ein anderer.

7. a) **Rückerwerb des Eigentums** innerhalb zweier Jahre seit der Veräußerung. Auf den Grund des Rückerwerbs kommt es nicht an; dieser kann in einer Aufhebung des ersten Veräußerungs-

geschäfts liegen; es kann aber auch ein neuer selbständiger Kauf, vielleicht auch zu erhöhtem Preise, vorliegen; so RFH. StuW. VI 648. Daher ist auch die Rechtsform des neuen Geschäfts belanglos; sie braucht sich nicht mit derjenigen des ersten Veräußerungsgeschäfts zu decken. Das eine Geschäft kann ein Kauf- oder ein Gesellschaftsvertrag, das andere eine Schenkung sein.

Auch der Fall des § 23 b 2 (Aufhebung des Rechtsgeschäfts durch Vereinbarung) wird häufig die Grundlage des Rückerwerbs sein. Ferner wird der Fall hierher gehören, daß der Treuhänder das Grundstück an den Treugeber zurücküberträgt. Die Rückübertragung kann aber auch ein neues Umsatzgeschäft darstellen, das für den früheren Erwerber einen mehr oder weniger erheblichen Gewinn mit sich bringt. Ott 22 zu § 23 läßt es zweifelhaft, ob in solchem Fall Steuererlaß zu erfolgen hat. Man wird dies jedoch bejahen müssen. Nach RFH. Mrozek, R 6 zu § 23 Abs. 1 a Nr. 3 = StuW. V. 236 ist es für die Anwendung des § 23 belanglos, ob der wirtschaftliche Wert des Grundstücks in der Zwischenzeit sich wesentlich verändert hat, z. B. erheblich gesunken ist, und ob das Motiv zur Rückgängigmachung des Geschäfts darin liegt, daß die Parteien sich von der Steuerlast befreien wollten. Auch ein mehrfacher Rückerwerb unter denselben Parteien begründet immer wieder die Steuerfreiheit gemäß § 23, sofern nur jedes Mal zwischen Erwerb und Rückerwerb nicht mehr als zwei Jahre liegen.

Auch der Rückerwerb im Wege des Zuschlags in der Zwangsversteigerung (RFH. StuW. VI. 252 = JW. 1927, 1792 Nr. 24, OVG. 69, 46, sowie bei Strutz JW. 1915, 1412), sowie der Resubhastation gehört hierher.

Für den Fall, daß der Zuschlag an den bisherigen Eigentümer erfolgt, hat RFH. StuW. VI. 239 die Steuerfreiheit eventl. auch aus dem Rechtsgedanken des § 23 hergeleitet.

b) Ob das Grundstück innerhalb der 2 Jahre in eine dritte Hand gegangen war, ist gleichgültig, falls es an den ursprünglichen Erwerber zurückgelangt war und von diesem noch innerhalb der 2 Jahre an seinen Veräußerer rückübereignet wird. A. M. Ott 24 zu § 23. Dagegen liegt kein Rückerwerb vor, wenn der Veräußerer das Grundstück unmittelbar von einem Dritten, der es vom Erwerber gekauft hat, zurückerwirbt. RFH. 12, 325 = StuW. II 866 = Mrozek, R. 4 zu § 23 Abs. 1 a Nr. 3 und RFH. StuW. V. 328. Auch wenn die Weiterveräußerung an den Dritten gemäß § 8 steuerfrei erfolgt war, z. B. durch Schenkung oder durch Veräußerung an Abkömmlinge, fällt die Rückübertragung von dem Dritten an den ersten Veräußerer nicht unter § 23. Dagegen stellen Erben nur die Fortsetzung der Person des Erblassers dar. Daher fällt Rückübertragung an die Erben des Veräußerers (RFH. 12,85) oder seitens der Erben des Erwerbers (RFH. 12, 325) unter § 23. Bei einer Mehrheit von Erben muß die Rückübertragung von sämtlichen Miterben des Erwerbers bzw. an sämtliche Miterben des Veräußerers erfolgen.

c) Erfolgt die **Rückübertragung** nicht an den Veräußerer, sondern **an einen Dritten,** dem ein Wiederkaufsrecht eingeräumt war, so greift die Befreiungsvorschrift nicht Platz; RFH. StuW. IV 137 = Mrozek R 17 zu § 8 Abs. 1 Nr. 9. Hingegen kommt der Erlaß des

§ 23 den Beteiligten zustatten, wenn die Rückübertragung nicht an den Veräußerer selbst, sondern in seinem Auftrag an einen Dritten erfolgt. In diesem Falle ist nur für die Ueberweisung an den Dritten die GrErwSt. zu entrichten; vgl. RFH. 11, 73. Mit Recht will Ott 25 zu § 23 diesen Grundsatz auch anwenden, wenn ein Erbbaurecht auf Grund Ausübung des Heimfallrechts an den vom Eigentümer bezeichneten Dritten unmittelbar übertragen wird.

d) Erfolgt die **Rückübertragung** nur bezüglich eines **Teiles** des Grundstücks, so erfolgt Erlaß und Erstattung nur im entsprechenden Verhältnis; vgl. Ott 14 zu § 23.

e) **Bei Kettengeschäften** ist der Fall des § 23 a 3 gegeben, wenn das Grundstück von dem Letzten in der Kette an den Ersten, der seinerzeit die Auflassung unmittelbar an den Letzten bewirkt hat, zurückübertragen wird. Ob auch die Zwischengeschäfte an der Vergünstigung des § 23 teilnehmen, hängt davon ab, ob auch die Zwischengeschäfte rückgängig gemacht werden. Dies braucht nicht der Fall zu sein. § 23 a 3 trifft auch dann zu, wenn alle Zwischengeschäfte aufrecht erhalten bleiben und auf Grund eines neuen Umsatzes der Letzte in der Kette das Grundstück an den Ersten verkauft. Erlaß und Erstattung bei den Zwischengeschäften richten sich nach § 23 Abs. 1 b.

f) Das Grundstück kann in der Zwischenzeit **bebaut** worden sein; vgl. OVG. Amtl. Mitt. V 93. Zweifelnd Ott 15 zu § 23 mit der Begründung, daß der alte Zustand wiederhergestellt werden müßte. Dieser Grundsatz ist jedoch in § 23 nicht zum Ausdruck gelangt.

g) Zweifelhaft ist es, ob ein Rückerwerb in der **Form des § 3** unter den § 23 fällt. Es hat z. B. der Veräußerer das Grundstück in eine G. m. b. H. eingebracht; er erwirbt dann sämtliche Anteile der G. m. b. H., was nach § 3 dem Uebergang des Grundeigentums an ihn gleich geachtet wird. Sofern dieser Fall unter a 3 fällt, ist es möglich, steuerfrei das Eigentum an einem Grundstück in die Form einer Grundstücksgesellschaft zu überführen. RFH. 8, 89 hat deshalb in diesem Falle Steuererlaß abgelehnt und den § 23 dahin eingeschränkt, daß der Veräußerer das juristische Eigentum wiedererlangen müsse. Dagegen ist § 23 nach RFH. 10, 264 = Mrozek, R. 3 zu § 23 Abs. 1 a Nr. 3 und RFH. StuW. V 236 = Mrozek, R. 6 zu § 23 Abs. 1 a Nr. 3 anwendbar, wenn der Veräußerer die Gesamtheit der Geschäftsanteile übertragen hat und sie innerhalb zweier Jahre zurückerwirbt; vgl. Anm. 3.

h) Dagegen würde ein Rechtsvorgang, der dem Veräußerer nur eine eigentumsähnliche Stellung gemäß § 6 einräumt, nicht den Erlaß bzw. die Erstattung der Steuer begründen, da ein Rückerwerb des Eigentums hier nicht vorliegt und § 6 die Einräumung der eigentumsähnlichen Stellung nicht dem Uebergang des Eigentums gleichstellt, sondern als einen selbständigen Steuerfall gestaltet. Ebenso Ott 26 zu § 23.

i) Der Rückerwerb muß **innerhalb zweier Jahre** seit der Veräußerung stattfinden. Innerhalb dieser Frist muß der Eigentumserwerb des vormaligen Veräußerers vollzogen sein; der Abschluß des Verpflichtungsgeschäfts (§ 5) genügt nicht. Andererseits rechnet die Frist auch erst von der Veräußerung im Sinne des § 4 ab.

Ebenso RFH. StuW. VI. 252 = JW. 1927, 1792 Nr. 24. Für die Fristberechnung gelten die §§ 186 ff BGB.

8. **Die Aufhebung des Verpflichtungsgeschäfts** (b 2) kann ebenso, wie der Rückerwerb aus beliebigen Gründen erfolgt sein, und zwar in der Form einer vertraglichen Aufhebung oder der Ausübung eines vorbehaltenen Rücktrittsrechtes (§§ 346 ff. BGB.).

Eine Frist ist vom Gesetz nicht bestimmt. Im Falle der Anfechtung wegen Irrtums, Zwanges oder Betrugs ist Nichtigkeit gegeben; vgl. RFH. Mrozek, R 4 zu § 23 Abs. 1 a Nr. 2 und Anm. 5. Erfolgt der Rücktritt kraft gesetzlicher Bestimmung, so wird immer ein Fall b 3 vorliegen. Ist eine aufschiebende Bedingung nicht eingetreten, so ist die Steuer aus § 5 gar nicht entstanden. Ist eine auflösende Bedingung eingetreten, so kann der Fall b 3 vorliegen, falls die Bedingung in der Nichterfüllung einer Vertragspflicht bestanden hat. Andernfalls liegt b 2 vor, da die Auflösung auf Vereinbarung beruht, nämlich auf einer schon dem ursprünglichen Geschäft hinzugefügten Nebenvereinbarung; vgl. Lion Anm. 16 zu § 34 ZuwStG. und Ott 30 zu § 23. Der Fall des Rückkaufs gehört nicht hierher; die Steuer aus § 5 wird aber gleichwohl nicht erhoben; vgl. OVG. 72, 37 und Ott 31 zu § 23.

War die Uebereignung bereits erfolgt, so wird der Steuererlaß für die Steuer aus § 5 und für diejenige aus § 1 nicht gesondert behandelt, vielmehr ergreift der Erlaß aus § 23 a zugleich die Steuer aus dem Veräußerungsvertrag: RFH. 13, 180. Kommt es infolge der Aufhebung des Kaufs zur Rückübereignung des Grundstücks, so ist für den Erlaß der aus § 1 begründeten Steuer a 3 maßgebend. Diese Steuer wird nicht erlassen, wenn der Rückerwerb nach Verlauf zweier Jahre erfolgt; die Steuer aus § 5 wird dagegen ohne Rücksicht auf Zeitablauf erlassen. Es wird dann also die Differenzsteuer aus § 5 Abs. 2 nicht zurückgezahlt, wohl müßte die Steuer aus § 5 Abs. 1 erstattet werden. Hieraus ergäbe sich die an sich ungerechtfertigte Folge, daß solche Fälle bevorzugt sind, in denen seiner Zeit die Uebereignung erst nach Ablauf eines Jahres seit dem Kaufabschluß stattgefunden hat.

Diese Unebenheit schließt RFH. 22, 58 dadurch aus, daß den Erstattungsgründen aus lit. b) neben denen aus a) keine selbständige Bedeutung beigelegt wird, sie vielmehr nur anwendbar sein sollen, wenn der Fall a) nicht zuntrifft; vgl. oben Anm. 3. Ebenso Ott, 28 und 34 zu § 23. § 23 b gilt auch für die Kettengeschäfte gemäß § 5 Abs. 4. Nach RFH. StuW. V 326 = Mrozek, R 2 zu § 23 Abs. 1 b 4 = JW. 1927, 2541 Nr. 4 findet Erlaß und Erstattung für die Zwischengeschäfte statt, wenn der Kaufvertrag wieder aufgehoben wird und z. B. wegen Fristablaufs nicht mehr die Möglichkeit besteht, daß die Abtretung der Rechte aus dem Vertragsantrag noch zum Eigentumsübergang führt. Erlaß und Erstattung sind jedenfalls für die Zwischengeschäfte selbständig zu prüfen. Wegen Versagung der behördlichen Genehmigung bei Kaufgeschäften vgl. oben Anm. 5 h.

Erfolgt die Aufhebung des Verpflichtungsgeschäfts zur Umgehung der Steuerpflicht, so kann § 5 AO. Anwendung finden; vgl. Anm. 4 h zu § 5 AO.

9. **Die Preisminderung** wegen Mängel der Sache führt zu einer entsprechenden Herabsetzung der Steuer sowohl aus § 1 als aus § 5.

Die Steuerstelle hat selbständig zu prüfen, ob wirklich eine ernstgemeinte Minderung stattgefunden hat, nicht aber, ob sie auch gerechtfertigt gewesen ist. Zu prüfen ist jedoch, ob die Minderung wegen eines Mangels des Grundstücks oder etwa nur wegen eines Mangels des beweglichen Inventars oder der Maschinen- und Betriebsvorrichtungen im Sinne des § 154 Abs. 2 AO. erfolgt ist. Im letzteren Falle kommt ein Steuererlaß nicht in Betracht, da ja gemäß § 154 Abs. 2 AO. der Wert dieser Gegenstände bei der Steuerberechnung nicht berücksichtigt wird. Ist die Preisminderung wegen eines Mangels des Grundstücks selbst erfolgt, so ist eine neue Steuerberechnung aufzumachen, welche den gemeinen Wert des Grundstücks bei Berücksichtigung des Mangels zugrunde legt und mit dem geminderten Veräußerungspreis vergleicht. Ebenso Ott 40 zu § 23.

Hat der Käufer gemäß § 463 BGB. Schadensersatz wegen Nichterfüllung verlangt und das Grundstück behalten, so wird dieser Fall der Preisminderung gleichzuachten sein, da der Rechtsgrund der gleiche und nur die Berechnungsart verschieden ist. Ebenso Ott 38 zu § 23.

Eine Preisminderung aus anderen Gründen fällt nicht unter § 23, so z. B. nicht eine Minderung wegen eines Mangels im Recht gemäß §§ 440 Abs. 1, 321 Abs. 1 Satz 2 BGB.

Auch eine nachträgliche, d. h. nach dem Eigentumsübergang erfolgende Preiserhöhung bleibt für die Steuer ohne Belang und stellt nicht etwa eine neue Tatsache im Sinne des § 212 Abs. 2 AO. dar; vgl. RFH. Mrozek R. 19 zu § 12 Abs. 2 Satz 1.

**10. Fortfall des Vertragsantrags.** Da der Antrag als solcher einer Steuer nicht unterliegt, kommt hier nur eine Versteuerung gemäß § 5 Abs. 4 Nr. 2 in Frage. Ein Fortfall liegt dann vor, wenn der Vertragsantrag innerhalb der Frist nicht angenommen worden ist oder wenn er, sei es auf Grund einer Anfechtung, sei es aus anderen Gründen, nichtig war.

Aber auch wenn der Antrag fristgemäß angenommen worden war und später nach Ablauf der Annahmefrist der Kaufvertrag wieder aufgehoben wird, ist der Fall des § 23 gegeben; vgl. RFH. StuW. V 326 = Mrozek R. 2 zu § 23 Abs. 1 b Nr. 4; Ott 37 zu § 23 will entgegen diesem Standpunkt die Erstattung davon abhängig machen, daß die wirtschaftlichen Ergebnisse der Zwischengeschäfte rückgängig gemacht werden. Hierfür bietet das Gesetz jedoch keine Grundlage. Eine derartige Nachforschung würde auch in den weitaus meisten Fällen zwecklos sein, da bei Nichtannahme des Antrages regelmäßig Zurückvergütung erfolgt. Otts Standpunkt gründet sich auch wohl darauf, daß er bei Abtretung der Rechte aus Offerten nur das Abtretungsentgelt, nicht aber den Wert des Grundstücks der Steuer zugrundelegt. RFH. 9, 19 spricht ausdrücklich aus, daß der Sinn des § 23 b 4 der sei, daß die Steuerpflicht des Zwischengeschäfts, nicht des überhaupt steuerfreien Antrags wegfallen soll, wenn der Antrag sich später durch Ablehnung oder Zeitablauf erledigt.

Hat der Antragende, wie es häufiger vorkommt, mit einer vom Antragsempfänger bezeichneten Person einen unmittelbaren Kauf abgeschlossen, so daß es zur Annahme des Antrags nicht gekommen ist, so kann die Steuer für die Zwischengeschäfte erspart werden. Hier wird aber meist ein Fall des § 5 AO. vorliegen; vgl. Anm. 4h zu § 5 AO.

## § 24.

**Die Eintragung des Erwerbers in das Grundbuch darf erst stattfinden, wenn dem Grundbuchamt eine Bescheinigung der Steuerstelle beigebracht ist, daß die Steuer für den Eigentumsübergang gestundet oder ein der voraussichtlichen Höhe der Steuer entsprechender Betrag geleistet oder eine Steuer nicht zu erheben ist. Die näheren Bestimmungen erläßt der Reichsminister der Finanzen.**

**1. Allgemeines.** Die Vorschrift ist dem Hamburger Immobilienabgabegesetz nachgebildet. § 24 begründet nur ein indirektes Druckmittel, indem die Eintragung als Eigentümer für die Verfügung über das Eigentum von Erheblichkeit ist. In den Steuerfällen der §§ 3, 5 und 6 ist die Vorsichtsmaßregel des § 24 ohne Bedeutung.

a) Die ursprüngliche Fassung des § 24 ist im Laufe der Zeit in wesentlichen Punkten geändert worden. Während nach dem Gesetz vom 12. September 1919 eine Bescheinigung genügte, aus der sich ergab, daß die Steuer für den Eigentumsübergang gestundet oder sichergestellt war, oder daß eine Steuer nicht zur Erhebung gelangte, ist die jetzige Fassung von der Sicherstellung abgegangen. Diese wirkte sich in der Inflationszeit besonders dadurch so verhängnisvoll aus, daß die geleisteten Sicherheiten entweder völlig der Geldentwertung zum Opfer fielen oder nur in ganz geringem Maße aufgewertet wurden. Dadurch sind erhebliche Verluste entstanden. Daher war schon durch § 2 der Verordnung vom 23. September 1919 in der Fassung der Verordnung vom 6. November 1919 (RGBl. S. 1711 und 1874) eine Ermächtigung der Landesregierungen für die Uebergangszeit eingeführt worden, wonach bestimmte Amtsstellen sowie die Notare mit der Ausstellung der Bescheinigung betraut werden konnten. Die jetzige Fassung des Gesetzes beruht auf Art. VIII Nr. 5 der zweiten Steuernotverordnung vom 19. Dezember 1923 (RGBl. I S. 1205). Mit Rücksicht auf das Münzgesetz v. August 1924 sind die Worte „nach dem Goldwert" vor geleistet in der jetzt geltenden Fassung (RGBl. 1927, I 72)) gestrichen worden.

b) Von der dem RFM. im § 24 Satz 2 gegebenen Ermächtigung, Durchführungsbestimmungen zu erlassen, hat dieser Gebrauch gemacht. Sie sind unter dem 17. Januar 1924 ergangen (RGBl. I S. 33). Sie lauten:

**§ 1.** Für die Festsetzung und die Anforderung der Zahlungen, die nach § 24 des Grunderwerbsteuergesetzes in der voraussichtlichen Höhe der Grunderwerbsteuer mit Zuschlägen zu leisten sind, gelten nach Maßgabe der §§ 2 bis 5 die Vorschriften entsprechend, die für die Veranlagung der Grunderwerbsteuer nebst Zuschlägen gegeben sind. Die Vorschrift des § 212 Abs. 2 der Reichsabgabenordnung findet jedoch keine Anwendung.

**§ 2. (1)** Gegen den Bescheid der Steuerstelle, durch den die Erteilung der im § 24 des Grunderwerbsteuergesetzes vorgesehenen

Bescheinigung von der Zahlung eines bestimmten Steuerbetrags **abhängig gemacht wird, ist das Berufungsverfahren gegeben, wenn** der Steuerpflichtige geltend macht, daß eine Steuer nicht zu erheben sei.

(2) Im übrigen ist gegen die Bescheide der Steuerstelle auf Grund des § 24 des Grunderwerbsteuergesetzes nur die Beschwerde nach §§ 224, 281 der Reichsabgabenordnung zulässig.

**§ 3.** (1) Die Zahlung ist in der Regel nach dem vereinbarten Veräußerungspreise zu berechnen.

(2) Besteht Anlaß zu der Annahme, daß der gemeine Wert des Grundstücks wesentlich höher ist als der Kaufpreis, so ist der gemeine Wert des Grundstücks nach vorläufiger Schätzung zugrunde zu legen, ohne daß vorher in besondere Wertermittlungsverhandlungen eingetreten wird.

(3) Die Beteiligten sind anläßlich der Zahlung ausdrücklich darauf hinzuweisen, daß die endgültige Erhebung der Grunderwerbsteuer nebst Zuschlägen nach dem gemeinen Wert des Grundstücks zur Zeit des steuerpflichtigen Rechtsvorganges — in der Regel also zur Zeit der Eintragung der Rechtsänderung in das Grundbuch — vorbehalten bleibt, sofern dieser gemeine Wert des Grundstücks höher als der Veräußerungspreis ist.

(4) Die Ausstellung der Bescheinigung nach § 24 des Grunderwerbsteuergesetzes ist nach Möglichkeit zu beschleunigen.

**§ 4.** Die Zahlungen in der voraussichtlichen Höhe der Grunderwerbsteuer sind an die Steuerstellen oder deren Hilfsstellen zu leisten und als Aufkommen an Grunderwerbsteuer beziehungsweise Zuschlägen zu behandeln.

**§ 5.** (1) Ein nach § 4 geleisteter Betrag wird nach dem Goldwert, den der Betrag am Tage der Zahlung gehabt hat, auf den endgültigen Steuerbetrag angerechnet.

(2) Deckt sich der endgültige Steuerbetrag mit der nach § 4 geleisteten Zahlung, so genügt eine Mitteilung hierüber (§ 29 Abs. 2 des Grunderwerbsteuergesetzes). Diese Mitteilung hat außer dem Betrage der endgültigen Steuer eine dem § 211 Abs. 2 Nr. 1 der Reichsabgabenordnung entsprechende Rechtsmittelbelehrung zu enthalten.

**§ 6.** Diese Durchführungsbestimmungen treten mit Wirkung vom 22. Dezember 1923 ab in Kraft.

**2. Die Steuerstelle,** die die Bescheinigung ausstellt, ist nach § 8 AO. das Finanzamt. Daneben aber können nach § 38 FinAusglG. vom 27. April 1926 und 9. April 1927 (RGBl. 26 I, S. 203, RGBl. 27 I, S. 91) die Geschäfte der Finanzämter auf Antrag der Länder für die Verwaltung der Grunderwerbssteuer bestimmten landesrechtlichen Behörden übertragen werden (vgl. im einzelnen die Erläuterungen zu § 39 FinAusglG. Anm. 1, wegen der örtlichen Zuständigkeit der Steuerstelle vgl. § 29 Anm. 2). Die Uebergangsregelung durch § 2 der Verordnung vom 23. September 1919 und 6. November 1919 ist außer Kraft getreten.

**3. Verfahren bei Erteilung der Bescheinigung.** a) Die Steuerstelle hat die Bescheinigung in erster Linie dem Erwerber selbst zu erteilen. Hat der Veräußerer oder ein sonstiger Berechtigter ein Interesse an der Eintragung des Erwerbers, so kann auch dieser

Erteilung der Bescheinigung verlangen, sofern die Voraussetzungen des § 24 vorliegen.

b) Die Ausstellung der Bescheinigung hat durch das Finanzamt unabhängig davon zu erfolgen, ob im übrigen die Voraussetzungen für den Eigentumsübergang gegeben sind. Soweit hier steuerliche Gründe eingreifen, liegt es dem Finanzamt ob, sofern die Voraussetzungen des § 24 erfüllt sind, die Bescheinigung zu erteilen; RFH. StuW. V 237.

c) Maßgebend für die Erteilung der Bescheinigung ist die Veräußerungsanzeige bezw. die Mitteilung nach §§ 25, 26 Deshalb wird es die Regel bilden, daß der schuldrechtliche Veräußerungsvertrag beurkundet ist, bevor die Erteilung der Bescheinigung verlangt wird. Nicht ausgeschlossen erscheint, daß die Steuerstellen schon vor dem Veräußerungsvertrage auf bestimmte Anfragen hin die Höhe der voraussichtlich zu berechnenden Steuer angeben. Hier handelt es sich aber nur um unverbindliche Aeußerungen, an die die Steuerstelle nicht gebunden ist. Erklären die Parteien, daß der schuldrechtliche Vertrag nur mündlich geschlossen ist, so darf die Steuerstelle deshalb natürlich die Erteilung der Bescheinigung nicht verweigern.

d) Die Vorauszahlung richtet sich grundsätzlich nach dem Veräußerungspreis (§ 3 Abs. 1 DB.). Der gemeine Wert ist nach vorläufiger Schätzung dann zugrunde zu legen, wenn Anlaß zu der Annahme besteht, daß dieser wesentlich höher ist als der Veräußerungspreis (§ 2 DB.); vgl. §§ 11, 12.

e) Anläßlich der Zahlung sind die Beteiligten darauf aufmerksam zu machen, daß auch, nachdem die Steuer nach dem Veräußerungspreis vorläufig festgesetzt ist, eine spätere Veranlagung nach dem gemeinen Wert, sofern dieser den Veräußerungspreis übersteigt, nicht ausgeschlossen ist. Die Bescheinigung soll von den Steuerstellen mit möglichster Beschleunigung erteilt werden (§ 3 Abs. 4 DB.).

f) die vorläufigen Zahlungen auf die Grunderwerbsteuer sind auf den endgültigen Betrag anzurechnen (§ 5, Abs. 2 DB., § 29, Abs. 2 GrErwStG.). Sofern die Vorauszahlung unzureichend ist, erfolgt Nachforderung des Differenzbetrages (§ 30). Ist zuviel gezahlt, so ist der Unterschied zu erstatten. Wird Rückerstattung abgelehnt, so steht dem Steuerpflichtigen das Berufungsverfahren offen (§§ 128, 134 AO.).

g) Die Erteilung der Bescheinigung erfolgt in Ermangelung besonderer reichsrechtlicher Vorschriften gebührenfrei. Etwaige landesrechtlichen Sonderbestimmungen würden bei dem Charakter der Grunderwerbsteuer als Reichssteuer unzulässig sein. Vgl. RFM. vom 30. 12. 1924 in PrVerwBl. 46, 414 = DNotV. 26, S. 370.

h) Fraglich könnte noch sein, wem die Steuerbescheinigung zuzustellen sei; § 29 GrErwStG.: der Bescheid ist dem Steuerpflichtigen zu erteilen. Nicht etwa dem Notar, auch wenn er den Antrag gestellt hat. Dazu bedürfte es eines besonderen Antrages des Steuerpflichtigen selbst. Insbesondere legitimiert die Einreichung des notariellen Vertrages den Notar nicht zum Empfang der Bescheinigung. Stellt die Steuerstelle dem Notar die Bescheinigung zu, ohne daß dieser empfangsberechtigt war, so braucht der Steuerpflichtige im Falle des Verlustes die Rechtsfolgen nicht gegen sich gelten zu lassen. Die Frage kann dann von Bedeutung werden, wenn nach Abschluß des Kaufvertrages z. B. neue Bestimmungen über die Erhebung einer Wertzuwachssteuer ergehen, diese Steuer aber bei rechtzeitiger und entsprechender Zustellung der Bescheinigung an den Berechtigten selbst nicht mehr hätte erhoben werden können, weil dann die Eintragung im Grundbuch längst erfolgt gewesen wäre. Es muß deshalb ausdrücklich bemerkt werden, wenn die Erteilung der Bescheinigung an eine andere Person als an den Steuerpflichtigen gewünscht wird.

4. **Ueber die Form der Bescheinigung** sagt das Gesetz nichts. Gemäß § 29 Satz 2 GBO. muß die Bescheinigung jedoch in der Form einer öffentlichen Urkunde ausgestellt werden, d. h., diese muß von dem zuständigen Beamten unterschrieben und gesiegelt, bzw. unterstempelt sein; vgl. § 145 ZPO., § 54 S. 2 pr. FGG.; Güthe, Anm. 11 zu § 29 GBO.

5. **Der Inhalt der Bescheinigung.** a) Er richtet sich nach dem Tatbestand. Die Bescheinigung muß sich entweder darauf richten, daß die Steuer nebst Zuschlägen gemäß den Vorschriften des FinAusglG. für einen bestimmten näher angegebenen Eigentumsübergang gestundet oder gezahlt ist, oder daß eine Steuer nicht zur Erhebung gelangt.

b) Es empfiehlt sich, schon mit Rücksicht auf § 28 GBO. das einzutragende Grundstück mindestens unter genauer Angabe des Grundbuchblattes zu bezeichnen. Das zugrundeliegende Rechtsgeschäft zu erwähnen, ist empfehlenswert, jedoch nicht erforderlich: vgl. KG. in DNotV. 1920, S. 385.

c) Der Bescheid, der die Erteilung der Bescheinigung von der Zahlung eines Tatbestandes abhängig macht, muß eine Rechtsmittelbelehrung enthalten, in welcher der Steuerpflichtige darauf hingewiesen wird, daß das Berufungsverfahren dann zulässig ist, wenn der Steuerpflichtige meint, daß eine Steuer nicht zu erheben sei: § 2, Abs. 1 DB. Fehlt diese Rechtsmittelbelehrung, so wird die Rechtsmittelfrist nach § 231, Abs. 3 AO. nicht in Lauf gesetzt. RFH. v. 2. 10. 1925 bei Boethke, StA. 1925, 355 = DNotV. 1926, 370; Ott 25 zu § 24.

d) Eine Stundung ohne Sicherheitsleistung soll nach § 105, Abs. 2 AO. in der Regel nicht erfolgen. Für die Grundbuchbehörde reicht es dennoch aus, wenn die bloße Stundung bescheinigt wird. Zu beachten ist, daß es sich um die Steuer für den Eigentumsübergang (§ 1) handeln muß. Dies ist in der Bescheinigung besonders zum Ausdruck zu bringen. Wegen der Bezeichnung des Grundstücks vgl. Anm. 5 b).

e) Aus welchen Gründen die Steuer nicht zur Erhebung gelangt, braucht in der Bescheinigung nicht gesagt zu sein. Eine Nachprüfung steht dem Grundbuchamt nicht zu.

6. **Voraussetzung für die Erteilung der Bescheinigung** ist die erfolgte Stundung, Zahlung und Steuerfreiheit.

a) Die Stundung soll nur gegen **Sicherheitsleistung** und **Verzinsung** bewilligt werden. Vgl. § 105, Abs. 2 AO: §§ 2 bis 5 StO. vom 29. 1. 1923, 17. 8. 1923, 26. 9. 23, 21. 12. 23 (RGBl. I, S. 75, 811, 917, 1238). SteuerzinsVO. v. 6. 3. 1924 und 21. 1. 1927 (RGBl. I,

S. 50). Eine Stundung (§ 105 Abs. 2 AO.) kann eigentlich nur in Frage kommen, wo der Steueranspruch vor der Eintragung in das Grundbuch gemäß § 4, Abs. 1, zweiter Satzteil zur Entstehung gelangt ist.

b) Wie Sicherheit zu leisten ist und welche Wirkung die Sicherheitsleistung hat, ergibt sich aus §§ 109 bis 119 AO. Die Sicherheitsleistung steht im Belieben des Antragstellers und ist nicht erzwingbar. Erfolgt sie nicht, so wird die Stundung nicht bewilligt und die Bescheinigung nicht erteilt. Vgl. Becker, Anm. 2 zu § 114, AO; Ott 11 zu § 24.

c) Daß eine Steuer nicht zur Erhebung gelangt, trifft in den Fällen des § 8, sowie der §§ 18 und 21 zu. Auch im Falle des § 14 kann es praktisch zu einer Steuerfreiheit kommen. Die Bescheinigung ist aber auch in den Fällen der §§ 22 und 23 zu erteilen.

d) Steuerfreiheit genießen die Siedlungsunternehmen im Sinne des § 29 RSiedlG., denen die Steuerfreiheit zu bescheinigen ist, sobald die vorschriftsmäßige Versicherung vorliegt. RFM. v. 12. 1. 1921, RStBl. 1921, S. 82. Vgl. ferner Zusatz zu § 8. Eine Erleichterung ist auch für die Fälle eingeführt, in denen das Reich, die Länder oder Gemeinden Grundstücke erwerben. Die Steuer soll dann ohne Sicherheitsleistung und zinslos bis nach der Veranlagung gestundet und die Bescheinigung nach § 24 sofort erteilt werden. RFM. v. 28. 2. 1921 (RStBl. 1921, 154).

**7. Das Rechtsmittelverfahren.** a) Wird die Erteilung der Bescheinigung abgelehnt, so ist gegen diese Verfügung nicht das Rechtsmittel-, sondern nur das Beschwerdeverfahren gegeben (§ 282 AO.). Hilft die Steuerstelle nicht ab, so ist die Beschwerde dem Landesfinanzamt und auch weiterhin dem Reichsfinanzminister vorzulegen. § 282, Abs. 4 AO. steht nicht entgegen, weil diese Beschwerde dann als Dienstaufsichtsbeschwerde anzusehen und dem RFM. vorzulegen ist.

b) Die Steuerfestsetzung kann nach § 2 DB. im Berufungsverfahren angefochten werden, wenn sich der Angriff des Steuerpflichtigen gegen das Bestehen einer Steuerpflicht richtet. Bei einer Anfechtung nur der Höhe nach, kein Berufungsverfahren, auch dann nicht, wenn gleichzeitig ein solches über den Grund des Steueranspruchs anhängig ist, RFH. 15, 136 = DNotV. 1926, 369; Boethke-Bergschmidt, Nachtrag, S. 53.

c) Der Angriff des Steuerpflichtigen muß sich ebenso wie bei einem Steuerbescheid gegen die Festsetzung oder Veranlagung der Steuer richten; § 2 Abs. 1 DB. Der Erlaß der Steuer nach § 108 Abs. 1 AO. betrifft nicht die Veranlagung, sondern nur die Einziehung der Steuer, selbst wenn er vor Entstehung der Steuerschuld ausgesprochen wird. RFH. 17, 209 = StuW. IV, Nr. 606 = DNotV. 1926, 369; RFH. StuW. V, 146. Er ist nur im Beschwerdeverfahren vorzubringen; § 2 Abs. 2, DB.; vgl. RFH. 18, 131; Becker, § 108, AO., Anm. 3; Sternberg in DNotV. 1926, 369.

d) Verlangt der Steuerpflichtige, daß die Steuer nur aus einem Miteigentumsbruchteil und nicht aus dem ganzen Grundstück erhoben werden soll, so handelt es sich um eine Anfechtung dem Grunde nach; RFH. JW. 1925, 2059 = DNotV. 1926, 370.

e) Wird ein Rechtsmittelverfahren auf Grund des § 24 in Verbindung mit § 2 DB. durch rechtskräftigen Entscheid beendet, so kann gegen den endgültigen Steuerbescheid trotzdem ein Rechtsmittel aus § 29 eingelegt werden. Die Feststellungen und Gründe des ersten Rechtsmittelverfahrens sind für das zweite nicht bindend. RFH. StuW. VI, 253 = RFH. 20, 108 = DStZ. 1927, 152. Auch die Kostenentscheidung hat für Vor- und Nachverfahren getrennt zu erfolgen. RFH. StuW. VI, 410.

f) Nach erfolgter Eigentumsumschreibung ist der Rechtsstreit nach § 24 GrErwStG., § 2 DB. in der Hauptsache für erledigt zu erklären RFH. StuW. V, 330; RFH. 17, 44; ebenso wenn der Steuerpflichtige auf die Bescheinigung verzichtet. RFH. Mrozek R. 12, 13 zu § 24.

g) Ein Bescheid aus § 24 GrErwStG., daß keine Grunderwerbsteuer zu erheben sei, ist kein Freistellungsbescheid im Sinne des § 212, Abs. 2, AO.; RFH. 19, 68 = StuW. V, 305; RFH. StuW. VI, 167. Der Bescheid enthält nur eine vorläufige Entscheidung, so daß in der nach Eigentumsübergang eintretenden endgültigen Veranlagung die erstmalige Veranlagung zu erblicken ist; RFH. 10, 314. Andererseits enthält die Bescheinigung kein Leistungsgebot und ist nicht vollstreckbar; vgl. Ott 10 zu § 24.

**8. Rechtswirkung der Bescheinigung.**

a) Im Verhältnis zum Grundbuchamt bildet die Bescheinigung eine Voraussetzung für die Eintragung des Erwerbers in das Grundbuch im Sinne des § 29 GBO. Dies gilt auch für die Fälle des § 14 GBO. (Antrag auf Berichtigung des Grundbuchs auf Grund vollstreckbaren Titels), sowie für § 39 (Eintragung auf Grund Ersuchens einer Behörde); vgl. KG. Joh. 26 A 120.

b) Im Verhältnis zwischen dem Steuerpflichtigen und der Steuerstelle hat die Bescheinigung volle rechtliche Wirksamkeit gemäß ihrem Inhalt. Ist eine Stundung bescheinigt, so kann sich demnach der Steuerpflichtige auf diese berufen. Das gleiche gilt bei Bescheinigung der Steuerfreiheit. Erfolgt später dennoch eine Veranlagung, so kann der Steuerpflichtige die ihm erteilte Bescheinigung geltend machen: maßgebend ist dann § 212 AO.: vgl. Anm. 8 zu § 29.

**9. Die Bescheinigung aus § 24 bei der Grundbuchberichtigung.**

a) § 24 GrErwStG. gilt nicht nur im Falle der rechtsgeschäftlichen Eigentumsübertragung, sondern die Bescheinigung ist auch dann erforderlich, wenn die Eintragung nicht konstitutive, sondern nur deklaratorische Bedeutung hat, also nur eine Grundbuchberichtigung bedeutet. So ist die Bescheinigung zur Eintragung des Erwerbers in das Grundbuch auch dann erforderlich, wenn das Eigentum bereits durch Erbgang, Rezess, Enteignung oder durch Zuschlag in der Zwangsversteigerung übergegangen war. LG. II, Berlin in KGBl. 1926, S. 68; RFH. 20, 261 = StuW. VI, 382; RFH. Mrozek, R. 15 zu § 24; RFH. StuW. V, 332; AM. Berolzheimer § 24 Anm. 4. Dieser hält die Auffassung juristisch, praktisch und gesetzespolitisch für falsch, weil das Eigentum mit dem Zuschlagsbeschluß schon auf den Ersteher übergegangen sei, ferner weil die Eintragung eines vermögenslosen Erstehers und damit die Resubhastation verhindert werde, und weil es gesetzespolitisch bedenklich sei, die bloße Feststellung einer schon eingetretenen Rechtstatsache nachträglich von der Erhebung einer Steuer abhängig zu machen. — Die Bedenken sind nicht begründet. § 24 bezweckt den Eingang der Steuer dadurch zu fördern, daß er die Zahlung oder Sicherstellung der Steuer (bei Stundung) zur Bedingung der für den Erwerber in der Regel wichtigen Eintragung in das Grundbuch macht. Dies trifft auch in den Fällen des Eigentumswechsels außerhalb des Grundbuchs zu, da auch hier der Erwerber ein Interesse daran hat, als Eigentümer eingetragen zu werden, wovon ja seine Verfügungsbefugnis praktisch abhängt. Zur Resubhastation braucht auch der Ersteher nicht eingetragen zu sein; vgl. § 133 ZVG. und Jäckel-Güthe § 133, Anm. 15.

b) Gleichgültig ist, wer die Eintragung beantragt hat. Die Vorschrift gilt auch dann, wenn eine Behörde um die Eintragung ersucht. RFH. 20, 261.

c) Im einzelnen sei dazu folgendes bemerkt: Für den Erwerb von Grundstücken von Todeswegen, vgl. OLG. Dresden in LZ. 1920, S. 724; KG. in DNotV. 1920, S. 383 in FGJ. 1, 405. Die Vereinigung aller Erbteile in einer Hand erfordert die Bescheinigung nach § 24 ohne Rücksicht auf § 3 GrErbStG. KG. DNotV. 1920, 383. Die Eintragung der Aenderung des Sitzes und der Firma einer G. m. b. H. bedeutet keine Eigentumsübertragung und unterliegt daher nicht der Steuerpflicht, selbst wenn damit alle Geschäftsanteile in einer Hand vereinigt sind. KGI. 52, A. 157.

d) § 24 ist nicht nur beim Eigentumsübergang gemäß §§ 1 bis 4 GrErwStG. anwendbar, sondern gilt auch in den Fällen des § 5, Abs. 1 und 2 GrErwStG.; RFH. 20, 15 = JW. 1927, 1448; StuW. VI, 116; ebenso Stillschweig, JW. 1924, 1448. Auf Zwischengeschäfte nach § 5, Abs. 3 bezieht sich § 24 nicht. RFH. DStBl. 1926, 324 = StuW. V, 331 = RFH. 18, 284 = Mrozek, R. 14 zu § 24; LG. I, Berlin in KGBl. 1924, 66 = DNotV. 1925, 284; Berolzheimer § 24, Anm. 5.

**10. Verfahren beim Grundbuchamt.**

a) Für das Grundbuchamt ist die Bescheinigung nach § 24 eine gesetzliche Voraussetzung zur Eintragung des Erwerbers. Die Steuerpflicht des Rechtsvorganges hat es nicht zu prüfen.

b) Fehlt dem Eintragungsantrage die beigefügte Bescheinigung aus § 24, so muß das Grundbuchamt nach § 18 GBO. verfahren. Zurückweisung des Antrages erscheint jedoch in Anbetracht der leichten Behebbarkeit des Hindernisses nicht richtig; das Grundbuchamt wird zweckmäßig eine Frist zur Vorlegung der Bescheinigung setzen und erst nach deren Ablauf den Antrag zurückweisen. KGJ. 52, A 149; DNotV. 1921, 53. Gegen eine Verlängerung der Frist bestehen keine Bedenken, wenn nicht ersichtlich ist, daß diese Verlängerung nur nachgesucht wird, damit der Rang dem Antragsteller nicht verloren geht (§ 17 GBO.); KG. in OLG. 41, 24. Zu eng die Auffassung von KG. in DNotV. 1924, 374, wonach beim Fehlen der Bescheinigung der Antrag zurückzuweisen sei, um nicht zum Nachteil eines späteren Erwerbers dem früheren die Vorteile des § 18, Abs. 2 GBO. zugute kommen zu lassen. Dieser Standpunkt ist wenig verkehrsfreundlich. Man wird sofortige Zurückweisung nur dann für angebracht halten können, wenn eine begründete Vermutung dafür besteht, daß der Antragsteller in doloser Absicht sich eine Vorrangvergünstigung verschaffen will. Vgl. Güthe-Triebel § 18 GBO, Anm. 20, Abs. 3; Leo in JW. 1925, 1098. In Anbetracht der Rechtsprechung des Kammergerichts muß jedoch empfohlen werden, daß die Notare die Parteien auf die dem Grundbuchamt gegebene Möglichkeit einer sofortigen Zurückweisung des unfertigen Antrages hinweisen. Die praktische Folge der strengen Auffassung wird es sein, daß in jedem Falle zunächst eine Vormerkung eingetragen und dadurch die Geschäftslast der Grundbuchämter vermehr wird.

c) Wird der Erwerber ohne die Bescheinigung aus § 24 GrErwStG. eingetragen, so geht das Eigentum über, da in der steuerrechtlichen Vorschrift eine Aenderung des materiellen Grundbuchrechts nicht erblickt werden kann. Allerdings können gegen den Beamten, der schuldhaft das Fehlen der Bescheinigung übersehen hat, Ansprüche wegen eines evtl Steuerausfalles geltend gemacht werden.

§ 25.

**Den Steuerstellen haben nach näherer Bestimmung des Reichsrats Mitteilung zu machen:**

**1. die Grundbuchämter**
**von den Eintragungen des Eigentumsüberganges von Grundstücken in das Grundbuch;**

**2. die Registergerichte und -behörden**
**von Eintragungen in das Handels- und Genossenschaftsregister und von Einreichungen zum Handelsregister, soweit sie im Verfolg eines steuerpflichtigen Rechtsvorganges vorgenommen werden;**

**3. allgemein die Behörden und Beamten des Reichs, des Landes und der Gemeinden sowie die Notare**
**von allen von ihnen beurkundeten Rechtsvorgängen, die den Uebergang des Eigentums an inländischen Grundstücken zum Gegenstande haben oder zu den im § 5 bezeichneten Rechtsgeschäften gehören.**

**Die Landesregierungen sind ermächtigt, im Einverständnisse mit dem Reichsminister der Finanzen die Mitteilungspflicht anderen als den in Nr. 1 und 2 genannten Stellen zu übertragen.**

**1. Allgemeines.** Die Vorschrift, welche sich fast wörtlich an § 38 ZuwStG. anlehnt, regelt die von den Behörden zu erstattenden Mitteilungen, welche eine Unterlage für die Veranlagung zur Steuer bilden und eine Sicherheit für die Heranziehung möglichst aller Steuerfälle schaffen. Ergänzt wird die Vorschrift durch § 191 AO., wonach sämtliche Reichs-, Staats- und Gemeindebehörden, die Beamten und Notare, sowie die Verbände und Vertretungen von Betriebs- oder Berufszweigen den Finanzämtern jede zur Durchführung der Besteuerung und der ihnen obliegenden Prüfung und Aufsicht dienliche Hilfe zu leisten, insbesondere Einsicht in ihre Bücher, Listen und Urkunden zu gewähren haben. Die Vorschrift des § 191 AO. dient insbesondere dazu, dem Finanzamt in einem bereits eingeleiteten Veranlagungsverfahren weitere Auskünfte zu verschaffen, während § 25 den Finanzämtern ein Mittel gewährt, über das Vorliegen von Steuerfällen unterrichtet zu werden. Nach § 192 AO. haben ferner sämtliche Behörden und Beamte, wozu auch die Notare gehören (RFH. 13, 155) etwaige Steuerzuwiderhandlungen, die sie dienstlich erfahren, den Finanzämtern mitzuteilen; vgl. Boethke, Anzeigepflicht der Notare in DStBl. 1924, 564. Diese Vorschrift wird vornehmlich auf solche Fälle anzuwenden sein, wo irgend welche Verdeckungsgeschäfte gemäß § 7 dieses Gesetzes abgeschlossen oder Mißbrauchsgeschäfte gemäß § 5 AO. vorgenommen werden.

Wegen einer zulässigen Befreiung vgl. § 27.

2. **Die Mitteilung** ist an die zuständige Steuerstelle (vgl. Anm. 2 zu § 29) zu richten. Ihr Inhalt ist durch §§ 2—4 AB. und die amtlichen Muster 1 und 2 näher bestimmt. Die Mitteilung ist nach §§ 2—4 AB. innerhalb 14 Tagen nach der erfolgten Eintragung bzw. Beurkundung zu machen. Als Form ist hiernach Schriftlichkeit vorgeschrieben. Für jede Eintragung ist eine besondere Anzeige zu machen.

Ueber die zu führenden Listen der Anzeigen vgl. § 2 Abs. 4, § 3, § 4 Abs. 5 AB.

3. **Uebereignungsanzeige. Eintragungen in das Grundbuch** kommen nur dann in Betracht, wenn sie den Eigentumsübergang von Grundstücken betreffen. Es ist gleichgültig, ob der Eigentumsübergang erst durch die Eintragung bewirkt wird, wie in den Fällen des § 873 BGB., oder ob die Eintragung nur deklaratorische Bedeutung hat, wie im Falle der Zwangsversteigerung, der Enteignung, der Erbfolge usw. Das Grundbuchamt hat nicht zu prüfen, ob der Eigentumswechsel eine Steuerpflicht begründet oder nicht, also auch eine bloße Grundbuchberichtigung mitzuteilen. Ebenso Ott 5 zu § 25, a. M. Lindemann § 25 Anm. 1a. Daher ist die Mitteilung auch in den Fällen der §§ 8, 18, 21 zu machen. Erbbaurechte und andere grundstücksgleiche Gerechtigkeiten stehen nach § 2 den Grundstücken gleich. Mitteilung hat jedoch nur bei Uebertragung, nicht bei Begründung zu erfolgen. Nach § 1 A AB. ist die Mitteilung auch von der Umschreibung in öffentlichen Büchern (§ 4 Abs. 2) zu machen.

Ueber eine besondere Anzeigepflicht der Grundbuchämter über Aenderungen im Eigentum vgl. § 158 AO.

4. a) **Die Registergerichte und -Behörden** haben Mitteilungen nur dann zu machen, wenn es für sie erkennbar ist, daß die Eintragung oder Einreichung in Verfolg eines steuerpflichtigen Rechtsvorganges vorgenommen ist. Das Gesetz hat hier wohl besonders die Fälle des § 3 im Auge, aber auch die Fälle der Fusion von Aktiengesellschaften und der Begründung oder Auflösung offener Handelsgesellschaften; ferner auch die Fälle, in denen bei der Gründung von Akt.-Ges. oder G. m. b. H. Grundstücke eingebracht werden.

b) Die in der ersten Auflage (Anm. 4) vertretene Ansicht, daß die Mitteilungspflicht nur besteht, wenn der Besitz von Grundstücken der betreffenden Firma für die Behörde aus dem Rechtsvorgang ersichtlich ist, kann in dieser allgemeinen Form nicht mehr aufrecht erhalten werden. Nach einer Verfügung des Preußischen Justizministers vom 19. 8. 1926 (1 a 721) DNotV. 1926 S. 513 sollen jedoch die Notare von einer Mitteilung der Uebertragung von Gesellschaftsanteilen dann absehen, wenn nach der Ueberzeugung des Notars feststeht, daß zum Vermögen der Gesellschaft Grundstücke nicht gehören. Nur wenn der Notar die feste Ueberzeugung von der Richtigkeit dieser Tatsache hat, wird die Anzeige unterbleiben können.

c) Besondere Nachforschungen hat das Registergericht nicht anzustellen, sondern darf die Nachfrage seitens des Finanzamtes abwarten; vgl. § 3 AB.

d) An Eintragungen kommt hauptsächlich die Eintragung neuer Gesellschaften in Frage, wenn aus den überreichten Gründungsvorgängen die Einbringung von Grundstücken ersichtlich ist. Ferner kann die Eintragung von Genossen in die Genossenliste in Betracht kommen. Einreichungen können der verschiedensten Art sein, z. B. die Liste der Gesellschafter bei einer G. m. b. H., sowie Gründungsverträge, Gesellschaftsverträge, Auseinandersetzungsverträge und dgl.

**5. Veräußerungsanzeige.** a) Andere Behörden und Beamten sowie Notare haben lediglich von solchen Rechtsvorgängen Mitteilung zu machen, die sie selbst beurkundet haben, nicht auch von solchen, die ihnen nur gelegentlich ihrer Amtsausübung zur Kenntnis gekommen sind. Von diesen haben sie ohne Aufforderung nur im Falle einer Steuerzuwiderhandlung gemäß § 192 AO. Mitteilung zu machen. Ist der Rechtsvorgang nicht beurkundet, sondern nur die Unterschrift beglaubigt, so besteht keine Mitteilungspflicht.

b) Die Urkunde muß den Uebergang des Eigentums an inländischen Grundstücken oder einer grundstücksgleichen Gerechtigkeit (§ 2) zum Gegenstand haben, nicht nur zum Anlaß oder zur Voraussetzung. In Betracht kommen also Auflassungsverhandlungen bei Ratsschreibern oder Notaren, dagegen nicht notarielle Verträge, welche irgendwelche Rechtsfolgen eines erfolgten Eigentumsüberganges regeln. Mitteilungspflichtig sind ferner Zuschlagsbeschlüsse in der Zwangsversteigerung, Enteignungsbeschlüsse. Rechtsgeschäfte, durch die jemand sämtliche Anteile einer Grundstücksgesellschaft usw. (§ 3) erwirbt, haben „den Uebergang des Eigentums zum Gegenstand", da die Uebertragung der Anteile diesem gleichgeachtet wird; vgl. § 1 C 2 AB. Ferner gehören hierher Beurkundungen von Rechtsgeschäften gemäß § 5, also von Grundstückskäufen, Gesellschaftsverträgen mit Einbringung von Grundstücken sowie Uebertragungsgeschäften gemäß § 5 Abs. 4, aber nicht von Offerten; vgl. RFH. 9, 27. Wegen Offertverträgen vgl. DStBl. III, 466. Vgl. ferner wegen Einzelfragen Boethke DStBl. 1924, 566.

c) Rechtsvorgänge der im § 6 bezeichneten Art sollten hingegen nicht unter § 25 fallen, da man auch bei Anwendung des § 4 AO. diese Formalvorschrift nicht entgegen ihrem Wortlaut auf Geschäfte ausdehnen dürfte, die vom Gesetz dem Eigentumsübergang nicht gleichgestellt sind, sondern selbständige, übrigens für den Notar usw. als solche gar nicht leicht zu erkennende Steuerfälle bilden. Dennoch setzt § 1 C 1 AB. die Anzeigepflicht auch für diese Rechtsvorgänge fest.

d) Liegt ein Fall des § 7 vor, so hat der Notar usw. die Anzeige zu erstatten, wenn er das verdeckte, steuerpflichtige Rechtsgeschäft durchschaut; seine Anzeigepflicht beruht dann auch auf § 192 AO.

e) Die Anzeigepflicht besteht auch bei steuerfreien Rechtsvorgängen der in §§ 8, 18, 21, 22, 23 bezeichneten Arten; ebenso bei bedingten Veräußerungsgeschäften schon vor Eintritt der Bedingung.

Falls innerhalb der 14tägigen Frist eine Uebereignungsanzeige (Anm. 3) erfolgt, bedarf es der Veräußerungsanzeige nicht mehr (§ 4 Abs. 4 Satz 2 AB.).

6. **Unterlassen der Mitteilung.** Wird die Mitteilung absichtlich unterlassen, so kann vollendete oder versuchte Steuerhinterziehung in Frage kommen; vgl. § 367 AO., oder es kann eine Ordnungswidrigkeit im Sinne des § 377 AO. vorliegen.

7. **Die Uebertragung der Mitteilungspflicht.** Von der den Ländern gegebenen Ermächtigung, im Einverständnis mit dem RFM. die Mitteilungspflicht anderen Stellen zu übertragen, ist verschiedentlich Gebrauch gemacht worden. So z. B. von Preußen, wonach die Gerichtsschreibereien Mitteilungen zu machen haben. Verf. v. 11. 11. 1919 (JMBl. S. 553), 7. Januar, 6. Februar und 18. April 1922 (JMBl. S. 12, 39, 127), vom 21. Juli und 5. November 1923 (JMBl. S. 564 und 712). Die Mitteilungspflicht der Gerichtsschreibereien ist bestehen geblieben, auch nachdem die Verwaltung der Grunderwerbsteuer auf die Stadt- und Landkreise übergegangen ist. Verf. v. 15. Januar 1924 (JMBl. S. 24), Verf. v. 11. September 1924 (JMBl. S. 357), v. 24. Juli 1925 (JMBl. S. 266) und v. 11. Mai 1926 (JMBl. S. 299).

## § 26.

**Wer an einem steuerpflichtigen Rechtsvorgange beteiligt ist, hat innerhalb eines Monats der Steuerstelle Anzeige zu erstatten, es sei denn, daß der Steuerstelle bereits nach § 25 von dem Rechtsvorgange Mitteilung zu machen ist.**

1. In § 26 wird eine **Anzeigepflicht von Privatpersonen** festgestellt, die an einem steuerpflichtigen Rechtsvorgange **beteiligt** sind. Hierzu gehören vor allem die Vertragsparteien, also der Veräußerer und der Erwerber. Ferner gehören hierher solche Personen, die etwa als Bürgen oder sonst als Gesamtschuldner eine Haftung aus dem Veräußerungsgeschäft übernehmen, ebenso auch solche, die eine Zustimmung im Sinne der §§ 182 ff. BGB. erklären oder in ihrer Eigenschaft als Ehegatte, als Vater oder in einer anderen Eigenschaft ihre Genehmigung erteilen; a. M. Ott 4 zu § 26, der den Bürgen sowie denjenigen, der eine Haftung aus dem Veräußerungsvertrag übernommen hat, nicht für anzeigepflichtig hält. Auch Personen, die im Namen eines Dritten als gesetzliche oder gewillkürte Vertreter handeln oder für eine von ihnen verwaltete Vermögensmasse (Konkursverwalter, Nachlaßpfleger, Testamentsvollstrecker) das Rechtsgeschäft abschließen, sind zu der Anzeige verpflichtet; vgl. §§ 84, 85 AO.; vgl. ferner § 86 das. Anzeigepflichtig ist auch, wer als Bevollmächtigter oder als Verfügungsberechtigter gehandelt hat. § 89 AO. Dagegen ist ein Rechtsanwalt, der einen Kaufvertrag oder ein Geschäft im Sinne des § 6 im Auftrage der Parteien entwirft, nicht an dem Rechts-

vorgang beteiligt. Bringt bei der Gründung einer Gesellschaft oder eines Vereins nur ein Mitglied ein Grundstück ein, so sind alle Personen, die den Gesellschaftsvertrag abschließen, an dem Rechtsvorgang beteiligt. Ueber die Auskunftspflicht nicht Beteiligter vgl. §§ 177 ff. AO., über die der Grund- und Gebäudebesitzer vgl. § 158 AO. Vgl. ferner §§ 5, 6 AB. (Anhang I).

2. **Steuerpflichtiger Rechtsvorgang:** Vgl. §§ 1—6. Die nach §§ 8, 18, 21 steuerfreien Geschäfte begründen keine Anzeigepflicht, wohl aber die in §§ 22, 23 bezeichneten Geschäfte, auch wenn der Erlaß erfolgt.

3. **Die Anzeige** unterliegt keiner Form; sie kann auch mündlich zu Protokoll des Finanzamtes erfolgen. Dem Inhalt nach muß die Anzeige die wesentlichen Bestandteile des Rechtsvorganges, insbesondere das Grundstück sowie Namen und Anschrift des Veräußerers und des Erwerbers bezeichnen. Das Nähere gibt § 5 Abs. 4 AB. und das amtl. Muster 3 an; vgl. § 168 AO. Wegen der zuständigen Steuerstelle vgl. Anm. 2 zu § 25, sowie § 5 Abs. 3 AB.

4. **Die Anzeigepflicht der Beteiligten.** Die an einem steuerpflichtigen Rechtsvorgang Beteiligten, deren Anzeigepflicht nur dann gegeben ist, wenn nicht schon eine Mitteilung nach § 25 GrErwStG. zu machen war, haben keine Steuererklärung im Sinne des § 168 AO. abzugeben. Der § 26 ist besonders dann von Bedeutung, wenn infolge Fehlens öffentlicher Beurkundung der steuerpflichtige Rechtsvorgang nicht zur Kenntnis der Steuerstelle gekommen ist. § 5 Abs. 4, §§ 6 und 7 GrErwStG., evtl. in Verbindung mit § 5 AO. Besonders in dem letzteren Falle dürften sich erhebliche Schwierigkeiten deshalb ergeben, weil die Steuerpflichtigen, die eine im Sinne des § 5 AO. ungewöhnliche Rechtsform wählen, oft der Auffassung sein werden, daß die gewählte Form sie vor der Steuerpflicht schützt. Eine Steuerhinterziehung wird man daher in diesen Fällen nur selten annehmen können. Vgl. hierzu Anm. 5 zu § 359 AO.

5. **Die Verpflichtungen gegenüber der Behörde.** Der Steuerpflichtige hat auf Erfordern der Steuerstelle zu versichern, daß er die Angaben nach bestem Wissen und Gewissen gemacht hat. Er hat auch auf Verlangen seine Behauptungen durch Eidesstattliche Versicherung zu erhärten. (§ 168 Abs. 3, §§ 176, 209 AO.). Die Steuerstelle kann auch das persönliche Erscheinen der Pflichtigen anordnen oder schriftliche Auskunft von ihm verlangen (§ 172 AO.).

6. **Die Frist** für die Anzeige beträgt 1 Monat seit dem steuerpflichtigen Rechtsvorgang. § 5 Abs. 1 AB. schiebt den Fristbeginn bis zur K e n n t n i s von dem anzeigepflichtigen Rechtsvorgang hinaus. Maßgebend für das Vorliegen eines steuerpflichtigen Rechtsvorganges ist § 4. In den Fällen des § 5 Abs. 1 braucht die Anzeige erst nach Ablauf eines Jahres seit Abschluß des Geschäfts erstattet zu werden, da ein steuerpflichtiger Rechtsvorgang vorher nicht gegeben ist, in den meisten Fällen voraussichtlich auch gar nicht eintreten wird, da die Auflassung in der Regel innerhalb eines Jahres folgt. Ebenso Ott 6 zu § 26, Lion S. 147, a. M. Boethke-Bergschmidt S. 191. Allerdings kann diese Hinausschiebung der Anzeige leicht zur Unterlassung führen, zumal in den Fällen des § 5 Abs. 4 bei Zwischengeschäften, sofern später die Auflassung von dem ersten Veräußerer unmittelbar an den

letzten Erwerber erfolgt, und ein Zwischenveräußerer hiervon nicht rechtzeitig Kenntnis erhält. In den Fällen des § 5 Abs. 3 wird in der Regel die Ausnahme (Anm. 7) gegeben sein.

Die Frist ist gemäß § 64 AO. nach §§ 186 ff. BGB zu berechnen.

Wer die Frist nicht wahrt, kann nach § 170 Abs. 2 AO. vom Finanzamt mit einem Zuschlag bis zu 10 v. H. der Steuer beschwert werden, falls die Versäumnis nicht entschuldbar erscheint.

7. **Eine Ausnahme** findet statt, wenn der Steuerstelle nach § 25 Mitteilung zu machen ist. Ob die Mitteilung wirklich gemacht wird, ist gleichgültig. Die Beteiligten sind daher von der Anzeigepflicht allgemein befreit bei Auflassungen von Grundstücken sowie bei Verpflichtungsgeschäften und Uebertragungen, die gerichtlich oder notariell beurkundet worden sind, ferner auch bei der Zwangsversteigerung und bei der Enteignung. Die Anzeigepflicht besteht also eigentlich nur in Ausnahmefällen, besonders in den Fällen des § 3 und des § 6, sowie bei Zwischengeschäften.

Hat einer von mehreren Verpflichteten die Anzeige fristgemäß erstattet, so sind gemäß § 5 Abs. 2 AB. alle Verpflichteten befreit; vgl. auch § 94 AO.

Eine weitere Befreiung von der Anzeigepflicht kann nach § 27 erfolgen.

8. **Unterlassung** der Anzeige begründet einmal den Steuerzuschlag bis zu 10 v. H. gemäß § 170 Abs. 2 AO. (vgl. Anm. 6 a. E,) und hat ferner gemäß § 377 AO. die Verhängung einer Ordnungsstrafe bis zu 10 000 Rm. zur Folge, sofern die Zuwiderhandlung nicht auf einem unabwendbaren Zufall beruht oder Strafausschließungsgründe vorliegen. Führt die Unterlassung der Anzeige zu einer Steuerverkürzung, so tritt bei Fahrlässigkeit Bestrafung wegen Steuergefährdung nach § 367 AO., bei Vorsatz Bestrafung wegen Steuerhinterziehung nach § 359 AO. ein; (vgl. dort Anh.).

## § 27.

**Der Reichsminister der Finanzen kann anordnen, daß es der in den §§ 25 und 26 vorgesehenen Anzeigen und Mitteilungen nicht bedarf, wenn die Anzeigen und Mitteilungen bereits aus anderem Anlaß, insbesondere wegen der Wertzuwachssteuer erfolgt sind.**

Nach §§ 37, 38 ZuwStG. haben die in §§ 26 bzw. 25 dieses Ges. bezeichneten Personen bzw. Behörden die entsprechende Anzeigepflicht; vgl. hierzu §§ 3—10 ZuwSt. AB.; vgl. auch § 15 Wertzuwachssteuerordnung der Stadt Berlin, wonach die zur Entrichtung der Steuer und zur Mithaft Verpflichteten innerhalb zwei Wochen nach dem Eintreten des die Steuerpflicht begründenden Ereignisses Mitteilung zu machen haben.

Das gleiche gilt für Anzeigepflichten zur Sicherung der Einkommen- oder Grundsteuer; vgl. § 31 PrAllgVerf. z. Ausf. d. GBO. Da diese Vorschriften in Kraft bleiben, wird sich vielfach eine besondere, nochmalige Mitteilung auf Grund dieses Ges. erübrigen. Die Befreiung von der Anzeigepflicht darf jedoch nur insoweit erfolgen, als die Anzeigen und Mitteilungen aus dem anderen Anlaß wirklich erstattet sind, nicht nur zu erfolgen haben. Wird also die Anzeige überhaupt unterlassen, so ist selbständig zu prüfen, ob sie auf Grund dieses Gesetzes (§§ 25, 26) erfolgen mußte. Im Bejahungsfalle kann sich der Pflichtige nicht damit entschuldigen, daß er etwa nach Maßgabe des anderen Gesetzes zu der Anzeige in dem Einzelfall nicht verpflichtet war. Das ist z. B. von Bedeutung bei § 26. Besondere Anordnungen des RFM. zu § 27 GrErwStG. sind nicht ergangen; vgl. AB. § 2 Abs. 3, § 4 Abs. 4. Abs. 4.

§ 28.

**In dem Falle des § 10 haben die Inhaber der gebundenen Grundstücke und die gesetzlichen Vertreter der dort genannten Vereinigungen, Anstalten und Stiftungen mindestens zwei Monate vor Ablauf des zwanzigjährigen Zeitraums der Steuerbehörde Anzeige zu erstatten.**

**Die Steuerpflicht nach § 10 tritt zum ersten Male mit dem 1. Januar 1929 oder an dem späteren seit dem Inkrafttreten des Gesetzes liegenden Tage ein, an dem ein zehnjähriger Zeitraum seit der Bindung (§ 10 Abs. 1 Nr. 1) oder dem Erwerbe (§ 10 Abs. 1 Nr. 2) abläuft. Die Steuer wird das erste Mal nur in Höhe von eins vom Hundert erhoben.**

1. Der Inhaber des gebundenen Grundstücks ist nach § 20 Abs. 2 steuerpflichtig. Maßgebend für die Feststellung des Verpflichteten ist derjenige Zeitpunkt, welcher für die Anzeige in Betracht kommt, also 2 Monate vor Ablauf des 20jährigen bzw. des nach Abs. 2 maßgebenden kürzeren Zeitraums. Frühere Inhaber werden von der Anzeigepflicht mit der Beendigung ihrer Stellung frei. Durch die von einem Inhaber erstattete Anzeige werden seine Nachfolger befreit.

2. Gesetzliche Vertreter der in § 10 genannten Vereinigungen usw. sind diejenigen Personen, die nach dem Gesetz zur Vertretung der Vereinigung, Anstalt oder Stiftung berufen sind. Bei Vereinen, Anstalten und Stiftungen ist dies der Vorstand (§§ 26, 86, 88, 31 BGB.); ebenso bei Akt.-Ges. (§ 231 HGB.); bei der G. m. b. H. sind es die Geschäftsführer, bei der Gewerkschaft der Repräsentant oder der mehrköpfige Grubenvorstand. §§ 117, 119 PrABG. Besteht der Vorstand aus mehreren Personen, so ist jeder von ihnen zu der Anzeige verpflichtet; durch die Anzeige des einen werden aber alle befreit; § 94 AO. Bei offenen Handelsgesellschaften, Kommanditgesellschaften, Kommanditgesellschaften auf Aktien, Gesellschaften des bürgerlichen Rechts sowie bei nichtrechtsfähigen Vereinen sind diejenigen Personen als gesetzliche Vertreter im Sinne des § 28 zu betrachten, die zur Vertretung der Gesellschaft bzw. des Vereins ermächtigt sind. (§§ 714, 715, 54 BGB., §§ 125, 126, 161, 170, 320 Abs. 2 HGB.; vgl. auch §§ 86, 93 AO.

Steht das Eigentum einer natürlichen Person als Treuhänder zu, so sind doch die gesetzlichen Vertreter der Vereinigung usw. zu der Anzeige verpflichtet, obgleich die Personenvereinigung für die Steuer in erster Linie nicht haftbar ist (§ 20 Abs. 2 u. Anm. 8 dazu). Nach § 190 AO. kann aber eine Anzeigepflicht des Treuhänders, jedoch nur betr. das Treuhandverhältnis als solches, angeordnet werden.

3. **Die Anzeige** hat das Grundstück sowie den Inhaber (bei gebundenen Grundstücken) bzw. den Eigentümer zu bezeichnen und zweckmäßigerweise auch den Zeitpunkt anzugeben, in welchem sich der 20jährige Zeitraum vollendet. Vgl. auch Anm. 3 zu § 26.

4. **Die Frist** beträgt 2 Monate vor Ablauf des 20jährigen bzw. im Falle des Abs. 2 des 10jährigen Zeitraumes. In den Regelfällen muß die erste Anzeige also spätestens am 31. Oktober 1928 in den Händen der Steuerstelle sein. Wegen der Fristberechnung vgl. Anm. 6 zu § 26, wegen Fristversäumnis Anm. 8 zu § 26.

5. **Fälligkeit.** Die Fälligkeit der Steuer tritt erstmalig am 1. Januar 1929 oder an demjenigen späteren Tage ein, an dem 10 Jahre seit der Bindung des Grundstücks oder seit Erwerb durch die Personenvereinigung, Anstalt oder Stiftung verflossen sind. Vgl. § 10 Abs. 1 GrErwStG. Erstmalig muß also ein vor dem 1. Januar 1919 erworbenes Grundstück am 1. Januar 1929 mit 1 v. H. und dann späterhin am 1. Januar 1949 mit 2 v. H. versteuert werden. Hierzu kommen noch nach § 38 Abs. 4 FinAusglG. vom 10. August 1925 in der Fassung des Gesetzes vom 9. April 1927 (RGBl. I, S. 91) die Zuschläge, die im allgemeinen 1 v. H., bei der erstmaligen Erhöhung am 1. Januar 1929 jedoch ½ v. H. nicht überschreiten dürfen.

## § 29.

**Die Steuerstelle setzt die Steuer fest und erteilt dem Steuerpflichtigen einen Bescheid. Deckt sich die Steuer mit der nach § 24 geleisteten Zahlung, so genügt eine Mitteilung hierüber.**

1. **Allgemeines.** Der § 29 enthält nur eine kurze Bestimmung über die Festsetzung der Steuer und den Steuerbescheid seitens der Steuerstelle. Die näheren Bestimmungen hierüber befinden sich in der Reichsabgabenordnung.

2. **Die Steuerstelle** ist nach § 8 Abs. 2 AO. das Finanzamt (§§ 21—31 AO.), oder die von den Landesregierungen mit der Verwaltung der Grunderwerbsteuer beauftragten Behörden (§ 39 FinAusglG.). Oberbehörden sind die Landesfinanzämter und diesen ist wieder der RFM. als oberste Behörde vorgesetzt. Ueber die Steuerstellen in den einzelnen Ländern vgl. Anm. 2 zu § 39 FinAusglG. Die Aufgaben der Landesfinanzämter sind im Gesetz besonders geregelt; vgl. §§ 14, 19, 22. Sie haben gegenüber den Steuerstellen eine überwachende Tätigkeit und können diesen Anweisung erteilen, noch nicht rechtskräftige Bescheide zurückzunehmen. § 76 Abs. 1 Ziff. 2, § 13 AO., vgl. hierzu Becker § 75 Anm. 2 AO. Auch im Rechtsmittelverfahren selbst kann der Bescheid noch zurückgenommen werden. RFH. StuW. I, Nr. 98, Becker § 75 Anm. 1. Die Zuständigkeit der LFAe. und des RFM. wird auch dann nicht berührt, wenn die Grunderwerbsteuer von landesrechtlich bestimmten Steuerstellen verwaltet wird; vgl. Anm. 2 zu § 39 FinAusglG.

3. **Zuständigkeit.** Die Zuständigkeit des Finanzamts für den einzelnen Fall ergibt sich aus § 54 AO. Hiernach ist, wenn das Gesetz die Steuerpflicht auf das Eigentum an einem Grundstück oder den Uebergang des Eigentums an einem Grundstück gründet, das Finanzamt zuständig, in dessen Bezirk

das Grundstück liegt. Liegt es in den Bezirken mehrerer Finanzämter, so ist das Finanzamt zuständig, in dessen Bezirk das Verzeichnis der Steuerwerte der Grundstücke geführt wird. (§ 155 AO.). Nach dieser Vorschrift steht die Zuständigkeit für die Steuer aus §§ 1—3 und aus § 10 Nr. 2 fest; zweifelhaft ist sie für die Steuer aus §§ 5, 6, 10 Nr. 1, weil in diesen Fällen die Steuerpflicht nach dem Wortlaut weder auf das Eigentum noch auf den Uebergang des Eigentums gegründet ist. Im Falle des § 10 Nr. 1 wird man indes annehmen dürfen, daß sich die Steuer auf das Eigentum gründet, denn der in § 20 Abs. 2 für haftbar erklärte Inhaber ist als Eigentümer des Grundstücks zu betrachten. In den Fällen des § 5 gründet sich die Steuerpflicht nicht auf den Uebergang des Eigentums, sondern auf die Verpflichtung zu dessen Uebertragung, sowie auf die Uebertragung des Anspruchs aus solcher Verpflichtung. In den Fällen des § 6 kommt der Uebergang des Eigentums gleichfalls nicht in Frage. In diesen Fällen gilt daher die Zuständigkeit nach §§ 51, 52 AO. Es ist das Finanzamt zuständig, in dessen Bezirk der Steuerpflichtige seinen Wohnsitz oder in Ermangelung eines inländischen Wohnsitzes seinen gewöhnlichen Aufenthalt hat, a. M. Ott 5 zu § 29. Bei juristischen Personen ist der Ort ihrer Leitung maßgebend.

Wegen Ausschließung von Beamten infolge Beteiligung an der Sache oder naher Beziehungen zu den Beteiligten vgl. §§ 47—49 AO. Unwirksamkeit des Steuerbescheides tritt wegen Mitwirkung ausgeschlossener Beamten nicht ein.

4. **Die Steuerberechnung** seitens des Finanzamtes erfolgt gemäß § 10 AB. Hiernach ist eine Berechnung der Steuer für die Akten zu fertigen; Pfennigbeträge sind dabei nach unten auf Zehner abzurunden. Grundlage hierfür bilden die Anzeigen, die nach §§ 2—6 AB. und nach den in der Anlage beigefügten Mustern zu machen sind (vgl. §§ 25—28). Nach § 168 AO. hat der Steuerpflichtige zu versichern, daß er die Angaben nach bestem Wissen und Gewissen gemacht hat. Das Finanzamt ist zu weiteren Nachforschungen berechtigt; vgl. §§ 204—216 AO. In erster Linie soll es sich nach § 209 wegen der Auskünfte an die Steuerpflichtigen selbst halten. Diese haben nach § 172 auf Verlangen vor dem Finanzamt zu erscheinen und nötigenfalls Schriftstücke und Geschäftsbücher zur Auffrischung des Gedächtnisses einzusehen. Das Finanzamt kann schriftliche Auskunft verlangen. Auf Verlangen hat der Steuerpflichtige die Richtigkeit der Steuererklärung nachzuweisen. Er hat Aufzeichnungen, Bücher und Geschäftspapiere, sowie Urkunden, die für die Festsetzung der Steuer von Bedeutung sind, z. B. Miet- und Pachtverträge, sowie Quittungen über Hausunkosten, auf Verlangen zur Einsicht und Prüfung vorzulegen (§ 173 Abs. 2 AO.). Die Beamten der Finanzämter und ihre Beauftragten können nach § 175 das Grundstück betreten, um an Ort und Stelle Abschätzungen vorzunehmen. Die Kosten der Ermittelungen trägt nach § 205 Abs. 3 AO. der Steuerpflichtige, wenn das Endergebnis dasjenige Ergebnis, das seinen Angaben entspräche, um mehr als ein Drittel übersteigt, oder sich seine Angaben in wesentlichen Punkten als unrichtig erweisen oder er trotz Aufforderung keine oder keine genügenden Angaben über die Ver-

hältnisse gemacht hat, die für die Festsetzung der Steuer erheblich sind. Nach § 206 können die Finanzämter Sachverständige hinzuziehen, was besonders für die Ermittelung des gemeinen Wertes erforderlich sein wird.

5. **Die Festsetzung der Steuer** erfolgt gemäß § 210 AO. nach Abschluß der Ermittelungen durch das Finanzamt, das nötigenfalls auf Grund aller Umstände zu schätzen hat. Vgl. ferner § 10 AB.

6. **Der Steuerbescheid** enthält das Ergebnis der Ermittelungen des Finanzamts. Er ist der grundlegende Rechtsspruch des Steuerrechts, der das Maß der Steuerpflicht im Einzelfalle mit Wirksamkeit gegen den Steuerpflichtigen feststellt und durch Rechtsmittel anfechtbar ist (Anm. 8). In Preußen sind Kreisbeamte (Verwaltungsoberinspektor, Kreissyndikus) zum selbständigen Erlaß von Steuerbescheiden nicht berechtigt. RFH. StuW. VII, 102, 103.

Der Steuerbescheid muß, sofern eine Steuerbefreiung nicht gegeben, in schriftlicher Form zugestellt werden. §§ 10, 12 AB., § 211 Abs. 1 AO., Becker § 211 AO. Anm. 1, Ott 7 zu § 29.

In der Sache kommt es entweder zu der Feststellung der Steuerfreiheit gemäß §§ 8, 9 AB. oder, falls eine Steuerpflicht angenommen wird, zu dem gemäß § 12 AB. zu erteilenden Grunderwerbsteuerbescheid. Dieser ist nach § 12 AO. schriftlich zu erteilen und muß die Höhe der Steuer enthalten. Entspricht der Steuerbescheid nicht der Vorschrift, setzt er jedoch die Steuer unter Bezeichnung der Steuerart sowie der Steuersumme fest, so genügt auch dieser Bescheid den Voraussetzungen des § 211 Abs. 1 AO. und des § 29 GrErwStG. Ebenso Becker § 211 Anm. 7, Ott 7 zu § 29, RFH. 8 S. 139; StuW. I, 407; III, 368. Er soll ferner nach § 211 Abs. 2 AO. enthalten

a) eine Belehrung, welches Rechtsmittel zulässig ist, und binnen welcher Frist und bei welcher Behörde es einzulegen ist; dies ist nach § 231 Abs. 3 AO. eine Voraussetzung für den Beginn des Laufs der Rechtsmittelfrist;

b) die Grundlagen der Festsetzung und Veranlagung, soweit sie dem Steuerpflichtigen nicht schon mitgeteilt sind;

c) eine Anweisung, wo, wann und wie die Steuer zu entrichten ist; nach § 102 Abs. 1 AO. ist das Postscheck- oder Bankkonto des zuständigen Finanzamtes anzugeben;

d) die Punkte, in denen von der Steuererklärung abgewichen worden ist.

Bei bedingten oder befristeten oder bei sonst ungewissen tatsächlichen oder Rechtsverhältnissen kann es nach §§ 82, 214 AO. auch zu einer Aussetzung der Steuerfestsetzung kommen, so z. B. im Falle des § 5 bei aufschiebend bedingten Kaufverträgen.

7. **Die Zustellung der Steuerbescheide.** a) Sie sind verschlossen zuzustellen (§ 211 Abs. 3 AO., § 12 AB. RFH. StuW. V, 153). Für die Zustellungen gelten nach § 70 AO. die Vorschriften der Zivilprozeßordnung über Zustellung von Amts wegen (§§ 208—213 ZPO.). Ueber die Einzelheiten vgl. daselbst §§ 70—72.

b) Die Zustellung durch eingeschriebenen Brief nach § 9 EVAO. ist zulässig. Wegen Zustellung einer Abschrift, statt der Urschrift an eine Behörde vgl. RFH. 9, 123.

c) Ordnungswidrige Zustellung setzt die Rechtsmittelfrist nicht in Lauf. RFH. 2, 87. Auch mündliche Bekanntgabe des Steuerbescheides genügt nicht. RFH. JW. 1921, 1562. Dagegen ist eine unrichtige Beurkundung der Zustellung ohne Bedeutung, wenn in der Sache selbst richtig verfahren ist. RFH. 14, 83. A. M. RFH. StuW. I, 53; II, 21.

d) Die Person des Steuerpflichtigen ergibt sich aus § 20. Bei Eigentumswechsel ist also grundsätzlich der Steuerbescheid sowohl dem Erwerber als dem Veräußerer zu erteilen. Dagegen erscheint Zustellung an den beantragenden Notar unzülässig; vgl. Anm. 2 zu § 24 GrErwStG. Die Rechtsmittelfrist wird dadurch nicht in Lauf gesetzt.

8. **Rechtsmittel.** a) Die Rechtsmittel gegen den Steuerbescheid ergeben sich aus §§ 217 Nr. 1, 218 AO. Hiernach ist das Berufungsverfahren gegeben, welches mit dem Einspruch gegen den Steuerbescheid beginnt. Ueber diesen entscheidet das Finanzamt selbst. Gegen die Einspruchsentscheidung des Finanzamtes ist die Berufung gegeben, über welche das Finanzgericht entscheidet; §§ 14, 245 ff. AO. Gegen die Berufungsentscheidung ist die Rechtsbeschwerde an den Reichsfinanzhof gegeben; §§ 32. 265 ff. AO.

b) Das Rechtsmittelverfahren gegen den endgültigen Steuerbescheid aus § 29 GrErwStG. ist von dem Verfahren gegen den Vorauszahlungsbescheid aus § 24 vollkommen unabhängig und wird von dem letzteren nicht berührt; RFH. 20, 108 = StuW. VI, 253. Insbesondere sind die Feststellungen und Gründe des im ersten Verfahren ergangenen Urteils nicht bindend; vgl. auch RFH. in StuW. VI, 196 und 253.

c) Bei Kettengeschäften wird durch die Besteuerung eines einzelnen dieser Geschäfte für die Rechtsmittelbeschwerde keine Bindung herbeigeführt, sofern dem Finanzamt der ganze Sachverhalt vorliegt. Die Rechtsmittelbehörde kann das besteuerte Geschäft durch ein anderes der Kette ersetzen; RFH. 9, 19 ff., besonders 27, 28; Mrozek, R. 1 zu § 28.

d) Befugt zur Einlegung eines Rechtsmittels ist der, gegen den der Bescheid ergangen ist, und, wenn er während der Rechtsmittelfrist verstirbt, jeder Erbe; § 225 AO. Gesetzliche Vertreter, Vorstände juristischer Personen, Konkursverwalter, Testamentsvollstrecker und Nachlaßpfleger sind hiernach als Empfänger des Steuerbescheids zur Einlegung des Rechtsmittels befugt. Neben ihnen kann unter Umständen aber auch der Steuerpflichtige selbst nach § 226 AO. das Rechtsmittel selbständig einlegen oder ihm beitreten. Die Behörde kann auch von Amts wegen ihn und sonstige Beteiligte zuziehen.

e) Der Veräußerer ist bei einem an den Erwerber gerichteten Bescheid zur selbständigen Einlegung eines Rechtsmittels nicht befugt. Es steht im Belieben der Rechtsmittelbehörde, ihn als Beteiligten zuzuziehen. § 226 Abs. 2 AO., RFH. 1, 135, RFH. StuW. I, 286, 602.

f) Daß der Veräußerer als Bevollmächtigter des Erwerbers auftreten kann, ist selbstverständlich. Dann muß die Zustellung im Rechtsmittelverfahren an ihn erfolgen; RFH. 6, 80, 17, 289, Becker § 70 Anm. 4, A. M. Boethke, JW. 1921, 1024.

g) Der den Kaufvertrag und die Auflassung beurkundende Notar kann selbst dann ein Rechtsmittel selbständig nicht einlegen, wenn ihm der Steuerbescheid zugestellt worden ist. Hierzu bedarf er einer besonderen, auf das Rechtsmittelverfahren gerichteten Vollmacht. Die Vorschrift des § 29 Abs. 1 Satz 2 FGG., wonach der Notar selbständig weitere Beschwerde einlegen kann, wenn er in der gleichen Angelegenheit für den Beschwerdeführer einen Antrag bei dem Gericht I. Instanz gestellt hat, ist hier nicht analog heranzuziehen, ebensowenig die Vermutung der Vollmacht im Falle des § 29 FGG. Der Notar bedarf somit einer besonderen, auf die Einlegung des Rechtsmittels gerichteten Vollmacht des Steuerpflichtigen.

h) Die Frist zur Einlegung des Rechtsmittels beträgt nach § 230 AO. einen Monat. Nach § 231 beginnt sie mit dem Ablauf des Tages, an dem der Bescheid dem zur Einlegung des Rechtsmittels Berechtigten zugestellt ist; die Einlegung ist aber bereits zulässig, sobald der Bescheid vorliegt. Durch einen Bescheid, der die gesetzlich vorgesehene Rechtsmittelbelehrung (Anm. 6a) nicht in richtiger Weise enthält, wird die Rechtsmittelfrist nicht in Lauf gesetzt. Bei Versäumung der Frist ohne Verschulden kann gemäß §§ 68, 69 AO. „Nachsicht" beantragt werden, und zwar binnen 2 Wochen unter Glaubhaftmachung der Gründe und Nachholung der versäumten Rechtshandlung. Nach § 234 können die Rechtsmittel schriftlich eingereicht oder zu Protokoll erklärt werden, und zwar bei der Geschäftsstelle der Behörde, deren Bescheid angefochten wird. Es genügt jedoch auch die Anbringung bei der Rechtsmittelbehörde oder bei einer Vorinstanz. Einlegung durch Telegramm ist zulässig. Ebenso Lindemann § 29 Anm. 4, Ott 19 zu § 29, wohl auch Becker § 234 Anm. 1 Abs. 2. Nicht genügend ist jedoch die Einlegung durch Fernsprecher.

i) Ein Rechtsmittel gilt als eingelegt, wenn aus dem Schriftstück oder der Erklärung hervorgeht, daß sich der Erklärende durch die Entscheidung beschwert fühlt und Nachprüfung begehrt. RFH. 5, 221/25, Becker § 234 Anm. 2, RFH. StuW. I, 83, 84, 85, RFH. 10, 237. An den sachlichen Inhalt sind möglichst geringe Anforderungen zu stellen. Insbesondere sind bestimmte Anträge nicht erforderlich. Ebenso Becker § 234 Anm. 2.

k) Ergibt die Erklärung nicht, ob Freistellung oder Ermäßigung beantragt werden soll, so ist der Einspruch als gegen die Veranlagung im ganzen gerichtet anzusehen; vgl. OVG. 64, 65. Die Erhebung der Steuer wird durch die Einlegung eines Rechtsmittels nicht aufgehalten; das Finanzamt kann aber die Vollziehung aussetzen, geeignetenfalls gegen Sicherheitsleistung (§ 235 AO.).

l) Das Verfahren ist in §§ 236 ff., 244 ff. AO. geregelt. Mündliche Verhandlung ist anzuordnen, wenn es ein Mitglied des Gerichts verlangt (§ 252 AO.). Im Berufungsverfahren dürfen neue Tatsachen und Beweise vorgebracht werden (§ 250 Abs. 1 AO.). Die Urteile ergehen im Namen des Reichs und sind den Beteiligten von Amts wegen zuzustellen (§§ 263, 262 AO.). Die Rechtsbeschwerde kann dagegen nur auf Nichtanwendung oder unrichtige Anwendung des bestehenden Rechts, auf einen Verstoß wider den klaren Inhalt der Akten oder auf wesentliche Mängel im Verfahren gestützt werden, also nicht auf neue Tatsachen und Beweise (§ 267). Sie kann auch von der Finanzbehörde eingelegt werden, die den Steuerbescheid erlassen hat (§ 265 AO.).

m) Der ordentliche Rechtsweg ist nach § 227 AO. ausgeschlossen. Dies gilt auch für die Rückforderung bezahlter Steuern.

Ueber die Zurücknahme oder Aenderung eines Steuerbescheides vgl. § 76 AO.

8. a) **Die Nachforderung von Steuern** ist nach § 212 AO. bis zum Ablauf der Verjährungsfrist (Anm. 9 zu § 30) zulässig. Hat das Finanzamt nach Prüfung des Sachverhalts einen besonderen Bescheid, sei es Veranlagungs-, Freistellungs- oder Feststellungsbescheid erteilt, so ist eine Neuveranlagung nur zulässig, wenn neue Tatsachen oder Beweismittel bekannt werden, die eine höhere Veranlagung rechtfertigen; vgl. RFH. 15, S. 336/337, wonach die Grunderwerbsteuer eine Veranlagungssteuer im Sinne von § 212 Abs. 2 AO. ist.

b) Eine Neuveranlagung ist also nur zulässig, wenn neue Tatsachen oder Beweismittel bekannt werden, die eine höhere — nicht eine geringere — Veranlagung rechtfertigen. Neue Tatsachen im Sinne dieser Bestimmung sind nur solche, die vor dem Eigentumsübergang entstanden, aber erst nach der Veranlagung bekannt geworden sind: RFH. Mrozek R. 19 zu § 12 Abs. 2 S. 1 u. RFH. 22, 30, Die Vorschrift des § 212 AO. gilt auch für einen Freistellungsbescheid, sofern sich dieser als Abschlußergebnis eines bestimmten steuerlichen Ermittlungsverfahrens darstellt: RFH. 19, 68 gegen RFH. 8, 15.

c) Eine Neuveranlagung ist ferner zulässig, wenn bei einer Nachprüfung durch die Aufsichtsbehörde Fehler aufgedeckt werden, deren Berichtigung eine höhere Veranlagung rechtfertigt; § 212 Abs. 3 AO. Die Veranlassung der Nachprüfung kann auch durch die Steuerstelle erfolgen, sofern die Entscheidung von ihr lediglich angeregt, jedoch der Aufsichtsbehörde ausschließlich überlassen wird. Wie die Aufsichtsbehörde die Nachprüfung veranlaßt, ist deren Sache; RFH. 4, 308, 309, RFH. 19, 330. Unzulässig aber ist es, daß die Steuerstelle selbst neu veranlagt und der Aufsichtsbehörde nur berichtet. Nach Ablauf der Verjährungsfrist ist eine Nachforderung ausgeschlossen. Eine Neuveranlagung darf jedoch nicht auf eine nach Entstehung des Steueranspruchs erlassene Entscheidung des Reichsfinanzhofs gegründet werden, in der die Steuerpflicht im Gegensatz zu einer früheren, einen gleichen Tatbestand betreffenden höchstrichterlichen Entscheidung bejaht wird. Hat dagegen das Finanzamt einen Fall von Steuerfreiheit angenommen, ohne daß ein höchstrichterliches Präjudiz vorlag, und stellt später innerhalb der Verjährungsfrist der Reichsfinanzhof die Steuerpflichtigkeit eines derartigen Tatbestandes in einem anderen Falle fest, so wird Neuveranlagung zulässig sein.

d) Nach § 213 ist andererseits auch zugunsten des Steuerpflichtigen die Steuer herabzusetzen, wenn bei einer Nachprüfung durch die Aufsichtsbehörde vor Ablauf der Verjährungsfrist ein entsprechender Fehler aufgedeckt wird. Diese Nachforderungen bzw. Herabsetzungen sind auch zulässig, wenn das Berufungsverfahren vollständig durchgeführt worden ist, § 213 AO. Die Anregung kann von dem Steuerpflichtigen ausgehen. Gegen die Ablehnung Beschwerde. RFH. JW. 1922, 113. Es ist jedoch Pflicht der Steuerstelle, Fehler zu ungunsten des Steuerpflichtigen der Aufsichtsbehörde anzuzeigen und die Berichtigung zu veranlassen. RFH. 15, 183; vgl. Becker StuW. IV, S. 335.

**9. Der Steuerbescheid nach Vorauszahlung gemäß § 24.** Die Bestimmung des Abs. 2 ist durch Art. VIII, Nr. 6 des AendGes. hinzugefügt worden. Ein Steuerbescheid muß jedoch selbst dann ergehen, wenn die Vorauszahlung nach § 24 mit dem endgültigen Steuerbetrag identisch ist. Denn erst der endgültige Steuerbescheid setzt die Steuer fest und eröffnet dem Steuerpflichtigen das Rechtsmittelverfahren. Die Zahlung aus § 24 bedeutet keine Festsetzung des Steueranspruchs. Vgl. Anm. 2 zu § 24. Deshalb ist auch, wie sich aus § 5 Abs. 2 DB. zu § 24 ergibt, mit der Mitteilung aus § 29 Abs. 2, die den endgültigen Steuerbetrag enthält, die Rechtsmittelbelehrung gemäß § 211 Abs. 2 Ziff. 1 AO. zu verbinden. Auch die Angabe der Berechnungsgrundlage empfiehlt sich.

Uebersteigt die Vorauszahlung die Steuer, so muß ein diese festsetzender Bescheid dem Steuerpflichtigen schon deshalb zugehen, damit er seine Erstattungsansprüche geltend machen kann. Daß im umgekehrten Falle dem Steuerpflichtigen ein Bescheid erteilt werden muß, ist selbstverständlich.

## § 30.

**Die Steuer ist binnen einer Woche nach der Bekanntgabe des Steuerbescheides zu leisten, soweit sie die nach § 24 geleistete Zahlung übersteigt.**

**1. Allgemeines.** Der § 30 setzt die Fälligkeit der Steuer fest im Gegensatz zu der Entstehung der Steuerpflicht. Diese ergibt sich aus §§ 1, 4, 5 Abs. 1, 3, 6, 7, 10 GrErwStG. Auf alle diese Steuern bezieht sich die Fälligkeitsvorschrift des § 30, der zugleich auch eine Zinspflicht aufstellt. Ueber die Buchführung vgl. § 13 AB. (Anhang I).

Die jetzige Fassung beruht auf Art. VIII Nr. 7 der 2. StNVO. Sie hat die Befugnis der Steuerstelle zur Fristverlängerung beseitigt und die Zahlungsfrist auf eine Woche verkürzt. Die früher im Gesetz selbst geregelte Verzinsung ist durch besondere gesetzliche Bestimmungen geordnet worden.

**2. Die Zahlungsfrist.** a) Ihre rechtliche Bedeutung ergibt sich aus § 81 Abs. 3 AO. Hiernach wird die Steuerschuld mit Ablauf der Frist fällig. Wird die Zahlung schon vor Ablauf der Frist geleistet, so können Zwischenzinsen nicht abgezogen werden (§ 813 Abs. 2 BGB.). Nach § 104 AO. sind, wenn die Zahlung nicht rechtzeitig, also bei Ablauf der Frist entrichtet ist, ohne Rücksicht auf Verschulden, Zinsen zu 5 v. H. von der Fälligkeit an zu zahlen. Diese Zinspflicht besteht selbständig neben etwaigen weiteren Verzugszinsen; vgl. u. Anm. 6. Nach § 299 Abs. 4 AO. kann ferner nach Ablauf der Zahlungsfrist die Zwangsvollstreckung wegen der Steuerschuld beginnen.

b) Die Frist beginnt mit der Bekanntgabe des Steuerbescheids, d. h. mit seiner Zustellung an den Steuerpflichtigen; vgl. Anm. 6 zu § 29. Die Frist läuft also für jeden Steuerpflichtigen besonders. Gemäß § 64 AO. gelten für die Berechnung der Frist die Vorschriften der §§ 186 ff. BGB. Die Steuerstelle kann die Frist, da die frühere Befugnis ausdrücklich weggefallen ist, nicht mehr verlängern. Dagegen bestehen keine Bedenken, Stundungen gemäß § 105 Abs. 2 AO. zu gewähren, sofern die sofortige Einziehung der Steuer mit erheblichen Härten für den Steuerpflichtigen verbunden sein würde und daß der Anspruch durch die Stundung nicht gefährdet wird. In der Regel soll Stundung nur gegen Sicherheitsleistung und Verzinsung gewährt werden.

c) Auch die Gewährung von Teilzahlungen ist zulässig; bei Versäumung einer Rate tritt nach § 106 AO. die Fälligkeit der noch ausstehenden Teilzahlungen ein, sofern der Steuerpflichtige die versäumte Zahlung nicht innerhalb einer Woche nach Empfang einer Mahnung, in der auf die Rechtsfolgen hingewiesen ist, nachholt. Die in § 15 Abs. 3 AB. vorgeschriebene Bedingung bei der Gewährung von Teilzahlungen ist hiernach nicht mehr erforderlich.

d) Durch die Einlegung eines Rechtsmittels wird nach § 235 AO. der Lauf der Zahlungsfrist nicht gehemmt.

3. **Die Entrichtung der Steuer** hat nach § 102 AO. entweder in bar oder durch Ueberweisung auf das Postscheck- oder Bankkonto des Finanzamtes — eines von beiden muß geführt werden — zu erfolgen. Kosten, die durch bargeldlose Ueberweisung entstehen, dürfen dem Steuerpflichtigen nicht angerechnet werden. Bargeldzahlungen sind bei der zuständigen Kasse zu leisten oder ihr durch die Post zu übersenden. Wegen der Buchführung vgl. § 13 AB. Nach § 103 AO. kann der Steuerpflichtige mit unbestrittenen oder rechtskräftig festgestellten Gegenansprüchen aufrechnen. Der Gegenanspruch braucht nicht gegen eine Steuerkasse begründet zu sein, sondern nur gegen irgendeine Kasse des Reiches zu bestehen; § 395 BGB. ist durch § 103 AO. hinsichtlich der Steueransprüche abgeändert. Gedacht ist hauptsächlich an Gegenforderungen auf Grund der Beschlagnahme deutschen Eigentums im Ausland und in den besetzten Gebieten (vgl. Bericht des 11. Aussch. S. 19 f.).

4. a) **Die Beitreibung der Steuerforderung** ist nach § 299 Abs. 4 AO. zulässig, sobald die Zahlungsfrist abgelaufen ist. Eine besondere Zahlungsaufforderung neben dem Steuerbescheid ist nicht erforderlich. Die Zwangsvollstreckung erfolgt nach §§ 299, 306 AO. auf Grund eines amtlichen Zwangsverfahrens, das vom Finanzamt angeordnet wird. Ueber die Einzelheiten des Verfahrens vgl. §§ 296 ff. AO. sowie die BeitrO. vom 23. 6. 23 (RMBl. 595); vgl. dazu im einzelnen Becker, StuW. III, 753, 1185, derselbe Vorbem. 5 vor § 299 AO. und § 299 Anm. 16—21. So muß besonders ein Leistungsgebot dem Schuldner zugegangen und mindestens eine Woche verstrichen sein, § 299 Abs. 4 AO. Rechtskraf des Seuerbescheides ist nicht erforderlich, auch die Einlegung des Rechtsmittels hindert die Vollstreckung nicht, § 235 AO.

b) Die Vollstreckung in das unbewegliche Vermögen ist nach § 345 AO. insoweit beschränkt, als Anträge auf Zwangsversteigerung oder Zwangsverwaltung nur zulässig sind, wenn feststeht, daß der Geldbetrag durch Pfändung — auch Mietspfändung — nicht beigetrieben werden kann. In Kleinsiedlungen, die der — reichsdeutsche — Schuldner bewohnt, ist eine Zwangsversteigerung oder Zwangsverwaltung nur mit seiner Zustimmung zulässig. Im übrigen ist das Verfahren den Vorschriften der ZPO. über die Zwangsvollstreckung ähnlich.

c) Nach § 351 AO. ist auch die Anordnung des Arrestes durch das Finanzamt zulässig, wenn zu besorgen ist, daß sonst die Erzwingung der Leistung vereitelt oder wesentlich erschwert wird. Im Falle der Notwendigkeit ist nach § 352 AO. auch der persönliche Sicherheitsarrest zulässig; die diesbezügliche Anordnung des Finanzamtes tritt jedoch außer Kraft, wenn sie nicht binnen 3 Tagen von dem Landesfinanzamt bestätigt wird.

d) Vollstreckungsbehörden sind die Steuerstellen, ebenso entweder die FAe. oder auf Grund des § 39 FinAusglG. die landesrechtlich bestimmten Behörden.

5. **Die Niederschlagung der Steuer** ist zulässig, wenn feststeht, daß die Beitreibung keinen Erfolg haben wird oder wenn die Kosten der Beitreibung außer Verhältnis zu dem Betrage stehen, § 107 AO., § 26 ff. BeitrO., in der Fassung der VO. vom 19. 1. 27, RMBl. S. 23. In dem ersteren Falle ist Genehmigung des LFA. erforderlich (§ 27 BeitrO).

6. **Die Verzinsung der Steuer.** Verzugszinsen sind bei nichtrechtzeitiger Entrichtung der Steuer zu zahlen (§ 104 AO.). Diese betragen z. Zt. 10 v. H. jährlich. Art. XVIII § 2 2. StNotVO. vom 19. 12. 23 (RGBl. I, S. 1205) in Verbindung mit § 1 der StZinsVO. vom 6. 3. 24 in der Fassung der 5. VO. zur Aenderung der StZinsVO. vom 21. 1. 27 (RGBl. I, S. 50). Gegen den Zinsanspruch, der die Merkmale einer Steuer im Sinne des § 1 Abs. 1 AO. trägt, ist auch selbständig das Rechtsmittelverfahren gegeben. RFH. 4, 350; 5, 59; ebenso Becker § 104 AO. Anm. 3; RFH. 14, 211 = StuW. III, 511.

7. **Verhältnis zur Vorauszahlung.** Nur soweit die veranlagte Steuer die Vorauszahlung übersteigt, entsteht eine Zahlungspflicht. Sind beide von gleicher Höhe, so ist nichts mehr zu zahlen, wenngleich ein Steuerbescheid auch in diesem Falle zu erlassen ist; vgl. Anm. 9 zu § 29. Hat der Steuerpflichtige gegenüber der Vorauszahlung aus § 24 zuviel entrichtet oder ist durch den endgültigen Steuerbescheid die Steuerfreiheit festgestellt worden, so ist die Vorauszahlung zu erstatten und vom Zahlungstage ab nach § 132 AO. zu verzinsen. Vgl. RFH. 19, 315. Lehnt die Steuerstelle die Verzinsung ab, so steht dem Steuerpflichtigen gegen diese Ablehnung das Berufungsverfahren offen, RFH. 4, 253.

8. **Einzelfälle.** In den Fällen des § 5 Abs. 1 liegt ein steuerpflichtiger Rechtsvorgang erst nach Ablauf eines Jahres seit dem Abschluß des Veräußerungsgeschäftes vor, bei Zwischengeschäften (§ 5 Abs. 3 und 4) mit Ablauf des Jahres oder mit dem früheren Eigentumsübergange. In den Fällen des § 6 kommt es darauf an, wann dem Erwerber die eigentumsähnliche Stellung wirklich eingeräumt ist; vgl. Anm. 3 zu § 6. Ueber den Eintritt der Steuerpflicht nach § 10 vgl. Anm. 6 zu § 10. Die Berechnung der Frist erfolgt gemäß § 64 AO. nach den Bestimmungen der §§ 186 ff. BGB. Bei Steuerbeträgen bis zu 100 M. fällt diese Verzinsungspflicht fort. Maßgebend ist die ursprüngliche Höhe des geschuldeten Steuerbetrages. Nach § 14 AB. werden Zinsen, die im Einzelfalle eine halbe Mark nicht erreichen, nicht erhoben. Im übrigen sind bei Berechnung der Zinsen Pfennigbeträge derart nach unten abzurunden, daß sie durch 10 teilbar sind.

9. **Die Verjährung des Steueranspruchs** regelt sich nach §§ 120 ff. AO. Die Verjährungsfrist beträgt bei der Grunderwerb-

steuer 5 Jahre; bei hinterzogenen Beträgen läuft sie 10 Jahre. Die Verjährung beginnt nicht mit der Fälligkeit, sondern mit dem Ablauf des Jahres, in dem der Anspruch entstanden ist, d. h. nach § 81 Abs. 1 AO., sobald der Tatbestand verwirklicht ist, an den das Gesetz die Steuer knüpft. Vgl. hierzu Anm. 10 zu § 1, Anm. 2 zu § 4, Anm. 9, 10 zu § 5, Anm. 3 zu § 6, Anm. 6 zu § 10.

Ist die Zahlung hinausgeschoben oder gestundet, so beginnt die Verjährung mit Ablauf des Jahres, in dem der Zahlungsaufschub oder die Stundung abgelaufen ist. In den Regelfällen beginnt der Lauf der Verjährung schon mit der Entstehung des Anspruchs. Ueber Hemmung und Unterbrechung der Verjährung vgl. §§ 123, 124 AO. Mit der vollendeten Verjährung erlischt der Anspruch mit seinen Nebenansprüchen (§ 125 AO.). Es wird also nicht nur eine Einrede begründet; vielmehr darf keine Veranlagung bzw. Beitreibung mehr stattfinden. Was zur Befriedigung oder Sicherung des Anspruchs geleistet ist, kann nach der Verjährung nicht zurückgefordert werden. Nach § 126 AO. wird auch derjenige, der neben dem Steuerpflichtigen haftet, durch die Verjährung von der Haftung befreit, es sei denn, daß ihm selbst eine Hinterziehung zur Last fällt. Diese Vorschrift bezieht sich auf die in §§ 90, 92, 93 erwähnten Personen. Dagegen ist der Veräußerer und Erwerber je selbst Steuerpflichtiger; die gegen den einen eingetretene Verjährung befreit den anderen von der Haftung nicht; vgl. § 425 BGB.

## § 31 (früher § 35).

**Die Entscheidung über Anträge auf Erlaß der Steuer aus Billigkeitsgründen hat die Zuschläge nach dem Finanzausgleichsgesetz zu umfassen. Bei der Entscheidung solcher Anträge sollen insbesondere diejenigen Fälle berücksichtigt werden, in denen der Erwerb von Grundstücken durch einen Hypotheken-, Grundschuld-, Rentenschuld- oder Reallastgläubiger zur Rettung seiner Hypothek, Grundschuld, Rentenschuld oder Reallast erfolgt.**

**Der Reichsrat ist ermächtigt, allgemein Rechtsvorgänge für steuerpflichtig zu erklären, die es einem andern ermöglichen, über das Grundstück wie ein Eigentümer zu verfügen. Diese Erklärungen sind dem Reichstag, wenn er versammelt ist, sofort, andernfalls bei seinem nächsten Zusammentreten vorzulegen. Sie sind mit Wirkung von ihrem Inkrafttreten an außer Kraft zu setzen, soweit der Reichstag es verlangt.**

1. **Erlaß der Steuer aus Billigkeitsgründen.** Die für den Billigkeitserlaß maßgebende Bestimmung des § 108 AO. lautet:

> Der Reichsminister der Finanzen kann für einzelne Fälle Steuern, deren Einziehung nach Lage der Sache unbillig wäre, ganz oder zum Teil erlassen, oder in solchen Fällen die Erstattung oder Anrechnung bereits entrichteter Steuern verfügen. Die Befugnis hierzu kann für bestimmte Arten von Fällen den Landesfinanzämtern oder den Finanzämtern übertragen werden.

Für Fälle bestimmter Art kann der Reichsminister der Finanzen mit Zustimmung des Reichsrats aus Billigkeitsgründen allgemein Befreiungen oder Ermäßigungen von Steuern sowie die Erstattung oder Anrechnung bereits entrichteter Steuern vorsehen.

a) Zuständigkeit für den Erlaß. Grundsätzlich ist der RFM. für den Erlaß zuständig. Von dem Delegationsrecht des § 108 Abs. 1 Satz 2 hat der RFM. durch Erlaß vom 19. 2. 1927 (IIIa 555) Gebrauch gemacht und für Erlaßanträge für zuständig erklärt die Steuerstellen bzw. FAe. bei Antragswerten bis 2000 Rm., die LFAe. bei Werten bis 4000 Rm. und den RFM. bei den darüber liegenden Werten. Erlaßanträge ablehnen können die Präsidenten der LFAe. ohne Rücksicht auf die Höhe des beantragten Erlasses. Wegen der unveränderten Zuständigkeit der LFAe. und des RFM., vgl. zu §§ 29 und 30 FinAusglG.

b) Sachliche Gründe zum Erlaß. Die Einziehung der Steuer muß nach Lage der Sache unbillig sein, d. h., sie muß zu Härten führen, die das Gesetz selbst nicht gewollt hat. Wann dies im einzelnen der Fall ist, wird häufig schwer festgestellt werden können. Der RFM. hat durch Erlaß vom 12. 8. 1925 (III Rv. 9541) hierüber einige allgemeine Grundsätze aufgestellt (vgl. im einzelnen Ott 6 zu § 31). Er hat sich dabei auf den Standpunkt gestellt, daß infolge des rechtlichen Charakters der Grunderwerbsteuer als einer Verkehrssteuer die Rücksicht auf die Person der Beteiligten zurücktreten müsse, und daß der Billigkeitserlaß bei solchen Tatbeständen zu unterbleiben habe, bei welchen das Gesetz selbst nach der aus Vorgeschichte und aus der Gestaltung der einzelnen Vorschriften erkennbaren Absicht keinen Anlaß zur Steuerbefreiung gesehen habe. Eine solche sei z. B. für das Reich, die Länder und Kommunen nur bei der Besteuerung der toten Hand (§§ 10, 21 Abs. 3), nicht aber bei Uebergang des Eigentums an Grundstücken gegeben. Der Grunderwerb für kirchliche, gemeinnützige oder öffentliche Zwecke müsse daher stets der Besteuerung unterworfen werden.

Einen Erlaß nach § 108 Abs. 1 Satz 2 hat der RFM. (vom 29. 1. 1925, III Dv. 6060, abgedruckt bei Ott 9 zu § 31, erweitert durch Erlaß vom 12. 2. 1926, III Rv. 15 700 und vom 18. 6. 26, III Rv. 18 090) zugebilligt beim Grundstückserwerb von Personen, die in den auf Grund des Friedensvertrages abgetretenen Gebieten wohnhaft gewesen sind und ihren Grundbesitz entweder verloren hatten oder aber aufgeben mußten, ohne Rücksicht auf die Höhe des Erwerbs, sofern die Erhebung der Steuer als besondere Härte erscheint. Der RFM. hat die LFAe. ferner ermächtigt, solchen Personen, die in den abgetretenen Gebieten als Pächter oder Mieter landwirtschaftlicher oder gewerblicher Grundstücke ansässig waren, diese aber infolge Ausweisung oder Auswanderung aufgeben mußten, die Steuer zu erlassen, sofern durch den Erwerb des Grundstücks eine neue Lebensstellung geschaffen wird und die Steuer nebst Zuschlägen nicht mehr als 3000 Rm. beträgt.

c) Umfang des Erlasses. Der Erlaß aus Billigkeitsgründen erstreckt sich nicht nur auf die Grunderwerbssteuer selbst, sondern auch auf die Zuschläge nach § 38 FinAusglG. Es verfügt hier also die Reichsbehörde zugleich auch über den Steueranspruch der

Länder und Kommunen, ohne daß diese gehört werden müßten, oder in der Lage wären, ein Vetorecht geltend zu machen.

d) Erlaß in Fällen bestimmter Art. In Fällen bestimmter Art kann der RFM. mit Zustimmung des Reichsrats aus Billigkeitsgründen allgemeine Befreiung oder Ermäßigung von Steuern sowie die Erstattung oder Anrechnung bereits entrichteter Steuern vorsehen. Er kann also neben den §§ 22 und 23 GrErwStG. weitere typische Tatbestände festsetzen, welche zu einem Antrag auf Erlaß der Steuer berechtigen.

Der § 108 Abs. 2 geht offenbar von der Erkenntnis aus, daß Gesetze geschaffen wurden oder noch geschaffen werden müssen, die nicht gewollte und nicht vermeidbare Härten enthalten, gegen die Abhilfe nur im Wege eines weitgehenden Erlasses bewirkt werden kann. Deshalb hat der RFM. das Recht erhalten, unter Zustimmung des Reichsrats Gesetze aus Billigkeitsgründen abzuändern und Steuerbefreiungen sowie Ermäßigungen zu bewilligen, die Gesetzeskraft haben; vgl. RFH. StuW. I, 263, RFH. 8, 45, 48, Becker § 108 AO. Anm. 5. In diesen Fällen liegt ein aus Rechtsgründen zugelassener Erstattungsanspruch vor im Sinne des § 223 AO., der vor den Steuergerichten geltend gemacht werden kann.

Voraussetzung ist jedoch, daß Billigkeitsgründe vorliegen. RFH. StuW. I, 9, RFH. 7, 62, 66. Auch die Zustimmung des Reichsrats muß ersichtlich sein. RFH. 10, 181.

Auf Grund des § 108 Abs. 2 AO. ist zu Abs. 5 § 35 in der ursprünglichen Fassung eine VO. über die Beseitigung von Härten in Uebergangsfällen unter dem 25. 3. 1923 (RMBl. S. 277) ergangen. Nach dieser VO. wird die Grunderwerbssteuer nebst Zuschlägen auf Antrag nur bis zu dem Betrage erhoben, der sich bei Anwendung der gemäß § 33 Abs. 2 aufgehobenen Vorschriften ergeben würde und zwar

1. wenn eine nach dem 30. 9. 1919 vollzogene Eintragung einer Rechtsänderung in das Grundbuch auf einer vor dem 1. 10. 1919 erfolgten Auflassung beruht,
2. wenn einer vor dem 1. 1. 1920 erfolgten Auflassung ein vor dem 1. 6. 1919 abgeschlossenes Veräußerungsgeschäft zugrunde liegt.

Wegen weiterer Sonderfälle vgl. Zusatz zu § 8. — Auf Grund einer Entschließung des Pr. Landtags ist ferner eine Anordnung des RFM. v. 30. 7. 1925 III RB. 9953 ergangen, wonach bei Rückkauf von Grundstücken, die in den Jahren 1922—24 aus Gründen persönlicher Not veräußert sind, ganz oder teilweise Befreiung von der GrErwStG. gewährt wird, sofern der Erwerber der frühere Eigentümer, der Ehegatte oder dessen Kinder sind, und die Umstände des Falles die Befreiung billig erscheinen lassen. Durch Erlaß des RFM. vom 6. Januar 1928 — III Rv. 3024 — (ZBH. 1928, 64) ist diese Vergünstigung auf solche Rückkaufsgeschäfte ausgedehnt worden, die bis zum 30. Juni 1928 abgeschlossen sind.

e) Gründe, die ausschließlich in der Person des Steuerpflichtigen liegen. Ob Gründe, die lediglich in der Person des Steuerpflichtigen liegen, z. B. Krankheit, Armut, Kinderreichtum, Kriegsbeschädigung usw. den Erlaß aus Billigkeitsgründen rechtfertigen können, erscheint zweifelhaft.

Man wird die Frage deshalb verneinen müssen, weil die Fassung des § 108 AO., deren Einziehung nach Lage der Sache unbillig wäre“ offenbar nicht den Ausgleich solcher Härten bezweckt. Liegen persönliche Gründe vor, so kommt die Niederschlagung gemäß § 107 AO. in Frage. Diese Auffassung wird offenbar auch von dem RFM. in den oben mitgeteilten Erlassen vertreten.

**2. Fälle zur Rettung von Vermögenswerten. (§ 31 Abs. 1 Satz 2).** § 31 Abs. 1 Satz 2 gibt Richtlinien für die Anwendung des Billigkeitserlasses ohne daß die Aufzählung einzelner Fälle, die bereits im § 14 Ziff. 1 erwähnt werden, einer Erweiterung entgegensteht. Das ergibt sich bereits aus dem Wort „insbesondere“. Der Erlaß soll auch diejenigen Fälle treffen, in denen der Hypothekengläubiger zur Rettung einer Hypothek über diese hinaus geboten oder das Grundstück freihändig erworben hat. Er soll ferner da eingreifen, wo nicht alle Voraussetzungen des § 14 Ziffer 2 oder 3 gegeben sind. Ein Recht auf den Billigkeitserlaß ist hierdurch nicht begründet. Er wird aber überall da in Frage kommen, wo zwar ein gesetzlicher Erlaß oder eine gesetzliche Ermäßigung nicht gegeben ist, jedoch ein im Gesetz als Befreiungs- oder Ermäßigungsgrund angegebener näherer Tatbestand vorliegt.

**3. Die Erweiterung steuerpflichtiger Rechtsvorgänge. (§ 31 Abs. 2.)** a) Durch Abs. 2 ist dem Reichsrat die Ermächtigung zur Ergänzung des Gesetzes gegeben. Wenn z. B. nach § 6 ein Rechtsvorgang für steuerpflichtig erklärt wird, der es ohne Uebertragung des Eigentums an einen anderen ermöglicht, über das Grundstück wie ein Eigentümer zu verfügen, so kann der Reichsrat diese Vorschrift authentisch dahin interpretieren, daß er bestimmte Rechtsvorgänge ein für allemal für steuerpflichtig erklärt. Die Steuergerichte können dann nicht nachprüfen, ob diese Rechtsvorgänge bereits unter § 6 fallen. Eine solche Nachprüfung könnte lediglich der Reichstag vornehmen, dem die Anordnungen des Reichsrats vorzulegen sind. Eines besonderen Beschlusses des Reichstags bedarf es jedoch nicht; es genügt stillschweigende Genehmigung.

b) Die dem Reichsrat gezogenen Grenzen liegen im Gesetz selbst. Er kann daher nicht solche Vorgänge, die absichtlich steuerfrei gelassen worden sind, wie z. B. Offertverträge oder die steuerfreien Tatbestände des § 8 über § 31 Abs. 2 GrErwStG. für steuerpflichtig erklären. Rückwirkende Kraft darf solchen Anordnungen nicht beigelegt werden; ebenso Ott 14 zu § 31; a. M. Lion ZuwStG. S. 369.

c) Die Erklärung des Reichsrats stellt sich als eine Rechtsverordnung dar, die ordnungsgemäß veröffentlicht werden muß und Gesetzeskraft hat. Die Steuergerichte sind daher daran gebunden, ohne daß ihnen ein Nachprüfungsrecht in materieller Beziehung zusteht. Formell können die Steuergerichte ihr Prüfungsrecht — etwa hinsichtlich der ordnungsgemäßen Veröffentlichung der VO. — ausüben.

## § 32 (früher § 36).

**Die Ausführungsbestimmungen zu diesem Gesetz erläßt der Reichsminister der Finanzen mit Zustimmung des Reichsrats.**

Die Befugnis entspricht dem Art. 77 RV., wonach die zur Ausführung der Reichsgesetze erforderlichen allgemeinen Verwaltungsvorschriften von der Reichsregierung erlassen werden. Der Erlaß der Ausführungsverordnungen ist dann Sache der einzelnen Ressortminister, hier also des RFM. Art. 57, 56, 77 RV.; vgl. Giese RV. Art. 57 Anm. 4, Poetzsch RV. S. 73.

Nur Ausführungsbestimmungen darf der RFM. erlassen, nicht die — weitergehenden — Durchführungsbestimmungen. Die AB. dürfen nur Verwaltungsvorschriften, die DB. dagegen auch ergänzende und abgrenzende Rechtsvorschriften enthalten; vgl. RFH. 18, 47 zum StMG. So ist dem RFM. im § 24 Satz 2 GrErwStG. ausdrücklich das Recht verliehen, DB. zu erlassen, die unter dem 17. 1. 1924 (RG. Bl. I 33) ergangen sind; vgl. § 6 DB.

Die AB. zum GrErwStG. sind am 14. 10. 1919 (RZBl. 1177 ff) erlassen; vgl. Anhang.

## § 33 (früher § 37).

**Die Vorschriften des Reichsstempelgesetzes, der Landesgesetze und der Satzungen der Gemeinden (Gemeindeverbände), welche die Erhebung einer Abgabe von Grundstücksübertragungen oder der im § 10 genannten Art betreffen, treten mit Wirkung vom 1. Oktober 1919 außer Kraft, unbeschadet der Durchführung des Erhebungsverfahrens für die bis zum 30. September 1919 steuerpflichtig gewordenen Rechtsvorgänge. Dies betrifft auch Abgaben, welche die Steuerpflicht nicht an den Eigentumserwerb, sondern an den Abschluß des Veräußerungsgeschäfts anknüpfen oder welche die Fälle des § 10 in der Form einer jährlichen Abgabe besteuern, nicht dagegen Abgaben auf die Bindung eines Grundstücks.**

**Neue Abgaben der im Abs. 1 genannten Art dürfen von den Ländern, Gemeinden und Gemeindeverbänden nicht eingeführt werden.**

**Ist ein Rechtsvorgang nach dem Grunderwerbsteuergesetze zu besteuern, der bereits nach den durch die vorstehende Vorschrift aufgehobenen Rechtssätzen zur Erhebung einer Abgabe Anlaß gegeben hat, so ist diese Abgabe auf die Grunderwerbsteuer anzurechnen, und zwar zunächst auf den Anteil desjenigen am Aufkommen an der Grunderwerbsteuer beteiligten Verbandes, zu dessen Gunsten die frühere Abgabe erhoben wurde.**

**1. Einleitung und Entstehungsgeschichte.** Das GrErwStG. in der Fassung vom 11. 3. 1927 enthält die Absätze 1 und 5 des Gesetzes vom 12. 9. 1919 nicht mehr. Der Abs. 1 über das Inkrafttreten des Gesetzes ist heute gegenstandslos, ebenso der Abs. 5, der ohnedies am 1. 1. 1920 außer Kraft getreten ist. Wegen der VO. vom 25. 3. 1923 (RM. Bl. S. 277), die auf Abs. 5 des früheren § 37 beruht und noch von Bedeutung ist; vgl. § 31 Anm. 1 d.

**2. Aufhebung der früheren Grundwechselabgaben.** a) Ausdrücklich bezeichnet wird von diesen nur das Reichsstempel-Gesetz vom

3. Juli 1913 mit seinen Aenderungen vom 17. 6. 16, 8. 4. 17 und 26. 7. 18 und 7. 11. 1921 (RGBl. S. 133). In Betracht kommen hier die Tarifstelle 11 und die dazugehörigen §§ 78ff; vgl. auch § 89 Abs. 1 KapVerkStG.; vgl. zu Tarifstelle 11 RFM. v. 3. 3. 1920 III, 443 K., RSt Bl. S. 237. Die Tarifstelle 11 ist für Preußische Kuxe älteren Rechts durch § 33 Abs. 2 vorbehaltlos aufgehoben, RFH. 8, 13 = Mrozek R. 1 § 37. Aber auch TNr. 1 wird in seinem Bestande durch § 33 berührt, indem die Steuerfälle A d 1, 3, 4 ausscheiden; von 2 bleiben im Abs. 1 nur die auf d 2 bezüglichen Bestimmungen bestehen, ferner die Abs. 2—4. § 5 Abs. 4 RStG. ist, soweit er sich auf die erwähnten Tarifnummern bezieht, gleichfalls aufgehoben. T. Nr. 4 a 2 u. 3 bleiben trotz §§ 2, 3 GEStG. bestehen, da es keine Vorschriften sind, welche Grundstücksübertragungen als solche besteuern. Hier kann also eine doppelte Besteuerung platzgreifen. Unbewegliche Bergwerksanteile gelten nicht als Grundstücke im Sinne dieses Ges., also auch nicht des § 33.

b) Aufgehoben sind ferner die Vorschriften der Landesgesetze, welche die Erhebung einer Abgabe von Grundstücksübertragungen oder der im § 10 genannten Art betreffen. In Preußen kommt hier das Stempelsteuergesetz vom 30. 6. 1909 (GS. 535) in Frage, welches in Tn. 8 u. 32 Abgaben an den Eigentumserwerb oder an den Abschluß des Veräußerungsgeschäfts anknüpft, ferner die Tarifstelle 78. Diese sind auch hinsichtlich der Maschinen, die wesentliche Bestandteile bilden (vgl. Anm. 4 zu § 11), aufgehoben, da die erwähnten Tarifstellen sich nur auf die Grundstücke im ganzen beziehen. Dagegen ist für das Zubehör der Mobiliarstempel zu erheben; vgl. Lindemann, ZtgStfr. 1, 9, der diesen Stempel auch dann erheben will, wenn die Maschinen wesentliche Bestandteile sind. Das folgt schon daraus, daß Zubehör nach § 97 BGB. bewegliche Sachen sind, die von Landesabgaben oder von Abgaben der Kreise und Kommunen erfaßt werden können.

c) Nicht stempelpflichtig sind die zu einer Betriebsanlage im Sinne des § 154 Abs. 2 AO. gehörenden Maschinen, die wesentliche Bestandteile des Grundstücks sind. Die zivilrechtlichen Begriffe bleiben hier auch für das Landessteuerrecht maßgebend und die im Interesse der Grunderwerbsteuerberechnung, für die Bewertung des Grundstücks erfolgte Ausscheidung ist insofern belanglos. RG. 103, 253 = JW. 1922, 583, ebenso Heinitz JW. 1922, S. 583.

d) Landessteuern der in § 10 genannten Art finden sich in Artikel 20 Abs. 2 des bayrStG. und in § 8 Abs. 3 des sächsischen Gemeindeabgabengesetzes. Nicht aufgehoben sind dagegen die landesgesetzlichen Vorschriften, welche auf die Errichtung von Fideikommissen eine Abgabe erheben, z. B. Tn. 23, 24 PrStG.

e) Ist ein Grundstücksvertrag nunmehr frei vom Landes-Grundstücksstempel, so ist der Notariatsurkundenstempel von 3 Mk. zu verwenden; vgl. Lindemann, ZtgStfr. 1, 9.

f) Aufgehoben sind ferner die Satzungen der Gemeinden und Gemeindeverbände, welche Grundwechselabgaben betreffen. In Betracht kommen hier hauptsächlich die sogenannten Umsatzsteuerordnungen, welche vorwiegend auf den Uebergang des Eigentums eine Steuer legen, vielfach aber auch auf die in § 5 Abs. 4 bezeichneten Veräußerungsgeschäfte und mitunter auch entsprechend dem § 5 Abs. 1 auf das Verpflichtungsgeschäft, sofern es nach Ablauf einer bestimmten Zeit noch nicht erfüllt ist.

g) Die erwähnten Vorschriften sind mit dem 1. Oktober 1919 außer Kraft getreten. Solche Steuerfälle, deren Stichtag nach Maßgabe der alten Gesetze und Ordnungen erst nach dem 30. September 1919 fällt, sind daher nicht mehr nach den alten Gesetzen zu beurteilen. War dagegen der Steuerfall nach den Bestimmungen der alten Gesetze bereits vor dem 1. Oktober 1919 eingetreten, so finden diese Vorschriften auf ihn Anwendung, auch wenn die Steuer vor dem 1. Oktober 1919 noch nicht beigetrieben oder auch nicht einmal festgesetzt war.

**3. Neue Landes- und Gemeindeabgaben** von Grundstücksübertragungen bzw. Abgaben der in § 10 genannten Art sind unzulässig. Würden sie dennoch eingeführt werden, so wären solche Bestimmungen als gegen das Reichsrecht verstoßend nichtig. Auch für solche Rechtsvorgänge, die nach diesem Gesetz (§§ 8, 18, 21, 23) steuerfrei sind, dürfen Landes- oder Gemeindesteuern nicht eingeführt werden (anders § 41 Abs. 4 des Entwurfs).

**4. Anrechnung alter Steuern auf die Reichsabgabe.** a) Es kann vorkommen, daß ein Rechtsvorgang nach dem vorliegenden Gesetz zu besteuern ist, obgleich er auch nach dem früheren Recht schon steuerpflichtig geworden war. Der Begriff des Rechtsvorganges ist jedoch weit zu fassen. Das Verpflichtungs- und das Erfüllungsgeschäft bilden zusammen einen Rechtsvorgang im Sinne des Abs. 3. Das ergibt sich schon aus § 5 Abs. 2. § 33 Abs. 3 ist daher auch dann anzuwenden, wenn der Kaufvertrag nach altem Recht steuerpflichtig geworden war, während der Eigentumswechsel erst nach dem 30. September 1919 erfolgt. Lagen mehrere Zwischengeschäfte im Sinne des § 5 Abs. 4 vor, so bildet nur dasjenige von ihnen mit dem Eigentumswechsel zusammen einen einheitlichen Rechtsvorgang, welches zu diesem Eigentumsübergang geführt hat; vgl. Anm. 10, 11 zu § 5.

b) Sind bei Kettengeschäften altrechtliche Abgaben bei den Geschäften zur Entstehung gelangt, die nicht unmittelbar zum Eigentumsübergang geführt haben, so können diese Abgaben nicht angerechnet werden. RFH. Mrozek R. 2 zu § 37 Abs. 4.

c) Anlaß zur Erhebung einer Abgabe hat ein Rechtsvorgang dann gegeben, wenn er nach Maßgabe des alten Rechts steuerpflichtig geworden, wenn also der Steueranspruch zur Entstehung gelangt ist. Daß die Steuer bereits festgesetzt oder bezahlt worden ist, ist ebensowenig erforderlich, wie nach Abs. 2.

Liegen die obigen Voraussetzungen vor, so ist die auf Grund des alten Rechts geschuldete oder gezahlte Abgabe auf die Grunderwerbsteuer anzurechnen. Der Steuerpflichtige hat also in jedem Falle nur den Unterschied zwischen der neuen Reichssteuer und der Gesamtheit der auf diesen Rechtsvorgang geschuldeten alten Steuern zu bezahlen. Uebersteigt die neue Reichssteuer die Summe der alten Steuern nicht, so entfällt die Steuerzahlungspflicht auf Grund dieses Gesetzes. Im Falle des § 9 ist die gesamte, auf Grund des alten Rechts geschuldete bzw. gezahlte Steuer auf die nach neuem Recht zu erhebende **halbe** Steuer anzurechnen, so daß meistens keine Nachzahlung in Frage kommen wird; entsprechend in den Fällen des § 14 u. des § 15. Ob der Steuerpflichtige die alten Steuern wirklich bezahlt hat oder ob die Beitreibung erfolglos geblieben ist, ist belanglos. Auch wenn die alte Steuer aus Billigkeitsgründen erlassen worden war, wird sie dennoch auf die Reichssteuer anzurechnen sein. War dagegen der Rechtsvorgang nach altem Recht steuerfrei, während er nach diesem Gesetz steuerpflichtig ist, so kommt eine Anrechnung nicht in Frage.

e) Wesentlich ist noch die Frage, ob und in welcher Höhe die **vor dem Kriege gezahlten Abgaben** anzurechnen sind. Man wird diese in Uebereinstimmung mit dem RFH. Mrozek R. 3 zu § 37 Abs. 4 in voller Höhe, d. h. PM. = GM. anzurechnen haben. Spätere, zur Zeit der Geldentwertung neleistete Zahlungen sind auf ihren Goldwert umzurechnen und dementsprchend gutzubringen. Dieser Auffassung steht auch die Entscheidung des RFH. Bd. 14 S. 136 nicht entgegen, da diese nur die fortdauernde Wertmessereigenschaft des Geldes zum Ausdruck bringt, jedoch nicht zur Anwendung kommt, wenn es sich darum handelt, die Bedeutung eines wirtschaftlichen Vorgangs zu einem bestimmten Zeitpunkt zu ermitteln.

f) Es muß sich um **Identität des Rechtsvorganges** handeln. Eine Akt.-Ges. kann also z. B. auf die nach § 10 zu zahlende Steuer nicht die Reichs- und Landesstempelabgabe, die für den Erwerb des Grundstücks s. Zt. bezahlt worden ist, anrechnen. Dagegen kann der Kaufstempel auf die nach § 1 geschuldete Steuer vom Uebergang des Eigentums angerechnet werden. Das gleiche gilt von einer Stempelabgabe für Gesellschaftsverträge mit Einbringung von Grundstücken, wenn später die Uebereignung an die Gesellschaft erfolgt. Keine Anrechnung dagegen, wenn nach altem Recht eine Steuer für den Erwerb aller Anteile einer Grundstücksgesellschaft zu zahlen war und der Erwerber jetzt das Grundstück selbst von der Gesellschaft erwirbt, oder wenn er nach altem Recht für die Erlangung einer eigentumsähnlichen Stellung die Steuer zu bezahlen hatte und jetzt das Eigentum erwirbt.

g) Nach § 19 AB. (Anhang I) haben die mitteilungspflichtigen Stellen in den Anzeigen die bereits nach altem Recht erhobenen Abgaben zu vermerken; über die weitere Behandlung dieser Vermerke vgl. im Anhang I.

5. a) **Die Verteilung der Anrechnung** auf die beteiligten Verbände (Reich, Länder, Gemeinden) geht den Steuerpflichtigen nichts an. Ihm gegenüber erfolgt die Anrechnung der sämtlichen für diesen Rechtsvorgang zu zahlenden alten Steuern auf die neue Reichssteuer, ohne Rücksicht darauf, wie die Verbände sich gegenseitig abfinden. Diese Abfindung ist im Schlußteil des Abs. 3 geregelt.

b) Eine Anrechnung auf die **Zuschläge** (§ 34) findet in derselben Art und Weise statt, wie auf die Steuer selbst. Die Zuschläge bilden nur einen Teil der Grunderwerbsteuer, da sie nach Rechtsgrund und Berechnungsmaßstab mit ihr übereinstimmen. Im Ergebnis übereinstimmend. Ott 6 zu § 33. Die Ausschließung der Zuschläge würde eine ganz ungerechtfertigte Begünstigung der Länder und Gemeinden darstellen.

c) Die Anrechnung der nach dem früheren Gesetz erhobenen Abgaben hat in voller Höhe, und zwar nicht nur hinsichtlich des verwendeten Reichsstempels, sondern auch hinsichtlich des Landesstempels auf die Grunderwerbsteuer zu erfolgen. Man kann nicht etwa den Landesstempel nur auf die Landeszuschläge anrechnen. Das Gesetz hat die Anrechnungsfähigkeit in voller Höhe gegeben, (§ 33 Abs. 4 letzter Halbsatz) und enthält nur eine den Steuerpflichtigen nicht berührende Anrechnungsvorschrift. RFH. Mrozek R. 1 zu § 37 Abs. 4.

# Gesetz über den Finanzausgleich zwischen Reich, Ländern und Gemeinden

(Finanzausgleichsgesetz) in der Fassung vom 27. April 1926 (RGBl. I, S. 203) und 9. April 1927 (RGBl. I. 91).

## 3. Grunderwerbsteuer.

### § 36.

**1. Das Aufkommen an Grunderwerbsteuer auf Grund des Grunderwerbsteuergesetzes erhalten die Länder in voller Höhe, abzüglich 4 vom Hundert für die Verwaltung der Steuer durch das Reich. Die Länder sind verpflichtet, von ihrem Anteil an die Gemeinden (Gemeindeverbände) mindestens die Hälfte zu überweisen. Die Unterverteilung auf Gemeinden und Gemeindeverbände bestimmt die Landesgesetzgebung.**

**2. Die Grunderwerbsteuer gilt als Reichssteuer im Sinne des § 1 Abs. 2 der Reichsabgabenordnung.**

1. **Die für die Grunderwerbsteuer in Frage kommenden** Bestimmungen des Finanzausgleichs sind in den §§ 36 bis 39 des Finanzausgleichsgesetzes vom 27. 4. 1926 (RGBl. I, 203) in der Fassung des Gesetzes zur Uebergangsregelung des Finanzausgleichs zwischen Reich, Ländern und Gemeinden vom 9. 4. 27 enthalten. Zu diesem Gesetz sind reichsrechtliche AB. am 24. 4. 1926 (RMBl. 1926 S. 169 ff) sowie ein prAG. in der Fassung der Bekanntmachung vom 14. 5. 1927 (PrGS., S. 63 ff) und einen Richtlinien-Hinweis vom 14. 4. 1927 (MinBl. i. V., S. 411) ergangen; vgl. die Zusammenstellung der von den einzelnen Ländern erlassenen AB. bei Pape-Kappe S. 142 ff.

2. a) **Das Aufkommen an Grunderwerbsteuer** fließt den Ländern unbeschränkt zu, soweit diese auch die Verwaltung der Steuern in Händen haben. Ist diese dem Reich belassen, so zieht das Reich einen Verwaltungskostenbeitrag von 4% ab; vgl. § 33 AB. Wegen Stellung der Reichsbehörden und Steuergerichte im Falle der Steuerverwaltung durch die Landesbehörden vgl. § 39 FinAusglG. sowie dazu Anm. 1.

b) Durch § 36 Satz 2 ist reichsrechtlich die Verpflichtung der Länder statuiert, von ihrem Anteil an Grunderwerbsteuer den Gemeinden oder Gemeindeverbänden wenigstens die Hälfte zu überlassen. Preußen hat auf diesen Anteil zugunsten der Stadt- und Landkreise in voller Höhe verzichtet (§ 3 Abs. 1, pr. FinAusglG. GesS. 1927, S. 63). Ebenso hat Preußen auf das ihm nach dem Finanzausgleichsgesetz zustehende Recht, Zuschläge zur Grunderwerbsteuer zu erheben, zugunsten der Gemeinden Verzicht geleistet. (§ 3 Abs. 2 a. a. O.)

c) **„Aufkommen"** an Grunderwerbsteuer ist in weitestem Sinne aufzufassen. Es fallen darunter nicht nur alle Zahlungen an Grunderwerbsteuer, sondern auch die Besitzabgabe gemäß § 10 GrErwStG. einschließlich der zur Erhebung gelangenden Zinsen (§ 132 AO.) und Reichszuschläge; vgl. RFH. 4, 350; 5, 59; 14, 211. In Abzug kommen lediglich etwaige Steuerrückerstattungen sowie Vergütung von Zinsen gemäß § 132 AO. Zweifelhaft könnte sein, ob auch Steuerstrafen aus Grunderwerbsteuerhinterziehung; (vgl. §§ 355 ff. AO.) als „Aufkommen an Grunderwerbsteuer" den Ländern belassen werden. Diese Frage ist deshalb zu verneinen, weil das Finanzausgleichsgesetz offenbar nur das eigentliche Steueraufkommen den Ländern zufließen lassen wollte, ohne im übrigen hinsichtlich der steuerlichen Nebeneinnahmen die ausschließliche Zuständigkeit des Reichs zu beschränken. Wie hier Ott, S. 512, Koch Anm. 1 zu § 22; Markull S. 307.

3. **Die Verpflichtung** der Länder zur Ueberlassung ihres Grunderwerbsteueranteils an die Gemeinden beläuft sich auf mindestens 50% des Aufkommens. Wie dieses im Einzelnen zu verteilen ist, bleibt der Landesgesetzgebung überlassen. Für die einzelnen deutschen Länder ist diese Frage verschieden geregelt. Während z. B. Preußen und Sachsen das volle Aufkommen den Stadt- und Landkreisen zuweisen (§ 36 pr. AG. vom 14. 5. 1927, GesS. S. 63), hat Bayern, Württemberg und Baden den Gemeinden nur die ihnen reichsrechtlich zustehenden 50% belassen; (vgl. im Einzelnen wegen der Verteilung zwischen Land und Gemeinden die Zusammenstellung bei Ott, S. 512).

4. **Die Grunderwerbsteuer gilt als Reichssteuer.** a) Diese Feststellung ist wegen § 1 Abs. 2 AO. von Bedeutung, wonach diese nur für solche Steuern gilt, die ganz oder zum Teil zu Gunsten des Reichs erhoben werden. Die AO. ist also für die GrErwSt. trotz der Verweisung des Aufkommens an die Länder maßgebend.

b) Das ist wichtig für das Rechtsmittelverfahren, da demgemäß nach §§ 217 ff. AO. die Steuergerichte des Reiches entscheiden, und zwar auch dann, wenn das Land von der im § 39 FinAusglG. gebotenen Möglichkeit, die Verwaltung der Grunderwerbsteuer selbst zu übernehmen, Gebrauch gemacht hat.

c) Die ausdrückliche Hervorhebung des Charakters der Grunderwerbsteuer als einer Reichssteuer und die dadurch bedingte unbeschränkte Anwendbarkeit der AO. beläßt dem RFM. die Möglichkeit, aus Billigkeitsgründen gemäß § 108 Abs. 1 AO. Steuererlaß zu gewähren. Auf einen solchen haben die Länder und Gemeinden keinen Einfluß; vgl. RFH. 17, 209, wonach § 108 Abs. 1 als eine Vorschrift anzusehen ist, welche lediglich die Erhebung nicht aber die Entstehungsgrundlage der Steuer betrifft, somit also den Steuertatbestand nicht ändert; vgl. noch RFH. 8, 45, ferner RFH. 18, 131, wonach die Rechtsmittelbehörde befugt ist, einen in Verbindung mit der Steuerfestsetzung gemäß § 108 Abs. 1 AO. bewilligten Erlaß insoweit zu beachten, als eine in Nichtberücksichtigung der Ermäßigung vorgenommene höhere Steuerfestsetzung den zur Erhebung gelangenden Betrag nicht beeinflussen würde; vgl. hierzu RFH. StuW. III, 19, 202; Koch § 36 Anm. 7.

d) Obwohl ein Erlaß der Steuer aus Billigkeitsgründen sich nicht gegen die Veranlagung der Steuer richtet, sondern nur ihre Erhebung betrifft (RFH. 17, 209 = StuW. IV, 606; RFH. StuW. V, 146), erscheint bei erfolgtem Erlaß eine Steuer-Veranlagung zwecklos, da auch die Zuschläge nicht erhoben werden dürfen (§ 31 GrEStS.). Ebenso Ott Anm. 5 und Becker AO. § 108 Anm. 3 S. 256 dem Ott zu Unrecht die gegenteilige Ansicht unterstellt; a. M. Markull, S. 409. Etwas anderes ist auch vom RFH. StuW. IV, 606 nicht zum Ausdruck gebracht, wonach eine Steuer trotz des Erlasses veranlagt werden muß, wenn sie für andere Steuern oder Gemeindezuschläge Bedeutung hat. In dem hier erörterten Falle trifft das eben nicht zu. —

e) Auch im Berufungsverfahren dürfen die von dem Finanzamt gemäß § 108 Abs. 1 AO. in Verbindung mit der Steuerfestsetzung getroffenen Maßnahmen noch berücksichtigt werden. RFH. StuW. V, 38.

f) Weitere, praktisch überaus wichtige Folgen aus der in Abs. 2 ausgesprochenen Anwendbarkeit der AO. hat die Geltung der §§ 4, 5, die gerade für das Gebiet der GrErwSt. von der größten Bedeutung sind; vgl. oben Zusatz zu § 7 GrErwStG. Auch § 212 AO. findet auf die GrErwSt. Anwendung. Schließlich sei auf das Steuerstrafrecht der §§ 355 ff. AO. hingewiesen, das für Hinterziehung und Gefährdung der GrErwSt. und für Ordnungswidrigkeiten gilt; vgl. Anhang.

## § 37.

**(1) Die Länder und Gemeinden (Gemeindeverbände) erhalten die Steuer von den Grundstücken, die innerhalb ihres Gebietes belegen sind.**

**(2) Erstreckt sich ein Grundstück über das Gebiet mehrerer Länder oder Gemeinden (Gemeindeverbände), so wird die Steuer nach dem Verhältnis der Werte der Grundstücksteile verteilt, die in den einzelnen Ländern oder Gemeinden (Gemeindeverbänden) liegen.**

**(3) Die Vorschrift des § 2 des Grunderwerbsteuergesetzes findet Anwendung.**

1. Die Bestimmung entspricht im wesentlichen dem § 38 des **Landessteuergesetzes** vom 30. März 1920 (RGBl. S. 402); vgl. auch § 54 AO.

**2. Von den innerhalb des Landes oder der Gemeinden belegenen** Grundstücken ist die Steuer dem Land und der Gemeinde zuzuführen. Eine Verteilung entsprechend dem gemeinen Wert (§ 11 GrErwStG.) der in den einzelnen Ländern oder Gemeinden belegenen Flächenabschnitte findet dann statt, wenn ein Grundstück innerhalb mehrerer Länder oder Gemeinden belegen ist. Die Lage des Grundstücks ist in allen Steuerfällen maßgebend, auch bei Vereinigung der Anteile einer Grundstücksgesellschaft gemäß § 3 GrErwStG. Auf deren Sitz kommt es nicht an. Ebenso Ott, a. a. O., S. 514; vgl. auch Markull, S. 406. Bei Abtretung der Rechte aus einem Grundstückskaufvertrag (§ 5 Abs. 4 Nr. 1) entscheidet Belegenheit des Grundstücks, nicht Wohnsitz der Parteien.

3. Nach § 37 Abs. 3 FinAusglG. vbd. mit § 2 GrErwStG. stehen den Grundstücken die **Berechtigungen** gleich, auf welche die Vorschriften des bürgerlichen Rechts über Grundstücke Anwendung finden, mit Ausnahme unbeweglicher Bergwerksanteile. Hier kommt es auf die Belegenheit der Berechtigung an, die meist an Grundstücke rechtlich oder tatsächlich gebunden ist oder ein Grundstück zum Gegenstand hat. Bei Konkurrenz dieser Anknüpfungen entscheidet die Lage des Grundstücks, auf dem die Ausübung der Berechtigung erfolgt. Fehlt jede Verknüpfung mit einem Grundstück, so entscheidet der Ort, von dem aus die Berechtigung ausgeübt wird. Erstrecken sich solche grundstücksgleiche Berechtigungen über das Gebiet mehrerer Länder oder Gemeinden, so erfolgt die Verteilung nach den vorstehenden Gesichtspunkten. Vgl. Markull, S. 406; Ott, S. 514; Koch, § 37 Anm. 3, Röttinger, S. 124. Beim Bergwerkseigentum ist Lage und Wert des Bergwerks maßgebend; vgl. § 2 GrErwStG. Anm. 2.

4. **Die Feststellung des Beteiligungsverhältnisses** für den Fall, daß an einem Steuerbetrage mehrere Länder oder Gemeinden beteiligt sind, erfolgt nach § 51 Abs. 2 FinAusglG. durch das Finanzamt, bzw. in den Fällen des § 39 FinAusglG. durch die Steuerstelle, die im Einzelfall für die Veranlagung zuständig ist; vgl. § 34 Abs. 1 S. 2 AB. FinAusglG. Die im § 51 Abs. 2 FinAusglG. ausgesprochene entsprechende Anwendbarkeit der §§ 45—49 gibt den beteiligten Gemeinden das Recht, gegen den von der Steuerstelle festzusetzenden Verteilungsplan (§ 45 Abs. 1) binnen 3 Monaten Einspruch und gegen den Einspruch binnen Monatsfrist Beschwerde an das Landesfinanzamt sowie weitere Beschwerde an den RFH. zu erheben, wenn eine Aenderung des Beteiligungsverhältnisses verlangt wird (§ 46 Abs. 1). Ist eine Gemeinde überhaupt übergangen worden, so kann von dieser der Antrag auf Aufstellung eines neuen Verteilungsplans gestellt werden (§ 47 Abs. 1 FinAusglG.). Die Ablehnung des Antrags gilt als Einspruchsbescheid im Sinne des § 46 Abs. 1 Satz 1 und verleiht der Gemeinde das Recht, die oben erwähnten Rechtsmittel zu ergreifen. Die gleichen Rechtsmittel haben auch die Regierungen der Länder, sofern das Grundstück sich auf mehrere Länder erstreckt; vgl. § 34 Abs. 3 AB. FinAusglG. sowie für die selbständigen Gutsbezirke, § 49 FinAusglG.

Auf das Verteilungsverfahren finden die Vorschriften der AO. Anwendung (§ 48 FinAusglG.). Das gilt auch für das Rechtsmittelverfahren (RFH. 15, 162). Dem Finanzamt bzw. der Steuerstelle steht jedoch ein Beschwerderecht oder ein Anschlußbeschwerderecht nicht zu (RFH. 15, 162 = StuW. IV, 126); vgl. hierzu ferner Koch zu § 46 FinAusglG. Anm. 1.

5. **Die Festsetzung des Steuersolls** kann in dem Rechtsmittelverfahren von den Gemeinden nicht angegriffen werden (RFH. 15, 237), da für das Verfahren nach § 51 FinAusglG. das Steuersoll unanfechtbar festgestellt ist. Gegen die Richtigkeit der Veranlagung haben die Gemeinden nach § 48 FinAusglG. das Recht auf Auskunft und Akteneinsicht, sie können auch bei dem Finanzamt die Berichtigung der Veranlagung gemäß § 212 Abs. 2, 3 AO. beantragen. Lehnt die Steuerstelle den Antrag ab, so hat die Ge-

meinde das Recht zur Beschwerde. Während dieses Verfahrens ist nach § 46 Abs. 3 FinAusglG. das Rechtsmittelverfahren über den Verteilungsplan so lange auszusetzen, bis das Steuersoll unanfechtbar feststeht; vgl. RFH. 15, 237.

## § 38.

**(1) Die Länder sowie mit deren Genehmigung die Gemeinden und Gemeindeverbände können Zuschläge zur Grunderwerbsteuer für ihre Rechnung erheben. Sie sind befugt, die Zuschläge nach sachlichen Merkmalen der Grundstücke abzustufen, insbesondere unbebaute Grundstücke vorauszubelasten.**

**(2) Die Zuschläge dürfen zusammen für Land, Gemeinde und Gemeindeverband nicht mehr als zwei vom Hundert des steuerpflichtigen Wertes betragen, wovon höchstens die Hälfte auf das Land entfallen darf. Diese Höchstsätze dürfen auch in den Fällen der Abstufung der Sätze und der Vorausbelastung von Grundstücken nicht überschritten werden.**

**(3) Die Zuschläge dürfen nicht erhoben werden, wenn bei der Errichtung einer inländischen Kapitalgesellschaft der im § 3 des Kapitalverkehrsteuergesetzes bezeichneten Art oder bei der Erhöhung ihres Gesellschaftskapitals Grundstücke in die Gesellschaft gegen Gewährung von Gesellschaftsrechten eingebracht werden. Das Zuschlagrecht der Länder, Gemeinden und Gemeindeverbände bleibt unberührt, wenn die Grundstücksübertragung der Gesellschaftssteuer nicht unterliegt.**

**(4) Soweit das Grunderwerbsteuergesetz Ermäßigungen vorsieht, sind die Zuschläge in gleichem Verhältnis zu ermäßigen. Im Falle des § 10 des Grunderwerbsteuergesetzes dürfen die Zuschläge eins vom Hundert und bei der erstmaligen Erhebung der Steuer (§ 28 Abs. 2 des Grunderwerbsteuergesetzes) einhalb vom Hundert nicht überschreiten.**

**(5) Für die Verwaltung der Zuschläge und das Rechtsmittelverfahren gelten dieselben Vorschriften wie für die Reichssteuer. Die Länder sind berechtigt, insoweit das Rechtsmittel auf einen lediglich für die Zuschläge geltenden Grund gestützt wird, das Rechtsmittelverfahren abweichend von den Vorschriften der Reichsabgabenordnung zu regeln.**

1. **Umfang des § 38 FinAusglG.** a) Der § 38 FinAusglG. gibt den Ländern und Gemeinden die reichsrechtliche Ermächtigung, zur Erhebung von Zuschlägen zur Grunderwerbsteuer, deren sie nach § 2 Abs. 2 des FinAusglG. bedürfen. Die Ermächtigung erstreckt sich auf die nach dem Grunderwerbsteuergesetz v. 11.3. 1927 erhobene echte Grunderwerbsteuer (§§ 1, 3 GrErwStG.) sowie auch auf die unechte Grunderwerbsteuer, richtiger gesagt, Besitzabgabe des § 10 GrErwStG.

b) Das FinAusglG. stellt sich als Rahmengesetz dar. Die Zuschläge selbst sind wegen ihrer ausschließlichen Verwendung für Landes- oder Gemeindezwecke reine Landes- bzw. Gemeindesteuern. Vgl. OVG. Bd. 77, 67; RFH. 14, 300; Koch, § 38 Anm. 1; Markull, S. 408; Boethke, DStBl. II, 501.

2. **Das Zuschlagsrecht der Gemeinden** wird dadurch ausgeübt, daß die Gemeinde die Höhe der von ihr zu erhebenden Zuschläge durch entsprechenden Beschluß festlegt. Unzulässig wäre es, die Regelung je nach dem Einzelfall verschieden zu treffen. Ebenso Ott, S. 518; Markull, S. 409; Koch, § 38 Anm. 4. Die Form der Ausübung des Zuschlagsrechts ist frei. Der für die Einführung indirekter Gemeindesteuern landesrechtlich vorgeschriebene Weg braucht in diesem Falle nicht eingehalten zu werden. OVG. 77, 75 ff. — Ueber die Verkündung von Ortsvorschriften über Gemeindezuschläge zur GrErwSt. im Lande Sachsen vgl. RFH. StuW. VI, 613.

3. **Die Form der Genehmigung** durch die Länder sowie das Verfahren regeln diese selbständig. Das FinAusglG. enthält eine Bestimmung hierüber nicht. Auch Stillschweigen der Staatsbehörde kann als Genehmigung angesehen werden: RFH. 18, 5. Wegen der tatsächlichen Regelung der Zuschläge in den einzelnen Ländern vgl. die Zusammenstellung bei Ott, S. 530 ff.

Den von den Gemeinden zwecks Erhebung von Zuschlägen eingeführten Zuschlagssteuerordnungen darf nach § 62 FinAusglG. rückwirkende Kraft nicht mehr beigelegt werden; vgl. auch RFH. 18, 6.

4. **Auch das Reich** selbst unterliegt der Grunderwerbsteuer und damit auch den landesrechtlichen und Gemeindezuschlägen. Ist in einem Falle das Land oder die Gemeinde von den Zuschlägen befreit, so ist damit auch das Reich frei; § 6 Abs. 2 BestGes. vom 10. 8. 1925 (RGBl. I, 252) RFH. 14, 299.

5. **Der von den Ländern und Gemeinden erhobene Zuschlag** ist von der Hauptsteuer abhängig und darf daher nur erhoben werden, soweit eine Grunderwerbsteuer zu entrichten ist. Daß der Zuschlag in Bruchteilen der Grunderwerbsteuer selbst besteht, ist nicht erforderlich, wenn nur von der gleichen Veranlagungsgrundlage wie bei der Hauptsteuer ausgegangen wird; OVG. 77, 79.

Der Zuschlag darf nach § 38 Abs. 2 FinAusglG. für das Land, die Gemeinden und den Gemeindeverband zusammen 2 v. H. des steuerpflichtigen Wertes nicht übersteigen. **„Steuerpflichtiger Wert“** ist entweder der gemeine Wert des Grundstücks (§ 11 GrErwStG.) oder, falls höher, der Veräußerungspreis (§ 12 GrErwStG.). Bis zum 1. April 1927 durften die Zuschläge bis 4 v. H. des steuerpflichtigen Wertes betragen, wenn eine Wertzuwachssteuer nicht erhoben wurde. Diese Bestimmung ist jedoch durch § 13 Nr. 8 in Verbindung mit § 19 Abs. 6 des Gesetzes über Aenderungen des Finanzausgleichs zwischen Reich, Ländern und Gemeinden vom 10. August 1925 (RGBl. I, S. 254) mit Wirkung vom 1. April 1927 fortgefallen. Da der Zuschlag das Schicksal der Hauptsteuer teilt, entfällt er im Falle einer Aufhebung im Rechtsmittelverfahren und ermäßigt sich im Falle einer Herabsetzung der Steuer, gleichviel aus welchem Grunde diese erfolgt. Wegen der Zuschläge bei der Besitzabgabe nach § 10 GrErwStG. vgl. Ott, Anm. 12, S. 528; Koch, Erg. Bd. S. 56.

6. **Eine Abstufung der Zuschläge** darf nach § 38 Abs. 1 Satz 2 FinAusglG. nur nach sachlichen Merkmalen der Grundstücke erfolgen, insbesondere dürfen unbebaute Grundstücke höher belastet werden als bebaute. Zwischen Geschäftsgrundstücken und Wohnhäusern kann ebenso unterschieden werden wie zwischen landwirtschaftlichen Grundstücken und Fabrikgebäuden. Eine Abstufung nach persönlichen Gesichtspunkten, etwa nach der Vermögenslage oder dem Beruf des Erwerbers, ist unzulässig; vgl. Koch § 38 Anm. 2; Markull, S. 408.

7. **Landesrechtliche Befreiungen.** Die Länder und Gemeinden sind an die persönlichen Befreiungen des § 8 GrErwStG. hinsichtlich der Zuschläge nicht gebunden, sondern die Länder dürfen weitere Befreiungen in bezug auf die Zuschläge landesrechtlich einführen. Das ergibt sich schon daraus, daß die Erhebung von Zuschlägen den Ländern freigestellt ist, und daß, wenn ein Land von solchen Zuschlägen überhaupt absehen kann, es erst recht in der Lage sein muß, bei der Erhebung von Zuschlägen Milderungen über die Befreiungsvorschrift des GrErwStG. hinaus einzuführen. RFH. 14, 299. Dabei darf nicht verkannt werden, worauf Wünschmann, JW. 1924, 1891 in der Besprechung zu der Entscheidung des RFH. 14, 299 mit Recht hinweist, daß dadurch die Länder in der Lage sind, ihren wirtschaftlichen Betrieben, die mit gleichartigen Unternehmungen der Privatwirtschaft konkurrieren, Befreiung von allen Gemeinde- und Landessteuern zu verschaffen und dadurch die Gemeinden in die Zwangslage zu bringen, den öffentlich-rechtlichen Unternehmungen ohne Aequivalent die Gemeindeeinrichtung zur Verfügung zu stellen. Der klare Wortlaut des FinAusglG. läßt jedoch eine andere Auslegung nicht zu.

8. **Keine Ueberschreitung des Höchstsatzes.** Aus dem Wesen des Zuschlages von 2 v. H. als eines Höchstsatzes hätte sich auch ohne besondere Hervorhebung ergeben, daß eine Ueberschreitung des Höchstsatzes nicht zulässig ist. Ueberflüssigerweise ist dieser Grundsatz im § 38 Abs. 2 Satz 2 nochmals in klaren Worten zum Ausdruck gebracht und darauf hingewiesen, daß eine Ueberschreitung auch dann nicht zulässig ist, wenn die Sätze abgestuft oder Grundstücke voraus belastet werden.

9. **Zuschlagsverbot.** a) Absatz 3 enthält das reichsrechtliche Verbot, Zuschläge zu erheben, wenn bei Errichtung einer inländischen Kapitalgesellschaft im Sinne des § 3 KapVerkStG. oder bei Erhöhung des Gesellschaftskapitals Grundstücke gegen Gewährung von Gesellschaftsrechten in die Gesellschaft eingebracht werden. Solche Kapitalgesellschaften sind Aktien-Gesellschaften; Kommanditgesellschaften a. A., G. m. b. H., Kolonialgesellschaften, bergrechtliche Gewerkschaften, andere inländische juristische Personen, die Erwerbszwecke verfolgen und deren Mitgliedschaftsrechte frei übertragbar sind, wie z. B. Versicherungsvereine, landschaftliche Kreditanstalten usw., nicht Erwerbs- und Wirtschaftsgenossenschaften; vgl. Weinbach KapVerkStG. § 3 Anm. 7; Kessler, KapVerkStG. § 3 Anm. 8.

b) Nicht hierher gehören Erwerbsgesellschaften mit Personalcharakter ohne juristische Persönlichkeit, wie offene Handelsgesellschaften, Kommanditgesellschaften und die bürgerlich-rechtlichen Gesellschaften (§§ 105, 161 HGB. und § 705 BGB.). Bei diesen ist die Erhebung von Zuschlägen zulässig. — Gesellschaften des bürgerlichen Rechts können zu den Kapitalgesellschaften im Sinne des § 3 h gehören, wenn nach dem Gesellschaftsvertrag die vertretungsberechtigten Gesellschafter alle Gesellschafter nur unter Beschränkung ihrer Haftung auf die Anteile am Gesellschaftsvermögen verpflichten können. RFH. 15, 106.

c) Zweifelhaft könnte sein, ob die Begünstigungsvorschrift des § 15 Abs. 3 GrErwStG. für Gemeinschaften zur gesamten Hand, zu denen die Gesellschaften des bürgerlichen Rechts gehören, durch § 38 Abs. 3 FinAusglG. beseitigt wird. Man wird das deshalb nicht annehmen können, weil die nach § 15 Abs. 3 GrErwStG. gegebene Abzugsfähigkeit des der Beteiligung des Einbringenden an der Gesellschaft entsprechenden Bruchteils bei einer gemäß § 3 h KapVerkStG. als Kapitalgesellschaft geltenden bürgerlich-rechtlichen Gesellschaft auf dem gleichen Rechtsgrunde beruht, wie bei anderen Gesamthandsgemeinschaften, nämlich auf dem Wesen des gesamthänderischen Eigentums an dem Grundstücke der Gesellschaft. Ebenso Ott, Anm. 26, S. 524.

d) Die Begünstigung des § 38 Abs. 3 kommt nur bei solchen Rechtsvorgängen in Frage, bei denen erst nach dem 1. September die Einbringung von Grundstücken erfolgt ist. RFH. StuW. VI, 14; vgl. auch Art. II § 2 des Gesetzes zur Aenderung der Verkehrssteuern und des Verfahrens vom 10. August 1925 (RGBl. I, S. 241), in Verbindung mit Art. VII § 3 Abs. 2 daselbst.

**10. Einbringen von Grundstücken.** a) Ein „Einbringen" im Sinne des Abs. 3 liegt dann vor, wenn das Eigentum an diesen gegen Gewährung von Gesellschaftsrechten übertragen wird. Zu diesen Gesellschaftsrechten gehören nach § 5 KapVerkStG. Aktien, auch Interimsscheine (§ 179 HGB.), Kuxe, Stammanteile bei der G. m. b. H., Reichsbankanteile, Genußscheine, ferner Schuldverschreibungen, wenn ein Rechtsanspruch auf Beteiligung am Reingewinn der Gesellschaft gewährt wird.; vgl. § 84 b KapVerkStG. Hierunter fallen auch die sogenannten Wandelobligationen (convertible bonds), d. h. Obligationen mit Gewinnbeteiligung, die nach bestimmter Zeit nach Wahl des Gläubigers in Aktien umgetauscht werden können; vgl. hierüber Reinach, StuW. III, 1272.

b) Voraussetzung ist für die Befreiung nach § 3, daß die Gegenleistung in Gesellschaftsrechten besteht, neben denen auch noch andere Gegenleistungen gewährt werden können, wie z. B. Uebernahme von Hypotheken, bare Zuzahlungen usw.; vgl. Erlaß des RFM. vom 15. 8. 1925 in DVR. 1925, 146, III, Rv. 10353; Keßler § 5 Anm. 7; Weinbach, S. 642; Ott, Anm. 27, S. 524; RFH. 13, 58 ff.; besonders S. 61; ferner zu Tst. 25 d des pr. StG., RG. 51, 389; 53, 321; 68, 171.

c) Besteht die Gegenleistung nicht nur in der Gewährung von Gesellschaftsrechten, sondern auch noch in anderen Zusatzleistungen, so ist doch eine Trennung des Entgelts an Gesellschaftsrechten und anderen Leistungen infolge des einheitlichen Charakters der Einbringung unzulässig. Das ist deshalb wichtig, weil man sonst wohl auf den Gedanken kommen könnte, die Zuschläge für den Teil des Entgelts, der nicht in der Gewährung von Gesellschaftsrechten besteht, zu erheben; vgl. Erlaß des RFM. vom 15. 8. 25 a. a. O.

d) Voraussetzung für die Befreiung ist, daß es sich um Sacheinlagen bei der Errichtung einer Kapitalgesellschaft oder bei der Erhöhung ihres Gesellschaftskapitals handelt. Aus sonstigem Anlaß gewährte Leistungen unterliegen dem Zuschlag. Da Abs. 3 genau die Vorgänge festlegt, bei welchen eine Einbringung zuschlagsfrei ist, kann eine erweiterte Auslegung nicht für zulässig gehalten werden. So steht z. B. einer Kapitalerhöhung im Sinne dieser Vorschrift nicht etwa ein Grundstückserwerb gleich, den die Gesellschaft dadurch bewerkstelligt, daß sie zum Erwerb der Grundstücke sog. Verwertungs-, Vorrats- oder eigene Aktien der Gesellschaft benutzt, gleichviel, auf welchem Wege diese erworben sind.

11. **Voraussetzung der Zuschlagsfreiheit.** Voraussetzung für die Befreiung von den Zuschlägen ist jedoch, daß die Grundstücksübertragung gesellschaftssteuerpflichtig ist, da der Zweck der Vorschrift darin besteht, die hohe Steuerlast (5—7 v. H.) neben der Gesellschaftssteuer zu mildern. Kommt eine Kapitalverkehrssteuer infolge Anwendbarkeit der Befreiungsvorschrift des § 4 KapVerkStG. nicht in Frage, z. B. bei Gesellschaften, deren Erträgnisse ausschließlich der öffentlichen Hand zufließen, bei gemeinnützigen oder mildtätigen Gesellschaften, oder bei Sparkassen, die ausschließlich dem öffentlichen Sparkassenbetrieb dienen usw., so bleibt das Zuschlagsrecht der Länder und Gemeinden unberührt. Durch das StMG. vom 31. 3. 26 (RGBl. I, 185), in der Fassung des Ges. vom 16. 7. 1927 (RGBl. I, 183) sind bei Betriebszusammenschlüssen gewisser Art die Zuschläge bei Grundstücksübertragungen, die bis 30. 9. 28 erfolgen, aufgehoben; vgl. §§ 8, Abs. 2; 10, Abs. 1, 13, StMG.

12. **Ermäßigungen.** Soweit das GrErwStG. selbst Ermäßigungen enthält, müssen die Zuschläge im gleichen Verhältnis ermäßigt werden; so z. B. im § 21 Abs. 1 Satz 2 GrErwStG. Um zu verhüten, daß die Ermäßigung des Steuersatzes eine Erhöhung der Zuschläge bewirkt (vgl. hierzu Koch, Erg.-Bd. S. 56), ist durch § 2 Nr. 13 des Gesetzes zur Uebergangsregelung des FinAusgleichs zwischen Reich, Ländern und Gemeinden vom 9. April 1927 (RGBl. I, 91) bestimmt worden, daß die Zuschläge beim gebundenen Grundbesitz die ursprüngliche Höhe von ½ bzw. 1 v. H. nicht überschreiten dürfen. Seit dem 1. 4. 1927 kann die Grunderwerbsteuer einschließlich der Zuschläge 5 v. H. nicht mehr übersteigen; vgl. über die Entstehungsgeschichte der Vorschrift Koch, S. 57.

13. a) **Die Verwaltung der Zuschläge und das Rechtsmittelverfahren** richten sich nach den Vorschriften über die Grunderwerbsteuer selbst. Die jeweilige Steuerstelle entscheidet, somit auch über die Zuschläge. Gesetzliche Grundlage ist die AO. Erlaß der Steuer bringt auch die Zuschläge zum Erlöschen (§ 31 GrErwStG.), ebenso wirkt der Nachlaß der Steuer auch auf die Zuschläge. A. M. Markull, §§ 34—37, S. 409.

b) Das Rechtsmittelverfahren für die Zuschläge richtet sich grundsätzlich nach der AO., sofern nicht landesrechtlich anderes bestimmt ist. Abweichende Bestimmungen sind möglich, wenn nur wegen der Zuschläge ein Rechtsmittel eingelegt ist. Es bleibt dem Beschwerdeführer überlassen, das Rechtsmittel auf die Reichssteuer zu beschränken. RFH. StuW. V, 174. Das bewirkt auch eine entsprechende Ermäßigung der Zuschläge infolge deren Abhängigkeit von der Reichssteuer. Wie hier Ott, Anm. 34. A. M. Koch, FinAusglGes. § 38 Anm. 7 S. 135.

c) Für die Streitwertfeststellung ist nur die Hauptsteuer maßgebend. Die Zuschläge bleiben unberücksichtigt; RFH. 5, 10; RFH. StuW. V, 174.

d) Von der Berechtigung der Länder, für das Rechtsmittelverfahren von der AO. abzuweichen, sofern das Rechtsmittel nur gegen Zuschläge eingelegt wird, ist von verschiedenen Ländern Gebrauch gemacht worden, so hinsichtlich des Rechtszugs von Preußen. (Art. 1 Nr. 2 VO. vom 24. 11. 23.) Hier ist nach § 39 Abs. 3 AG. FinAusglG. die AO. mit der Maßgabe anwendbar, daß für die Berufung der Bezirksausschuß, für die Rechtsbeschwerde das OVG. zuständig ist; pr. OVG. JW. 1927, 1963. Besondere Rechtsmittel gegen den Zuschlag sind dort aber nur zulässig, wenn sie auf einen Grund gestützt werden, der nur für die Zuschläge gilt; vgl. im einzelnen die Uebersicht bei Ott, S. 530 ff.

## § 39.

**Auf Antrag einer Landesregierung hat der Reichsminister der Finanzen die Geschäfte der Finanzämter bei der Verwaltung der Grunderwerbsteuer den von der Landesregierung bezeichneten Behörden zu übertragen. Ein Anspruch auf Entschädigung gegen das Reich wird hierdurch nicht begründet; der Abzug von vier vom Hundert zugunsten des Reichs (§ 36 Abs. 1) findet nicht statt.**

1. **Die Verwaltung** der Grunderwerbsteuer als Reichssteuer erfolgt grundsätzlich von Reichsbehörden (§§ 1, Abs. 2, 8 AO.). Auf Antrag einer Landesregierung muß jedoch der RFM. den Geschäftskreis der Finanzämter auf besondere Landesbehörden übertragen. Der Antrag kann für das Land nur einheitlich und nicht etwa von jeder Gemeinde gesondert gestellt werden. (§ 19 AO.). Vgl. Markull, S. 409; Ott 3 zu § 39. Wird die Verwaltung der Grunderwerbsteuer den Landesbehörden übertragen, so gehen auf diese die Rechte des Finanzamtes in weitestem Sinne über, d. h. die Landessteuerstelle tritt in vollem Umfange auch für die Vollstreckung und etwaige Steuerzuwiderhandlungen an die Stelle des Finanzamtes.

2. **Trotz Uebertragung der Steuerverwaltung** auf die Länder bleibt der Charakter der Grunderwerbsteuer als einer Reichssteuer gewahrt (§ 36 Abs. 2). Die Landessteuerstellen ersetzen lediglich das Finanzamt, unverändert bleibt die Zuständigkeit des Landesfinanzamtes und des RFM. Auch das Rechtsmittelverfahren findet in gleicher Weise statt, als ob das Finanzamt als erste Instanz entschieden hätte (vgl. im übrigen § 36 Anm. 4). Die Einrichtung der Steuerstellen, insbesondere ihre Besetzung bei der Entscheidung, bleibt der Regelung durch das Landesrecht überlassen.

In Preußen ist hierzu der Kreisausschuß bestimmt, in Berlin die Bezirksämter (§ 2 pr. AG. FinAusglG. vom 30. 10. 1923 — GesS. 487 -- sowie Richtlinien Ziffer IV, B 1 vom 17. 11. 1923; MinBl. d. i. V. 1160). Besondere Vorschriften über die Verwaltung der Grunderwerbsteuer durch die Kreisausschüsse bestehen nicht. Es kommen somit die Allgemeinen Bestimmungen über die Beschlußfassung der Kreisausschüsse zur Anwendung. Die laufenden Geschäfte des dem Kreisausschuß übertragenen Geschäftskreises führt der Landrat, der somit auch den Grunderwerbsteuerbescheid erläßt; vgl. § 137 Abs. 1, 2 der Kreisordnung für die östlichen Provinzen, ferner Vereinfachungsgesetz vom 13. 5. 1918 (GesS. S. 53; RFH. 19, 212). Die Einspruchsentscheidung wird vom Kreisausschußkollegium getroffen und vom Vorsitzenden des Kreisausschusses unterzeichnet; vgl. pr. OVG. 64, 69, sowie in DJZ. 1916, 1086. Wegen der Vertretung des Landrats durch den ihm zugeteilten Regierungsassessor vgl. RFH. 20, 91.

3. **Ein Anspruch auf Entschädigung** für die Verwaltungskosten steht dem Land, das die Grunderwerbsteuer seinen eigenen Behörden übertragen hat, nicht zu. Es entfällt aber auch der Verwaltungskostenabzug von 4 v. H. zugunsten des Reiches. Die Länder erhalten sonach die ganze Steuer ohne jeden Abzug überwiesen, obwohl das Reich durch die Inanspruchnahme der Landesfinanzämter und des RFM. weiter belastet bleibt. Die Bestimmung ist auch wichtig für die Frage der Kostenerstattung; denn wird im Berufungsverfahren zugunsten des Steuerpflichtigen erkannt, so müssen die Kosten dem Reich aufgebürdet werden.

# Gesetz über Steuermilderungen zur Erleichterung der Wirtschaftslage

vom 31. März 1926 (RGBl. I, 185) in der Fassung des Gesetzes zur Verlängerung der Geltungsdauer des Steuermilderungsgesetzes vom 16. Juli 1927 (RGBl. I, 183).

## § 8.

**(1) Bei Verschmelzungen von Kapitalgesellschaften im Sinne des § 12 des Kapitalverkehrssteuergesetzes und bei Sanierungen im Sinne des § 13 zu b, c des Kapitalverkehrssteuergesetzes wird die Gesellschaftssteuer auf 1 vom Hundert ermäßigt.**

**(2) Werden in den Fällen des Abs. 1 Grundstücke eingebracht, so ermäßigt sich die Grunderwerbsteuer auf 1½ vom Hundert; die Zuschläge zur Grunderwerbsteuer und die Wertzuwachssteuer dürfen nicht erhoben werden. Die Vorschriften des Satzes 1 gelten auch bei Verschmelzungen von Kapitalgesellschaften, bei denen die aufnehmende Gesellschaft ihr Kapital nicht erhöht.**

### 1. Einleitung.

Krieg und Inflation haben der Wirtschaft die Erkenntnis verschafft, daß die Konzentration gleich gerichteter Unternehmungen im Wege des horizontalen Zusammenschlusses nicht nur eine Verbilligung der Produktionsmittel, sondern auch nach außen hin eine Verstärkung der wirtschaftlichen Machtposition bedeutet.

Hinzu kam, daß die in den Jahren 1920—1923 erfolgte, durchaus ungesunde Anhäufung von Unternehmungen, zu deren Gründung volkswirtschaftliche Notwendigkeit nicht vorlag, und denen auch die Basis für eine Fortentwicklung fehlte, nach Eintritt normaler Währungsverhältnisse zur Wiederauflösung führen mußte. Die innerlich gesunden Wirtschaftsbetriebe verließen das im Interesse der Rohstoff-Erfassung gewählte Prinzip vertikaler Gliederung und rangen sich zu der Erkenntnis durch, daß eine gedeihliche Fortentwicklung bei der Zusammenballung wirtschaftlich nicht zusammengehöriger Unternehmungen nicht möglich sei. Der Auflösungsprozeß vertikal gegliederter Konzerne ließ den Gedanken horizontaler Gliederung immer stärker werden.

Den wirtschaftlichen Bedürfnissen stand zu jener Zeit die Steuergesetzgebung schroff gegenüber. So belastete die Bestimmung des § 17 KörpStG. die Verschmelzung von Kapitalgesellschaften durch echte Fusion und führte zu der Bildung von Ersatzformen, hauptsächlich in Gestalt der Interessengemeinschaft, die sich dadurch einen festen Platz mit ebenso sicherer wirtschaftlicher Grundlage geschaffen hat; vgl. hierzu Haußmann, Wiederaufbau und Steuerpolitik, S. 40; Friedländer, Die Interessengemeinschaft als Rechtsform der Konzernbildung; derselbe, JW. 1923, 210; Rosendorff, Die rechtliche Organisation der Konzerne, S. 15; woselbst auch weitere Literatur; Krämer, a. a. O., S. 984.

Dem machtvollen Drängen der Wirtschaft konnte die Steuergesetzgebung auf die Dauer nicht widerstehen. Schon das Gesetz zur Abänderung des KörpStG. vom 8. 4. 1922 (RGBl. S. 351) hatte in die unwirtschaftliche, rein fiskalische Denkungsweise Bresche gelegt, indem es den § 17 KörpStG. beseitigte.

Es blieb jedoch noch die Belastung durch Grunderwerbsteuern und die kommunale Wertzuwachsbesteuerung. Gerade mit Rücksicht auf diese beiden letzten Abgaben, die bei Zusammenschlüssen großen Formats eine oft untragbare Höhe erlangten, mußten viele Fusionen unausgeführt bleiben. Daß Abhilfe geschaffen werden mußte, darüber war man sich auch auf Seiten der Reichsregierung klar. Nicht einig aber ging man in dem Weg, auf welchem die Erleichterung der Wirtschaft gebracht werden sollte. Billigkeitsmaßnahmen boten keine genügende Sicherheit.

Auch die erwogene Verteilung der Steuerlast auf eine Reihe von Jahren war unausführbar. Denn bilanzmäßig mußte die zwar schon entstandene, aber noch nicht fällige Steuerschuld als Schuldposten geführt werden, wodurch natürlich eine Verschlechterung des Bilanzbildes eintrat. Das versprach auch nur dann Erfolg, wenn eine wesentliche Stärkung der Wirtschaft mit Bestimmtheit zu erwarten war. So blieb nur die Senkung der Steuerlast in einem Maße, das den beteiligten Betrieben gestattete, diese Last zu tragen. Diese ganz zu beseitigen, erschien unzweckmäßig, um nicht unnötige Zusammenschlüsse hervorzurufen.

Der wesentlichste Grundsatz der Neuregelung besteht darin, daß im Falle einer Fusion eine Prüfung der Frage, ob der Zusammenschluß in dem Einzelfalle einem gesamtwirtschaftlichen Bedürfnis entspricht, nicht stattfinden soll (vgl. Begr. S. 5). Sehen sich die Unternehmungen veranlaßt, im Wege völliger Verschmelzung ineinander aufzugehen, so war es Absicht des Gesetzgebers, die Besteuerung milde zu gestalten. In diesem Falle ist die Steuer auf 25 v. H. des Normalsatzes der Gesellschaftssteuer, also auf insgesamt 1 v. H. bemessen.

Mehr Schwierigkeiten als die Frage der Verschmelzung von Kapitalgesellschaften verursachte die Zusammenfassung von Betrieben, bei welchem die Gründung eines Gemeinschaftswerkes zur besseren Ausnützung von Teilbetrieben erfolgen sollte. Die Bedenken, die man gegen eine gleich große Herabsetzung der Steuer, wie bei der Fusion oder Sanierung von Kapitalgesellschaften, bei den Zusammenfassungen gemäß § 9 StMG. hatte, sind nicht von der Hand zu weisen. Es ist nicht Aufgabe des Gesetzgebers, den Zusammenschluß von Betrieben, die in keinem erkennbaren Zusammenhange stehen, zum Zweck der Ersparung von Steuern zu erleichtern, sondern die Absicht des StMG. ging dahin, die notleidende deutsche Wirtschaft durch fühlbare Erleichterungen zu heben. An der Aufrechterhaltung wirtschaftlich schwacher, für die Gesamtstruktur der deutschen Volkswirtschaft entbehrlicher Unternehmen besteht kein Interesse. Deshalb ist bei der Zusammenfassung nach § 9 StMG. die Steuerermäßigung nicht generell, sondern nur nach vorheriger Prüfung zugelassen. Sind die Voraussetzungen der §§ 12, 13 b, c KapVerkStG. gegeben, so ist auch im Falle des § 9 StMG. die Grunderwerbsteuer auf die Hälfte des seitherigen Satzes, also auf $1\frac{1}{2}$ v. H. herabzusetzen. Die Erhebung von Zuschlägen zur Grunderwerbsteuer, die nach dem Finanzausgleichsgesetz den Ländern und Gemeinden freisteht, ist ebenso ausgeschlossen, wie die Erhebung einer Wertzuwachssteuer.

Die mit dem StMG. beabsichtigten Wirkungen sind denn auch nicht ausgeblieben. Nach dessen Inkrafttreten sind im Wege der Fusion wirtschaftliche Gebilde größten Ausmaßes entstanden, von denen nur genannt werden sollen die Gründung der Vereinigten Stahlwerke, die Vervollkommnung der I. G. Farbenindustrie A.-G., sowie die Fusion einer Reihe von Schiffahrtsgesellschaften mit der Hapag (vgl. im einzelnen die Tabelle in den wirtschaftlichen Monatsberichten der Direktion der Diskonto-Gesellschaft vom August 1926, auch abgedr. bei Rosendorff, a. a. O., S. 184 ff.). Es ist nicht zu verkennen, daß der langsame Wiederaufstieg der deutschen Wirtschaft, der im Jahre 1926 bemerkbar war (vgl. die Wirtschaftsberichte der Deutschen Bank, Diskontogesellschaft und Commerzbank) nicht zum kleinsten Teil auf die Erleichterungen zurückzuführen ist, die das Steuermilderungsgesetz in vernünftiger Erkenntnis ihrer Notwendigkeit mit sich gebracht hat. Vgl. noch Krämer, JW. 1927, 2980.

2. a) **Die Verschmelzung von Kapitalgesellschaften.** Diese ist schon durch § 12 KapVerkStG. insoweit steuerlich begünstigt, als die KapVerkSt. bei Uebertragung des Vermögens einer Gesellschaft auf die andere gegen Gewährung von Gesellschaftsrechten der aufnehmenden Gesellschaft auf 2 v. H. ermäßigt worden ist. Nach dem StMG. ermäßigt sich bei Verschmelzung von Kapitalgesellschaften im Sinne des § 12 KapVerkStG. die Gesellschaftssteuer weiter auf 1 v. H.

b) Eine Verschmelzung von Kapitalgesellschaften liegt dann vor, wenn eine Gesellschaft ihr Vermögen dergestalt auf eine andere bereits bestehende gegen Gewährung von Gesellschaftsrechten überträgt, daß die übertragende Gesellschaft untergeht. Nur die aufnehmende Gesellschaft darf fortbestehen. Ebenso Weinbach, KapVerkStG., § 12, Anm. 3; Koeppel, BankArch. 1925, 278; Ott, Anm. 9, S. 545; Keßler, S. 190; RFH. StuW. V, 338; A. M. Friedländer DStZ. 1926, S. 394.

c) Die übernommene Gesellschaft geht dann nicht unter, wenn z. B. die aufnehmende Gesellschaft die Gesellschaftsrechte nicht den Gesellschaftern der übernehmenden Gesellschaft, sondern dieser selbst zuwendet oder wenn sie die Geschäftsanteile der anderen Gesellschaft erwirbt. Keine Verschmelzung im Sinne des § 12 KapVerkStG. ist die Gründung einer AG. zum Zwecke der Umwandlung einer G. m. b. H. und die Einbringung des Vermögens der G. m. b. H. als Ganzes auf die AG. (RFH. StuW. V, 338; Weinbach § 12 Anm. 36; Keßler § 12 Anm. 2; vgl. jedoch für diesen Fall § 9 StMG.).

d) Ob § 12 KapVerkStG. auch dann Anwendung findet, wenn eine **Fusion ohne Kapitalerhöhung** der aufnehmenden Gesellschaft vorgenommen wird (unechte Fusion), ist zweifelhaft; vgl. hierzu RFH. 13, 206; Weinbach, § 12 KapVerkStG., Anm. 3c; Köppel, a. a. O., Keßler, § 12 Anm. 3. Die Frage ist hier wegen § 8 Abs. 2, Satz 2 nicht von Bedeutung.

e) **Beide** Gesellschaften müssen **Kapitalgesellschaften** sein; nicht notwendig ist, daß sie gleichartig sind, daß also eine AG. eine andere AG., oder eine G. m. b. H. wiederum eine G. m. b. H. aufnimmt. Es genügt auch die Verschmelzung einer AG. mit einer G. m. b. H. Man wird überhaupt soweit gehen können, daß man bei der Verschmelzung nur den Rechtscharakter, nicht die Rechtsform als solche bewertet; vgl. hierzu auch Mirre, Handbuch, S. 708, der § 12 KapVerkStG. sehr weit auslegt und die Zulässigkeit auch bei der Aenderung der Gesellschaftsform annimmt, ebenso Weinbach, a. a. O., § 12 Anm. 3 d.

f) Bei der **Verschmelzung von Gewerkschaften** des **neueren Bergrechts,** die nach §§ 3 ff. KapVerkStG. ebenfalls Kapitalgesellschaften sind (vgl. §§ 94 ff. pr. ABG.), mit einer AG. oder G. m. b. H., findet § 8 StMG. Anwendung. Eine Verschmelzung von Gewerkschaften miteinander im Sinne der §§ 305, 306 HGB. kennt das pr. ABG. ebensowenig wie die Berggesetze der übrigen Länder.

g) Ob die **Konsolidation**, d. h. die Vereinigung zweier oder mehrerer Bergwerke zu einem einheitlichen Ganzen (§ 41 pr. ABG.) eine Verschmelzung im Sinne des § 12 KapVerkStG. ist, kann zweifelhaft sein. Von einer Uebertragung des Vermögens einer Kapitalgesellschaft auf eine andere ist hier überhaupt nicht zu sprechen, weil sich die beiden oder mehreren Gewerkschaften zu einem neuen Rechtsgebilde vereinigen und neues Bergeigentum am Gesamtfeld entsteht. Somit ist für die Anwendbarkeit des § 12 KapVerkStG. kein Raum. Damit entfällt auch die Anwendbarkeit des § 8 StMG., der von den gleichen Voraussetzungen wie § 12 KapVerkStG. ausgeht. Dagegen kann die Konsolidation von Gewerkschaften nach § 9 StMG. behandelt werden. Wie hier Ott, Anm. 17; unbestimmt Weinbach, Anm. 3 e, der das StMG. für anwendbar hält, ohne zu sagen, ob er nur § 9 anwenden will. A. M. Koeppel, a. a. O., S. 279. Steuerfreiheit bei der Konsolidation von Gewerkschaften kann schon auf Grund des § 8 Ziff. 8 GrErwStG. gegeben sein.

h) Das **Entgelt für die Verschmelzung** muß in der Gewährung von Gesellschaftsrechten der aufnehmenden Gesellschaft bestehen; vgl. hierzu Anm. 10 zu § 38 FinAusglG. Zu diesen Gesellschaftsrechten gehören auch Genuß-Scheine; Obligationen dagegen nur, sofern sie dividendenberechtigt sind. Der Auffassung von Staub-Pinner (HGB. § 305 Anm. 3), daß die Gewährung anderer Gegenleistungen neben Aktien mit Ausnahme der s. g. Spitzenbeträge unzulässig sei, ist in dieser schroffen Form nicht zuzustimmen. Es wird darauf ankommen, ob die Aktienhingabe die Hauptleistung ist, ohne daß etwa daneben noch gewährte Geldzuzahlungen den Charakter der Gegenleistung verändern. Wie hier Hachenburg, in LZ. 1911, 646; auch Staub selbst bis zur 6./7. Aufl.

i) Die Gesellschaftsrechte müssen von der aufnehmenden Gesellschaft, nicht von einer anderen gewährt werden; vgl. Friedländer, DStZ. 26, 394.

k) Eine Prüfung der wirtschaftlichen Notwendigkeit der Verschmelzung ist ebensowenig — abgesehen von dem Falle des § 9 — zulässig, wie eine Kontrolle der Fusion nach der Richtung hin, ob eine wirkliche wirtschaftliche Zusammenfassung der Betriebe erfolgt ist. Auch dann ist § 8 StMG. anwendbar, wenn z. B. zum Zwecke der Umwandlung einer G. m. b. H. in eine AG. eine neue AG. gegründet wird, diese eine Kapitalserhöhung vornimmt und mit den bei dieser erlangten Gesellschaftsrechten eine Fusion mit der G. m. b. H. bewirkt. § 5 AO. ist hier nicht anwendbar, da es sich um eine wirkliche Verschmelzung von 2 Kapitalgesellschaften handelt. Wie hier Mirre, Handb., S. 208; Weinbach, KapVerkStG. § 12 Anm. 3 d; A. M. Ott, a. a. O., Anm. 13.

l) Ebensowenig vermögen wir den Standpunkt von Ott, a. a. O., Anm. 14, zu teilen, daß das StMG. nicht zur Anwendung kommt, wenn 2 **Grundstücksgesellschaften**, deren Vermögen in je einem Grundstück besteht, miteinander verschmolzen werden, oder eine Grundstücksmobilisierungsgesellschaft m. b. H. ihr in Baugelände bestehendes Vermögen als Ganzes an eine Kapitalgesellschaft gegen Gewährung von Gesellschaftsrechten an die bisherigen Anteilinhaber überträgt. Das ist deshalb unrichtig, weil im Falle einer Fusion die Frage, ob der Zusammenschluß einem gesamtwirtschaftlichen Bedürfnis entspricht, nicht mehr zu prüfen ist, da § 8 StMG. nur die rein formale Voraussetzung der Verschmelzung mehrerer Kapitalgesellschaften ohne Unterscheidung nach dem Gegenstand des Unternehmens regelt; vgl. Krämer, StuW. VI, S. 986; ebenso wohl auch Lion, DStZ. 26, S. 909; ferner Begr. S. 5.

**3. Sanierungen.** Die Ermäßigung des Steuersatzes auf 1 v. H. tritt ferner ein in den Fällen des § 13 b und c des KapVerkStG., d. h.

1. bei Zahlungen und Leistungen an inländische Kapitalgesellschaften, die zur **Deckung einer Ueberschuldung** oder eines **Verlustes am Grundkapital** einer Aktiengesellschaft oder Kommanditgesellschaft auf Aktien oder am Stammkapital einer G. m. b. H. erforderlich sind,

2. bei Zubußen an inländische bergrechtliche Gewerkschaften, die erforderlich sind, um Schäden zu beseitigen, die durch Unglücksfälle oder Naturereignisse an dem von der Gewerkschaft betriebenen Bergwerk hervorgerufen sind, oder um durch den Betrieb des Bergwerks entstandene Schäden zu beseitigen, zu deren Erstattung der Unternehmer des Bergwerks als solcher verpflichtet ist.

a) Die **Ueberschuldung** muß tatsächlich vorhanden, nicht nur bilanzmäßig konstruiert sein, d. h. die Schulden müssen das Vermögen der Gesellschaft übersteigen. Auch muß die Ueberschuldung bereits entstanden sein und nicht erst drohen; vgl. RFH. StuW. IV, 403. Ein Verlust am Grund- oder Stammkapital ist dann gegeben, wenn ein Teil des eingezahlten Grund- oder Stammkapitals verloren ist. (AB. § 30 Abs. 2.) — Wegen der Einzahlungen der Kommanditisten vgl. RFH. JW. 1927, 2446.

b) **Zahlungen und Leistungen** sind alle Vorgänge, die im § 6a und b KapVerkStG. genannt sind. § 6c scheidet hier aus; vgl. hierzu RFH. 17, 251; Weinbach, § 13 Anm. 6; RFH. Recht 1927 Nr. 829.

c) Die Zahlungen und Leistungen müssen zur **Verlustdeckung** am Grundkapital bestimmt sein; also keine Steuerermäßigung, wenn der Verlust aus dem Reservefonds gedeckt wird, vgl. RFH. 2, 261, oder spätere Einzahlungen auf das Grund- oder Stammkapital geleistet werden, wenn das Reinvermögen der Gesellschaft den vorher eingezahlten Teil des Kapitals nicht mehr deckt, RFH. 6, VR. 1927, 171. Der Verlust am Grundkapital setzt dessen Einzahlung voraus. Wegen Verlust des auf Gold umgestellten Grundkapitals vgl. RFH. StuW. VI, 452. Bei einer Kapitalerhöhung kann Steuererleichterung nur dann eintreten, wenn das verlorene Kapital zunächst herabgesetzt und dann wieder erhöht wird; vgl. hierzu RFH. 3, 151 ff., besonders 154. Weinbach, § 13, Anm. 8a—d. Wegen Nachschüssen und Zuzahlungen bei AG. vgl. Staub-Pinner, HGB., § 290; Anm. 13; fürdie G. m. b. H. Staub-Hachenburg, § 58 Anm. 42, Brodmann, G. m. b. H. Ges.; § 58 Anm. 3, S. 215. — Bei Sanierungen durch Hingabe von Gesellschafter-Darlehen ist § 8 nicht anwendbar, weil auch bei weitgehender Anwendung des § 4 AO. eine ausdehnende Auslegung des § 13b KapVerkStG. angesichts des Wortlautes des § 8 StMG. unzulässig ist, RFH. StuW. VI, 411; vgl. auch RFH. 17, 251 = StuW. IV, 635.

d) Die Ermäßigung der Steuer nach 13b KapVerkStG. kommt bei der Umstellung der Gesellschaft auf Grund der VO. über Goldbilanzen vom 28. 12. 1923 (RGBl. I, 1253), und der zu dieser ergangenen VO. über die Gesellschaftssteuer bei der Aufstellung von Goldbilanzen vom 1. 12. 1924 (RGBl. I, 1924, S. 267), bei Zahlungen oder Leistungen in Frage, die zur Deckung eines Verlustes an dem in Goldmark umgerechneten Eigenkapital einer Gesellschaft erforderlich sind, wenn der Verlust schon im Zeitpunkt der Umstellung (§ 7 GBV.) vorhanden gewesen ist.

e) **Zubußen** sind die Beträge, zu deren Zahlung die Gewerken im Verhältnis ihrer Kuxe verpflichtet sind, und die zur Erfüllung der Verbindlichkeiten der Gewerkschaften und zu deren Betriebe erforderlich sind. Sie können in Geld oder in Sachleistungen bestehen (vgl. § 102 Abs. 2 prABG.).

f) Die Zubußen müssen zur Beseitigung von Schäden erforderlich sein, die durch das Bergwerk entstanden sind (§ 148 pr. ABG.). Sie können auch durch Unglücksfälle oder Naturereignisse hervorgerufen werden, nicht aber durch Verluste anläßlich schlechter Konjunktur (vgl. RG. 94, 39).

g) Auch Schäden, die durch den Betrieb des Bergwerks entstanden sind, gehören hierher. Ueber den Umfang der Ersatzpflicht vgl. § 48 pr. ABG. Unternehmer ist nicht gleichbedeutend mit Eigentümer; auch der Pächter oder Nießbraucher gehört hierher. Ebenso Weinbach, § 13, Anm. 21; RFH. Mrozek, R. zu § 13c Ziff. 1; Keßler, § 13 Anm. 6. Vgl. auch Krämer, Das neue Kapitalverkehrssteuergesetz und der Bergwerksbetrieb, in Voss. Zeitung Nr. 434 vom 15. 9. 1921.

4. **Einbringung von Grundstücken bei Verschmelzung und Sanierung. (§ 8 Abs. 2.)** Werden bei der Verschmelzung oder Sanierung von Kapitalgesellschaften Grundstücke eingebracht, so tritt eine Ermäßigung der Grunderwerbsteuer auf $1\frac{1}{2}$ v. H. ein. Voraussetzungen dieser Ermäßigung sind die gleichen, wie sie für die Herabsetzung der Gesellschaftssteuer im Abs. 1 verlangt werden; vgl. oben Anm. 1—3. Eine weitere Besonderheit besteht darin, daß es den Ländern und Gemeinden reichsrechtlich untersagt wird, die Zuschläge zur Grunderwerbsteuer, zu deren Erhebung sie nach § 38 Abs. 1 FinAusglG. berechtigt sind, zu fordern. (Vgl. § 38 Abs. 3 und hierzu RFH. StuW. VI, 14.)

Auch eine **Wertzuwachssteuer** darf in dem Falle des § 8 Abs. 1 von den Gemeinden nicht erhoben werden; eine etwa entgegenstehende, in einer Kommunalsteuerordnung enthaltene Bestimmung ist nach dem Grundsatz, daß Reichsrecht dem Landesrecht vorgeht, nichtig.

5. **Die Gegenleistung anläßlich einer Fusion** kann von der aufnehmenden Gesellschaft in verschiedener Form bewirkt werden. Der Normalfall dürfte der sein, daß die erforderlichen Aktienbeträge bzw. Gesellschaftsrechte im Wege der Kapitalerhöhung beschafft werden. Es ist aber auch zulässig, daß die Gesellschaft zu diesem Zwecke etwa noch vorhandene Vorratsaktien, Verwertungs- oder eigene Aktien oder Gesellschaftsrechte, die sich im Eigentum der Gesellschaft befinden, verwendet. Gerade Vorratsaktien werden häufig auch ohne daß gegenwärtiger Bedarf vorliegt, für etwaige künftige Angliederungen geschaffen. Erwirbt die Gesellschaft zum Zwecke der Angliederung fremder Unternehmungen von ihren Gesellschaftern Gesellschaftsrechte, so entsteht nach § 6a KapVStG. keine Steuerpflicht. Ebenso Mirre, StuW. V, 662; Ott, a. a. O., Anm. 15; Weinbach, KapVStG. 12 § 12 Anm. 3c. Besitzt eine Gesellschaft die Anteile einer anderen und ist sie damit in der Lage, diese Gesellschaft ohne Weiteres zu übernehmen (Mutter- und Tochtergesellschaft), so liegt zwar ein Fall des § 12 KapVStG. wörtlich genommen nicht vor, man wird jedoch § 8 Abs. 2 Satz 2 trotzdem nach den mit dem StMG. verfolgten Zwecken anwenden können. Ebenso Begr. S. 8; Mirre, a. a. O., S. 663; Ott, a. a. O., Anm. 15; Köppel, BankArch. 1925, 278; Bem. d. RFM. vom 11. 5. 26 in DNotV. 26, S. 286; vgl. § 36 Abs. 3 Satz 2 FinAusglG.

## § 9.

**Werden gleichartige oder wirtschaftlich zusammengehörige Betriebe mehrerer Unternehmungen zusammengefaßt, ohne daß die Voraussetzungen des § 8 vorliegen, so kann diese Vorschrift auf Antrag für anwendbar erklärt werden**

1. **auf die Errichtung einer neuen Kapitalgesellschaft;**
2. **auf die Erhöhung des Gesellschaftskapitals einer Kapitalgesellschaft;**
3. **auf die Uebernahme eines Betriebes durch eine Kapitalgesellschaft, wenn als Entgelt Gesellschaftsrechte der aufnehmenden Gesellschaft gewährt werden, diese Gesellschaft ihr Kapital aber nicht erhöht.**

1. **Abgrenzung und Bedeutung der Vorschrift.** Während § 8 StMG. die Steuerbegünstigungen bei Verschmelzung oder Sanierung von Kapitalgesellschaften gewährt, soll durch § 9 der Zusammenschluß von Betrieben auch dann durch die Ermäßigungen des Steuermilderungsgesetzes erleichtert werden, wenn die Voraussetzungen des § 8 StMG. nicht vorliegen. Im Gegensatz zu § 8, der an das Vorliegen genau umrissener rechtlicher Voraussetzungen anknüpft, läßt sich § 9 von wirtschaftlichen Gesichtspunkten leiten.

2. a) **Voraussetzung** ist die **Zusammenfassung gleichartiger und wirtschaftlich zusammengehöriger Betriebe** mehrerer Unternehmungen durch Errichtung einer neuen Kapitalgesellschaft, unter Erhöhung des Gesellschaftskapitals einer Kapitalgesellschaft oder die Uebernahme eines Betriebes durch eine Kapitalgesellschaft gegen Gewährung von Gesellschaftsrechten, bei der die übernehmende Gesellschaft ihr Kapital nicht erhöht. Keineswegs genügt es etwa, daß eine Gesellschaft sämtliche Anteile einer anderen (§ 3 GrErwStG.) in ihrer Hand vereinigt, um die Steuerbegünstigungen stillschweigend auszulösen, wenn nicht gleichzeitig die Voraussetzungen des § 9 Ziff. 1—3 vorliegen.

b) Die Definition des Begriffs „gleichartige Unternehmungen" verursacht wenig Schwierigkeiten. Das sind solche Unternehmungen, die das gleiche wirtschaftliche Ziel verfolgen, z. B. 2 Schuhfabriken, 2 Bergwerksgesellschaften usw. Man wird diesen Begriff nicht zu eng fassen dürfen. So ist z. B. Gleichartigkeit auch dann gewahrt, wenn das eine Unternehmen nicht ausschließlich die gleichen Produkte herstellt wie das zweite, sondern darüber hinaus noch andere Fabrikationszweige betreibt, wenn z. B. eine Fahrradfabrik mit einer anderen Fahrradfabrik fusioniert, die noch Nähmaschinen oder Automobile herstellt, oder eine Klavierfabrik mit einem Unternehmen, das außer Klavieren auch Grammophone fabriziert, so sind diese Betriebe trotzdem gleichartig.

c) Schwieriger sind die „wirtschaftlich zusammengehörigen Betriebe" zu bestimmen. Auch hier wird man nicht engherzig sein dürfen, sondern auch solche Betriebe darunter verstehen, die sich mit verschiedenen Stadien eines einheitlichen Produktionsprozesses beschäftigen, z. B. Brauerei und Malzfabrik, Bergwerk und Kokereianlage, Spinnerei und Appreturanstalt, Gerberei und Schuhfabrik; der Zusammenhang zwischen den Betrieben muß lediglich organischer Natur sein (vgl. Begr. S. 4). Der rechtliche Charakter der die Verschmelzung bewirkenden Form ist gleichgültig; es braucht sich somit nicht um den Zusammenschluß zweier G. m. b. H. zu handeln.

d) Betriebe im Sinne des § 9 sind nicht nur Produktionsbetriebe, sondern auch Handels-, Schiffahrts-, Transport-, Versicherungs-, Bankbetriebe usw. So RFM. vom 11. 5. 26; DNotV. 26, 288. Im einzelnen entscheiden für den Begriff des Betriebes die wirtschaftlichen Verhältnisse. Auch Teile eines wirtschaftlichen Gesamtbetriebes (Untergesellschaften eines Konzerns) gehören hierher.

**3. Umfang der Einbringung.** Bei der Einbringung von Betrieben oder Betriebsteilen in eine Kapitalgesellschaft werden meist zu den Betrieben auch bares Geld (Kasse), Bankguthaben, Postscheckguthaben oder andere Forderungen gehören, die auf das Gemeinschaftswerk oder die aufnehmende Gesellschaft übergehen sollen. Nun findet der § 9 Ziff. 1 und 2 nach dem Wortlaut des Gesetzes zwar nur auf die Einbringung von Sachen bzw. Sachgesamtheiten Anwendung. Man wird aber auch bei den erstgenannten Vermögensgegenständen, sofern diese im Sinne des Gemeinschaftswerks (Ziff. 1) oder bei der Kapitalerhöhung in die aufnehmende Gesellschaft (Ziff. 2) eingebracht werden, den ermäßigten Steuersatz von 1 v. H. anwenden können (ebenso RFM. Erl. vom 8. 8. 27; III. Rv. 1653 RStBl. S. 180). Nach dem Erlaß des RFM. vom 8. 8. 1927 soll die Vergünstigung des § 9 Ziff. 1 und 2 ferner in den Fällen gewährt werden, in welchen die Gläubiger des einzubringenden Unternehmens auf ihre Forderung gegen Gewährung von Gesellschaftsrechten verzichten. Dieser Fall wird vor allem dann praktisch werden, wenn es sich um finanziell schwache Betriebe handelt, deren Gläubiger der Einbringung des Betriebes in ein Gemeinschaftswerk nur dann zustimmen, wenn die Forderungen in Aktien oder Anteile an dem Gemeinschaftswerk umgewandelt werden, da die Gläubiger sonst befürchten müssen, die Forderungen nicht beitreiben zu können.

Der RFM. hat dagegen die Annahme der Vergünstigung abgelehnt, wenn gegen Gewährung von Aktien oder anderen Gesellschaftsrechten dem Gemeinschaftswerk bzw. der aufnehmenden Gesellschaft Barmittel seitens der zusammenschließenden Unternehmungen oder von dritten Personen bei Einbringung des Betriebes zugeführt werden (RStBl. 1927 S. 180).

**4. Die notwendige Rechtsform des Zusammenschlusses.** Die Zusammenfassung der Betriebe muß in einer Kapitalgesellschaft erfolgen. In welcher rechtlichen Form die so zusammengeschlossenen Unternehmungen in sich betrieben werden, ist belanglos. Nicht nur Kapitalgesellschaften, sondern auch Einzelfirmen, OHG. und Genossenschaften können zu einem Gemeinschaftswerk vereinigt werden. Die Uebertragung von Teilen des Betriebes auf die Kapitalgesellschaft genügt. Auch dann gilt die Vergünstigung, wenn das Vermögen, das auf die bestehende Gesellschaft übertragen wird, bisher nicht in Form einer Kapitalassoziation mit eigener juristischer Persönlichkeit bestand, z. B. wenn eine A.G. ihr Kapital erhöht und gegen Gewährung von Aktien eine OHG. aufnimmt (ebenso RFM. a. a. O.). Hierher gehört auch die Errichtung eines Gemeinschaftswerks durch mehrere Kapitalgesellschaften dadurch, daß entweder die Betriebe im Ganzen oder Teile der Betriebe in eine neue Kapitalgesellschaft eingebracht werden. Auch die Beteiligung von Erwerbsgesellschaften ohne juristische Persönlichkeit oder Einzelfirmen an dem Gemeinschaftswerk steht der Vergünstigung nicht entgegen, wenn nur das Gemeinschaftswerk die Form der Kapitalgesellschaft aufweist. Wegen einer Uebertragung von Betrieben an eine Kapitalgesellschaft durch Kauf sofern neben Gesellschaftsrechten noch andere Leistungen bewirkt werden; vgl. § 38 Anm. 10 FinAusglG.

5. **Die Anwendbarkeit bei der Konsolidation von Gewerkschaften und verschleierten Sachgründungen.** § 9 Ziff. 1 kann auch bei der Konsolidation bergrechtlicher Gewerkschaften zur Anwendung kommen (§ 41 pr. ABG.); es entsteht dadurch ein neues Rechtsobjekt, und sofern die konsolidierten Bergwerke verschiedenen Eigentümern gehörten, auch ein neues Rechtssubjekt. In Ermanglung anderweiter Vereinbarung sind die Eigentümer der früheren Bergwerke an der neuen Gewerkschaft zu gleichen Anteilen beteiligt. Der Erwerb von Kuxen an dieser auf Grund der Konsolidation unterliegt der Vergünstigung des § 9 Ziff. 1.

Auch bei der verschleierten Sachgründung, bei der zunächst eine A.-G. als formale Bargründung errichtet wird, sei es, um den Schwierigkeiten der Sachgründung (Revision) aus dem Wege zu gehen, sei es, um Differenzen um die Einbringungswerte zu vermeiden, und bei der die A.-G. nach der Gründung die Unternehmen der Gründer erwirbt, liegt eine Einbringung im Sinne des § Ziff. 1 vor. Nicht hierher gehört eine bloße Umwandlung des gleichen Unternehmens in die Rechtsform einer Kapitalgesellschaft, wenn nicht gleichzeitig damit noch ein anderer Betrieb in die neu errichtete Gesellschaft aufgenommen wird.

6. **Ziff. 2: Kapitalerhöhung.** Die Vorteile des § 9 können auch bei der Erhöhung des Gesellschaftskapitals einer Kapitalgesellschaft bewilligt werden, so z. B. wenn eine Kapitalgesellschaft eine Einzelfirma, OHG. oder Kommanditgesellschaft übernimmt und die Gegenleistung in der Hergabe von jungen Aktien besteht, die durch diese Kapitalerhöhung geschaffen werden.

7. **Ziff. 3: Die Uebernahme ohne Kapitalerhöhung.** In Erweiterung des § 9 Ziff. 3 gegenüber § 8 Abs. 2 Satz 2 StMG. tritt Steuervergünstigung schließlich dann ein, wenn eine Kapitalgesellschaft, ohne ihr Kapital zu erhöhen, einen Betrieb gegen Gewährung von Gesellschaftsrechten übernimmt. Das ist dann der Fall, wenn die Angliederung durch Verwendung von Vorratsaktien oder gegen Hingabe wiedererworbener Aktien erfolgt. Der letzteren Möglichkeit steht im übrigen § 226 HGB. nicht entgegen, da diese Bestimmung nur eine Sollvorschrift ist, der Rückkauf von eigenen vollbezahlten Aktien der Gesellschaft braucht aber auch nicht „im regelmäßigen Geschäftsbetriebe“ erfolgt zu sein.

§ 9 Ziff. 3 ist ferner dann von Bedeutung, wenn nicht die Kapitalgesellschaft in ihrer Gesamtheit, sondern nur Teilbetriebe einer Kapitalgesellschaft bzw. solche von offenen Handelsgesellschaften oder Einzelfirmen, von einer Kapitalgesellschaft übernommen werden.

8. **Höhe und Berechnung der Steuer.** Ob hier Ermäßigungen stattfinden, hängt von dem Ermessen des Landesfinanzamtes (§ 16) ab. Die Entscheidung ist gemäß § 6 AO. nach Recht und Billigkeit zu treffen. Nach Begr. S. 8 ist dem Antrag stattzugeben, wenn die Zusammenfassung eine Förderung der Wirtschaftlichkeit auch vom Standpunkt der Gesamtwirtschaft aus verspricht, wenn also die Erhöhung der Nutzwirkung von Anlagen erstrebt wird. Es kommt nur entweder volle Anwendung des § 8 oder Ablehnung

in Frage, nicht teilweise Ermäßigung. Demnach erfolgt Ermäßigung der Gesellschaftsteuer auf 1 v.H. in dem Falle der Ziff. 1 und 2; eine weitere Ermäßigung kann nach § 11 erfolgen. Die Berechnung der Gesellschaftssteuer bei der eigentlichen Verschmelzung des § 12 KapVerkStG. erfolgt nur nach dem Wert des Vermögens der aufgenommenen, nicht der aufnehmenden Gesellschaft. Wegen der Errichtung eines Gemeinschaftswerkes vgl. § 11 Ziff. 1.

Die Grunderwerbsteuer ermäßigt sich auf 1½ v. H.; Zuschläge hierzu sowie eine Wertzuwachssteuer dürfen nicht erhoben werden. Vgl. im übrigen wegen weiterer Vergünstigungen § 38 Abs. 3 FinAusglG. sowie § 8 Abs. 1 Ziff. 8 GrErwStG.; RFH. Bd. 6, 69; 16, 91.

## § 10.

**(1) Gehen bei Verschmelzungen von Genossenschaften im Sinne des § 93 a des Gesetzes, betreffend die Erwerbs- und Wirtschaftsgenossenschaften, Grundstücke einer an der Verschmelzung beteiligten Genossenschaft auf die aufnehmende Genossenschaft über, so ermäßigt sich die Grunderwerbsteuer auf 1½ vom Hundert. Die Zuschläge zur Grunderwerbsteuer und die Wertzuwachssteuer dürfen nicht erhoben werden.**

**(2) Auf Antrag kann die Vorschrift des Abs. 1 für anwendbar erklärt werden, wenn der Betrieb einer Kapitalgesellschaft ganz oder teilweise von einer Genossenschaft übernommen wird und die vereinigten Betriebe gleichartig oder wirtschaftlich zusammengehörig sind.**

1. **Die Verschmelzung von Genossenschaften.** Die Grunderwerbsteuerermäßigung des § 8 StMG. tritt bei der Verschmelzung haftform-gleicher Genossenschaften im Sinne des § 93 a GenG. (RGBl. I, 1922, S. 568; 1923, S. 288) ein, wenn bei der Verschmelzung zweier oder mehrerer Genossenschaften Grundstücke auf die aufnehmende Gesellschaft übergehen. Mit der Eintragung der Verschmelzung in das Genossenschaftsregister geht das Vermögen der aufgelösten Genossenschaft ipso iure auf die übernehmende Genossenschaft über, ohne daß es besonderer Uebertragung der einzelnen Vermögensgegenstände bedürfte (vgl. §§ 305, 306 HGB., § 93 Abs. 3 GenG.). Daher ist auch keine Auflassung der Grundstücke erforderlich, sondern da das Grundbuch unrichtig geworden ist, bedarf es nur der Grundbuchberichtigung gemäß § 22 GBO. Die Erhebung von Wertzuwachssteuern und von Zuschlägen zur Grunderwerbsteuer ist untersagt. (Vgl. RFM. vom 11. 5. 1926 in DNotV. 26, 287).

Die Kapitalverkehrsteuer wird nicht ermäßigt. Diese beträgt aber nach § 21 KapVerkStG. nur ½ v. H. Sie wird außerdem nach § 90 b Abs. 1 zu a) KapVerkStG. bis auf weiteres nicht erhoben.

2. **Uebernahme einer Kapitalgesellschaft durch eine Genossenschaft.** Der Abs. 2 des § 10 dient der steuerlichen Erleichterung von Betriebszusammenschlüssen über den Rahmen der eigentlichen Verschmelzung hinaus, wenn der Betrieb einer Kapitalgesellschaft

ganz oder teilweise von einer Genossenschaft übernommen wird, und die vereinigten Betriebe gleichartig oder wirtschaftlich zusammengehörig sind. Hierüber vgl. Anm. 2 zu § 9. Belanglos ist, ob ein Einzelbetrieb der Kapitalgesellschaft oder deren Vermögen als Ganzes auf die Genossenschaft übergeht, oder ob die Kapitalgesellschaft bei der Uebertragung aufgelöst wird oder bestehen bleibt. Wird eine Genossenschaft durch eine Kapitalgesellschaft übernommen, so kommt § 9 zur Anwendung. Eine Ermäßigung der Gesellschaftssteuer ist im § 10 nicht vorgesehen (vgl. RFM., a. a. O.).

Die steuerliche Erleichterung wirtschaftlich gebotener Zusammenschlüsse kann auch bei Genossenschaften, wenn eine Verschmelzung im Sinne des § 8 nicht vorliegt, eintreten; sie ist jedoch von einem Antrag abhängig, über den das Landesfinanzamt entscheidet (§ 16 StMG.).

## § 11.

**Auf Antrag kann bestimmt werden**

1. **daß der eingebrachte Betrieb einer der beteiligten Kapitalgesellschaften für die Zwecke der Gesellschaftsteuer als aufnehmende Gesellschaft gilt;**
2. **daß bei besonderen Schwierigkeiten in der Durchführung der Bewertung, die sich insbesondere aus der Beteiligung mehrerer Länder oder Gemeinden an der Grunderwerbsteuer ergeben, eine Pauschbesteuerung nicht nur für die Gesellschaftsteuer, sondern auch für die Grunderwerbsteuer eintritt.**

1. **Die Errichtung eines Gemeinschaftswerkes.** a) Gegenüber der Ermäßigung der Gesellschaftssteuer auf 1 v. H. in den Fällen des § 9 Ziff. 1 und 2 StMG. bringt § 11 Ziff. 1 eine weitere steuerliche Erleichterung. Bei der Verschmelzung des § 12 KapVStG. erfolgt Berechnung der Gesellschaftssteuer nur nach dem Wert der übernommenen Gesellschaft, ohne daß das Vermögen der fusionierenden Gesellschaft eine Rolle spielt. § 11 Ziff. 1 stellt nun der Zusammenfassung von Betrieben im Wege der Verschmelzung die Errichtung eines Gemeinschaftswerkes nicht nach, indem er fingiert, daß für die Zwecke der Gesellschaftssteuer der eingebrachte Betrieb in der beteiligten Kapitalgesellschaft als aufnehmende Gesellschaft gilt. Die Folge dieser Fiktion ist, daß der Wert des in diesem Betriebe enthaltenen Vermögens für die Zwecke der Gesellschaftssteuer unberücksichtigt bleibt, und daß die Steuer nur nach dem Werte der anderen eingebrachten Betriebe berechnet wird. (Vgl. RFM. vom 11. 5. 26, in DNotV. 1926, 289.)

b) § 11 Ziff. 1 hat zur Voraussetzung, daß Eigentümerin des in das Gemeinschaftswerk eingebrachten Betriebes eine Kapitalgesellschaft nicht etwa eine Einzelfirma oder OHG. war. § 11 Ziff. 1 kommt auch nur in Frage, wenn ein Gemeinschaftswerk errichtet wird (§ 9 Ziff. 1), und nicht bei der Erhöhung des Gesellschaftskapitals einer Kapitalgesellschaft (§ 9 Ziff. 2 StMG.), da in diesem Falle aufnehmende Gesellschaft stets diejenige Kapitalgesellschaft ist, die ihr Kapital erhöht. Ueber den gesetzgeberischen Grund dieser Regelung vgl. RFM., a. a. O.

c) Die Feststellung des Vermögens, das nach § 11 Ziff. 1 für den Fall der Errichtung eines Gemeinschaftswerkes nach § 9 Ziff. 1 unberücksichtigt bleibt, erfolgt auf Grund der Beteiligung der eingebrachten Betriebe an dem Gemeinschaftswerk, besonders auch in dem Fall, in welchem nur Teile der Betriebe auf die neue Kapitalgesellschaft übergehen.

d) Beispiel: Die Aktiengesellschaft A mit einem Grundkapital von 3 Millionen Rm. und die Aktiengesellschaft B mit einem Grundkapital von 2 Millionen Rm. errichten durch Zusammenschluß von Betriebsteilen eine neue A.-G. mit einem Grundkapital von 4 Millionen Rm., wobei bestimmte Vermögensteile beider Gesellschaften nicht eingebracht werden. An der neuen A.-G. ist die A.-G. A mit nom. 2,5 Millionen Rm., die A.-G. B mit nom. 1,5 beteiligt. Uebersteigt nun der Vermögenswert der neuen Gesellschaft nicht 4 Millionen Rm., so kann bei der Berechnung der Gesellschaftssteuer 2,5 Mill. — der Wert des von der A.-G. A in die neue Gesellschaft eingebrachten Vermögens — außer Ansatz bleiben, so daß die Steuern nur von 1,5 Mill. berechnet werden und bei dem Satze von 1 vom Hundert 15 000 M. ausmachen. Es wird also bei der Steuerberechnung anläßlich der Einbringung von dem Werte der neuen Beteiligung, nicht etwa von dem Kapital der Gesellschaft A mit 3 Mill. Rm. ausgegangen (vgl. RFM., a. a. O.).

2. **Kapitalverkehrssteuer = nicht Grunderwerbsteuerermäßigung nach § 11 Ziff. 1.** Die Vorschrift des § 11 Ziff. 1 bezieht sich nur auf die KapVerkSt. und nicht auf die GrErwSt. Werden bei der Errichtung eines Gemeinschaftswerkes Grundstücke von der als aufnehmende Gesellschaft fingierten Kapitalgesellschaft in das Gemeinschaftswerk eingebracht, so ist diese Uebertragung grunderwerbsteuerpflichtig, ohne daß die Fiktion, daß der eingebrachte Betrieb der beteiligten Kapitalgesellschaft als aufnehmende Gesellschaft gilt, die Grunderwerbsteuerermäßigung herbeiführen kann.

3. **Die Studiengesellschaft.** Die Fortentwicklung der Konzentrationsbewegung hat es mit sich gebracht, daß Unternehmen, die Gemeinschaftswerke zu errichten beabsichtigt haben, zum Zwecke der Vorbereitung des Zusammenschlusses zunächst eine A.-G. mit geringem Stammkapital — eine sogen. Studien-Gesellschaft — im Wege der Bargründung errichten. Später erhöht dann diese Studiengesellschaft ihr Kapital entsprechend und nimmt die in ihr zu vereinenden Betriebe auf. Man wird in diesen Fällen annehmen können, daß der anläßlich der Kapitalerhöhung eingebrachte Betrieb einer der an dem Gemeinschaftswerk beteiligten Kapitalgesellschaften für die Zwecke der Gesellschaftssteuer als aufnehmende Gesellschaft angesehen wird. So RFM. Erl. vom 8. 8. 27, III Rv. 1653 RStBl. S. 180.

4. **Zulässigkeit der Pauschbesteuerung.** a) § 11 Ziff. 2 ist deshalb von besonderer Bedeutung, weil er auf entsprechenden Antrag bei Bewertungsschwierigkeiten, z. B. infolge der Be-

teiligung verschiedener Länder oder Gemeinden an der Grunderwerbsteuer, für diese und für die Gesellschaftssteuer eine Pauschbesteuerung zuläßt.

b) Für die Kapitalverkehrssteuer bringt diese Regelung nichts neues, da nach § 70 KapVerkStG. das Landesfinanzamt auf Antrag ermächtigt ist, eine Pauschalbesteuerung zuzulassen. Ueber den Antrag aus § 11 Ziff. 2 vgl. § 16 StMG.

c) Schwierigkeiten bei der Berechnungsgrundlage für die Pauschbesteuerung werden sich in erster Linie bei der Grunderwerbsteuer ergeben. Nach § 11 GrErwStG. ist von dem gemeinen Wert auszugehen, der gemäß § 138 AO. durch den Preis bestimmt wird, der im gewöhnlichen Geschäftsverkehr nach der Beschaffenheit des Gegenstandes unter Berücksichtigung aller den Preis beeinflussenden Umstände bei einer Veräußerung erzielt werden kann. Nun handelt es sich gerade bei den in Frage kommenden großen Betriebszusammenschlüssen um bedeutende Grundstückswerte, bei denen von einem gemeinen Wert infolge des Zuschnitts auf die Betriebszwecke der Eigentümerin kaum gesprochen werden kann. Es wird sich daher in diesem Falle kaum umgehen lassen, Vergleichsobjekte, sofern solche vorhanden sind, heranzuziehen, um wenigstens eine Bewertungsgrundlage zu schaffen und dann — den Verhältnissen des Einzelfalls Rechnung tragend — von dieser Basis nach oben oder unten hin abzuweichen. So dürften als maßgebende Bewertungsfaktoren die Einheitswerte auf Grund des Reichsbewertungsgesetzes bzw. die berichtigten Wehrbeitragswerte herangezogen werden können. Auch die für Zwecke der Landessteuern ermittelten Werte, z. B. für die Grundvermögens- oder Hauszinssteuer, können gewisse Anhaltpunkte ergeben. Nach den Richtlinien des RFM. vom 11. 5. 26 (DNotV. 26, 292) kann sich die Pauschalierungsverfügung auf die Anordnung beschränken, daß der im Gesetz vorgesehene Steuersatz auf die nach dem gefundenen einheitlichen Wertmaßstab zu berechnenden Grundstückswerte Anwendung findet. Diese Art der Pauschalierung wird auch deshalb für ausreichend gehalten, weil es nach der Rechtsprechung des RFH. genügt, wenn aus dem Inhalt des Steuerbescheids die Steuerhöhe eindeutig bestimmbar ist.

5. **Pauschbestimmung für die GrErwSt. nach den Einheitswerten des RBG.** Der RFM. hat sich damit einverstanden erklärt, daß für die Festsetzung der Grunderwerbsteuer im Wege der Pauschbesteuerung nach § 11 Ziff. 2 die nach dem Reichsbewertungsgesetz ermittelten Einheitswerte zugrunde gelegt werden. RFM. Erl. vom 8. 8. 1927, III. Rv. 1653, RStBl. S. 180. Allerdings muß dann der nach §§ 27, 33 der DB. zum RBG. und § 4 der VO. über die Einheitsbewertung und Vermögenssteuerveranlagung vom 14. Mai 1927 (RGBl. I, S. 119) zugelassene Stillegungsabschlag wieder hinzugerechnet werden. Sollte die Festsetzung der Einheitswerte noch ausstehen, so kann eine vorläufige Festsetzung der Grunderwerbsteuer nach den Bestimmungswerten erfolgen, wie diese anläßlich des Zusammenschlusses aufgestellt worden sind.

6. **Verfahren bei der Pauschbesteuerung.** Die im § 11 vorgesehene Pauschbesteuerung ist in dem Falle des § 8 StMG., also bei Verschmelzungen und Sanierungen und auch in

dem Falle des § 9 bei Betriebszusammenschlüssen gleichartiger und wirtschaftlich zusammengehöriger Betriebe zulässig. Es bedarf eines Antrages, der in dem Falle des § 9 mit dem Antrag auf Bewilligung der Steuererleichterung verbunden werden kann. Ebenso Ott, Anm. 34, S. 552. Wegen des Verfahrens und der Zuständigkeit des Landesfinanzamts vgl. § 16.

## § 12.

**Die Gesellschaftsteuer, die auf Grund der §§ 8, 9 erhoben wird, ist zur Hälfte den Ländern für ihre durch die Zusammenfassung der Betriebe benachteiligten Gemeinden (Gemeindeverbände) zu überweisen; die näheren Bestimmungen über die Verteilung an die Länder trifft der Reichsminister der Finanzen mit Zustimmung des Reichsrats.**

1. **Zweck.** Der § 12 StMG., wonach die Hälfte der bei Betriebszusammenschlüssen erhobenen Gesellschaftssteuer den Ländern zur Abgabe an die Gemeinden überwiesen werden soll, bietet den letzteren einen gewissen Ausgleich für die durch die Zusammenfassung der Betriebe eingebüßten Steuerbeträge. Die Gemeinden sollen hierdurch die Möglichkeit haben, die durch die Zusammenfassung etwa eingetretenen Betriebsstillegungen und die damit zusammenhängende Arbeitslosigkeit durch entsprechende Maßnahmen auszugleichen. Nähere Bestimmungen über das Verfahren bei der Ueberweisung stehen noch aus.

2. **Verfahren.** Nach den Richtlinien des RFM. vom 11. Mai 1926 (DNotV. 1926 S. 295) sollen die Finanzämter sämtliche Steuerfälle zunächst in ein „vorläufiges Fusionssteueranschreibebuch" eintragen und gleichzeitig die Eintragung in dem Kapitalverkehrssteueranmeldungsbuch vermerken. Die Eintragung hat in sämtlichen Fällen, auf die die §§ 8 und 9 StMG. mit rückwirkender Kraft vom 1. September 1925 Anwendung finden, zu erfolgen.

3. **Umfang und Geltungsdauer.** Die Bestimmung des § 12 bezieht sich ganz allgemein nicht nur auf die Gesellschaftssteuer für Verschmelzungen und Betriebszusammenschlüsse, sondern auch auf die Steuern, die bei Sanierungen nach § 13 b, c KapVerkStG. erhoben werden. Die zeitliche Begrenzung des § 12 ergibt sich aus § 13 StMG., d. h. für die Ueberweisung kommen nur die Steuern in Betracht, bei denen die Steuerschuld bis 30. September 1928 entsteht. Etwa erfolgte Stundungen über diesen Tag hinaus stehen insoweit nicht entgegen, als von diesen Beträgen die Hälfte auch späterhin nach Eingang den Ländern zu überweisen ist. Der Anfangstermin für die Ueberweisung ist auch für diese der 1. 9. 25 (RFM., a. a. O.).

## § 13.

**Die Vorschriften der §§ 8 bis 12 finden nur auf Rechtsvorgänge Anwendung, für die die Steuerschuld in der Zeit vom 1. September 1925 bis zum 30. September 1928 entstanden ist. Erstattungen finden nicht statt, soweit Steuerbeträge bereits Ländern oder Gemeinden (Gemeindeverbänden) zugeflossen sind.**

1. **Geltungsdauer des Gesetzes.** Das StMG. vom 31. März 1926 (RGBl. S. 185) hat die steuerliche Erleichterung wirtschaftlich gebotener Betriebszusammenschlüsse davon abhängig gemacht, daß die Steuerschuld bis zum 30. September 1927 entstanden war. Es hat sich jedoch herausgestellt, daß die Gesundung der Wirtschaft, zu der das StMG. beitragen soll, noch nicht soweit fortgeschritten war, daß man den Prozeß schon am 30. September 1927 als beendigt ansehen konnte. Deshalb ist durch das Gesetz zur Verlängerung der Geltungsdauer des StMG. vom 16. Juli 1927 (RGBl. S. 183) der Endtermin bis zum 30. 9. 28 verlängert worden.

2. **Rückwirkung.** Die Vorschriften der §§ 8—10 sind rückwirkend vom 1. 9. 25 ab gültig, an welchem Tage das Gesetz zur Aenderung der Verkehrssteuer und des Verfahrens vom 10. 8. 25 (RGBl. I, S. 241) in Kraft getreten ist (Art. IV), durch das das KapVerkStG. und das GrErwStG. abgeändert worden sind. Infolge der Rückwirkung wird daher, soweit die Steuer noch nach früheren Bestimmungen festgesetzt ist, eine Berichtigung des Steuerbescheides sowie eine Erstattung der zuviel gezahlten Beträge — abgesehen von den Fällen des Satz 2 — zu erfolgen haben. In den Fällen der §§ 8—10 Abs. 1 hat diese von Amts wegen, in den Fällen der §§ 9, 10 Abs. 2, 11 auf Antrag zu erfolgen.

3. **Erstattung.** Die den Ländern oder Gemeinden aus Grunderwerbsteuern, den Zuschlägen zu diesen oder Wertzuwachssteuern bereits zugeflossenen Steuerbeträge sind nicht zu erstatten. Der für die Erstattung maßgebende Stichtag ist der Tag des Inkrafttretens des StMG., das ist, da dieses im RGBl. vom 31. März 1926 veröffentlicht ist, der 1. April 1926 (§ 32 Abs. 1 bestimmt das Inkrafttreten an dem der Veröffentlichung im RGBl. folgenden Tage). Nach diesem Tage gezahlte Beträge sind zu vergüten.

4. **Eintragung ist Voraussetzung.** Ist die Entstehung der Steuerschuld von der Eintragung in öffentlich Bücher oder Register (Grundbuch, Handels- oder Genossenschaftsregister) abhängig, so muß an sich die Eintragung tatsächlich erfolgt, nicht nur der Eintragungsantrag gestellt sein. Für das StMG. in seiner ursprünglichen Fassung (Endtermin 30. September 1927) hat jedoch der RFM. die Landesfinanzämter angewiesen, die Vergünstigungen — unabhängig von der Eintragung — auch dann zu gewähren, wenn die Eintragungsanträge nur rechtzeitig gestellt sind. Er hat ferner die Landesregierungen ersucht, auf die Gemeinden, in welchen die Wertzuwachssteuerpflicht erst durch Eintragung der Rechtsänderung im Grundbuche entsteht, dahin einzuwirken, daß auch diese den Eingang des Antrages als entscheidend ansehen; vgl. Reinach, StuW. VI, S. 694 ff. — Bis jetzt ist eine entsprechende Anweisung für die neue Fassung des Gesetzes noch nicht ergangen.

## § 16.

**(1) Ueber einen gemäß §§ 9, 10 Abs. 2, § 11 gestellten Antrag entscheidet das Landesfinanzamt, in dessen Bezirk sich der Ort der Leistung der aufnehmenden oder neu errich-**

**teten Kapitalgesellschaft oder der aufnehmenden Genossenschaft befindet. Ueber einen gemäß §§ 14, 15 gestellten Antrag entscheidet das Landesfinanzamt, in dessen Bezirk sich der Ort der Leitung der Muttergesellschaft befindet.**

**(2) Gegen den Bescheid des Landesfinanzamts ist Beschwerde an den Reichsminister der Finanzen gegeben; dieser entscheidet endgültig.**

1. **Das Verfahren bei Verschmelzungen und Sanierungen (§§ 8 Abs. 1, 10 StMG.).** Das Verfahren bei den Steuervergünstigungen des StMG. ist verschieden geregelt. Für den Fall der Verschmelzung oder Sanierung von Kapitalgesellschaften und Genossenschaften (§§ 8 Abs. 1, 10 Abs. 1) tritt das ordentliche Ermittlungsverfahren nach §§ 204 ff. AO. ein, und zwar entscheidet das Finanzamt bzw. die landesrechtlich bestimmte Steuerstelle im Ermittlungs- und Festsetzungsverfahren (vgl. Anm. 1 zu § 39 FinAusglGes.). Die Tatsache, daß in den Richtlinien des RFM. vom 11. Mai 1926 (DNotV. 26, 293) nur die Finanzämter als Steuerstellen benannt sind, steht dem nicht entgegen, da die Vorschriften des FinAusglGes. selbstverständlich Anwendung finden und es sich in den Richtlinien offenbar nur um einen ungenauen Ausdruck handelt. Hierin lag wohl nicht, wie Ott, Anm. 36, S. 553, annimmt, eine bestimmte Absicht, etwa in der Richtung, daß der RFM. nur an die Gesellschaftssteuer gedacht hat, sondern nur eine ungenaue Bezeichnungsweise. Eines besonderen Antrags bedarf es hier nicht; es liegt vielmehr dem Finanzamt ob, die erforderlichen Ermittlungen anzustellen und dann den Steuerbescheid zu erlassen. Dieser wird mit den ordentlichen Rechtsmitteln des § 218 AO. im Berufungsverfahren angegriffen.

2. **Das Rechtsmittelverfahren bei Betriebszusammenfassungen (§§ 9, 10 Abs. 2 StMG.).** Anders ist die Regelung in den Fällen der §§ 9, 10 Abs. 2, und 11 StMG. Da hier die Steuervergünstigungen nur auf Antrag und nach Prüfung durch das Landesfinanzamt bewilligt werden, ist für das Rechtsmittelverfahren nach §§ 218 ff. AO. kein Raum.

a) Handelt es sich um die Errichtung einer neuen Kapitalgesellschaft nach § 9 Ziff. 1, so entscheidet das für den Sitz der neuen Kapitalgesellschaft zuständige Landesfinanzamt. In dem Falle des § 9 Ziff. 2 und 3 sowie § 10 Abs. 2 ist für den Antrag zuständig das Landesfinanzamt, in dessen Bezirk die aufnehmende Kapitalgesellschaft oder die aufnehmende Genossenschaft ihren Sitz hat. Verlegt diese in Verfolg der Konzentration ihren Sitz, d. h. den Ort, von welchem aus die Gesellschaft geleitet wird (RFH. Mrozek, R. zu § 53 AO.) in einen anderen Bezirk, so ergibt sich damit die Zuständigkeit dieses Landesfinanzamts. (Vgl. RFM., a. a. O.)

b) Die Landesfinanzämter sind auch in den vorgenannten Fällen für eine etwa beantragte Stundung der Grunderwerbsteuer zuständig. Handelt es sich um Grundstücke, die in verschiedenen Bezirken liegen, und ergeben sich infolgedessen Schwierigkeiten bei der Zuständigkeit für die Ausstellung der Grunderwerbsteuerbescheinigung nach § 24 GrErwStGes., so kann nach einem Erlaß des RFM. vom 8. 8. 27

— III Rv. 1653 — (RStBl. 27, 180) der Präsident des zuständigen Landesfinanzamts die Grunderwerbsteuerbescheinigung auch für die Steuerstellen erteilen, die nicht zu seinem Bezirk gehören. Wird allerdings von dem Grundbuchamt die Bescheinigung der zuständigen Grunderwerbsteuerstelle verlangt, so ist diese zur Ausstellung der Bescheinigung anzuweisen.

c) Die Bewilligung der nach §§ 9, 10 Abs. 2, 11 StMG. gestellten Anträge steht im Ermessen der Landesfinanzämter, d. h. die Entscheidung muß, da die Bestimmungen des Gesetzes „Kann-Vorschriften" sind, gemäß § 6 AO. nach Recht und Billigkeit erfolgen. Diese Grundsätze sind insbesondere anzuwenden bei der Frage, ob Betriebe gleichartig oder wirtschaftlich zusammengehörig sind; ergeben sich in dieser Beziehung Zweifel, so sollen die Landesfinanzämter vor der Entscheidung die zuständige Handelskammer gutachtlich hören. (RFM. vom 11. 5. 26, a. a. O.). Fällt das Gutachten in bejahendem Sinne aus, so ist die Vergünstigung grundsätzlich zu gewähren, sofern nicht ganz besondere Gründe entgegenstehen.

**3. Zuständige Landesbehörden.** Werden bei Zusammenschlüssen Grundstücke übertragen, so muß das LFA. sich vor der endgültigen Entscheidung mit der zuständigen Landesbehörde in Verbindung setzen. Welches diese Landesbehörden sind, ergibt sich aus nachstehendem Verzeichnis.

Verzeichnis der Landesbehörden.

Anhalt: die Anhaltische Finanzdirektion in Dessau;
Baden: das Finanzministerium in Karlsruhe;
Bayern: das Bayrische Staatsministerium der Finanzen in München;
Braunschweig: der Braunschweigische Finanzminister in Braunschweig;
Bremen: die Steuerkommission des Senats in Bremen;
Hamburg: die Senatsdeputation für Handel, Schiffahrt und Gewerbe in Hamburg;
Hessen: der Hessische Finanzminister in Darmstadt;
Lippe: die Lippische Regierung, Finanzabteilung, in Detmold;
Lübeck: die Finanzbehörde der freien und Hansestadt Lübeck in Lübeck;
Mecklenburg-Schwerin: das Mecklenburg-Schwerinsche Finanzministerium in Schwerin;
Mecklenburg-Strelitz: das Mecklenburg-Strelitzsche Ministerium, Abteilung für die Finanzen, in Neustrelitz;
Oldenburg:
für den Landesteil Oldenburg: das Ministerium der Finanzen in Oldenburg,
für den Landesteil Lübeck: die Regierung in Eutin,
für den Landesteil Birkenfeld: die Regierung in Birkenfeld;
Preußen: die Regierungspräsidenten,
für die Stadtgemeinde Berlin: der Präsident der Bau- und Finanzdirektion;
Sachsen: das Sächsische Ministerium des Innern in Dresden;
Schaumburg-Lippe: die Landesregierung in Bückeburg;
Thüringen: das Thüringische Finanzministerium in Weimar;
Waldeck: der Landesdirektor in Arolsen;
Württemberg: das Württembergische Finanzministerium in Stuttgart.

4. **Befugnisse der Landesbehörden.** a) Die Landesbehörden müssen ferner gehört werden, bevor über Anträge auf Pauschbesteuerung entschieden wird. Für die Kapitalverkehrssteuer ist im § 70 KapVerkStG. die Pauschbesteuerung zugelassen. Wird bei der Verschmelzung ein Antrag aus § 11 Ziff. 2 StMG. gestellt, so ist hierzu auch für die Gesellschaftssteuer und bei Pauschbeträgen über 300 Rm. die Genehmigung des RFM., im Gegensatz zu § 231 Abs. 2 AB. KapVerkStG. und dem Erl. vom 28. Juni 1924 — III Dv. 2599 — nicht erforderlich; vgl. Bem. des RFM. vom 11. Mai 1926 DNotV. 1926, S. 291.

b) Ueber die Bewertung von Grundstücken im Grunderwerbssteuerinteresse entscheidet das örtlich zuständige LFA., selbst wenn die Grundstücke in verschiedenen Ländern belegen sind. Das LFA. hat auch in den Fällen der §§ 9, 10 Abs. 2 StMG., wenn Grundstücke eingebracht werden, ausdrücklich die Feststellung zu treffen, daß eine Wertzuwachssteuer nicht erhoben wird (RFM. vom 11. Mai 1926 a. a. O.).

c) Die Verschmelzung gleichartiger oder wirtschaftlich zusammenhängender Betriebe verschiedener Unternehmungen ist in der Praxis fast stets davon abhängig, daß die von dem StMG. vorgesehene Steuerbefreiung bzw. Ermäßigung den Gesellschaften zugute kommt. Das Risiko, das nach erfolgtem Zusammenschluß die Gleichartigkeit oder wirtschaftliche Zusammengehörigkeit der Betriebe von dem LFA. verneint wird, ist wirtschaftlich untragbar. Deshalb besteht ein lebhaftes Interesse der Gesellschaften, schon vor endgültiger Beschlußfassung eine verbindliche Mitteilung des LFA. darüber zu erhalten, ob die Steuervergünstigungen bei Durchführung der geplanten Maßnahmen gewährt werden. Das Gesetz selbst bietet keine Handhabe, um berechtigte Interessen zu befriedigen (vgl. § 220 AO.). Der RFM. hat aber die Finanzämter angewiesen, in den Fällen der §§ 9, 10 Abs. 2, 11 StMG. verbindliche Auskunft schon vor der Durchführung des Zusammenschlusses zu erteilen und zu diesem Zwecke vorher alle die Maßnahmen in die Wege zu leiten, die nach erfolgtem Zusammenschluß geboten sind. Die Landesfinanzämter müssen sich also nicht nur mit der Landesbehörde in Verbindung setzen, sondern sie werden auch die zuständige Handelskammer hören, etwa erforderliche Ermittlungen über die Bewertung von Sacheinlagen und Buchprüfungen vornehmen, auch über die Steuerhöhe bei etwa beantragter Pauschalierung Auskunft geben. Diese Auskunft erfolgt unter der auflösenden Bedingung, daß der Zusammenschluß in angegebener Form und fristgemäß erfolgt. Gegen den Bescheid ist Beschwerde an den RFM. gegeben. Vgl. Bem. des RFM. vom 11. Mai 1926 in DNotV. 1926 S. 294.

d) Stundungsanträge können ebenfalls schon in dem Vorstadium und verbindlich bewilligt werden. Bei Stellungnahme ist jedoch zu berücksichtigen, daß die Auswirkung des Zusammenschlusses häufig nicht schon im Zeitpunkte der Verschmelzung, sondern erst später eintreten wird. Die Stundung kann auch in Gestalt von Ratenzahlungen gewährt werden.

5. **Vergünstigungen außerhalb des StMG.** Um auch in den Fällen zu helfen, in welchen sich die Aufteilung wirtschaftlich fehlerhaft aufgebauter Unternehmungsgruppen zum Zwecke der Rationalisierung als notwendig herausgestellt hat, in denen aber die Voraussetzungen des StMG. fehlen, hat der Reichstag beschlossen (Nr. 2187 der Reichstagdrucksachen III 1924-26), den RFM. zu ersuchen, gemäß §§ 105, 108 AO. Erlaß aus Billigkeitsgründen zu gewähren,

1. wenn bei Umwandlung einer Kapitalgesellschaft in eine andere jedoch in anderer Form (z. B. A.-G. in G. m. b. H.), bei der Umwandlung einer Genossenschaft in eine Kapitalgesellschaft oder bei der Umwandlung einer solchen in eine Genossenschaft das Vermögen der umzuwandelnden Gesellschaft oder Genossenschaft als ganzes auf die neuerrichtete Gesellschaft oder Genossenschaft übertragen wird,
2. soweit bei der Trennung von ungleichartigen oder wirtschaftlich nicht zusammengehörigen Kapitalgesellschaft oder Genossenschaft für eine der herausgelösten Betriebe eine neue Kapitalgesellschaft oder Genossenschaft errichtet wird.

Entsprechend dieser Entschließung hat der RFM. die Landesfinanzämter angewiesen (Bem. des RFM. vom 11. Mai 1926 in DNotV. 1926 S. 296), derartige Anträge so zu behandeln, als ob das StMG. zur Anwendung käme, also auch die Handelskammer gutachtlich zu hören und die zuständige Landesbehörde zu verständigen, auch über Stundungsanträge nach § 105 AO. selbständig zu entscheiden. Erlaß aus Billigkeitsgründen aus § 108 AO. hat sich der RFM. selbst vorbehalten.

Soweit steuerliche Erleichterungen betr. die Wertzuwachssteuer in Betracht kommen, haben die Landes- und Gemeindebehörden darüber zu befinden.

# Grunderwerbssteuerstrafrecht.

## (Die einschlägigen Bestimmungen der AO. §§ 355 ff.)

### § 355.

**Das Strafgesetzbuch gilt, soweit die Steuergesetze nichts Abweichendes vorschreiben.**

**1. Einleitung und Entstehungsgeschichte.**

In seiner ursprünglichen Gestalt enthielt das GrErwStG. eine ausdrückliche Strafvorschrift im § 31, der folgendermaßen lautete:

„Die Hinterziehung der Grunderwerbsteuer wird mit einer Geldstrafe bis zum 20fachen Betrage der hinterzogenen Steuer bestraft."

Diese Strafvorschrift ist durch die Verordnung über Vermögensstrafen und Bußen vom 6. 2. 1924 (RGBl. I, S. 44) beseitigt worden (Art. VIII und XIV, Abs. 1 Nr. 2). Der Strafrahmen ergibt sich nunmehr aus § 359, Abs. 1 AO. in der Fassung des Artikels VIII § 56 Nr. 1, § 57, Abs. 2, 3. StNotV. v. 14. 2. 1924 (RGBl. I, S. 74). Danach kann auf Geldstrafe in unbeschränkter Höhe sowie auf Gefängnisstrafe bis zu zwei Jahren erkannt werden. (§ 359 AO. n. F.). Vgl. 2. VO. zur Durchführung des Münzgesetzes RGBl. 1924 I, 775, sowie AnpassungsVO. v. 20. 11. 1925 (RGBl. I. 389).

**2. Abänderungsvorschriften zum StGB. Verordnungen über Vermögensstrafen- und bußen.**

a) Die wesentlichste Aenderung des StGB. hat die VO. vom 6. Februar 1924 (RGBl. I, S. 44) mit sich gebracht. Hingewiesen sei nur auf § 27 StGB., der jetzt folgendermaßen lautet:

„Die Geldstrafe ist in Reichsmark festzusetzen. (2. VO. zur Durchführung des Münzgesetzes RGBl. 1924 I, 775). Sie beträgt:

1. bei Verbrechen oder Vergehen, soweit nicht höhere Beträge oder Geldstrafe in unbeschränkter Höhe angedroht sind oder werden, mindestens 3 Reichsmark und höchstens zehntausend Reichsmark;
2. bei Uebertretungen mindestens eine Reichsmark, soweit nicht ein höherer Mindestbetrag angedroht ist oder wird, und höchstens einhundertfünfzig Reichsmark.

Die Vorschriften des Abs. 2 über Höchstbeträge gelten nicht, soweit die angedrohte Strafe in dem Mehrfachen, dem Einfachen oder dem Bruchteil eines bestimmten Betrages besteht. Ist dieser nicht auf Reichsmark gestellt, so ist er für die Festsetzung der Geldstrafe in Reichsmark umzurechnen."

b) Durch Art. XIV, Abs. 2 Ziff. 2 der VO. sind die Mindest- und Höchstbeträge der Geldstrafe bei Verbrechen und Vergehen und die Mindestbeträge bei Uebertretungen weggefallen, soweit sie nicht im § 27 StGB. aufrecht erhalten sind. Von dieser Bestimmung werden zahlreiche Strafandrohungen der Steuergesetze berührt. Die Fassung der Strafbestimmungen der AO. ist dem § 27 StGB. bereits angepaßt worden, so daß dieser auf Steuerzuwiderhandlungen keine Anwendung findet. Dagegen gilt auch für diese der § 27 a StGB.

c) Beruht ein Verbrechen oder Vergehen auf Gewinnsucht, so muß nach 27 a die Geldstrafe auf 100 000 RM erhöht und auf eine solche Geldstrafe neben Freiheitsstrafe auch dann erkannt werden, wenn das Gesetz selbst eine Geldstrafe nicht androht.

Ueber die Frage der Gewinnsucht vgl. Becker § 355, Anm. 4.

d) Diese Bestimmung gilt unter der Voraussetzung, daß es sich um ein Vergehen handelt. Um ein Vergehen aber handelt es sich bei diesen immer, auch bei der Ordnungsstrafe des § 377 AO., da der Strafrahmen überall auf mehr als 150 RM lautet.

e) Die wirtschaftlichen Verhältnisse des Täters sind nach § 27 c bei Bemessung der Geldstrafe zu berücksichtigen. Die Bestimmung kommt nur bei vollendeter Steuerhinterziehung in Frage, da bei bloßer Steuergefährdung mangels Vorsatzes von Gewinnsucht als Motiv nicht die Rede sein kann.

f) Fristen und Teilzahlungen können von den erkennenden Gerichten bewilligt werden (§ 28), auch kann das Finanzamt dem Verurteilten gestatten, nicht einbringliche Geldstrafen durch freie Arbeit zu tilgen (§ 28 b). Wegen der Ersatzfreiheitsstrafe vgl. § 29. Die Umwandlung von Goldmarkbeträgen und die Zahlung sind in den Artikeln V, VI und VII geregelt.

**3. Verhältnis der AO. zum StGB.**

a) Das Strafgesetzbuch und die Strafprozeßordnung gelten nur subsidiär, d. h. soweit die Steuergesetze keine die Materie anderweit regelnden Vorschriften enthalten. Dieser Grundsatz gilt allgemein ohne Einschränkung auch für diejenigen Bestimmungen, die gemäß § 2 EGStGB. im Strafgesetzbuch geregelt sind. Vgl. im Einzelnen Becker § 355, Anm. 1; Lelewer a. a. O. S. 28, Cattien S. 2 ff.

b) Die zeitliche Grenze für die Anwendung des StGB. ergibt sich aus § 2 StGB., wonach eine Handlung mit einer Strafe nur dann belegt werden kann, wenn diese Strafe gesetzlich bestimmt war, bevor die Handlung begonnen wurde. Bei Verschiedenheit der Gesetze von der Zeit der begangenen Handlung bis zur Zeit der Aburteilung kommt das mildeste Gesetz zur Anwendung. Eine erst in der Revisionsinstanz erfolgte Gesetzesänderung ist nach ständiger Rechtsprechung des Reichsgerichts nicht zu berücksichtigen. Vgl. RGSt. 22, 347; 41, 177; 46, 337; 50, 398.

c) § 31 GrErwStG. alte Fassung, in Verbindung mit § 359, Abs. 1 AO. alte Fassung, § 27, Abs. 2, Ziff. 1, § 27 a StGB. neue Fassung, ist gegenüber § 359 Abs. 1 AO. neuer Fassung das mildere Gesetz im Sinne des § 1, Abs. 2 StGB. Vgl. RGSt. 59, 403; RGSt. 58, 205; 59, 96, 97; ebenso Ott, S. 561.

d) Ueber die örtliche Geltung enthält das Gesetz keine Bestimmungen. Diese Frage kann für Steuerzuwiderhandlungen wesentlich werden, wenn der Täter ein Ausländer ist und beispielsweise vom Auslande aus unrichtige Erklärungen abgegeben werden. Man wird hier als Ort der Zuwiderhandlung den Sitz der Steuerbehörde ansehen müssen, auch wenn die Erklärung selbst im Auslande abgegeben ist; vgl. Becker, § 355, Anm. 3; Lelewer, a. a. O., S. 30; Cattien, a. a. O., S. 19. Dagegen dürfte nicht anzunehmen sein, daß die Unterlassung der Abgabe einer Erklärung solchenfalls im Inland begangen ist, und zwar auch nicht im Falle vorsätzlicher Begehung; a. M. in letzter Hinsicht Becker, a. a. O.

e) Infolge der subsidiären Anwendbarkeit des StGB. sind auch die sogen. Strafausschließungsgründe der §§ 51—54 StGB. für das Steuerstrafrecht von Bedeutung. So liegt z. B. eine strafbare Grunderwerbsteuerzuwiderhandlung dann nicht vor, wenn der Steuerpflichtige sich im Zeitpunkt des Abschlusses des notariellen Kaufvertrages, in welchem ein unrichtiger Kaufpreis beurkundet wurde, in einem die freie Willensbestimmung ausschließenden Zustand krankhafter Störung der Geistestätigkeit befand.

## § 356.

**Steuerzuwiderhandlungen im Sinne dieses Gesetzes sind strafbare Verletzungen von Pflichten, die die Steuergesetze im Interesse der Besteuerung auferlegen.**

**Als Steuerzuwiderhandlung gilt auch eine dem Täter oder Teilnehmer gewährte Begünstigung.**

1. **Begriff der Steuerzuwiderhandlung.** Die Steuerzuwiderhandlung hat drei Voraussetzungen:

I. eine im Besteuerungsinteresse auferlegte Pflicht,

II. die Strafbarkeit der Verletzung dieser Pflicht,

III. die Pflichtverletzung in strafbarer Weise.

a) Es muß sich um eine durch die Reichssteuergesetze auferlegte Pflicht handeln; vgl. § 3 AO. Gesetz im Sinne der AO. ist nach § 2 jede Rechtsnorm, so daß auch die AB. hierunter fallen. Da die Begünstigung erst dann einsetzen kann, wenn die Steuerzuwiderhandlung bereits vollendet ist, bedurfte es der besonderen Bestimmung des § 356, Abs. 2.

b) Eine Strafbarkeitserklärung kann ein Steuergesetz nur dann enthalten, wenn es sich um die Verletzung einer zwingenden Vorschrift handelt. Sogenannte Soll- oder Kannvorschriften, die nur an die Befolgung durch die Steuerpflichtigen appellieren, scheiden aus. Nur die Zuwiderhandlung gegen eine Muß-Vorschrift ist rechtswidrig und als Steuerzuwiderhandlung strafbar. Der Ausschluß der Rechtswidrigkeit gemäß §§ 53 Abs. 1, 54 StGB. kommt für das Steuerstrafrecht kaum in Frage.

c) Die strafbare Verletzung steuerrechtlicher Pflichten hat zur Voraussetzung α) eine Handlung oder Unterlassung, die mit dem eingetretenen Erfolg in ursächlichem Zusammenhang stehen muß, und nicht auf einem unabwendbaren Zufall im Sinne des § 377, Abs. 1, Satz 3 AO. beruht; vgl. Anm. 1 zu § 377;

β) die Handlung oder Unterlassung muß schuldhaft sein. Es muß sich also handeln

1. um einen zurechnungsfähigen Täter; vgl. § 51 StGB.;
2. die Pflichtverletzung muß vorsätzlich oder fahrlässig erfolgt sein.

d) Vorsatz im Sinne des Steuerstrafrechts ist der in das Bewußtsein des Täters aufgenommene, auf Verletzung steuerrechtlicher Vorschriften gerichtete Wille. Der Täter muß also in seinem Bewußtsein die Vorstellung einer Zuwiderhandlung gegen steuerrechtlich gebotene Pflichten gehabt haben (vgl. Ebermayer-Lobe-Rosenberg, StGB., S. 2 ff.; Cattien, S. 30; RG. StuW. VI, 298; StuW. VI, Nr. 207; A. M. Becker, § 356, Anm. 2). Der Vorsatz wird schon durch das Bewußtsein, Steuereinnahmen zu verkürzen, erfüllt; auch der nur verspätete Eingang fälliger Steuern kann eine Verkürzung von Steuereinnahmen bedeuten; RGSt. 60, 186; StuW. VI, 298.

e) Die Fahrlässigkeit kann grobe Fahrlässigkeit (luxuria) oder bloß leichte Fahrlässigkeit (neglegentia) sein. Wegen ihrer Strafbarkeit vgl. § 367 AO. Wegen der Frage des Verschuldens bei Ordnungswidrigkeit vgl. Anm. 1 zu § 377.

f) Kennt der Täter Tatumstände bei Begehung der Steuerzuwiderhandlung nicht, so sind diese ihm nicht zur Schuld anzurechnen (§ 59 Abs. 1 StGB.). Die Nichtkenntnis darf jedoch nicht von dem Täter selbst durch Fahrlässigkeit verschuldet sein; (vgl. hierzu § 358 AO., Anm. 2).

2. **Begünstigung.** Nach § 356 Abs. 2 wird auch die Begünstigung als Steuerzuwiderhandlung gekennzeichnet; vgl. hierzu § 361. Der besonderen Bestimmung bedurfte es deshalb, weil an sich eine Begünstigung, als eine Handlung, die erst nach vollendeter Tat einsetzt, keine Teilnahme an der Steuerzuwiderhandlung, sondern ein selbständiges Vergehen darstellt.

a) Der Begriff der Begünstigung selbst ergibt sich aus § 257 StGB. Ebenso wie im Strafrecht ist die Begünstigung nicht als Form der Teilnahme anzusehen. Der Versuch der Begünstigung einer Steuerzuwiderhandlung ist straflos.

b) Einer Steuerzuwiderhandlung im Wege der Begünstigung würde sich z. B. schuldig machen ein Makler oder Notar, der trotz nachträglich erlangter Kenntnis von der unrichtigen Beurkundung eines Kaufvertrages auf eine Rückfrage der Aufsichtsbehörde, im Falle des § 212 Abs. 3 AO., die Angaben als richtig bezeichnet. Hier liegt nach Begehung der Steuerzuwiderhandlung ein wissentliches Beistandleisten vor, sei es, um den Täter der Bestrafung zu entziehen, oder um ihm die Vorteile der Steuerhinterziehung zu sichern.

c) Ebenso wie im StGB. bleibt die Begünstigung eines Angehörigen, um ihn der Bestrafung zu entziehen, straflos.

d) Wegen der Bestrafung der Begünstigung vgl. § 361 AO.

3. Liegt eine Steuerzuwiderhandlung hiernach vor, so finden die §§ 357, 358, 361, 378—384, 386 ff. AO. Anwendung. Insofern ist es auch von Bedeutung, daß die Begünstigung als Steuerzuwiderhandlung gekennzeichnet ist.

§ 357.

**Wenn in Betrieben von juristischen Personen oder Personenvereinigungen Steuerzuwiderhandlungen begangen werden, kann da, wo das Gesetz die Strafe für verwirkt erklärt, ohne daß ein Verschulden einer natürlichen Person festgestellt zu werden braucht, die Geldstrafe gegen die juristische Person oder Personenvereinigung selber erkannt und diese in die Kosten des Strafverfahrens verurteilt werden.**

§ 358.

**Straffrei bleibt, wer in unverschuldetem Irrtum über das Bestehen oder die Anwendbarkeit steuerrechtlicher Vorschriften die Tat für erlaubt gehalten hat.**

1. **Entstehung und Bedeutung der Vorschrift.** Die Bestimmung enthält einen Strafausschließungsgrund und bringt die Anerkennung des Prinzips, wonach der Irrtum des Täters bei Begehung der Tat über steuerrechtliche Vorschriften erheblich ist; vgl. VO. vom 18. 1. 1917 — RGBl. S. 58 — Voraussetzung ist, daß sich der Täter in unverschuldetem Irrtum über das Bestehen oder die Anwendbarkeit steuerrechtlicher Vorschriften befunden hat. Tatumstände außerhalb des Steuerrechts kommen nur im Rahmen des § 59 StGB. zur Beachtung. Ist § 358 gegeben, so steht damit dem Täter persönlich ein Strafausschließungsgrund zur Seite.

2. **Verhältnis des § 358 AO. zu § 59 StGB.** Grundsätzlich ist davon auszugehen, daß der rechtserhebliche Irrtum des § 59 StGB. dem § 358 AO. vorgeht, daß also die letztere Bestimmung nur zur Anwendung kommt, wenn nicht schon Straffreiheit auf Grund des § 59 StGB. gegeben ist. Der den Vorsatz ausschließende Irrtum des § 59 bezieht sich auch auf den Irrtum über steuerrechtliche Vorschriften materieller Natur. Der Irrtum über die Steuerpflicht, gleichgültig, ob entschuldbarer oder unentschuldbarer Irrtum, schließt den Vorsatz der Steuerhinterziehung aus; ebenso Becker, § 358, Anm. 4; RG. StuW. VI, 206; JW. 1927, 1755 Nr. 5, 2856, Nr. 19; vgl. auch RG. StuW. II, Nr. 383, und RStG. 56, 411; A. M. Heinrich, Handb., Anm. 1 zu § 358; Cattien, S. 37; vgl. auch Peschke, Der Strafrechtsirrtum im Steuerstrafrecht, ZtgStFr. 1922, S. 23. Der Irrtum über steuerstrafrechtliche Vorschriften fällt nicht unter § 59 StGB., sondern unter § 358 AO.; RG. JW. 1927, 2856, Nr. 19. Beruht die Unkenntnis steuerrechtlicher Vorschriften auf Fahrlässigkeit, so liegt fahrlässige Steuerzuwiderhandlung (§ 367 AO.) vor. Wegen des dolus eventualis vgl. § 359 Anm. 3.

3. **Der Irrtum muß unverschuldet sein.** Dazu gehört, daß nicht auf seiten des Täters eine schuldhafte Unterlassung bestanden hat, sich über das Bestehen und die Anwendbarkeit steuerrechtlicher Vorschriften zu unterrichten; vgl. RGSt. 53, 4.

**Unverschuldeter Irrtum** liegt stets dann vor, wenn sich der Steuerpflichtige bei einer ihm als zuverlässig erscheinenden Stelle, nicht nur bei der Steuerbehörde selbst, erkundigt; vgl. RGSt. 52, 325; 53, 55. Bedingung ist, daß der Steuerpflichtige nicht imstande war, die Unrichtigkeit der Auskunft selbst zu erkennen; RGSt. 52, 330; 57, 329.

4. **Verpflichtung zur Steuerzahlung.** Unbeschadet dieser Verpflichtung ist die Zahlung der zur Hebung gelangten Steuer zu bewirken (RFH. 10, 17).

Wird in einem notariellen Kaufvertrage ein niedrigerer Kaufpreis beurkundet als vereinbart ist, so ist ohne weiteres anzunehmen, daß die Beteiligten die Falschbeurkundung vorgenommen haben, in der Absicht, Grunderwerbsteuer zu hinterziehen. Es ist die Pflicht des Notars, die Beteiligten stets noch besonders hierauf hinzuweisen, schon wegen der rechtlichen Folgen einer Schwarzkaufbeurkundung. Selbst wenn ein solcher Hinweis durch den Notar nicht erfolgt ist, so kann doch unterstellt werden, daß den Beteiligten die Entstehung der Grunderwerbsteuer bekannt ist; sie haben daher die Verpflichtung, sich bei Beurkundung des Kaufvertrages, sofern sie nicht schuldhaft handeln wollen, über die Rechtsfolgen einer unrichtigen Beurkundung des Kaufpreises unterrichten zu lassen; vgl. RGSt. 53, 4 und 87; 56, 409; RG. StuW. III, 240, 241.

Die Anregung von Ott (a. a. O., S. 562), daß die Beurkundungsstelle angewiesen werden sollte, die Beteiligten vor der Beurkundung über die Möglichkeit einer Steuerzuwiderhandlung zu belehren, und diese Belehrung in die Urkunden aufzunehmen, erscheint begrüßenswert. Es könnte dies in kurzer Form ohne Schwierigkeit erfolgen.

5. Um § 358 AO. anwenden zu können, müssen **sichere** Anhaltspunkte dafür vorhanden sein, daß der Täter sein Tun infolge eines unverschuldeten Rechtsirrtums als erlaubt ansah; vgl. RGSt. 53, 81, 87. Die Anforderungen, die in dieser Beziehung an den Täter gestellt werden. sind mit Recht weitgehend; RGSt. 46, 411.

6. Auf den **persönlichen Strafausschließungsgrund** des § 358 muß sich der **Täter selbst** berufen. Da es sich um **einen** persönlichen Strafausschließungsgrund handelt (RGSt. 53, 81, 320), kommt die Vergünstigung nur dem Täter, nicht aber den Teilnehmern zugute.

§ 359.

**Wer zum eigenen Vorteil oder zum Vorteil eines anderen nicht gerechtfertigte Steuervorteile erschleicht, oder vorsätzlich bewirkt, daß Steuereinnahmen verkürzt werden, wird wegen Steuerhinterziehung mit Geldstrafe bestraft. Der Höchstbetrag der Geldstrafe ist unbeschränkt. Bei Zöllen und Verbrauchsabgaben ist die Geldstrafe mindestens auf das Vierfache des hinterzogenen Betrages zu bemessen, falls der Betrag der Steuerverkürzung oder des Steuervorteils festgestellt werden kann. Neben der Geldstrafe kann auf Gefängnis bis zu 2 Jahren erkannt werden.**

**Der Steuerhinterziehung macht sich auch schuldig, wer Sachen, für die ihm Steuerbefreiung oder Steuervorteile gewährt sind, zu einem Zwecke verwendet, der der Steuerbefreiung oder dem Steuervorteile, die er erlangt hat, nicht entspricht, und es zum eigenen Vorteil oder zum Vorteil eines anderen vorsätzlich unterläßt, dies dem Finanzamt vorher rechtzeitig anzuzeigen.**

**Es genügt, daß infolge der Tat ein geringerer Steuerbetrag festgesetzt oder ein Steuervorteil zu Unrecht gewährt oder belassen ist; ob der Betrag, der sonst festgesetzt wäre, aus anderen Gründen hätte ermäßigt werden müssen, oder der Vorteil aus anderen Gründen hätte beansprucht werden können, ist für die Bestrafung ohne Bedeutung.**

**Eine Steuerumgehung ist nur dann als Steuerhinterziehung strafbar, wenn die Verkürzung der Steuereinnahmen oder die Erzielung der ungerechtfertigten Steuervorteile dadurch bewirkt wird, daß der Täter vorsätzlich Pflichten verletzt, die ihm im Interesse der Ermittlung einer Steuerpflicht obliegen.**

**Die Vorschriften der Zoll- und Verbrauchsabgabengesetze, nach denen eine Bestrafung wegen Steuerhinterziehung eintritt, ohne daß der Vorsatz der Hinterziehung festgestellt zu werden braucht, bleiben unberührt. Auf Gefängnis darf jedoch nur erkannt werden, wenn der Vorsatz der Hinterziehung festgestellt wird.**

1. **Bedeutung der Vorschrift.** Der § 359 enthält besonders im Abs. 1 die für alle Steuergesetze geltende Strafvorschrift betr. die Steuerhinterziehung. Das Grunderwerbsteuergesetz von 1919 hatte im § 31 folgende Strafbestimmung: „Die Hinterziehung der Grunderwerbsteuer wird mit einer Geldstrafe bis zum zwanzigfachen Betrage der hinterzogenen Steuer bestraft.“ Damals bedeutete § 359 eine Ergänzung des § 31 GrErwStG.; vgl. hierüber 1. Aufl., § 31, Anm. 1.

Der § 31 GrErwStG. ist durch Art. VIII und XIV der VO. vom 6. 2. 24 — RGBl. I, S. 44 — beseitigt worden. Maßgebend ist jetzt allein die Vorschrift des § 359 Abs. 1 AO. in der Fassung von Art. VIII, § 56 Ziff. 1 und 57 Abs. 2 der 3. StNotVO. vom 14. 2. 24 (RGBl. I, 77). Auch für die Hinterziehung der Grunderwerbsteuer sind Tatbestandsmerkmale und Strafmaßnahmen nur noch dem § 359 AO. zu entnehmen. — Vgl. Schmalz, Die Steuerhinterziehung i. S. des § 359 Abs. 1—4 AO.

2. **Begriff der Steuerhinterziehung.** Eine Grunderwerbsteuerhinterziehung liegt vor,

a) wenn der Täter zum eigenen Vorteil oder zum Vorteil eines anderen

1. nicht gerechtfertigte Steuervorteile erschleicht oder
2. vorsätzlich die Verkürzung von Steuereinnahmen bewirkt (Abs. 1)

oder

b) wenn der Täter Sachen, für die ihm Steuerfreiheit oder Steuervorteile gewährt sind, zu einem Zwecke verwendet, der der Steuerbefreiung oder dem erlangten Steuervorteil entgegensteht und es zum eigenen oder zum Vorteil eines anderen vorsätzlich unterläßt, diese Tatsache dem Finanzamt vorher rechtzeitig mitzuteilen.

**3. Gesetzliche Voraussetzungen der Steuerhinterziehung.** a) Voraussetzung aller dieser Tatbestände ist, daß der Täter durch sein Tun oder sein Unterlassen vorsätzlich die geringere Festsetzung der Steuer durch das Finanzamt zu Unrecht erwirkt oder bewirkt, daß ein Steuervorteil im weitesten Sinne zu Unrecht gewährt oder belassen wird. Wegen der Steuerverkürzung durch Unterlassung vgl. RG. StuW. VI, 208. Vgl. Hellwig, Hinterziehung durch vorsätzliche Nichtzahlung von Steuern, JW. 1927, 1731.

b) Auch passives Verhalten des Täters genügt dann, wenn eine Rechtsverpflichtung zur Abgabe von Erklärungen bestand. So macht sich z. B. der Notar der Steuerhinterziehung schuldig, der es absichtlich unterläßt, einen von ihm beurkundeten Grundstückskaufvertrag der Steuerstelle mitzuteilen, in der Absicht, dadurch die Verkürzung von Steuereinnahmen zugunsten des Steuerpflichtigen herbeizuführen.

c) Ob eine Erklärungspflicht besteht, bedarf eingehender Prüfung; vgl. RFH. 9, 29; Becker, § 359, Anm. 2, S. 756; Cattien, a. a. O., S. 142; Lelewer, a. a. O., S. 118. Dagegen liegt keine Steuerhinterziehung vor, wenn trotz der Festsetzung durch die Steuerbehörde Zahlung nicht erfolgt; z. B. dann, wenn der endgültige Grunderwerbsteuerbescheid des § 29 über den vorläufigen Bescheid des § 24 hinausgeht und wenn dann der zur Zahlung verpflichtete Käufer des Grundstücks trotz rechtskräftiger Feststellung die Zahlung unterläßt. Denn die Steuerhinterziehung richtet sich gegen die Feststellung des Steueranspruchs selbst, nicht aber gegen die Vereitelung seiner Erfüllung; RGSt. 57, 101; Berolzheimer, S. 180, Anm. 2; Becker, § 359, Anm. 2; KG. JW. 1925, 1900; Jadesohn, StA. 1925, 373.

d) Es genügt zur Steuerhinterziehung schon, daß infolge der Tat ein geringerer Steuerbetrag festgesetzt oder ein Steuervorteil zu Unrecht gewährt oder belassen ist. Insbesondere kann sich der Täter nicht darauf berufen, daß ihm die Vorteile, welche ihm durch diese Steuerhinterziehung zugeflossen sind, aus anderen im Gesetz begründeten Ursachen hätte zukommen müssen. So würde beispielsweise der Erwerber eines Grundstücks, der den Kaufpreis unrichtig angegeben hat, nicht damit gehört werden können, daß wegen Preisminderung gemäß § 23 Abs. 1 a Nr. 4 nur die geringere Steuer zu zahlen gewesen wäre; vgl. RGSt. 46, 237; § 359, Abs. 3 AO.

e) Das **„Erschleichen ungerechtfertigter Steuervorteile"** wird dadurch bewirkt, daß durch Täuschung oder Verschleierung dem

Steuerpflichtigen Vorteile zufließen, auf die er keinen Anspruch hat. Während die Verschleierung stets unlautere Manipulationen voraussetzt, bedarf es zur Verkürzung von Steuereinnahmen dieser nicht.

f) Ein **„Verkürzen“** in Verbindung mit der Hinterziehung von Steuern liegt stets dann vor, wenn wie beim „Erschleichen“ von Steuervorteilen ein steuerunehrliches Verhalten hinzutritt, insbesondere dadurch, daß durch die Unterlassung steuerrechtlich gebotener Mitteilungen die Steuerbehörde keine Kenntnis von der Steuerschuld erhält; vgl. RGSt. 60, 309; StuW. VI, 298 = RGSt. 61, 188; RGSt. 60, 185 = StuW. V, 461; RG. StuW. V, 519, 596. KG. JW. 1927, 1767 Nr. 7.

g) Dabei ist der Begriff des **„Steuervorteils“** weit zu fassen. Es fällt also hierunter Steuerermäßigung, Erstattung, Vergütung, Befreiung und Stundung. So liegt eine Steuerhinterziehung dann vor, wenn zur Erlangung der Bescheinigung aus § 24 GrErwStG. unter Vorbringen falscher Behauptungen Stundung beantragt wird, da hiermit schon ein Steuervorteil im Sinne des § 359 Abs. 1 AO. erschlichen ist; vgl. RGSt. 60, 98. Es muß sich allerdings um wirkliche Steuervorteile, nicht um Vorteile anderer Art handeln; RGSt. 57, 389. Die Absicht dauernder Vorenthaltung verlangt § 359 nicht; RG. StuW. VI, 519.

h) Sind Steuervorteile für die Verwendung einer Sache gewährt, wird diese Sache aber zu einem anderen als dem dem erlangten Steuervorteil entsprechenden Zweck verwandt, so ist dies zunächst noch nicht strafbar.

Beispiel: Eine milde Stiftung erwirbt ein Grundstück mit der Absicht, dieses Grundstück für die Zwecke der Stiftung zur Unterstützung Hilfsbedürftiger zu verwenden. Dann aber wird der Verwendungszweck, nachdem gemäß § 22 GrErwStG. die Steuer erlassen war, dahin geändert, daß das Grundstück verpachtet wird, daß aber die Einkünfte aus dem Pachtverhältnis dem Zwecke der Stiftung zugewendet werden. Es liegt hier keine strafbare Steuerhinterziehung vor. Die Stiftung hat aber die Pflicht, dem Finanzamt rechtzeitig vorher Anzeige zu machen. Zweifelhaft könnte hier sein, ob die Anzeige geboten ist, weil ja die Vorteile, wenn auch nur indirekt, dem Stiftungszweck zugute kommen. Unmittelbarkeit der Verwendung ist aber nach § 22 GrErwStG. vorausgesetzt; vgl. Anm. 2 zu § 22.

i) Die Steuerhinterziehung ist mit der Erlangung des Steuervorteils sowie dem Eintritt der Steuerverkürzung vollendet. Wegen des Versuchs vgl. § 360.

k) Der Täter muß nicht nur zum eigenen Vorteil, er kann auch zugleich zu dem eines anderen handeln. Der erstrebte Vorteil muß nicht ein Vermögensvorteil sein, er braucht auch nicht erreicht zu werden.

Beispiel: Der Notar, der in Kenntnis der falschen Preisangabe den Kaufvertrag beurkundet und einreicht, handelt sowohl zum eigenen Vorteil (er hätte die Beurkundung ablehnen müssen), wie zum Vorteil eines anderen. Hier liegt vollendete Steuerhinterziehung vor, auch wenn der Notar seine Gebühren von der Partei nicht beitreiben kann.

l) Der Täter muß auch vorsätzlich handeln. Wegen des Begriffs „Vorsatz“ vgl. § 356, Anm. 1 zu III b. Der Vorsatz muß nicht bestimmt sein, dolus eventualis genügt; also eine besondere auf Steuerverkürzung gerichtete Hinterziehungsabsicht ist nicht vorausgesetzt, sondern nur vorsätzliches Bewirken dieser Verkürzung erfordert; RG. StuW. II, 384; VI, 298. Der Täter muß außerdem nicht nur wissen, daß Steuern geschuldet werden, sondern er muß auch die Rechtswidrigkeit kennen; vgl. RG. StuW. VI, 207. Fehlt es an diesen Voraussetzungen, so kann nur, sofern Fahrlässigkeit vorliegt, eine Verurteilung wegen Steuergefährdung (§ 367) oder eine Ordnungsbestrafung aus § 377 in Frage kommen.

m) Strafbar ist auch der Versuch der Steuerhinterziehung; vgl. darüber § 360, Anm. 2. Ueber Ideal-Konkurrenz zwischen Steuerhinterziehung und Betrug vgl. unten Anm. 6.

**4. Die vollendete Grunderwerbsteuerhinterziehung.** a) Die Steuerhinterziehung des § 359 ist ein durch den Erfolg qualifiziertes Delikt, d. h. sie ist eingetreten erst mit der Steuerverkürzung selbst. Die Grunderwerbsteuer ist, wie zu § 29 GrErwStG. zu 15 ausgeführt, eine Veranlagungssteuer; RFH. 15, 336. Die vollendete Grunderwerbsteuerhinterziehung des § 359 Abs. 3 erfordert die Festsetzung eines geringeren Steuerbetrages als es dem wirklichen Kaufpreis entspricht „infolge der Tat“; RGSt. 59, 95; RG. StuW. V, 213.

b) Es ist ursächlicher Zusammenhang erforderlich. Dieser kann auch vorliegen, wenn die Veranlagung nach dem gemeinen Wert erfolgt, bei Bemessung des Wertes aber gemäß RFH. 11, 260 von dem beurkundeten Kaufpreis ausgegangen worden ist. Die Grunderwerbsteuerfestsetzung ist mit der Zustellung des Steuerbescheides an den Steuerschuldner bewirkt; RGSt. 59, 402.

c) Eine Grunderwerbsteuerhinterziehung kann aber auch vorliegen, ohne daß ein Steuerbescheid erteilt ist. Das ist insbesondere bei Rechtsvorgängen der Fall, bei denen weder die grundbuchliche Eintragung, noch die notarielle Beurkundung erforderlich sind. Hier ist vornehmlich an die Veräußerungsgeschäfte des § 5 Abs. 4 GrErwStG., an die Uebertragung des wirtschaftlichen Eigentums gemäß § 6 sowie an die verdeckten Scheingeschäfte des § 7 zu denken. Nach § 26 GrErwStG. haben die an derartigen steuerpflichtigen Rechtsvorgängen Beteiligten der Steuerstelle binnen Monatsfrist Anzeige zu machen, sofern die Anzeige nicht schon nach § 25 von dem Grundbuchamt dem Notar oder den Registerbehörden erstattet worden ist. Wird nun die rechtzeitige Anzeige unterlassen, so liegt trotz Fehlens eines Steuerbescheides eine vollendete Grunderwerbsteuerhinterziehung vor.

Beispiel: Der Antragsempfänger tritt die ihm aus dem Kaufantrag zustehenden Rechte an einen Dritten ab. Dieses Veräußerungsgeschäft wird nach § 5 Abs. 4 Nr. 2 nach Ablauf eines Jahres steuerpflichtig, wenn bis dahin der Uebergang des Eigentums nicht erfolgt ist. Unterbleibt die Anzeige an die Steuerbehörde, seitens des Zessionars in Kenntnis der steuerrechtlichen Folgen, so liegt vollendete Steuerhinterziehung vor.

5. **Die Steuerumgehung des § 5 AO. als strafbare Steuerhinterziehung.** Die Steuerhinterziehung kann auch in einer bloßen Steuerumgehung liegen. Ueber § 5 AO. und seine steuerrechtlichen Folgen vgl. Zusatz zu § 7. Strafbar als Hinterziehung ist die Steuerumgehung unter Mißbrauch von Formen und Gestaltungsmöglichkeiten des bürgerlichen Rechts nur, wenn

1. Steuerhinterziehung gewollt und die Umgehungsform selbst nur vorgespiegelt ist, um der Bestrafung zu entgehen, oder

2. wenn die Steuerumgehung durch irgendwelche Manipulationen verheimlicht oder verschleiert wird, indem der Täter die Verkürzung von Steuereinnahmen durch vorsätzliche Verletzung ihm obliegender steuerlicher Pflichten bewirkt; vgl. BayObLG. JW. 1926, 1671; Becker § 359 Anm. 8; Berolzheimer S. 180 Anm. 6; Cattien, a. a. O., S. 147; Rosendorff, Steuerersparung, Steuerumgehung, Steuerhinterziehung, S. 53; Ott, S. 563, Anm. 7; Lelewer, a. a. O., S. 122 ff. Ueber das Verhältnis von Steuerumgehung zu Steuergefährdung vgl. Anm. 3 zu § 367.

Die Steuerfälle der §§ 6, 7 GrErwStG. stellen an sich keine Umgehung dar; ebensowenig die in § 12 Abs. 3 genannten Tatbestände.

6. **Konkurrenz zwischen Steuerhinterziehung und Betrug.** Die Hinterziehung der Grunderwerbsteuer wird zumeist alle Tatbestandsmerkmale des Betruges (§ 263 StGB.), nämlich die durch Täuschung in Bereicherungsabsicht bewirkte Vermögensbeschädigung erfüllen. Trotzdem kann im allgemeinen nicht von Tateinheit zwischen Grunderwerbsteuerhinterziehung und Betrug, sondern nur von Gesetzeseinheit gesprochen werden, weil die Strafvorschriften der AO. als Sondergesetz gegenüber § 263 StGB. zu gelten haben. So herrschende Meinung: Ebermayer, Leipziger Kommentar, § 263. Anm. 12, S. 822; Becker, § 359, Anm. 11; Lelewer, S. 33, 106; Begr. z. AO. S. 130; RGSt. 60, 99; 56, 65; Berolzheimer S. 180 Anm. 4; RG. StuW. V, 215; A. M. Juliusberger, a. a. O., 2. Aufl, S. 103; vgl. § 383 AO. Grundsätzlich absorbiert also das Spezialdelikt der Steuerhinterziehung den gemeinen Betrug des § 263 StGB. Werden aber durch die Täuschungshandlung außer der Steuerhinterziehung noch weitere mit dieser nicht im Zusammenhang stehende Vermögensvorteile erstrebt, so kann Idealkonkurrenz zwischen Betrug und Steuerhinterziehung in Betracht kommen; vgl. RG. 59, 95 = StuW. IV, 502; 60, 99, 162, 185; StuW. V, 461 = RG. JW. 1927, 1762 Nr. 10. In einer Entscheidung vom 22. März 1926 (StuW. V, 216) hat das RG. Idealkonkurrenz zwischen Steuerhinterziehung und Betrug angenommen, weil der Täter neben dem Steuervorteil noch einen Lohnvorteil erstrebt hat.

Daß Realkonkurrenz zwischen Steuerhinterziehung und Betrug vorliegen kann, sei nur nebenbei erwähnt.

7. **Konkurrenz zwischen Steuerhinterziehung und Urkundenfälschung.** Für die Grunderwerbsteuer, bei welcher die Erklärung des Steuerpflichtigen nicht von ihm selbst abgegeben, sondern von der Urkundsstelle beurkundet werden muß, scheidet die Urkunden-

fälschung der §§ 267 bis 270 StGB. aus. Es könnte hier nur die sogen. mittelbare Falschbeurkundung (intellektuelle Urkundenfälschung) in Frage kommen. Bei der Beurkundung eines Kaufvertrages ist jedoch die öffentliche Urkunde nicht, wie es § 271 erfordert, geeignet und bestimmt, Beweis gegen jedermann zu erbringen, sondern sie beurkundet nur ein Rechtsverhältnis zwischen den Parteien und allenfalls wegen der steuerlichen Folgen zwischen den Parteien und der Steuerbehörde. Das reicht aber zur Annahme des § 271 StGB. nicht aus. Ebermayer, Leipz. Komm., § 271 Anm. 8, S. 870; RGSt. 46, 296; Ott, S. 564 Anm. 12. Außerdem werden die Erklärungen und Verhandlungen als solche beim Schwarzkauf gar nicht anders als geschehen, beurkundet; sie sind — wenn auch nur zum Schein — so erklärt, wie sie beurkundet sind; dahinter stehen die ernst gemeinten Erklärungen und Verhandlungen, die notariell nicht beurkundet sind.

8. **Fortsetzungszusammenhang zwischen Steuerhinterziehung und Ordnungswidrigkeit (§ 377).** Eine fortgesetzte Handlung kann stets nur bei gleichartigen, durch einheitlichen Vorsatz zusammengefaßten Delikten in Frage kommen. Da bei der Steuerhinterziehung der Vorsatz der Steuerverkürzung Tatbestandsmerkmal ist, bei der Ordnungswidrigkeit dieser Vorsatz aber begrifflich ausgeschlossen ist, kommt auch ein Fortsetzungszusammenhang nicht in Frage. RG. StuW. VI, 94.

9. **Strafrahmen.** Geldstrafe unbeschränkt; daneben Gefängnis bis zu zwei Jahren. Mindestbetrag drei Reichsmark. Nach § 27c Abs. 2 StGB. soll die Geldstrafe den Betrag der hinterzogenen Steuer übersteigen, und zwar nach RGSt. 57, 134 einschließlich des Gemeindezuschlags. Vgl. RG. JW. 1927, 1862 Nr. 41.

## § 360.

**Der Versuch der Steuerhinterziehung ist strafbar.**

**Die für die vollendete Tat angedrohte Strafe gilt auch für den Versuch; Geldstrafen, die auf ein Vielfaches des hinterzogenen Betrages zu bestimmen sind, sind nach der Steuerverkürzung oder den Steuervorteilen zu bemessen, die bei Vollendung der Tat eingetreten wären.**

1. **Entstehung und Bedeutung der Vorschrift.** Der § 360 ist durch Art. VIII, § 56 der 3. StNotVO. vom 14. 2. 24 (RGBl. I, 88) in die jetzige Fassung gebracht worden. Der Begriff des Versuchs ergibt sich aus § 43 StGB. Gegen die Anwendbarkeit des § 43 StGB. Lion, Ztg. Stfr. 22, S. 28 mit nicht zutreffender Begründung. Wie hier RGSt. 57, 184; Lelewer S. 89; Becker § 360 Anm. 4 S. 765. Durch die Gleichstellung der vollendeten Tat mit dem Versuch im § 360 AO. ist die Abgrenzung des Versuchsstadiums gegenüber dem vollendeten Delikt für das Strafmaß bedeutungslos. Wichtig bleibt die Unterscheidung, besonders für den Rücktritt vom Versuch.

2. **Der Versuch der Steuerhinterziehung ist strafbar.** a) Er stellt sich dar als die Betätigung des Entschlusses, ein Verbrechen oder Vergehen zu verüben, durch Handlungen, welche einen Anfang der Ausführung dieses Verbrechens oder Vergehens enthalten, sofern

das beabsichtigte Verbrechen oder Vergehen nicht zur Vollendung gekommen ist.

b) Hier bereitet die Abgrenzung gegenüber der bloßen **Vorbereitungshandlung** Schwierigkeiten; vgl. RGSt. 53, 45, 135. Zur Annahme eines Versuchs ist es erforderlich, daß mit der Ausführung des Entschlusses, Steuer zu hinterziehen, begonnen worden ist, und daß auch der Entschluß selbst sichtbar betätigt wurde. RGSt. 56, 316; RG. in StuW. V, Nr. 215. Eine bloße Vorbereitungshandlung kann also nur solange in Frage kommen, als es noch einer weiteren Tätigkeit des Täters zur Herbeiführung des Erfolges bedarf. Ist eine solche nicht mehr erforderlich, so ist die Handlung auf alle Fälle bereits in das Stadium des Versuchs getreten. Andererseits kann, auch wenn die Handlung noch nicht vollendet ist, doch schon ein sog. **unbeendeter Versuch** vorliegen, sofern schon ein Teil des gesetzlichen Tatbestands verwirklicht ist. Ob Vorbereitungshandlung oder Versuch vorliegt, ist im wesentlichen Tatfrage: RGSt. 60, 6.

c) Diese Abgrenzung ist für die **Grunderwerbsteuerhinterziehung** von größter Bedeutung. Die Anzeige eines beurkundeten Grundstückskaufvertrags liegt nach § 25 GrErwStG. dem Notar bzw. den die Beurkundung vornehmenden Stellen ob. Die Steuerfestsetzung erfolgt dann durch die Steuerstelle entsprechend dem in der Urkunde angegebenen Kaufpreis, sofern er höher ist als der gemeine Wert, sonst nach dem gemeinen Wert des Grundstücks (§§ 12, 11 GrErwStG.). In der Praxis spielt der Kaufpreis deshalb eine ausschlaggebende Rolle, weil grundsätzlich davon ausgegangen wird, daß der zwischen den Parteien vereinbarte, im Kaufvertrag festgelegte Preis dem gemeinen Wert, wie er nach § 138 AO. bestimmt wird, entspricht; vgl. Anm. 2 zu § 11; RGSt. 56, 316, 396; 58, 56. Ist nun der Kaufpreis im Kaufvertrag falsch beurkundet, liegt also ein sogen. Schwarzkauf vor, so erhebt sich die Frage, ob schon das Veranlassen der unrichtigen Beurkundung als Anfang der Ausführung der Grunderwerbsteuerhinterziehung, also als strafbarer Versuch, anzusehen ist. Becker (§ 360 Anm. 4) vertritt die Auffassung, daß die Beurkundung eines Grundstückskaufvertrages unter Angabe eines unrichtigen Preises noch nicht als versuchte Steuerhinterziehung anzusehen ist, sofern nicht der Täter gewußt hat, daß der Notar den Kaufvertrag dem Finanzamt mitteilen wird. Nach § 25 GrErwStG. liegt es der beurkundenden Stelle ob, von Amts wegen den Kaufvertrag der Steuerstelle zwecks Feststellung der Steuer zu übermitteln. Einer Mitwirkung der Beteiligten bedarf es nicht. Die Verpflichtung zur Einreichung des Vertrages würde selbst dann bestehen, wenn die Parteien den Wunsch aussprechen, aus irgendwelchen Gründen den Vertrag der Steuerstelle nicht sofort vorzulegen. Die weitere Entwicklung der Dinge ist sonach dem Einfluß der Parteien entzogen; der notarielle Abschluß des Schwarzkaufs bildet in der Regel die Ausführungshandlung der Steuerhinterziehung. Sind sich nun die Parteien darüber klar gewesen, daß die unrichtige Kaufpreisbeurkundung der Steuerbehörde zwangsläufig mitgeteilt und dadurch eine Steuerhinterziehung verursacht würde, so ist damit auch der subjektive Tatbestand erfüllt und unabhängig von der Einreichung des Vertrages der Versuch der Steuerhinterziehung vollendet. Das RG. (RGSt. 58, 56; 60, 67) sieht den Versuch der Grunderwerbsteuerhinterziehung in dem Abschluß des notariellen Kaufvertrages und der Mitteilung der Veräußerungsanzeige an die Steuerbehörde mit dem Willen der Steuerverkürzung, ohne sich darüber auszusprechen, ob die Veranlassung der Schwarzbeurkundung nicht zur Annahme des Versuchs ausreicht, sofern den Erfordernissen des inneren Tatbestandes genügt ist. Vgl. auch RG. StuW. III, 578 und StuW. IV, 113, wo das RG. den Versuch schon dann für möglich hält, wenn ein Steueranspruch noch nicht entstanden ist. In dem StuW. III, 578 entschiedenen Falle hatte der Verkäufer, mit dem Willen des Eigentumsübergangs auf den Käufer, den Kaufpreis zu niedrig angegeben, um die Steuerbehörde zu geringerer Festsetzung der Steuer zu veranlassen. Wie hier, wenn auch teilweise mit anderer Begründung, Ott, Anm. 16; Berolzheimer S. 179; Lelewer, S. 90 f.; RG. StuW. IV, 113. A. M. teilweise RGSt. 58, 57; Becker, § 360 Anm. 3, S. 765. Der etwaige Wille der Parteien, die Eigentumsübertragung vorerst nicht vorzunehmen, steht dem Versuch der Steuerhinterziehung nicht entgegen. Deshalb erscheint es auch belanglos, ob in der Urkunde nur der obligatorische Kaufvertrag beurkundet, oder ob auch sofort die Auflassung erklärt ist. Nach RGSt. 60, 6 wird der verwirklichte Versuch nicht dadurch aus der Welt geschafft, daß noch weitere Handlungen in Aussicht standen oder beabsichtigt waren.

3. **Der Versuch mit untauglichen Mitteln und am untauglichen Objekt.** Nach § 43 StGB. erfordert der Versuch tatbestandsmäßig eine Tätigkeit, welche den Anfang der Ausführung der beabsichtigten strafbaren Handlung enthält. In ständiger Praxis hat jedoch das RG. für strafbar erklärt:

1. den Versuch mit absolut untauglichen Mitteln, RGSt. 1, 439; 8, 198; 10, 21; 11, 72; 15, 317; 24, 382; 38, 423; 42, 92; 43, 137; 49, 20; 51, 211; 56, 317; Ebermayer, § 43, Anm. 8, S. 209,
2. am absolut untauglichen Objekt, RGSt. 1, 451; 8, 198; 18, 82; 34, 217; 49, 20; Ebermayer, § 43, Anm. 10 Abs. 2.

Mit dieser nunmehr feststehenden Rechtsprechung des RG., die von der herrschenden Meinung, auch von Ebermayer selbst, a. a. O., S. 209, abgelehnt wird, ist auch für die Frage der Grunderwerbsteuerhinterziehung zu rechnen. Das RG. hat es für den strafbaren Versuch darauf abgestellt, ob der Täter die von ihm zur Betätigung verbrecherischen Vorsatzes vorgenommene Handlung selbst für geeignet gehalten hat, den gewollten rechtswidrigen Erfolg zu bewirken, ohne daß es darauf ankäme, ob diese Handlungen schon eine teilweise Verwirklichung des Erfolges in sich schließen, oder ob überhaupt objektiv die Möglichkeit zum Eintritt des Erfolges bestand. (Vgl. noch RGSt. 57, 317; 58, 57; 60, 8.)

Ein strafbarer Versuch einer Grunderwerbsteuerhinterziehung liegt somit nach der subjektiven Theorie des RG. unabhängig davon, ob die Auflassung nichtig war und zum Eigentumsübergang nicht führen konnte, schon dann vor, wenn die Beteiligten nur an die Rechtsgültigkeit der Auflassung selbst glaubten (RGSt. 56, 318). Das RG. hat in dieser Entscheidung es abgelehnt, ein sogen. Putativ-Delikt anzunehmen, weil die Täter eine bestehende und von ihnen zutreffend gewürdigte Strafvorschrift auf ihre Handlungen bezogen haben und der Auffassung waren, daß die gesetzlich erforderten Tatbestandsmerkmale erfüllt seien. Per argumentum el contrario aus § 59 StGB. gelangt das RG. zu dem Schlusse, daß der tatsächliche Irrtum des § 59 StGB. zwar die Schuld ausschließe, daß dieser Irrtum aber auch zuungunsten des Täters dann berücksichtigt werden müsse, wenn er zur Annahme eines tatsächlich nicht vorhandenen Tatumstandes führe. Diese unhaltbare Lehre vom umgekehrten Irrtum wird mit Recht auch von Ebermayer (§· 43, Anm. 11, Abs. 2 b) abgelehnt. Nach der herrschenden Praxis aber ist es für die Strafbarkeit der versuchten Grunderwerbsteuerhinterziehung belanglos, ob der nach § 313 BGB. infolge der unrichtigen Beurkundung nichtige Kaufvertrag nach § 4 Abs. 1 GrErwStG. die Steuerpflicht zu begründen vermag oder nicht.

Wegen des Rücktritts vom Versuch und der tätigen Reue vgl. § 374 Anm. 3 und 4.

4. **Die Bedeutung des § 360 Abs. 2** liegt vor allem in der Gleichstellung des Versuchs mit der vollendeten Tat.

Der 2. Halbsatz des § 360 Abs. 2 hat nach § 359 Abs. 1 Satz 3 nur für Zölle und Verbrauchsabgaben Bedeutung und bedarf hier nicht der Erörterung.

## § 361.

**Die Strafe für die Tat gilt auch für eine Beihilfe oder Begünstigung, die jemand seines Vorteils wegen begeht.**

1. **Beihilfe.** a) Der § 361 AO. weist gegenüber dem § 49 StGB einen wesentlichen Unterschied auf. Während nach § 49 StGB. die Beihilfe milder zu bestrafen ist als die vollendete Tat und sich nach den Grundsätzen des Versuchs richtet, stellt § 361 AO. die Beihilfe zur Steuerhinterziehung hinsichtlich des Strafmaßes diesen selbst gleich, wenn sie des eigenen Vorteils wegen begangen ist.

b) Die früher zweifelhafte Frage, ob § 361 AO. schlechtweg die Strafbestimmung für die Beihilfe enthalte oder ob gemäß § 355 AO. der § 49 StGB. anzuwenden sei, ist heute endgültig für die zweite Auffassung entschieden, denn der Relativsatz kann nicht nur auf die Begünstigung, sondern muß auch auf die Beihilfe bezogen werden. Die gegenteilige Auffassung würde zu dem Ergebnis führen, daß nur die Beihilfe ohne Rücksicht auf eigenen Vorteil im Steuerstrafrecht der Tat gleichgestellt werden soll. Bezieht sich aber der Relativsatz auf Beihilfe und Begünstigung, so ist die Bestimmung in der Richtung hin klar, daß die qualifizierte Beihilfe ebenso wie die qualifizierte Begünstigung härter bestraft wird; vgl. für die hier abgelehnte Auffassung Mrozek, 1. Aufl. zu § 361 Anm. 4; wie hier Mrozek, 2. Aufl., Anm. 4; Becker, § 361, Anm. 1; Juliusberger, S. 74; Lelewer, S. 98; Fischer, JW. 21, 1070; RGSt. 57, 162.

c) Der Begriff „seines Vorteils wegen" — ob unmittelbarer oder mittelbarer Vorteil ist gleichgültig (RGSt. 58, 15) — deutet auf die Beweggründe der Handlungsweise des Gehilfen oder Begünstigers hin und ist dann anzunehmen, wenn der Täter aus Eigennutz handelt (RGSt. 58, 16). So ist z. B. der Ehemann wegen Beihilfe zu bestrafen, der auf dem von seiner Ehefrau zu erwerbenden Grundstück ein Geschäft betreiben wollte und ihr den Rat erteilt, zum

Zwecke der Grunderwerbsteuerersparnis den Kaufpreis unrichtigerweise zu niedrig anzugeben; RGSt. 58, 15. Auch der Rechtsanwalt und Notar macht sich der Beihilfe zur Steuerhinterziehung durch Ausübung seiner Berufstätigkeit dann schuldig, wenn er in Kenntnis der auf Steuerhinterziehung gerichteten Absicht der Parteien diesen durch seine Mitwirkung wissentlich Hilfe leistet. Dies geschieht dann seines Vorteils wegen, wenn er neben dem beurkundeten unrichtigen Kaufvertrag noch einen anderen privatschriftlichen Vertrag entworfen und für diesen eine besondere Gebühr erhalten hatte; RG. StuW. V, 218 = RGSt. 60, 6. U. U. kann es aber zur Beihilfe im Sinne des § 361 AO. schon genügen, wenn nur ein Vertrag beurkundet wird, der Notar von der unrichtigen Kaufpreisangabe Kenntnis hatte und die Beurkundung des Vertrages nicht ablehnt. Denn die Tatsache, daß er für die Vertragsbeurkundung Gebühren erhält, also ein eigenes materielles Interesse an dem Abschluß hat, kann, sofern die Parteien den Vertrag nur mit unrichtigem Preis beurkunden lassen wollen, ausreichen, um die qualifizierte Beihilfe anzunehmen.

d) Strafbare Beihilfe des Notars, des Maklers oder sonstigen Dritten liegt vor, wenn dieser den Parteien den Rat erteilt, den Kaufpreis bei der Beurkundung nicht der Wahrheit entsprechend anzugeben, sofern er das Bewußtsein hatte, die Steuerhinterziehung durch die falsche Beurkundung zu fördern; RGSt. 57, 162; 58, 54; 60, 8. In allen diesen Fällen wird qualifizierte Beihilfe anzunehmen sein, sofern die Raterteilung in der nach Lage der Umstände zu vermutenden Absicht erfolgt, die Parteien dadurch leichter zum Abschluß des Vertrages zu bewegen, und sich selbst dadurch Vorteile materieller Natur zu verschaffen.

e) Die Strafe für die Beihilfe, die nicht des eigenen Vorteils wegen geleistet wird, richtet sich nach dem Strafrahmen für das vollendete Delikt. Sie ist gemäß § 44 StGB. wie beim Versuch zu ermäßigen.

f) Ist die Steuerhinterziehung selbst nicht zur Vollendung gekommen, sondern nur versucht, so wird für die Beihilfe nicht die Strafe gemäß § 44 und 49 Abs. 2 doppelt ermäßigt, sondern sie kann infolge der Gleichstellung des Versuchs mit dem vollendeten Delikt im § 360 Abs. 2 nur einmal ermäßigt werden. Bei der Beihilfe, die jemand seines Vorteils wegen begeht, kommt eine Ermäßigung überhaupt nicht in Frage.

2. **Begünstigung.** Nach § 356 Abs. 2 ist die Begünstigung als Steuerzuwiderhandlung zu behandeln. Die Begriffsbestimmung der „Begünstigung" findet sich im § 257 StGB. Sie besteht darin, daß jemand nach Begehung der Tat dem Täter wissentlich Beistand leistet, und zwar in zweifacher Absicht:

a) die persönliche Begünstigung, d. h. ein Beistandleisten, das dem Täter persönlich gewährt wird, und darauf gerichtet ist, den verwirkten Strafanspruch des Staates zu beseitigen, oder es kann sich handeln

b) um eine sachliche Begünstigung, die dem Täter die Vorteile seiner strafbaren Handlung sichern soll.

Die Grenzen zwischen der persönlichen und der sachlichen Begünstigung sind gerade im Steuerstrafrecht flüssig. Wenn z. B. ein Notar nach Beurkundung des Vertrages die falsche Kaufpreisangabe erfährt, so muß er gemäß § 192 AO. dem Finanzamt Anzeige erstatten und nach § 191 die erforderlichen Auskünfte erteilen. Führt er hierbei die Behörde absichtlich irre, so begünstigt er einmal den Täter persönlich, da er dessen Bestrafung verhindert, er begünstigt ihn aber auch sachlich, da er ihm die Vorteile seiner Tat sichert. Eine Beihilfe oder Begünstigung, die der Täter nicht seines Vorteils willen begeht, ist gemäß §§ 355 AO., 49 StGB. zu bestrafen; RGSt. 57, 162.

§ 363.

**Wenn wegen Steuerhinterziehung auf eine Geldstrafe von mehr als fünfhundert Reichsmark oder neben Geldstrafe auf Gefängnis erkannt wird, kann im Straferkenntnis (Urteil, Strafbescheid, Niederschrift über eine Untersuchungsverhandlung) angeordnet werden, daß die Bestrafung auf Kosten des Verurteilten bekanntzumachen ist.**

§ 364.

**Wird wegen Steuerhinterziehung auf eine Gefängnisstrafe von mindestens drei Monaten erkannt, so kann zugleich auf Verlust der bürgerlichen Ehrenrechte erkannt werden.**

§ 367.

**Wer fahrlässig als Steuerpflichtiger oder als Vertreter oder bei Wahrnehmung der Angelegenheiten eines Steuerpflichtigen bewirkt, daß Steuereinnahmen verkürzt oder Steuervorteile zu Unrecht gefährdet oder belassen werden (§ 359 Abs. 1, 2), wird wegen Steuergefährdung mit Geldstrafe bis zu einhunderttausend Reichsmark bestraft.**

**Eine Steuerumgehung (§ 5) ist nur dann als Steuergefährdung zu bestrafen, wenn die Verkürzung der Steuereinnahmen oder die Gewährung der ungerechtfertigten Steuervorteile dadurch bewirkt wird, daß der Täter vorsätzlich oder fahrlässig Pflichten verletzt, die ihm im Interesse der Ermittlung einer Steuerpflicht obliegen.**

1. **Umfang und Bedeutung der Vorschrift.** a) Während § 359 AO. die Steuerhinterziehung im eigentlichen Sinne behandelt, wird diese Vorschrift von der das Delikt der Steuergefährdung enthaltenden Bestimmung des § 367 ergänzt. Die Unterschiede der Gefährdung von der Hinterziehung bestehen darin, daß

α) der Täter fahrlässig (nicht vorsätzlich) handelt und daß er

β) ohne den Vorsatz der Steuerhinterziehung zum eigenen oder fremden Vorteil eine Verkürzung von Steuereinnahmen bzw. ein Gewähren oder Belassen nicht gerechtfertigter Steuervorteile herbeiführt.

b) Der Begriff „verkürzen“ steht objektiv der Hinterziehung gleich. Der Unterschied liegt nur im subjektiven Verhalten des Täters. Die bloße Nichtzahlung ist noch keine Verkürzung. Sie kann aber aus § 377 strafbar sein; RG., StuW. V, 520. Wegen des Begriffs „Fahrlässigkeit“ für das Zivilrecht vgl. § 276 Abs. 1 Satz 2 BGB. Im Strafrecht dagegen ist nicht auf die im Verkehr erforderliche Sorgfalt, sondern auf die Sorgfalt abzustellen, welche der Täter beobachten konnte, und zu welcher er verpflichtet war; vgl. RG. JW. 1924, 1879; Becker, § 367, Anm. 2; RG. StuW. II, 531; RGSt. 57, 329; StuW. III, 241; RGSt. 59, 286; RG. StuW. VI, 210, 367.

c) Ist das Verschulden nur ein geringfügiges, so ist das Finanzamt nach § 443 Abs. 2 befugt, von der Einleitung der Durchführung einer Untersuchung abzusehen. Diese Befugnis ist nach § 6 AO. nach Recht und Billigkeit auszuüben; vgl. Becker, Anm. 1.

**2. a) Eine Steuergefährdung liegt nur dann vor,** wenn Steuereinnahmen tatsächlich verkürzt oder Steuervorteile zu Unrecht gewährt oder belassen worden sind. Sie setzt ein Handeln oder Unterlassen voraus, das die Steuerbehörde von dem wirklichen Sachverhalt ablenkt oder in Unkenntnis hält. „Steuerunehrlichkeit“ ist dieses Verfahren nicht, weil es an einem vorsätzlichen Tun mangelt; RGSt. 61, 84, 85; StuW. VI, 210. Infolge der Tat muß eine Steuerverkürzung eingetreten sein; RGSt. 57, 120; Becker, a. a. O., Anm. 2; vgl. auch RG. StuW. VI, 94.

b) Versuchte Steuergefährdung ist begrifflich unmöglich; RGSt. 57, 117; 59, 119. Ergibt sich die Unrichtigkeit einer gemachten Angabe noch vor der Steuerfestsetzung, so bedarf es des Nachweises eines Hinterziehungsvorsatzes.

c) Die Täterschaft des § 367 ist auf die Steuerpflichtigen selbst, sowie auf deren Vertreter beschränkt. Unterläßt der beurkundende Notar versehentlich die Mitteilung des beurkundeten Rechtsgeschäfts, so bedeutet dies keine Steuergefährdung, sondern nur eine Ordnungswidrigkeit (§ 377 AO.), da der Notar nicht als Vertreter oder bei Wahrnehmung der Angelegenheit eines Steuerpflichtigen handelt, sondern Organ der Rechtspflege ist; RGSt. 61, 43. Er handelt aber bei der Beurkundung des Kaufvertrages in Wahrnehmung der Angelegenheiten beider als Gesamtschuldner steuerpflichtigen Parteien (§ 20, Abs. 1 GrEStG.). Er hat auch die Amtspflicht (RG. 95, 217), für Beurkundung eines gültigen Kaufvertrages zu sorgen und die Parteien auf die Folgen unrichtiger Kaufpreisangabe hinzuweisen (RG. 85, 337; 100, 284). Hat der Notar die Verpflichtung verabsäumt, aber selbst Kenntnis von dem tatsächlich gezahlten (höheren) Kaufpreis gehabt, so liegt mindestens Fahrlässigkeit im Sinne des § 367 AO. vor, wenn ein zu geringer Steuerbetrag festgesetzt worden ist; RGSt. 61, 44.

**3. Die Steuerumgehung als Steuergefährdung.** Vgl. hierzu § 359 Abs. 4 sowie § 359 Anm. 5. Die Steuerumgehung des § 5 AO. kann zwar objektiv zur Steuerverkürzung führen, ohne indessen zunächst als Steuerhinterziehung oder Steuergefährdung strafbar zu sein. Bei den zahlreichen im Grundstücksverkehr üblichen Umgehungsgeschäften sind die Täter allgemein straflos; vgl. das Beispiel bei Becker, § 367, Anm. 5, S. 773. Sie machen sich erst dann strafbar, wenn die Steuerbehörde gemäß § 205 AO. die verdeckten Rechtsgeschäfte aufzuklären sich bemüht und die Beteiligten nunmehr ihre Pflichten gemäß §§ 205, 172 ff. AO. verletzen und unrichtige Angaben machen, um die Steuerfestsetzung auch für den Fall der Steuerpflicht des Geschäfts abzuwenden. Beruht die Unrichtigkeit dieser Angaben auf Fahrlässigkeit, so findet § 367 Anwendung. Unterlassen die Beteiligten in gutem Glauben solche Angaben, indem sie etwa die Anwendbarkeit des § 5 AO. verneinen, und handeln sie hierbei fahrlässig, in dem oben dargelegten Sinne, so liegt eine Steuergefährdung vor, wenn sie entweder selbst steuerpflichtig sind, oder aber als Vertreter bzw. in Wahrnehmung der Angelegenheiten eines Steuerpflichtigen gehandelt haben. Dagegen kann Ordnungsstrafe nach § 377 verwirkt sein, wenn die Beteiligten die Anzeigepflicht gem. § 26 GrEStG. verletzt haben; vgl. Anm. 4 zu § 377.

**4. Dauervergehen im Falle des § 367.**

Kommt für mehrere Steuervergehen des Täters die Vorschrift des § 367 einzeln zur Anwendung, so ist zur Annahme der Begehung sämtlicher Zuwiderhandlungen durch ein und dieselbe Handlung erforderlich, daß die Voraussetzungen des § 73 StGB. vorliegen; RG. StuW. VI, 299. Beispiel: In einem notariellen Kaufvertrag ist in der Absicht der Steuerhinterziehung der Kaufpreis unrichtig angegeben, auch ist außerdem eine Umgehungsform gewählt, und auf Anfrage der Steuerbehörde vorsätzlich eine unrichtige Angabe gemacht worden. Hier würden die Voraussetzungen des Dauervergehens vorliegen.

§ 368.

**Wer seines Vorteils wegen Gegenstände, von denen er weiß oder den Umständen nach annehmen muß, daß Steuern für sie hinterzogen sind (§ 359 Abs. 1, 2), kauft oder sonst an sich bringt, verheimlicht, absetzt oder zu ihrem Absatz mitwirkt, wird wegen Steuerhehlerei mit der für die Steuerhinterziehung angedrohten Strafe bestraft. Die §§ 360 bis 365 gelten entsprechend.**

Die Bestimmung kommt für das Grunderwerbsteuerstrafrecht nicht in Frage. Der Täter muß Gegenstände, von denen er weiß oder annehmen muß, daß Steuern „für sie" hinterzogen sind, kaufen oder sonst an sich bringen. Für Gegenstände können aber nur Zölle und Gebrauchssteuern entrichtet werden. Das trifft auf die Grunderwerbsteuer nicht zu, so daß eine Steuerhehlerei selbst dann nicht in Frage kommen kann, wenn im übrigen die Voraussetzungen des § 368 vorliegen sollten.

§ 369.

**Wer im Inland wegen Steuerhinterziehung oder Steuerhehlerei bestraft worden ist, darauf abermals eine dieser Handlungen begangen hat und wegen derselben bestraft worden ist, wird, wenn er eine Steuerhinterziehung oder Steuerhehlerei begeht, mit Gefängnis bis zu 5 Jahren bestraft. Neben der Gefängnisstrafe ist auf Geldstrafe (§ 359**

Abs. 1 Sätze 2, 3) zu erkennen. Sind mildernde Umstände vorhanden, so kann ausschließlich auf Geldstrafe (§ 359 Abs. 1 Sätze 2, 3) erkannt werden.

Die Vorschriften des Abs. 1 finden Anwendung, auch wenn die früheren Strafen nur teilweise verbüßt oder ganz oder teilweise erlassen worden sind, bleiben jedoch ausgeschlossen, wenn seit der Verbüßung oder dem Erlasse der letzten Strafe bis zur Begehung der neuen Steuerhinterziehung oder Steuerhehlerei drei Jahre verflossen sind.

Im Falle des § 359 Abs. 5 Satz 1 darf auf Gefängnis nur erkannt werden, wenn der Vorsatz der Hinterziehung festgestellt wird.

§ 374.

Wer in den Fällen der §§ 359, 367, 371 bis 373, bevor er angezeigt oder eine Untersuchung gegen ihn eingeleitet ist (§ 406 Abs. 2) unrichtige oder unvollständige Angaben bei der Steuerbehörde, ohne dazu durch eine unmittelbare Gefahr der Entdeckung veranlaßt zu sein, berichtigt oder ergänzt oder unterlassene Angaben nachholt, bleibt insoweit straffrei. Sind in den Fällen der §§ 359, 371 Steuerverkürzungen bereits eingetreten oder Steuervorteile gewährt oder belassen, so tritt die Straffreiheit nur ein, wenn der Täter die Summe, die er schuldet, nach ihrer Festsetzung innerhalb der ihm bestimmten Frist entrichtet; das gleiche gilt im Falle des § 367.

Wird die im § 97 vorgeschriebene Anzeige rechtzeitig und ordnungsgemäß erstattet, so werden diejenigen, welche die dort bezeichneten Erklärungen abzugeben unterlassen oder unrichtig oder unvollständig abgegeben haben, dieserhalb nicht strafrechtlich verfolgt, es sei denn, daß vorher gegen sie Strafanzeige erstattet oder eine Untersuchung eingeleitet worden ist.

**1. Umfang, Bedeutung und Anwendung der Vorschrift.** a) In fast allen Steuergesetzen war schon früher die Straffreiheit bei einer Selbstanzeige des Täters vorgesehen. Man spricht hier schlechtweg von der sogen. „tätigen Reue“ des Strafrechts, obwohl die Bezeichnung irreführend ist. Das StGB. kennt diese tätige Reue beim Versuch (§ 46 Abs. 2), beim Meineid und fahrlässigen Falscheid (§§ 158, 163 StGB.) und bei der Brandstiftung (§ 310 StGB.). Liegen die Voraussetzungen der tätigen Reue vor, so wird dem Täter Straffreiheit zugebilligt; vgl. auch § 79 des Besitzsteuergesetzes vom 3. Juli 1923 — RGBl. S. 524 —.

b) Die AO. hat den Begriff der tätigen Reue im § 374 übernommen, jedoch mit Einschränkung auf bestimmte Steuerdeliktstatbestände. Insbesondere ist die Steuerhehlerei des § 368 ausgenommen. Auch bei Ordnungswidrigkeiten im Sinne des § 377 findet die tätige Reue deshalb keine Anwendung, weil bei diesen die Bestrafung unabhängig von dem Verschulden erfolgt.

c) Die Vorschrift des § 374 Abs. 1 ist eine materiellrechtliche und keine verfahrungsrechtliche Strafvorschrift; vgl. Jadesohn DStZ. 1924, 538; Cattien, a. a. O., S. 181; der Abs. 2 gehört an sich nicht zu § 374, sondern bedeutet lediglich eine Ergänzung des § 97.

**2. Tätige Reue bei versuchter Steuerhinterziehung.** Es liegt die Auffassung nahe, bei dem Versuch der Steuerhinterziehung die Anwendbarkeit des § 374 AO. zu verneinen, weil in dieser Bestimmung § 360 AO. nicht angeführt ist. Indessen bildet § 360 AO. keinen selbständigen Steuerdeliktstatbestand gegenüber § 359, sondern er wird, wie sich schon aus der Gleichstellung des Versuchs mit dem vollendeten Delikt ergibt, wie die Steuerhinterziehung selbst behandelt; vgl. RGSt. 56, 386; RG. StuW. IV, 114. Daß auch der Versuch von § 374 AO. mit umfaßt wird, ergibt sich aber klar aus Abs. 1 Satz 2, wonach, wenn die Steuerverkürzungen bereits eingetreten sind, die Straflosigkeit von der Entrichtung der geschuldeten Steuersumme innerhalb der dem Täter bestimmten Frist abhängt. Daraus ergibt sich, daß § 374 auch den Fall umfaßt, daß die Steuerverkürzung noch nicht eingetreten ist, also nur versuchte Steuerhinterziehung vorliegt; ebenso RGSt. 56, 387; Lelewer, a. a. O., S. 78; Ott, a. a. O., Anm. 18, S. 567; der Eintritt des steuerrechtswidrigen Erfolges von seiner eigenen 104; Becker, § 374, Anm. 7; Heinrich, § 374, Anm. 3; Mrozek, § 374, Anm. 5; A. M. Lucas, JW. 1922, 105; unbestimmt RG. in JW. 1923, 16.

**3. Rücktritt vom vollendeten und vom unvollendeten Versuch.**

Zwischen unvollendetem und vollendetem Versuch muß scharf geschieden werden.

a) Beim vollendeten Versuch, in dem Falle also, in welchem der Täter alle nach seiner Vorstellung zur Steuerhinterziehung gehörenden Tatumstände verwirklicht hat, so daß der Eintritt des steuerrechtswidrigen Erfolges von seiner eigenen persönlichen Betätigung unabhängig ist, sondern nur noch von der weiteren Fortentwicklung der von ihm gesetzten Ursachenreihe abhängt, ist zweifelsfrei § 374 AO. anzuwenden.

§ 374 geht als lex specialis nach § 355 AO., dem § 46 Ziff. 2 StGB. vor; vgl. RGSt. 56, 386; 59, 117; BAYObLG. in JW. 1922, 104; RG. in StA. 1926, 92, besonders für die Grunderwerbsteuer; Becker, § 374, Anm. 7; Peschke, JW. 1923, 16; Heinrich, DStBl. V, 116; Ott, a. a. O., S. 569; Cattien, a. a. O., S. 181; Lelewer, a. a. O., S. 78; a. M. Berolzheimer, S. 181.

b) Beim unbeendeten Versuch der Steuerhinterziehung scheidet § 374 AO. aus. Es ist nach § 355 AO. der § 46, Ziff 1, StGB. anzuwenden; vgl. RGSt. 57, 314; Cattien, S. 181; Lelewer, S. 78; Ott, Anm. 19; Becker, Anm. 7. Der Täter bleibt also beim unvollendeten Versuch der Grunderwerbsteuerhinterziehung dann straflos, wenn er die beabsichtigte Steuerhinterziehung freiwillig aufgibt. Wird z. B. in einem notariellen Kaufvertrag in Absicht der Steuerhinterziehung der Kaufpreis unrichtig angegeben, berichtigen die Parteien aber später vor dem Eigentumswechsel den Kaufpreis, so bleiben sie wegen freiwilliger Aufgabe der beabsichtigten Steuerhinterziehung straflos. Das Gleiche gilt, wenn der Kaufvertrag vor der Auflassung von den Parteien freiwillig rückgängig gemacht wird. Geschieht dies indessen wegen irgendwelcher äußeren Hindernisse, z. B. Verweigerung einer erforderlichen Genehmigung, dann kommt § 46 StGB. nicht zur Anwendung. So liegt beispielsweise kein freiwilliger Rücktritt vor in dem vom RG. in JW. 1923, 16 entschiedenen Falle: Der Grundstücksvermittler hatte dem Käufer mit der Anzeige des unrichtig beurkundeten Kaufpreises gedroht, und der Erwerber hatte daraufhin den Erwerbspreis berichtigt, und dem Finanzamt Anzeige erstattet, während der Verkäufer bereits vorher den beurkundenden Notar unterrichtet hatte.

**4. Voraussetzungen der tätigen Reue im Sinne des § 374.** a) Der Täter muß unrichtige oder unvollständige Angaben berichtigen, ergänzen oder nachholen. Seine Erklärung muß klar zum Ausdruck bringen, daß an Stelle der seitherigen die nunmehr berichtigten Angaben treten sollen. Maßgebend ist der Eingang der Berichtigung bei der Steuerbehörde. Die Absendung des Schreibens genügt nicht. Der Pflichtige muß daher selbst dafür sorgen, daß er den Nachweis des Eingangs führen kann: RG. StuW. V, 598. Auch bei der Berichtigung durch einen Vertreter entscheidet nur der Zwang beim FA.; RGSt. 58, 84; vgl. RGSt. 56, 387; RG. StuW. V, 597. Für die tätige Reue bei der Grunderwerbsteuerhinterziehung wird es sich fragen, ob die Berichtigung in der bloßen privatschriftlichen Anzeige an die Steuerbehörde liegt, oder ob es der Einreichung eines der Form des § 313 BGB. entsprechenden Vertrages bedarf. Formlose Berichtigung dürfte genügen; eine solche ist jedoch darin nicht zu erblicken, daß der Steuerschuldner die Grunderwerbsteuervorauszahlung nicht nach dem vorläufigen Bescheid der Steuerstelle, sofern diese den falschen Kaufpreis zugrunde gelegt hat, sondern nach dem richtigen Kaufpreis leistet. Die bloße Zahlung ist keine Berichtigung. Dabei kommt es nicht darauf an, ob die Steuerbehörde auf Grund der unrichtigen Kaufpreisangabe die Festsetzung bereits vorgenommen hat. Ebenso fällt es nicht ins Gewicht, wenn etwa die Steuerstelle gemäß § 11 GrErwStG. von dem gemeinen Wert, statt nach § 12 von dem Veräußerungspreis ausgegangen ist, und wenn der angenommene gemeine Wert dem tatsächlichen Kaufpreis zufällig entspricht. Die Berichtigung der ursprünglichen Angabe führt auch in diesem Falle zur Straffreiheit.

b) Die Berichtigung muß erfolgen, bevor der Steuerpflichtige angezeigt oder eine Untersuchung gegen ihn eingeleitet ist. Zuständig für die Anzeige ist gemäß § 156 StPO. entweder die Staatsanwaltschaft, ferner die Amtsgerichte, die Polizeibehörden oder die Steuerstellen selbst. Die Anzeige bei einer unzuständigen Stelle steht der Straffreiheit nicht im Wege; vgl. Becker, § 374, Anm. 2; Lelewer, S. 81. Wegen der Anzeige vgl. auch §§ 392, 405, 406 AO., sowie § 192 Abs. 1 AO. und RGSt. 57, 132; in dieser Entscheidung hatte das RG. § 374 AO. angewandt, obwohl die Täter die Berichtigung erst vorgenommen hatten, nachdem gegen einen Mittäter ein Rechtsstreit anhängig gemacht wurde, in dessen Verlauf auf die Unrichtigkeit des Kaufpreises hingewiesen worden war.

c) Auch eine Untersuchung darf noch nicht eingeleitet sein; über den Unterschied zwischen Untersuchung und Ermittlungsverfahren vgl. § 406 Abs. 2 AO., wonach die Einleitung der Untersuchung aktenkundig zu machen ist.

d) Auf die Kenntnis des Steuerpflichtigen von der Anzeige oder der Untersuchung kommt es nicht an. Auch wenn ihm die Einleitung der Untersuchung unbekannt ist, kommt eine Berichtigung mit strafbefreiender Wirkung nicht mehr in Frage; RGSt. 46, 249; JW. 1918, 613.

e) Gegenüber der zuständigen Steuerbehörde muß die Berichtigung vorgenommen werden; vgl. RGSt. 61, 119. Wird sie einer anderen Behörde zugeleitet, so kann erst der Eingang bei der Steuerbehörde als entscheidend angesehen werden; vgl. RGSt. 61, 10.

f) „Ohne dazu durch eine unmittelbare Gefahr der Entdeckung veranlaßt zu sein", bedeutet, daß die Berichtigung „freiwillig" sein muß. Das ist eine Beschränkung subjektiver Art, da es ausschließlich auf die Vorstellung des Täters ankommt; objektiv mag Entdeckung schon erfolgt sein; vgl. hierzu Becker, § 374, Anm. 2; Cattien, a. a. O., III, 3, S. 182; Lelewer, a. a. O., S. 84; A. M. Juliusberger, a. a. O., S. 70. „Reue" im gewöhnlichen Sinne braucht nicht der Beweggrund der Berichtigung zu sein. Allein die Freiwilligkeit des Rücktritts entscheidet. Der Begriff „tätige Reue" ist daher irreführend und wird besser vermieden; vgl. RGSt. 61, 117; 56, 386; 57, 315.

g) Die Berichtigung des Täters darf nicht durch die unmittelbare Gefahr der Entdeckung veranlaßt sein. Dieses Moment ist besonders bei den Schwarzkaufprozessen von Bedeutung. Diese spielen sich in der Praxis meist so ab, daß der Veräußerer, bevor er einen Widerspruch gegen die Richtigkeit des Grundbuches im Wege der einstweiligen Verfügung eintragen läßt, bei der Steuerbehörde gegen sich selbst Anzeige erstattet, und den unrichtigen Kaufpreis berichtigt. Während Asch (Grundstückskauf S. 94) in diesem Falle für die Bestrafung des Schwarzverkäufers eintritt, mit der Begründung, daß dieser durch die unmittelbare Gefahr der Entdeckung zur Anzeige veranlaßt sei, spricht sich Ott, a. a. O., Anm. 23, S. 570, gegen diese Auffassung aus. Der Standpunkt Otts verdient — wenigstens teilweise — den Vorzug. Wie der RFH. in einer Entscheidung vom 23. 2. 24 (StuW. III, Nr. 112) ausgesprochen hat, genügt es nicht, daß eine gewisse Gefahr der Entdeckung besteht, sondern diese Gefahr muß „unmittelbar" bevorstehen und bestimmend für die Berichtigung sein. Eine solche unmittelbare Gefahr für den Verkäufer besteht aber deshalb nicht, weil er es selbst in der Hand hat, durch Unterlassen der Anzeige die Entdeckung zu verhindern, wenngleich auch damit für ihn die Aussichten auf Rückerlangung des Grundstücks geschwunden sind. Im Ergebnis übereinstimmend: RGSt. 61, 116 = StuW. VI, 211.

Läßt er jedoch den Widerspruch zunächst eintragen und erstattet erst dann die Anzeige, so ist der Auffassung von Ott nicht ohne weiteres beizutreten, wonach auch hier noch Straffreiheit gegeben sei. Der Verkäufer wird in diesem Stadium zur

Selbstanzeige oft durch die unmittelbar bevorstehende Gefahr der Entdeckung veranlaßt worden sein. Es ist aber auch möglich, daß der Antrag auf Eintragung des Widerspruchs und die bald darauf folgende Selbstanzeige sich als einheitliches Vorgehen darstellen und auf einem und demselben Entschluß, also nicht auf Sorge vor Entdeckung beruhen.

h) Die Straffreiheit des Täters ist von der Nachzahlung der hinterzogenen Steuer innerhalb der von der Steuerbehörde gesetzten Frist abhängig. Die früher streitige Frage, ob die Einziehung der Steuer schon vor Einleitung der Untersuchung erfolgt sein müsse (vgl. Lelewer, a. a. O., S. 85), ist nach der Fassung des Gesetzes jetzt bedeutungslos.

**5. Tätige Reue im Sinne des § 374 AO.** stellt sich als persönlicher Strafausschließungsgrund dar und bewirkt Straffreiheit des Täters, jedoch nicht Befreiung von anderen Nachteilen; vgl. RFH. 8, 185. Mittätern, Anstiftern oder Gehilfen kommt die tätige Reue oder der Rücktritt vom Versuch des Täters nicht zugute. Die Teilnehmer können sich ihrerseits durch eine Berichtigung gemäß § 374 AO. Straffreiheit sichern, sofern die gesetzlichen Voraussetzungen in ihrer Person gegeben sind; vgl. Becker, a. a. O., Anm. 6; Lelewer, S. 86; Cattien, § 374, V, S. 183; Ott, Anm. 22. Für den Begünstiger (§ 356 Abs. 2) kommt Straffreiheit nach § 374 nicht in Frage.

Ebenso wenig kommt eine Anzeige des Veräußerers — der gemäß § 20 GrErwStG. zwar mit dem Erwerber gesamtschuldnerisch für die Steuer haftet — den Erwerber als Steuerschuldner zugute.

§ 377.

**Wer den im Interesse der Besteuerung (einschließlich der Vorbereitung, Sicherung und Nachprüfung der Besteuerung) erlassenen Vorschriften der Steuergesetze oder der dazu ergangenen und öffentlich oder den Beteiligten besonders bekannt gemachten Verwaltungsbestimmungen durch andere als die in den Steuergesetzen unter Strafe gestellten Handlungen oder Unterlassungen zuwiderhandelt, wird mit einer Ordnungsstrafe bis zu 10 000 Reichsmark bestraft. Dies gilt nicht für Sollvorschriften. Die Ordnungsstrafe wird nicht verhängt, wenn festgestellt wird, daß Strafausschließungsgründe vorliegen oder die Zuwiderhandlung auf einem unabwendbaren Zufall beruht.**

**Wenn nach § 202 für den Fall der Nichtbefolgung einer Anordnung ein Zwangsmittel angedroht ist, darf wegen der Nichtbefolgung dieser Anordnung nicht auf eine Ordnungsstrafe erkannt, sondern nur das Zwangsmittel angewandt werden.**

**1. Der rechtliche Charakter der Ordnungsstrafe.** Im Gegensatz zur Steuerhinterziehung (§ 359) zur Steuergefährdung (§ 367) und zur Steuerhehlerei (§ 368) besteht die strafbare Ordnungswidrigkeit im Sinne des § 377 in der Zuwiderhandlung gegen zwingende Gesetzesvorschriften, nicht gegen bloße Sollvorschriften. Sie setzt Verschulden nicht voraus; Cattien, S. 188; Lelewer, a. a. O., § 16,

V, S. 133; RG. StuW. III, 579, VI, 94; RGSt. 61, 87; RG. StuW. VI, 543; Berolzheimer, S. 181, Anm. 9; Becker, § 377, Anm. 3. Nach RGSt. StuW. VI, 94; JW. 1927, 2856, Nr. 19 ist der ausdrückliche **Nachweis** eines Verschuldens nicht erforderlich weil es zunächst vermutet wird, andererseits macht aber der Nachweis eines Strafausschließungsgrundes, insbesondere eines jegliche Schuld ausschließenden Irrtums über Tatumstände die Bestrafung unmöglich; RG. JW. 1927, 2856, Nr. 19. Beim Vorliegen nur des äußeren Tatbestandes der §§ 359, 367 AO. ist aber nicht ohne weiteres § 377 AO. zur Anwendung zu bringen; vgl. RG. StuW. VI, 94, 543.

**2. Der Inhalt der Zuwiderhandlungen.** a) Die Ordnungsstrafe ist in Abweichung von der Vorschrift des § 202 AO. eine Kriminalstrafe, keine Erzwingungsstrafe. Sie ahndet begangene Verletzung bzw. Unterlassung; vgl. Becker, § 377, Anm. 1; Heinrich, § 377, Anm. 1, 2, 5; Lelewer, S. 134; RG. StuW. V, 496; A. M. Boethke, DStBl. 1922, 319; Mrozek, 2. Aufl., § 377, Anm. 2b; zweifelnd Berolzheimer, S. 182.

b) Die Ordnungsstrafe ist dann zu verhängen, wenn jemand den im Interesse der Steuerermittlung oder Steueraufsicht erlassenen Steuergesetzen oder den dazu ergangenen Verwaltungsbestimmungen durch andere als die in Steuergesetzen unter Strafe gestellten Handlungen oder Unterlassungen zuwiderhandelt. Voraussetzung ist, daß nicht bloße Sollvorschriften verletzt werden. So schon 1. Aufl., § 31, Anm. 5; Cattien, S. 189; Lelewer, S. 132; Becker, § 377, Anm. 2. Eine Ordnungswidrigkeit liegt z. B. dann vor, wenn die in den §§ 26 und 28 GrErwStG. vorgeschriebenen Anzeigen unterlassen werden, sofern nicht die Voraussetzungen einer Steuerhinterziehung oder Steuergefährdung vorliegen.

c) Die Zuwiderhandlung kann in einem Tun oder einem Unterlassen bestehen. Eine Ordnungsstrafe ist nicht zu verhängen, wenn **Strafausschließungsgründe** vorliegen (AO. § 358; StGB. §§ 51 bis 54, 58, 59) oder die Zuwiderhandlung auf einem **„unabwendbaren Zufall“ beruht.**

d) Zu den Strafausschließungsgründen gehört auch der Irrtum über Tatumstände, der, wenn er unverschuldet ist, zugleich auch die Schuld und daher im Wege des Gegenbeweises die Strafbarkeit ausschließt; RG. StuW. VI, 94, 299, 543; Becker, § 377, Anm. 3; RGSt. 61, 87; Berolzheimer, S. 182. Ebenso unverschuldeter Rechtsirrtum im Sinne des § 358 AO.; RG. StuW. IV, 382; Becker, a. a. O. Ein „unabwendbarer Zufall“ liegt dann vor, wenn die Zuwiderhandlung trotz äußerster Sorgfalt des Täters nicht zu verhüten war; vgl. Mrozek, § 377, Anm. 4; Cattien, § 377, V, 2; RG. JW. 1920, 142; vgl. auch § 233, ZPO. Unabwendbarer Zufall wurde bejaht, wenn die fragliche Meldevorschrift dem Täter zwar bekannt geworden, aber seinem Gedächtnis entschwunden war; RG. JW. 1927, 2856, Nr. 19; vgl. RG. StuW. VI, 543.

**3. Anstiftung und Beihilfe.** a) Anstiftung gibt es nur bei vorsätzlich begangener Haupttat. Da aber § 48 StGB. auch die Uebertretungen umfaßt, so genügt es, wenn die Haupttat im Einzelfall vorsätzlich begangen ist, ohne Rücksicht darauf, ob der Vorsatz ein gesetzliches Tatbestandserfordernis bildet. Demgemäß muß die Anstiftung gegebenenfalls auch hinsichtlich der Ordnungswidrigkeit im Sinne des § 377, bei der Vorsatz nicht erforderlich ist, bestraft werden; vgl. RGSt. 25, 42; 49, 69.

b) Auch Beihilfe zur vorsätzlichen Ordnungswidrigkeit ist strafbar, da die Ordnungswidrigkeit selbst ein Vergehen ist. Der Gehilfe muß die Ordnungswidrigkeit des Täters in dem Bewußtsein fördern, daß der Täter selbst vorsätzlich handelt und sich strafbar macht.

4. **Die Ordnungswidrigkeit im Bereich des Grunderwerbsteuergesetzes.** Die Vorschrift geht weniger die Parteien als die beurkundenden Notare an. Unterläßt der Notar versehentlich die Mitteilung des beurkundeten Rechtsgeschäfts, so liegt keine Steuergefährdung vor, sofern nicht besondere Umstände gegen ein entschuldbares Versehen sprechen. Es wird sich meist nur um eine Ordnungswidrigkeit aus § 377 handeln. Auch die verspätete Uebersendung der Veräußerungsanzeige durch den Notar kann als Ordnungswidrigkeit im Sinne des § 377 strafbar sein.

An die Parteien wendet sich § 26, der hauptsächlich in den Fällen des § 3 und des § 6, soweit Mitwirkung von Behörden und Notaren nicht in Frage kommt, Anwendung findet, so bei Uebertragung von Aktien einer Grundstücke besitzenden Akt.-Ges., bei Vollmachtsverträgen, die dem Tatbestand des § 6 erfüllen u. dgl. Ferner kommen die Abtretungen gemäß § 5 Abs. 4 Nr. 1 und 2, die auch formlos erfolgen können, in Betracht, sowie manche Umgehungsgeschäfte im Rahmen des § 5 AO. Auch die Anzeigen gemäß § 28 haben die Parteien selbst zu machen.

5. **Die Strafe aus § 377** Abs. 1 AO. beträgt 3—10 000 Reichsmark; vgl. § 27 StGB. neuer Fassung in Verbindung mit Art. XIV, Abs. 2, Nr. 2, der VO. vom 6. 2. 24 sowie Anpassungs-VO. vom 20. 11. 1925 (RGBl. I, 389). Bei Geringfügigkeit soll nach § 443 Abs. 2 keine Untersuchung stattfinden.

Wegen der Bestrafung juristischer Personen vgl. § 357 AO.

Keine fortgesetzte Handlung bei Zusammentreffen von Steuerhinterziehung und Ordnungswidrigkeit, da es an dem erforderlichen einheitlichen Vorsatz fehlt; RG. StuW. VI, 94.

## § 383.

**Ist ein und dieselbe Handlung zugleich als Steuerzuwiderhandlung und nach einem anderen Gesetze strafbar, so ist die Strafe aus dem Steuergesetze zu entnehmen, es sei denn, daß das andere Gesetz eine schwerere Strafe oder bei ungleichen Strafarten eine schwerere Strafart androht. (§ 73 des Strafgesetzbuches). Ist die Strafe aus einem anderen Gesetze zu entnehmen, so ist eine nach dem Steuergesetze verwirkte Geldstrafe besonders zu verhängen. Auch muß auf Haftbarkeit dritter Personen oder auf Einziehung erkannt werden, wenn dies das Steuergesetz vorschreibt, und es kann hierauf sowie auf sonstige Nebenstrafen erkannt werden, wenn dies das Steuergesetz zuläßt.**

**Wenn ein und dieselbe Handlung mehrere Strafvorschriften der Steuergesetze über Steuerzuwiderhandlungen verletzt, so**

**ist die Strafe nach § 73 des Strafgesetzbuches zu bestimmen; jedoch muß auf Haftbarkeit dritter Personen oder auf Einziehung erkannt werden, wenn dies eine der verletzten Vorschriften vorschreibt, und es kann hierauf sowie auf sonstige Nebenstrafen erkannt werden, wenn dies eine der anwendbaren Vorschriften zuläßt.**

**Hat jemand mehrere selbständige Steuerzuwiderhandlungen begangen, so darf eine nach § 74 des Strafgesetzbuches zu erkennende Gesamtfreiheitsstrafe fünf Jahre nicht übersteigen. Auf Haftbarkeit dritter Personen, Einziehung und sonstige Nebenstrafen muß oder kann erkannt werden, wenn dies neben einer der verwirkten Einzelstrafen geboten oder zulässig ist.**

§ 384.

**Die Strafverfolgung von Steuerzuwiderhandlungen verjährt in fünf Jahren, und wenn es sich um Zuwiderhandlungen handelt, die mit Ordnungsstrafen bedroht sind, in einem Jahre.**

**Die Einleitung der Untersuchung und der Erlaß eines Strafbescheids unterbrechen die Verjährung gegen den'gegen den sie gerichtet sind.**

Bei einer Verfehlung durch Unterlassung beginnt der Lauf der Verjährung der Strafverfolgung nicht, so lange die Unterlassung fortdauert; RGSt. 59, 7; 61, 45; StuW. VI, 212.

Beispiel: Ein Notar erstattet die Anzeige aus § 25 GrErwStG. nicht. Dann beginnt der Lauf der Verjährung erst durch das Strafverfahren selbst, sofern nicht inzwischen die richtige Anzeige nachgeholt worden ist.

# Anhang.

# I.

## Ausführungsbestimmungen zum Grunderwerbsteuergesetz.

Erlaß des Reichsministers der Finanzen vom 14. Oktober 1919 (RZBl. S. 1177).

### I. Anmeldungsverfahren.

§ 1.

Das Finanzamt erhält nach Maßgabe der Bestimmungen der §§ 2 bis 6 Kenntnis.

A. durch die Mitteilungen der Grundbuchämter oder, soweit das Grundbuch noch nicht angelegt ist, der von der Landeszentralbehörde zu bestimmenden Behörden

von den Eintragungen in das Grundbuch, die eine Eigentumsveränderung oder den Uebergang einer Berechtigung (§ 2 des Gesetzes) betreffen, oder von der Umschreibung in öffentlichen Büchern;

B. durch die Mitteilungen der Registergerichte und -behörden

von allen Eintragungen in das Handels- und Genossenschaftsregister und von Einreichungen zum Handelsregister, soweit sie im Verfolg eines steuerpflichtigen Rechtsvorganges vorgenommen werden;

C. durch die Mitteilungen der Behörden und Beamten des Reichs, der Länder und der Gemeinden sowie der Notare

1. von allen von ihnen beurkundeten Rechtsvorgängen, die Fälle des Eigentumsüberganges an inländischen Grundstücken (§§ 1, 4 des Gesetzes) oder des Uebergangs einer Berechtigung (§ 2 des Gesetzes) zum Gegenstande haben oder zu den in den §§ 5, 6 des Gesetzes bezeichneten Rechtsvorgängen gehören;
2. von allen von ihnen beurkundeten Uebertragungen von Anteilen einer Personenvereinigung (§ 3 des Gesetzes);

D. durch die Anzeigen des Veräußerers, des Erwerbers, der sonstigen Beteiligten oder der gesetzlichen Vertreter

von den steuerpflichtigen Rechtsvorgängen, sofern nicht Mitteilungen nach A bis C zu erfolgen haben (§ 26 des Gesetzes);

E. durch die Anzeigen der im § 28 des Gesetzes benannten Personen

von den Grundstücken, die nach § 10 des Gesetzes der Steuer unterliegen.

§ 2.

1. Die Mitteilungen der Grundbuchämter (§ 1 zu A) erfolgen durch Uebereignungsanzeigen, die innerhalb einer Frist von 14 Tagen nach Eintragung der Rechtsänderung — für jede Eintragung besonders — dem zuständigen Finanzamt einzusenden sind. Die Absendung der Uebereignungsanzeigen ist in den Akten zu vermerken.

2. Die Uebereignungsanzeigen sind nach Anleitung des Musters 1 einzurichten.

3. Soweit die Finanzämter anderweit amtliche Mitteilungen erhalten, die sich auf die in der Uebereignungsanzeige enthaltenen Angaben beziehen, kann nach näherer Bestimmung des Finanzamtes die Aufstellung besonderer Uebereignungsanzeigen unterbleiben oder auf diejenigen Mitteilungen beschränkt werden, die den Finanzämtern nicht ohnehin zugehen.

4. Ueber die Absendung der Uebereignungsanzeigen ist eine Liste zu führen, die das Aktenzeichen, den Tag der Eintragung des Rechtsvorganges, die Namen der beteiligten Personen und den Tag der Absendung der Anzeige enthält (Mitteilungsliste). Die Liste ist monatlich abzuschließen. Beim Abschlusse hat der Grundbuchführer zu bescheinigen, daß alle auf Grund des Gesetzes mitzuteilenden Fälle in die Liste aufgenommen und sämtliche Anzeigen an das zuständige Finanzamt abgesandt sind.

§ 3.

Die Registergerichte und -behörden (§ 1 zu B) haben dem für die steuerliche Behandlung zuständigen Finanzamt binnen 14 Tagen die zu ihrer Kenntnis gelangenden Fälle mitzuteilen, in denen die Voraussetzungen des § 3 des Gesetzes vorliegen, und die Absendung der Mitteilungen in den Akten zu vermerken. Im übrigen beschränkt sich die Mitteilungspflicht der Registergerichte und -behörden auf diejenigen einzelnen Rechtsvorgänge, wegen deren das Finanzamt um Mitteilungen ersucht.

§ 4.

1. Die Mitteilungen der Behörden, Beamten und Notare (§ 1 zu C) sind innerhalb einer Frist von 14 Tagen nach der Beurkundung — für jeden Rechtsvorgang besonders — dem für die steuerliche Behandlung zuständigen Finanzamt einzureichen (Veräußerungsanzeige). Das Landesfinanzamt kann die Frist anderweit festsetzen.

2. Die Absendung der Veräußerungsanzeige ist auf der Urschrift der Urkunde zu vermerken.

3. Die Veräußerungsanzeigen sind nach Anleitung des Musters 2 einzurichten. Soweit die darin enthaltenen Mitteilungen aus der Veräußerungsurkunde sich ergeben, genügt die Uebersendung einer Abschrift der Urkunde.

4. Die Bestimmung des § 2 Abs. 3 findet entsprechende Anwendung. Falls für den Rechtsvorgang eine Uebereignungsanzeige innerhalb der Frist des Absatzes 1 erstattet wird, bedarf es einer Veräußerungsanzeige nicht mehr.

5. Ueber die Absendung der Veräußerungsanzeigen ist eine Liste zu führen, welche die Nummer des Notariatsregisters oder das Aktenzeichen, den Tag der Beurkundung des Rechtsvorganges, die Namen der beteiligten Personen und den Tag der Absendung

der Anzeige enthält (Mitteilungsliste). Die Liste ist monatlich abzuschließen und mit der Bescheinigung zu versehen, daß alle auf Grund des Gesetzes mitzuteilenden Fälle in die Liste aufgenommen und sämtliche Mitteilungen an das zuständige Finanzamt abgesandt sind.

§ 5.

1. Die Anzeige nach § 1 zu D hat innerhalb eines Monats zu erfolgen, nachdem der Steuerpflichtige von dem anzeigepflichtigen Rechtsvorgange Kenntnis erhalten hat.

2. Die Anzeigepflicht entfällt, soweit die Anzeige innerhalb der Anzeigefrist seitens eines von mehreren Pflichtigen bewirkt ist.

3. Die Anzeige ist an das für die steuerliche Behandlung des Rechtsvorganges zuständige Finanzamt zu richten.

4. Die Anzeige hat die in dem Muster 3 bezeichneten Angaben zu enthalten und kann zu Protokoll des Finanzamts erklärt werden. Vordrucke nach diesem Muster sind von den Finanzämtern vorrätig zu halten und dem Anzeigepflichtigen auf Wunsch kostenfrei zu verabfolgen.

§ 6.

1. Der pünktliche Eingang der Mitteilungen und Anzeigen ist durch die Finanzämter zu überwachen. Bei unterlassener rechtzeitiger Mitteilung sind die etwa bekannten Mitteilungs- und Anzeigepflichtigen mit kurzer Frist zu mahnen. Mit der Mahnung des Steuerpflichtigen ist der Hinweis auf die Folgen der Nichterfüllung der Anzeigepflicht zu verbinden. Nach fruchtlosem Ablauf der Frist ist in den Fällen des § 1 zu A bis C Beschwerde bei der vorgesetzten Aufsichtsbehörde zu führen, in den Fällen des § 1 zu D und E erforderlichenfalls das Strafverfahren einzuleiten.

2. Erforderlichenfalls wird dem Finanzamt von dem Landesfinanzamt ein Verzeichnis der in seinem Bezirke befindlichen Grundbuchämter, Registergerichte und -behörden, sowie der Notare und sonstigen Urkundsbeamten und -behörden mitgeteilt und ihm von Veränderungen fortlaufend Kenntnis gegeben.

## II. Veranlagung.

§ 7.

1. Die in den Mitteilungen und Anzeigen enthaltenen Rechtsvorgänge eines Rechnungsjahres sind unter fortlaufenden Nummern in die Grunderwerbsteuerliste zu übernehmen. Die Nummer der Grunderwerbsteuerliste ist zu den Akten (Mitteilungen, Anzeigen) zu vermerken. Falls ein Rechtsvorgang bereits infolge einer früheren Mitteilung oder Anzeige in die Liste übernommen ist, bedarf es aus Anlaß der Uebereignungsanzeige keiner neuen Vormerkung; die Uebereignung ist in diesem Falle nur nachrichtlich bei dem früheren Eintrag zu vermerken.

2. Die Grunderwerbsteuerliste ist nach Anleitung des Musters 4 einzurichten. Sie ist für je ein Rechnungsjahr zu führen und spätestens nach Ablauf des folgenden Rechnungsjahres abzuschließen. Steuerfälle, die bis dahin nicht erledigt sind, sind in die laufende Grunderwerbsteuerliste zu übertragen.

§ 8.

1. Das Finanzamt stellt zunächst fest, ob der mitgeteilte Rechtsvorgang Veranlassung zur Veranlagung einer Steuer gibt, oder ob ein gesetzlicher Befreiungsgrund oder ein Fall der Freiveranlagung nach § 18 des Gesetzes vorliegt.

2. Erscheint nach dem Inhalt der Mitteilungen und Anzeigen die Annahme begründet, daß eine Steuer nicht zu erheben sein wird, ohne daß dies mit Sicherheit festzustellen ist, so sind die erforderlichen Feststellungen, falls sie sich nicht von Amts wegen bewirken lassen, durch mündliche oder schriftliche Verhandlung mit dem Steuerpflichtigen zu treffen.

3. Sobald sich ergibt, daß der gemeine Wert des Grundstücks oder der an seine Stelle tretende Betrag (§§ 12 bis 14 des Gesetzes) einhundertfünfzig Mark nicht übersteigt oder daß ein gesetzlicher Befreiungsgrund vorliegt, ist das Verfahren einzustellen.

4. Von der Einstellung des Verfahrens ist dem Steuerpflichtigen Mitteilung zu machen, falls dieser den Steuerfall angemeldet hat oder falls mit ihm bereits verhandelt worden ist.

§ 9.

Die Feststellung der Steuerfreiheit ist aktenkundig zu machen. Die gesetzliche Vorschrift, auf der die Steuerfreiheit beruht, ist in der Grunderwerbsteuerliste zu vermerken.

§ 10.

1. Liegen die Voraussetzungen der Steuerbefreiung oder der Freiveranlagung nicht vor, so ist eine Berechnung der Steuer für die Akten zu fertigen.

2. Bei Berechnung der Abgabe im Einzelfalle sind Pfennigbeträge derart nach unten abzurunden, daß sie durch 10 teilbar sind.

§ 11.

1. Bei Veräußerung eines Grundstücks der im § 47 Abs. 2 des Erbschaftssteuergesetzes vom 10. September 1919 (RGBl. S. 1543) bezeichneten Art hat das Finanzamt, wenn ihm bekannt wird, daß dieses Grundstück nach dem 31. August 1919 Gegenstand eines Erbschaftssteuerfalls gewesen ist, dem zur Besteuerung dieses Falles zuständigen Finanzamt die Veräußerung des Grundstücks und den ermittelten Veräußerungspreis mitzuteilen. Die Absendung der Mitteilung ist in der Bemerkungsspalte der Grunderwerbsteuerliste zu vermerken.

2. Insoweit aus Anlaß der Veräußerung seitens des Finanzamts amtliche Ermittlungen oder Verhandlungen mit dem Steuerpflichtigen zu erfolgen haben, ist hierbei festzustellen, ob das veräußerte Grundstück nach dem 31. August 1919 Gegenstand eines Erbschaftssteuerfalls gewesen ist.

§ 12.

Nach Berechnung der Steuer ist ein Grunderwerbsteuerbescheid nach den Mustern 5, 6 zu erteilen und dem Steuerpflichtigen zuzustellen.

### III. Erhebung der Steuer.

§ 13.

1. Ueber die Erhebung der Steuer werden zwei Bücher geführt, ein Grunderwerbsteuer-Sollbuch nebst einem Anhang über die erstatteten (zurückgezahlten) Steuerbeträge und ein Grunderwerbsteuer-Einnahmebuch. Beide Bücher umfassen den Zeitraum des Rechnungsjahrs.

2. Das Sollbuch ist nach Anleitung des Musters 7 zu führen. Durch das Sollbuch ist zugleich der rechtzeitige Eingang der Steuerbeträge zu überwachen.

3. Das Sollbuch wird spätestens sechs Monate nach Ablauf des Rechnungsjahres abgeschlossen. Von einem an der Kassenführung nicht beteiligten Beamten ist in dem Sollbuch zu bescheinigen, daß die in den Grunderwerbsteuerlisten eingetragenen Steuerfälle und die in den Grunderwerbsteuerakten festgestellten, in Abgang gebrachten, erlassenen, niedergeschlagenen oder erstatteten Steuerbeträge in das Sollbuch oder dessen Anhang richtig und vollständig eingetragen sowie daß die zur Zeit des Abschlusses rückständig gebliebenen Steuerbeträge in das Sollbuch für das folgende Rechnungsjahr übertragen worden sind.

4. Das Einnahmebuch ist nach Anleitung des Musters 8 zu führen.

§ 14.

Zinsen nach § 30 Abs. 2 des Gesetzes bleiben unerhoben, wenn der Betrag im Einzelfall eine halbe Mark nicht erreicht. Im übrigen ist bei Berechnung der Zinsen nach § 10 Abs. 2 zu verfahren.

§ 15.

1. Stundung oder Teilzahlungen können vom Finanzamt auf Antrag bewilligt werden, wenn die sofortige Einziehung der Steuer mit erheblichen Härten für den Steuerpflichtigen verbunden sein würde und der Anspruch durch die Stundung nicht gefährdet wird.

2. Stundung oder Bewilligung von Teilzahlungen sind gegebenenfalls nur gegen Verzinsung nach § 30 Abs. 2 des Gesetzes und in der Regel nur gegen Sicherheitsleistung zulässig.

3. Die Gewährung von Teilzahlungen ist an die Bedingung zu knüpfen, daß bei dem Ausbleiben auch nur einer Teilzahlung die sofortige Beitreibung der ganzen noch rückständigen Steuerschuld erfolgen würde. Die Beitreibung hat jedoch erst zu geschehen, wenn eine Mahnung zur Entrichtung der fälligen Teilzahlung erfolglos geblieben ist.

§ 16.

Zur Niederschlagung der Steuer wegen Uneinbringlichkeit sind nur die Landesfinanzämter zuständig. Die Niederschlagung darf nur erfolgen, wenn feststeht, daß die Beitreibung keinen Erfolg haben wird, oder daß die Unkosten der Beitreibung außer Verhältnis zu dem Betrage stehen.

§ 17.

Soweit die Steuer infolge eines offenbaren Versehens zu Unrecht gezahlt worden ist, hat eine Erstattung auf Antrag des Steuerpflichtigen und, wenn die Ueberhebung mindestens 5 M. beträgt, von Amts wegen durch das Finanzamt zu erfolgen. Im übrigen bedarf es zur Erstattung zu Unrecht gezahlter Steuern der Zustimmung des Landesfinanzamts.

§ 18.

Der Erlaß oder die Erstattung sind in der Steuerliste und in dem Sollbuch zu vermerken. Außerdem ist die Erstattung im Anhang zum Sollbuch einzutragen.

## IV. Uebergangsbestimmung.

§ 19.

1. In den Fällen des § 37 Abs. 4 des Gesetzes haben die mitteilungspflichtigen Stellen (§ 1) in den Anzeigen zu vermerken, inwieweit aus Anlaß des der Grunderwerbsteuer unterliegenden Rechtsvorganges Abgaben nach den bisherigen Vorschriften erhoben sind, und welche Abgabenbeträge im einzelnen nach den Vorschriften des Reichsstempelgesetzes, der Landesgesetze und der Satzungen der Gemeinden (Gemeindeverbände) auf die am Steueraufkommen beteiligten Verbände (§ 32 des Gesetzes) entfallen.

2. Das Finanzamt hat diese Angaben, nötigenfalls unter Einsichtnahme der in Betracht kommenden Urkunden, zu prüfen und demnächst in der Steuerberechnung die auf die Grunderwerbsteuer anzurechnenden Beträge einzeln aufzuführen.

3. Die angerechneten Beträge sind nach Abschluß der Steuerberechnung in eine Nachweisung nach Muster 9 aufzunehmen. Von einem an der Führung der Nachweisung nicht beteiligten Beamten ist zu bescheinigen, daß sämtliche auf Grund des § 37 Abs. 4 des Gesetzes angerechneten Abgabenbeträge einschließlich der Zu- und Abgänge in die Nachweisung aufgenommen sind.

4. Soweit festgestellt wird, daß die nach § 37 Abs. 4 des Gesetzes angerechnete Steuer sich nachträglich infolge Rechtsmittelsverfahren oder aus einem sonstigen Grunde erhöht oder vermindert, hat das Finanzamt die hieraus sich ergebende Nacherhebung an Grunderwerbsteuer zu bewirken oder die sich ergebende Erstattung zu veranlassen.

5. Die für die Veranlagung anrechnungsfähiger Abgaben zuständigen Behörden haben dem Finanzamt von der nachträglichen Erhöhung oder Verminderung der Abgabe alsbald Mitteilung zu machen.

## V. Schlußbestimmung.

§ 20.

Der Reichsminister der Finanzen ist ermächtigt, die Muster zu ändern und neue Muster einzuführen.

# II.

## Allgemeine Verfügung vom 11. November 1919 zum Grunderwerbssteuergesetze vom 12. September 1919 (RGBl. S. 1617).

Allgemeine Verfügung vom 24. September 1919 (JMBl. S. 443).

Die von dem Herrn Reichsminister der Finanzen mit Zustimmung des Reichsrats am 14. Oktober 1919 erlassenen, im Zentralblatt für das Deutsche Reich (S. 1177) veröffentlichten Ausführungsbestimmungen zum Grunderwerbsteuergesetze vom 12. September 1919 (RGBl. S. 1617) werden hierdurch den Justizbehörden und Notaren, soweit sie für sie von Bedeutung sind, zur Kenntnisnahme und Beachtung mitgeteilt.

Auf Grund der Ausführungsbestimmungen treffe ich im Einvernehmen mit dem Herrn Reichsminister der Finanzen folgende Anordnungen:

§ 1.

Die in den §§ 2 bis 4 der Ausführungsbestimmungen vorgeschriebenen Mitteilungen und die Führung der daselbst bezeichneten Listen liegen, soweit Gerichtsbehörden in Frage kommen, den Gerichtsschreibern ob, die mit der Führung des Grundbuchs, des Handels- und Genossenschaftsregisters beauftragt sind, oder in deren Geschäftsbereiche Rechtsvorgänge beurkundet werden, die Fälle des Eigentumsübergangs an inländischen Grundstücken (§§ 1, 4 des Gesetzes), des Uebergangs einer Berechtigung (§ 2 des Gesetzes) oder der Uebertragung von Anteilen einer Personenvereinigung (§ 3 des Gesetzes) zum Gegenstande haben oder zu den in den §§ 5, 6 des Gesetzes bezeichneten Rechtsvorgängen gehören.

§ 2.

Soweit Ortsgerichte zuständig sind, Rechtsgeschäfte zu beurkunden, die zu den im § 5 des Gesetzes bezeichneten gehören, liegen ihnen die im § 1 dieser Verfügung erwähnten Mitteilungen und die Führung der Liste ob. Der Oberlandesgerichtspräsident erläßt die erforderlichen näheren Anweisungen.

§ 3.

1. Auf die Mitteilungspflicht ist es ohne Einfluß, ob eine Grunderwerbsteuer zu erheben ist oder nicht.

2. Die Mitteilungspflicht nach § 1 C. 1 der Ausführungsbestimmungen erstreckt sich auch auf die Beurkundung solcher Rechtsvorgänge, die kraft Gesetzes den Uebergang des Eigentums an einem Grundstück ohne Auflassung und Eintragung im Grundbuche zur Folge haben, z. B. auf die Beurkundung des Zuschlags im Zwangsversteigerungsverfahren. Zu den unter § 5 des Gesetzes fallenden Rechtsgeschäften kann auch ein Prozeßvergleich gehören.

§ 4.

1. Durch § 37 Abs. 2 des Grunderwerbsteuergesetzes sind die Bestimmungen des Reichsstempelgesetzes und der Landesgesetze nur insoweit aufgehoben, als sie die Erhebung einer Abgabe von Grundstücksübertragungen oder einer Abgabe der im § 10 des Grunderwerbsteuergesetzes genannten Art betreffen.

2. Hinsichtlich der Abgaben, die gemäß § 37 Abs. 2 des Grunderwerbsteuergesetzes für die bis zum 30. September 1919 steuerpflichtig gewordenen Rechtsvorgänge zur Erhebung kommen, bleiben für die Einziehung und das Beschwerdeverfahren die bisherigen Bestimmungen bis auf weiteres maßgebend.

3. Der für die Fälle des § 37 Abs. 4 des Grunderwerbsteuergesetzes nach § 19 Abs. 1 der Ausführungsbestimmungen in den Mitteilungen an die Finanzämter vorgeschriebene Vermerk darüber,

> welche Abgabenbeträge im einzelnen nach den Vorschriften des Reichsstempelgesetzes, der Landesgesetze und der Satzungen der Gemeinden (Gemeindeverbände) auf die am Steueraufkommen beteiligten Verbände (§ 32 des Grunderwerbsteuergesetzes) entfallen,

hat sich auf die nach dem Reichs- und Landesstempelgesetz erhobenen Stempel zu beschränken.

4. Von der nachträglichen Erhöhung oder Verminderung der nach dem vorhergehenden Absatze mitgeteilten anrechnungsfähigen Abgaben ist nach § 19 Abs. 5 der Ausführungsbestimmungen dem Finanzamte Mitteilung zu machen.

§ 5.

1. Bei Beurkundung von Auflassungserklärungen und im Verfahren der Zwangsversteigerung fallen, soweit nicht noch die bisherigen Gesetze zur Anwendung kommen (§ 37 Abs. 5 des Grunderwerbsteuergesetzes), die bisher im Stempelinteresse vorgeschriebenen Vernehmungen und Belehrungen der Beteiligten und die Hinweise auf Ermäßigungs- und Befreiungsvorschriften des Landes- und Reichsstempelgesetzes sowie die hierauf gerichteten Vermerke in den Protokollen (vgl. §§ 16 Abs. 1 bis 3, 20 Abs. 1, 2 der Allgemeinen Verfügung vom 28. Juli 1910 — JMBl. S. 299 —, § 10 Ziffer 2a Abs. 3 der Allgemeinen Verfügung vom 25. November 1918 — JMBl. S. 457 —) fort. Die Beteiligten sind darauf hinzuweisen, daß nach § 24 des Grunderwerbsteuergesetzes vom 12. September 1919 (RGBl. S. 1617) die Eintragung des Erwerbers in das Grundbuch erst erfolgen könne, wenn dem Grundbuchamt eine Bescheinigung der Steuerstelle beigebracht sei, daß die Steuer für den Eigentumsübergang gestundet oder sichergestellt sei oder Steuer nicht zur Erhebung gelange.

2. Wegen Neufassung der in Betracht kommenden Vordrucke ergeht besondere Rundverfügung. Die bisherigen Vordrucke sind unter handschriftlicher Aenderung aufzubrauchen.

§ 6.

1. Die Vordrucke zu den Mitteilungen (Muster 1 und 2 der Ausführungsbestimmungen) werden von den Finanzämtern geliefert und sind bei diesen durch die Gerichtsschreibereien der Amtsgerichte unverzüglich, demnächst in regelmäßigen Zeitabschnitten — zum 1. Januar und 1. Juli — unmittelbar zu bestellen.

2. Die Notare haben ihren Bedarf an Vordrucken ebenfalls von den Finanzämtern zu beschaffen. Die Ortsgerichte erhalten die von ihnen benötigten Vordrucke von der Gerichtsschreiberei des Amtsgerichts.

§ 7.

1. Ueber die nach Ziffer 2 der allgemeinen Verfügung vom 24. September 1919 (JMBl. S. 443) vorgemerkten Fälle sind nunmehr die vorgeschriebenen Mitteilungen (vgl. § 1 dieser Verfügung) zu erstatten.

2. Bis zu dem Zeitpunkte, zu dem die auf die Erhebung der Grunderwerbsteuer bezüglichen Geschäfte auf die Finanzämter übertragen werden (§ 5 der Verordnung vom 23. September 1919, RGBl. S. 1711), sind die vorgeschriebenen Mitteilungen an die in Ziffer 1 der Allgemeinen Verfügung vom 24. September 1919 (JMBl. S. 443) bezeichneten Gemeinden und Kreise zu richten.

§ 8.

Die Bestimmungen dieser Verfügung gelten auch für die Amtsgerichte in Waldeck und Pyrmont.

Berlin, den 11. November 1919.

Der Justizminister.
In Vertretung:
Mügel.

# Sachregister

**Die Zahlen verweisen auf die Seiten**

## B.

## D.



## E.

## F.



## G.

## H.



## I.



## K.

## P.



## R.

## T.

## W.



## Z.

Kolibri 360 GmbH
Ferdinand-Jühlke-Straße 7
99095 Erfurt, Deutschland
produktsicherheit@kolibri360.de